中国哲学社会科学学科年鉴
CHINESE ACADEMIC ALMANAC

ALMANAC OF
GUO MORUO
STUDIES

刘曦光 主编

郭沫若研究年鉴

2021

中国社会科学出版社

编辑说明

一、《郭沫若研究年鉴》是由中国社会科学院古代史研究所（郭沫若纪念馆）主编的以人物研究为编纂对象的学术年鉴，为构建郭沫若研究的话语体系、学科体系和学术体系，推动郭沫若研究的蓬勃发展提供学术支撑。

二、《郭沫若研究年鉴2010》为首卷，本年鉴为《郭沫若研究年鉴2021》，是连续出版的第12部年鉴。多年来，《郭沫若研究年鉴》逐渐形成了自己的编纂风格，内容集学术性与资料性于一体，汇选优秀学术成果，追踪年度学术动态，记录珍贵学术历史，保存重要学术资料。

三、本年鉴设置14个栏目。例如，"研究综述""论文选编""学术争鸣""观点摘编""著作选介""学位论文"等栏目，选刊推评在文学、历史学和古文字学等领域中具有一定深度和创新性的郭沫若研究成果，反映年度研究现状与趋势。

"学术会议""年度课题"栏目记录年度学科动态；"郭沫若纪念馆馆藏资料"栏目披露新发现的郭沫若相关史料；"展览活动"栏目展示郭沫若相关主题展览与文化活动，体现郭沫若纪念馆的博物馆特色。

除以上基本栏目之外，本年鉴还推出若干特别栏目。"学人回忆"栏目为纪念史学大师林甘泉先生，转载并特约回忆文章，记述学术大师与郭沫若研究的不解之缘。"年度访谈"栏目收入对中国社会科学院古代史研究所卜宪群所长的学术访谈，展现其对郭沫若在中国马克思主义史学体系建设中所作出的贡献的深度思考。此外，2021年是《女神》出版100周年、创造社成立100周年，本年鉴通过2个栏目优选若干论文，以飨读者。

四、本年鉴秉持"编评结合"的编纂原则，在选入已刊论文时，对原刊出现的错漏进行了校改。

目　录

研究综述

集中破局　多元建构
　　——2021年郭沫若文学研究述评 ………………………… 张　勇（3）
2021年郭沫若史学研究综述 ………………………………… 王　静（11）
郭沫若历史剧研究综述 ……………………………………… 宋　宁（16）
《新蜀报》郭沫若研究资料综述 …………………… 曹译丹　蔡祥辉（27）

《女神》出版100周年专辑

论《女神》中象征性形象的创造 …………………………… 黄曼君（45）
互渗与消融
　　——《女神》文本结构的重新解读 …………………… 刘悦坦（56）
论《女神》的诗体创新
　　——为《女神》出版100周年而作 …………………… 张伯江（64）

创造社成立100周年专辑

《中国新文学大系·小说三集》导言 ……………………… 郑伯奇（85）
论创造社作家的文化心态 …………………………………… 黄侯兴（105）
创造社与中国现代社会的青年文化
　　——纪念创造社成立七十周年 ………………………… 王富仁（119）
论创造社文学的现代化品格 ………………………………… 朱寿桐（137）
"打架"，"杀开了一条血路"
　　——重评创造社"异军苍头突起" ……………………… 刘　纳（152）
创造社与马克思主义美学 …………………………………… 俞兆平（170）

论文选编

郭沫若的左联往事 ………………………………………………… 郭平英（185）
郭沫若及创造社同人与闻一多的交谊 ……………………………… 商金林（196）
侠情和友谊的纪念
　　——杨凡与郭沫若的交往 ………………………………… 柯汉琳（209）
论谷崎润一郎与郭沫若的交往 ……………………………………… 张能泉（218）
论日本"二二六"事件对郭沫若的影响
　　——以考证郭沫若致《宇宙风》五函的写作时间为基础 ……… 廖久明（225）
《中国资料》与郭沫若日文佚作《站在人民的立场》 …………… 陈童君（240）
唯物史观与郭沫若的中国古典文学研究 …………………………… 李　斌（246）
泛神论、主情主义与"五四"时期郭沫若的情感总体观 ………… 刘　奎（260）
从宇宙更新到政治革命：郭沫若基于泛神论的思想转向
　　——一种思想史的考察 …………………………………… 尚晓进（277）
《上海文艺之一瞥》版本与译本考识
　　——兼及译本引发的笔战 ………………………………… 秦　刚（292）
郭沫若诗集《新华颂》删改考 ……………………………………… 杨玉霞（307）
郭沫若历史剧《高渐离》的版本与修改 …………………………… 宋　宁（318）
战时首都档案中的郭沫若戏剧《屈原》 …………………………… 张传敏（332）
郭沫若历史剧《屈原》之"再发现"：戏剧接受的历史逻辑与
　　阐释导向 ………………………………………… 王　瑜　周珉佳（337）
"民族—人民"诗人的生成
　　——马克思主义视野与抗战时期郭沫若的屈原研究 ……… 唐文娟（347）
郭沫若旧体诗笺注补正 ……………………………………………… 常丽洁（363）
鲁迅与郭沫若关系的再梳考
　　——以《质文》为中心 …………………………………… 张　勇（374）
文章分五色，明灭孰可辨
　　——关于郭沫若斥沈从文为"桃红色作家"事件的疏解 …… 朱华阳　骆羽芯（386）
唯物史观与中国古礼研究
　　——20 世纪礼学研究方法论之一 ………………………… 杨　华（397）
《十批判书》的写作语境与意图 …………………………………… 李孝迁（421）
从郭沫若容庚几封信札的考订谈及二人之间的一段往事 ………… 李红薇（439）

学术争鸣

关于王实味对郭沫若译《异端》中"译错"的质疑 ………… ［日］坂井洋史（451）

观点摘编

郭沫若与吴稚晖的翻译笔战 ··· 管新福（459）
凤凰如何涅槃？
　——早期郭沫若文艺思想的传统起源与观念再造 ············· 肖炳生（459）
九十年文学史的创造社成立时间书写摭谈 ············ 凌孟华　周心怡（459）
浪漫的间歇
　——抗战初期郭沫若的寓湘之旅 ··· 张　弛（459）
田仲济对郭沫若感情变化过程探究 ··· 廖久明（460）
论《女神之再生》话语系统实践的对立与关联 ····················· 吴姗姗（460）
鲁、郭、茅的文学选择与中国文学现代转型的三种范式 ······ 黄　健　卢　姗（460）
中国马克思主义史学的形成与社会史论战 ····························· 张　越（461）
郭沫若"中国社会应与他国无异"探析 ································· 王舒琳（461）
民国时期吕振羽批评郭沫若古史研究的原因及史料学意义 ··· 李　勇（461）
郭沫若的法家观及马克思主义史家法家观的内部分歧 ········· 宋洪兵（462）
郭沫若周秦诸子研究平议
　——以《十批判书》为中心 ··· 李生滨（462）
苏轼与郭沫若对商鞅评价的分歧及其原因 ····························· 杨胜宽（463）
学术文化领域的统一战线与马克思主义史学主导地位的强化
　——兼论陈寅恪、郭沫若的《再生缘》研究 ····················· 郭士礼（463）

年度访谈

"郭沫若是建设中国马克思主义史学体系的杰出贡献者"
　——访中国社会科学院古代史研究所卜宪群所长 ·································· （467）

学人回忆

林甘泉先生简介 ·· （477）
林甘泉："我仍然信仰唯物史观" ······································ 卜宪群（479）
林甘泉先生与郭沫若研究 ··· 蔡　震（485）
与甘泉先生"郭研"二十载 ··· 谢保成（489）

学术会议

创造社与现代中国文化
  ——纪念创造社成立一百周年学术研讨会综述 ·············· 张一凡（497）
郭沫若文学百年
  ——纪念《女神》出版一百周年国际学术研讨会召开 ······ 李　珂　彭冠龙（502）

年度课题

国家社科基金优秀博士论文出版资助项目"郭沫若金文著作的文献学研究
  ——以《两周金文辞大系》为中心" ·························· 李红薇（507）
2021年四川郭沫若研究中心年度课题 ································· （510）
教育部项目"从郭沫若的德语文学翻译和德语世界的郭沫若看巴蜀学人
  与德国文化场域的双向关系"（2015—2020）结项 ············ 何　俊（513）

著作选介

激变时代的思考者：郭沫若与其诸子观 ·························· 王　静（517）
郭沫若书信中的当代中国 ·· 李　斌（517）
中国现代史学与史家胜论 ·· 何　刚（518）
郭沫若翻译文学研究 ·· 咸立强（519）
流言与真相：革命视野中的郭沫若 ································ 李　斌（519）
热情·勇气·责任
  ——读王静的《激变时代的思考者：郭沫若与其诸子观》 ········ 张　勇（520）
用史实还原一个真实的郭沫若
  ——评李斌新作《郭沫若书信中的当代中国》 ·················· 商金林（525）
"当代中国"视野下的"郭沫若"
  ——李斌著《郭沫若书信中的当代中国》阅读札记 ········ 袁洪权　霍德佳（536）
一部平实谨严之作
  ——读何刚《中国现代史学与史家胜论》 ······················ 李　斌（546）
打开了郭沫若研究一扇神秘的大门
  ——读咸立强《郭沫若翻译文学研究》 ························ 张　勇（550）
拨开迷雾　明晰真相
  ——《流言与真相：革命视野中的郭沫若》读后 ·············· 刘超燕（556）

学位论文

"替曹操翻案":1959年前后历史理论的变动 …………………………… 张晓鹏(565)
取今复古 别立新宗——郭沫若当代剧作论 ……………………………… 赵鑫鑫(567)
1949年后《屈原》接受史研究 …………………………………………… 邹雅婕(568)
郭沫若文学文本与侠文化 …………………………………………………… 丁毛毛(569)
文艺与政治结缘——论郭沫若的战时文艺观 ……………………………… 熊 文(570)
郭沫若的"鲁迅纪念"话语研究(1936—1949) …………………………… 王 静(571)
初中语文教科书中的郭沫若作品教学研究 ……………………………… 阮雅镭(571)
从《英诗译稿》看郭沫若的翻译思想 ……………………………………… 肖 叶(572)
郭沫若查良铮《西风颂》译本中意识形态与诗学的对比研究 ………… 段锦琼(573)
郭沫若书法艺术创作研究 ………………………………………………… 李莹莹(573)

展览活动

"郭沫若1921"展 …………………………………………… 梁雪松 张 宇(577)
"革命队伍中人——郭沫若与中国共产党文献史料展" …………………… 王 静(578)
追寻名人印记,传承名人精神,点亮未来之光
　——"8+"名人故居纪念馆联盟2021年文化活动 ……………………… 刘曦光(580)

郭沫若纪念馆馆藏资料

1941年纪念郭沫若五十寿辰暨创作生活廿五周年贺词贺诗选编(二) ………(587)
马叙伦贺诗 ………………………………………………………………… 马叙伦(588)
沈尹默贺诗 ………………………………………………………………… 沈尹默(589)
祝沫若先生五秩寿辰 ……………………………………………………… 余心清(590)
郭沫若藏《楚辞》 …………………………………………………………… 王 静(591)

2021年郭沫若研究资料索引 ……………………………………… 卿玉弢 郑爱菊(594)

2021年郭沫若研究大事记 ………………………………………… 张勇 王润泽(604)

后　记 ……………………………………………………………………………(606)

研究综述

集中破局　多元建构

——2021 年郭沫若文学研究述评

张　勇

2021 年是郭沫若文学研究中一个非常重要的时间节点。100 年前，郭沫若、成仿吾、郁达夫等一批有志于纯文学创作的时代青年创建了创造社，创作并刊发了多篇惊世骇俗的文学佳作。100 年前，《女神》横空出世，诗人郭沫若的名字被人所铭记，《女神》一时间成为文学创作者们热议的焦点，其中的诗篇更是被传颂、研读至今。因此，100 年后的 2021 年，应该会带给郭沫若文学研究领域更多的话题、更多的期待。

一　2021 年郭沫若文学研究各项数据的统计与分析

2021 年郭沫若文学研究较之于以往有了一些新的亮点与突破，经过对中国知网（www.cnki.net）中及所能查询的各类报刊的统计，2021 年度共刊发有关郭沫若文学类研究文章 120 余篇，其中中文核心期刊（CSSCI）类型的 18 篇，有 5 篇研究文章被《中国人民大学复印报刊资料·中国现代、当代文学研究》全文收录。

在 2021 年度 120 余篇涉及郭沫若研究的成果中，有关郭沫若文学研究的约有近 100 篇，约占年度郭沫若研究成果数量的 83%；史料收集阐释类型的文章有近 20 篇，约占 20%；有关理论阐释研究的文章有 30 余篇，约占 30%；有关文本解析类型的文章有 40 余篇，约占 40%；有关其他方面研究的文章有 10 余篇，约占 10%。从以上统计数据来看，2021 年郭沫若研究的各项数据与往年相比基本持平；从数据分析上来看，郭沫若研究近几年进入了相对的平稳期。

二　2021 年郭沫若文学研究分类阐述

纵观 2021 年有关郭沫若文学研究的学术论文，主要集中在史料收集整理与辨析、理论阐释、作品文本分析等三个主要方面。

1. 郭沫若相关史料收集整理与辨析。

有关郭沫若的史料收集与整理，是近几年郭沫若文学研究的热点，很多学者都开始重视从史料中发掘问题,阐释史实。2021年度有关郭沫若研究的资料收集与整理也依然是研究的重点,集中出现了较多有分量的文章。在郭沫若史料考释的研究成果中又可分为新发现史料陈述、郭沫若与历史人物关系梳理与考释。

对于郭沫若相关史事的辨析,是近几年史料收集整理方面的重点。郭平英《郭沫若的左联往事》(《新文学史料》2021年第1期)对郭沫若与左联的关系进行了系统梳理。该文并非如以往一些阐释郭沫若与左联之间关系的文章一样泛泛而谈,而是选取了郭沫若与左联这个组织和组织成员之间有密切关系的四个方面进行史料的发掘、阐述与考证,这四个方面分别是左联成立与《少年维特之烦恼》的版税、东京分盟与《豕蹄》及其献诗、质文社与一波三折的《克拉凡左的骑士》、友情天长地久的两个"臭老九"。通过这几个方面的论述,进一步论证了郭沫若"为中国左联、东京左联分盟刊物撰写的大量文章,所阐述的观点,证明他与中共党组织始终保持着精神上、思想上的紧密联系"[①]的历史史实。

廖久明《论日本"二二六"事件对郭沫若的影响——以考证郭沫若致〈宇宙风〉五函的写作时间为基础》(《中国现代文学研究丛刊》2021年第6期)一文在经过仔细考订后,认为郭沫若致《宇宙风》五封信件的具体的写作时间分别为1935年8月中旬,1936年3月上旬,1936年3月上中旬,1936年3月下旬,1936年6月1日,在此基础上,进一步揭示了郭沫若对幽默小品文写作态度转变的重要原因,那即是"因日本'二二六'事件发生后,郭沫若也正确地推测到这次叛乱将导致向中国扩张"[②]的严重后果。

郭沫若与同时代人的交往也是2021年度有关史料整理与研究的重要方面,商金林的《郭沫若及创造社同人与闻一多的交谊》(《新文学史料》2021年第3期),通过详细的史料梳理,论述了闻一多对郭沫若及创造社同人的文学作品和文艺主张阅读与接受的过程,特别是结合史料分析了闻一多对郭沫若《女神》等早期文学作品评论的特色,进一步确立了闻一多在郭沫若研究史及学术史上的重要地位。此外,柯汉琳的《侠情和友谊的纪念——杨凡与郭沫若的交往》(《新文学史料》2021年第2期)、张能泉的《论谷崎润一郎与郭沫若的交往》(《北方工业大学学报》2021年第3期)等文章,也在史料收集的基础上第一次全面论述了郭沫若与杨凡、谷崎润一郎等历史人物的复杂交往历史,丰富了郭沫若的人生交往的"朋友圈"。

陈童君的《〈中国资料〉与郭沫若日文佚作〈站在人民的立场〉》(《中国现代文学研究丛刊》2021年第4期)立足于郭沫若佚作收集与分析,阐释郭沫若与相关的历史问题。该文将郭沫若刊发于《中国资料》上的日文作品《站在人民的立场》全

[①] 郭平英:《郭沫若的左联往事》,《新文学史料》2021年第1期。
[②] 廖久明:《论日本"二二六"事件对郭沫若的影响——以考证郭沫若致〈宇宙风〉五函的写作时间为基础》,《中国现代文学研究丛刊》2021年第6期。

文翻译成中文，借此揭示了美国"采用言论审查的手段对战后日本的公共言论空间实施了'服务于占领军总司令部需要的信息管制和舆论操控'"[①]的历史事实。该文的价值还在于向国内学者提出了收集郭沫若境外佚文与外语佚文的重要性和迫切性的学术命题。

相关史料的收集、整理与辨析夯实了郭沫若研究的基础，为郭沫若文学研究进一步寻找选题、拓展空间提供了丰富的材料。

2. 郭沫若文学文本的释读。

对文学作品的细读与精读，发现美学价值，是文学作品分析的基础。2021 年度迎来了《女神》创作 100 周年，对《女神》解读的研究文章数量增多。张伯江《论〈女神〉的诗体创新——为〈女神〉出版 100 周年而作》（《文学评论》2021 年第 6 期）是 2021 年度《女神》研究学术含量最高的力作，也是近年来《女神》研究最具突破性的研究成果。该文最大价值在于弥补了对《女神》文本中体现出的汉语言文学内在精神、汉语特征等方面的研究的不足，提出了《女神》诗体创新的重要价值在于利用诗骚传统、汉语句法象似性特征和韵律，最大限度地"继承和转化汉语本质特征和内在精神"，同时又在汉语语言的使用中探索"视韵、三句组等创新性表达方式"。[②] 该文从语言学角度来分析《女神》，进一步回归到《女神》作为诗体创作的本源，也有利于提高《女神》诗学的价值。

此外，张勇的《〈女神〉初版本的价值重估及其限度探微》（《宜宾学院学报》2021 年第 11 期）、宋宁的《论郭沫若〈女神〉中"剧曲"的生成——以〈三叶集〉及相关史料为中心》（《宜宾学院学报》2021 年第 11 期）、任杰的《论〈序诗〉之于〈女神〉的意义——兼及郭沫若早期诗观与自我定位问题》（《宜宾学院学报》2021 年第 11 期）等都从不同方面集中对《女神》的文学史价值、美学价值等进行了重新思考与阐释。

需要特别指出的是《郭沫若学刊》在 2021 年第 4 期刊发了山东师范大学 4 位硕士研究生有关《女神》研究的文章，我们应该为该刊物点赞。该刊物能够拿出 25 个页码提供给刚刚踏入学术之门的硕士生，体现了刊物编者的包容、勇气以及信心。这 4 篇文章各有侧重，虽未脱离初学者的稚嫩，也未能全面地回答"'开一代诗风'应有哪些含义？'女神体'是自由体吗？'绝端的自由，绝端的自主'就是作者没有约束？或是理解为诗体大解放？《女神》的现代性究竟表现在哪里？如何看待《女神》的叫喊？"[③] 等方面的历史之问，但是学生们探究的热情却预示着郭沫若研究未来走向更多年轻人的可能性。正如栏目主持人魏建所说，对于《女神》更好的纪念，就

---

① 陈童君：《〈中国资料〉与郭沫若日文佚作〈站在人民的立场〉》，《中国现代文学研究丛刊》2021 年第 4 期。
② 张伯江：《论〈女神〉的诗体创新——为〈女神〉出版 100 周年而作》，《文学评论》2021 年第 6 期。
③ 魏建：《〈女神〉百年如何纪念》，《郭沫若学刊》2021 年第 4 期。

是要学会"专业化的解读"①。

郭沫若历史剧研究近几年来取得了不少成果，2021年度王瑜、周珉佳的《郭沫若历史剧〈屈原〉之"再发现"：戏剧接受的历史逻辑与阐释导向》（《山东社会科学》2021年第3期）一文从接受美学的观点出发，通过分析郭沫若的历史剧《屈原》与孙伏园和《中央日报》副刊的关系，以及《屈原》唱和诗的社会影响力和周恩来对郭沫若的鼓励、支持等方面，重新解读、探索和挖掘了《屈原》的历史价值。

除了文本美学价值分析外，近年来对郭沫若作品文学版本的研究方兴未艾。宋宁的《郭沫若历史剧〈高渐离〉的版本与修改》（《现代中文学刊》2021年第6期）即是其中之一。《高渐离》是郭沫若研究中不太被重视的一部历史剧，作者翔实梳理了《高渐离》"初刊本"→"初版本"→"群益修改本"→"文集本"的演变过程，着重对"群益修改本"及"文集本"进行了比较阅读，统计出了两个版本具体修改之处，并分析其修改的原因，认为"《高渐离》的修改，既凸显郭沫若在不同时代背景下的文化政治实践，也体现其在戏剧艺术上的精益求精"。② 杨玉霞的《郭沫若诗集〈新华颂〉删改考》（《中国文化研究》2021年第1期）、张传敏的《战时首都档案中的郭沫若戏剧〈屈原〉》（《新文学史料》2021年第4期）等都是2021年度所出现的有关郭沫若作品文学版本研究的佳作。

郭沫若创作了大量旧体诗，但是学界对此却少有问津，2021年蔡震推出了系列解读郭沫若旧体诗的成果——《郭沫若诗话（一）（二）》（《郭沫若学刊》2021年第1期、第3期），他以所收集到的郭沫若旧体诗佚作为研究对象，采取传统文学批评的方式，对诗歌创作的时间、背景及内容进行了详尽解读。作者还围绕这些旧体诗的创作背景，进一步考订了与郭沫若相关的史实、史事，丰富了郭沫若研究的文化历史信息。现存有关郭沫若旧体诗研究的资料也多存在不同程度的错误，常丽洁《郭沫若旧体诗笺注补正》（《中国现代文学研究丛刊》2021年第3期）有效改变了此方面研究薄弱的局面。该文选取了6首郭沫若所创作的旧体诗作为研究对象，采取"我注六经"的研究方法，对《郭沫若旧体诗词系年注释》中注释不当之处进行了详细校订，还对注释中较为粗略的部分进行了补充丰富，从而使郭沫若旧体诗的寓意更加鲜明突出。

2021年度有关郭沫若文学文本解读的成果还有很多，如肖炳生的《凤凰如何涅槃？——早期郭沫若文艺思想的传统起源与观念再造》（《郭沫若学刊》2021年第1期）、咸立强的《翻译文学批评的版本问题——以郭沫若译〈少年维特之烦恼〉为例》（《中华文化论坛》2021年第2期）、张弛的《浪漫的间歇——抗战初期郭沫若的寓湘之旅》（《中国文学研究》2021年第3期）等，都值得关注、阅读。

---

① 魏建：《〈女神〉百年如何纪念》，《郭沫若学刊》2021年第4期。
② 宋宁：《郭沫若历史剧〈高渐离〉的版本与修改》，《现代中文学刊》2021年第6期。

3. 理论阐释。

郭沫若研究的理论阐释是一个重要的研究方面，同时也是较为薄弱的环节。2021年在理论阐释方面，出现了多篇值得关注的成果。刘奎《泛神论、主情主义与"五四"时期郭沫若的情感总体观》（《中国现代文学研究丛刊》2021年第4期）一文对郭沫若研究中的热点问题"泛神论思想"进行了综合性梳理和理论辨析，文章的贡献在于在梳理郭沫若接受"泛神论"不同思想来源的基础上，重点对其演变的过程及意义进行了学术分析，从而认为郭沫若"将泛神论的'实体'具体化为时代精神和历史意识，并从情感本体的角度提出诗的一元论，将新人、新文学与新世界做了有机的关联"①，以此为基础揭示出郭沫若诗歌创作的独特美学价值和情感内涵。李斌的《唯物史观与郭沫若的中国古典文学研究》（《文学遗产》2021年第3期）是对郭沫若学术研究的再研究。论文基于唯物史观的视野之下，对郭沫若有关楚辞、唐诗等古典文学研究的方法进行了综合归纳，认为"郭沫若对中国古典文学中的一些重要作家作品进行了实事求是而又全面深刻的评价……是对中华优秀传统文化进行创造性转化和创新性发展的重要尝试"②，进而凸显了郭沫若作为人民学问家的鲜明特色。此外，唐文娟的《"民族—人民"诗人的生成——马克思主义视野与抗战时期郭沫若的屈原研究》（《中国现代文学研究丛刊》2021年第6期）、尚晓进的《从宇宙更新到政治革命：郭沫若基于泛神论的思想转向——一种思想史的考察》（《中国现代文学研究丛刊》2021年第6期）等研究成果同样值得关注，他们分别从不同侧面对郭沫若文学研究的相关问题进行了理论辨析。

4. 研究专著。

2021年度出版有关郭沫若研究的专著不少，主要有蔡震的《诗人学者郭沫若》（社会科学文献出版社2021年版），李斌的《郭沫若书信中的当代中国》（云南人民出版社2021年版）以及《流言与真相：革命视野中的郭沫若》（社会科学文献出版社2021年版）等，虽然这些著作都并非以郭沫若文学研究作为主要阐发对象，但是在其中也涉及了诸多郭沫若文学研究的有关问题，可以为郭沫若文学研究提供相关的史料及线索。此外，咸立强的《郭沫若翻译文学研究》（花木兰文化事业有限公司2021年版）是一本以郭沫若翻译成果中文学类作品为研究的学术论著。该专著共分为上、中、下三册，上册主要是对郭沫若翻译文学进行综合性阐述，分别从郭沫若翻译文学的发展历程、翻译思想等方面进行了全面系统解析；中、下册则主要对具体的翻译作品，按照诗剧、诗歌、戏剧和小说等文体形式，分门别类做了解读。全书容量大，信息量足，观点鲜明，改变了现有郭沫若翻译文学研究碎片化的现状，形成了集

---

① 刘奎：《泛神论、主情主义与"五四"时期郭沫若的情感总体观》，《中国现代文学研究丛刊》2021年第4期。

② 李斌：《唯物史观与郭沫若的中国古典文学研究》，《文学遗产》2021年第3期。

成性的辐射效应，进而全面系统构建了郭沫若翻译文学的研究体系。

三 2021 年郭沫若文学研究的会议、获奖与课题申报情况

2021 年共召开有关郭沫若的学术研讨会三次。（1）4 月 23—25 日，在陕西师范大学举行的"创造社与现代中国文化——纪念创造社成立一百周年学术研讨会"。共有 70 余位学者参加了此次会议，会议围绕创造社研究、郭沫若研究、郁达夫研究以及创造社其他作家等四个方面展开研讨，对于重新梳理创造社对中国文学的价值，探讨以郭沫若为首的创造社主要作家的作品风格以及创作思想等方面起到了极大的促进作用。（2）11 月 27 日，由国际郭沫若学会、山东师范大学主办的"郭沫若文学百年——纪念《女神》出版一百周年"国际学术研讨会。此次会议主要采用主题报告的形式进行，与会人员对《女神》进行了多方位的阐释。（3）12 月 11—13 日，在中国人民大学召开的创造社百年纪念学术研讨会。与会学者围绕创造社等方面的议题展开了学术研讨。

2021 年度何俊主持的教育部人文社会科学一般项目"从郭沫若的德语文学翻译和德语世界的郭沫若看巴蜀学人与德国文化场域的双向关系"结项。该项目对郭沫若的德语著作翻译进行了系统梳理，进而确立与强化了郭沫若作为翻译家的地位与贡献，其最大价值在于梳理了郭沫若在德语世界的接受与传播情况。

四川郭沫若研究中心 2021 年度共立项有关郭沫若的课题 36 项，其中有关文学类的课题共有 9 项，商丘师范学院刘海洲的"百年中国郭沫若研究史"、西华大学文学与新闻学院王学东的"近四十年来郭沫若《天狗》接受研究"等获得了重点项目立项，这些项目促进了不同专业的学者更好地投入到郭沫若文学研究之中。

四 存在的问题及发展策略

2021 年郭沫若文学研究总体来说比较平稳，有多篇论文阐释的角度都较为新颖，对现有的研究也有不同程度的突破，但是我们还应清晰地看到，郭沫若文学研究中还存在较多亟待解决的问题，综合来说主要有如下几个方面。

1. 对于文学作品解读的力度和广度不够。

作品文本的解读与阐释，是郭沫若文学研究的基础，无论是史料阐释还是理论解析，都应以文本分析作为基础，但是从 2021 年有关郭沫若文学研究的相关成果来看，无论是学术论文、专著还是学术会议的论题与发言，对于郭沫若文学作品的解读、解析、阐释、理解的力度还非常不够。主要表现为两个方面。一是对文学文本本体解读呈弱化的趋势，将关注点过多放置在由文学文本所生发出的历史问题、文化问题以及社会问题的解析上。这种研究方法虽然扩大了文学文本的外延价值，却减弱了文学文

本本有的美学特征。正如魏建所指出的，目前对郭沫若文学文本解读多集中于"评说作品的内容、思想以及时代和社会意义，说一些远离作品文学内涵的大话和空话。他们提到作品的思想内涵、社会意义和历史文化背景等，都能侃侃而谈，一旦进入作品的审美层面往往捉襟见肘，只能说一些所谓'艺术特点'，诸如人物性格鲜明、情节曲折、描写生动、语言精练之类"①，因此，郭沫若文学文本的研究还应回归到文本本身，呈现其作为文学作品的话语蕴藉美学特性。二是有关郭沫若文学作品研究和解读的对象较为集中，缺乏新的发现、新的学术生长点。目前对郭沫若文学文本的研究多是集中在《女神》《屈原》《虎符》《少年维特之烦恼》等少数几个较为经典的作品上，而对其他文学文本涉及的就非常少，甚至有些郭沫若文学文本至今都未纳入研究者的学术视野，如对诗集《骆驼集》《东风集》、小说集《塔》《橄榄》、散文集《芍药及其他》等作品的解读与研究，都是目前郭沫若文学研究中的盲区，很少有研究者涉足其中。文学创作是郭沫若的主要成就领域，也是其登上现代中国文化舞台的起点，现存的《郭沫若全集》中《文学编》就有 20 部，比《历史编》《考古编》两编的总和还要多。因此，对于郭沫若文学文本的解读，我们既要扩大研究视野，将更多的郭沫若文学文本作为研究对象，还要提高文学文本解读的专业化水平，从文学审美的视角对郭沫若文学文本进行专业性解读。

2. 郭沫若文学研究学科融合的力度还不够。

郭沫若是一位百科全书式的文化巨匠，他的学术成就跨越了人文社会科学的诸多领域，形成了文史互动、以文入史、述论相融的复杂现象。对于这么一个丰富的研究对象，我们的研究却只是进行了简单化的条块分割，并人为筑起了学科研究的壁垒，这对郭沫若研究走向深入极为不利。但要短期改变这种现象却是非常困难的，因为这需要通过教育体系中的学科调整与融合才能改变，涉及人才培养模式的多元与共生等多个相关环节。就目前来看，解决路径之一是加大研究的引导力度，比如郭沫若研究的相关刊物可以专设"大文科视野下的郭沫若研究"专栏，通过刊发从学科融合角度开展研究的成果打破学科壁垒；再比如在相关机构项目评审时也可考虑多设置从学科融合角度研究郭沫若的相关选题。总之，郭沫若文学研究既要保持文学研究纯度，也应不断拓展研究的广度，这样才能做到对郭沫若文化丰富性内涵的全面释读。

3. 郭沫若文学研究人员稳定性不够。

缺乏一支长期从事郭沫若研究的稳定学术队伍，是长期困扰郭沫若研究的突出问题。这一问题在 2021 年郭沫若文学研究中依然非常突出，主要表现在以下几个方面。

首先，2021 年度郭沫若文学研究涉及作者众多，在 100 余篇相关论文中，出现了 80 余名作者②。这反映出两个问题：一是绝大多数作者仅仅只刊出了 1 篇与郭沫

---

① 魏建：《〈女神〉百年如何纪念》，《郭沫若学刊》2021 年第 4 期。
② 这项统计数据中，出现了两位及以上的作者仅仅只统计第一作者。

若相关的学术论文；二是郭沫若研究人员较为分散，未能形成相对固定的研究群体。

其次，2021年度以郭沫若文学研究为选题的硕博士学位论文只有7篇[①]，而与鲁迅相关的选题则有近百篇之多[②]，二者的差距悬殊。由此也可看出，郭沫若研究人员相对匮乏，很难构成一支稳定的研究队伍。

再次，在2021年度80余位第一作者中，仅仅只有不到10位的研究者刊发了2篇以上与郭沫若文学研究相关的学术论文，而在剩余70余名作者中，绝大多数都是首次涉足郭沫若研究领域，刊发相关成果，他们对郭沫若研究能够保持多久的关注度也是一个值得关注的现象。

从上述三个方面的分析可以发现，郭沫若研究人员的构成还不合理，尚未构成相对稳定、人数较多的郭沫若研究队伍，这也严重制约了郭沫若研究向纵深方向的发展。

纵观2021年郭沫若文学研究的整体状况，既出现了较多高水平、高质量的学术研究成果，同时长期困扰郭沫若文学研究的问题依然突出。今后郭沫若文学研究还应多破局，多建构，逐步形成一个开放、包容、多元的郭沫若文学研究格局。

（作者系中国社会科学院郭沫若纪念馆研究员）

[①] 本项数据是依据中国知网（www.cnki.net）的查询结果进行的统计，不包括未收录其中的2021年度硕博士论文。

[②] 此数据的统计方式与郭沫若研究硕博士学位论文的统计方式一致。

2021年郭沫若史学研究综述

王 静

2021年，关于郭沫若历史学、考古学、古文字学研究的学术成果，约有20余篇（部），数量较前几年没有大的增长。这些成果的研究方向主要集中于中国古代社会史研究、以先秦诸子为代表的古代思想研究、古文字研究等领域，此外也有所延伸，如文献研究、文史交叉研究等。

一

郭沫若是运用唯物史观研究中国历史的先驱，在中国马克思主义学术史中考察郭沫若的研究成果，是学术史书写的必然一环。在这一方面，2021年有张越《中国马克思主义史学的形成与社会史论战》[1]、汤惠生《中国马克思主义考古学派与类型学》[2]、杨华《唯物史观与中国古礼研究——20世纪礼学研究方法论之一》[3] 3篇文章，将郭沫若的学术研究置于学术史之流变中，凸显了郭沫若的学术地位与影响。

张越提出，郭沫若的《中国古代社会研究》早于社会史论战，并成为社会史论战的主要焦点和批评对象。然而，社会史论战中存在着"轻视史料""公式化使用理论"的问题，使得学院派史家对社会史论战产生疏离，而郭沫若的著作在研究方法上得到了史家的肯定。该文辨析了社会史论战与郭沫若古史研究的思路差异，认为它们虽路径不同，但均为有意识地运用唯物史观研究中国历史，郭沫若的研究弥补了前者学术层面上的不足，中国马克思主义史学由此初步形成。

汤惠生将郭沫若对中国马克思主义考古学的贡献定义为"建立马克思主义考古学的创始"。他认为其功绩有二：其一是建立了中国历史和考古作为学科的框架，以及马克思主义的"研究模式"，包括话语方式；其二是郭沫若对中国历史上奴隶制的研究，在考古学上成为对奴隶制这种社会历史类型的确认。

杨华的论文聚焦礼制研究史，梳理了包括郭沫若在内的中国马克思主义史学开拓

---

[1] 张越：《中国马克思主义史学的形成与社会史论战》，《近代史研究》2021年第5期。
[2] 汤惠生：《中国马克思主义考古学派与类型学》，《中国社会科学》2021年第9期。
[3] 杨华：《唯物史观与中国古礼研究——20世纪礼学研究方法论之一》，《华东师范大学学报（哲学社会科学版）》2021年第4期。

者在研究古史时对礼制的论述，提出在对古史分期、春秋战国之际的社会变革等社会形态论的中心问题的研究中，郭沫若将礼制作为研究的重要依据，并最终使用阶级分析方法来解释古礼。重要的是，郭沫若的这种自觉使用唯物史观来解释礼制的方法，不但被早期唯物论者大量应用，更为后来的礼制研究者所继承。此外该文也对马克思主义史学派在礼制研究中存在的错误和教条化问题进行了反思。

中国古代社会史研究是郭沫若进行史学研究的基本方向，也是对郭沫若史学研究进行再研究的重点领域。《郭沫若学刊》2021 年第 4 期辟出一个专栏，聚焦郭沫若开创的以唯物史观为指导，论证中国社会经历奴隶制社会阶段、符合人类社会发展一般规律的研究路径，刊载了李勇《郭沫若对中国"无奴说"的回应》①与王舒琳《郭沫若"中国社会应与他国无异"探析》②两篇文章。

李勇在《郭沫若对中国"无奴说"的回应》中认为，郭沫若通过界定奴隶制与封建制的区别，以及对马克思"亚细亚社会形态"的解读，确立了自己中国社会经历奴隶制阶段的"有奴说"。在这个过程中及之后，郭沫若坚持对"臣""民""宰""众"为生产奴隶的解释，通过援引彝族社会的民族学材料和与希腊、罗马历史比较的方法，对"无奴说"等观点进行了回应与反驳。该文对郭沫若的观点与方法进行了细致的梳理，其结论为郭沫若实现了对"无奴说"的"有效反驳"。王舒琳在《郭沫若"中国社会应与他国无异"探析》中对郭沫若"中国社会应与他国无异"的观点进行了深入探讨，从观点提出的原因、具体内容、所引发的学术争议几个方面分别进行论述，肯定了郭沫若这一观点的时代价值。该文提出，郭沫若认定中国社会的一般性而非特殊性，是马克思主义中国化的选择之一，在当时发挥了革命功用，并产生了反对民族偏见的效应。此外，李勇的文章《民国时期吕振羽批评郭沫若古史研究的原因及史料学意义》③将吕振羽对郭沫若史学实验主义特征的批评进行了史学史的梳理，肯定了吕振羽在史料学上对实验主义史学的突破，指出郭沫若在"技术方法层面"与实验主义的近似之处，是一种消极方式。

对郭沫若的先秦诸子研究的再研究，不但是 2021 年度成果最多的领域，且连续多年均有成果产生，证明了郭沫若诸子研究的经典性。

《十批判书》是郭沫若诸子研究的集大成之作，学界关于该书的观点与研究颇为丰富，此前多关注其内容，近年来则亦重于探索其写作背景与原因。李孝迁的《〈十批判书〉的写作语境与意图》④以翔实的史料为支撑，追问郭沫若写作《十批判书》的意图，还原其历史语境，复建马克思主义史家"隔空对话"的历史场景。从《中

---

① 李勇：《郭沫若对中国"无奴说"的回应》，《郭沫若学刊》2021 年第 4 期。
② 王舒琳：《郭沫若"中国社会应与他国无异"探析》，《郭沫若学刊》2021 年第 4 期。
③ 李勇：《民国时期吕振羽批评郭沫若古史研究的原因及史料学意义》，《四川师范大学学报（社会科学版）》2021 年第 5 期。
④ 李孝迁：《〈十批判书〉的写作语境与意图》，《历史研究》2021 年第 4 期。

国古代社会研究》诞生到《十批判书》写作之前，同一阵营的马克思主义史家将郭沫若视为赶超对象，并且对其观点进行批评，郭沫若则通过各种途径予以回应。本来对论争兴趣减退的郭沫若，受到多部史著出版和墨子商榷文章的刺激，决定用彻底清算古代社会与意识形态作为答复。该文认为，对《古代研究的自我批判》的文本分析表明，郭沫若采取"辩论式叙述"和以退为进的"自我检讨"的形式回应质疑。文章证明，翦伯赞《中国史纲》的出版是《十批判书》写作的主要原因，而郭沫若对孔子、墨子和其他诸子的论述，与侯外庐的《中国古代思想学说史》交集较多。这样的"隔空对话"是马克思主义史学内部学术论争的产物，而《十批判书》也在学术史上发挥了承前启后的作用。李生滨《郭沫若周秦诸子研究平议——以〈十批判书〉为中心》① 关注《十批判书》"文化批判的思想价值和现实观照的历史意义"，在近代以来中国学术研究的新变和突进中定位郭沫若的学术贡献，提出《十批判书》坚持马克思历史唯物主义的思想批判，其根本指向是民族独立和新文化建设。

除孔墨观外，郭沫若的法家观也与同阵营学者发生了较大分歧，宋洪兵《郭沫若的法家观及马克思主义史家法家观的内部分歧》② 对其进行了分析。该文认为，郭沫若对待前期法家和韩非子等后期法家采取了不同的标准，在分析前期法家时主要采取"国家本位"的"历史唯物主义立场"，而对韩非则更多地采取"人民本位"观来评价，并将韩非思想定性为历史唯物主义思路下的奴隶制代言人，这与马克思主义阵营中大多数史家承认法家历史进步性的观点迥异。作者认为郭沫若对韩非的评价是依据不足的，其主要原因是对蒋介石独裁政治的反对而产生对后期法家之"术"的厌恶。该文的结论是，郭沫若的人民本位观是马克思主义史学阵营内部具有自由主义倾向的观点。

杨胜宽《苏轼与郭沫若对商鞅评价的分歧及其原因》③ 对苏轼与郭沫若进行跨时空的对比研究，提出苏轼一生对商鞅持否定性评价，而郭沫若在不同时期对商鞅予以高度肯定，他们对"法"的认识、对"变法"的态度和对"商鞅变法"的功过看法均不同，这与二人因时代背景和人生遭际而形成的思想认识与政治立场存在着复杂关系。此外，杨胜宽还撰有《郭沫若评价尹文及〈尹文子〉的几个问题》④，认为郭沫若对史料进行主观性研判而产生偏颇，使得其结论如对《尹文子》的证伪、认定《白心》为尹文遗著等，存在着不够科学和严谨的缺陷。

王静的专著《激变时代的思考者：郭沫若与其诸子观》⑤ 是一部尝试之作，该书

---

① 李生滨：《郭沫若周秦诸子研究平议——以〈十批判书〉为中心》，《中华文化论坛》2021年第2期。
② 宋洪兵：《郭沫若的法家观及马克思主义史家法家观的内部分歧》，《史学月刊》2021年第2期。
③ 杨胜宽：《苏轼与郭沫若对商鞅评价的分歧及其原因》，《地方文化研究辑刊》第17辑，巴蜀书社2021年版，第72—87页。
④ 杨胜宽：《郭沫若评价尹文及〈尹文子〉的几个问题》，《郭沫若学刊》2021年第1期。
⑤ 王静：《激变时代的思考者：郭沫若与其诸子观》，中国社会科学出版社2021年版。

试图对郭沫若的诸子观点进行全面性和系统性的梳理，对郭沫若的传统文化背景、理论方法转型以及诸子研究过程进行考察，分述其对诸子各家的学术研究，也对其文学作品中的诸子观进行总结。该书通过对郭沫若的个体研究来探索激变时代中知识分子对中国传统文化的态度与观点，对中国近现代思想研究与郭沫若研究具有积极意义。不过该书仍存在着一定的不足，即缺乏对郭沫若的诸子研究进行理论性、深入性的探讨，史料整理的意义大于理论建构。

二

在历史研究之外，郭沫若亦对古典文献的整理和译释作出了贡献，2021年有若干文章论及郭沫若的《管子集校》与《再生缘》校订工作。李斌《郭沫若与〈管子集校〉的编撰》[①]聚焦学术书写史，通过翔实的史料，尤其是多封往来信函，再现了郭沫若搜集资料、遍寻版本而校订《管子》的过程。此前，学术界对于《管子集校》内容本身的研究较为薄弱，成果较少。田膂、文洪睿的论文《郭沫若〈管子集校〉训诂内容述例》[②]对《管子集校》中的郭沫若按语进行了研究，从考证与校勘两方面进行爬梳，提出郭沫若考前人之说时，既补充证据以证其是，亦提出理由驳其之误；在考原文时，郭沫若对字义字源、名物器物、天文职官等都进行了详尽的考释。同时，郭沫若运用多种手段，对讹、脱、衍、倒、错简等内容进行了校勘。作者提出，郭沫若的考校翔实严谨，《管子集校》确为迄今最好的《管子》校注本。郭士礼的《学术文化领域的统一战线与马克思主义史学主导地位的强化——兼论陈寅恪、郭沫若的〈再生缘〉研究》[③]一文，从学术文化统一战线工作的视角阐释了郭沫若与陈寅恪围绕《再生缘》展开的交流与论争，提出郭沫若运用马克思主义唯物史观将陈寅恪《再生缘》研究中的"自发的唯物因素"进行整合重塑，对马克思主义在学术文化领域主导地位的强化作出了贡献。

此外，对于郭沫若文史结合的研究与写作风格，也有学者予以关注。李斌《唯物史观与郭沫若的中国古典文学研究》[④]一文深入探讨了郭沫若以唯物史观为指导对中国古典文学的研究，提出在方法上，郭沫若运用"以诗证史""关键词考察""以医考文"等多种学科方法，注重校订古籍中的文本错讹，丰富了中国古典文学研究的学术体系。在评判标准上，郭沫若坚持"人民本位"的基本立场，称赞儒家思想，反对墨家和法家思想，肯定屈原、白居易等人接近人民的作品，提出了中国古典文学

---

① 李斌：《郭沫若与〈管子集校〉的编撰》，《传记文学》2021年第2期。
② 田膂、文洪睿：《郭沫若〈管子集校〉训诂内容述例》，《红河学院学报》2021年第1期。
③ 郭士礼：《学术文化领域的统一战线与马克思主义史学主导地位的强化——兼论陈寅恪、郭沫若的〈再生缘〉研究》，《湖北社会科学》2021年第10期。
④ 李斌：《唯物史观与郭沫若的中国古典文学研究》，《文学遗产》2021年第3期。

的发展历史是民间文学与贵族文学的斗争史的核心观点。徐国利《郭沫若的文史关系理论及其史学实践与特色》① 对郭沫若文史关系理论的建树及其文史结合的史学实践进行了总结，分析了郭沫若对史学研究和史剧创作在任务和宗旨、思维方式、手段方法和认识功能等方面异同的阐释，提出在史学实践上，郭沫若注重"引文入史"，将文艺性思维引入历史研究，以文学作品作为史料，用文学语言书写历史。

2021年度，郭沫若古文字研究领域的成果不多，较为重要的有李红薇《从郭沫若容庚几封信札的考订谈及二人之间的一段往事》②。该文对《郭沫若致容庚书简》中原整理者归于1932、1933年的5封信函进行了解读，重新考订时间，将其全部归于1934年，证明1931年10月—1934年1月郭沫若与容庚久未通信。该文进而通过申联史料，考证了1931年二人产生嫌隙的来龙去脉，厘清了这一史事的细节。此外，李红薇申报的"郭沫若金文著作的文献学研究——以《两周金文辞大系》为中心"项目获得国家社科基金优秀博士论文出版资助。该项目主要以郭沫若所著的《两周金文辞大系》为考察中心，并借助于郭沫若相关书信、日记等相关史料记叙，梳理郭沫若有关古文字研究的重要观点演变的脉络，同时还对《两周金文辞大系》中所收录的器图、铭文逐一考证溯源。

综上所述，2021年关于郭沫若史学研究的成果较为丰富，研究主题在传统历史研究领域之外亦有所延伸和突破。然而，成果中相当多的作品将郭沫若视为学术史中的一环，而非探讨郭沫若学术观点的内涵本身。尽管从宏观的史学史视角去评价郭沫若的作用是很重要的，但如何让郭沫若的学术观点在新时代继续焕发生命力，仍是一个值得探讨的课题。或许在未来的郭沫若研究中，运用新的学术话语，开拓新的研究视角，引用交叉学科的方法，是可以期待的方向。

（作者系中国社会科学院郭沫若纪念馆副研究馆员）

---

① 徐国利：《郭沫若的文史关系理论及其史学实践与特色》，《安徽大学学报（哲学社会科学版）》2021年第4期。
② 李红薇：《从郭沫若容庚几封信札的考订谈及二人之间的一段往事》，《出土文献》2021年第1期。

郭沫若历史剧研究综述

宋 宁

从五四时期对郭沫若作品的评论算起，至今郭沫若研究已达百年，累积了驳杂、丰沛的研究成果。纵观百年郭沫若研究，可谓在高低起伏中不断前进。以1978年郭沫若逝世为界可分出两个时期，在这两个时段内郭沫若研究都曾出现过高峰。前者主要是伴随着文学创作与学术研究引发的热议和讨论，如20世纪20年代的"女神"时期、40年代历史剧创作与史学讨论期。自20世纪80年代以来，郭沫若研究进入到快速发展的时期，出现高峰与低谷并存的现象。[①] 郭沫若历史剧研究亦符合这一发展轨迹，高峰期分别出现在20世纪40年代、80年代与新世纪以来。本文将围绕这三个高峰期对郭沫若历史剧研究进行梳理与总结，以期对郭沫若历史剧研究有所助益。

一　20世纪40年代的跟踪研究

早在20世纪20年代，伴随着郭沫若历史剧作品《聂嫈》《王昭君》《卓文君》的发表出版，相关的研究随即展开。评论者主要是针对历史剧的文体样式，探讨创作内容与手法的各种适用可能性，打开了历史剧研究的话题。如顾仲彝《今后的历史剧》[②]、向培良《所谓历史剧》[③]、王以仁《沫若的戏剧》[④] 等，这些文章虽然对郭沫若历史剧褒贬不一，但都认为郭沫若历史剧的特点是借人物之口表达现代理念与革新意愿。从中不难看出，历史剧初登文坛所引发的争论，以及由此衍生出对这一文体主

---

① 魏建在《郭沫若研究的春天已经到来——在第三届郭沫若青年论坛开幕式上的致辞》（《郭沫若学刊》2018年第1期）一文中形象地称之为马鞍形的发展历程，他认为马鞍形的前一个高峰出现在20世纪70年代末期至20世纪80年代初期，低谷在20世纪最后几年至本世纪最初几年，近十年开始出现一个新高峰，所以郭沫若研究的春天已经到来。李斌在《四十余年来郭沫若研究的进展及可能》（《贵州师范大学学报（社会科学版）》2020年第6期）一文沿着此思路进行梳理，但略做调整，认为第一阶段为1978年至1999年，是郭沫若研究的第一个高潮期；第二阶段为1999年至2012年，是郭沫若研究的沉寂期；第三阶段为2012年至今，是郭沫若研究的回暖期。

② 顾仲彝：《今后的历史剧》，《新月》1928年第2期。

③ 向培良：《所谓历史剧》，王训昭等编：《郭沫若研究资料》（中），知识产权出版社2010年版，第722页。

④ 王以仁：《沫若的戏剧》，《文艺周刊》1924年第40期。

题、艺术等各个层面上的讨论是这一时期研究的主要方向。

随着20世纪30年代末期对历史剧创作的深入认识,在时代情势催逼之下,40年代出现历史剧创作潮。郭沫若一系列历史剧问世,引发评论者的热烈关注。相较于初创时期的文体讨论,这一时期的评论文章更多地集中于剧作本体的特征,体现出鲜明的时效性和驳杂性。一是在阅读剧本的基础上展开批评,指出剧作主题与时代之关联,同时亦对艺术特征做出评价。如李长之《棠棣之花》[①] 明确指出是对"郭沫若著　当代文艺丛书　三一年七月初版　作者书屋总经售"的《棠棣之花》本进行评论,对剧中人物、思想和戏剧场面都有论述,认为理想人物多,且沉浸在浓挚的情感中,戏剧场面丰富;同时指出剧作的几处不足,特别说明"印得太坏了"。孙伏园的《读〈屈原〉剧本》[②] 则是指刊登在《中央日报》上的《屈原》,认为剧本充满着正气,是一篇"新正气歌",体现出中国精神,是一种杀身成仁的精神,是牺牲了生命以换取精神的独立自由。

二是结合演出的效果对剧本进行多角度、多方面的评价,产生不同的观点和看法。其中有对演出和剧本印象式的赞扬评论,特别指出与时代精神产生共振,凸显出郭沫若历史剧的时代意义。如舜瑶《正义的赞诗,壮丽的画图》[③] 以充满感性和激情的文字赞叹《棠棣之花》是"热情的话剧",剧中充盈着"刚勇的侠情,和醇美真挚的人性",符合观众的心理需求,是最成功的民族史剧。桂生《〈屈原〉观后》[④] 也是以激昂感性的文字进行评述,《屈原》的演出让他想起《棠棣之花》、莎士比亚的《哈姆雷特》、歌德的《浮士德》这三部曾让他流下至诚之泪、悲愤之泪、惭愧之泪的剧作,认为无论在演员的技艺上、导演的手法上、剧本的编制上,《屈原》都获得了最大的成功;同时从思想意义层面进行阐释,《屈原》向自私自利的小人、祸国殃民的汉奸、认贼作父的昏君提出一个严重的抗议,它暴露了他们的罪恶——奸险、狰狞和无耻。

同时也出现一些批评的声音,多是从语言、创作手法与史实出入等方面提出质疑。如刘遽然《评〈屈原〉的剧作与演出》[⑤] 一文认为,剧作里有语言和词语使用不当问题、南后与屈原的对话不符合身份问题,演出中导演的西方表现手法、演员的欧化动作、人物的装扮等问题。陈谦子《评郭著屈原》[⑥] 是在国泰剧院看了演出,读了文林出版社的剧本和报纸上名人的"唱和"之后,认为剧中人物设置和史实有出入,《九章》《九歌》夹入剧中不适合,以及并未达到把屈原塑造成"有气节有操守,

---

① 李长之:《棠棣之花》,《文艺先锋》1942年第1卷第4期。
② 孙伏园:《读〈屈原〉剧本》,《中央日报》1942年2月7日第4版。
③ 舜瑶:《正义的赞诗,壮丽的画图》,《新华日报》1941年12月7日第4版。
④ 桂生:《〈屈原〉观后》,《中央日报》1942年4月25日第4版。
⑤ 刘遽然:《评〈屈原〉的剧作与演出》,《中央日报》1942年5月17日第4版。
⑥ 陈谦子:《评郭著屈原》,《大中国(重庆)》1942年第1卷第1期。

有伟大人格的政治诗人"。

此外还有文章从历史剧发展和特点等角度对演出和剧本进行讨论和评价，如欧阳凡海《论历史剧》①从《棠棣之花》的上演分析历史剧的积极意义和消极方面，认为《棠棣之花》的演出是对历史剧前途的推进；章罂《从〈棠棣之花〉谈到评历史剧》②认为，评价历史剧应该从了解史实、具有历史眼光、历史的真实性和剧本的戏剧性、剧作者写的年代和思想、参考观众反应五个方面全面考察；孙伏园《我们从此有了古装剧——〈棠棣之花〉和〈屈原〉观后感》③认为，这两部戏剧的积极意义在于话剧这种新的戏剧形式不只有时装剧，而且也有了古装剧。这些文章从宏观角度肯定了郭沫若历史剧产生的积极意义和戏剧发展价值，但更值得注意的是，文章还客观指出了剧本和演出中细节方面的不足之处。周峰《演历史剧》④则是从参演演员角度体验式谈演历史剧的不易和经验的缺乏，从一个侧面说明抗战历史剧的发展和成功是不断探索出来的。

其他评论文章，如周务耕《从剧作〈屈原〉想起》、柳涛《谈〈屈原〉悲壮剧》《谈〈屈原〉悲壮剧中的仆夫》《〈虎符〉中的典型和主题》、金灿然《〈屈原〉为什么"成问题"》、堵初述《虎符》、翦伯赞《关于〈孔雀胆〉》、徐飞《〈孔雀胆〉演出以后》⑤等主要是对剧本的主题和意义进行阐释。总体来看，这一时期的评论文章以该阶段的剧本和观演效果为出发点，不仅从剧作主旨思想、艺术形式、舞台表演等方面讨论历史剧的现实价值与艺术发展，而且对历史剧文体理论进行了更为深入的探讨，阐述了不同的认知与观点。这些同时代的评论，可以说是郭沫若历史剧研究中的重要资料。

二 20世纪80年代的系统研究

其实，从20世纪50年代末开始，郭沫若历史剧出现系统性的研究文章，如陈瘦竹的《论郭沫若的历史剧》和王淑明的《论郭沫若的历史剧》⑥。这两篇文章从思想

---

① 欧阳凡海:《论历史剧》,《新华日报》1941年12月7日第4版。
② 章罂:《从〈棠棣之花〉谈到评历史剧》,《新华日报》1941年12月7日第4版。
③ 孙伏园:《我们从此有了古装剧——〈棠棣之花〉和〈屈原〉观后感》,《中央日报》1942年4月7日第4版。
④ 周峰:《演历史剧》,《中央日报》1942年4月7日第4版。
⑤ 周务耕:《从剧作〈屈原〉想起》,《文艺生活（桂林）》1942年第2期。柳涛:《谈〈屈原〉悲壮剧》,《文艺生活（桂林）》1943年第1期。柳涛:《谈〈屈原〉悲壮剧中的仆夫》,《艺丛》1943年第1期。柳涛:《〈虎符〉中的典型和主题》,《中原》1943年创刊号。金灿然:《〈屈原〉为什么"成问题"》,《解放日报》1942年7月11日第4版。堵初述:《虎符》,《文艺先锋》1942年第4期。翦伯赞:《关于〈孔雀胆〉》,《新华日报》1942年12月31日第4版。徐飞:《〈孔雀胆〉演出以后》,《新华日报》1943年1月18日第4版。
⑥ 陈瘦竹:《论郭沫若的历史剧》,《戏剧丛刊》1958年第3辑；王淑明:《论郭沫若的历史剧》,《文学研究》1958年第2期。

价值到艺术特色对郭沫若历史剧进行了整体性评价，有一定的学理性，但具有明显的社会学批评性质。张仲浦《郭沫若的历史剧〈屈原〉》[1] 一书对屈原人物的分析，同样是在"革命"语境中展开。之外，吴泰昌《〈女神〉的修改本》[2] 一文对郭沫若修改《棠棣之花》所用版本和修改情况进行分析说明。可见，虽然这一时期的研究受制于研究方法，局限性明显，但整体性研究与版本修改问题研究拓宽了郭沫若历史剧研究的视野。

20世纪80年代以来，郭沫若历史剧研究进入发展期，出现一系列的研究论文和著作。王瑶《郭沫若的浪漫主义历史剧创作理论》（《文学评论》1983年第3期）、陈瘦竹《剧中有诗》（王训昭等编《郭沫若研究资料（中）》）等论文对郭沫若历史剧中的浪漫主义特色进行了深入分析，可以说对郭沫若历史剧艺术美学的研究产生了深远影响。除此之外，还有一些研究论文围绕具体历史剧作品展开论述，如高国平《"让明天清早呈现出一片干净的世界"——读郭沫若历史剧〈孔雀胆〉》《"血淋淋的纪念品"——读郭沫若历史剧〈棠棣之花〉》、张毓茂《评郭沫若的史剧〈蔡文姬〉和〈武则天〉》、范业本《郭沫若的历史剧〈屈原〉》、箭鸣《关于〈孔雀胆〉的主题思想》，等等。[3]

同时，历史剧研究还在资料的搜集整理和整体性探究方面收获颇多，如温鉴非编《郭沫若戏剧研究资料篇目索引1919—1982》，黄侯兴著《郭沫若历史剧研究》，田本相、杨景辉著《郭沫若史剧论》，吴功正著《沫若史剧论》，韩立群著《郭沫若史剧创作论》，傅正乾著《历史·史剧·现实——郭沫若史剧理论研究》，王锦厚、伍加伦、钟德慧著《郭沫若史剧论》等。[4] 这股热潮一直持续到20世纪90年代，出版有周海波著《历史的废墟与艺术的王国——郭沫若历史剧文化命题的文学意义》，王大敏著《郭沫若史剧论》，何益明著《郭沫若的史剧艺术》等。[5] 这些著作围绕历史剧，从文化背景、思想主题、艺术手法等方面进行全面深入的分析，一方面充分地总

---

[1] 张仲浦：《郭沫若的历史剧〈屈原〉》，上海文艺出版社1959年版。
[2] 吴泰昌：《〈女神〉的修改本》，《人民日报》1978年6月29日第3版。
[3] 高国平：《"让明天清早呈现出一片干净的世界"——读郭沫若历史剧〈孔雀胆〉》，《河南师大学报（社会科学版）》1980年第3期。高国平：《"血淋淋的纪念品"——读郭沫若历史剧〈棠棣之花〉》，《学习与探索》1981年第6期。张毓茂：《评郭沫若的史剧〈蔡文姬〉和〈武则天〉》，《辽宁大学学报（哲学社会科学版）》1980年第3期。范业本：《郭沫若的历史剧〈屈原〉》，《东北师大学报》1982年第5期。箭鸣：《关于〈孔雀胆〉的主题思想》，《文学评论》1983年第6期。
[4] 温鉴非编：《郭沫若戏剧研究资料篇目索引1919—1982》，吉林艺术学院图书馆1983年版。黄侯兴：《郭沫若历史剧研究》，长江文艺出版社1983年版。田本相、杨景辉：《郭沫若史剧论》，人民文学出版社1985年版。吴功正：《沫若史剧论》，重庆出版社1987年版。韩立群：《郭沫若史剧创作论》，山东教育出版社1988年版。傅正乾：《历史·史剧·现实——郭沫若史剧理论研究》，陕西人民出版社1988年版。王锦厚、伍加伦、钟德慧：《郭沫若史剧论》，山西人民出版社1988年版。
[5] 周海波：《历史的废墟与艺术的王国——郭沫若历史剧文化命题的文学意义》，陕西旅游出版社1991年版。王大敏：《郭沫若史剧论》，武汉出版社1992年版。何益明：《郭沫若的史剧艺术》，湖南文艺出版社1994年版。

结郭沫若历史剧的成就，探索历史剧创作具有规律性的问题；另一方面具体分析剧作的特征与价值。可以说，这此研究既有对历史剧理论性的认识与探讨，更有从主题、结构、语言等多角度多层面的详细论证。

魏建《郭沫若历史剧研究述评》[1]从研究历史的回顾和研究现状的考察两方面对1985 年以前的成果进行了评述，深度剖析这一时段历史剧研究存在的问题，即政治化的社会学研究方法势必造成思想和艺术研究中的单一化和简单化，长期的思维定式必然带来研究的僵化；明确指出郭沫若历史剧研究在宏观文化背景、传统艺术渊源、史学研究与史剧创作关系、创作局限性等方面的研究空白。同时在此基础上提出解决问题的关键在于研究观念需要不断更新，"至少可以使郭沫若历史剧研究摆脱以往的浮泛的界说和僵化的观念而将思维的触角伸向更深层次"。这篇鞭辟入里的研究述评在一定程度上回答了郭沫若历史剧研究由高峰转入沉寂的根本原因。

三 新世纪以来的拓展与深化

21 世纪以来，多位郭沫若研究专家、学者，如蔡震、魏建、商金林、李怡、廖久明、王本朝、贾振勇等，不断指出郭沫若研究中存在的问题、困境及突破的路径，他们从史料发掘与整理、修改与版本研究、与政治关系、与中西文化关系、对郭沫若如何评价等各个方面提出了一系列观点与看法，这些意见与建议都指向重新审视研究对象，打开被政治视角遮蔽的地方，回归到郭沫若本体展开研究。在郭沫若整体研究不断反思与推进的大环境下，近十几年与郭沫若历史剧研究相关的期刊文章已有200 多篇，以郭沫若历史剧为选题的硕士学位论文已有 20 多篇，还有一些博士学位论文涉及郭沫若历史剧研究。总体来看，这些研究是在文学史对郭沫若历史剧主题内涵与艺术个性评价的框架内推进，钱理群、温儒敏、吴福辉著《中国现代文学三十年》（修订本）（北京大学出版社 1998 年版）直接指明郭沫若抗战历史剧的共性是时代性、现实针对性与政治尖锐性，艺术个性是主观性与抒情性。在艺术特征上，一是郭沫若把自己主观的思想、情感、心理以至生活体验融注到历史人物身上，表现自己的人格与个性；二是具有强烈的诗意，创造了具有民族特色的现代戏剧诗。研究在此基础上取得一些突破，但同时反映出一些新的问题和值得注意的现象。

1. 郭沫若历史剧的版本研究进一步推进。从 20 世纪 80 年代以来，研究者开始提出郭沫若历史剧版本和修改问题，如黄侯兴的《郭沫若历史剧研究》以专章的形式论述郭沫若历史剧版本和修改问题。桑逢康在《郭沫若研究中一个值得注意的问题》中认为，"在现代作家中，改动内容之大、改动次数之多，也许莫过于郭老了"，

---

[1] 魏建：《郭沫若历史剧研究述评》，杨胜宽、蔡震编《郭沫若研究文献汇要》（卷十三 研究之研究卷），上海书店出版社 2012 年版，第 47 页。

"这些修改，不仅仅是出于文字上的修饰，在很多情况下，反映了作者思想和艺术创作上的重大变化"，① 对郭沫若进行全面、客观地研究评价必须建立在了解作者修改情况的基础上。新世纪以来，研究者强调重视现代文学中的版本问题，认为"这些版本不只是版次的不同，更主要的是内容性的改变。这些改变是全方位的，既涉及版本内容，更涉及作品的思想、艺术诸方面。其中蕴含着版本学、创造学、艺术学、语言学、修辞学、传播学乃至政治学、社会学等方面的意义"。② 在郭沫若研究中，研究者同样建议"为了保证研究成果的真实可靠性，应该开展郭沫若原典文献的版本学研究。否则，有可能根据作者事后修改过的文本，对郭沫若做出某些有悖于历史真实的解读"③，并呼吁出版郭沫若及其他重要作家作品的汇校注释本。④ 目前就郭沫若历史剧版本研究来看，一方面版本研究的论文不断推出，如金宏宇《〈屈原〉版（文）本演进考释》、李畅《历史剧〈屈原〉版本校评》、龚明德《五幕史剧〈屈原〉版本试疏》、李畅《历史剧〈虎符〉的版本与修改》、颜同林《〈虎符〉版本校释与普通话写作》、段煜《〈孔雀胆〉的版本变迁》等。⑤ 这些研究论文指出了在抗战历史剧版本变迁中的内容变化，并尝试对郭沫若的修改作出阐释，从而为全面客观的研究提供材料支持；另一方面，研究者把版本的修改变化纳入研究视野之中，如罗雅琳《危机时刻的美学与政治——以郭沫若历史剧〈棠棣之花〉为中心》⑥ 一文，从剧作的历次修改都对应着现代中国的"危急时刻"指出郭沫若用以对抗阴谋政治的"真诚"理念。可以说对郭沫若作品进行版本修改研究不仅提供了研究资料，也为进一步的探究提供了新的研究视角。

  2. 郭沫若历史剧的戏剧艺术特征研究的拓展。早在20世纪90年代，魏建在《得失之间的"戏"——郭沫若历史剧戏剧本体的再探讨》⑦ 中指出郭沫若历史剧戏剧艺术研究的欠缺之处，并以抗战史剧为例从戏剧情境、戏剧结构、戏剧场面三个方面探讨戏剧性的得失，可谓是开郭沫若抗战历史剧审美艺术研究的先河；何益明在专著《郭沫若的史剧艺术》⑧ 中详细论述了艺术特色，涉及主题提炼、悲剧、人物描

---

  ① 桑逢康：《郭沫若研究中一个值得注意的问题》，《郭沫若研究》（第2辑），文化艺术出版社1986年版。
  ② 金宏宇：《新文学版本研究的角度》，《中国现代文学研究丛刊》2005年第2期。
  ③ 税海模：《关于郭沫若研究文献的思考》，《新文学史料》2007年第4期。
  ④ 廖久明：《一切遗物皆史料——谈郭沫若作品汇校本的出版》，《新文学史料》2007年第4期。
  ⑤ 金宏宇：《〈屈原〉版（文）本演进考释》，《中国文学研究》2007年第3期。李畅：《历史剧〈屈原〉版本校评》，《四川戏剧》2008年第1期。龚明德：《五幕史剧〈屈原〉版本试疏》，《郭沫若学刊》2012年第1期。李畅：《历史剧〈虎符〉的版本与修改》，《四川戏剧》2008年第3期。颜同林：《〈虎符〉版本校释与普通话写作》，《郭沫若学刊》2015年第1期。段煜：《〈孔雀胆〉的版本变迁》，《郭沫若学刊》2020年第1期。
  ⑥ 罗雅琳：《危机时刻的美学与政治——以郭沫若历史剧〈棠棣之花〉为中心》，《文学评论》2019年第5期。
  ⑦ 魏建：《得失之间的"戏"——郭沫若历史剧戏剧本体的再探讨》，《山东师大学报（社会科学版）》1993年第6期。
  ⑧ 何益明：《郭沫若的史剧艺术》，湖南文艺出版社1994年版。

写、抒情、情节结构、歌舞穿插场面、语言等七大层面，可谓是深入作品内容概括出各个特色；王小强的专著《面向历史的心灵救赎——郭沫若历史剧研究》① 对郭沫若历史剧的取材方法进行提炼概括，并以郭沫若历史剧为个案从现代心理学、文化诗学等理论视角展开论述，在一定程度上深化了郭沫若内部研究；龙永干在《"历史理解"的认同路向及其限度——论郭沫若现代史剧的文化值阈》② 一文中提出历史理解的认同路向是郭沫若史剧的基本值阈问题，并探讨对传统的认同在其不同阶段的史剧创作中的作用，以及在文本中的具体存在与史剧审美价值生成效用上的表现；周海波在《身体与文体之间——重读郭沫若历史剧〈屈原〉》③ 一文中重视剧作的文体意义，从身体叙事及其蕴含着的身体与政治的关系、身体所构成的戏剧冲突入手，诠释剧作的美学特征；王瑜、周珉佳的《郭沫若历史剧〈屈原〉之"再发现"：戏剧接受的历史逻辑与阐释导向》④ 从接受美学视角将《屈原》创作、演出放置于戏剧艺术生产与接受的框架内进行再解读，试图完成对《屈原》戏剧接受的全面认识。近十年的研究专著和论文多是试图深入文本内部建构起对郭沫若抗战历史剧戏剧艺术的研究范式，扩大了剧作的美学意义，从而突破了以往社会批评式的研究模式。而刘奎在《诗人革命家：抗战时期的郭沫若》⑤ 中指出关于《屈原》用"诗化戏剧"这一概念来概括其戏剧美学的独特性，把《屈原》所呈现的与旧戏相关的因素都归纳到诗化这一特点上，进而与战时浪漫主义、郭沫若主体性相勾连，重新对抗战时期的郭沫若进行阐释，但没有对郭沫若抗战历史剧所独具的戏剧美学特征展开探讨。

同时一些研究延伸到郭沫若早期的戏剧，试图探究其艺术特征形成的复杂性。如张勇《郭沫若早期历史剧创作与诗剧翻译钩沉》⑥ 首先提出郭沫若历史剧研究中的三大困惑，认为探究郭沫若历史剧创作的起源显得尤为重要。同时发现郭沫若早期历史剧创作受到西方诗剧翻译的影响，具体体现为剧作内容中对生命意识的讴歌和艺术表现手法的创造性运用。周维东在《论"剧曲"之于〈女神〉的意义》⑦ 一文中指出，《女神》中的"剧曲"在形式上借鉴了诗剧、话剧的体式，但内在戏剧精神属于中国戏曲，体现出早期现代作家对新文体把握的混沌性。此外，还有一些研究关注郭沫若历史剧与中国戏曲之间的关系，但论述相对比较简单、流于表面，并没有深度探源。

---

① 王小强：《面向历史的心灵救赎——郭沫若历史剧研究》，中国社会科学出版社 2014 年版。
② 龙永干：《"历史理解"的认同路向及其限度——论郭沫若现代史剧的文化值阈》，《中国文学研究》2013 年第 3 期。
③ 周海波：《身体与文体之间——重读郭沫若历史剧〈屈原〉》，《首都师范大学学报（社会科学版）》2019 年第 3 期。
④ 王瑜、周珉佳：《郭沫若历史剧〈屈原〉之"再发现"：戏剧接受的历史逻辑与阐释导向》，《山东社会科学》2021 年第 3 期。
⑤ 刘奎：《诗人革命家：抗战时期的郭沫若》，北京大学出版社 2019 年版。
⑥ 张勇：《郭沫若早期历史剧创作与诗剧翻译钩沉》，《北方论丛》2017 年第 1 期。
⑦ 周维东：《论"剧曲"之于〈女神〉的意义》，《中山大学学报（社会科学版）》2018 年第 1 期。

如黎荔的《论郭沫若对传统戏曲艺术经验的借鉴》[1]、刘中顼的《郭沫若话剧对传统戏剧曲艺术的继承》[2]，基本上都是从艺术结构、手法、悲剧和民族文化精神等角度，探讨郭沫若对于古代戏曲的借鉴或继承。

3. 运用新的理论框架和视角重新阐释郭沫若历史剧。对郭沫若抗战历史剧研究从注重时代、政治等外部特征转入对作家人格特征、精神个性，作品中女性形象、与传统文化关系等方面的阐释和探讨。

（1）从郭沫若的政治文化心理和审美倾向入手探讨剧作特征成因问题。贾振勇在《诗与政治的共鸣：1940年代的郭沫若及其抗战历史剧》[3] 一文中把抗战历史剧放置于审美与政治融合的空间，认为戏剧艺术的审美张力和诗性智慧并不会被戏剧激情洋溢的政治主题所遮蔽，而是更进一步地展示出郭沫若的人文理想和政治想象，显示出郭沫若独立的人文立场。倪海燕在《政治与文学：双重身份的分裂与重合——论郭沫若抗战时期的历史剧创作》[4] 中从郭沫若双重身份出发，认为政治身份与艺术身份两者重合，作品就具有独特的审美意蕴，反之作品则产生裂痕。黄献文在《论郭沫若历史剧中的"英雄美人情结"》[5] 中认为，郭沫若存在的"英雄美人情结"是其创作历史剧的深层心理动因，这种情结在转化过程中打上鲜明的时代印迹，有着强烈的政治道德色彩，同时也给作品带来了强烈的时代精神、雄浑悲壮的风格和葱茏的诗意。刘海洲在《郭沫若抗战历史剧的悲剧叙事与现实关怀》[6] 中认为，郭沫若抗战历史剧产生于特定的政治文化氛围，这六部历史剧都采用悲剧的形式，把时代的悲剧与历史的悲剧融合在一起，使文化救国策略得到进一步实现。这些研究都在作品政治性主题内涵基础上深入作家内部探讨作品审美特征的缘由。

（2）郭沫若历史剧中女性形象的阐释。倪海燕在《文本裂隙与女性配角的艺术光彩——从一个角度谈郭沫若抗战时期的历史剧》[7] 中谈到，剧作中女性形象塑造丰富饱满的原因在于郭沫若无法在政治与艺术上获得平衡，为了实现政治宣传目的，他不得不将男性设置为主角，而他真正的关注点却在女性的故事和命运上。李畅在《郭沫若抗战历史剧女性形象浅析》[8] 一文中指出，六部历史剧中的女性形象存在类型化的倾向，而这些略显单薄的形象是郭沫若女性观的体现。邓芳在《从女性主义

---

[1] 黎荔：《论郭沫若对传统戏曲艺术经验的借鉴》，《郭沫若学刊》1999年第1期。
[2] 刘中顼：《郭沫若话剧对传统戏剧曲艺术的继承》，《郭沫若学刊》2002年第3期。
[3] 贾振勇：《诗与政治的共鸣：1940年代的郭沫若及其抗战历史剧》，《东岳论丛》2009年第8期。
[4] 倪海燕：《政治与文学：双重身份的分裂与重合——论郭沫若抗战时期的历史剧创作》，《贵州师范大学学报（社会科学版）》2007年第4期。
[5] 黄献文：《论郭沫若历史剧中的"英雄美人情结"》，《戏剧（中央戏剧学院学报）》2002年第4期。
[6] 刘海洲：《郭沫若抗战历史剧的悲剧叙事与现实关怀》，《重庆社会科学》2013年第1期。
[7] 倪海燕：《文本裂隙与女性配角的艺术光彩——从一个角度谈郭沫若抗战时期的历史剧》，《中国现代文学研究丛刊》2009年第4期。
[8] 李畅：《郭沫若抗战历史剧女性形象浅析》，《四川戏剧》2009年第5期。

视阈解读郭沫若民国时期的历史剧》① 一文中揭示出抗战历史剧中的女性形象其文化属性为传统的男性专权的等级文化，而对女性歧视的态度正显示出西方现代文明对郭沫若思想是表层影响，而中国几千年的封建男权文化才是其思想根本。

（3）阐述郭沫若历史剧与传统文化之间的关联。王本朝在《论郭沫若历史剧与侠文化的现代改造》② 中明确指出，传统文化和精神在郭沫若历史剧中得到改造与转化，表现出现代意识对传统文化的浸润，如"士为知己者死"转化为"反对侵略和分裂，主张民族独立和团结"的民族大义。陈夫龙在《侠义爱国的悲壮之音——郭沫若抗战史剧新论》③ 中认为，郭沫若将抗战的时代背景与侠文化相结合，认同侠文化的复仇精神与反抗意志，在抗战语境下将侠文化提升到民族大义的高度。李晓梅在《儒家文化影响下的郭沫若历史剧》④ 一文中，通过分析《虎符》《屈原》等作品指出，剧作塑造了崇"信"尚"义"的人物形象，呈现出具有"内在超越"的民族心理和"人民本位"的历史精神，这些都是儒家文化滋养的结果。李畅在《儒家"仁义"思想与郭沫若抗战历史剧》⑤ 中从梳理儒家思想对郭沫若的影响入手，结合时代的需要，阐释出在抗战历史剧里对"仁义"思想的继承，而这种思想仍具有巨大的当代价值。这些研究文章试图从文学内部研究解码郭沫若抗战历史剧，在中西文化影响、作家创作个性与心理等方面都有一定的突破。

4.《屈原》研究一枝独秀。在中国知网检索截止到2020年，结果显示，从数量上看，《屈原》期刊研究论文已有300多篇，是其他历史剧研究论文总和的两倍之多。这说明郭沫若历史剧研究严重失衡。一方面在对郭沫若历史剧的研究过程中，逐步形成以《屈原》为剧作典型代表的定势，对其他剧作研究形成一定程度的遮蔽。另一方面，《屈原》研究从政治主题、艺术特征到创作演出等方面不断扩展与推进，客观上为其他五部剧作研究带来新的契机。如对《屈原》创作、上演周边史料的发掘促使对这一经典剧作的再认识，高音在《〈屈原〉——用戏剧构筑意识形态》⑥ 一文中仔细梳理了《屈原》的相关资料，从"诗人节""祝寿事件"到《屈原》公演等相关史实，认为国共两党斗争强化了话剧构筑意识形态的作用；沈庆利在《现代视界与传统魅惑——重读郭沫若历史剧〈屈原〉》⑦ 一文中提出，传统审美心理定式与"爱国""革命""抗日"等"现代性"话语融为一体，成就了剧作《屈原》，也印证了传统审美心理的生命力，揭示出《屈原》与中国戏曲审美之间的联系；周晓

---

① 邓芳：《从女性主义视阈解读郭沫若民国时期的历史剧》，《当代文坛》2015年第1期。
② 王本朝：《论郭沫若历史剧与侠文化的现代改造》，《求索》1995年第5期。
③ 陈夫龙：《侠义爱国的悲壮之音——郭沫若抗战史剧新论》，《中国现代文学论丛》2018年第1期。
④ 李晓梅：《儒家文化影响下的郭沫若历史剧》，《戏剧文学》2014年第12期。
⑤ 李畅：《儒家"仁义"思想与郭沫若抗战历史剧》，《四川戏剧》2011年第6期。
⑥ 高音：《〈屈原〉——用戏剧构筑意识形态》，《文艺理论与批评》2006年第3期。
⑦ 沈庆利：《现代视界与传统魅惑——重读郭沫若历史剧〈屈原〉》，《中国现代文学研究丛刊》2009年第4期。

晴在《郭沫若、柳亚子关于〈屈原〉的唱和》①一文中仔细辨别了以记者名义发表在《旅行杂志》上的郭沫若、田汉、柳亚子的唱和诗，为研究《屈原》提供了另一视角；王玉春在《孙伏园与〈屈原〉》②中以重返历史现场的方式，梳理《屈原》在《中央日报》发表的过程，得出《屈原》的发表应是孙伏园与郭沫若二人双向选择的结论，并认为孙伏园是从"古装剧"的角度"重估"《屈原》的历史价值；刘奎在《情感教育剧：〈屈原〉的形式与政治》③中认为，《屈原》试验了以情感为媒介的教育剧形式，并深入探讨这种形式与郭沫若的革命道路和历史哲学的关系，从而得出结论：较之意识形态斗争，郭沫若更侧重从社会关系出发的动员式革命，情感动员补充了集体意识的情感维度；咸立强在《"〈屈原〉唱和"与话剧〈屈原〉的经典化》④一文中对《屈原》经典化进行了探讨，认为诗歌唱和既有诗以明志的意思，也对话剧《屈原》的传播起到了广而告之的作用，扩大了话剧《屈原》的影响，强化了郭沫若对屈原爱国正义等方面的精神阐释。在《屈原》研究不断推进的形势下，《孔雀胆》也受到研究者关注。如田玲《〈孔雀胆〉：虚构的故事与历史的真实》⑤一文仔细考证了故事的出现与演变，得出孔雀胆故事并不是真实的历史，而是承载着时代变迁的艺术表达；唐文娟在《悲剧抑或闹剧？——从商业演剧角度对郭沫若〈孔雀胆〉的考察》⑥中从城市商业演剧、市民观众及大众文化互动的角度重新阐释剧作，以剧作特殊境遇"政治冷"与"市场热"为切口对剧作的"情节"与"情感"两大要素进行审视，得出这部剧实际上是契合了市民观众的审美趣味和伦理判断的认识。

不难看出，新世纪以来，郭沫若历史剧研究在版本研究、戏剧艺术特征研究，以及作家创作心理和身份建构、文化实践等研究方面都取得了不小的进展，以《屈原》为中心的研究成果也堪称丰硕。这些成果都与郭沫若整体研究的逐步深入密切相关，一方面是郭沫若研究中史料整理研究持续推进，版本校勘等工作开始受到重视，林甘泉、蔡震主编的《郭沫若年谱长编（1892—1978年）》出版，五卷本的容量不仅提供了许多新的材料，而且给研究者带来极大的便利和许多方面的启发；另一方面，郭沫若研究中兴起的文化研究范式、对郭沫若的文化政治实践的考察，都有力地拓宽了研究的视野。

综上所述，郭沫若历史剧研究取得了长足的进步，一是不断累积的研究成果尤其

---

① 周晓晴：《郭沫若、柳亚子关于〈屈原〉的唱和》，《郭沫若学刊》2011年第3期。
② 王玉春：《孙伏园与〈屈原〉》，《郭沫若学刊》2012年第1期。
③ 刘奎：《情感教育剧：〈屈原〉的形式与政治》，《文学评论》2017年第2期。
④ 咸立强：《"〈屈原〉唱和"与话剧〈屈原〉的经典化》，《华南师范大学学报（社会科学版）》2019年第3期。
⑤ 田玲：《〈孔雀胆〉：虚构的故事与历史的真实》，《云南民族大学学报（哲学社会科学版）》2017年第6期。
⑥ 唐文娟：《悲剧抑或闹剧？——从商业演剧角度对郭沫若〈孔雀胆〉的考察》，《文艺理论与批评》2019年第1期。

是史料整理和版本研究，提供了坚实的研究基础；二是研究思路和方法的不断更新，进一步全面、深度地呈现了郭沫若历史剧的艺术价值和文学史地位。当然，不可否认，还存在不少研究薄弱点，如郭沫若历史剧的生成、悲剧性，史剧创作与史学研究的关系、与中国戏曲的关系问题，等等。这同时也是学术生长点，希望更多的青年学者加入郭沫若历史剧的研究。

（作者系山东师范大学文学院副教授）

《新蜀报》郭沫若研究资料综述

曹译丹　蔡祥辉

《新蜀报》1921年2月1日创刊于重庆，《重庆近代新闻传播史稿（1897—1949）》在两章中对其进行了介绍：第二章"发展与进步：重庆新闻事业的巩固发展阶段"第二节"中国共产党领导下的报刊"分别介绍了周钦岳、萧楚女与《新蜀报》的关系，第三章"繁荣与全盛：重庆新闻传播事业的繁荣阶段（上）"第四节"战时重庆的地方报纸"介绍了"《新蜀报》的言论与副刊"[1]，由此可见《新蜀报》在重庆新闻史上的重要地位。重庆市1929年起属于四川省辖市，1940年9月国民政府发布命令明定重庆为中华民国陪都。作为四川人的郭沫若1938年12月29日飞抵重庆后，直至1946年5月8日才前往上海。在重庆期间，郭沫若先后担任国民政府军事委员会政治部第三厅厅长、文化工作委员会主任。这种种方面原因都使郭沫若成为《新蜀报》的关注重点：据统计，该报共发表有关郭沫若的文章133篇。为了方便人们了解《新蜀报》对郭沫若的关注情况，本文拟从五个方面进行论述。

一　有关郭沫若归国抗战前后的报道

1927年3月，蒋介石破坏国共合作的行为暴露，被蒋介石秘密任命为总司令部行营政治部主任的郭沫若对此极为失望，"蒋介石已经不是我们国民革命军的总司令，蒋介石是流氓地痞、土豪劣绅、贪官污吏、买过军阀、所有一切反动派——反革命势力的中心力量了"。愤怒的郭沫若用一整天时间写出《请看今日之蒋介石》一文，4月5日以单行本附于《中央日报》发表，呼吁人们起来反蒋。蒋介石看到此文后勃然大怒，下令通缉郭沫若。同年，郭沫若参加南昌起义，在起义部队南下途中加入中国共产党。1928年2月24日，郭沫若登上轮船，东渡日本，从此开始了长达十年的海外流亡生涯。这一时期，重庆《新蜀报》发表了近20篇有关郭沫若的文章。

《新蜀报》发表有关郭沫若的第一篇文章的时间是1929年9月20日。该文实际上是重庆市商业场西四街平民书店为郭沫若的《反正前后》刊登的一则广告，强调

---

[1] 蔡斐：《重庆近代新闻传播史稿（1897—1949）》，重庆出版社2017年版，第86—93页、第204—209页。

郭沫若为"川省人",并强调"留心川省革命史实者更不可不读"。流亡日本期间,郭沫若从未放弃文学创作。1932年1月12日报道郭沫若充任国际革命作家联盟顾问,表明国际对郭沫若的高度认可。1934年9月23日发表《东游归来 周作人畅谈》,写作周作人从日本归来后的观感:"日人兼有游乐苦干精神 收复失地仍待国人努力 郭沫若在日生活感觉窘迫"。1935年2月13日刊登了《郭沫若的记事》,该文作者为片田江全雄,译者为小戴,主要介绍了郭沫若的《沫若诗集》和《落叶》。据编者按,该文"言及郭氏思想转变和左联联盟事"皆被删去。同年10月26日报道了郭沫若在东京讲演的情况:在总干事马伯援的"一再敦促"下,郭沫若前往青年会演讲《中日文化之交流》,听众多达一千余人,在演讲即将结束时,发生了特务捣乱的情况。

1937年7月31日《新蜀报》发表《通缉令已取消 郭沫若返国 将入中央研究院供职》,告诉人们郭沫若长达十年的流日时期终于结束。同年8月3日报道中国文艺协会上海本会、上海文化界救亡协会两团体公开宴请郭沫若。8月13日发表了沪文化界开会欢迎郭沫若的报道。两篇报道都展示了国人对郭沫若归国的热情与重视,纷纷表示欢迎归国。8月22日发表的署名文章以郭沫若归国、沈钧儒等领袖释放为例,向当局建言:"总危难之来,务使全国不有一个人空闲着,贤明的当局以为如何!"9月25日刊登了"郭沫若被邀到京,二十四日晚已晋谒蒋委员长"的"加急专电"。1937年末至1938年初,重庆《新蜀报》对郭沫若过港、抵粤、居广州、由粤转汉、抵汉将任要职等回国初期的行动轨迹做了详细报道,体现了对郭沫若的密切关注。

二 关于郭沫若在渝期间的讲演文章

1938年4月1日,国民政府军事委员会政治部第三厅在武汉成立,郭沫若出任厅长,负责文化宣传工作。1938年12月11日《新蜀报》发表郭沫若即将由湘来渝的报道,同月30日发表《离川已廿五年 郭沫若飞渝》的报道,标志着郭沫若开启了他人生中非常重要的重庆时期。据统计,抗日期间郭沫若在重庆演讲多达60余次[①],重庆《新蜀报》关于郭沫若在抗战期间的讲演报道有近20篇,根据郭沫若的任职经历,可以将这些讲演分为郭沫若任职第三厅时期的讲演以及成立文工会后的讲演。

(一)关于郭沫若任职第三厅期间的讲演

1939年1月1日,中国制片厂主持举办的露天音乐大会在中央公园网球场举行,

---

① 韩西芹:《郭沫若在重庆》,《今日重庆》2006年第10期。

郭沫若发表了他回川后的第一次演讲。在演讲中，郭沫若勉励国人完成两大任务："第一，是打倒日本帝国主义；第二，是建设和平幸福的新中国"，次日出版的《新蜀报》以"庆祝胜利的新年　万人空巷看花灯——睡狮怒吼惊醒全国酣梦　明年今天打开南京过年　郭沫若勉国人完成两大任务"为题进行了报道。在接下来的时间里，《新蜀报》分别于1939年1月8日、1月9日、1月18日、2月18日、3月23日、4月23日，1940年1月13日、3月29日、5月13日报道了郭沫若在青年记者会、《新民报》职工读者会、文化界座谈会、重庆市各儿童团体春节歌咏大会、全国戏剧界抗敌协会、中华职业教育社、中华职业教育社补习学校、国际剧团、重庆市各界欢迎在华日人反战同盟西南支部巡回工作团大会的演讲。在青年记者会、《新民报》职工读者会演讲时，郭沫若分析了日本近卫内阁改组前后的情况，其结论为："我已获得胜利之钥，纵有困难必能克服，并望文化界努力供给前方将士精神食粮。"在文化界座谈会上，郭沫若对比了抗战爆发以来中日文化的差异，指出我国文化摆脱了抗战前的"翻译"状态并与"实际要求"结合了起来，并希望广大文化工作者在此基础上"往乡下移""往敌后移"。在全国戏剧界抗敌协会演讲时，郭沫若首先对剧协在抗战中所取得的成功表示祝贺，认为中国的戏剧并未因抗战"破产"，反而取得了"惊人的进步"，期望大家未来更加努力，促进以往成功的同时创造更新的文化。在中华职业教育社演讲时，郭沫若对汪精卫的投降论调进行了批判，列举了抗战以来中国取得的胜利，认为对汪精卫的叛党叛国行为"应予以严重打击"。在反侵略剧团更名为国际剧团的成立大会上，郭沫若希望国际剧团将戏剧的效力扩大到战区去。

根据以上报道可以得出以下结论：一、在担任第三厅厅长期间，郭沫若的演讲多与抗战有关；二、刚到重庆时，郭沫若的演讲相当频繁，到后来越来越少，这实际上从一个侧面反映了郭沫若处境的变化。

（二）关于郭沫若任职文工会期间的讲演

随着抗战形势的变化，国民党当局对三厅的工作从支持转变成阻挠。1940年8月在郭沫若的带领下，三厅全体人员集体辞职，国民党下令改组三厅。1940年11月文工会正式成立，郭沫若任主任委员，阳翰笙任副主任委员，杜国庠、尹伯休、洪深等10人为专任委员，田汉、舒舍予、马宗融等10人为兼任委员。[①] 文工会成立后，郭沫若领头积极举办各种讲演，主讲历史、文艺、国际形势、战争前途等问题，同时潜心研究，积极从事创作，极大地推动了革命戏剧运动，成为抗战大后方维护抗日民族统一战线的重要力量。

政治部文化工作委员会成立后，先后举办了文艺讲座和文化讲座，《新蜀报》对

---

① 廖久明：《国民政府军事委员会政治部文化工作委员会委员名单考》，《现代中文学刊》2018年第2期。

此进行了报道。1940年12月27日,《新蜀报》预告了"文化工作委员会开文艺讲演会　由各部门专家分别担任讲演"。第二天讲座如期举行后,次日重点报道了郭沫若的演讲:在老舍、马彦祥、史东山、赵泥分别就1940年度文艺运动的概况、话剧、电影、音乐等进行检讨并展望1941年的工作后,主席郭沫若认为"所有的报告,都有极严正的批评",并希望"社会上都有这种精神,检讨自己,接受批评,以共策共励,争取抗战的胜利"。1941年4月28日《新蜀报》发表了郭沫若出席第二次文艺讲座的情况,在老舍讲演了小说创作方法后,郭沫若讲演了诗歌的创作方法。在第四次文艺座谈会召开近一个月后,《新蜀报》于10月7日发表了此次的"侧记":《新诗的语言问题》。在此次座谈会上,郭沫若分别发表了对诗经、楚辞的看法,其主要论点为:"诗经的时代是不能一概而论的,严格地说应该先就每一首诗检讨他的时代";"楚辞是民间诗体的扩大"。1941年10月6日,《新蜀报》预告了"第一次文化讲座郭沫若主讲　明日起举行"。10月8、9、13日连载了郭沫若10月7日关于中国古代社会研究的演讲词。

另外,《新蜀报》还报道了以下演讲:1941年2月5日发表了郭沫若出席川剧演员协会成立大会的演讲,郭沫若希望川剧同人知道戏剧对于国家民族关系的重要性,"使川剧成为中华戏剧复兴根据地"。同年12月13日发表了郭沫若讲演音乐史的报道,郭沫若认为:"中国音乐,无论乐器与乐理均甚简单,主要为吸收外来而予以融化。"1942年5月31日报道了郭沫若、西门宗华在中苏文化协会分别就"中苏文化之交流"和"苏联抗战资源"发表的演讲,郭沫若认为:"世界上无其他国家接壤之长有如中苏两国者,两国在文化上,早定就有甚深之影响。"

三　有关郭沫若五十大寿和创作二十五周年纪念的文章

郭沫若诞辰五十周年暨创作二十五周年纪念活动在重庆、延安、桂林、香港、新加坡等多地举办,不少文人参加了此次活动,且发表了不少祝贺文章。[①] 此次纪念活动展现了郭沫若在文化界的重要地位,文化界名人踊跃为活动撰写文章,以表对郭沫若的祝贺与赞扬。据统计,此次活动重庆《新蜀报》共发表相关文章20余篇。

在郭沫若诞辰日到来之前,《新蜀报》便于10月24日、11月13日、11月14日分别发表了《郭沫若五十寿辰纪念办法已商定》《文协晚会研究郭沫若著作》《文化界之光——郭沫若创作纪念廿五周年定期纪念　将设奖学金及研究所》三篇报道。在11月16日举行庆祝茶会的当日,《新蜀报》除在第3版发表了《郭沫若创作生活纪念廿五周年　今在中苏文协举行纪念　苏大使潘友新致柬祝贺》《文艺协会昨晚纪

---

① 谭徐锋:《政治寿?文化寿?——郭沫若五十寿辰暨创作生活二十五周年纪念活动本末》,《人文杂志》2018年第11期。

念会研讨郭氏诗歌著作》两篇报道外,还在第 4 版的《蜀道》第 530 期设立"纪念郭沫若先生创作生活廿五周年"专栏,发表了陈乃昌、冰心、姚篷子、马宗融、伍蠡甫、老舍、孔罗荪、梅林分别写作的文章及朱谦之、洪深、郑师许、陆侃如、穆木天、冯沅君、彭慧、钟敬文共同署名的四言诗《沫若先生五十大寿》。次日的《新蜀报》在第 3 版报道了 11 月 16 日庆祝郭沫若先生创作生活廿五周年大会的盛况,该日的《蜀道》第 531 期虽然没有写"纪念郭沫若先生创作生活廿五周年",发表的文章仍然全部与此有关,作者分别是田仲济、老向、高介植、赵铭彝。在接下来的 11 月 20 日、12 月 9 日,还分别发表了潘公展、纪乘之的署名文章。这些署名文章从不同方面高度评价了郭沫若,并对其表达了"钦敬"之情。

《新蜀报》除发表 20 余篇纪念郭沫若诞辰五十周年的文章之外,还在郭沫若 52、54 岁诞辰时,分别于 1943 年 11 月 16 日发表了简短报道《郭沫若今五二大庆》、1945 年 12 月 9 日发表了白与(王白与)写作的祝寿诗《郭沫若先生五十四寿》,可见对郭沫若的重视程度。

四 有关郭沫若历史剧的评论和报道

在渝的八年,是郭沫若历史剧创作的高潮时期,共创作了六部具有重要意义的历史剧:1941 年 12 月完成《棠棣之花》,1942 年完成《屈原》《虎符》《高渐离》《孔雀胆》,1943 年完成《南冠草》(又名《金风剪玉衣》),《新蜀报》重点关注了《棠棣之花》《屈原》《南冠草》三部剧作。

《新蜀报》共发表有关《棠棣之花》的文章 6 篇。在《棠棣之花》于 1941 年 11 月 20 日上演之前,《新蜀报》于同月 17、19 日发表了两篇预告文章。在 17 日发表的文章中告诉读者,留渝剧人上演该剧的目的是纪念郭沫若创作二十五周年,为了该目的,20 日起还要上演阳翰笙的《天国春秋》;19 日的文章主要介绍了表、导演人员。《棠棣之花》上演后,《新蜀报》一共发表了 3 篇评论文章,并发表了 1 篇导演石凌鹤的"自白"文章。梵庄的《诗情的鼓动——〈棠棣之花〉观后感》从剧作和表演两个方面发表了看法,对剧作的评价为:一、"它的主题的高峰:㈠是殉义;㈡是除害";二、"聂嫈聂政姐弟间的爱情与酒家女与聂政的爱情问题,这类共死以殉,一见倾心的对这英雄的爱慕和怀念(酒家女幻想的片段)是带有浪漫主义的色彩";三、"《棠棣之花》的歌调和音乐掩盖了它的单纯和它道白过多过长的毛病"。在文章结尾,作者总结道:"总之,《棠棣之花》与其说是剧,勿宁说是诗,是美好的图画。"在《评〈棠棣之花〉》开篇,黄芝冈表达了对梵庄观点的看法:"我赞同了梵庄先生的意见说《棠棣之花》是诗剧",然后抄录了自己观剧后在日记上写作的六点感想加以证明。黄芝冈针对《棠棣之花》是用诗写成还是用考古史实写成这一问题展开了详细论述,认为考古与史实的"真"在诗剧中敌不过诗趣的"真"。黄芝冈认为剧中第三幕是整部诗剧的缺陷，掺杂在一、二、四幕之间显得将全剧庸俗化了。在《从〈棠棣之花〉说到悲剧精神》中，尹雪曼强调了《棠棣之花》表现出来的悲剧精神："他不怕死，不吝惜他的生命；他敢面对现实，用他的生命，他的血和肉去粉碎现实的丑恶！"认为"我们的民族正需要着这样伟大的悲剧精神"。在《〈棠棣之花〉的导演自白》中，石凌鹤首先说明了他导演《棠棣之花》的原因，其次发表了对《棠棣之花》剧本的看法，再次交代了《棠棣之花》上演时的改动情况，最后交代了对一些细节的处理情况及理由。作者对剧本的看法是："作者是写实地用壮烈的诗篇来讴歌这古代的英雄美人，同时用美丽的情调来描写这可歌可泣的故事。"

《新蜀报》共发表有关《屈原》的文章9篇。在《屈原》于1942年4月3日演出当天，《新蜀报》的副刊《蜀道》第702期发表了3篇相关文章。在《〈屈原〉读后——龙套外篇之三》中，潘子农比较了《屈原》与《棠棣之花》的异同：两者都类似于半歌剧，前者比后者"更见圆熟"。在《片段的小言——读〈屈原〉后偶感》中，方殷通过选取剧本的几个重要片段，高度评价《屈原》是一部"充溢着无限的光彩与无限的热情的剧本"。屈原扮演者金山在文章中是这样介绍自己阅读《屈原》感受的："剧分五幕，我以二小时一气读完，读完后，觉着一缕漫长不绝的情丝，缠绕于脑际不散；我复诵一遍，复诵后，更觉其气势澎湃，不可抑制，紧张处如带驹奔腾，闲逸处同行云流水，忽而悲愁，忽而激愤，韵逸之致，无以言状……"《屈原》演出后第三天，《新蜀报》副刊《抗战文艺》第56期推出了"《屈原》演出特辑"，共发表了3篇相关文章。王亚平在《诗剧初谈——祝〈屈原〉之上演》中开篇便强调自己"对于诗剧，特别偏爱"，在文章结尾，通过比较的方式介绍了自己阅读《屈原》的感受："我读了之后，觉得紧张、幽美，一种感人的艺术力量在冲击着我。我觉得这五幕诗剧和古舍夫的《光荣》，莫里哀的诗剧，都不相同。这里，充满浓郁的中国色彩——也正是中国作风。"在柳倩看来，郭沫若的《屈原》告诉了人们"作'人'的大道理"，并希望人们向屈原学习："当《屈原》演出之日，我向往着屈原这类型的人；抗日战争中，我更景仰抗秦派这种类型的人。"孔罗荪在发表自己阅读《屈原》的感受时，比较了屈原、婵娟、宋玉的性格，认为《屈原》"是一首动人的诗，他歌颂善，赞美善，他咒诅恶，憎恨恶，他使那些没有灵魂，没有骨气的人成为丑类；他使那些代表正义的，有气节的人成为崇高无上的精神，他使丑恶与善美分明的表露出来，而予人以向上的崇高的精神。"《新蜀报》1942年4月12日发表了《文艺界筹备公演〈屈原〉郭沫若将饰主角》，详细介绍了"文艺界筹备公演《屈原》"的情况。郭沫若逝世前后，1976年4月22日的《北京日报》、6月22日的《人民日报》都有文章提到此事，为此，金山专门撰文澄清此事①。

《新蜀报》共发表有关《南冠草》的文章6篇。纪群在《〈金凤剪玉衣〉前奏》

---

① 金山：《郭沫若从未扮演屈原》，《人民日报》1978年7月9日。

中较为详细地介绍了《南冠草》的剧情。留痕在《谈夏完淳——〈金风剪玉衣〉的主人公》中，歌颂了少年天才夏完淳"慷慨就义，为国牺牲"的英雄气概，抨击了汪精卫及其之流的投降行径。欧阳飞雷在《忠孝家门，何须问此事！——〈金风剪玉衣〉读后》中介绍了夏完淳的主要经历和后人的关注情况，认为郭沫若剧作主要有以下两个特点：一、以"忠奸不两立"的主题组织情节、刻画人物，二、"警句的特多"。在《〈金风剪玉衣〉中的几个女性》中，易琴认为夏完淳能够"成功为一代英烈"，与嫡母盛氏、生母陆氏、姐姐夏淑吉、夫人钱秦篆、表姐盛蕴贞等几位女性密不可分。野烟在《〈金风剪玉衣〉》中指出了剧作和演出方面的不足，认为剧作仅关注夏完淳慷慨赴义一段"是不够的"、第4幕以"不忍牵累他人"为理由不逃走属于"妇人之仁"、第4幕写杜九皋和夏完淳在酒肆中贸然相认"太危险"。

五 有关郭沫若赴苏访问的报道

郭沫若不仅是杰出的诗人、作家、政治家、考古学家，同时也是非常优秀的外交家。重庆《新蜀报》1944年11月8日第3版发表《郭沫若记得国父遗教 苏联革命是人类救星 世界各国均已与之为友》一文便已表现出了郭沫若对苏联革命的关注。1945年6月25日至8月15日，郭沫若应邀访问苏联，重庆《新蜀报》发表相关文章13篇。

1945年5月29日报道郭沫若准备赴苏出席科学家庆祝会，次月5日报道"郭沫若赴苏在即晋谒蒋主席"。同年7月1日报道了郭沫若已于6月25日抵达莫斯科，翌日即赴列宁格勒参加正在举行的苏联科学院庆祝大会。7月6日报道了郭沫若与丁燮林游览苏京，一起视察历史建筑，同时郭沫若还与宋院长一起在大舞台剧场观赏舞曲《星鸟》。7月14日发表了郭沫若在斯大林格勒凭吊现代战场的报道，7月16日报道了郭沫若等在斯大林格勒备受欢迎，7月22日报道了郭沫若访问塔什干，7月24日报道了郭沫若返抵苏京，7月30日报道了苏对外文协会招待郭沫若。几篇报道密切关注了郭沫若赴苏后的行动，并从中能感受到苏联对郭沫若访苏的热情欢迎。同年8月30日报道了郭沫若在中苏文协盛会上从10个方面畅谈自己游苏的观感。同年9月15日第2版报道了郭沫若应邀讲演，内容为从苏联工业回顾我国如何，同版报道了中苏文化协会祝苏联国庆，郭沫若当场朗诵《苏联友人歌》。

综上所述，重庆《新蜀报》共发表郭沫若研究资料133篇，多方面地介绍了郭沫若在渝期间的各项活动。主要内容有以下五方面：1. 有关郭沫若归国抗战前后的报道，2. 关于郭沫若在渝期间的讲演文章，3. 有关郭沫若五十大寿和创作二十五周年纪念的文章，4. 有关郭沫若历史剧的评论和报道，5. 有关郭沫若赴苏访问的报道。这些资料尤其对我们了解抗战时期的郭沫若具有重要价值。

附录：《新蜀报》郭沫若研究资料目录

1. 《郭沫若著〈反正前后〉售价七角》，原载重庆《新蜀报》1929年9月20日第2版。

2. 《郭沫若充任国际革命作家联盟顾问》，原载重庆《新蜀报》1932年1月12日第2版。

3. 《东游归来　周作人畅谈：日人兼有游乐苦干精神　收复失地仍待国人努力　郭沫若在日生活感觉窘迫》，原载重庆《新蜀报》1934年9月23日第2版。

4. 《郭沫若的记事》，原载重庆《新蜀报》1935年2月13日第3页《新蜀报副刊》第890期。

5. 《郭沫若在东京讲演　题为中日文化交流　听众拥挤迭起纠纷》，原载重庆《新蜀报》1935年10月26日第3页。

6. 华飞：《从田军的〈致郭沫若君〉说起》，原载重庆《新蜀报》1937年4月17日第10页《文化与生活》第8期。

7. 《通缉令已取消　郭沫若返国　将入中央研究院供职》，原载重庆《新蜀报》1937年7月31日第3页。

8. 《沪两团体公宴郭沫若》，原载重庆《新蜀报》1937年8月3日第3页。

9. 《七君子昨出狱　定今入京　沪文化界开会欢迎　同时并欢迎郭沫若》，原载重庆《新蜀报》1937年8月13日第3页。

10. 陈静波：《郭沫若归国与沈钧儒等的领袖释放》，原载重庆《新蜀报》1937年8月22日第4页《焦土抗战》第1167号。

11. 《郭沫若被邀到京》，原载重庆《新蜀报》1937年9月25日第2页。

12. 《郭沫若等过港》，原载重庆《新蜀报》1937年12月7日第2页。

13. 《郭沫若等抵粤》，原载重庆《新蜀报》1937年12月9日第2页。

14. 《郭沫若现居住广州》，原载重庆《新蜀报》1937年12月26日第2页。

15. 《郭沫若由粤转汉》，原载重庆《新蜀报》1938年1月7日第2页。

16. 《郭沫若昨日抵汉　将任要职》，原载重庆《新蜀报》1938年1月11日第2页。

17. 《郭沫若在汉讲述国民参政会意义》，原载重庆《新蜀报》1938年4月20日第2页。

18. 《郭沫若即将由湘来渝》，原载重庆《新蜀报》1938年12月11日第2页。

19. 《离川已廿五年　郭沫若飞渝》，原载重庆《新蜀报》1938年12月30日第2页。

20. 《庆祝胜利的新年　万人空巷看花灯——睡狮怒吼惊醒全国酣梦　明年今天打开南京过年　郭沫若勉国人完成两大任务》，原载重庆《新蜀报》1939年1月2日第 3 页。

21.《郭沫若昨在青记会讲演》，原载重庆《新蜀报》1939 年 1 月 8 日第 2 页。

22.《昨郭沫若讲演　听众达千余人》，原载重庆《新蜀报》1939 年 1 月 9 日第 3 页。

23. 志渊：《郭沫若先生在文化界座谈会上讲战时文化工作》，原载重庆《新蜀报》1939 年 1 月 18 日第 3 页。

24.《春节歌咏大会今在公园举行　并请郭沫若讲演》，原载重庆《新蜀报》1939 年 2 月 18 日第 3 页。

25.《郭沫若昨由嘉定飞渝》，原载重庆《新蜀报》1939 年 3 月 13 日第 3 页。

26.《戏剧界应努力精神总动员　积极倡导建剧运动——剧协昨举行年会到会四百余人　决定今后工作大纲改选理监事　郭沫若望明年到南京开会》，原载重庆《新蜀报》1939 年 3 月 23 日第 3 页。

27.《全国慰劳总会组四慰问队明日出发慰劳新兵　推潘公展郭沫若等为代表》，原载重庆《新蜀报》1939 年 4 月 4 日第 3 页。

28.《昨××驿举行盛大慰问会慰劳八千新壮士　吕超代元首致慰　郭沫若吴遵明李兰等均亲致慰问词》，原载重庆《新蜀报》1939 年 4 月 6 日第 3 页。

29.《郭沫若昨讲演——汪投降论调的批判》，原载重庆《新蜀报》1939 年 4 月 23 日第 3 页。

30.《郭沫若讲演》，原载重庆《新蜀报》1940 年 1 月 13 日第 2 页。

31.《今劳空军　张继郭沫若等领队》，原载重庆《新蜀报》1940 年 1 月 21 日第 3 页。

32.《农业经济研究会昨正式成立　推孔祥熙孙科等为名誉理事　史维焕郭沫若等分任理监事》，原载重庆《新蜀报》1940 年 3 月 11 日第 3 页。

33.《国际剧团昨成立　郭沫若讲剧人应有的任务在以整个身心贡献于戏剧》，原载重庆《新蜀报》1940 年 3 月 29 日第 3 页。

34. 高植地：《〈战争与和平〉助译经过》，原载重庆《新蜀报》1940 年 4 月 9 日第 4 页《蜀道》第 91 期。

35. 高植地：《为什么译完〈战争与和平〉》，原载重庆《新蜀报》1940 年 4 月 14 日第 4 页《蜀道》第 95 期。

36.《中央古物保管委员会保护江北汉墓，请郭沫若等暂停发掘》，原载重庆《新蜀报》1940 年 4 月 27 日第 3 页。

37.《各界昨热烈欢迎日本反战工作团》，原载重庆《新蜀报》1940 年 5 月 13 日第 3 页。

38.《郭沫若某花园住处被敌机毁后，即迁居赖家桥乡间》，原载重庆《新蜀报》1940 年 7 月 13 日第 4 页《蜀道》第 171 期"文艺简讯"栏。

39.《文化界组织赴苏考察团　推郭沫若沈钧儒等为推行委员》，原载重庆《新蜀报》1940年8月13日第3页。

40.《苏国际文学社拟发行中国专号　中苏文协成立稿件征审会　推郭沫若等为召集人》，原载重庆《新蜀报》1940年8月25日第3页。

41.《何浩若□长政治部第三厅》，原载重庆《新蜀报》1940年9月5日第3页。

42.《文化作委会组织就绪　郭沫若任主任委员》，原载重庆《新蜀报》1940年10月21日第3页。

43.《郭沫若诵诗　欢迎西北摄影队》，原载重庆《新蜀报》1940年10月24日第3页。

44.《文化工作委员会开文艺讲演会　由各部门专家分别担任讲演》，原载重庆《新蜀报》1940年12月27日第3页。

45.《文艺讲演会检讨文艺运动　郭沫若有极严正的批评》，原载重庆《新蜀报》1940年12月29日第3页。

46.《贺年信展昨日结束　郭沫若当场赋诗》，原载重庆《新蜀报》1940年12月29日第3页。

47.《冯委员六十寿辰　郭沫若作贺诗》，原载重庆《新蜀报》1941年1月13日第3页。

48.《川剧演员协会昨开成立会　郭沫若田汉等出席指导》，原载重庆《新蜀报》1941年2月5日第3页。

49.《惨哉！经济逼人　洪深全家昨服毒　幸郭沫若率医施救未死》，原载重庆《新蜀报》1941年2月6日第3页。

50.《昨文艺讲座　郭沫若等出席演讲》，原载重庆《新蜀报》1941年4月28日第3页。

51.《征求〈甘愿做炮灰〉剧本》，原载重庆《新蜀报》1941年9月20日第4页《蜀道》第497期。

52.《第一次文化讲座郭沫若主讲　明日起举行》，原载重庆《新蜀报》1941年10月6日第3页。

53.《新诗的语言问题——本会第四次文学座谈会侧记》，原载重庆《新蜀报》1941年10月7日第4页《七天文艺》第27期。

54.《中国古代社会研究——郭沫若昨在文化工作委员会演讲》，原载重庆《新蜀报》1941年10月8、9日第3页。

55.《中国古代社会研究二，学术思想之部　郭沫若在文化讲座上讲词》，原载重庆《新蜀报》1941年10月13日第3页。

56.《郭沫若五十寿辰纪念办法已商定》，原载重庆《新蜀报》1941年10月24日第3页。

57.《昨中苏文化协会祝苏联国庆　郭沫若当场朗诵〈苏联友人歌〉》，原载重庆《新蜀报》1941 年 11 月 9 日第 3 页。

58.《文协晚会研究郭沫若著作》，原载重庆《新蜀报》1941 年 11 月 13 日第 3 页。

59.《文化界之光——郭沫若创作纪念廿五周年定期纪念　将设奖学金及研究所》，原载重庆《新蜀报》1941 年 11 月 14 日第 3 页。

60.《郭沫若创作生活纪念廿五周年　今在中苏文协举行纪念　苏大使潘友新致柬祝贺》，原载重庆《新蜀报》1941 年 11 月 16 日第 3 页。

61.《文艺协会昨晚纪念会研讨郭氏诗歌著作》，原载重庆《新蜀报》1941 年 11 月 16 日第 3 页。

62. 陈乃昌：《沫若先生印象断片》，原载重庆《新蜀报》1941 年 11 月 16 日第 3 页。

63. 冰心：《寿郭沫若先生》，原载重庆《新蜀报》1941 年 11 月 16 日第 4 页《蜀道》第 530 期"纪念郭沫若先生创作生活廿五周年"。

64. 篷子：《献给沫若先生》，原载重庆《新蜀报》1941 年 11 月 16 日第 4 页《蜀道》第 530 期"纪念郭沫若先生创作生活廿五周年"。

65. 马宗融：《赠沫若——纪念他创作二十五周年》，原载重庆《新蜀报》1941 年 11 月 16 日第 4 页《蜀道》第 530 期"纪念郭沫若先生创作生活廿五周年"。

66. 伍蠡甫：《纪念沫若先生文化劳作二十五周年》，原载重庆《新蜀报》1941 年 11 月 16 日第 4 页《蜀道》第 530 期"纪念郭沫若先生创作生活廿五周年"。

67. 老舍：《我所认识的郭沫若先生》，原载重庆《新蜀报》1941 年 11 月 16 日第 4 页《蜀道》第 530 期"纪念郭沫若先生创作生活廿五周年"。

68. 罗荪：《钦敬的祝贺》，原载重庆《新蜀报》1941 年 11 月 16 日第 4 页《蜀道》第 530 期"纪念郭沫若先生创作生活廿五周年"。

69. 梅林：《中国新文学思想界的前驱——纪念郭沫若先生创作生活二十五周年》，原载重庆《新蜀报》1941 年 11 月 16 日第 4 页《蜀道》第 530 期"纪念郭沫若先生创作生活廿五周年"。

70. 朱谦之、洪深、郑师许、陆侃如、穆木天、冯沅君、彭慧、钟敬文：《沫若先生五十大寿》，原载重庆《新蜀报》1941 年 11 月 16 日第 4 页《蜀道》第 530 期"纪念郭沫若先生创作生活廿五周年"。

71.《〈棠棣之花〉将于二十日上演》，原载重庆《新蜀报》1941 年 11 月 17 日第 3 页。

72.《在庆祝郭沫若先生创作生活廿五周年大会上》，原载重庆《新蜀报》1941 年 11 月 17 日第 3 页。

73. 田仲济：《诗人，战士》，原载重庆《新蜀报》1941 年 11 月 17 日第 4 页

《蜀道》第 531 期。

74. 老向：《寿郭沫若先生》，原载重庆《新蜀报》1941 年 11 月 17 日第 4 页《蜀道》第 531 期。

75. 高介植：《郭沫若先生的多面性与深入性》，原载重庆《新蜀报》1941 年 11 月 17 日第 4 页《蜀道》第 531 期。

76. 铭彝：《凑热闹的话》，原载重庆《新蜀报》1941 年 11 月 17 日第 4 页《蜀道》第 531 期。

77.《〈棠棣之花〉明日上演 吴晓邦参与舞蹈指导》，原载重庆《新蜀报》1941 年 11 月 19 日第 3 页。

78. 潘公展：《寿郭沫若先生五十初度 兼祝其创作生活二十五周年》，原载重庆《新蜀报》1941 年 11 月 20 日第 4 页《蜀道》第 533 期。

79.《郭沫若讲演屈原与文艺》，原载重庆《新蜀报》1941 年 11 月 24 日第 3 页。

80. 梵庄：《诗情的鼓动——〈棠棣之花〉观后感》，原载重庆《新蜀报》1941 年 11 月 28 日第 4 页《七天文艺》第 35 期。

81.《郭沫若对敌日语播讲》，原载重庆《新蜀报》1941 年 12 月 1 日第 3 页。

82. 纪乘之：《郭沫若先生的创作与研究》，原载重庆《新蜀报》1941 年 12 月 9 日第 4 页《蜀道》第 544 期。

83.《郭沫若昨晚讲音乐史》，原载重庆《新蜀报》1941 年 12 月 13 日第 3 页。

84. 黄芝冈：《评〈棠棣之花〉》，选自重庆《新蜀报》1941 年 12 月 23 日第 4 页《七天文艺》第 40 期。

85. 尹雪曼：《从〈棠棣之花〉说到悲剧精神》，原载重庆《新蜀报》1941 年 12 月 25 日第 4 页《蜀道》第 550 期。

86. 凌鹤：《〈棠棣之花〉的导演自白》，原载重庆《新蜀报》1942 年 2 月 12 日第 4 页《蜀道》第 676 期。

87.《〈屈原〉名曲定期歌唱》，原载重庆《新蜀报》1942 年 3 月 26 日第 3 页。

88. 潘子农：《〈屈原〉读后——龙套外篇之三》，原载重庆《新蜀报》1942 年 4 月 3 日第 4 页《蜀道》第 702 期。

89. 方殷：《片段的小言——读〈屈原〉后偶感》，原载重庆《新蜀报》1942 年 4 月 3 日第 4 页《蜀道》第 702 期。

90. 金山：《参加〈屈原〉演出有感》，原载重庆《新蜀报》1942 年 4 月 3 日第 4 页《蜀道》第 702 期。

91.《郭沫若名著〈屈原〉上演》，原载重庆《新蜀报》1942 年 4 月 4 日第 3 页。

92. 王亚平：《诗剧初谈——祝〈屈原〉之上演》，原载重庆《新蜀报》1942 年 4 月 5 日第 4 页《抗战文艺》第 56 期"《屈原》演出特辑"。

93. 柳倩：《由〈屈原〉说起》，原载重庆《新蜀报》1942 年 4 月 5 日第 4 页《抗战文艺》第 56 期"《屈原》演出特辑"。

94. 罗荪：《读〈屈原〉》，原载重庆《新蜀报》1942 年 4 月 5 日第 4 页《抗战文艺》第 56 期"《屈原》演出特辑"。

95. 《文艺界筹备公演〈屈原〉 郭沫若将饰主角》，原载重庆《新蜀报》1942 年 4 月 12 日第 3 页。

96. 《郭沫若西门宗华昨公开讲演 苏联对外文协代表亦出席听讲》，原载重庆《新蜀报》1942 年 5 月 31 日第 3 页。

97. 《日本今后动向——日苏不免一战惟准备未完成 文化工作委员会昨开座谈会》，原载重庆《新蜀报》1942 年 7 月 13 日第 2 页。

98. 《〈虎符〉定期公演》，原载重庆《新蜀报》1943 年 1 月 29 日第 3 页。

99. 《〈孔雀胆〉今日起将重演 筹款赈豫灾》，原载重庆《新蜀报》1943 年 2 月 5 日第 3 页。

100. 《郭沫若等发起捐助万迪鹤遗属》，原载重庆《新蜀报》1943 年 4 月 27 日第 3 页。

101. 纪群：《〈金风剪玉衣〉前奏》，原载重庆《新蜀报》1943 年 10 月 31 日第 4 页《影与剧》第 19 期。

102. 《〈金风剪玉衣〉重要演员介绍》，原载重庆《新蜀报》1943 年 10 月 31 日第 4 页《影与剧》第 19 期。

103. 留痕：《谈夏完淳——〈金风剪玉衣〉的主人公》，原载重庆《新蜀报》1943 年 11 月 7 日第 4 页《影与剧》第 21 期。

104. 欧阳飞雷：《忠孝家门，何须问此事！——〈金风剪玉衣〉读后》，原载重庆《新蜀报》1943 年 11 月 10 日第 4 页《影与剧》第 22 期。

105. 《郭沫若今五二大庆》，原载重庆《新蜀报》1943 年 11 月 16 日第 3 页。

106. 《费正清返美 郭沫若等赠纪念》，原载重庆《新蜀报》1943 年 11 月 25 日第 3 页。

107. 易琴：《〈金风剪玉衣〉中的几个女性》，原载重庆《新蜀报》1943 年 11 月 17 日第 4 页《影与剧》第 24 期。

108. 野烟：《金风剪玉衣》，原载重庆《新蜀报》1943 年 11 月 24 日第 4 页《影与剧》第 25 期。

109. 《郭沫若又写史可法》，原载重庆《新蜀报》1944 年 1 月 9 日第 4 页《影与剧》第 39 期。

110. 《潘郭结婚 郭沫若到场作贺》，原载重庆《新蜀报》1944 年 5 月 23 日第 3 页。

111. 《郭沫若记得国父遗教 苏联革命是人类救星 世界各国均已与之为友》，

原载重庆《新蜀报》1944 年 11 月 8 日第 3 页。

112.《郭沫若氏准备赴苏出席科学庆祝会》，原载重庆《新蜀报》1945 年 5 月 29 日第 3 页。

113.《郭沫若赴苏在即晋谒蒋主席　青年艺协定明欢宴　邀彼得罗夫等作陪》，原载重庆《新蜀报》1945 年 6 月 5 日第 3 页。

114.《郭沫若视察列宁格勒近郊》，原载重庆《新蜀报》1945 年 7 月 1 日第 4 页。

115.《郭沫若丁燮林游览苏京　郭与宋院长同观名剧　并偕丁视察历史建筑》，原载重庆《新蜀报》1945 年 7 月 6 日第 3 页。

116.《郭沫若在史城凭吊现代战场》，原载重庆《新蜀报》1945 年 7 月 14 日第 3 页。

117.《郭沫若等在斯城备受欢迎》，原载重庆《新蜀报》1945 年 7 月 16 日第 3 页。

118.《郭沫若访问塔什干》，原载重庆《新蜀报》1945 年 7 月 22 日第 3 页。

119.《郭沫若返抵苏京》，原载重庆《新蜀报》1945 年 7 月 24 日第 3 页。

120.《苏对外文协会招待郭沫若氏》，原载重庆《新蜀报》1945 年 7 月 30 日第 3 页。

121.《王外长返国　郭沫若亦同行》，原载重庆《新蜀报》1945 年 8 月 18 日第 2 页。

122.《中苏文协昨盛会——郭沫若等畅谈游苏观感　拟著〈苏联归来〉问世》，原载重庆《新蜀报》1945 年 8 月 30 日第 3 页。

123.《看看苏联工业　回顾我国如何——郭沫若昨应邀演讲》，原载重庆《新蜀报》1945 年 9 月 15 日第 2 页。

124.《昨中苏文华协会祝苏联国庆　郭沫若当场朗诵〈苏联友人歌〉》，原载重庆《新蜀报》1945 年 11 月 9 日第 2 页。

125. 白舆：《郭沫若先生五十四寿》，原载重庆《新蜀报》1945 年 12 月 9 日第 4 页《蜀雅》第 27 期。

126.《郭沫若提意见　宪法应规定选民可撤回代表》，原载重庆《新蜀报》1946 年 1 月 18 日第 2 页。

127.《政协协进会八次会王若飞郭沫若讲演　通过向保护会场之军致谢》，原载重庆《新蜀报》1946 年 1 月 28 日第 2 页。

128.《昨日文艺节郭沫若讲演》，原载重庆《新蜀报》1946 年 5 月 5 日第 3 版。

129.《郭沫若等过京飞沪》，原载重庆《新蜀报》1946 年 5 月 9 日第 2 版。

130.《沪发生殴打事件　死一人伤七十人　郭沫若等向警局提出询问》，原载重庆《新蜀报》1947 年 2 月 10 日第 2 版。

131.《郭沫若日籍夫人将赴港寻夫》，原载重庆《新蜀报》1948 年 6 月 9 日第 1 版。

132.《郭沫若等撰文拥护胜利公债　号召中国人民踊跃认购》，原载重庆《新蜀报》1949 年 12 月 6 日第 2 版。

133.《精致刺绣纪念册祝贺斯大林寿辰　郭沫若祝寿诗为〈斯大林万岁〉》，原载重庆《新蜀报》1949 年 12 月 15 日第 1 版。

（原载《郭沫若学刊》2021 年第 3 期）

《女神》出版100周年专辑

论《女神》中象征性形象的创造

黄曼君

长期以来，在探讨《女神》的形象内涵和艺术表现特征时，往往出现这样一种倾向，就是根据一般浪漫主义所具有的"主观性"特点，只是强调诗人直接地、赤裸裸地抒发感情，或是借历史人物、神话故事倾泻自己的激情和感受。例如，有一种说法曾经流行一时，这就是将《女神》称颂为"五四时代精神的号角"[①]。虽然做出这种评价的人，并非简单地将《女神》看作抽象的概念、精神、口号的传声筒，他们的论述也不缺少对作品的激情、形象和浪漫主义特色的分析，但是往往忽略了较之一般的形象、情感更高一级的美学范畴——意境的探究。我以为，造成这种情形的原因之一，是对《女神》中与大量的浪漫主义形象相辉映的象征性形象没有给予足够的重视和进行深入的探讨。因此，在研究《女神》的积极浪漫主义特色时，充分地注意和探讨它在运用象征性艺术方法方面的成果和经验，对于了解《女神》的艺术独创性，进一步认识它在中国新诗史上的开拓作用是有着重要意义的。

一

在"五四"时期，一些文学革命的倡导者们，为了反映历史转折时期急剧多变的复杂的现实生活，从各个方面表达五四时代精神，他们对外国的文艺思想、艺术方法和表现方法等的吸取都是毫不俭啬的。在进步的现实主义和积极浪漫主义成为文学主流的同时，一些著名作家对包括象征性手法在内的多种艺术方法和表现方法等，也进行了理论上的探讨和创作上的实践。例如，鲁迅、沈雁冰、郁达夫、朱自清等人，都在不同程度上提倡过象征主义艺术方法或象征性的形式和方法。[②]同时，周作人的意见也不应忽视。他在谈到"象征是诗的最新的写法"之后说：

[①] 50代末、60年代初就有许多类似这样的提法。我在1959年写的一篇题为"五四时代精神的号角"的论《女神》的文章（发表在《长江文艺》1959年5月号上）中也是这样提出论点的。

[②] 参看鲁迅的《〈黯淡的烟霭〉译后记》《集外集拾遗·〈十二个〉后记》《〈小约翰〉引言》；沈雁冰的《我们现在可以提倡表象主义的文学么？》（载《小说月报》1920年2月第11卷第2期）和郁达夫的《文艺赏鉴之偏爱价值》（《敝帚集》）等文。

凡诗差不多无不是浪漫主义的，而象征实在是其精意。这是外国的新潮流，同时也是中国的旧手法；新诗如往这一路去，融合便可成功，真正的中国新诗也就可以产生出来了。①

这里，周作人既恰切而充分地估价了象征性方法在浪漫主义诗歌中的地位和作用，又指明了这种方法的来源，从中国新诗继承借鉴、融合新机的发展趋势上，强调了这种方法的重要意义。他的这种见解对于我们理解《女神》如何在积极浪漫主义的基础上，成功地运用象征性形式和方法是很有启发的。上述作家这种收纳新潮，开阔艺术视野，采纳多种艺术方法和表现方法的精神和做法，正是五四文学革命后作家思想解放，艺术上勇于探索和创新的文艺新潮流的鲜明体现。

就在诗集《女神》诞生前后，郭沫若写了《艺术之象征》②《批评与梦》等文章，对象征性方法进行了探讨。他对艺术中的象征的看法集中地表现在下面一段话里。他说：

文艺的创作譬如在做梦。梦时的境地是忘却肉体、离去物界的心的活动。创作家要有极丰富的生活，并且要能办到忘我忘物的境地时，才能做得出好梦来。真正的文艺是极丰富的生活由纯粹的精神作用所升华过的一个象征世界。③

这里，郭沫若将文艺创作比喻为做梦，将象征看作真正文艺的标志。他指出作家既要基于生活经验来抒发内心感受和体验，又要像做梦一样做到忘我忘物，这样，经过意识的改装、精神的升华，才能出现"象征世界"。

郭沫若在谈到歌德的《浮士德》对他创作的影响时还说：

《女神之再生》和《湘累》以及后来的《孤竹君之二子》都是在这个影响之下写成的。助成这个影响的，不消说也有当时流行的新罗曼派和德国新起的所谓表现派。……那一派的人有些是崇拜歌德的，特别是把歌德的"由内而外"的一句话做为了标语。在把《浮士德》第一部译过了之后的我，更感觉着了骨肉般的亲热。④

值得注意的是，郭沫若在这里是从积极浪漫主义与象征主义艺术方法（所谓新罗曼派和表现派就包括了象征派在内）的关系上，来谈它们对自己创作的影响的。

---

① 周作人：《扬鞭集序》，《〈语丝〉作品选》，人民文学出版社2011年版，第321—322页。
② 郭沫若：《艺术之象征》，《学艺》1921年第3卷第1号。
③ 郭沫若：《批评与梦》，《〈文艺论集〉汇校本》，湖南人民出版社1984年版，第157页。
④ 郭沫若：《沫若文集》第7卷，人民文学出版社1958年版，第68页。

以积极浪漫主义为主要创作倾向的歌德的诗歌，虽然与后来的象征派诗歌有着质的不同，但歌德在文艺主张和创作实践两个方面都十分重视象征的作用。他说："如果特殊表现了一般，不是把它表现为梦或影子，而是把它表现为奥秘不可测的东西在一瞬间的生动的显现，那里就有了象征。"① 他把这种一般在个别具体形象中的集中而强烈的显现称为"显出特征的整体"。② 由此可见，在文艺主张上，他是把象征看作一种理想的表现方法的。从创作上看，歌德的《浮士德》之所以能够对文艺复兴以后三百年精神生活发展的历史做出独特、鲜明的高度概括和深刻反映，是和作品成功地塑造了浮士德、靡菲斯特等著名的象征性形象分不开的。关于这一点，郭沫若在对《浮士德》的评价中也有所涉及。郭沫若认为《浮士德》"实在是一个灵魂的忠实的记录，一部时代发展的忠实的反映"，"一部极其充实的现实的作品"；同时又认为这部作品具有"由内而外"的"主观"和"幻想"的特点，作者"以他敏锐的直觉，惯会突进对象的核心"，因此，"它所充实着的不是现实的形，而主要是现实的魂。一个现实的大魂（时代精神），包括各种各样现实的小魂（个性），诗人的确是紧紧地把它们抓住了，而且时而大胆，时而细心地把它们形象化了"③。郭沫若在这里指出的，在现实生活的基础上，以丰富的幻想和热情来表现生活的理想的方法，当然主要是积极浪漫主义的。但借助"现实的形"，通过暗示和联想，使抽象的时代精神和哲理思考得到形象化体现的方法，则明显的是象征性的形式和方法。郭沫若后来说过，剧诗《女神之再生》所引用的《浮士德》结尾的诗句中，所谓"永恒的女性"的形象就是"反对专制独裁的民主和平"，"保障""人类的幸福"的象征。④ 诗集《女神》之所以用了这么一个象征意味很浓的书名，也显然受着歌德的启示和影响。

　　至于包括象征主义在内的新浪漫主义和表现主义的艺术方法和表现方法，如上所引，郭沫若也认为是可以从中有所择取以作为创作借鉴的。在象征派诗人看来，现实世界是虚幻的、痛苦的，而属于诗人主观的另一世界则是真的、美的。诗的目的就是要求通过晦涩难解的语言刺激感官，产生恍惚迷离的神秘联系，形成某种"意象"，从而从总体上将作者的主观世界更深地暗示出来。郭沫若一方面认为象征派之所以会有这种神秘、颓废的情调和色彩，是因为它"是自然主义的嫡系"，"是'受动的艺术'"。在这种艺术中，"人的积极创造精神，压伏在物质的重压之下还没有发芽。吃了桑柘的懒惰的蚕，只撒了些粪粒而没有吐丝。人类的'自我'还在混乱中睡觉。"⑤

---

　　① ［德］歌德：《关于艺术的格言和感想》，转引自朱光潜《西方美学史》下卷，人民文学出版社1979年版，第417页。
　　② ［德］歌德：《论德国建筑》，转引自朱光潜《西方美学史》下卷，人民文学出版社1979年版，第419页。
　　③ 郭沫若：《"浮士德"简论》，《郭沫若全集·文学编》第16卷，人民文学出版社1989年版，第276页。
　　④ 郭沫若：《"浮士德"简论》，《郭沫若全集·文学编》第16卷，人民文学出版社1989年版，第281页。
　　⑤ 郭沫若：《未来派的诗约及其批评》，《郭沫若全集·文学编》第15卷，人民文学出版社1990年版，第249页。

尽管这种分析有不够恰切之处，但他对象征派诗歌的内容是取明显的批判态度的；另一方面郭沫若又看到了象征主义艺术方法的某些长处，曾尝试着运用象征派诗人惯用的象征、暗示的手法来创造形象，这一点不仅从《女神之再生》《湘累》等诗篇中表现出来（这一点下面将会详细论述到），而且，也在其他文学体裁的创作中做过尝试。例如，他的短篇小说《残春》就采用了象征派喜欢写的梦境的象征手法。他说："我那篇《残春》的着力点并不是注意在事实的进行，我是注意在心理的描写。我描写的心理是潜在意识的一种流动。——这是我做那篇小说的奢望。若拿描写事实的尺度去测量它，那的确是全无高潮的。若是对于精神分析学或梦的心理稍有研究的人看来，他必定可以看出一种作意，可以说出另外一番意见。"[①] 这种不注重事实的描写，而注重在梦境中通过曲折的造意和奇异的幻象来揭示潜意识的流动，正是一种造成暗示性形象和意境的表现方法。

上面所谈到的，主要是郭沫若对于象征性形式和方法在理论上的认识和探讨。这些认识和探讨表明，郭沫若在《女神》中，为了表达在"五四"怒潮中觉醒的青年知识分子反抗黑暗、追求新生的沸腾的内心世界，为了表现"五四"时代的革命精神和乐观主义精神，他在积极浪漫主义之外，还有意识地对象征主义的艺术方法和表现方法进行了探讨，因此，仅从文学的定义出发，用一条积极浪漫主义的尺子去衡量，用浪漫主义的某些概念去硬套，显然是与郭沫若当时的广泛涉猎、勇于探索的艺术独创精神大相径庭的。

二

在《女神》中，通过高度概括的象征性形象，最为集中、强烈地表达出郭沫若在"五四"狂飙突进时期的历史感受，鲜明地反映出"五四"时代精神的，是长诗《凤凰涅槃》和剧诗《女神之再生》。在这两首长诗中，诗人不仅仅直抒胸臆，写出像"凤歌""凰歌"中那些直接揭露现实黑暗、倾诉内心苦闷的诗句，或仅仅借助共工、颛顼争帝等个别的象征性形象来揭露军阀统治的罪恶；也不是把"凤凰更生歌"或女神们的"合唱"孤立出来，仅仅表达出对光明和未来的热烈向往和追求。在诗篇中，诗人借助客观之躯（神话或传说）来表达自己的主观精神经历，侧重点是主观因素。诗人的"火山爆发式的内发情感"，借"凤凰"或"女神"之口表达出来，神话的色彩、奇丽的想象、极度的夸张、急骤的旋律等形式和手法，因为表达这种激情而开放出绚丽的艺术花朵。但是贯穿全诗的构思和基本表现方法却是象征性的，全诗的总体形象也都是言在此而意在彼的象征性形象。《凤凰涅槃》的总的构思和整体形象就是以"'菲尼克司'（phoenix）……集香木自焚，复从死灰中更生，鲜美异

[①] 郭沫若：《批评与梦》，《〈文艺论集〉汇校本》，湖南人民出版社1984年版，第152—153页。

常，不再死"①的传说故事为基础的；而《女神之再生》则是以女神们在天柱折裂之后不愿再炼石补天，而要另造一个新的太阳的神话故事为剧诗的贯穿线索。以这两则故事为核心意象所创造的象征性形象，对于"五四"时代彻底破坏、猛烈反抗、自由创造的革命变革，对于一般生命的辩证发展过程，是寓意极为深广的象征，它们的象征意义富于哲理意蕴，有着超越时空的概括意义。

值得注意的是，黑格尔在谈到艺术的象征方式时，曾经着重指出埃及象征艺术，把"长生鸟"作为象征物的重要意义②。他与郭沫若一样，将长生鸟烧死自己，复从死灰中更生的故事提到十分重要的位置上，说明这一类故事有着作为象征形式的极为丰富的内涵，它们有着强烈的暗示性和启示力，能够将对于事物发展有普遍意义的生命辩证过程十分形象有力地显示出来。不同于黑格尔的是，郭沫若在"五四"时期新的历史条件下，在这种一般生命发展过程中注入了革命的内容。因此这一类象征性核心意象的选取，正是郭沫若在"五四"时代精神感召下，进行哲理思考和艺术发现的产物，不从诗篇的总的构思和整体形象上充分看到这种象征性形象的象征意义，就不能看到这两首长诗对于"五四"时代精神进行概括的思想高度和哲理特色。

在《凤凰涅槃》中，正是基于这种象征性的总体构思，诗人以凤凰自焚复从死灰中更生的核心意象为中心，发挥主观独创性，使情思的延伸和意象的推移沿着基本构思的脉络发展，像用一条主线将颗颗珍珠串联起来一样，诗中许多个别形象经过生发、改造、补充和更新，组合成一个完整的象征性形象。于是，在诗中便出现了"序曲""凤歌""凰歌""凤凰同歌""群鸟歌"和"凤凰更生歌"这样既有内在联系，又能展开描写和抒情的通盘布局。在这种通盘布局下，一方面，诗人的激情在相当宽广的幅度上暴发出来。他将凤凰拟人化，赋予它们以思想感情和生命活力，于是凤凰口吐人言，它们诅咒、控诉、揭露、抨击，毅然诀别、从容自焚，然后享受新生后的极度欢乐，加以用群鸟的滑稽表演来抨击现实，这样，便赋予了象征体以丰富的形象的血肉。另一方面，也正因为有一个渗透、贯穿全诗的基本构思，诗人在广阔幅度上暴发出来的激情，才能附丽于诗的总体象征性形象，"凤歌""凰歌""凤凰更生歌""群鸟歌"等多种个别形象，才会被组合到整体结构中而升华到一个新的意境高度上。如果说，在"五四"时期，通过激情的倾吐和形象的刻画，对旧世界进行诅咒、控诉、揭露和抨击，或是对光明、未来做热烈的追求，是一般现实主义或积极浪漫主义诗人能够做到的话，那么郭沫若的《凤凰涅槃》等诗篇在思想特点和艺术独创性上的一个重要表现，就是他创造了较之一般的"形象"和"情感"更高级的美学范畴——意境。王国维说："古今词人格调之高，无如白石。惜不于意境上用力，

---

① 郭沫若：《凤凰涅槃》引言，《郭沫若全集·文学编》第 1 卷，人民文学出版社 1982 年版，第 34 页。
② 关于这一材料的引文见黑格尔《美学》第 2 卷，《中国现代文学研究丛刊》1983 年第 1 期拙作《丰富的辩证哲理　不朽的艺术形象——读〈凤凰涅槃〉》一文已对此做了考证。

故觉无言外之味，弦外之响，终不能与于第一流之作者也。"① 又说："言气质，言神韵，不如言意境。有境界，本也。气质、神韵，末也。有境界而二者随之矣。"② 像《凤凰涅槃》这样的诗篇，就是创造了个性形态奇异独特而又高度概括了时代精神，有着丰富的哲理意蕴的"意境"或"境界"的。这种"意境"和"境界"通过有限表现无限，具有无穷之味和不尽之意：当时旅居日本的郭沫若，在"五四"怒潮的激荡下，不正是想象着要像凤凰自焚那样，将旧我连同旧世界一起，在一场熊熊燃烧的革命烈火中同归于尽吗？同时诗人不是还想象着要像凤凰在死灰中更生那样蜕化出诗人的新我，并创造一个新的世界来吗？这种破坏不是虚无主义的破坏，而是自觉的革新的破坏，因此，在这种自觉的彻底的破坏的基础上，对于光明和未来的追求，就具有更坚定的信念和更灿烂的理想主义的光辉。因此，这首诗的象征性形象的艺术概括力，是如此之强大：每当事物的发展由量变到质变，特别是发生革命性变化的时候，每当我国新民主主义革命和社会主义革命的历史进程处于重大的转折时期，我们便很容易想到火中自焚并获得永生的凤凰的壮美形象。

与《凤凰涅槃》类似，剧诗《女神之再生》也有一个贯串全篇的象征性的总体构思。郭沫若说："《女神之再生》是象征着当时中国的南北战争。共工是象征南方，颛顼是象征北方，想在这之外建设一个第三的中国——美的中国。"这一次，对于共工、颛顼因争帝的丑剧而导致的盗寇式的破坏，女神们是十分鄙弃的；对于因这种破坏而损坏的天体，女神们再不屑于去做修修补补的工作。"新造的葡萄酒浆，不能盛在那旧了的皮囊。为容受人们的新热、新光，我要去创造个新鲜的太阳！"女神们不愿意再去"补天"，而要重新创造一个新的太阳，开辟一个新的天地。由女娲炼石补天的传说到上述构思的形成，是诗人发挥主观独创性，经过丰富的想象和幻想才得到的。在诗的意象的凝聚和提炼上，这是一个实质性的改造。正是这个基本构思，将共工、颛顼的象征性形象，农叟、牧童的现实性形象，以及女神们自己的对话、合唱等个别形象和内容都贯穿起来，构成全诗的总体形象，作为诗人要"建设一个第三的中国——美的中国"的象征，这个总体形象有力地揭示了在彻底破坏的基础上进行再创造的象征意义。

如上所述，《凤凰涅槃》和《女神之再生》中的象征性形象，如同郭沫若对歌德《浮士德》的评价那样，诗人正是"抓住了现实的大魂"，"以他敏锐的直觉"，"突进时代的核心"，从"显示特征的整体"上，对"五四"时代精神做了色彩鲜明、闪耀着哲理光辉的高度概括。因此，它们对于整部诗集来说，在很大程度上是笼罩全局的。这两个形象是贯穿整部《女神》的灵魂。郭沫若将他的第一部诗集命名为《女

---

① 王国维：《人间词话》定稿（六十四则），《王国维文集》第 1 卷，中国文史出版社 1997 年版，第 151 页。

② 王国维：《人间词话》删稿（四十九则），《王国维文集》第 1 卷，中国文史出版社 1997 年版，第 160 页。

神》，后来又将《女神》、《星空》和《瓶》三个诗集的合集命名为《凤凰》，也说明这两个形象从生活的总体上反映时代精神的艺术概括力量。"女神"和"凤凰"就是中国的象征，中华民族的象征，诗人自我的象征，自然万物大和谐的象征。"再生"的"女神"是"永恒的"，"更生"的"凤凰"是"永生"的，因此，女神的再生，凤凰的更生就是中国的新生，中华民族的觉醒，诗人新我的诞生，自然万物无限生命力的获取。新生后的这一切都是超越时空，永恒存在的。在《女神》中，无论是那些"借古人的皮毛来说自己的话"的历史人物的形象，那个为思念祖国而炽烈燃烧着的炉中煤的形象，或是无限美妙、有着神奇威力的地球——母亲的形象，那个气吞宇宙，毁坏一切，噬啮自身的天狗形象，以至于太阳、大海、皓月、明星等自然物的形象……从这一切形象中，都可以看到女神和凤凰的瑰丽伟美的身影。

　　自然，在"女神"和"凤凰"这"形象化了"的"现实的大魂"的笼罩下，《女神》中其他诗篇的象征性形象又有着具体的构成形象的不同方法。如果说，《凤凰涅槃》和《女神之再生》主要是以一个贯穿全篇的故事造成整体的象征性形象的话，那么，另一些诗篇则常常将不同时间、不同地点、彼此不相干的人和事凑在一起，抓住它们与作者所要表达的思想感情之间的某种类似和联系，用诗人主观的想象和幻想把它们调和统一起来，使不同的事物融合为完整的象征性形象，构成一种意蕴丰厚、寓意深远的意境，从而将诗人在特定处境中的内心感受和复杂情绪从总体上更深地暗示出来。

　　诗剧《湘累》就是采取这种方法构成象征性形象的。诗剧一开始，是洞庭湖中娥皇、女英的精灵，在唱着苦苦思念爱人归来的恋歌，接着通过刚上场被放逐到洞庭湖滨的屈原的独白，表达了他的思乡盼归的感情。以后，湘灵的哀婉缠绵的歌声时断时续；与湘灵的歌声相呼应，屈原切望归去又不得归去的矛盾感情也贯穿全剧的始终。娥皇、女英的传说和屈原被放逐的故事本来是发生在不同时间、不同地点的两件事，但诗人抓住它们与自己思想的某种类似和联系，利用这两则故事在中国人民中广为流传、为人民所熟悉的特点，于是便在特定的生活经验和审美经验的条件下，构成了容易唤起人们想象的暗示性形象和意境。表面上看来，娥皇、女英的歌声是对爱情的歌唱，实际上却是通过对恋人的怀念和盼望，向一切思乡怀土、眷念祖国的人们奏出的一曲"招魂曲"。剧中，屈原这个历史人物的本意，也不是在历史事实的基础上发展历史精神，像作者抗战时期写的多幕剧《屈原》中的主人公那样。这里只是作者的"夫子自道"，借古人来抒发感情，所以表面上写的是屈原，实际写的是作者自己，抒发的是另一种感情。因此，诗剧中屈原的形象实际上是一个象征性人物。而且，作者将湘灵和屈原的故事联系起来，剧中湘灵呼唤恋人归去的"招魂曲"，以及屈原从歌声中听出了女嬃、船夫听不到的呼唤他归去的内容，二者之间造成一种似隐似现、若明若暗的朦胧感。这种因朦胧感而造成的含蓄委婉的美和诗人借屈原之口抒发坦荡奔泻感情所造成的雄浑豪放的美交融在一起，大大增强了诗剧艺术形象的感情浓度，形成了一种扑朔迷离、意蕴深厚的艺术境界。这种境界引起人们的联想、探索和寻味。大家会想到，它是郭沫若这位海外赤子眷念祖国的炽热情怀的暗示和反映；还会想到，诗中关于屈原愤世嫉俗、追求个性解放和自由创造的抒写内容，也是郭沫若切望伸张个性、报效祖国而又不能如愿的矛盾心理所激起的情感的回流。人们还会想到更多，例如，似乎剧中湘灵召唤的"不是屈原，也不是任何人，在苦难重重的日子里，这是一首伟大的民族招魂曲"①，等等。

歌德在谈到"寓意"和"象征"的区别的时候说：

> 寓意把现象转化为一个概念，把概念转化为一个形象，但是结果是这样：概念总是局限在形象里，完全拘守在形象里，凭形象就可以表现出来。
>
> 象征把现象转化为一个观念（Idee，原义为感觉印象），把观念转化为一个形象，结果是这样：观念在形象里总是永无止境的发挥作用而又不可捉摸，纵然用一切语言来表现它，它仍然是不可表现的。②

对于《女神》中像《湘累》这一类作品，如果仅仅看到作者借屈原之口所抒写的"我有血总要流，有火总要喷，不论在任何方面，我都想驰骋"之类的感情和形象，还是不够的。只有从总体象征性形象着眼，才能从有限见无限，从似乎"不可捉摸""不可表现"中，看到深远的寄托和无穷的意蕴。又如在《电火光中》这首诗里，出现了中国古代的著名历史人物苏武、法国画家弥勒的名画《牧羊少女》和德国著名音乐家贝多芬的肖像画等三个形象。这三个处于完全不同境遇中的人物，经作者突出他们的某些特征，借助想象的组合，竟成了用以寄托感情的物象。诗人之所以突出苏武"望南翘首""眼眸中含蓄着无限的悲哀"的特征，之所以将"牧羊少女"想象成为苏武的"弃妇"，她眼中也"含蓄"着"悲愤、怨望、凄清"，都是为了将诗人自己踯躅日本都市街头的"幽暗"的乡思深刻地暗示出来。那贝多芬的形象"蓬蓬的头发、好象奔流的海涛"，"高涨的白领如同带雪的山椒"，"如狮的额，如虎的眼"，"好象'大宇宙意志'自身的头脑"，"笔尖上正在倾泻着怒潮"等经过极度夸张的特征，则是蓬勃的生命力和自由创造精神的象征。这些形象的连续出现，"解除了"诗人"无名的愁苦"，促成了诗人的思想情绪由"幽暗"向开朗的迅速转换。由此可见，我们从这三个形象所看到的，不只是他们各自的个别的特征，而是从诗的总体形象上深刻地暗示出诗人思乡的爱国情绪和为祖国要有所作为的蓬勃奋进的精神。这样，诗人直抒胸臆赞美苏武、贝多芬而产生的雄奇、伟美的冲击力与感染力，

---

① 唐弢：《诗人，卓越的无产阶级文化战士》，《郭沫若研究资料》（中），中国社会科学出版社1986年版，第156页。

② ［德］歌德：《关于艺术的格言和感想》，转引自朱光潜《西方美学史》下卷，人民文学出版社1979年版，第416—417页。

便与诗的总体形象的暗示力和启示力融合在一起，从而使诗的形象避免了因感情奔泻而容易出现的浅薄、乏味，从而显示一种蕴蓄与奔放辩证统一的美。

还要看到，在《女神》的一些抒写自然的诗篇中，象征性形象的构成又采取了另外的形式和手法。概括地说来，就是灌注生命于无生命的自然物，把它们人格化，揭示出它们内藏的不可思议的"意蕴"，使万物间都取得沟通和联系，并将诗人的主观世界具体化、形象化，使自然万物成为体现诗人主观复杂微妙的感情和情绪的东西。这样，通过在物我同一中物我交感的原则，使作为象征体的自然物形象与所象征的观念融为一体，从而达到对诗人主观思想情绪的集中、强烈的揭示和表现。这里，郭沫若采用这种方法显然与他所受到的泛神论的影响分不开，因为泛神论就是把神看作是在自然中无处不在的一种川流不息的生命的主宰的。同时，从艺术方法来看，《女神》中这些抒写自然的诗篇，也明显地吸取了象征主义艺术方法的某些特点。在象征派诗人看来，宇宙万物都在可见事物上隐蔽着看不见的事物，大自然如同一座符号和形式的储存库，一座"象征之林"，诗的象征便是沟通真实的自然界与隐蔽的另一世界的媒介。郭沫若扬弃了象征派诗歌在内容上的悲观、颓废情调和在艺术表现上的神秘色彩，对于这种方法在表现主观世界和抽象事物方面，以思维的形象性和表达的含蓄性见长的特点则进行了借鉴和吸取。在《炉中煤》中，诗人将自己隐喻为"炉中煤"，又将炉中煤隐喻为黑奴，从而赋予炉中煤以思想感情；还将祖国借喻为"年轻的女郎"以使祖国这个抽象物拟人化。正是借助这种复杂而又巧妙的隐喻、借喻结构，将多种有物质实感的形象叠加和组合起来，形成了富于立体感的象征性意象。在这种物与物以及物与我"感通"的情况下，诗人多侧面地表现炉中煤这一象征物的特征：这炉中煤熊熊燃烧，有着像淳朴的黑奴一样诚挚炽热的心肠；它原本是有用的栋梁，被活埋在地底多年，"到今朝总得重见天光"；它在献出光和热的同时，必须燃烧自己，甚至要将自己化为灰烬……这些特点从多方面揭示出炉中煤这一形象的内藏的"意蕴"，它使人联想到诗人对祖国的赤诚而生发的眷念祖国的情绪；联想到诗人在经历了漫漫长夜之后，从新的时代曙光中看到了希望的由衷喜悦；甚至于还会联想到诗人为祖国不惜燃烧自己、化为灰烬的献身精神……这样，诗人以炉中煤为核心意象而组成的总体象征性形象，便显得既凝练、含蓄，又鲜明、强烈，寓意深广。

三

《女神》中象征性形象，还因为熔铸着诗人艺术方法的特色和创作个性，所以它们又与其他许多诗人笔下同类形象的创造有着不同的特点。

《女神》的象征性形式和方法的运用，是与积极浪漫主义的艺术方法相结合的。郭沫若独有的积极浪漫主义的感情基调，基于这种感情基调的独特的感情表达方式、想象方式和形象描写手法，都使他笔下的象征性形象因为交融着这种艺术表现形态和方法而呈现出独特的面貌。这里，先要看到，在作为象征体的核心意象的选择上，《女神》就与现实主义诗歌不同。现实主义作家大多借助于平凡的、常见的事物，通过刻画它们固有的形象特征，让抽象的、一般的、无限的哲理以具体的、特定的、有限的形象作依托。如鲁迅的散文诗，作为象征物的，大多是秋夜的天空，夜空的寒星，落尽了叶子的枣树（《秋夜》），饱经生活磨难的老妇人（《颓败线上的颤动》），实际生活中的过客、老翁、小女孩（《过客》）等；周作人、刘半农笔下的象征性形象，则是小河（《小河》）和破冰前进的航船（《敲冰》）等。而在《女神》中，作为可观照、可想象的象征物的，则大多是神话传说、历史故事、大自然的宏伟景物，或是现代都市及科学文明等。

当然，《女神》中象征性形象的特色，更重要的还表现在对所选取的核心意象的艺术处理和诗人运用形象思维的独特性上。我们知道，在通过象征体来揭示丰富、深刻的象征意义的时候，围绕着作为象征体的核心意象，有一个情思延伸、意象推移以更新、再造象征性形象的过程。在现实主义作家创造象征性形象的时候，往往抓住象征体固有的显著的形象特征，进行排比铺陈、精雕细镂的刻画和描述，想象在实有的具体情境中驰骋，感情的波涛被心中的闸门节制住，回旋激荡。在这些作品中，沉郁顿挫的感情抒发、含蓄幽深的寄托暗示与真切细腻的实物描写、形神兼备的形象刻画融合在一起，实景画面与象征性的想象画面叠印在一起，这样，通过对象征体的多方面抒写和描绘，构成蕴蓄深厚的意境，包孕丰富的生活和斗争的哲理，从而赋予象征物以内涵丰富的象征意义。

这里，有必要举出在"五四"前夕新诗园地里，产生过广泛影响的周作人的长诗《小河》作为例子。因为这首长诗所写的"小河"的形象，常被许多评论者用来作为反面例证，说明《女神》所反映的时代精神的强烈和艺术境界的开阔高远。然而，这样的比较是否恰当呢？一则这首长诗写于"五四"运动发生前的一九一九年一月，而人们常用来做比较的《女神》中的大部分诗篇则写于"五四"运动发生之后。所以，不同环境的作品在思想内容上是无法比较的。再则，周作人倾向于写实主义，郭沫若倾向于浪漫主义，他们的诗歌渗透着各自的创作个性和艺术风格。离开他们各自创造的形象的特色，生硬地比较艺术上的优劣，也是不妥当的。还是让我们来看看周作人笔下"小河"的形象吧。这条小河流动不息，充满生命的活力，它"稳稳地向前流动，"河水像乳汁一样哺育着两岸的土地，经过的地方"全是乌黑的土"，并且"变成一片锦绣"。当土堰和坚固的石堰拦住它的时候，它知道"要保他的生命，总须流动"，所以仍是"终年挣扎"，不停地转动，把堰下转成深潭。虽然它最后尚未能冲垮堰坝，却蕴蓄着一股引而未发的力量。诗人感情的潮水随着小河稳稳向前流动，眼看要喷涌而出了，却又像堰坝拦住了河水一样，感情的回流汇成蕴藉丰厚的"深潭"。诗人的想象也不是在幻想的境界中奔驰，而是随实有的景物和感情的抒发而呈现、展开；在形象描写的手法上，则抓住小河的固有的形象特征进行描绘和赞美，从形与神上入微传神地刻画了小河的形象与性格。显然，诗人笔下这个诗意盎然、富于哲理特色的小河的形象，是一个象征性形象。它寄托着"五四"前后觉醒的小资产阶级知识分子追求自由，渴求伸张个性，并以己身的力量造福于人类的强烈愿望。应该说，这也是从一个侧面反映了"五四"时代精神的。朱自清说，"五四"前后流行的一些新诗，喜用"比喻说理"，"缺少余香与回味"，而"周启明氏的《小河》长诗"，则能"触景入情，融情入理"[1]，因此被他称为"著名的象征长诗"[2]。这正是抓住了该诗的特色的十分恰切的评价。

郭沫若在《女神》中的象征性形象创造就大不相同了。他在《女神》中所表达的感情基调是浓烈奔放的，感情的表达方式是暴发式的，情感的波涛像激流一样澎湃，没有什么心灵的堤坝能闸住诗人奔腾的感情潮水；想象在神异的领域和宏大的境界中天上地下、忽古忽今地驰骋，没有什么时空观念能限制住诗人想象和幻想的翅翼的飞腾。在形象的描写上，他不重视象征体固有的形象特征，也不对它进行细致的刻画和描述，而是带着强烈的主观性，注重诗人内心体验的真实。象征物的固有特征往往被诗人主观赋予的特征所替代，失去了本来的面貌。尤其是郭沫若主张"诗是人格的表现"，诗是诗人心中"诗意诗境的自然流露"，所以象征性形象往往成了诗人"自我"的诗意的体现。

总括上面的论述，可以看到，在《女神》中，对于象征主义艺术方法的批判的吸取，象征性形式和方法的独创的运用，不仅没有使《女神》离开现实的真实，而且在对现实真实的想象的反映和概括、意境的形成和深化等方面，都大大丰富了诗歌的积极浪漫主义。在激动人心的《女神》时代，郭沫若不拘一格、大胆引进外国诗歌创作的艺术方法和表现方法，为开一代诗风而进行的大胆探索和做出的卓越贡献，对于我们今天诗歌创作的繁荣和发展是有着重大借鉴意义的。

（原载《中国现代文学研究丛刊》1983 年第 4 期）

---

[1] 朱自清：《中国新文学大系·诗集·导言》，《朱自清序跋书评集》，生活·读书·新知三联书店 1983 年版，第 93 页。

[2] 朱自清：《中国新文学研究纲要》，《文艺论丛》第 14 期，上海文艺出版社 1982 年版，第 16 页。

互渗与消融

——《女神》文本结构的重新解读

刘悦坦

学界对郭沫若前期新诗的研究，向来缺少深入细致的文本分析，这不能不说是一大遗憾。任何一种文学体裁，其能够存在的首要条件就是它有着自己独立的文体形式，失去形式上的独立性，体裁也就不复存在了。对诗歌而言，文体形式的重要性就更加明显。对于《女神》，学人重视了对其中的五四时代精神和它在文学史上的地位的探讨，而对它文本结构的研究一直被忽视着。

一

细读《女神》就会发现，越是能代表《女神》成就的作品，就越带有浓厚的原始色彩。在这里，既有充满原始灵感与巫术迷狂般的创作状态，又有凤凰涅槃、天狗吞月、处女生殖等神话情节。翻开《女神》，就等于进入了一个色彩斑斓的史前世界。其中最为突出的是无处不在的互渗：梅花与自我的同一，"火便是凰，凤便是火"的融合，"还有什么你，还有什么我"，"一切的一，一的一切"，"我中也有你，你中也有我"……学人将这一切理解为"泛神论"哲学思想的影响。笔者认为，《女神》时期郭沫若所信奉的"泛神论"，与其说是哲学思想，不如说是诗性的思维方式。从哲学角度讲，"泛神论"对郭沫若而言，存在着一个世界观与方法论的关系问题。原本作为一种哲学世界观的"泛神论"，经过郭沫若的诗性解读和改造，更多地被当作一种方法论来加以使用。郭沫若的"泛神论"，既不是唯心主义的世界观，也不是唯物主义的世界观。"泛神论"并不是郭沫若对世界的根本性的明确认识，其适用领域与其说是哲学的，毋宁说是诗学的。从思维学的角度来讲，我们知道，思想是思维的结论，是客观存在反映在人的意识中经过思维活动而产生的结果，是一种理性认识。也就是说，思想的形成是思维运动的结果。如果我们从整体的、运动的角度，而不是从分割的、静止的角度去看问题，就会发现，"泛神论"对郭沫若而言，与其说是固态的哲学思想，不如说是动态的思维方式。郭沫若心中的"泛神"，并不在意有神无神的差异，而更着重自然与自我的互渗。自然便是神，神便是自我。因此，自然也便是自我。同一主体在同一时间有几个不同的存在："我便是你，你便是我"，"我"可以是凤凰，又可以是火。文化人类学的研究表明，互渗是原始思维的最一般的规律。从这个角度讲，郭沫若的"泛神论"是一种"返祖性"的思维方式，具体到新诗创作中是把"泛神论"中互渗的思维方式转化为《女神》中的艺术构思。

《女神》分三辑，其中最能代表《女神》成就的是第二辑中的作品。就诗体形式而言，这些诗歌可以大致分为两类。一类是情绪自然消长、由抑到扬，诗节、行数、字数错落不一，读起来一气呵成，令人精神振奋、感情激昂的"鼓舞调"的诗，如《天狗》《晨安》《立在地球边上放号》《笔立山头展望》《浴海》《梅花树下的醉歌》《我是个偶像的崇拜者》等。另一类是情绪消长相间、节奏有急有缓、语句大体整齐、诗节复沓往返的"回环调"的诗，如《凤凰涅槃》《地球，我的母亲》《匪徒颂》《新阳关三叠》《日出》《沙滩上的脚印》等。这两类诗的形成，除受到惠特曼《草叶集》"雄浑的调子"的影响外，更是郭沫若在两类原始诗歌诗体形式上的创造和发挥。《女神》时期的郭沫若，由于受泛神论的影响，思维方式上存在着强烈的"返祖性"，对三世以前的原始的"大同世界"充满了向往。就艺术而言，郭沫若最为关注的是诗歌的本质。在论及诗的本质时，郭沫若又极力推崇原始诗歌及婴幼儿的诗歌。在对艺术的本质进行了系统的考察后郭沫若指出，"科学的方法告诉我们：我们要研究一种对象总要先把那加杂不纯的附加物去掉，然后才能得到它的真确的，或者近乎真确的、本来的性质。"[1] 而欲求得这种性质，就"不能不从原始民族的口头文学或者幼儿的自由诗歌中去涉历"。[2] 思维科学的研究表明，原始人的思维与幼儿的思维有着很大的对应性。从原始人到现代人的演化过程中，思维方式的变革与幼儿从小到大的思维方式的变化有着惊人的一致。大体都是由形象到抽象，由具体到概括，由发散到聚合，由非逻辑到逻辑。原始人的思维与幼儿的思维便都是在基本一致的起点上。

通过对文学本质的考察，郭沫若发现诗歌最初起源时有两种基本形式。一种是同一字或同一句加上一定的节奏，音调反反复复地咏唱的"反复体"。如："酋长是不晓得怕惧的呀"，或："喔，格儿瓦的火鸡哟"。另一类原始诗歌结构形式被郭沫若称为"叠句体"，便是在同一句的反复外，一首诗中至少还有一句说明语，说明语可以出现在诗的中间或前面、后面。如："凄凉的一只船，要漂流到哪儿去？／我是不会再见我的亲人了！／凄凉的一只船，要漂流到哪儿去？"或："喔，那是什么脚哟！／喔，那是什么脚哟！／你这奴才有的是袋鼠的脚哟！"或："现刻呀还有谁能杀我？／我文了身了！／我文了身了！"

对比《女神》中的两类诗歌，我们不难发现，它们基本是在两种原始诗歌结构

---

[1] 郭沫若：《郭沫若全集·文学编》第15卷，人民文学出版社1990年版，第342页。
[2] 郭沫若：《郭沫若全集·文学编》第15卷，人民文学出版社1990年版，第344页。

上的扩大和发挥。作为现代社会的成年人的郭沫若，自然不会与原始人或幼儿有着相同的思维材料、思维内容，但作为有着"历史癖""考古癖"并终生对远古文明无限向往的郭沫若而言，当他站在现代立场上反观文学的本质并进行诗歌创作时，谁也不能排除他的思维方式有"返祖"的可能。例如，出于对原始诗歌和幼儿诗歌的崇拜，郭沫若甚至认为儿子阿和"Oh, Moon! Oh, Moon! Crescent Moon!"的诗竟比自己的《新月与晴海》好。"我这首诗，形式上虽然比他的要复杂些，但在根本上也是一种简单的反复体：便是前节的节奏与后节的节奏完全一样，其中不过有些观念的变化罢了。"[①] 郭沫若认为，诗对同一句同一字的反复，这是简单到无以复简的地步的，并称这样的诗为"文学的原始细胞"，认为从这里可以明了地看出文学的本质。这种文学的原始细胞所包含的是纯粹的情绪的世界，而它的特征是有一定的节奏。这便是郭沫若心中的诗之为诗的诗之精神的"内在律"：情绪的自然消长。

二

在对原始诗歌和《女神》代表作的诗体结构有了一个大致的了解之后，我们就可以对比考察这两类诗了。《女神》中"回环调"的诗，显然与原始诗歌的"反复体"有着某种内在关联。"反复体"的原始诗歌只是同一句的无限反复，而《女神》中"回环调"的诗歌却有所创造和扩展。如《凤凰涅槃》："山右有枯槁了的梧桐，／山左有消歇了的醴泉，／山前有浩茫茫的大海，……我们飞向西方／西方同是一座屠场。／我们飞向东方，／东方同是一座囚牢。我们飞向南方，／南方同是一座坟墓。／我们飞向北方，／北方同是一座地狱。"这种前后左右、东南西北的反复咏叹，显然比原始诗歌同一单句的无限重复容量更大，更能抒发现代人胸中那广阔宇宙的宏观感受。它层层扩大，逐级开放，显示了诗歌抒情主体外展、奔放的雄伟气魄。但是，除去那东南西北、前后左右不同事物的内容，就诗体结构形式而言，这种"回环"与"反复"却没有本质差别，都是语句反复定型加上适当的节奏，这就显示了思维方式上内在的一致性。再如《匪徒颂》，这首诗情绪激昂高亢，充满着对古今中外历史上那些勇于打破旧制度、冲破旧思想的"匪徒"的革命精神的景仰。就抒发的内容而言，这首诗充满着狂涛般的激情，但全诗的形式却相当规整，由6个句式完全相同的诗节组成，只是每一诗节的内容不同，分别向政治、社会、宗教、学说、文艺、教育等领域内的"革命的匪徒"三呼"万岁"。这类"回环调"的诗，诗人的情绪层层荡开，充满了向外辐射的张力与欲望，极大地抒发了诗人追求精神自由、个性扩张的心灵感受。同一时间内，抒情主体可以遍布四面八方，唱出各种声调。这与以互渗为基本规律的原始思维容许同一主体在同一时间可以有几个不同的存在有着内在的相通

[①] 郭沫若：《郭沫若全集·文学编》第15卷，人民文学出版社1990年版，第377页。

性。对读者而言，除了能同样体会到上述感受外，还会产生一种奇妙的控制感：当读完上一节时，就会预感到下一节又会像波浪一样涌来，仿佛层层的涟漪在同样的旋律下荡漾，好像是读者自己在控制着诗歌的节奏。这样的审美感受既给人一种高昂亢奋的精神激励，又满足了读者对作品进行再创造的愿望，是五四时期其他白话新诗所远不能及的。《女神》中"回环调"的诗是在原始诗歌"反复体"的基础上的创造和扩充，这是容易看出的。

较难解说的是《女神》中"鼓舞调"的诗。这类诗往往不分诗节，即使分，也长短不一。每首诗的节数、每节诗的行数、每行诗的字数都极为自由随意，完全听任情绪自然消长，呈现一种无序状态。然而，如果我们认真比较一下"回环调"的诗与"鼓舞调"的诗，就会发现这样一个有趣的现象：从"回环调"的诗中抽出一节，恰恰可以看成是一首小的"鼓舞调"的诗。如："反抗王政的罪魁，敢行称乱的克伦威尔呀！／私行割据的草寇，抗粮拒税的华盛顿呀！／图谋恢复的顽民，死有余辜的黎塞尔呀！／西北南东去来今，／一切政治革命的匪徒们呀！／万岁！万岁！万岁！"这就显示了"鼓舞调"的诗本来有发展成"回环调"的可能。只是由于情绪抒发的完成与否，才决定了全诗是停留在单纯的"鼓舞调"上，还是继续反复定型，成为多诗节反复咏叹的"回环调"。例如《我是个偶像的崇拜者》，全诗由"我是个偶像的崇拜者哟"的总括引入，从崇拜太阳、崇拜山岳、崇拜力、崇拜血、崇拜心脏……情绪逐步高涨、沸腾，节奏也由抑到扬，到后来崇拜偶像破坏者、崇拜"我"，最后归结到"我又是个偶像的破坏者"。这看似情绪达到了总暴发，其实是亢奋状态开始消退，已露出情绪由涨到消、节奏由扬到抑的倾向。从形式和节奏上看，这种倾向有继续发展成往复回环的"回环调"的可能，但诗人的情感已经得以充分抒发，诗的内容也已完成，故全诗到此为止。《天狗》《梅花树下的醉歌》《立在地球边上放号》《晨安》等"回环调"的诗，仔细分析，都或多或少有这样的倾向。由此可见，表面看来相差甚远的两类诗体结构形式，却有着内在的一致性。但是，为何"鼓舞调"的诗不必回环复沓、语句反复定型也能像"回环调"那样淋漓尽致地抒发感情呢？在我看来，一个很重要的原因就在于"鼓舞调"的诗是在原始诗歌"叠句体"的基础上拓展创造而成的。"叠句体"也就是在同一句的反复之外，至少有一句说明性的话。这种原始诗歌的"基因"在《女神》中并不难找到，如《晨安》。过去，我们的研究者总是把这首诗看得过于单纯，仅以为诗人一口气对不同的事物、人物连喊了27个"晨安"，只是表达了一种激昂亢奋的情绪冲动。其实不然。只要认真阅读这首诗就会发现，这27个"晨安"不是"一口气"喊出来的，中间加进了说明性的成分。如第一节："晨安，常动不息的大海呀！／晨安，明迷恍惚的旭光呀！／晨安，诗一样涌着的白云呀！／晨安，平匀明直的丝雨呀！诗语呀！／晨安，情热一样燃着的海山呀！／晨安，梳人灵魂的晨风呀！／晨风呀，你请把我的声音传到四方去吧！"前6句就内容看，诗人向6种（丝雨、诗语看成一种）不同的事物喊了6句"晨安"；就形式而言，可以看成是同一句的重复，但最后却对"晨风"加了说明，这就打破了诗歌内部结构的单调性，使全诗不必发展成"回环调"就能抑扬顿挫，达到情绪的自然消长。尤为突出的是诗歌的后半部，细加注意，我们可以看出，诗人"晨安"的对象由中国向西，经恒河、印度洋、尼罗河，到了欧洲的比利时、爱尔兰，又跨过大西洋，从美洲回到太平洋，最后归结于东方的扶桑，让人享受日出的晨光。这一趟"日出入行"，尽管是情绪不断高涨的"鼓舞调"，却由于对象的地理分布，最终完成了"回环"。其他"鼓舞调"的诗，也有这样的特征。如《我是个偶像的崇拜者》，从"我是个偶像的崇拜者"始，到"我是个偶像的破坏者"终；《天狗》从"我是一条天狗"始，到"我便是我了"终；《梅花树下的醉歌》从对梅花的赞美始，到梅花与自我的互渗终……这都显示了"鼓舞调"的诗尽管形式上不具备回环的诗节，情绪的消长却带有回环的特点。我们不妨对比一下结构上分别属于"鼓舞调"与"回环调"的两首诗《晨安》与《匪徒颂》。就情感而言，这两首诗无根本差别，都是诗人对自己崇敬的人物、事物的颂扬，只不过一个道"晨安"，一个喊"万岁"。就诗体结构形式而言，两者却截然不同。一个是单句的线形排列，一个是诗节的复沓回环。然而，细加分析，我们就会发现，《匪徒颂》是回环着喊万岁，《晨安》是喊晨安喊了一个回环。外部结构上的殊途，却恰恰显示了内在结构上的同归。"回环调"的诗，抽出一节可以看成一首"鼓舞调"的诗；而"鼓舞调"的诗，本身又包含着回环。也就是说，"鼓舞调"的诗与"回环调"的诗是一种"你中有我，我中有你"的互渗关系。这就显示了《女神》内在文本结构的同构性。

三

对《女神》的文本解读，无论是"回环调"还是"鼓舞调"，都还只是一个粗略的类型化的分析。《女神》所实现的诗体大解放，不仅仅是"欧化"的结果，还是在更深层次上的返璞归真。然而，这绝不是《女神》价值的全部。如果我们承认《女神》具有巨大的创造性，那么它就绝不只是对原始诗歌的扩展和补充。同时，它也必然与五四同时代的白话新诗有着重大的区别性特征。不难看出，《女神》创造了全新的宏伟意象。

《女神》对中国新诗的一大突出贡献就是创造了大海、太阳等全新的雄伟意象。一反古典诗歌风、花、雪、月等纤细轻柔的意象和早期白话诗偏重说理的倾向，开辟了一个属于崇高美的新的审美境界。对于《女神》的核心意象，曾有"大海"说与"太阳"说之争。前者从诗歌的结构和节奏出发，认为大海是《女神》的核心意象，而后者从创作主体的"太阳崇拜"的情结出发，认为《女神》的核心意象是太阳。诚然，大海与太阳是《女神》中两个相当突出的意象，但二者并不存在谁压倒谁的问题，在大多数诗歌中，大海与太阳是结伴出现的。如《浴海》《新阳关三叠》《晨安》《光海》《我是个偶像的崇拜者》《太阳礼赞》《沙滩上的脚印》《金字塔》等诗都是如此。《女神》中的太阳往往是大海背景上的日出或日落，而大海也总是具有太阳特征的"光海"。它们都有一种层层荡漾、向外辐射的源泉意味。这是一种创生万物的女神意象。大海与太阳的互渗，显示了《女神》两大意象之间也是一种"你中有我，我中有你"的同构关系。这样一来，就使对《女神》文本的解读不再限于指出现象本身，而是要探讨现象背后的原因：《女神》的诗体结构与基本意象之间有何关系？《女神》的深层文本结构是怎样的？

　　为了更好地说明问题，我们还必须回到《女神》那里。由前文论述得知，无论是"鼓舞调"的诗，还是"回环调"的诗，尽管与原始诗歌的反复体与叠句体有着内在的联系，但绝不等同。原始诗歌的单句的反复重叠，只是处于一种平行排列的堆积状态。因为每一句无论内容与形式都完全相同。《女神》中的诗，表面看来似乎也是平行排列的，如《我是个偶像的崇拜者》中的"我崇拜……/我崇拜……/我崇拜……"，《晨安》中的"晨安……/晨安……/晨安……"，《天狗》中的"我……/我……/我……"，等等。但在郭沫若"泛神论"互渗的思维方式的支配下，同一主体在同一时间可以有几个不同的存在，使《女神》中的诗歌呈现出来的是一种以抒情主体"我"为起点的向外发散的"波"状辐射。"鼓舞调"的诗，可以借助抒情主体同一时间的几个不同的存在形式形成向外辐射的"波"；"回环调"的诗，可以借助本身的回环往复层层展开，同样也可以形成向外发散的"波"。"波"的状态是《女神》的基本结构特征。而这恰恰是郭沫若能创造大海、太阳等全新意象的内在原因。郭沫若之所以在《女神》中选择了太阳、大海等意象，并不仅因为它们巨大、雄伟、振聋发聩，而是它们首先表现为一种"波"——光波与浪波。大海波涛汹涌，太阳光芒四射，都是以"波"为表现形式。如再细加分析又会发现，"鼓舞调"的诗与大海有着某种内在结构上的同构性。它们都如狂涛巨浪，呼啸而至，令人猝不及防，呈现为一种无规则状态，都令人情绪越来越激昂亢奋。"回环调"的诗与太阳则有着某种内在结构上的同构性。它们都层层铺排，向外辐射，较为恒定有序，令人荡气回肠，情绪有规则地消长。《女神》中意象必然要适应《女神》中的诗体结构形式，波状辐射的诗体结构必然要求波状辐射的意象，而大海、太阳恰恰符合了这个"振动数""燃烧点"，从而成为《女神》的选择。由此可见，《女神》的深层文本是一种互文结构。诗歌的形式因素与内容因素是互渗在一起来看的，都呈现为一种"波"。"波"本身带有源的意味，但又在层层外扩中渐渐消散，最终趋于自我消亡。

　　诗体形式与诗歌意象的互渗，并呈现为"波"的状态，使《女神》的诗歌文本结构在内在层次上呈现为一种互文的自结构，仿佛是一种"别有天地非人间"的自在之物。这就是《女神》的不可重复、不可模仿的天才美，是"此曲只应天上有"的天籁。

正是由于互渗，《女神》在深层意义上是消融自我的，而不是像我们普遍认为的那种凸现自我。《女神》时期，郭沫若是把艺术与人格互渗在一起来看的。"因为诗——不仅是诗——是人格的表现，人格比较圆满的人才能成为真正的诗人。"① 而"个性最彻底的文艺便是最有普遍性的文艺，民众的文艺"。② 郭沫若对"精赤裸裸的人性"的强调及"愿做个共产主义者"的念头，表明他对个性、自我的理解是排除私有观念的。他追求的是绝对的自由自在的状态。

郭沫若前期新诗中的"自我"张扬，不是一种独立的个性意识的张扬。郭沫若对个性的景仰不是建立在西方主客二分的基础上。郭沫若的所谓个性意识，不是把个人（主体）从世界（客体）中剥离出来探讨个人与世界的关系，个人如何认识世界、把握世界，而是在个人与世界的互渗中达到同一。即融入自然，达到无我，"与神合体，超绝时空，等齐生死"，从而"透视万事万物的核心"。③

主客体的互渗状态，是《女神》中的"自我"存在的基本状态。如凤凰更生后的互渗，"我们便是他，他们便是我。/我中也有你，你中也有我。/我便是你，你便是我。/火便是凰，凤便是火。"又如《天狗》，"我是一条天狗呀"，但也只有在把日、月、一切星球、全宇宙都吞吃后，才能达到"我便是我了"的境界。而"我"又只有与日的光、月的光、一切星球的光互渗后，才能既是"我"（天狗）又是"全宇宙 ENERGY 的总量"。另外，还有"我的心与海浪同潮，我的心和日光同烧"（《浴海》），"我想这宇宙中的一切都是你的化身……我的灵魂就是你的灵魂"（《地球，我的母亲》），"我是个偶像的崇拜者""又是个偶像的破坏者"（《我是个偶像的崇拜者》），等等。与宇宙万物的互渗，一方面使自我具有宇宙的神秘属性而极度膨胀，成为"开辟洪荒的大我"，而另一方面，自我也像"波"一样在无限的扩散中消融在宇宙万物之中，最终走向无我。

《女神》闪烁着不可模仿、不可重复的天才美。所谓天才，在郭沫若看来，"便是把小我忘掉，融合于大宇宙之中——即是无我"。④ 对于"无我"境界的追求，创造了"别有天地非人间"的伟大诗篇，同时，也消融了诗人的艺术个性。从"你中也有我，我中也有你"到"你便是我，我便是你"，再到"还有什么我，还有什么你"，最终在"一切的一，一的一切"中，自我在"波"状的辐射与扩张中，消融在"泛神"的宇宙万物中，归于自然。《女神》最终消解了个人创作的痕迹。它是郭沫若天才艺术创作的辉煌开端，同时也是终结。郭沫若说，"《女神》之后，我不再是一个诗人了"——纯文艺之路走到了尽头。互渗创造了天才的诗篇，却消解了天才的诗人。郭沫若的"小我"从一开始就是与"大我"互渗在一起的。从这个意义上

---

① 郭沫若：《郭沫若论创作》，上海文艺出版社 1983 年版，第 254 页。
② 郭沫若：《郭沫若论创作》，上海文艺出版社 1983 年版，第 235 页。
③ 郭沫若：《郭沫若论创作》，上海文艺出版社 1983 年版，第 240 页。
④ 郭沫若：《郭沫若全集·文学编》第 15 卷，人民文学出版社 1990 年版，第 211 页。

讲，郭沫若 20 年代中期由极端的个性主义向极端的集体主义的"转换"之谜，也就不那么令人费解了。

（原载《山东师大学报（人文社会科学版）》2001 年第 2 期）

论《女神》的诗体创新

——为《女神》出版 100 周年而作

张伯江

《女神》，郭沫若著，1921 年 8 月由上海泰东图书局出版发行，至今已整整 100 年。《女神》深刻影响了中国现代诗歌创作，百年以来，现代文学研究界对其思想价值和艺术价值做过多方面的研究，至今热度不减。百年来的汉语现代诗歌，无论是艺术创作还是学术研究都走过了漫长的历程，在纪念这部作品问世百年之际，有必要在新的时代背景下用现代学术的眼光重新审视其历史价值。

多年来对《女神》的研究有几个特点。首先，论者最为关注的是诗歌的情感表现，概括出的情绪特征如"强悍狂暴""奔突跳荡""委婉悠扬""高昂明朗"等，不一而足，但是对这些情绪是通过什么途径、运用什么方式表现出来的，语焉不详；其次，是对诗歌"形式欧化"特征关注较多，对郭沫若诗歌创作中如何受海涅、惠特曼、雪莱、泰戈尔等人的影响考证得较多，而对诗人在汉语文学传统方面的继承性关注相对较少，虽有论及，但也缺少技术层面的研讨；最后，也是最重要的一点，就是学界对诗体解放的关注远远多于对诗体创新的关注[①]，也就是说，对郭沫若以《女神》为代表的新诗形式化探索和创造，以及其中体现的汉语内在精神，缺少系统性的正面论述。

《女神》问世后的 100 年，也是汉语新诗诗体探索走过的 100 年。写作者和批评家对新诗的民族性与形式化问题、对现代诗歌从形式到内容的探索和实验从未停止。然而，诗歌作为一种语言艺术，对诗歌语言形式的规律性研究，却令人遗憾地没有系统性的推进。从这个意义上说，70 年前冯雪峰的说法仍然是具有根本的启发意义的。他谈到新诗的形式，认为"最中心的问题是语言问题"[②]。但是他认为"新诗形式要完全解决，我觉得只有在真正人民大众的同意的语言完全确立的时候"，又未免过于悲观了。事实上，我们的现代汉语并不是仅有几十年短短的历史，"真正人民大众的

[①] 魏建在《〈女神〉研究的三大教训》一文中说："前人特别强调《女神》对于自由体新诗的开创性，忽视了他对中国新诗诗体的多方位探索。"见《首都师范大学学报（社会科学版）》2019 年第 3 期。

[②] 转引自周瓒《当代中国诗歌批评史》，中国社会科学出版社 2020 年版，第 50 页。

同意的语言"早已确立。我们长期缺乏的，是对汉语本质的准确揭示，是对汉语诗歌形式内涵的实质性把握。近年来汉语语言学界的一系列新的理论突破，不仅深刻改变了我们对汉语规律的理解，也对加深汉语古今诗体的认识大有助益。

100年后细读《女神》，可以强烈地感到，早在新文学诞生初期，郭沫若就已经致力于现代诗歌诗体的全方位探索。一首首诗作，借助文字的铺排，不仅淋漓尽致地呈现了各种各样的思想和情绪，也准确地传达了汉语的内在精神。本文将从几个侧面揭示《女神》中几个突出的艺术手段，结合实例说明这些手段的运用。本文引例，除特别声明外，均依据1921年上海泰东图书局版。

一 "视韵"的探索

"视韵"（eye rhymes）本是西文格律诗里的术语。狭义的视韵指的是在诗行末尾用了拼写相似而不是读音相似的词，例如用alone与done"押韵"，或者用remove与love"押韵"[①]。这一技法反映了人在认知方面的一个规律：人们对诗的感受，可以有听觉的，也可以有视觉的。福勒就说过："韵律是传统的句法规则的体现，它有极其丰富的表达思想情感的潜力。我们已经惯于阅读印在纸上的诗歌，因此甚至印刷方式也具有表现韵律的功能，这就是'视韵'产生的原因。"[②] 受此启发，我们可以在更宽泛的意义上探讨"视韵"的表现形式。

汉语本是音节跟书写形式具有严整对应关系的语言。近代以前，诗歌既有可闻可诵的声韵之美，又有可视可书的视韵之美，二者兼具。新诗既已打破了平仄、韵脚的束缚和诗句字数的约束，如何体现出诗性就是一个课题了。《女神》中相当多的诗篇抓住了"视韵"这一形式上的特点，让新诗鲜明地区别于散文。最典型的就是《天狗》：

（一）
我是一条天狗呀！
我把月来吞了，
我把日来吞了，
我把一切的星球来吞了，
我把全宇宙来吞了。
我便是我了！

---

① 戴问天：《为什么是英语》，东方出版社2003年版，第460页。
② ［英］罗吉·福勒主编：《现代西方文学批评术语词典》，袁德成译，四川人民出版社1987年版，第113页。

（二）

我是月底光，

我是日底光，

我是一切星球底光，

我是 X 光线底光，

我是全宇宙底 Energy 底总量！

（三）

我飞奔，

我狂叫，

我燃烧。

我如烈火一样地燃烧！

我如大海一样地狂叫！

我如电气一样地飞跑！①

这是最极端的例子，全诗 29 句，每句都用"我"起头。再如《太阳礼赞》也是每句开头相同：

太阳哟！我背立在大海边头紧觑着你。

太阳哟！你不把我照得个通明，我不回去！

太阳哟！你请永远照在我的面前，不使退转！

太阳哟！我眼光背开了你时，四面都是黑暗！

太阳哟！你请把我全部的生命照成道鲜红的血流！

太阳哟！你请把我全部的诗歌照成些金色的浮沤！②

还有《我是个偶像崇拜者》《晨安》等，都频繁使用这个手段。

《天狗》和《我是个偶像崇拜者》用"我"起头，其用意倒不一定是显示相同的主语，如"我的我要爆了"就不是主语。《太阳礼赞》和《晨安》用的是呼语，更不是主语。而《凤凰涅槃》的"山右有枯槁了的梧桐，／山左有消歇了的醴泉，／山前有浩茫茫的大海，／山后有阴莽莽的平原，／山上是寒风凛冽的冰天"，其中"山"字并非一个独立的词，只能说是一个用以显示"视韵"的标识成分。

不得不承认，这是在探索一种新的诗体。郭沫若显然对中国诗的精神有更深的体会。他确信中国诗在自然语言的分行之外，还要有形式上的辨识手段，就像传统诗词

---

① 郭沫若：《女神》，泰东图书局 1921 年版，第 80 页。

② 郭沫若：《女神》，泰东图书局 1921 年版，第 143—144 页。

用同韵的字来标识一样。于是他就尝试把传统的句末辨识改为句首辨识。不过，在句首用一个相同的字，这种做法毕竟过于简单，有点像古代围棋开局固定在星位落子，极大地限制了整盘的变化性。句首用字相同，也是一种近乎胶柱鼓瑟的做法，只可用来表达有限的情绪①。有心的诗人不可能不思考更多样的手段。

既然是以文本的视觉效果构造诗体，除以个别文字营造效果外，也可以探索整体形式的效果。古往今来的诗词歌赋，其韵致精巧是我们细读之后品出来的，第一眼看的时候，首先看到的是书写形式上的规律性美观：或齐整如列，或错落有致。新诗不追求声韵上的字字讲究，却不妨追求布局上的整体美感。这里以《春蚕》为例：

（一）
蚕儿呀，你在吐丝……
哦，你在吐诗！
你的诗，怎么那样地
纤细、明媚、柔腻、纯粹！
那样地……嗳！我已形容不出你。
（二）
蚕儿呀，你的诗
可还是出于有心？无意？
造作矫揉？自然流泻？
你可是为的他人？
还是为的你自己？
（三）
蚕儿呀，我想你的诗
终怕是出于无心，
终怕是出于自然流泻。
你在创造你的"艺术之宫"，
终怕是为的你自己。②

这首诗首先给人感受强烈之处在于视觉效果：全诗一共三小节，每节五行。第一段连用的几个叹号，第二段连用的几个问号，先声夺人地标明了这两部分的语气类型。三段三种语气跃然纸上。

---

① 刘纳在《论〈女神〉的艺术风格》一文中说："仿佛由一口气喊出来。它们象猛烈的飓风，象奔泻的急流，它们从读者的心灵上呼啸而过，强烈地冲击着读者，产生极大的感染力。"见《中国现代文学研究丛刊》1982 年第 4 期。
② 郭沫若：《女神》，泰东图书局 1921 年版，第 197—198 页。

最值得品味的是，每节的第一行（"蚕儿呀，你在吐丝""蚕儿呀，你的诗""蚕儿呀，我想你的诗"）一眼望去，是为全诗搭建构架的句子，不仅呼语相同，且总字数相近。但仔细读来，我们会惊讶地发现，这些诗行不仅不是相同的句法结构，甚至连成不成句都大有不同：第一段开头"你在吐丝"是个完整的小句，第二段开头"你的诗"却只是个未完的句子的主语，而第三段的"我想你的诗"却连个完整的成分都算不上！截断在这里的理由只是韵律，是视觉意义上的韵律。诗人是如此大胆，用这样的形式构建了整首诗的格局。这种追求"视韵"的做法，远承古代词曲传统，近接西方现代诗歌，为中国现代新诗创立了一个范例，近百年来作为一个确定的形式不断被使用。

二　诗骚传统

谈及《女神》的诗体创新，过去人们较多注意的是郭沫若对西方诗歌技法和精神的借鉴，其实不容忽视的是，《女神》里随处都有清晰可辨的"诗骚传统"。正如张中良所说："诗人对外国诗歌的形式与手法广收博取，为我所用，《女神》里既有惠特曼式的豪放不羁的自由诗，又有泰戈尔式的清新单纯的小诗，还有歌德、席勒式的宏大与绵密融汇的诗剧。同时，诗人也自觉不自觉地从传统中汲取营养……从艺术风格来看，《女神》有屈原式的汪洋恣肆，也有陶渊明、王维式的自然冲淡，还有李白式的雄奇宏放，灵活多变。"[1] 李怡也认为："在郭沫若的文化观念中，西方文化、西方诗学从来都没有居于至尊无上的地位，它们总能与东方文化、中国诗学互相解释、互相说明，来自西方的文化价值观念都能在中国传统文化中寻找到相应的契合，而中国传统文化精神又似乎总是以各式各样的方式显示出与时代精神、外来文化的呼应。所以说，《女神》的文化意义绝不是晶莹单纯的，它是一个由多种文化彼此结合、互为表里的文化汇合体，并且恰恰是在那些富有时代精神、西方印迹的诗歌当中，我们往往可能发现郭沫若自觉进行中西联络的传统文化精神，以及不自觉状态下浮现着的传统诗歌的'原型'模子。"[2]

郭沫若一直认为自己是诗骚传统的继承者。他认为春秋战国时期"有了个很大的变革，就是使文学与活鲜鲜的生活接近了起来"[3]。在他眼里的诗骚精神，是"利用了民间歌谣，创造并完成了中国的一种诗体"[4]。《女神》中的许多诗篇，都明显借

---

[1]　张中良：《论〈女神〉的民族色彩》，《郭沫若研究三十年》，巴蜀书社 2010 年版，第 223 页。
[2]　李怡：《论屈骚与"女神"的文化意义》，《郭沫若学刊》1992 年第 4 期。
[3]　郭沫若：《屈原的艺术与思想》，《郭沫若全集·文学编》第 19 卷，人民文学出版社 1992 年版，第 123 页。
[4]　郭沫若：《屈原的艺术与思想》，《郭沫若全集·文学编》第 19 卷，人民文学出版社 1992 年版，第 128 页。

鉴了《诗经》中民谣风格篇什的艺术手法。

《女神》里有不少篇目，不追求句尾的韵脚，不追求诗句的等长，甚至不追求每节都是偶数句子，但总体格局上有一种清晰的排比，而且是大部分文字重合的句式排比。如《三个泛神论者》：

（一）
我爱我国的庄子，
因为我爱他的 Pantheism，
因为我爱他是靠打草鞋吃饭的人。
（二）
我爱荷兰的 Spinoza，
因为我爱他的 Pantheism，
因为我爱他是靠磨镜片吃饭的人。
（三）
我爱印度的 Kabir，
因为我爱他的 Pantheism，
因为我爱他是靠编渔网吃饭的人。①

这种句式排列方式，熟悉汉语诗歌传统的读者，马上会联想起《国风》里那些熟悉的章法，如："绸缪束薪，三星在天……/绸缪束刍，三星在隅……/绸缪束楚，三星在户……"

再如《炉中煤》的结构，全诗四节，每一节同以"啊，我年轻的女郎！"开头；四节句子数目相同，第一、四节尾句全同（"我为我心爱的人儿，燃到了这般模样"）；这也是典型的《国风》文体。这种句式的实质就是我国韵文传统中广为使用的"互文"手法。排比的句子之间，不管字词相同还是不同，都是为了建立关联，实现"互文见义"的效果。

互文手法除了在形式上用句式作为示踪手段以外，还经常依靠意义属于同一集合的一组词语作为关联。《文心雕龙》"丽辞第三十五"说的"乾坤易简，则宛转相承；日月往来，则隔行悬合：虽句字或殊，而偶意一也"就是这个经验。《女神》："我们飞向西方，西方同是一座屠场。/我们飞向东方，东方同是一座囚牢。/我们飞向南方，南方同是一座坟墓。/我们飞向北方，北方同是一座地狱。"这种以方位意象对称来构形的笔法，也是《诗经》"维南有箕，不可以簸扬。维北有斗，不可以挹酒浆""东人之子，职劳不来；西人之子，粲粲衣服"（《小雅·大东》）这类修辞方式

---

① 郭沫若：《女神》，泰东图书局1921年版，第103—104页。

的传承。这是经典的互文手法：南北东西构成一个方位意义场，每个方位都不是单独表示那一方，而是几个句子合起来表示"各方"的意思。

互文是汉语表达中最有表现力的手段之一。格律诗形成以后，互文局限于对仗成分之间，而先秦时期这种以段落之间的互文来构建全诗格局的做法，一直是口头文学最常用的手段，活在民间诗歌中。郭沫若寻求汉语新诗的诗体形式时，便大规模地借用了这种手法，向汉语诗歌这种古老传统致敬。

除显而易见的《诗经》的影响以外，《女神》里《楚辞》的痕迹也是随处可见的。李怡曾经从文化精神的角度论述过《女神》与屈骚的文化融合及其文化改造，本文从形式角度观察，与李文的结论是一致的。

楚辞最显著的形式特征是语气词的大量使用。郭沫若对楚辞推崇备至，一个主要的原因就是他从屈原的骚体中读出了鲜活的口语气息，而这种口语风格的主要载体就是那些语气词[①]。《女神》里许多诗篇使用了语气词，如《别离》中"月儿啊！""太阳呀！""我的爱呀！"。又如《立在地球边上放号》中的"好幅壮丽的北冰洋的情景哟！""我眼前来了的滚滚的洪涛哟！"。《晨安》更是全诗38句通篇以感叹语气词结尾。但这些都是单一的"名词短语＋语气词"形式，或可一律看作呼语。我觉得，值得注意的是《笔立山头展望》：

> 大都会底脉搏呀！
> 生底鼓动呀！
> 打着在，吹着在，叫着在……
> 喷着在，飞着在，跳着在……
> 四面的天郊烟幕蒙笼了！
> 我的心脏呀，快要跳出口来了！
> 哦哦，山岳底波涛，瓦屋底波涛，
> 涌着在，涌着在，涌着在，涌着在呀！
> 万籁共鸣的 Symphony，
> 自然与人生底婚礼呀！
> 弯弯的海岸好像 Cupid 底弓弩呀！
> 人底生命便是箭，正在海上放射呀！
> 黑沉沉的海湾，停泊着的轮船，进行着的轮船，数不尽的轮船，
> 一枝枝的烟筒都开着了朵黑色的牡丹呀！
> 哦哦，二十世纪底名花！

[①] 郭沫若：《屈原的艺术与思想》，《郭沫若全集·文学编》第19卷，人民文学出版社1992年版，第127页。

近代文明底严母呀！①

　　这里语气词所附着的单位，不仅有名词短语，也有"正在海上放射""弯弯的海岸好像Cupid底弓弩"这样的动词短语或整句，更有"打着在，吹着在，叫着在"这样把实词"在"当作虚词的用法。

　　因此可以说，《女神》这样对语气词的广泛使用，目的不仅在赞叹，更在于吟咏。既有对一个事物的吟咏（语气词附着于名词），也有对一个比况、一个叙述的吟咏（语气词附着于句子），这种广泛的吟咏无疑来自《楚辞》，以及更早的《诗经》。中国古典诗歌里，只有《楚辞》和《诗经》中有这样大规模使用语气词结句的文体，而郭沫若本人多次表达过对这种文体的赞赏，他认为屈原是有意识地书写口语化的诗句，对句子字数的突破、口语化情感成分（尤其是语气词）的显性运用，都是有意为之的。他说："白话入诗已经可以说是诗体的解放，然而更有醒目的是《楚辞》中诗的句法之延长与诗的篇章之放大。""然而诗歌一到了《楚辞》，便是有意识地成就了一番伟大的革命。《楚辞》，特别是屈原的作品，都是经意的创作。""屈原之所以成就了这项工程的重要原因，我看就是因为他利用了自成天籁的歌谣体。他是利用了歌谣的自然韵律来把台阁体的四言格调打破了。屈原，可以毫不夸张的给他一个尊号，是最伟大的一位革命的白话诗人！"②

三　三句组

　　传统的字句美学原则，以"成双"为基本特征，无论重言、对仗，还是对句、上下阕等，以二为本，扩展到二的倍数，作为篇章格局的数量特征：上下两句相对是诗法的基本，绝句则是四句，律诗是八句，都是以二为本的偶数单位，很少有以数量"三"为单位数值的情况。《女神》却别出心裁地创造了很多以三个词、三个短语、三个句子以至三个段落构句谋篇的景象。例如：

> 沈雄的和雎，神秘的渊默，浩荡的爱海哟！（《演奏会上》）
> 同那海涛相和，松涛相和，雪涛相和。（《雪朝》）
> 不断的毁坏，不断的创造，不断的努力哟！（《立在地球边上放号》）
> 打着在，吹着在，叫着在；喷着在，飞着在，跳着在。（《笔立山头展望》）
> 海碧天青，浮云灿烂，衰草金黄。（《心灯》）
> 我飞奔，我狂叫，我燃烧。我如烈火一样地燃烧！我如大海一样地狂叫！我

---

① 郭沫若：《女神》，泰东图书局1921年版，第97—98页。
② 郭沫若：《屈原研究》，《郭沫若全集·历史编》第4卷，人民出版社1982年版，第51—53页。

如电气一样地飞跑！(《天狗》)

提着花篮来了。散着花儿来了。唱着歌儿来了。(《西湖纪游》)①

或许可以说，这种手法最直接的源头，是惠特曼诗歌的影响。因为我们在惠特曼的诗中经常看到连串的短语，构成节奏均匀的长句。但郭沫若毕竟是在用汉语写作，他写作时抒发的是汉语式情感，叩击的是汉语的韵律。汉语诗歌创作史上，至少在宋词、元曲里便不乏三个节奏单位并置的情况，如"长庚光怒，群盗纵横，逆胡猖獗"（张元幹《石州慢·己酉秋吴兴舟中》），"时易失，心徒壮，岁将零"（张孝祥《六州歌头·长淮望断》），"孤馆灯青，野店鸡号，旅枕梦残"（苏轼《沁园春》）。古人称之为"鼎足对"。二及其倍数呈现的是对称之美，每一个成对的单位，是一个封闭的、有限的组合；而三者为众，三项并置，呈现的是众多之美，是一个开放的、象征着无限的格局，造成一种绵延、繁复的效果。由于篇幅的原因，这里不便展示以上各首词的全貌。读者可以找来上述篇什，感受一下错落有致的长短诗句中，这些三句组横空出世时的效应，那种沉重而丰满的样貌。

郭沫若应该是明确意识到了这种以三为组的句式的表达力，我们看到《女神》中不仅多次运用这一手法，而且有意识地投射到更大的篇章单位中。如《匪徒颂》全诗六段，每段的主体都由三个齐整的排比句构成，如：

倡导太阳系的妖魔，离经畔道的哥白黎呀！
倡导人猿同祖的畜牲，毁宗谤祖的达尔文呀！
倡导超人哲学的疯癫，欺神灭像的尼采呀！

反抗古典三昧底艺风，丑态百出的罗丹呀！
反抗王道堂皇底诗风，饕餮粗笨的恢铁莽呀！
反抗贵族神圣底文风，不得善终的托尔斯泰呀！②

再往大里看，《女神》里更有不少诗篇，全诗以三个部分组成，每部分句子数目大致相同，整体效果无异于三句组的放大。如《三个泛神论者》《雪朝》《新阳关三叠》《春蚕》《岸上》《晨兴》《黄浦江口》等。

为什么说二是封闭的组合、三是开放的序列呢？"二"的两个单位之间，相互映照，互文见义，很容易理解。而"三"的本质是什么呢？如果在二维空间里，三个点也可以构成一个封闭的图形，就是一般所说最稳定的平面支撑。上文提及，古人曾

---

① 郭沫若：《女神》，泰东图书局1921年版，第139页、120页、101页、97页、84页、81页、236页。
② 郭沫若：《女神》，泰东图书局1921年版，第164页。

把词曲中的三句组叫作"鼎足对",事实上鼎的三足就是平面上而不是线性的图形。鼎足这个比况其实不好,因为语言文字终归是在一维空间里流动的。第三个单位不可能绕回到第一个单位前面去,只能接在第二个单位后面继续往下流动。沈家煊认为,汉语最基本的单位关系是"起说:续说"①。第一个单位是起说,第二个单位就是续说,而第三个单位就是(把第二个单位当作起说)接在第二个单位后面的续说。汉语连续不断的单位之间,就是这样线性的递系关系②。从这个观点来看,《女神》中的这些三句组就是诗体创新上的重大突破,它明确展现了在"二"的基础上递系、延展的可能,丰富了诗歌句法的容量,造成了意象众多、厚重的效果。

四 句法象似性

句法象似性(syntactic iconicity)也有人译作"临摹性",指的是句法的顺序性或者复杂性跟真实世界相应的事物呈现出对应关系。所描述的事物复杂,句法结构也比较复杂;描述的事物简单,句法也相对简单;或者,句法里边的次序安排基本遵从着真实世界的事件的次序。这种学说是对经典的基于形式逻辑的句法观的挑战③。句法象似性虽然不是存在于所有的句法上,却也相当普遍,而且各种语言里都有。最重要的是,它符合人们对语言的一种朴素的自然感知。

象似性不仅存在于微观的句子结构里,也广泛存在于大于句子的语言片段中。旧体诗大多要求一首诗每句字数相等,象似性的体现受到一定的约束。自由体的新诗没有字数上的限制,就为诗人充分利用象似性原理提供了极大的方便。《女神》里的许多诗篇,都是精准地把握了语言象似于所述世界这个特点,运用恰当的句式准确传达了诗人的情绪。

《晚步》是一首清新的小诗,全诗两小段。诗人的巧思体现在:前段写静,只有三句,句子相对较短,用的都是静态词;后四句写动,用的都是长句,句子音节多,多用动态词,每个句子节奏铿锵,读起来仿佛有马车走过的踢踏声,有声有色。这就是句法对现实的"临摹":

> 松林儿!你怎么这样地清新!
> 我同你住了半年,
> 也不曾见这砂路儿这样地平平!

---

① 沈家煊:《超越主谓结构——对言语法和对言格式》,商务印书馆2019年版,第44—46页。
② 沈家煊:《"二"还是"三"——什么是一个最小流水句》,《汉语大语法五论》,学林出版社2020年版,第201—244页。
③ 张敏:《认知语言学与汉语名词短语》,中国社会科学出版社1998年版。

> 两乘拉货的马车儿从我面前经过，
> 倦了的两个车夫有个在唱歌。
> 他们那空车里载的是些什么？
> 海潮儿应声着：平和！平和！①

这也许就是自由体诗的最大优势，不需像格律诗那样每句等长，也不需像词、曲那样受每句字数的限制。于是诗人可以能动地调用诗句的长度、句内的结构以及段落间的节奏变化。

《女神》里有不少的诗篇一眼望去看不出什么章法，既没有清晰的韵脚，也没有排比句式等标记，看不出段落大大小小、句子短短长长的规律是什么。其实这些诗篇的奥秘就在于精妙地调用字句，在多与少、长与短、繁与简、动与静之间自由安排，让诗中情绪与节奏准确地映射在文字之间。

《晴朝》一诗，全诗都是短句，且绝大多数是以名词短语直接成句，营造了一种如画的静谧气氛：

> 池上几株新柳，
> 池下一座长亭，
> 亭中坐着我和儿，
> 池中映着日和云。
>
> 鸡声，群鸟声，鹦鹉声，
> 溶流着的水晶一样！
> 粉蝶儿飞去飞来，
> 泥燕儿飞来飞往。
>
> 落叶翩跹，
> 飞下池中水。
> 绿叶翩跹，
> 翻弄空中银辉。
>
> 一只白鸟
> 来在池中飞舞。
> 哦，一湾的碎玉！

---

① 郭沫若：《女神》，泰东图书局1921年版，第195页。

无限的青蒲！①

这样的小诗在《女神》中不是孤例，能清楚地看出跟王维的五言诗、宋词"忆秦娥""如梦令"或者有名的小令"天净沙"一脉相承的痕迹，都是用简短的静态词组并置，传达清新平和的情调。

与此相反，《登临》在《女神》中是一个很特殊的存在，每段句子四五句到十几句不等，韵脚多变，句子长度一眼看去也是长短无序，感觉不到一点清新、舒缓的节奏：

终久怕要下雨吧，
快登上山去！
山路儿淋漓，
把我引到了山半的庙宇，
听说是梅花的名胜地。

哦，死水一池！
几匹游鳞，
喁喁地向我私语：
"阳春还没有信来，
梅花还没有开意。"

庙中的铜马，
还带着夜来清露。
驯鸽儿声声叫苦。
驯鸽儿！你们也有什么苦楚？

口箫儿吹着，
山泉儿流着，
我在山路儿上行着，
我要登上山去。
我快登上山去！
山顶上别有一重天地！

---

① 郭沫若：《女神》，泰东图书局1921年版，第203—204页。

血潮儿沸腾起来了!
山路儿登上一半了!
山路儿淋漓
粘脱了我脚上的木履。
泥上留个脚印,
脚上印着黄泥。

脚上的黄泥!
你请还我些儿自由,
让我登上山去!
我们虽是暂时分手,
我的形骸儿终久是归你有。

唉,泥上的脚印!
你好像是我灵魂儿的象征!
你自陷了泥涂,
你自会受人蹂躏。
唉,我的灵魂!
你快登上山顶!

口箫儿吹着,
山泉儿流着,
伐木的声音丁丁着。
山上的人家早有鸡声鸣着。
这不是个 Orchestra 么?
司乐的人!你在那儿藏着?

啊啊!
四山都是白云,
四面都是山岭,
山岭原来登不尽。
前山脚下,有两人在路上行,
好像是一男一女,
好像是兄和妹。
男的背着一捆柴,

女的抱的是什么？
男的在路旁休息着，
女的在兄旁站立着。
哦，好一幅画不出的画图！

山顶儿让我一人登着，
我又感觉着凄楚，
我的安娜！我的阿和！
你们是在家中么？
你们是在市中么？
你们是在念我么？
终久怕要下雨了，
我要归去。①

细读进去，诗中动态句、静态句、感叹句、描写句穿插，主观视角（以"我"为主语）和客观视角（客体主语）交错，句中山景、鸟声、泥水、行人、心声、伐木声、羁绊、畅怀、孤独、思念……诸种意象挤在一起，让人眼花缭乱。读者不禁要问：这究竟是为什么？

答案就在句法的象似性上。《登临》这首诗写的是雨前登山一段慌乱急切的经历，心情里有登山的兴奋，有怕雨的焦虑，有口哨和脚步的轻快，有各种声音刺激听觉带来的愉悦，又有情在眼前而心在家人的凄楚……这种种感知和情绪强烈地交织在一起的时候，只有使用这种偏于杂乱的句法，才能准确地体现。

诗句的句法象似性其实是无处不在的，一首诗的总体格调或所写对象直接决定着诗体选择。《金字塔》不可能使用短小的名词句，《巨炮之教训》不可能在十句八句内了结，《匪徒颂》不可能没有喊叫，《雾月》《晨兴》不可能句法杂乱……这些几乎是从选题就能预测诗体的。于是我们得出一个清楚的结论：现代自由诗的诗体选择，背后是有主题、对象和情感方面的理据的。

五 以韵律驾驭结构

所谓的"结构"，是近百年来从西方语言学引进的概念。中国学者用西方语法学的方法分析汉语句法，建立了汉语语法体系。句法结构观帮助我们深入了解了汉语句法内的逻辑关系，看到了更多汉语与西方语言之间的共性，但与此同时，也导致了对

---

① 郭沫若：《女神》，泰东图书局1921年版，第122—127页。

汉语自身特点的某种忽视。近年来，我国学者充分吸收传统文论养分，基于跨语言的对比，突破了名词与动词、主语和谓语的范畴区分，提出了汉语"以对为本"的学说，强调汉语韵律的重要性。吕叔湘早就注意到汉语里"节律压倒结构"的现象①，沈家煊的"对言语法"学说则给这一重要现象以理论上的定性，认为韵律是汉语里更重要的语法形式。

郭沫若娴熟地把不同结构形式的语句整合到一致的韵律模式里，显示了高超的语言技巧。笔者曾在讨论《巫峡的回忆》时论述过郭沫若巧妙使用"对句"的形式容纳不同句法结构的艺术手段（"那时候有迷迷蒙蒙的含愁的烟雨/洒在那浩浩荡荡的如怒的长江"）②，其实，这种手段的探索和使用并非偶然，可以说是郭沫若一贯追求并且得心应手的。《Venus》非常典型，一眼望去，上下两阕非常对称：

> 我把你这张爱嘴，
> 比成着一个酒杯。
> 喝不尽的葡萄美酒，
> 让我时常醉！
>
> 我把你这对乳头，
> 比成着两座坟墓。
> 我们俩睡在墓中，
> 血液儿化成甘露！③

仔细读来，虽然"我把你……比成……"这个句式完全相同，但两个段落的三、四句却截然不同。这种诗体的构建出人意料，因为诗仅有两段，每段四句，两段的头两句已经为全诗搭建好了格局，而两处的三、四句却又能大胆地冲破句式的束缚，冒出惊人的新意，实在是令人惊叹。"喝不尽的葡萄美酒，让我时常醉！"是以"酒"为主语，以"让我醉"为谓语，是一个静态的说明；而"我们俩睡在墓中，血液儿化成甘露！"则是个顺承复句，以人物"我们俩"为叙述出发点，远比静物"酒"来得强烈。这字数相近的两行诗，前者为语义简单的单句，后者则是语义曲折的复句；前者是以个体"我"（区别于"你"）的感受为视点，后者则以包括你我双方的"我

---

① 吕叔湘在《节律压倒结构》中说："说话写文章，可以整齐的地方让它整齐，这好像是汉语古往今来一贯的趋势。有时候，尽管结构上不一样，不注意竟还不觉得。"见吕叔湘《语文杂记》，上海教育出版社1984年版，第108页。
② 张伯江：《郭沫若新诗创作对现代汉语的重大贡献》，《郭沫若研究》2019年第1辑，社会科学文献出版社2020年版。
③ 郭沫若：《女神》，泰东图书局1921年版，第181页。

们"为共同立场，同时，从生命鲜活的"我们俩"一下子变成死的结果"血液"，意象跳跃之大，出人意表，动人心魄。

《新阳关三叠》全诗三段，每段八句，节奏严整，韵律清晰。每段的头两句和末两句都是相同的字眼，规定了"三叠"的总基调。值得品味的是每段的中间四句。全诗读下来，我们会感觉到韵律极其和谐，但细读字句，就会发现结构并不相同：第一段的"汪洋的海水在我脚下歌舞，高伸出无数的臂腕待把他来拥抱着"是以拟人化的事物"海水"为主体，把读者带入一个动感十足的舞台；第二段的"远远的海天之交涌起蔷薇花色的紫霞，中有黑雾如烟，仿佛是战争底图画"则是静态的存在句，展现一幅色彩鲜明的背景图画；第三段的"回过头来，四下地，观望天宇，西北南东到处都张挂着鲜红的云旗"把主体"我"隆重引出（回头，观望），让读者走进了作者的主观视角。

《霁月》里"你团圞无缺的明月哟，请借件缟素的衣裳给我"跟"你渊默无声的银海哟，请起你幽渺的波音和我"的宏观结构与微观节奏完全相同，但"请借件""请起你"这两个韵律单位的构成成分却很不相同。《别离》："天这样的高，/我怎能爬得上？/天这样的高，/我纵能爬得上，/我的爱呀！/你今儿到了哪方？"其中"我怎能爬得上"和"我纵能爬得上"是两个韵律完全相同但句法结构和句法地位完全不同的小句：一个是对句的下句，一个是对句的上句。《日出》[①] 全诗四段，每段的最后一句，用韵律传达不同的语气，使全诗情绪的起承转合鲜明地表现出来：第一段的"你们可都是亚坡罗的前驱？"是个问句，起到语篇上的引发作用；第二段的"我想做个你的助手，你肯同意吗？"主体"我"参与其中，主客体"你""我"互动，情景交融；第三段的"这正是生命和死亡的斗争！"是一句斩钉截铁的断语，把全诗情感强度推向高峰；第四段的"是凯旋的鼓吹呵，四野的鸡声！"则是高潮之后的余韵，名词小句"四野的鸡声"犹如涟漪，又如回响，韵味绵长。

在语言里，背景内容和前景内容、静态内容和动态内容往往会选择不同结构的句式[②]。西方学者比较看重结构的差异性，而中国学者眼中的汉语事实是，相异的句法结构可以在相同的韵律结构中实现和谐。汉语的自然语言就是一种诗性的语言[③]。自然语言天生具有的手段，运用到诗里，当然可以最大限度地实现其表现力。

结　语

本文从几个侧面分析了郭沫若《女神》诗体创新方面的重要贡献。这些技法不

---

① 这首诗的版本依据 1957 年人民文学出版社《沫若文集》第一卷。
② Paul J. Hopper, "Aspect and foregrounding in discourse", *Syntax and Semantics*, T. Givon ed. Vol. 12, 1979.
③ 沈家煊：《超越主谓结构——对言语法和对言格式》，商务印书馆 2019 年版，第 110—111 页。

仅在当时难能可贵，对后世也产生了积极的影响，至今仍有重新评价和进一步发掘的价值。为什么这些具有重要价值的艺术创造百年间没有得到充分的重视呢？这一方面是由于我们的文学评论传统一向疏于技术性的研讨，另一方面也与作者本人的态度有关。郭沫若本人似乎并不很看重这方面的意义，他多次声称"诗兴来时立即挥成"①，"至于艺术上之技巧……实非艺术家之第一要素"②，甚至说"要从技巧一方面来说吧，或许《女神》以后的东西要高明一些"③。本文对《女神》语言技巧做的理性论述，那些看似匠心独运的高妙之处，为什么在诗人口中并非有意为之呢？

这也许正是今天我们回过头来认真研究《女神》文本的意义所在。魏建在谈及《女神》研究几大教训时，提出的第一点就是"受制于作者的自述"。他一针见血地指出："许多《女神》研究者往往先看郭沫若如何谈《女神》，然后以郭沫若的自述为论据……这样的'研究'，并没有进行真正的论述，而是对郭沫若有关回忆的复述和阐述，所得结论不是自己研究出来的，而是郭沫若给定的。"一部作品的文学意义，也许作者本人都认识不清它真正的价值。

这个问题要放到汉语文学发展史，放到诗歌发展史，放到现代中国人对汉语的认识中来解释。笔者曾经论及，自汉代汉语音节趋于简化、双音词大规模出现以后，双音节和单音节的节奏单位并行，不仅产生了单双音节节奏搭配的"五言""七言"占主导地位的诗句模式，更导致了诗句字数增多，长短不齐④。一个20世纪初的文学家，面对自然语言中松散的口语节律，面对古今相传的韵律传统，面对西方诗歌的节奏模式，不管如何被时代思想所驱使，被外来诗法所感染，当他落笔时，都自然会用心于自己的母语。对母语的本性和时代的精神有着最深刻感悟力的诗人，就会写出不同凡响的诗句来。诗作问世以后，一代又一代的读者深受感染，但知其然不知其所以然。直至现代汉语的理性思考持续了一个世纪，汉语学者得出了对它的新的概括和历史性发现，回过头去重读《女神》那一时期的诗作时，才发现，诗人是那样准确地触摸到了汉语的脉搏，那样精妙地运用了最有表现力的汉语句法手段。

关于汉语本质的最新认识就是沈家煊的"对言语法"学说。这种学说吸引人之处在于对汉语传统的深刻反思："中国传统讲文章，不讲主谓结构，而是讲对仗对称，互文回文，顶真续麻，重言叠词，比喻典故，偶字奇字，实字虚字，声象乎意，起承转合等。在西学东渐的大潮下，这些东西一度被当作修辞现象、次要现象，被边

---

① 参见林甘泉、蔡震主编《郭沫若年谱长编（1892—1978年）》第二卷，中国社会科学出版社2017年版，第605页。
② 参见林甘泉、蔡震主编《郭沫若年谱长编（1892—1978年）》第一卷，中国社会科学出版社2017年版，第246页。
③ 参见林甘泉、蔡震主编《郭沫若年谱长编（1892—1978年）》第三卷，中国社会科学出版社2017年版，第1023页。
④ 张伯江：《郭沫若新诗创作对现代汉语的重大贡献》，《郭沫若研究》2019年第1辑，社会科学文献出版社2020年版。

缘化或埋在底下，现在重新发掘和审视，发现它们是汉语组织运行、传情达意的基本方式，汉语的组织根本上具有对言性、互文性、可回文性、顶真递系性、声象乎意性、重叠、凑双四、单双组配等实为汉语自身的语法形态，对言的格式化（包括双音化）实为汉语自身的语法化。"但这是不是说汉语无须经历吸收西学的阶段就可以实现自新呢？沈家煊的回答是："获得这个新认识又不能不说是西学东渐的功劳，西学的引入打开了我们的眼界，给予我们一个观察了解世界也观察了解自身的新角度，甚至一种新的思考方式。"[1]

语言学如此，文学亦如此。本文所展示的，正是西学东渐时期，郭沫若在西方诗风强烈影响下，对汉语诗歌潜力的一次大规模的挖掘、大幅度的化用，让古老的汉语艺术表现力在新的时代实现创造性转化、创新性发展。《女神》诞生于世界大变局时期的中国，东西方文化强烈的碰撞催生了汉语诗体的新生；100年后的今天，中国文学再度面临世界变局和民族复兴的重大历史时期，100年间的所有文学经验都是值得总结的。

（原载《文学评论》2021年第6期）

---

[1] 沈家煊：《超越主谓结构——对言语法和对言格式》，商务印书馆2019年版，第279页。

创造社成立100周年专辑

《中国新文学大系·小说三集》导言

郑伯奇

一

美国心理学家史丹莱·霍尔（Stanley Hall）提倡发生心理（Genetic Psychology）的学说。他以为人类的进化，是将以前已经通过了的进化过程反复一番而后前进的。文明人的儿童反复着野蛮人的过程，人类的胎儿又反复着动物的过程。这不过是一种臆说，而在教育思想上曾经发生过相当的影响。

若把这个臆说大胆地应用在文化史上面，我们也可以说，人类文化的进步，是将以前已经通过了的进化过程反复一番而后前进的。在文化落后的国家或民族，这种现象更为显著。世纪后半纪勃兴的国家和民族，如日本，如德意志，如爱尔兰，不是都把英法各先进国所通过了的过程很迅速地反复过一遍吗？

这当然只能作为现象的说明，因为霍尔氏的学说本是为说明现象而成立的。在这现象背后，我们不能忘记了社会演进的必然性。

如今，让我将这学说试应用在文学史的上面吧。

文学不过是文化的一部门。因为它是生活和思想底交错的具象表现，它的进展也就容易看出反复的形迹来。近代资本主义文化成立以后，浪漫主义，现实主义，象征主义等，文学史上的几个巨大潮流，在不同的国度里，用不同的姿态发生出来。文化落后的国家或民族，它的文学虽在一个新的潮流之中产生，而先进国所通过了的文学进化过程，它还要反复一遍，虽然这反复的行进是很快的。

日本的已故作家坪内逍遥曾经慨叹过，日本没有象英法德各国那样强盛的浪漫主义的文学运动。因为日本新文学的兴起是在明治三十年代，那时西欧各国已经进展到自然主义的全盛时代了。但据近来的研究，日本也有过强烈的浪漫文学运动，不过时期非常短促罢了。日本文学的进化过程也免不了将西欧各国已通过的陈迹，作一番匆促的反复。

中国新文学的产生比日本相差还将近半个世纪。《新青年》才开始提倡白话文的时候，在西欧是象征主义已经到了末期，即在日本，自然主义早已失了威权。而《新青年》诸君子所提倡的，和18世纪法国的启蒙文学，英国的湖畔诗人所抱的思想并没有大的差异：我们欢迎赛先生和德先生，我们要用自己讲的话来写自己的文学。

但进化过程中的反复是很快的。而这快速的度率和落后的程度可说是反比例的。越是落后的国度,这种进化中的反复来得越快。在日本,浪漫派的健将会一变而成为自然主义的开山祖师,像岛崎藤村,像象田山花袋,像德田秋声都是有这样经历的人物。在中国,这反复是更快了。由《新青年》的白话文学运动到五卅事件,约略不过十年光景,在这短短的十年中,中国的新文学曾经过怎样的飞跃,这是留心文学动向的人谁都晓得的。

现在,回顾这短短十年间,中国文学的进展,我们可以看出西欧二百年中的历史在这里很快地反复了一番。这不是说中国的新文学已经成长到和西欧各国同一的水准。落后的国家虽然急起直追也断不能一跃而跻于先进之列。尤其是文学艺术方面,精神遗产的微薄常常使后进国暴露出它的弱点。我们只想指出这短短十年中间,西欧两世纪所经过了的文学上的种种动向,都在中国很匆促地而又很杂乱地出现过来。

假使把这短短的十年分成两期再下观察的时候,这杂乱的经过也许可以理出一点眉目来罢。茅盾说:

> 现在我们回顾民国六年(一九一七)到民国十年(一九二一)这五年的期间,(这是中国新文学史上第一个'十年'的前半期),总算觉得那时的创作界很寂寞似的。作者固然不多,发表的机关也寥寥可数。然而再看看那时期的后半的五年(一九二二到一九二六),那情形可就大不同了。从民国十一年起(一九二二),一个普遍的全国的文学的活动开始到来!(《中国新文学大系·小说一集·导言》)

这观察大致是准确的。前半期创作界的"寂寞",正表示出那期间中国的新文学还在启蒙运动时期。"不多"的几个作者,大概也都保持着启蒙运动者的态度。当然,"后半的五年","普遍的全国的文学活动"是在这里胚胎着。后来的许多作者已经在那里练习身手,许多文学团体已经在暗中准备队列。

由一九二二到一九二六这后半的五年,情形的确"大不同了"。不仅是"一个普遍的全国的文学的活动开始到来",而且十九世纪到二十世纪这百多年来在西欧活动过了的文学倾向也纷至沓来地流入到中国。浪漫主义,现实主义,象征主义,新古典主义,甚至表现派、未来派等尚未成熟的倾向都在这五年间在中国文学史上露过一下面目。

从来一般人认为中国的新文学运动的两种最大的倾向是"人生派"和"艺术派",这差不多已经成了一种常识。但若加以更细的分析,所谓"人生派"实接近帝俄时代的写实派,而所谓"艺术派"实包含着浪漫主义以至表现派、未来派的各种倾向。这种倾向的混合并不是同时凑成的,这里自然有个先来后到,但这些倾向有个共同的地方所以能够杂居，确是不容否认的事。在这些倾向中比较长远而最有势力的当然是浪漫主义了。

在五四运动以后，浪漫主义的风潮的确有点风靡全国青年的形势。"狂风暴雨"差不多成了一般青年常习的口号。当时簇生的文学团体多少都带有这种倾向。其中，这倾向发挥得最强烈的，要算创造社了。

二

中国新文学团体中，组织较广，历史较久，影响最大而对立也最强烈的，要推文学研究会和创造社。

文学研究会的性质，据茅盾说："这个团体自始即不曾提出集团的主张，后来也永不曾有过。它不象外国各时代文学上新运动初期的一些具有确定的纲领的文学会，它实在正象它宣言所'希望'似的，是一个'著作同业公会'。"（《新文学大系·小说一集·导言》）茅盾先生是文学研究会的发起人的一个，会章具在，这话当然是不错的。但，文学研究会，诚如茅盾先生所说，"决不是'包办'或'垄断'文坛，象当时有些人所想象"，然而久而久之，文学研究会的成员渐渐固定了，变成了一个同人团体，那却是不容否认的。

创造社成立之初，也有过同样的表示。郭沫若在《创造》季刊第一卷第二期的《编辑余谈》里面说：

> 自《创造》第一期出版后，有多少朋友写信来要求加入，问及入社的程序等等；我们能得多少朋友为我们表同情，这是我们所由衷感悦的了。
>
> 但是我们这个小社，并没有固定的组织，我们没有章程，没有机关，也没有划一的主义。我们是由几个朋友随意合拢来的。我们的主义，我们的思想，并不相同，也并不必强求相同。我们所同的，只是本着我们内心的要求，从事于文艺的活动罢了。朋友们！你们如是赞同我们这种活动，那就请来，请来同我们手儿携着手儿走罢！我们也不要什么介绍，也不经什么评议，朋友们的优秀的作品，便是朋友超飞过时空之限的黄金翅儿，你们飞来，飞来同我们一块儿翱翔罢！

接着，成仿吾在同刊第一卷第三期的《编辑余谈》上也说：

> 关于我们这个小社，沫若在第二期中，已经说得很明显。我们是没有何等制限的。朋友们！请说：这是我们大家的公有。

但，话虽是这样说，创造社实际上是一种同人团体，《创造》季刊以下各种刊物，实在是同人杂志。这差不多已经成了定说了。

那么，创造社是怎样成立的？我们且看创造社方面的文献。

成仿吾先生在《创造社与文学研究会》(《创造》季刊第一卷第四期）上说：

> 沫若与我，想约几个同志来出一种文艺上的东西，已经是三四年以前的事。那时候胡适之才着手提倡国语的文学，文学研究会这团体还没有出世。

这里只不过简单地提了一句。在《创造十年》中，郭沫若有更详细的叙述。

首先，他写1918年夏天，在日本福冈的海岸上碰见了张资平。他们是高等学校预科的同学，因为高等学校不同（资平是五高，沫若是六高），却有三年不见面了。沫若已经进了大学，资平因罢课归国失败，刚刚由国内回来。话题容易接触到国内的情形。那时正是五四运动的时代，他们自然又多谈到国内的文化界。他们感觉到国内没有纯文学的刊物，于是郭沫若说：

> 其实我早就在这样想，我们找几个人来出一种纯粹的文学杂志，采取同人杂志的形式，专门收集文学上的作品。不用文言，用白话。……

张资平却担心没有人：

> "出文学杂志很好，但你那里去找同人呢？"
> "据我所晓得的我们预科同班的有一位郁达夫……"
> "哦，不错，不错，老郁是会做诗的，听说他常常做旧诗到《神州日报》上去发表；听说他也在做小说呢。"
> "对的，我想他是可以来一个。我还晓得一位我们在冈山（注：即六高）同过学的成仿吾，他去年进了东大的造兵科，恐怕他今年也回了国，他也是很有文学趣味的，他的英文很好。他似乎也可以来一个。你可还认得些什么文学上的朋友吗？"

然而资平却举不出来，沫若又问：

> "在大高同学（原注：指日本的帝国大学及高等学校之出身者而言）的系统以外怕还有些人材罢？"
> "有或许有，但我们可不知道。"
> 数来数去可以作为文学上的同人的还是只有四个人，便是郁达夫张资平成仿吾和郭沫若。

> "我想就只有四个人，同人杂志也是可出的。我们每个人从每月的官费里面抽出四五块钱来，不是便可以做印费吗？"
>
> 资平很赞成这个办法，他约定就以我这儿为中心，待学校开课了以后，访确了仿吾和达夫的消息再策进止。

这可说是创造社的受胎期。不久，成仿吾由国内到福冈去，和郭沫若同住了一时，创造社的进行上却发生了一段顿挫。郭沫若说：

> 和仿吾同居在一处，我把月前和资平二人的拟议不消说是向他提说过，他也很赞成，但他觉得是人手不够。据他的意见，东京的留学生能把中文写通顺的都没有好几个人，更说不上什么文学。他主张慢慢地搜集同志，不必着急。

同人杂志的提议就这样一时搁浅，但最初发起的几个同人却个别的活动起来了。郭沫若在《时事新报》的《学灯》上发表诗作，张资平在《学艺》上发表小说，郁达夫也向上海各报上投稿，只有成仿吾默默地写了些诗和小说给同人传观而已。

因为《学灯》编者宗白华的介绍，郭沫若、田汉两人成了朋友。他们三个人的交游，后来留下了一部《三叶集》作为纪念。而且郭、田两人的接近，为后来组织同人杂志也添了一个推进的因子。

在1921年，正月十八日郭沫若寄给田汉的信上，有这么一段话：

> 成仿吾君你近来会过没有？他去年有信来，说有几位朋友（都是我能信任的）想出一种纯文艺的杂志，要约你和我加入。他曾经和你商榷过莫有？（中略）京都方面底朋友也可有三四人加入。我在二月间拟往京都——我昨天写到此处便住了笔，今天往校内去取信，成仿吾君竟有一封信来！我才知道他已经和你商量过来。其后的进行怎么样了？
>
> 我等你来信，再商量以后的办法。

其实，这封信，沫若写得很客气。他说，"要约你和我"，实际上，他是"想出一种纯文艺的杂志"的第一个发起人。大概那时候东京方面的朋友更加热心一点，因为仿吾和达夫同在东大，张资平那时候也在东大的地质科。沫若说的"能够信任的几位朋友"，便是指他们。那个"想出一种纯文艺的杂志"的计划，便是博多湾上的旧议的复活了。"京都方面底朋友也可有三四人加入"，据沫若说，"便是说的郑伯奇穆木天张凤举徐祖正诸人。"

东京方面想出纯粹文艺杂志的计划到底怎样了呢？郭沫若在《创造十年》上说：

据仿吾先后写来的信，说他们在东京在达夫的寄宿处开过两三次会，第二次寿昌出了席，讨论的结果是寿昌自行担任在国内找出版处，并要邀约些国内的朋友来参加。第三次开会时寿昌没有出席，出版处的消息也没有下文。

事实的真相后来明白了。据左舜生说：

> 寿昌在二月间有信来，托我在找出版处，我也奔走了几家，中华书局不肯印，亚东不肯印；大约商务也怕是不肯印的。（郭沫若著：《创造十年》）

寿昌和舜生同是少年中国学会会员，他所以托他代找出版处。但既无人肯印，同人杂志也只好无限延期了。

1921年4月，沫若仿吾同回到上海，和泰东书局打了许多周转之后，才决定出一本纯文艺的杂志。仿吾回湖南去了。沫若再转到日本去报告同人。先到京都会见了郑伯奇，穆木天，张凤举；到东京，会见了郁达夫，田汉，都没有确切的结果。临走的前一天，他又去见达夫，才得到具体的决定。据沫若说：

> 这一次才会见好些朋友。会见了资平和何畏，是别的东大同学们在学校里把他们找了来的。无心之间也会见了徐祖正，他在我到京都的时候，已到了东京，那时好象是和达夫同住一个馆子里。就在那天的下午，在达夫的房间里聚谈了一次，大家的意思也都赞成用《创造》的名目，暂出季刊，将来能力充足时再用别的形式，出版的时期愈早愈好，创刊号的材料，就在暑假期中准备起来。这个会议或者可以说是创造社的正式成立，时候是一九二一年七月初旬，日期是那一天我不记得了。（同上）

暑假中，郭沫若，郑伯奇，郁达夫先后回到上海，郭沫若的诗集《女神》，郁达夫的小说集《沉沦》编为创造社丛书，由泰东出版。郭沫若译了《少年维特之烦恼》，郑伯奇译了《鲁森堡之一夜》，也编入创造丛书。但杂志还没有弄好。郭沫若回日本去后，杂志编辑归郁达夫担任。本来报上登出预告，宣称《创造》季刊于1922年元旦出版，因为稿子没有凑齐，直迟到那年五月一日才出了版。

虽然经了许多波折，《创造》才这样正式在社会上露面了。

三

创造社的倾向，从来是被看作和文学研究会所代表的人生派相对立的艺术派。这样的分别是含混的，因为人生派和艺术派这两个名称的含义就不很明确。若说创造社是艺术至上主义者的一群那更显得是不对。固然郁达夫在他的《艺文私见》中曾有过"文艺是天才的创造物，不可以规矩来测量的"这样的语句。郭沫若成仿吾诸人也常用"艺术之神"这样的字眼，其实这不过是平常的说话，并不足以决定他们是自称天才，或者自诩为"艺术之神"的宠儿。真正的艺术至上主义者是忘却了一切时代的社会的关心而笼居在"象牙之塔"里面，从事艺术生活的人们。创造社的作家，谁都没有这样的倾向。郭沫若的诗，郁达夫的小说，成仿吾的批评，以及其他诸人的作品都显示出他们对于时代和社会的热烈的关心。所谓"象牙之塔"一点没有给他们准备着。他们依然是在社会的桎梏之下呻吟着的"时代儿"。

他们被认为艺术派，大概由于他们对于写作态度主张得严格了一点。尤其是，成仿吾在《新文学的使命》里面有如下的一段，十分有被误解的可能：

> 我今要进而一说文学本身的使命了。
> 不论什么东西，除了对于外界的使命之外，总有一种使命对于自己。
> 文学也是这样，而且有不少的人把这种对于自己的使命特别看得要紧。所谓艺术的艺术派便是这般。他们以为文学自有他内在的意义，不能长把他打在功利主义的算盘里，他的对象不论是美的追求或者极端的享乐，我们专诚去追从他，总不是叫我们后悔无益之事。……
> 艺术派的主张不必皆对，然而至少总有一部分的真理。不是对于艺术有兴趣的人，决不能理解为什么一个画家肯在酷热严寒里工作，为什么一个诗人肯废寝忘餐去冥想。我们对于艺术派不能理解，也许与一般对于艺术没有兴趣的人不能理解艺术家同是一辙。
> 至少我觉得除去一切功利的打算，专求文学的全（Perfection）与美（Beauty）有值得我们终身从事的价值之可能性。（下略）

这好像是倾向于艺术至上主义的表示，其实，不过是不满于"粗制滥造"而发出的一种高调。他们排斥模仿，鄙视不努力，要求对于艺术的严肃态度，不料旁人却给他们戴上"艺术派"的帽子了。

最近这几年来，五四时代的文学曾经有过一番新的估价。文学研究会被认为写实主义的一派，创造社是被认为有浪漫主义的倾向。

这也不过是个大概的区分。文学研究会里面，也有带浪漫主义色彩的作家；创造社的同人中也有不少的人发表有写实倾向的作品。但若就集团的主要倾向来说，这样的区别还相当正确。

茅盾说：

> 文学研究会这个团体从来不曾有过对于某种文学理论的团体的行动，而且文

学研究会对于它的会员也从来不加以团体的约束；会员个人发表过许多不同的对于文学的意见，然而"团体"只说过一句话，就是宣言里的"将文艺当作高兴时的游戏或失意时的消遣的时候，现在已经过去了"。(《新文学大系·小说一集·导言》)

茅盾并下了一个解释，他说：

这一句话，不妨说是文学研究会集团名下有关系的人们的共通的基本的态度。这一个态度，在当时是被理解作文学应该反映社会的现象，表现并且讨论一些有关人生一般的问题。(《新文学大系·小说一集·导言》)

这里，"反映社会的现象"，当然要求着客观的态度和比较写实的手法；"讨论一些有关人生一般的问题"，自然崇尚理智的活动。这在先进国的写实主义作家是这样，文学研究会的作家当然也希望这样。

创造社也自称"没有划一的主义"，并且说："我们是由几个朋友随意合拢来的。我们的主义，我们的思想，并不相同，也并不必强求相同。"但是接着就表明："我们所同的，只是本着我们内心的要求，从事于文艺的活动罢了。"这，"内心的要求"一语，固然不必强作穿凿的解释；不过，我们也不应该完全忽视。这淡淡的一句话中，多少透露了这一群作家对于创作的态度。

《创造》季刊第一卷第一期卷首，郭沫若的《创造者》一诗中有这样的诗句：

吹，吹，秋风！
挥，挥，我的笔锋！
我知道神会到了，
我要努力创造！

在末尾，他又高唱道：

我要高赞这最初的婴儿，
我要高赞这开辟鸿荒的大我。

《创造周报》第一号卷首，郭沫若的诗《创造工程之第七日》上，也有这样的诗句：

上帝，我们是不甘于这样缺陷充满的人生，

> 我们是要重新创造我们的自我。
> 我们自我创造的工程,
> 便从你贪懒好闲的第七天上做起。

这里,神会,大我,自我,都和内心的要求相同,是充满浪漫谛克的气氛的。在《少年维特之烦恼》的序引中,郭沫若曾说:

> 我在此书中,所有共鸣的种种思想:
> 第一,是他的主情主义;
> 第二,便是他的泛神思想;
> 第三,是他对于自然的赞美;
> 第四,是他对于原始生活的景仰;
> 第五,是他对于小儿的尊崇。

这些都正是歌德所以成为罗曼谛克的地方,而对于这种思想的共鸣,恰可以证明他也是个罗曼谛克。

歌德而外,海涅,拜伦,雪莱,基慈,恢铁曼,许果,斯宾挪莎,太戈儿,尼采,柏格逊,这些浪漫派的诗人和主观的哲学家也是他们所最崇拜的。其次,因为各人的偏向,有人喜欢淮尔特,也有人喜欢罗曼罗兰。这虽似乎偏向到两个极端,然而,在尊重主观,否定现实上,却有一脉相通之点。象征派,表现派,未来派,也都经创造社的同人介绍过。这些流派,实在和浪漫主义在思想上,是有血缘的关系。

创造社的作家倾向到浪漫主义和这一系统的思想并不是没有原故的。第一,他们都是在外国住得很久,对于外国的(资本主义的)缺点,和中国的(次殖民地)病痛都看得比较清楚;他们感受到两重失望,两重痛苦。对于现社会发生厌倦憎恶。而国内国外所加给他们的重重压迫只坚强了他们反抗的心情。第二,因为他们在外国住得很久,对于祖国便常生起一种怀乡病;而回国以后的种种失望,更使他们感到空虚。未回国以前,他们是悲哀怀念;既回国以后,他们又变成悲愤激越;便是这个道理。第三,因为他们在外国住得长久,当时外国流行的思想自然会影响到他们。哲学上,理知主义的破产;文学上,自然主义的失败,这也使他们走上了反理知主义的浪漫主义的道路上去。

然而,以上所说的不过是作家的个人环境;这不能造成一个文学运动的影响。创造社几个作家能造成当时那么广大的影响,当然还有它的社会的原因。

五四运动是中国的知识阶级对于近代文明发生了自觉的一种运动。这后面有欧战期间发芽开花的中国产业社会作背景。但是,中国的产业敌不住欧战以后重行进攻的列强的资本。所以,五四运动是不能不变成一幕悲剧。当时所标榜的种种改革社会的纲领到处都是碰壁。青年的智识分子不出于绝望逃避，便得反抗斗争。这两种倾向都是启蒙文学者所没有预想到的。创造社几个作家的作品和行动正适合这些青年的要求。创造社所以能够获得多数的拥护者也是这个原故。

中国的启蒙文学运动以后，创造社的浪漫主义和文学研究会的写实主义的对立的发展是值得注意的有趣的现象。同时，文学研究会的写实主义始终接近着俄国的人生派而没有发展到自然主义；创造社的浪漫主义从开始就接触到"世纪末"的种种流派。这当然是当时的社会环境所限制。若就现象来讲，这可以证明越是落后国家，反复作用越是急促而复杂的。霍尔的发生学说，在中国的新文学的发达史上，也可以应用了。

不过，在这里，我们应该加以注意，创造社的倾向虽然包含了世纪末的种种流派的夹杂物，但，它的浪漫主义始终富于反抗的精神和破坏的情绪。用新式的术语，这是革命的浪漫主义。它以后的发展在它的发端就豫约了的。

四

创造社初期的主要倾向虽说是浪漫主义，因为各个作家的阶层，环境，体格，性质等种种的不相同，各人便有了各个人独自的色彩。只就最初四个代表作家来看，各个的特色便很清楚。郭沫若受德国浪漫派的影响最深，他崇拜自然，尊重自我，提倡反抗，因而也接受了雪莱，恢铁曼，太戈儿的影响；而新罗曼派和表现派更助长了他的这种倾向。郁达夫给人的印象是"颓废派"，其实不过是浪漫主义涂上了"世纪末"的色彩罢了。他仍然有一颗强烈的罗曼谛克的心，他在重压下的呻吟之中寄寓着反抗。成仿吾虽也同受了德国浪漫派的影响，可是，在理论上，他接受了人生派的主张；在作品行动，他又感受着象征派，新罗曼派的魅惑。他提倡士气，他主张刚健的文学，而他却写出了一些幽婉的诗。在这几个人中，张资平最富于写实主义的倾向，在他的初期作品还带着人道主义的色彩。

这部选集只限于创造社作家的小说——并且是短篇小说；在这里，我也只能讲些关于小说这一方面的话。以下，我要做更具体的说明。

郭沫若是以诗人著称的，但他写小说也很早。在创造社成立以前，他已经在《学灯》上发表过《鼠灾》，在《新中国》上发表过《牧羊哀话》。以后他还发表了十多篇短篇和一部中篇。他的小说可以分作两类：一类是寄托古人或异域的事情来发抒自己的情感的，可称寄托小说；一类是自己身边的随笔式的小说，就是身边小说。在后一类中也有用第三人称而比较客观化的，象《落叶》《万引》《叶罗提之墓》等，但依然是抒情的色彩很浓厚。这两类比较下来，寄托小说是更成功的，这里选了三篇：《牧羊哀话》《函谷关》和《Lobenicht 的塔》。《塔》和《函谷关》，作者也认为满意；《牧羊哀话》是他试作期的作品，他会感到意外吧。他自己曾经这样说过：

概念的描写，科白式的对话，随处皆是；如今隔了五年来看当然是不能满足。(见《沫若小说戏曲集》)

但是，如今，隔了十七八年了，编者却将它选入，这也有原故：第一，自然是因为"其中的情趣尚有令人难于割舍的地方"；第二，因为这是作者最初发表的小说，我们可以看出作者发展的足踪。身边小说和他的诗很相近，主观的燃烧强烈地吸引读者。这里只选了《歧路》来代表。其实，粗豪奔放要推《湖心亭》，恢奇诡异要推《喀尔美萝姑娘》；因为篇幅关系，未能收入，是编者觉得遗憾的。

郁达夫的出世作是《沉沦》，因此他便被人送上了"颓废派"的称号。其实，《沉沦》《银灰色之死》《南迁》三篇只是特别环境中的一个青年的生活纪录。可是，从《茫茫夜》以后，他有意识地写了一些变态性生活的短篇。到了北京，他便开始写狭邪小说了。这些小说的主人公大概是作者自己。他赤裸裸地将自己暴露出来，有时还要加上一点"伪恶者"的面目。他的大胆的描写，在当时作者中，是一个惊异。他也写了几篇寄托小说：象《采石矶》是很成功的一篇。富于社会问题的短篇，他也写过，可是作者依然是其中的主要人物，而且，写作态度也是很主观的，非常富于伤感的情调。这里，《沉沦》《茑萝行》代表他描写个人生活的作品；《春风沉醉的晚上》代表他的社会性的小说；《采石矶》代表他的寄托小说的倾向；《过去》是他的狭邪小说的代表作，也是他早年技巧成熟的作品。

张资平的作风，和沫若达夫迥不相同。他们两人都偏于主观，资平的写作态度是相当客观的。因此便有人称他是写实主义的作家。不错，他常常是写实的，但他所"写"的"实"只是表面的现象，不曾接触事实的核心。郭沫若在《创造十年》中曾记述着和他在福冈初次会面时的一段逸话：

进了他的住房，六铺的草席上连矮桌也没有，只是有一条藤手箧，在手箧旁边散着几册书本。我顺手拿了一册来看时，是当时以淫书驰名的，《留东外史》。
"你怎么在看这样的书呢？"
"怎么，不好吗？我觉得他那写实手腕很不坏啦。"

这句话就限定了他的艺术观；至少可以看出他的这种写实的倾向是很早的。后来又有一段谈话可作证明。郭沫若说：

"我们在研究自然科学，"我一面走着，一面这样说。"只是在教我们观察外界的自然；我只想由我们的内部发生些什么出来，创作些什么出来。"
"要创作，不也还是先要观察吗？"
资平这样地回答了我，我当时觉得他似乎没有懂得我的话，但到现在想来，这两句话正是两人当时的态度不同的地方。资平是倾向自然主义的，所以他说要创作先要观察，我是倾向浪漫主义的，所以要全凭直觉来自己创作。

资平所说的"观察"，为一个文学家诚然必要。但文学家所要表现的人生社会，不比自然科学，光凭观察是不能够理解的。这一点似乎他当时还没有觉得吧。

后来，进了郭沫若的寓所，沫若把他的夫人介绍了，他才知道沫若是娶日本女子的，他回头用中国话对沫若说：

你把材料提供给我罢，老郭，我好写一部《留东外史》的续篇。

《留东外史》的续篇当然没有写，但资平初期的作品大都是写当时留东学生的生活的。《学艺》上发表的他最初的小说《约檀河之水》，《创造》上发表的《一班冗员的生活》《她怅望着祖国的天野》，《孤军》上所发表的《银踯躅》等，都是这样性质的作品。我取了《她怅望着祖国的天野》，作为这时期的代表。回国以后，他最先找到职业，但因为他的负担太重，也不免对生活发生诅咒。他的一联的身边小说，便是这时期写出的。我们看见主人公为着家庭拖累，受了不少的气，发了不少的牢骚。这里，他虽然也还用客观的手法去写，可是主观的情感不时爆发。后来，他竟有时借题谩骂了。一个写实作家而有时免不了这样的态度，这证明了仅凭观察是抓不住现实的。描写两性间的纠葛是他最擅长的地方。在初期，他描写两性关系的小说，还提供一些社会问题。或者写义理和性爱的冲突，或者写因社会地位而引起的恋爱悲剧。《梅岭之春》是这种倾向中最好的作品。可是，性生活的观察渐渐地引他入了歧路。他写了不少的恋爱游戏的小说，他也发表了不少的变态性欲的作品。最深刻最悲惨的，我觉得是《约伯之泪》了。用悱恻的情调写儿童生活，也是他的长处，只可惜这样的作品并不多。《小兄妹》虽是一篇身边小说，我们也可以看出作者这样的一面：这里又选了《木马》一篇，代表他初期的人道主义的倾向。

资平和达夫的小说都很多，沫若虽不专写小说，可是为数也不少，并且他们都已出了全集，我在这里只能选入最有特色的几篇。

成仿吾是以批评著名的。他的小说只有四篇。《深林的月夜》是新浪漫派的小说。其余三篇都可算是身边小说，《灰色的鸟》是客观化了的作品，《牧夫》在收场加上了一个尾巴，《流浪人的新年》是随笔式的小说。这里选录了《流浪人的新年》和《灰色的鸟》两篇。

五

陶晶孙、何畏、方光焘、张定璜这四人都是最初参加的同人。滕固和创造社发生关系比较在后，可是在季刊第三期上已经有他的小说了。他们当时都在日本留学，陶、何、张三人的参加是因同学关系，方、滕两君大约是田汉的介绍。

陶晶孙在日本住得最长久。小学就是在日本读的。他用日本文写作恐怕比用中国文字还要方便些。他的第一部创作《木犀》，就是用日文写的。当时，留日学生中，几个爱好文艺的同学，组织一个同人杂志，名叫《格林》（Green），《木犀》便在那上面发表。郭沫若觉得写得很好，才翻译过来，登在《创造》季刊。在创造社初期几个同人中，他的艺术才能最丰，而这才能又是多方面的。他能写作，他又通音乐；他对于美术有理解，他又能自己设计建筑；他是学医的，他又能观测天文。回国以后，他参加过戏剧运动，无论编剧，导演，照明，效果，他都可以干得；而他又是最初倡导木人戏的一个。他是这样多才多能的人，可惜他留下的成绩并不多。创造社的初期，他正在大学读书；后期的活动，他曾经参加，可是不久他又回到医学的研究室去了。他的创作，大约都收在《音乐会小曲》的一部小说集里面。在文学的理论，他并没有主张什么主义；但就他的作风看来，当然属于浪漫派。不过，他没有沫若仿吾那样的热情，也没有达夫那样的忧郁。在初期，他有点艺术至上的倾向。他保持着超然自得的态度。生活的苦闷，至少，在他的学生时代是不会有的。所以，他的初期的创作找不出个人的呻吟和对于社会的反抗。他自小离开了中国，他的言语表现颇富于异国的风趣。他的作品，因此颇带上了一种特独的香气。这里选了《木犀》和《音乐会小曲》两篇。

何畏，在同人中，也是很奇特的一个。没有出国以前，还是个小孩子，他曾在印刷所做过工。他在日本也住得很久。进了大学以后，他研究美学那样似乎很玄妙而实际干燥无味的学科。结果他不能满足，又转到社会学。社会学的各派学说，他都孜孜地钻研过一遍。和陶晶孙相反，他是喜欢理论的。在《创造周报》上，他曾发表过几篇论文。他的论文与其说是推论的，毋宁说是近乎独断。文章也很奇特，常多警语。他写的小说不多。这篇《黄昏》是他早年的作品，可是已经可以看出他对于社会问题的关心。

同样，在作品中显示着对于社会的关心的是方光焘。他的作品不多，大约他好研究学问，早把创作生活牺牲了。可是，只就《创造》季刊和《周报》上所发表的几个短篇，已经可以看出他是一个相当写实的人道主义的作家。我在这里选录了《疟疾》和《曼蓝之死》两篇。前者是写无知的贫苦人家的妇女在疟疾的暴威之下的挣扎，而唤起读者同感的是女主人公的母性爱。后者是写一只小猫的偶然的横死引起了钟爱它的几个小孩的悲哀。作者的虔诚的态度，朴实的作风，能在这些平凡的事实中唤起读者深刻的共鸣。

滕固也有比较写实的作风，他的题材却只限于自己周围的知识阶级。因为取材的切近，他的作品使人感到相当圆熟。人物的性格，事件的推移都很真实似的。可是主观的燃烧微嫌不够，因而缺乏迫力。《壁画》写一个美术学生单恋的失败。主人公的孤僻的性格描写相当成功，最后的自杀近于有意布置。在《二人之间》里面，作者想表示一种人生观，多少类乎不抵抗的哲学：弱者的胜利，强者的败北，在故事的结尾明白指出；可是在中国的社会，这未免太得理想。不过强者受了弱者的同情反而疑心暗鬼，益发故形孤僻，这段心理描写是成功的。

张定璜的《路上》是值得珍视的作品。这只是短短的一篇身边小说，也是他在《创造》上发表的唯一的创作。在创造社的同人中，张定璜和徐祖正两人，当时是专攻文学的。徐祖正潜心创作，在《创造》上发表了许多诗；后来写《兰生弟日记》的时候，已经和创造社隔离了。张定璜志愿批评，在机关杂志上却发表了这篇小说。只这短短的五千字的一篇中，作者简洁素朴的笔致显示出他在这方面也是擅长的。

这里可以附带提及的是郑伯奇。他虽然在创造社成立之初就是参加的一个，可是他始终自认是一个 amateur，从来没有为同人团体尽过力。对于文学，对于文学家，对于文学家的生活，他都抱着疑惧，更谈不到潜心写作了。同人给他的鼓励督促，都不能使他奋起。他却关心在一些不可捉摸的幻象。现在留下的几篇不成东西的短文章，都是在同人面前感觉到不能规避的义务，汗流浃背，勉强写下来的。《创造》季刊第一期发刊的时候，郭沫若、郁达夫先后担任编辑，惨淡经营的苦状，他在旁亲眼看到，感到义不容辞，他才用东山的笔名，写了一个短篇《最初之课》。他要用笔名，十足地表示他当时对于文学的冷淡。后来，他又一次回到上海，看见郭沫若、成仿吾诸人为《创造周报》劳碌，他又感到义不容辞，写了几篇论文和《忙人》一个短篇。在前期创造社的五年间，他所做的工作就是这一点。因此被他拉拢到创造社的人都要骂他没出息，不重要了。这些闲话当然是更不重要的事。可是，如今回想起来，他虽极力要避开文学，却始终在文学的周围兜圈子。就以从前写的东西来看，《最初之课》多少有反帝的意义，《忙人》不失为讽刺的作品。以后他意识到要从事文学，写出来的东西依然不脱这两种倾向。因一并收在这部选集里，来纪念既往的足迹。

六

创造社成立之初，不过十来个同人，其中最活跃的只有四个。虽然《创造》季刊出版，也有人注意，但影响毕竟还不很大。郁达夫的《夕阳楼日记》惹下了祸，郭沫若成仿吾迫得出来应战；这一场笔墨官司引起了许多人的注目，而同时创造社几个活动的同人也因此成了一部分人的标的。从此以后，笔墨官司打得更多了。他们有时，也由防御转成攻击，几次恶战的结果，使多少的青年团聚在他们的周围。本来，创造社的几个发起人都是留日学生，他们的活动不免有点"移民文学"的彩色；及至国内发生了影响，多数青年参加了以后，创造社的基础也就更加稳固了。

《季刊》时代，后来已经有了几篇外来的投稿，但因刊行的不活泼，不能吸收多数的新的同人。后来，《创造周报》发刊了，接连着又出了《创造日》，创造社的活动顿形活跃起来，参加的人也就加多了。在那些刊物上，常常发现新的名字。在《周报》的《一年的回顾》里面，成仿吾曾说"有将近三十位朋友一心一德，原是愉快不过的"，这数目大致不会错。在这"将近三十位朋友"的中间，也有写诗的，也有写批评的，也有写杂文的，也有几位小说写得不坏。成仿吾在《一年的回顾》里面说：

> 他们之中，我们尤其感激倪贻德，周全平，淦女士和敬隐渔四位。这四位好朋友的作品虽然还不能就使我们满足，然而他们是以一日千里之势在向完善之域猛进，他们成就一定不小。

这是他在民国十三年国耻纪念日写的。在半年以前，他在《创造日》的《终刊感言》上，曾经这样说过：

> 关于我们所选登的几篇小说，我也可以保证它们是水平线以上的作品。几个作者之中，尤以周全平与倪贻德二君为最有望。二君是这半年以来最杰出的新进作家；我们便只介绍了这两位无名的新进作家，也可以说没有空费了这一百天的努力。

大约，在《创造日》的时候，周全平和倪贻德首先被发见了。到了《周报》后期（自《创造日》停刊以后至《周报》终刊为止）淦女士和敬隐渔两位最为活跃。此外，严良才、白采、洪为法也都发表过小说。我想在这里一并谈谈。

周全平和倪贻德差不多同时在创造社的刊物上发表作品。好像当时有人说周全平的作风近乎张资平，倪贻德有点像郁达夫。这大约是指周全平的手法比较写实，而倪贻德的作品富于感伤情调。然而这不过他们初期的作品的一种倾向罢了。后来，周全平埋头于事务，倪贻德专心于美术；给我们留下的只是他们初期的作品。现在我们也只能就这些留下的作品来作评价。

周全平的小说相当写实，并且还带着点人道主义的色彩，他又写过几篇关于小孩子的作品，这些都和张资平有点接近，但他毕竟年青，他的主观的情绪常常妨害他的客观的写实；他又常常受他的几个先进作家的影响，弄得他的作风不甚统一。像《林中》，像《爱与血的交流》都是在当时的浪漫的倾向之下产生的；但如《呆子和俊杰》和《落霞》，他却很想保持写实的态度。假使能把这两个倾向统一了，也许可以生出更好的力量，可是，这并不是容易的事。《烦恼的网》，就思想讲，虽无什么特点，可是写作品的态度很安详，不失为一篇好的童话。

和周全平比较下来，倪贻德的作风是相当一贯的。他始终保持着他的感伤情调。

他也带着欷歔叙述自己的身世，有时还带点低调的愤慨。在这里我选进了他的《花影》《零落》。《玄武湖之秋》是他的出头的作品，因篇幅关系只得删去。《花影》是写两小无猜时代的恋爱，充满着回忆的悲调。《零落》写一个旧家的没落，在伤感的情调中还运用着写实的笔致。

严良才的作品也富于伤感，可是他的笔致比较质朴一点。他的小说并不多，取材的范围也不广，他写了他的周围的人们的悲哀和一些无告的人们的苦痛。在浪漫主义高潮的时代，他的作品不会引人注目。他本还有发展的可能，可是以后他便不大写作了。《周报》上所发表的《最后的安慰》，可以代表他的作风。

白采在《创造周报》上只发表过三篇小说，可是他有他的特色。他精于心理描写，更好描写变态心理，而性的变态心理，他更大胆地做深刻的描写。他的主人都是变态的人物：不是偏执狂，就是被虐狂。《病狂者》不仅是他的一个短篇的题目，简直可作他的一切人物的总称。《被摈弃者》是一篇失恋的故事，主人公的病态的心理描写，在当时已算够深刻的了。

一样是欢喜写性的变态心理，叶灵凤便和白采大不相同。白采所刻画的是主人公的性格，那种变态性格的描写是有迫人的力量；叶灵凤所注意的是故事的经过，那些特殊事实的叙述颇有诱惑的效果。所以白采的作品比灵凤的深刻，而灵凤的小说比白采来得有趣。《女娲氏之遗孽》是写一个既婚的中年妇人对青年男子的爱欲生活。他把妇人诱惑男子的步骤和周围对于他们的侧目都一步一步地精细地描写出来。这和白采的《微青》相比，就可以看出两人创作态度不同。灵凤写小说是在《洪水》发刊以后，这《女娲氏之遗孽》更后，大约是在《幻洲》上发表的。

王以仁和创造社的关系，我不大知道，他的遗著（大约可以称为遗著吧）《孤雁》又编在文学研究会丛书之内；但他的思想，他的作风颇和创造社同人相近。在《孤雁》的《代序》上，他自己曾明白地表示过：

你说我的小说很受达夫的影响；这不但你是这般说，我的一切朋友都这般说，就是我自己也觉得带有达夫的色彩的；而且我在《流浪》那篇小说里面，写到在旅馆中经过困难的情形，竟然毫不留神的写了一段和达夫的《还乡记》中相同的事情。

他又说：

仿佛是达夫说过的，——我又提达夫来了，这是我的嗜痂之病呢。——孤单的凄清就是艺术的酵素；仿吾说，艺术是因为反抗这种孤单的凄清而生出来的。我觉得他们的话给我一个很深刻的印象。(《我的供状》)

只就这两段话，我们就可以看出他的倾向，他的作风了。所以我觉得应该将他选入这部集子内面。他的小说集《孤雁》，包含着六个短篇，完全是书翰体，都是写给径三（不知是不是蒋径三先生）的信。据他自己说：

> 我的几篇不成材的小说便是我们幻想被现实打碎以后飞下来的水点。（中略）《孤雁》的事实，你猜说是我自己的事迹，我就承认是我自己的事迹吧。在前年暑假出来的时候，我实在是穷得这般利害的。《落魄》的事实却不是我自己的事迹了。不过写《落魄》的时候，我的心的确是非常的难受的。（中略）《流浪》和《还乡》是幻想着失业以后在外面飘泊着的情形；《沉缅》是幻想着回家以后在家中沉溺于酒精和赌博的堕落生活；结末的一篇《殂落》便是写到临死的情形了！在这六篇作品之中，我自己以为是有一贯的线索可寻的。KP君，假如我的命运到了最恶劣的地步，我的幻想的结局，怕就是我真正的结局了！（同上）

"真正的结局"究竟怎样，可怜竟没人知道：不幸的作者以后就失踪了！

这六篇作品之中，《流浪》和《还乡》两篇最深刻而又有真实之感，《还乡》的心理描写尤见成功。我选取了《流浪》，因为这可以代表他的整个倾向。

《父子》是洪为法在创造社时代所发表的唯一的小说，后来收在他的小说集《呆鹅》里面。初发表的题目是"他们是父子"，登在《洪水周年纪念增刊》上；大约收入集子的时候，改成了现在的题目，我便沿用了。他自己说："自己想想，也真可笑，在这小说集中的几个主人公，实在无一不是呆鹅，不过呆的方面各有不同而已。"他的这篇《父子》也就写的这样可怜的人物。

楼建南的《爱兰》，曹石清的《兰顺之死》，都是在《洪水》上发表的。《洪水》已经不是一个纯粹文艺的刊物了，但时常也发表些诗和小说。这两篇小说都是写不幸的女儿的不幸的一生。前者的女主人公爱兰是一个年轻女仆，受了少主人的诱惑而失身，遂至被逐，堕胎，以至于死。这有点像托尔斯泰的《复活》的前半，颇有点罗曼斯的风味。作者的才笔在这里已经露了锋芒。后者的女主人公兰顺是"饱尝了一遍小媳妇以至卖淫妇等惨无人道的痛苦"（镒泉君语，见《洪水》）的一个不幸的女子。这里没有罗曼斯，只有赤裸裸的悲惨的现实。作者曹石清，似乎再没有发表过第二部作品，但他的素朴遒劲的写实手法使读者得到深刻的感动。

此外，还有在《创造周报》上发表过作品的淦女士和敬隐渔两位。关于敬隐渔，成仿吾曾说过："敬隐渔君，一向没有时间，不曾创作小说，这回因《周报》就要停办，尽数日之力写了两篇。"他写小说很迟，后来的作品都收在文学研究会丛书内的他的小说集《玛丽》里面，所以茅盾将他的作品选入《小说一集》去了。淦女士也以同样理由，由鲁迅选入《小说二集》。这里用不着重复，只交代一句就够了。

七

　　以上所举的，并不是创造社的全部。创造社同人还有其他方面的成就。像郭沫若，王独清，穆木天，冯乃超的诗；田汉，郭沫若，李初梨的戏剧；成仿吾，郭沫若的评论；郁达夫，郭沫若的散文，在第一个十年中，也都值得提及的。但，这当然不在本书范围以内。本来一个有浪漫主义倾向的文学团体，小说也许不是他们的所长。试拿郭沫若的诗，成仿吾的批评和他们自己的小说相比，当然他们的特长是不在后一方面。就以郁达夫而论，他的散文，抒情的直截真挚，有时还要突过他的小说。他们既然尊重主观，主张自我表现，自然不能冷静地观察事实，描写客观现象了。

　　可是到了《洪水》发刊的时候，情形就不同了。社会的动荡使作者不得不放弃一己的主观。郭沫若在他的创作集《塔》的前面，写着这么几句话：

　　　　无情的生活一天一天地把我逼到了十字街头，象这样幻美的追寻，异乡的情趣，怀古的幽思，怕没有再来顾我的机会了。
　　　　啊，青春哟！我过往了的浪漫时期哟！我在这儿和你告别了！
　　　　我悔我把握你得太迟，离别你得太速，但我现在也无法挽留你了。
　　　　以后是炎炎的夏日当头。

　　这段文章是 1925 年 2 月间写的。大约是他"到宜兴去"调查战迹，深深和惨酷的现实接触以后而下了决心。当时"中国的大势"，诚如他所说，"竟生出了一日千里的剧变"。这影响到下一代的青年更要利害。当时在《洪水》所刊载的，不仅是论说杂文都迫切地接触到现实。就是小说，也是社会性的成分，渐渐加多，并且在故事的里面，隐隐地提示出一些问题。曹石清的《兰顺之死》就是一个很好的例子。

　　为着种种原因，《洪水》以后各刊物的作品，这里所选的特少。不过下面的四篇，虽以篇幅关系删去，我觉得有补说一番的必要。

　　何道生的《学徒》，顾仁铸的《足迹》，在题材方面是值得注意的。创造社的作者取材于身边的居多，比较客观一点的也只描写知识阶级的生活。这两篇却不同。《学徒》，如题名所示，是写学徒生活的。福寿，一个没有父亲的穷苦人家的孩子，到一家帽子店去做学徒，受不了师父师母的虐待，借个机会逃走了。作者用了一半篇幅，写他在逃走的途中所遇的事情；这段很成功，然而学徒生活和所受的虐待，反而比较是概括的描写。大约因为一个少年单身冒险的故事富于浪漫情趣吧。这篇是在《创造日》上发表的。《足迹》发表在《洪水》上，是写一个钱庄的小伙计因为生活困难而窃取公款的故事。大年夜的前一天，均龄，这可怜的主人公，受着母亲和妻子的责备，债权者的辱骂，无论怎么也不能度过年关；经过了内心的苦斗，那天夜里，他偷了一笔款子，不料由于雪中的足迹，他的窃案终被发觉。作者在前段着重在描写环境，后段用力刻画他内心的矛盾，而收场处因足迹而发觉的一节，还有点侦探小说的趣味。

汪宝渲的《秋雁》，和窈窈的《慈爱毁灭后》虽都是抒情的随笔式的小说，却正可以代表当时青年的两种趋向。一种消极的趋向可以在《秋雁》中看出。抱玄生来是富于感情的青年，为反对旧式婚姻，脱出家庭；可是在情场失意后，他又感觉到家庭的可恋了。作者使他的妹妹这样唤醒他：

"不能因天性的爱把自己的幸福完全牺牲，也不愿为了自己的幸福抛弃了天性的爱。"哥哥，记着记着，牢牢地记着呵！

哥哥，归来呵！归来呵，哥哥！

主人公是否归去，虽不晓得，但至少他已经走到回归线上了。《慈爱毁灭后》是正反对的作品。因为思想的冲突和时代的不同，主人公是挥着泪和他的父亲一代苦斗的。这篇恰如它的副题所示，是《一个从事社会改造运动的青年的零碎日记》，但这零碎日记真可说是血和泪的记录。这里有一群热心青年的行动，有兄弟姊妹联合着向家庭的作战，有父母的悲叹，有夹在母与子之间的妻子的苦衷，有顽旧势力的冷酷的压迫和嘲笑。而篇中处处描写父子两代彼此暗中想相互谅解而终于不肯妥协，尤使人感动。中间弟兄们瞒着家庭偷回故乡去散发传单回来的一段，把当时青年的浪漫情趣写得淋漓尽致：

今天足足票六了二十四点钟。因欲趁船至硖赶特快车，天未晓就起身。外出走过三校邻近的保宁寺（这是他们反对的目标，编者注。）时，忽想入内盗取供在寺里的元始菩萨的首级。进去后见了菩萨的凶相，不敢接近，只取了佛台上一颗包好的宝印。此印带至船中后，打开一看，里面是只木匣。我商量好一个处置的办法。建弟立刻题了首诗道：

中秋前一夜，月落五更时，

行到保宁寺，神前取印归。

欲问阿堵何所用，他时留蓄贼人头。

下面建弟还题着两句，叙出他的名字。他把这诗抄在一张纸上，装在木匣内，仍用红布包好。舟至硖石上岸后，复用报纸将印包好，上面写着寄给劣绅的姓名，旁边还注着"中秋，礼物"四字。所以此印就在硖由航寄回。

午后抵北站，即换车至江湾。报告了我们这次回去的经过；但没有道出那件新奇的浪漫故事。今夜是中秋良辰，我们合着江湾的同志，举行月下旅行。我们晚餐后，相偕趁车至炮台湾，沿岸缓步东行。清风，明月，浪击岸声，月映水光，说不尽自然的美妙；并且我们有歌，有酒，有谈，有笑，更觉兴高彩烈。"盗印寄印"的故事就在我们喝着酒时由我指手划脚地讲出。这次我们一直走到宝山才返。在待车时，我走至近站的木桥上，独坐着。前面江水默然伴着孤悬在太空的明月，几处伏着幽缓的虫声。在这寂寂的氛围里我不禁百感交集，流了几滴泪。

这一段文字把当时青年的反抗的活动的多感的罗曼谛克的气质完全描画出来了。

八

最后，关于编选的体制和范围，讲几句话。

本书只选"第一个十年"中，创造社同人的小说，就创造社来讲，是初期同人的小说，所以，后期创造社的作品，这里不能选入；小说以外的作品，也不能选入。

编选时注意作者的特色和发展的径路；所以，许多多产的作家，这里只选取了几篇足以代表他们的倾向的作品和最初的作品。他们的杰作不能全部网罗，这要请原作者并读者鉴谅。

创造社同人，除机关杂志外，在外边的杂志（如《学艺》，《孤军》，《民铎》，《少年中国》，《东方杂志》等）或报纸副刊（如《时事新报》的《学灯》，《北京晨报》的《副刊》等）上，也发表过不少作品。本书所选入的，大都取自同人杂志；有时也由单行本补充。副刊和外边的杂志没有去搜寻，但，主要的作品，自信是没有遗漏的。

创造社的机关刊物，最初是《创造》季刊（1922年5月—1924年1月）；在《季刊》的二卷一期之后，为《季刊》发刊的周年纪念，出了《创造周报》（1923年5月13日—1924年5月13日）；又在《周报》出版了十期之后，发刊了《创造日》（1923年7月21日—1923年10月31日）。结果是《创造日》先停刊，《季刊》也只出到二卷二期，最后，《周报》在满一年的时候也停顿了。在一年多以后，《洪水》才出现。第一年的《洪水半月刊》（1925年8月—1926年8月）由周全平，洪为法，叶灵凤几个人主编，是文艺和政治的混合刊物。在这中间，创造社出版部成立了。在1926年3月，《创造月刊》才又以纯文艺刊物的面目登场。但这时候新文学运动的第二个十年已经开始了。本书所选的范围以《洪水》第一周年为止。《月刊》以后的作品便没有选入。

（原载《中国新文学大系·小说三集》，上海良友图书印刷公司1935年版）

论创造社作家的文化心态

黄侯兴

20世纪初，中国面临亘古未有的急剧动荡和深刻变化，一个古老僵化的封建帝国正在解体。中华民族如何才能"昂头自负为20世纪之人，创造20世纪之新文明"①，这是从辛亥革命到五四运动中国志士仁人所苦苦探索的问题。

中国社会的加速殖民地化和封建势力的仍然顽固强大，使人们预感到这个民族将遭到炼狱般的煎熬。西方资本主义国家的强大，破除了昔日"中国中心论"的迷信。新的科学文化的输入，特别是其后社会主义思潮的输入，使处在历史更迭期的中国知识分子从中逐步获得新的视角，产生变革现实的强烈要求和新的希望。怀着"科学救国""实业救国"的社会理想而东渡日本留学的郭沫若、成仿吾、郁达夫等，就是在这种历史条件下，结成在中国文学史上具有划时代意义的社团，开始了挽救祖国、创造理想的青春中华的光辉的战斗历程。

在五四新文化运动的感召下，这批青年人意识到"这是新时代的觉醒"，要拯救中国，只有"从整个的封建传统蜕化出来"，"脱胎换骨地独立自主地开始创造"②。他们不愿等待，一边读书，一边积极参与国内变革现实的斗争。他们要彻底毁坏现存的社会秩序，打破中国沉闷的现状，唤起国人的爱国热情，建立起创造的信念。于是，他们在1921年6、7月间发起成立文学团体创造社，创办文学刊物，开展文学的文化的活动。他们以独特的文化观念、彻底的叛逆精神、创新的锐气和觉醒后的理想追求，以及为实现"人的解放"所表现的强烈的主观能动性，震动了文坛，在中国文学史上开辟了一个新时代。

一

创造社在"五四"思想革命中，把人的解放、自我的解放当作反封建的第一要务。"人"被摆在一个非常醒目、非常重要的位置上。面对新旧文化、中西文化的剧烈冲突，创造社作家以浓重的感情色彩去张扬人的解放、自我的解放，以此确认自己

---

① 陈独秀：《一九一六年》，《新青年》1915年第1卷第4号。
② 郭沫若：《我怎样开始了文艺生活》，《文艺生活》（海外版）1948年第6期。

的文化选择,建立新的价值标准。他们代表了一代新的知识分子觉醒的心态,要求重新审视自己生活的真正价值,寻求独立自主的人生道路,以喧嚣自我跻身文坛,呼唤人的觉醒。郁达夫指出:"五四运动的最大的成功,第一要算'个人'的发见。从前的人,是为君而存在,为道而存在,为父母而存在的,现在的人才晓得为自我而存在了。"① 中国人丧失"自我",以奴隶的身份苟活着已经几千年,到"五四"才醒悟到要找回自我,寻求着具有主体意识与情感的自我的回归,确认独立的自我存在的价值。

应该指出的是,创造社作家在参加"五四"争取个性解放的民主斗争中,把人的解放、自我的解放做了富有个性色彩的扩张与夸大,显示了独特的文化心态。创造社所张扬的自我,不只是意味着摆脱了奴隶地位的"个体的人",而且给这"个体的人"注入了强烈的主观战斗精神,赋予了它鲜明的主宰性、排他性和超越性。

"五四"时期,创造社作家主要接受西方启蒙主义思潮的影响,同时也接受尼采"超人""自力"哲学的影响,突出强调自我的独立不倚、超凡脱俗、驰骋宇宙的意志和行为,强调"一切都要自力,不可依赖他人"②。他们追求的这种自我,摆脱了对外界自然环境与社会势力的各种依赖关系,不再受万物的支配与摆弄,自称是宇宙的主人和至尊。如郭沫若所津津乐道的,自我不再是"自然的孙子","自然的儿子",而要做"自然的老子"③。也就是,不是大自然支配和奴役着人,而是人支配和改造大自然,自我在物理宇宙中占据主动的、主宰的地位。郁达夫援引马克斯·史特纳的话说,"自我是一切,一切是自我","我是唯一的,我之外什么也没有"。④

这样,创造社作家就把自我的生活圈子拓宽为世界中心,人不再作为一个被禁闭在有限的物理宇宙的狭隘围墙内的囚徒那样生活在世界上了,它具有不可穷尽的丰富性,具有不受时空限制的特点。郭沫若的《天狗》一诗,就最能表达这种狂放心态。他呼喊:"我如一条天狗,有足够的勇气和力量,把月、日、星球、全宇宙来吞食了,并把自我化为全宇宙底 Energy(能——引者)底总量。"这里的"天狗",是自我无限扩张的象征,是通过广袤的宇宙来衡量自己的力量,从而意识到人自身的无限性的象征。

张扬自我的最终目的是要完成"人的自觉"和解放。创造社作家意识到,几千年来根深蒂固的封建迷信,是实现"人的自觉"和解放的最大障碍,因此他们竭力用"我"来否定超人和超自然的主宰者——神、上帝的存在。郭沫若用泛神的观念提出"泛神便是无神"的主张。"一切的自然只是神底表现,我也只是神底表现,我

---

① 郁达夫:《导言》,《中国新文学大系·散文二集》,上海良友图书公司 1935 年版,《导言》第 5 页。
② 郭沫若:《雅言与自力》,《创造周报》1923 年第 30 号。
③ 郭沫若:《自然与艺术》,《文艺论集》,光华书局 1925 年版,第 162 页。
④ 郁达夫:《Max Stirner 的生涯及其哲学》,《创造周报》1923 年第 2 号。

即是神，一切自然都是我的表现。"① "我"凌驾于神、上帝之上，在"我"面前，没有任何偶像存在。为了实现"人的自觉"，保持自我人格、意志的自主自律而"不受催眠的暗示"，郁达夫提出了四个"不可"："不可盲从，不可崇拜偶像，不可服从多数，不可人云亦云。"② 这些都是他们为了确立主体意识和独立人格所强调的理论观点，同时，也是"五四"争取个性解放的新一代知识分子不甘心受帝国主义奴役和封建专制主义束缚的革命情神。

自然，这种张扬自我的革命心态并非一成不变，而是不断地在发生变化，不断地在更新。在改造社会新的强大力量的工农运动的推动下，创造社作家所张扬的自我，在内涵上有了更广泛的开拓，逐渐地"把自身的小己推广成人类的大我"③。他们在作品中共同塑造出一个开辟鸿荒的"大我"的抒情形象。如郭沫若笔下《立在地球边上放号》的"大我"，在太平洋这个圆形舞蹈场中"戏弄波涛"的"大我"，占据宇宙的中心，具有伟大的气魄、无穷的力量。它是力的象征、力的符号。它如无限的太平洋可以"提起他全身的力量来要把地球推倒"。周扬肯定了这种为完成"人的自觉"而显出"暴躁凌厉之气"的喊叫，说"他的自我以特别突出的姿态在他的诗句中喧嚣着。从它，发出音调，生出色彩，涌出新鲜的形象"④。郁达夫把这种"大我"解释为"一个足以代表全世界的多数民众的大我"；"大我"已经"把一时一刻的个人感情扩大了，变成了一时代或一阶级的汇聚感情"⑤。

所以，创造社张扬自我还受着体现近代文化进步的"类似意识"的牵引，把"大我"同为争取美好的社会理想的斗争联系在一起，赋予它清新的理想主义色彩——"美化中华民族"⑥未来的理想。郑伯奇认为，"五四"以后的新人，热心于科学、民主、社会主义、劳工神圣，都是类似意识的扩张。类似意识是要实现小我的解放，确认"在20世纪的我们都有作世界人的义务和权利"⑦。创造社作家对于"自我"人格力量和创造力量的充分自信，以及对于英雄主义和理想主义的热烈追求，都是为着建造一个虽然朦胧却殷切向往的理想世界。

创造社是以浪漫主义著称的文学团体。主观性和冲动性，构成了这个团体的多数作家的浪漫的文学心态。所谓主观性，即他们在反映社会生活时始终不忘记要"表现自我"，而且强烈地要"张扬自我"，借文学—诗歌这支芦笛来"以鸣我的存在"⑧。他们注重主观感情、情绪的自然流露。郭沫若在诗歌中追求的是自我"命泉

---

① 郭沫若：《少年维特之烦恼序引》，《文艺论集》，光华书局1925年版，第290页。
② 郁达夫：《批评与道德》，《创造周报》1923年第10号。
③ 郭沫若：《波斯诗人莪默·伽亚谟》，《文艺论集》，光华书局1925年版，第270页。
④ 周扬：《郭沫若和他的〈女神〉》，《解放日报》1941年11月16日。
⑤ 郁达夫：《关于小说的话》，《文艺创作讲座》1931年第1卷。
⑥ 郭沫若：《印象与表现》，《时事新报·艺术》1923年12月30日。
⑦ 郑伯奇：《国民文学论（中）》，《创造周报》1923年第34号。
⑧ 郭沫若：《论国内的评坛及我对于创作上的态度》，《文艺论集》，光华书局1925年版，第175页。

中流出来的旋律","心琴上弹出来的曲调",是"生底颤动,灵底喊叫"①。郁达夫、陶晶孙、王以仁、白采等人的小说,也是把自己的苦痛、愤懑,通过直抒胸臆喷发出来,或激越呼叫,或感伤哀鸣,或缠绵低吟。他们驱使主观情绪时,常常趋于偏至。有时兴奋癫狂,心雄万夫;有时自怨自艾,惆怅徘徊。所谓冲动性,即他们在创作过程中一任自我突发式的感情自由驰骋。如郭沫若所说,"我便作起诗来,也任我一己的冲动在那里跳跃。我在一有冲动的时候,就好象一匹奔马,我在冲动窒息了的时候,又好象一只死了的河豚"②。倪贻德也说,他"这几年来的生活,是纯以感情的冲动来作中心的"③。他们凭着这股强化了的感情冲动去张扬自我,把自我的觉醒、自我的意志和力量表现得淋漓尽致。

冯乃超对浪漫主义作家这种主观、冲动的文学心态作过精彩的分析,说这种心态是"对自己所处的没有理想、失去光明的社会环境竖起反叛的旗帜,对民族的衰老状态给以激情的诅咒";它是"一颗炸弹,抒发了自由个性的感情,唾骂旧世界的没落性,对于社会的昏迷状态,来个'振聋发聩'的雷霆"。这些浪漫主义作家虽然也如乔治·桑一样认为艺术是"理想的真理底追求",但这种追求并没有脱离生活的轨道。"民族苦难的现实,始终要我们的作家双脚站在大地上"。他们"有媲美拜伦投身希腊独立战争的热情,也有象兰坡充当'革命枪手'的勇气"④。

创造社这些作家固然缺乏鲁迅那种丰富的生活阅历和深邃的认识能力,缺乏鲁迅那种韧性的战斗气质和清醒的现实主义精神,但他们思想敏锐、感情热烈、想象力丰富,富有探索和创新的精神。他们飞扬凌厉、粗犷豪放,对正在崛起的中华民族的前途具有一种纵然有些空漠却是无比强烈与诚挚的信念。他们一出现在文坛上,便张开浪漫主义的翅膀,像新生的凤凰一样自由翱翔,搏击着"五四"的暴风雨前进。他们依据这种心态在作品中写出自己内心体验的真实,给读者提供了一幅心灵的图画,一幅维系着"我"与祖国的情感交流的图画。

创造社许多作家是资质聪明的年轻人,是属于有才气、有灵气、有朝气的新一代的大学生。他们从张扬自我引发出对"天才"的崇拜。他们自认是天才,也常常认为他们所喜的团体内的同人是天才,因之把自己和某些同人看得过于尊贵。他们昂首天外,自视甚高,带有古时的名士风度,也沾染了西方浪漫派、颓废派诗人放浪不羁的习气。如郭沫若和田汉游览日本太宰府时,在庙门前合影,郭骑着铜牛,田抚着麒麟,自比歌德与席勒。"我的诗,你的诗,便是我们的铜像,便是宇宙底写真师!不用他求,只表自己!"⑤ 又如1922年初秋的一个夜晚,郭沫若和郁达夫在上海,一连

---

① 田汉、宗白华、郭沫若:《三叶集》,上海亚东图书馆1920年版,第6页。
② 郭沫若:《论国内的评坛及我对于创作上的态度》,《文艺论集》,光华书局1925年版,第175页。
③ 慨歌生(倪贻德):《安乐宫观画述感》,《时事新报》1925年4月19日。
④ 冯乃超:《发聩震聋的雷霆》,《抗战文艺》1942年第7卷第6期。
⑤ 田汉、宗白华、郭沫若:《三叶集》,上海亚东图书馆1920年版,第158—162页。

在三家酒店喝酒，两人喝得酩酊大醉，在回民厚南里途经静安寺路时，他们踉踉跄跄地咒骂西洋人、资本家，郁达夫突然跑到街心，对着迎面驰来的汽车，举手叫嚷："我要用手枪对待！"① 这些都反映了"新才子派"（鲁迅语）反抗旧社会时的狂热、浪漫心态。

创造社作家自恃天才，对于群众和其他一些文人作家则往往采取傲然的态度。如郁达夫说，"文艺是天才的创造物，不可以规矩来测量的"，而"世人的才智，大约都在水平线以下，或与水平线齐头的"，因此对于天才的作品，"以常人的眼光来看，终究是不能理解的"②。有人甚至认为，"群众是不能改造的，是永远不能改造的"；"我们不要做 Popular 的人，我们要永远做少数的人，我们不要怕我们是被群众抛弃的人，因为我们是早抛弃了群众的人。我们，这少数的我们，那倒不可不携着手在黑暗中摸索！"③ 在文坛上，他们视文学研究会"为人生的艺术"为无能、"俗气"，而把自己从唯美的艺术观念去表现"内心的要求"的创作看作是"天才的作品"。成仿吾在《诗之防御战》一文中，按自己的美学原则几乎把"五四"的诗坛全否定了。他嘲笑胡适的《尝试集》是"猜谜歌""恶作剧"，康白情的《草儿》是"演说词""点名录"，周作人的《雪朝》"拙劣极了"，等等。他指责这些草创期的新诗是"浅薄无聊的文字""鄙陋的嘈音"，是诗坛的"堕落"。他们除反对"鸳鸯蝴蝶派"、《礼拜六》、《晶报》一流外，还反对胡适，反对文学研究会、语丝社等，在文坛上四面出击，把自己"弄到在社会上成了一支孤军"④。

创造社张扬自我的文化心态，虽然在反对封建专制主义的斗争中发挥了积极的作用，但它在世界观上与方法论上存在着的种种复杂的矛盾，也不能不在日益发展的客观形势面前、在实践中日益深刻地暴露出来。随着工农群众运动和革命形势的深入发展，创造社许多作家开始看到群众中蕴藏的革命力量，注意摆正"自我"与人民群众的关系。他们受着"五卅"运动的鼓舞和教育，从"昂首天外"逐渐向"水平线下"转换。他们的"大我"也从英雄主义的理想追求转变成为投身于群众运动中的"弄潮儿"、战士。

二

创造社对人的解放、自我解放的追求，首先是和中国黑暗的社会现状不相容的。因此，他们要批判，要反抗，要破坏，把破坏当作第一位的工作。他们宣言："我们的事业，在目下的混沌之中，要先从破坏做起。我们的精神为反抗的烈火燃得透

---

① 郭沫若：《创造十年》，《沫若文集》第 7 卷，人民文学出版社 1958 年版，第 127—128 页。
② 郁达夫：《艺文私见》，《创造》季刊 1922 年第 1 卷第 1 期。
③ 张闻天：《张闻天致郁达夫信》（1922 年 11 月 11 日），《创造》季刊 1922 年第 1 卷第 4 期。
④ 郭沫若：《文学革命之回顾》，《沫若文集》第 10 卷，人民文学出版社 1959 年版，第 374 页。

明"；我们"要把一切的腐败的存在扫荡尽，烧葬尽，迸射出全部的灵魂，提供出全部的生命"①。

创造社作家是在日本资本主义文化环境中陶冶出来的新一代知识分子，对于资本主义制度和殖民地化的旧中国，感受到了"两重失望，两重痛苦"，因此变得十分悲愤激越，"国内国外所加给他们的重重压迫只坚强了他们反抗的心情"②。在日本，他们读的是西洋书，受的是东洋气。郑伯奇在短篇小说《最初之课》中描写，日本教师侮辱中国人是猪、老鼠，说"世界上最多而处处都有的只有老鼠同支那人"。郁达夫在《沉沦》中写道："原来日本人轻视中国人，同我们轻视猪狗一样。日本人都叫中国人作'支那人'，这'支那人'三字，比我们骂人的'贼贼'还更难听。"祖国的积弱、列强的凌辱，深深刺痛了这些海外学子之心。郁达夫感伤地慨叹："中国呀中国，你怎么不强大起来！"中国为什么不能强大起来？原因就在于它存在着黑暗和腐败。为此，他们不能不进行猛烈的批判和诅咒。郭沫若在《凤凰涅槃》一诗中揭露了封建军阀统治下的中国，是"脓血污秽着的屠场""悲哀充塞着的囚牢""群鬼叫号着的坟墓""群魔跳梁着的地狱"。成仿吾概括了他生活的时代，是"弱肉强食，有强权无公理的时代"，是"良心枯萎，廉耻丧尽的时代"，是"竞于物利，冷酷残忍的时代"③。他们对黑暗现实的这种抨击，真正是狂飙式的！

他们痛恨旧的社会制度。成仿吾表明，他所反抗的是"社会全体"——"我们要反抗这种社会，我们要以反抗社会为每天的课程，我们要反抗而战胜"④。郭沫若把资本主义社会制度称之为"毒龙"，提出要以生命的炸弹"打破这毒龙的魔宫"⑤。对于封建专制的旧中国的一切毒瘤、痈疽，郭沫若主张用解剖刀加以离解、切除、打坏、粉碎。⑥ 他振臂高呼："快把那陈腐了的旧皮囊，全盘洗掉！新社会的改造，全赖吾曹！"⑦ 创造社的这种破坏的心态，蕴含着这些有为的知识分子崇高的社会使命感和改造世界、争取光明的乐观主义情绪。

对于阻碍国民进化发展的封建纲常伦理制度，创造社作家以叛逆的心态加以彻底否定。他们批判"天尊地卑，乾坤定矣"的旧道德、旧礼教，热心地鼓吹妇女解放，把反抗"三从四德"的封建教规视为"解放女性""救济中国"的要务之一，针锋相对地提出女子"在家不必从父，出嫁不必从夫，夫死不必从子"的"'三不从'的

---

① 郭沫若：《我们的文学新运动》，《沫若文集》第 10 卷，人民文学出版社 1959 年版，第 284 页。
② 郑伯奇：《导言》，《中国新文学大系·小说三集》，上海良友图书印刷公司 1936 年版，《导言》第 12 页。
③ 成仿吾：《新文学之使命》，《创造周报》1923 年第 2 号。
④ 成仿吾：《江南的春讯》，《创造周报》1924 年第 48 号。
⑤ 郭沫若：《我们的文学新运动》，《沫若文集》第 10 卷，人民文学出版社 1959 年版，第 285 页。
⑥ 郭沫若：《解剖室中》，《时事新报·学灯》1920 年 1 月 22 日。
⑦ 郭沫若：《浴海》，《女神》，泰东图书局 1921 年版，第 100 页。

新性道德"①。郭沫若的早期历史剧《三个叛逆的女性》，就是循着这个思路而创作的。邓颖超称它为"中国妇女大众高歌着奋斗之曲"②。

郭沫若这种叛逆的心态，也是从他自身不幸的婚姻遭遇萌发出来的。郭沫若20岁在家乡时，在父母包办下与张琼华完婚。他先前梦想的这位女子，"说不定就是深谷中的一朵幽兰，或者是旷原里的一枝百合"，即想象中的配偶是一只"白猫"，没有料到娶来的是一只"黑猫"。他心中因此深藏着一种无法填补的"无限大的缺陷"。草率完婚后的第五天，他就离家回四川成都念书。他说这是"那过渡时期的一场社会悲剧，但这悲剧的主人公，严格地说时却不是我"③，而是张琼华。所以他要为这些充当悲剧角色的妇女鸣不平，呼唤着中国妇女做一个"叛逆的女性"。

对于钳制、压抑男女爱情，"使之变性而至于病"的封建礼教，创造社作家给以无畏的反抗。郭沫若揭露这种野蛮的封建礼教"于男女间之防范尤严，视性欲若洪水猛兽，视青年男女若罪囚"，由于无所不用其极地宣扬禁欲主义，因而酿成"数千年来以礼教自豪的堂堂中华，实不过是数万万变态性欲者底一个庞大的病院"④。在"五四"反封建斗争中，争取男女爱情、婚姻自由，成了社会热门的话题。创造社这些年轻的作家对于新的性道德观念尤其表现了浓厚的兴趣。《三叶集》就有许多讨论恋爱、婚姻问题的书信。在他们的小说中也多以两性情爱为题材。但是，除张资平、叶灵凤过多地从肉欲去解释两性间的情欲，使一些作品变得猥亵不堪外，多数作家所表现的是人物性心理的嬗变或畸变，在表现人物被扭曲的、变态的性心理背后，蕴含着作者对旧礼教的反叛与控诉。这些反映男女情爱的作品，也因此获得那时青年的热烈欢迎。它如一股春风，吹醒了苦闷青年的枯槁了的心。"对于深藏在千年万年的背甲里面的士大夫的虚伪，完全是一种暴风雨式的闪击"⑤。郭沫若号召青年男女以"更胆大，更猛烈，更革命"的态度去"反抗旧礼教"⑥。

此外，在"五四"思想启蒙运动中，创造社作家对于几千年封建宗法社会铸造的种种偶像敢于加以破坏，如郭沫若说，"一切的偶像都在我面前毁破"⑦。但同时也应该看到，他们也并非否定一切，破坏一切，在破坏与崇拜、批判与颂扬之间，他们根据特定的历史要求决定社会人生的价值取向。如在"五四"打倒孔家店的狂潮中，郭沫若却声明崇拜孔子，因为他认定孔子具有泛神的宇宙观，并对孔子"高唱精神

---

① 郭沫若：《写在〈三个叛逆的女性〉后面》，《郭沫若全集·文学编》第6卷，人民文学出版社1986年版，第137页。
② 邓颖超：《为郭沫若先生创作二十五周年纪念与五秩之庆致祝》，重庆《新华日报》1941年11月16日。
③ 郭沫若：《黑猫》，《沫若文集》第6卷，人民文学出版社1959年版，第266页。
④ 郭沫若：《〈西厢〉艺术上之批判与其作者之性格》，《文艺论集》，光华书局1925年版，第305页。
⑤ 郭沫若：《论郁达夫》，《人物杂志》1946年第3期。
⑥ 郭沫若：《〈西厢〉艺术上之批判与其作者之性格》，《文艺论集》，光华书局1925年版，第307页。
⑦ 郭沫若：《梅花树下醉歌》，《女神》，泰东图书局1921年版，第137页。

之独立自主与人格的自律"产生了共鸣。他崇拜王阳明,也是从身心受用上去肯定王阳明自强不息的奋斗精神。在长诗《匪徒颂》中,郭沫若对中外一些政治家、思想家、科学家、文艺家,如罗素、华盛顿、列宁、释迦牟尼、墨家巨子、尼采、惠特曼、卢梭等,都颂扬备至,向他们三呼万岁。为什么呢?因为他们是具有"叛逆精神"的"匪徒"。郁达夫则倾慕于嵇康的孤傲、阮籍的任诞、刘伶的放浪形骸、陶渊明的遁世归隐和元明文人的沉湎酒色。

总的说来,创造社作家破坏和批判的锋芒,主要不是针对古人、死人,而是针对现实中借着古人、死人阻碍历史前进的今人、活人。他们认为,"在中国扰乱江山的不是死偶像而是活偶像,偶像破坏者应该把最活灵的偶像一个个先破坏"①。他们主要要破坏和批判的,一是靠暴力和权谋"扰乱江山"的军阀、政客、官僚的偶像;二是要批判和破坏以"光华而且响亮的银元做他的后盾,不耐久的花粉做他的偶像的装饰"②的那些"权威人士"的偶像。自然,创造社在批判和破坏过程中,也有一些方向把握不准和界限不清的地方,暴露出他们浮躁、盲动和某些狭隘的心境。

三

创造社主张对于阻碍中国历史前进的旧事物加以破坏,但同时认为,当时"唯一的急务是这破坏后的新的创造"。这也正是标名"创造"的作家群共同的文化心态特征。他们不愿在废墟中寻回"美的昔日"的迷梦,也不愿在废墟中踟蹰徘徊。他们"要创造一个新的世界来维持他们对于人生的信仰"③。

在新世纪曙光的照耀下,创造社这些年轻的作家把"五四"以后的祖国和国民的解放加以神圣化和理想化,兴高采烈地呼喊着:"天已黎明了!乐园恢复了!""我们来祝天地的新生,我们来祝海日的新造。"④ 这说明,"五四"科学、民主旗帜的召唤,世界性社会主义思潮的浸润,以及年轻人特有的对理想的憧憬,是创造社作家萌发创造、竞争、图强心态的契机。

第一,创造社对于创造一个具有高度物质文明的中国,具有最急切的渴望的心情。郭沫若等人留日期间,首先感受到的是日本的科学进步和物质文明,从而对体现现代物质文明的日本大都市、大工业,给予了热情的礼赞。在《女神》一些篇什中,诗人把摩托车前的明灯比作20世纪的太阳神——阿波罗;把大都市、大工业紧张热烈的气氛和蒸蒸日上的景象,歌颂为犹如"万籁共鸣的交响乐,自然与人生底婚礼",把轮船上的烟囱中冒出的浓烟喻为"黑色的牡丹",称它是"20世纪底名花",

---

① 何畏致《洪水》编辑的信,《洪水》半月刊1926年第2卷第16期。
② 为法:《友人与敌人》,《洪水》半月刊1925年第1卷第6期。
③ 成仿吾:《建设的批评论》,《创造周报》1924年第43号。
④ 郭沫若:《黎明》,《时事新报·学灯》1919年11月14日。

"近代文明底严母"。郭沫若在给宗白华的信中还赞美标志近代机械工业重要成就的火车。郭沫若如此倾心地礼赞近代物质文明，在"五四"诗人中是独具慧眼的。它反映郭沫若企求创造中国新的经济形态的急迫心情。

第二，创造社作家清醒地意识到，中国倘若要改变它在世界竞争环境中的被动地位与落后状况，就必须认定科学是"我们的素养最紧要的命脉"，是"恢复我们的生命力之唯一的源泉"[①]；认为"利用厚生之道非仰之于科学不可，启发智能之途亦非仰之于科学不可"[②]。

创造社成员是一些正在攻读医学、工学、理学、法学的学生，他们都明白近代科学对推动国家经济建设和促进社会生产力发展的重要意义，所以都努力钻研那些反映新思潮的科学书籍，并积极参与引进、传播西方自然科学研究发明的新成果，为建立本国自然科学研究领域的新体系尽一份责任。因此他们没有停留于一般化的理论宣传，而是做了许多扎扎实实的关于自然科学研究的著译工作，为我国科学文化建设做了一些理论的探索，并为科学普及作过一定的贡献。

如郭沫若留日期间撰写的《日本之煤铁问题》一文，根据日本工业基础迅速发展的经验，提出中国的工业现代化也应从发展本国的煤、铁生产起步。他从外国科学家正在从事的"太阳热力的收集""地底潜热及地磁力之利用""河海水蒸气压之利用""海洋潮汐之利用"等新领域的研究课题受到启迪，"尤望我国早已有了觉悟的青年同志，早能从事于此等有益的研究，能与世界学者，共争最后之荣冠，作二十世纪的 Neo-Bacchus，保全人类文明于不朽"[③]。此外，收入"创造社丛书"的有成仿吾著的《旋转汽机》《工业数学》，张资平著的《海洋学》《地球史》《世界活力之起源》，朱镜我译的《农业问题底理论基础》等。郭沫若曾经希望创造社的同人，"都是应该走上这条路来，把自己的一生献给真理的探求，我们于自然科学上必能有所贡献，我们大汉民族的文明或者能在 20 世纪的世界史上求得几面新鲜的篇页"[④]。为着探索真理，发展祖国的科学事业，郭沫若在大学毕业后曾打算终生从事生理学研究。创造社一些成员后来在医学、生物学、经济学、矿物学等学科也多有涉足，有的还取得了重要的成就。

第三，追求创造一种适应科学进步与物质文明建设的文化气氛。这主要是：其一，鼓励科学工作者应有大胆怀疑、大胆探究的精神，"不法先王""多事寡功"，不怕"受人非难，被诋为非圣无法，离经叛道，欺世惑众，乃至死于极刑"，而要坚持

[①] 成仿吾：《国学运动之我见》，《创造周报》1923 年第 28 号。
[②] 郭沫若：《伟大的精神生活者王阳明》，《文艺论集》，光华书局 1925 年版，第 85 页。
[③] 郭沫若：《日本之煤铁问题》，《少年世界》1921 年 4 月增刊日本号。
[④] 郭沫若：《孤鸿——致成仿吾的一封信》，《沫若文集》第 10 卷，人民文学出版社 1959 年版，第 287 页。

"独立特创的精神"①。其二，提倡"学者的态度"，实事求是的研究的态度，主张"虚心坦怀"，反对"独断"②；讨论问题应是"朋友的切磋"，不是"党同伐异"，"不可有攻击人身"；图谋进步"为的是人类全体的利益"③。其三，建立新型的人际关系。20世纪的中国人应该懂得"做人的方针"，把自己的人格修养成"美的灵魂"④。人与人之间应该在建立和谐、欢乐、坦诚、自由的关系中，拆除人我间种种有形无形的障碍。科学的进步与物质文明的建设，需要有一个良好的文化环境与人际关系，然而这同世风日靡、道德衰退的中国社会现实是相矛盾的。因此，创造社作家要求新世纪的中国人确立一个丰富而健康的精神世界、伦理世界，克服自私、懒惰、麻木、虚伪、贪利、取巧等国民精神的弱点，做到"什么人都得随其性之所近以发展其才能，什么人都得以献身于真理以图有所贡献，什么人都得以解脱，什么人都得以涅槃，这真是最理想的世界，最完美的世界"⑤。

第四，创造社是由年轻的作家、理论家、批评家所组成，他们的职志主要在文学。他们把文艺创作几乎看成是神圣的乃至神秘的事业。他们认为，文艺创作不可以因袭或模仿（因袭传统的模式，模仿现实的生活），只有创造和表现。"文艺也如春日的花草，乃艺术家内心之智慧的表现。诗人写出一篇诗，音乐家谱出一个曲，画家绘成一幅画，都是他们天才的自然流露。"⑥ 郭沫若把自然派、写实派、象征派、印象派批评为"模仿的文艺"，"他们都还没有达到创造的阶段"，这些近代文艺成了"科学的奴隶"，如同中世纪文艺成了教会的奴隶一样。所以，20世纪的文艺应立足于创造，"是文艺从科学解放的时候，是文艺从自然解放的时候"⑦。以郭沫若为代表的创造社作家，适应"五四"文学革命的需要，擎起"创造"的大旗，建立了现代中国的浪漫主义的文学团体和文学流派，从内容到形式对旧有的各种文体进行彻底的批判和改造，并在创作实践中取得了可喜的实绩。这不仅是指郭沫若的《女神》开了一代诗风，为中国新诗史矗起一块巍峨的丰碑；而且郁达夫、陶晶孙、周全平、倪贻德、白采的小说，田汉、郭沫若、郑伯奇、白薇的话剧，郁达夫、郭沫若、徐祖正的散文，以及王独清、穆木天、黄药眠、方光焘、袁家骅、柯仲平的新诗，也都以各自的风格特色，对"五四"新文学作出了富有创造性的贡献。

---

① 郭沫若：《惠施的性格与思想》，《文艺论集》，光华书局1925年版，第58页。
② 成仿吾：《艺术之社会的意义》，《创造周报》1924年第41号。
③ 成仿吾：《学者的态度》，《创造季刊》第1卷第3期。
④ 郭沫若：《印象与表现》，《时事新报·艺术》1923年12月30日。
⑤ 郭沫若：《孤鸿——致成仿吾的一封信》，《沫若文集》第10卷，人民文学出版社1959年版，第287页。
⑥ 郭沫若：《文艺之社会的使命》，《文艺论集》，光华书局1925年版，第142页。
⑦ 郭沫若：《自然与艺术》，《文艺论集》，光华书局1925年版，第162页。

四

　　创造社所主张的作为具有破坏和创造因素的自我觉醒和解放，在"五四"思想启蒙运动的历史进程中，无疑曾经发挥过积极的战斗作用。但是，应该承认，这些主张是带有浓重的主观感情色彩的；在"创造什么"和"怎样创造"这些问题上，他们除了充满激情的呼喊外，所建构的只是一个非常朦胧的、浮泛的理想世界。

　　随着中国工农革命运动的深入开展，创造社作家先前展示的那种主观的、浪漫的文化心态，同严峻的客观社会现实发生了深刻的矛盾。如同马克思所说，"我们越往前追溯历史，个人，从而也是进行生产的个人，就越表现为不独立，从属于一个较大的整体"①。他们主张的自我扩张和追求的人的个体性，在社会现实面前显得空洞、无力，无法解决现实存在的矛盾，主观性已被群众性的革命狂潮所席卷、吞没。郭沫若就深感自己及周围的同人"微弱的精神在时代的荒浪里好象浮荡着的一株海草"②。他们开始注意清算团体的文化意识，认清前进的方向。

　　1. 初步接受马克思关于改造资本主义社会的真理，从中获得"理性的背光"，确信"各尽所能，各取所需"的时代终究会到来。有的成员以时代潮流、世界环境为审视点，提出"立国方针"应"以共产主义为标准"，目前社会政治改革应"引国民趋向于同一之目的"③。郁达夫相信，"中国的将来，是无产阶级的""有产阶级的足迹，将要在中国绝灭"。他因此主张"彻底的革命""中国革命的世界化"④。

　　2. 提出马克思主义与孔子教义相融合的建造框架。郭沫若把马克思主义和孔门学说看成是两个可以"折冲樽俎"的调和的体系，认为"在个人的修养上可以体验儒家精神努力于自我的扩充以求全面发展，而在社会的兴革上则当依社会主义的指导努力吸收科学文明的恩惠，使物质的生产力增加，使物质的分配平等，使各个人的精神都得以遂其全面发展"⑤。他还把孔学看成是二千多年前的共产主义，认为马克思提出的共产主义理想社会与孔子描绘的大同世界"不谋而合""殊途同归"，称孔子是"共产主义者"⑥。有人也说，孔子所"要行的主张和现在我们要做的最后目的完全相同"⑦。这种"同根同源"的折中主义的理论模式，除了说明他们对马克思主义

---

　　① ［德］马克思、恩格斯：《马克思恩格斯全集》第46卷（上册），中共中央马克思恩格斯列宁斯大林著作编译局译，人民出版社1979年版，第21页。
　　② 郭沫若：《孤鸿——致成仿吾的一封信》，《沫若文集》第10卷，人民文学出版社1959年版，第287页。
　　③ 漆树芬：《共产问题的我见》，《洪水》半月刊1926年第1卷第9期。
　　④ 郁达夫：《公开状答日本山口君》，《洪水》半月刊1927年第3卷第30期。
　　⑤ 郭沫若：《伟大的精神生活者王阳明》，《文艺论集》，光华书局1925年版，第87页。
　　⑥ 郭沫若：《马克斯进文庙》，《洪水》半月刊1925年第1卷第7期。
　　⑦ 洪衡石：《到底谁共谁的产》，《洪水》半月刊1926年第1卷第12期。

存在着"食而不化"的现象外,也反映了他们在探索改造中国的道路上,把创造中国的制度文化和精神文化看得过于简单、容易。

3. 郭沫若、郁达夫等核心成员此时提倡无产阶级文学,说明创造社开始摆脱以自我为主体、以表现内心要求为本职的文学框架,强调作家参与现实斗争的社会使命。"革命时代的希求革命的感情是最强烈、最普遍的一种团体感情"①。自我感情向团体感情的转化,标志着创造社从自我文学向革命文学的转化。思想转化的结果是一些成员参加了实际的革命工作:成仿吾到黄埔军官学校任教官,郭沫若投身大革命洪流,参加北伐战争、南昌起义,充当一名"戎马书生"。

应该指出,创造社过渡期的思想转变,还缺乏"清晰的目的意识",成员之间在一些重大问题上存在着明显的思想分歧。如参加关于马克思主义是否适合中国国情的讨论时,有人表示"不想取社会主义"的态度,"我只能取旁观的态度,批评的态度,不取第一线的态度"②。在阐释刊物的宗旨时,有人说:"我们这个刊物(指《A. 11.》——引者)没有什么 ism,也不是国家主义,也不是孙中山主义,也不是马克思主义,我们除掉我们的日常工作以外,只晓得吃饭和说话。"③ 此外,由于主客观的原因,郭沫若等人的思想转变也不同程度地染上了"左"倾的色彩。如把文学上的自我表现等同于资产阶级个人主义,把浪漫主义文学宣判为反革命文学,把文艺是宣传延伸为文艺要当留声机,等等。

1928 年,创造社由过渡期进入后期,一批"新锐的斗士"从日本归来,于革命低潮期提出了文化批判的任务。"创造社的新旧同人,觉悟的到这时候才真正的转换了过来,不觉悟的在无声无影之中也就退下了战线"④。创造社原本不是一个有严密组织的文学团体,在革命遭到挫折、政治环境突然变得恐怖的形势下,团体自然发生了分化,张资平、王独清、洪为法等,或自动脱离,或被清除,同创造社分道扬镳,一批中坚分子坚持倡导无产阶级文学运动,使创造社成为 20 年代后期著名的无产阶级革命文艺团体。

创造社后期倡导无产阶级文学运动,是在环境险恶的条件下进行的。面对浊流横溢、虎狼成群的黑暗现实,他们不畏强暴,创办刊物,热情宣传马克思主义,"给以革命的全战线以朗朗的火光"。他们把自己所从事的理论宣传工作称作是"一种伟大的启蒙"⑤。他们所阐扬的理论,如号召广大知识分子转变方向,到工农大众这一边来,成为思想战线的一分子等,也都含有极正确的成分。

但是,毋庸讳言,创造社后期在执行文化批判任务时带有"左"的倾向,在思

---

① 郭沫若:《革命与文学》,《沫若文集》第 10 卷,人民文学出版社 1959 年版,第 318 页。
② 何畏:《精神的洪水》,《洪水》半月刊 1925 年第 1 卷第 6 期。
③ 潘汉年:《A. 11.》,《A. 11.》周刊 1926 年第 1 期。
④ 郭沫若:《文学革命之回顾》,《沫若文集》第 10 卷,人民文学出版社 1959 年版,第 376 页。
⑤ 成仿吾:《祝词》,《文化批判》月刊 1928 年第 1 号。

想文化战线上造成消极的影响。鲁迅批评创造社"对中国社会没有细密的分析,机械地搬用苏联的教条","将革命使一般人理解为非常可怕的事,摆着一种极左倾的凶恶的面貌,好似革命一到,一切非革命者就都得死,令人对革命只抱着恐怖"①。

第一,对同一战阵的友人进行了过火的、粗暴的乃至完全错误的批判。后期创造社除批判鸳鸯蝴蝶派、新月派,还要打倒小资产阶级学士和老爷们的文学。他们攻击语丝社是"有闲的阶级",要用"十万两无烟火药"炸开"北京的乌烟瘴气"②。他们攻击鲁迅是"封建余孽""法西斯蒂""二重的反革命的人物"③。他们挖苦脱离了创造社的郁达夫"同睡在妓女怀中所做的梦差不多"④。然而,他们却把这种小团体主义的"左"的发泄视为执行文化批判的一项任务。他们把批判对象视为"文化的整体",是文化战线上"一部分的社会意识",并自信批判工作已经取得了"一般社会的历史的成果"⑤。

第二,以"唯我是无产阶级"自居,"居然自以为独得了'工人阶级的文化代表的委任状'——包办代表事务"⑥。茅盾在《读〈倪焕之〉》一文中也批评创造社在文化批判中"没有忏悔以往的表示",而是在"昨天刚学得的辩证法的ABC",就摆出一副富有"灼见"的"先驱"的架势,去"切齿诅咒别人"。创造社后期这种心态,其实是前期的张扬自我、以自我为中心在新形势下的畸形发展,而又拒绝他人的批评和自我批评,这就使他们在开展文化批判时带有较多的主观随意性和盲动性,其后果便是"给刚刚萌芽的新文艺运动一种巨大的伤害","直接间接酿成新文艺运动的混乱现象"⑦。

第三,创造社后期的创作实践,满足于标语口号的文学。郭沫若自1928年的诗集《恢复》以及其后一些诗篇,存在着严重的标语口号的毛病,说明诗人降低了对自己诗歌的美学要求,不再把自己光芒四射的热情凝聚在艺术形象的结晶体中,也不再坚持那种自由创造、不拘一格的浪漫主义诗风。在小说创作中,所谓革命小说,如郭沫若的《一只手》《骑士》,洪灵菲的《流亡》《家信》,华汉(阳翰笙)的长篇小说《地泉》等,存在着"革命的浪漫蒂克"的倾向。他们写理想化的工人的前卫英雄行为,是根据社会科学的概念来虚构的;他们有的替无产阶级诉苦,是根据主观想象来描写的;他们由于对革命存在不切实际的幻想,常常故意安排一些"革命加恋爱"的情节。这些"思想大于艺术"的小说,从"宣传性"的立场获得了历史的承认,但因普遍患有空洞说教和浮面描写的毛病,基本上经不起时代的磨炼而被读者

---

① 鲁迅:《上海文艺之一瞥》,《二心集》,人民文学出版社1973年版,第82—96页。
② 成仿吾:《从文学革命到革命文学》,《创造月刊》1928年第1卷第9期。
③ 杜荃:《文艺战线上的封建余孽》,《创造月刊》1928年第2卷第2期。
④ 郭沫若:《英雄树》,《沫若文集》第10卷,人民文学出版社1959年版,第328页。
⑤ 郭沫若:《"眼中钉"》,《沫若文集》第10卷,人民文学出版社1959年版,第390页。
⑥ 瞿秋白:《序言》,《鲁迅杂感选集》,青光书局1933年版,第18页。
⑦ 贺玉波:《中国新文艺运动及其统制政策》,《前途》月刊1934年第2卷第8期。

遗忘。

综上所述，创造社存在的十年间①，它的贡献与过失，它的长处与弱点，它的矛盾现象与"左"倾现象，既有鲜明的时代的印记，也反映了那时涉世不深而又想在文化事业上有一番作为的知识青年的共同特点。创造社作家的文化心态，正是代表了这一部分知识青年的文化心态。所以郭沫若说："我是爱创造社的，尤其爱护创造社在青年中所发生的影响……"②

（原载《中国社会科学》1991 年第 3 期）

---

① 1929 年 2 月 7 日，创造社出版部遭国民党政府查封，创造社的活动宣告结束。
② 郭沫若：《跨着东海》，《沫若文集》第 8 卷，人民文学出版社 1958 年版，第 288 页。

创造社与中国现代社会的青年文化

——纪念创造社成立七十周年

王富仁

创造社，在它存在的短短十年间，曾经不止一次地猛烈搅动了中国现代文学界乃至整个中国现代文化界。在"五四"新文化和新文学运动之后，创造社在中国新文学界掀起了一个新的洪峰。它于1921年举着与前一代的《新青年》和同一代的文学研究会的知识分子全然不同的文学旗帜闪电般地出现在中国文学界，几乎是造成了一个类似于"创造社"时代的文学新时期。郭沫若的《女神》、郁达夫的《沉沦》连同创造社的机关刊物《创造》季刊等风靡于当时的文学界特别是文学青年之中，给文坛的震动并不亚于胡适在《新青年》上发表的白话新诗和鲁迅的《狂人日记》。但这样一股文学新潮流，尽管在精神上体现着"五四"新文学的方向，显示了这个文学运动的新的实绩，但至少在形式上却并不直接表现为新文学与旧文学的正面冲突，创造社与外界的论争更多地表现为新文学营垒内部的斗争。成仿吾、郭沫若、郁达夫的文学批评论文以横扫千军的气概将新文学界内的沉闷空气一扫而空，激起了新文学界内的一次又一次的带着感情的激烈论争。构怨文学研究会、讥评《呐喊》、小觑康白情、褒贬小诗、挑剔翻译、戟指胡适，几乎是四面树敌，独战群儒。但也正是在这激烈的论战过程中，中国现代浪漫主义文学理论初成形态，某些被称为新浪漫主义的西方现代派的理论也通过创造社这个渠道被介绍到中国。1928年，由创造社发起的革命文学论争整个地改变了中国现代文化和现代文学的历史走向，奠定了从那时起直到现在的中国无产阶级革命文学和社会主义文学的发展基础，马克思主义文艺理论较前更加集中而迅速地被介绍到中国。显而易见，在马克思主义文学理论成为现当代的一个主要理论基础的过程中，创造社的历史作用是不可低估的。但同样令人困惑的是，在这场意义重大的历史论争中，创造社的斗争矛头指向的却不是封建主义的文学旧营垒，甚至也没有主要针对从英美留学归国的自由主义知识分子所组成的新月派，鲁迅、茅盾、叶圣陶、郁达夫这些后来被证明为左翼或倾向左翼的作家反倒是他们主要攻击的对象。……这一切的一切，使创造社具有了极为复杂的性质，它使我们感到仅仅在革命与反动、进步与保守、正确与错误这些固有理论框架中已经极难说明它的全部问题，使我们感到有必要在新的评论框架中解决尚未解决的问题，以补正已有的评论。本文试图从中国文化的特征及其在现代的变迁来观察创造社在中国现代文化和现代文学史上的地位，并对它的历史功过做一些新的探讨。

一　中国古代文化的老年文化特征

每一种民族文化都是该民族全体成员的共同财富，是全民共同创造并拥有的文化。这个民族不同阶级、不同阶层、不同类型的成员都能够在这种文化中获得特定的位置和利益的保障，并借助它向整个社会表达自己的意愿和要求。但是，这绝不意味着它不带有它的缔造者和自觉的拥戴者们的时代的、阶级的、阶层的乃至个人的特征。由于这种特征，在它成为全民族共同的或占统治地位的文化之后，社会不同阶级、阶层和不同类型的成员并不以完全相同的方式被组织进这个文化体系，它们获得自己的利益保障的程度和表达、实现自己的意愿和要求的可能性是不相同的。

为了说明创造社这种历史文化现象，这里我需要说明的，是中国古代文化有着明显的老年文化的特征。

在中国古代，没有统一信仰的宗教，也没有任何足以统一全民族成员思想的文化学说。文化是由诸种不同的文化学说组成的相对松散的系统，而其中影响最大的则是道家文化和儒家文化。

老子是道家文化的创始人和奠基者。一个文化学说的主要特征首要表现在它的思想基点上，这种基点决定了它将从何种角度总结和概括人生经验，决定了它将把哪些人生要素作为基本的、不可动摇的人生原则固定下来，而又将哪些人生要素作为从属的、可以牺牲或部分牺牲的东西。司马迁用"修道""养寿"概括了老子学说的主要内容[①]，这实际也是老子的两个主要思想基点。人的生命有两个互相联系而又有矛盾的方面，一是生命的长度，一是生命的活力。生命的活力是生命价值的实现过程，它有时且常常因生命力的消耗而影响生命的长度，即人的寿命。而为了保证人的生命的长度，节制生命力的消耗或曰减弱生命的活力则是一条有效的途径。显而易见，在这样一对矛盾中，青年和老年的态度常常是不同的。对于具有蓬勃活力的青年，在人生的道路上还有许多东西有待于自己去争取，因而他们越是具有强健的体魄，越是不把长寿的问题放在思维的中心，而处于日暮之年的老人，因所能争取到的已经大都获得，不能获得的也已不易获得，长寿的问题便上升到了人生的重要地位。老子的学说恰恰是以牺牲人的生命力的充分发挥、牺牲人的幸福追求保障人的生命的长度的，亦即是以老年文化心理为基本心理基础的。传说他的母亲怀孕八十一年才生下他，生而满面皱纹。还传说他活了一百六十余岁，或曰二百余岁。这些虽系传说，但也体现了人们对老子学说的感受与体悟。老子的"修道"与"养寿"是一体两面的东西，其

[①] 司马迁：《史记·老庄申韩列传》。

"道"是在"养寿"的前提下提出的,因而他的"道"有与其他文化学说的"道"根本不同的内容。司马迁说:"老子修道德,其学以自隐无名为务。"①"自隐无名"就是不追求自我生命价值的社会表现。为什么老子倡导这样一种人生态度?归根到底是因为它与"养寿"的目的是有联系的。老子讲"不行而知,不见而名,不为而成",讲"清静为天下正",讲"无为而无不为"②。这些是老子的"修道"的核心内容,同时也是"养寿"的主要途径。显而易见,这些更是一个饱览人生而不再有任何必不可得的人生欲求的老年人的世界观的集中表现。动与静是人生的两个侧面,但静对老年人具有更重要的意义,动则几乎是青年人的主要特征。老年人爱静而易静,心静则心理平衡,身静则易延天年,而青年人则喜动也必动,心不动则无知,身不动则体衰,这是人在不同发展阶段的不同特征和不同要求。足与不足,也是人生中的不同侧面,二者都不是绝对的。但对于不同年龄阶段的人来说,如何把握事物和感受生活现状却有不同的意义。对于一个老年人,由于他在漫长的人生道路上已经具备了自我生存的必不可少的知识条件和物质条件,任何新的较为强烈的欲望追求都有可能打破他已可以获得的心灵平静和生活平静,对于他的幸福和长寿都是不利的。不难看出,老子认为"知足之足,长足矣",讲"见素抱朴,少私寡欲"③,都是建立在老年人的这种基本需求之上的。但这对于青年人只有很低程度的适用性。青年人的前面还有漫漫的且又是难以预测的人生长途。现在之足并不意味着未来之足,他们有足够的精力和时间去争取、去获得,他们需要在这种争取和获得中表现自己的才智和能力,证实自己的存在及其价值,并且只有更多地争取和获得,才能够更有效地保障未来的生存和幸福。柔与刚,是人生斗争的两种策略思想。刚强胜柔弱,是一种策略思想,它是就其刚强者获得主观意志的伸展且保留了自己的基本形态为判断形式的,是以一次次具体的斗争及其后果为依据的。但柔弱胜刚强也是一种判断形式。刚强者以其不可变为特征,任何自身的变化都意味着自己的失败,都会感到失败的痛苦,而柔弱者若习于改变自我的存在形态,他便不会把自我形态的改变当作失败,不会因此而有失败的痛苦。但如若意识到不论刚强者和柔弱者在斗争中都会发生变化,不变是相对的而变化则是绝对的,那么,失败的痛苦总是属于刚强者,而习于变化的柔弱者则永远不会感到失败的痛苦。这两种策略思想和把握斗争结果的思维形式,一般说来,前者更符合青年的文化心理,而后者更适宜老年人。在这方面,老子的学说显然也是建立在老年文化心理的基础之上的。他主张"以柔弱胜刚强",认为"守弱曰强"④。这是老年人以静制动、以智胜力、以柔克刚的人生策略思想;但青年人的优势在力不在智,在刚不在柔,在动不在静,且主观意志强烈的青年人也只有在另一种形式下才

---

① 司马迁:《史记·老庄申韩列传》。
② 《老子》第47章。
③ 《老子》第45章。
④ 《老子》第47章、45章、48章、46章、19章、36章、52章。

会感到自己是胜利者。……总之，老子的文化学说是建立在老年人的生存方式、生活方式和心理特征的基础之上的，是一个智慧老人对社会人生和生命意义的哲学冥思。

儒家文化的性质较为复杂。就其实践性的品格而言，它具有中年文化的特征，而中年文化与老年文化的根本区别则是老年文化是在超越了人生的具体追求目标之后对宇宙、人生的一般性本质的冥思和概括。这时，人的本质被还原为脱离了人的欲望和追求之后的自然的生命，而中年文化则是建立在特定的社会人生追求的基础之上的。只有在具体的、特定的社会人生追求的目标的基础上，只有在它的固有产生的社会人生条件下，我们才能够认识到它的必要性和可靠性，脱离了它的追求目标和特定条件，这种文化便会失去自己存在的基本依据。中年人正处在人生的中途，困扰他们的是实际存在的社会人生问题，实现自己的具体追求目标往往是他们不可摆脱的愿望和要求。儒家文化的创始人孔子生于"礼崩乐坏"的春秋末年，社会矛盾的加剧和社会关系的紊乱是激荡着孔子心灵的实际社会问题。孔子学说的致力目标是重新实现社会关系的和谐和平衡，而不是每一个个体人的自然生命的延续和没有任何具体目的的灵魂的价值。在这个主要目的和意图的意义上，儒家文化是一种中年文化。但当孔子进入自己的追求目标之后，由于当时的中国家庭是以亲族血缘关系为主的，由于各个诸侯国乃至整个周王朝都是以家族为统治基础的，更由于当时学校教育、社会教育的不发达，生产和生活知识都主要依靠实际经验的积累和个人的记忆，因而老者在他的学说中占据着绝对重要的地位，他所提倡的伦理道德也是主要按照老年人所能达到的水准为基本标准的。孔子在谈到自己的修养过程的时候说："吾十有五而志于学，三十而立，四十而不惑，五十而知天命，六十而耳顺，七十而从心所欲不逾矩。"[1] 越老，越容易达到他所理想的最高的道德标准。我们看到，儒家文化与道家文化有很多不同的主张，但又在一些基本问题上有着相同的要求。对于人的各种欲望要求，二者都取着否定或基本否定态度：老子讲"寡私少欲"，孔子讲"安贫乐道"；在人的精神品格的追求上，二者都主柔抑刚："老，是尚柔的；'儒者，柔也'，孔也尚柔，但孔以柔进取，而老却以柔退走。"[2] 由于孔子学说的这种复杂性质，它既可以被一些关心国计民生的知识分子所利用，也可以被脱离具体社会追求的真诚的或虚伪的道德家所接受。但无论如何，他们的基本道德准则体现了老年文化的精神要求，增强着而不是削弱着中国古代文化的老年文化特征。

任何一种文化学说都有其独特性，但又有其普遍性；它的独特性是通过其普遍性进行贯彻的。不论是老子的自然生命的关怀，还是孔子的社会人际关系的和谐与平衡的关怀，都是社会每个成员普遍应予关心的事情，但在同时，它们也就有形与无形地压抑了另一种同样合理的矛盾侧面，使其原本更能体现自我特征的愿望和要求被这种

---

[1] 《论语·为政》。
[2] 鲁迅：《"出关"的"关"》，《且介亭杂文末编》，上海三闲书屋1937年版，第72—80页。

学说所否定、所淡化乃至被消灭。青年人由于老子、孔子学说的普遍性而有可能接受之，但在同时，他们更带有独立性的愿望和要求也就受到了压抑，他们蓬勃的追求精神和创造力也就在自然生命与社会关系和谐平衡的关心中受到了社会和自我的自觉抑制。在一种学说被不同阶级、阶层和不同类型的社会成员所接受时，接受者有可能将属于自己的东西注入这种学说，使其发生性质的转移和形态的变化，但只要这种学说的思想基点没有发生根本的变化，它的固有的特征也就没有发生根本的变化。孟轲的著作表现出了较《论语》更鲜明的中年乃至青年文化的特征，他的刚烈气魄、激昂情绪、机警辩锋都洋溢着中年盛气或青年的热情，但他赖以律己与律人的道德准则依然因袭着孔子的学说，因而孟子不但不能被称为中青年文化的代表，反而以自己的中青年的刚盛气象增强了老年文化的排他性或曰战斗性。《庄子》的丰富想象、诡奇文风、恢宏气度，都呈现着中年文化的特征。"庄子晚出，其气独高，不惮抨弹前哲，愤奔走游说之风"①，是以庄子较老子的独立性更大于孟子较孔子的独立性，但尽管如此，在自然生命与社会人生价值二者之间，庄子与老子都倚重前者，所以庄子也不足以称为中年文化现象的体现者，反而为老子的老年文化带来了斑斓的色彩和恢宏的气势。

在先秦思想学说中，法家文化是较典型的中年文化。中年文化的根本特征是一种干事的文化，不论其事是属于形而下的事功，还是属于形而上的精神追求，都有其现实的目的性。法家文化在先秦便是这样一种文化现象。法家是在专制主义条件之下为专制主义君主加强政治统治、富国强兵、争霸诸侯而提出的一套组织和领导的理论和方法，因而法家重事功而轻虚言："为人臣者陈而言，君以其言授之事，专以其事责其功。功当其事，事当其言，则赏；功不当其事，事不当其言，则罚。"② 为成其事，它讲"法、术、势"，讲根据具体形势建立法度，确定具体实施方法。因而法家是现实主义者，反对因袭旧法，主张根据变化了的形势变法以治。……这一切，都是典型的中年文化的特征，因为中年人是在自己特定的社会环境中形成自己的愿望和欲求的，他们既不像老年人一样可以脱离开特定境遇而对宇宙做整体性的抽象冥思，也不像青年人一样对未来和人生怀着不与具体追求相联系的空幻梦想，他们的理想和抽象的冥思也带有具体社会追求的特征。但是，法家只在先秦和秦代才以自己的独立地位被政治统治者所重视，及至儒家文化成了社会的统治文化，法家文化在更多的情况下只作为儒家文化的附庸，成为维护儒家伦理道德秩序的工具和手段。在这时，它起到了增强儒家文化的残酷性的作用，亦即为中国古代的老年文化注入了残酷性，而不再可能改变它的根本性质。

从东汉末年起，佛教文化传入中国。至少在形式上，它成了中国文化的一个组成

---

① 章太炎：《诸子学略说》，《国粹学报》1906 年第 9 号。
② 《韩非子·二柄》。

部分。但佛教文化自身便是一种更典型的老年文化。如果说道家文化的修道、养寿体现了老年人在日暮之年对现世的留恋情绪，佛教文化则体现了老年人对现世的否定和对来世更高精神境界的向往；如果说儒家文化体现了老年人以自己的需要改造现世生活环境的愿望，佛教文化则体现了绝望于现世生活而追求超越于现世的涅槃境界的愿望。佛教文化的中国化以及在儒、释、道三教同源说的旗帜下进行的彼此融合，更加强化了中国古代文化的老年文化特征。宋明理学较之先秦的孔、老、庄、孟更少了蓬勃的思想朝气和思想上的独创精神，宋明理学昌盛的年代也正是国民精神萎靡、国力日衰的时代，先败于元，后败于清，最后更败于外国帝国主义，说明宋明理学的老年文化特征是增强了。

中国古代的老年文化至鸦片战争之后受到了中年文化与青年文化的严峻挑战，开始了中国文化的新的嬗变过程。

二　创造社与中国现代社会的青年文化

鸦片战争之后，中华民族面临着严重的民族危机，这种危机直接增强了中年文化的力量。这种危机是一种极为具体的现实矛盾，它既不能仅仅依靠对普遍人生的抽象冥思来解决，也不能仅仅依靠对未来的空幻梦想来解决。从洋务派到维新派，从维新派到革命派，不论他们的追求目标有何种不同，但他们都是为解决现实的民族危机而提出实际的奋斗目标，他们的思想也是围绕着自己的实际奋斗目标形成的。因而，他们就其性质而言都属于中年文化。

首先而集中地提出青年问题的是"五四"新文化运动的倡导者们。1915年，陈独秀创办了《青年杂志》，在其发刊词《敬告青年》中写道："窃以少年老成，中国称人之语也；年长而勿衰（Keep young while growing old），英美人相勖之辞也；此亦中西民族涉想不同现象趋异之一端欤？青年如初春，如朝日，如百卉之萌动，如利刃之新发于硎，人生最可宝贵之时期也。青年之于社会，犹新鲜活泼细胞之在人身。"1916年，李大钊在《新青年》第2卷第1号上发表《青春》一文，提出"人类之成一民族一国家者，亦各有其生命焉。有青春之民族，斯有白首之民族，有青春之国家，斯有白首之国家。"并认为中国以前之历史，为"白首之历史"，而中国以后之历史，应成为"青春之历史，活青年之历史"。"五四"新文化运动之后，青年的问题更作为一个极其重要的社会问题被提了出来，青年的一些更具独立性的要求，如恋爱自由、婚姻自主、反对家长专制的问题，成了"五四"新文化运动中讨论最多的问题之一。但是，就其自身的性质而言，"五四"新文化运动并不是一个独立的青年文化运动，而是在更高层次上的一个中年文化运动，或曰中国近代中年文化发展的一个顶峰。"新青年"一代新文化运动的倡导者们尽管各自有着不同的经历，但他们都是已经走上社会、有了一定社会职业的知识分子。在自己的生活历程中，他们形成了自己的独立追求，而这独立追求并不建立在抽象人生的哲理思考上，也不建立在对未来的梦幻般的理想上，而是建立在中国那个历史时代具体的、特定的社会问题和民族问题上。他们的思想、他们的理想都直接产生于他们所要承担的具体历史使命的意识中。陈独秀是这个运动的最早的发动者和组织者，1917年他38岁，此前曾留学日本，参加过辛亥革命和1913年的二次革命，二次革命失败后又曾流亡日本；蔡元培是"五四"新文化运动的保护神，1917年他已49岁，此前已有漫长的革命经历，时任北京大学校长、教育总长等职，可以说，没有他提倡学术自由、科学民主和采取兼容并包主义的办学方针的教育思想，"五四"新文化运动是不可能如此顺利地发生并发展的；鲁迅是"五四"新文化运动的主将之一，1918年他发表《狂人日记》的时候37岁，他早在留学日本的时候便关心国民性的改造问题，形成了自己独特的思想追求和精神追求，当时在教育部任职；李大钊是中国第一个马克思主义者，在"五四"新文化运动中占有一个独特的历史地位，1917年他28岁，任北京大学图书馆馆长，早在留学日本时他便组织过神州学会，后又参加反袁斗争；周作人是"五四"新文化运动时期的主要文艺理论家和影响很大的散文家，1917年他32岁，任教于北京大学和燕京大学；钱玄同、刘半农是"五四"新文化运动中的两员猛将，1917年，钱玄同30岁，刘半农26岁，他们都在北京大学任教，刘半农虽然较钱玄同年轻4岁，但他的社会经历似乎更为复杂一些，他曾在辛亥革命军中做过文书，后到上海，当过记者、编辑，投稿于陈独秀主办的《青年杂志》；沈尹默是最早发表白话新诗的三位诗人之一，参加《新青年》的编辑工作，1917年他34岁，早在1913年他便已经在北京大学任教；在"五四"新文化运动的倡导者中，只有胡适一人是在美国留学的学生，并在那时便开始试作白话新诗，发表了具有关键性意义的《文学改良刍议》，但也就在1917年回国，任教于北京大学，这一年他26岁。胡适几乎是把创作白话新诗、提倡白话文当作一项具有特定操作规程的科学实验工作和社会文化工作来做的，他的自我的愿望是在中国社会文化自行运转的具体过程中产生的。

我们之所以不厌其烦地缕述这些尽人皆知的历史事实，目的在于说明：围绕在《新青年》周围的这些新文化运动的倡导者们，尽管主要面向中国的青年，首次把青年的很多独立的愿望和要求以理论的形式提到了中国的社会上，但他们在年龄、经历和主要的思想特征上，却已经属于中年的范畴了，他们所建立的新文化，就其整体而言属于中年文化的形态。上述9人在1917年的平均年龄为33岁，大都已有固定的职业、家庭和较长的社会阅历与生活阅历，他们的愿望和要求是在中国社会的具体的、现实的矛盾中产生的。"五四"新文化运动的胜利是中国社会历史的具体矛盾发展到特定阶段时的产物，是中国古代带有更强烈的老年文化特征的文化已经不完全适应中华民族现实发展、不能迅速而有效地解决现实民族危机的结果，是鸦片战争之后各种为解决实际的社会问题、民族问题而产生的文化思想走向成熟和系统化、完整化的标志。"五四"新文化运动标志着中国现代中年文化已经以自己完全独立的形态出现在中国文化的舞台上，已经在与老年文化的对话中取得了平等的发言权（至少在理论的意义上是这样），他们的一整套的价值观念开始与传统老年文化的价值观念同时流行于中国的社会，并为部分的中国人所接受和运用。也就是说，从此以后中国有了并行的既统一又对立的两种文化传统，一种更多体现了老年文化希求社会平衡、心理平衡的特征，一种更多体现了中年人在现实矛盾面前希求迅速发展的心理特征。在这个意义上，"五四"新文化运动的意义是重大的，它开创了一个新的文化时代。

就其理想而言，一个民族的文化是由多种文化形态组成的一个完整系统。这个系统应当使社会的各类成员都能够找到表达自己的独立意愿和要求的相应的价值观念，并获得发展自己的个性和特长的机会和可能。它们之间必然存在着各种的差异和矛盾，有着种种冲突和斗争，但即使这些矛盾和斗争，也能够成为整个民族及其文化发展的动力，因为所有的发展都只有在矛盾和斗争及其解决的过程中才能实现。老年文化、中年文化、青年文化的关系也是如此。由于中年、老年、青年的社会联系的需要，其中的每一个阶层在求自我的发展中都要顾及另两个阶层的愿望和要求，但同时又都不可能完全地、在其自身的体验的基础上体现这个阶层的独立性。中国社会需要老年文化、中年文化，也需要有独立的青年文化。我认为，只要在这样一个意义上思考中国文化和中国文学的发展历史，不论创造社自身的发展还有多少不如人意的地方，它的意义就是不可低估的了。

继《新青年》而起的新文学团体是新潮社，它的主要发起人和撰稿人是北京大学的青年学生；略早于创造社还成立了有广泛影响和丰硕文学成果的文学研究会，其成员在年龄层次上也多属青年文学家。它们的思想和创作都已明显地表现出了青年文化的特征，但就其总体的倾向上，它们是直接延续着《新青年》新文化倡导者的方向的，并始终没有自己完全独立的文化思想和文学思想。

创造社的情况则另是一样。

"异军突起"几个字几乎与创造社粘在了一起，它的早期的成员几乎全都是还没有固定职业的留日青年学生。1921年创造社成立时，郭沫若29岁，张资平28岁，郑伯奇26岁，郁达夫25岁，成仿吾24岁，田汉、王独清23岁，穆木天21岁。以上8人的平均年龄不足25岁，并且体现着创造社创作特色的郭沫若的《女神》、郁达夫的《沉沦》等作品，都作于1921年之前。不论是偶然的误会还是自觉的选择，创造社早期成员没有加入文学研究会而自组了创造社都是有关键性意义的。正是在这样一些纯由青年学生自行组织成的社团里，文学青年的独立特征和独特的思想追求才得以充分地表现出来，并在表现过程中得到了巩固和发展。这同时也埋伏下了与《新青年》一代的新文化运动的倡导者、文学研究会、语丝社之间的长期的矛盾和斗争。

人们往往把创造社与其他新文学代表人物的论争或视为彼此的误会，或视为不同门户间的宗派斗争，或视为现实主义与浪漫主义两种文学主张间的理论斗争。我认为，这都还停留在事物的外部表象上，其结论也没有更重要的认识意义。他们之间的几乎所有斗争都来源于对社会人生、对文学艺术的实际感受的不同，以及由这种不同带来的价值观念本身的不同。而正是在这种不同之中，体现了中年文化与青年文化的不同特征。

老年文化、中年文化、青年文化不但是一种年龄上的区分，同时也是一种文化上的区分。文化，对于人类或一个民族的整体而言，是一种主观的产物，是人以自己的意志和意愿改造过了的客观世界，但对于一个个体人而言，它则首先是一种客观性的存在，是一个个体人首先以被动的形式加以接受并与之适应的外在环境。只有在此基础上，它才具有对它的主动性和创造性。在这里，适应和改造、接受和抵拒永远是彼此联系又有矛盾的两个方面，它具体体现在文化环境和个人这样一对永恒的矛盾之中。老年，在其漫长的人生经历中，逐渐增强了对自己所长期居留的文化环境的适应性，不论是他的经验和教训都使他向着能够适应自己所处的文化环境的方向发展。对于一个睿智的老人，几乎没有一种文化环境不能通过个人的生活经验和个体行为或心理的调整予以应付。与此相反，一种突然变化了的情势却使之难以迅速适应。习惯性的行为和心理是在已有的环境条件下形成的，它愈是增强了自己的稳固性便愈是难以改变，增加了适应新环境的困难。老年人的这种心理特征使老年文化走向各种形式的个人修养（儒家的伦理道德的修养、道家文化的自我心理调整、佛教文化的修成正果的理想），而对于现世社会及文化环境的改造则取着相对冷淡的态度。中年人对自己文化环境的适应性和抵拒力是参半的，如果没有自己独立的、不可放弃的追求目标，他们原本已可以适应现存的文化环境，但他们的人生价值必须在实际的社会追求和生活追求中来实现，这种追求使他们感到现有文化环境的不足，他们的努力不但要从自我的方面入手，而且还要从改造自己的环境入手，因为任何新的目标的实现都不可能仅仅依靠自我的个人努力，社会文化环境是使一种新的目标无法顺利实现的最有力的障碍。在这种情况下，中年文化的特征是它的具体性和目的性，在具体的社会的与生活的目的追求中感受和分辨一切。目的性使他们愿意去适应那些有利于自我目的实现的东西（尽管这些东西他自己尚未能够适应），但他们又同时反对不利于自我目的实现的因素（尽管这些因素有些也已成了他自己的习惯）。"五四"新文化运动的一个显著特点便是它的明确的目的性，它是为了挽救民族的危亡、谋求民族的现代发展才提倡一种新文化的。他们的一切只有纳入到这样一个极具体的社会目标中来才感到是合理的，离开这个目标他们的思想便成了不可理解的乃至荒谬的。青年人尚未涉足于整个社会的斗争中去。在这时，一个社会的文化环境对于他们还是异己的。其中所有的一切都暂时还与他们没有必然的不可分割的联系，一切值得肯定的东西都不是他们自己的生命力的结晶，一切丑恶的东西中也没有他们的过错在内。他们不应对现实的这个文化环境负责，他们也不会由衷地感到自己对它负有什么责任。只有未来才是属于他们的，前辈人所造成的一切只是他们要继承的一份遗产，不论人们愿意不愿意，他们在本能中便感到有权以自我的感受评价和对待这份遗产。在这种情况下，青年人的感受则近于完全是自然的、情感的和情绪的，他们赖以感受这一切的标准是个人幸福和个人自由。可以说，这种感受方式不但是青年心理逻辑的必然结果，同时也是他们的特权。从文化是人创造的又必须有利于人的生存的角度而言，这恰恰是一个最合理的感受方式。我们应当怎样评价创造社的自我表现的创造倾向？如何看待它与"社会表现"的关系？我认为这才是一个更可靠的基点。

正如很多研究者所指出的，创造社也并不反对社会的表现，但这里的区别仍是明显的，即创造社的社会表现也是以自我感受为基础的，我们与其说是社会的真实反映，不如说是作者主观情绪的表现："我们飞向西方，/西方同是一座屠场。/我们飞向东方，/东方同是一座囚牢。/我们飞向南方，/南方同是一座坟墓。/我们飞向北方，/北方同是一座地狱。/我们生在这样世界当中，/只好学着海洋哀哭。"① 这是一个热爱自由、充满自由意志的灵魂对现实世界的热情诅咒。在这里我们感到的是，作者是站在这个世界之外的，他绝没有任何为这个丑恶的世界负罪的感觉。在鲁迅的小说里，我们所感到的则截然不同，鲁迅对任何社会罪恶的揭露都再也难以跳出现实社会之外，甚至在祥林嫂的悲剧之中，他也感到有着自己的责任在内。我认为，在这两种倾向之间，我们是无法比较其优劣的，这只能是一种中年文化心理与青年文化心理的自然的差异。如果说鲁迅小说正是由于那种不可摆脱的社会责任感才将社会的罪恶刻画得入木三分，那么，郭沫若的诗歌正是由于那种界外感才把自我的感受和情绪痛快淋漓地表现了出来。而从另一个角度，鲁迅即使在自己的作品中，自我的自由意志也是受到压抑的，那种永远失去了自由的感觉造成了作品的郁闷和压抑，郭沫若的诗歌则对社会的任何诅咒都显得笼统和朦胧，使我们不能仅仅从认识社会的角度来分析它、理解它。如果我们将其纳入到中年文化心理和青年文化心理的范式中来理解，鲁迅和郭沫若的两种艺术倾向间的区别便是非常明显的了：只有像青年一样还自然地保留着对现实社会文化环境的界外感觉的人，其心灵才是完全自由的，才能自由地抒发自己的最强烈和最内在的情绪感受，但在同时，也只有像中年一样始终无法摆脱掉自己的社会责任感和道德责任感的人，其对社会的观察、认识和感受才有可能是深入的、细致的且始终统一的，才能深入到社会和人的肺腑中了解社会、了解人。青年向中年的心理转换绝不只是递进的关系，而是失去了自己的心灵的自由而获得了对社会的更深刻的认识。

如果说郭沫若的诗歌是尚未介入具体的社会斗争之前的青年的自由意志和自由精神的集中体现，是为中年人所不再可能有的高度自由心灵的自我表现，那么，郁达夫的小说则是这类青年的真诚无伪的心灵的自我表现。实际上，二者在一点上是相通的：自由地表现自我。在这时，我们自然地会想到鲁迅的一句带着苦味的话，他说他

---

① 郭沫若：《凤凰涅槃》，《女神》，泰东图书局1921年版，第50—51页。

必须在身上留下几片铠甲。这是一个有了确定社会目的并必须为此目的而战斗的中年人的内心苦闷的表现：为了与敌人的战斗、为了不被论敌轻易消灭，他不能再毫无顾忌地暴露自己。而这种大胆和直率，老年人和中年人都不得不留给青年。青年，正是因为没有确定的社会目标，没有确定的敌人，也没有任何害怕失去的社会地位，没有害怕别人揭露的社会罪恶，直率和大胆才真正是可能的。在郁达夫的小说里，我们甚至可以感到这样一种值得体味的东西：连自我，自我的文化心理、道德习惯，都是可以作壁上观的对象，都是可以取得界外感的社会文化现象。在青年，这种文化心理是非常自然的。从童年到青年，人是在完全被动的形式下接受文化传统的熏陶的，这时的自我似乎完全由别人操纵着，并且总是以有益于他的规劝使他接受着这一切。在这时，如若一个青年感到自我所接受的东西不但不利于自己，反而有害于自己，那么，他的自我暴露在其深层心理中也就有了控诉社会文化环境的性质，他是在觉得不应对自己的一切负责的情况下做自我暴露的。我们读郁达夫的小说总能感到他在自我暴露中也能获得一种心理上的快感，并且往往自觉不自觉地夸张了自己的丑恶。但是，几乎只有青年才有可能也有权利把自我当作社会外界的产物那样进行暴露，因为他在文化环境面前至今仍是被动的、无力的。乃至中年，人仍然有被动性的一面，但同时他也有了自己的主动性。在社会文化环境中，在中年人的生活追求和社会追求中，处处呈现着不同选择的可能性，他可以在不同的选择前感到自我的主动性，因而他也必须为自己的这种选择负责。正是这种被动中有主动的复杂状况，使中年人的自我暴露不可能也不应该再像郁达夫那样怀着隐秘的喜悦心情，他们的自我暴露当然地必须与自我谴责交织在一起。如果说郁达夫的《沉沦》更使我们感到是自我暴露的，鲁迅的《一件小事》则更是自我谴责的。

　　郭沫若感受外界的情绪基点是自我的自由，郁达夫感受外界的情绪基点是自我的幸福："名誉、金钱、妇女，我如今有一点什么？什么也没有，什么也没有。"① 前者更属于形而上的，后者更属于形而下的，但不难看出，所有这一切都是人的最基本的欲望要求。我们说人应当是幸福的、自由的，但一个老年人和中年人却难以用自我的自由和幸福的主观感觉来合理地表现主客两面的情况。人一旦介入于社会的联系之中，一旦被一种生活和社会的目的意识所支配，一旦对于自己的文化环境有了部分的主动性和创造性，他也就失去了完全用自我的幸福与自由作为基本价值尺度的合理性了。目的意识可以使人把别人难以忍受的当作自己的幸福，自我选择的部分主动性剥夺了中年人用自我的幸福作为衡量社会与他人的基本价值标准的权利，只有在周围的一切都并非自我选择的结果且除了人的最基本的自由、幸福的欲望之外还没有任何确定的目的的青年这里，自由和幸福的主题才是完整的、合理的，因为这时的自我与普遍性的"人"有了某种等同性质。

---

① 郁达夫：《南迁》，《郁达夫文集》第1卷，花城出版社1982年版，第54页。

爱情的主题更属于青年的主题，这在中国几乎是不言而喻的。在"五四"新文化运动的倡导者的作品里，爱情主要是作为社会问题被表现的。这有它的合理性；在一个婚姻不能自主的社会里，在把男女之爱笼统地归在"淫"的范围里绝对地加以排斥的文化中，爱情的问题不能不首先表现为一种社会文化问题。但是，爱情却并不能仅仅局限于社会问题之中，它是一个更复杂、更独特的心理问题和人生问题。这种复杂性首先是通过有着更具体、更强烈的爱情体验的青年的自我表现传达出来的。显而易见，创造社几乎是通过全体的力量把爱情的描写推到了一个新的高峰。在创造社的作品中，爱情再也不仅仅是一个故事、一段经历，而成了一种强烈的感情体验、一种复杂的情绪搏动；也不再仅仅是爱情双方与社会、与家庭的壁垒分明的社会斗争，而成了一种多类爱情心理和偶然境遇的邂逅，成了带有各种偶然性的可捕捉与不可捕捉的命运。由于种种原因，创造社没有创作出很伟大的爱情作品，但他们的众多的爱情题材的作品，确确实实在题材类型上开拓了爱情描写的疆域。郁达夫、郭沫若、张资平、冯沅君和创造社的众多青年作家，在这方面都作出了自己的或多或少的贡献。

在评论创造社的创作方面的时候，我们往往用西方浪漫主义来诠释。一般说来，这是正确的，因为我们不能忽视西方浪漫主义作家对他们的影响。但是，正像我们不能把中国现代的现实主义同西方19世纪的现实主义等同起来一样，我们也不能把创造社的浪漫主义同西方18世纪末、19世纪上半叶的浪漫主义等同起来。简言之，西方浪漫主义是一个青年的文化思潮和文学思想，而创造社则是中国现代的一个青年文化思潮和文学思潮。如果说西方的浪漫主义是由于整个社会思潮的发展而走向了浪漫主义，那么，创造社则是由于其成员是一些青年而走向了浪漫主义。西方浪漫主义是对17、18世纪古典主义和科学主义的自觉反叛，所以它既是自由的、自我表现的，又是一种在实际的社会联系中产生的社会追求；西方浪漫主义不是在对人生没有深切体验时反对对社会做真实的深刻描写，而是在社会的体验中重新把人类的精神追求提高到了自己关注的中心位置。在这些方面，它更类似于鲁迅而远离创造社。但是，这绝不意味着创造社的自我表现的理论是错误和落后的。每一种文学主张都应当在自我解放、自我潜力开发的意义上看待其理论的价值。在中国，事实是这样的："为人生的艺术""写实主义"对"五四"时期的新文化运动的倡导者们是一种解放、一种潜在生命力的开发，它把那些有着强烈的社会追求的知识分子从老年的抽象哲理冥思和陈旧的道德信条中解放出来，开始正视当前的社会现实，正视中国的实际人生，把他们怀抱着激切的社会追求和现代理性感受、观察到的社会人生表现出来，产生了像鲁迅这样伟大的小说家。但是，随着大量青年作者的涌上文坛，由于他们缺乏鲁迅那样在长期的生活经历中形成的内在社会追求的激情，缺乏对人和人生的深切体验，在"为人生"的旗帜下创作出来的作品逐渐成了对社会问题的粗疏诠释，深刻的人生哲理内涵消失了，而青年固有的蓬勃热情却在无形中受到了束缚。在这时候，创造社异军突起，自立门户，提出"本着我们内心的要求，从事于文艺的活动"①的口号。这在无形中是对青年文学家的一种解放，使他们的青春热情找到了新的喷发口。如果说"为人生的艺术"使中国现代的中年知识分子把艺术的基点放在了自己的社会激情和人生体验上，"自我表现"的理论则使青年文学家把艺术的基点放在自我内心感情的波澜上。我们可以说郭沫若、郁达夫的作品还没有达到鲁迅小说的思想艺术高度，但却必须承认，他们都在各自不同的基点上体现了当时文学的最高峰。诗歌领域，在胡适试作白话诗之后的一段平滑的路上，并没有产生真正杰出的诗人，创造社的郭沫若为中国新诗开创了第一个新局面。郭沫若诗歌中的热情不是老年人那沉静、含蓄的感情，也不是中年人那骚动着的燥热的激情，而是青年人那易燃易熄的燎原烈火。他就用这倏忽而来、倏忽而去的暴发式热情重新组织着眼前的宇宙和世界，给这个宇宙和世界谱上了青春的旋律。中国现代的白话语言，在他笔下也年轻化了、热情化了，呈现出了前所未有的气势和格调。郁达夫的小说在散文化的道路上比鲁迅走得更远。如果说在鲁迅小说里我们感到了中年人那被压抑着的苦痛，在郁达夫的小说里我们听到了一个上帝之子的啼哭，人类那最原始最单纯的欲望不得满足时的啼哭。这同样是在中国文学中所从来未曾听到过的声音。一种天真的怨诉的语言在郁达夫的小说中被创造出来，我认为这是比写景的优美、格调的清新、语言的流畅更属于郁达夫自己的东西。总括言之，郭沫若和郁达夫代表了中国青年知识分子的两种思想倾向，也代表了他们的两种艺术风格。郭沫若体现了一个健康青年急欲走上社会一展雄风的乐观情绪和理想精神，而郁达夫则体现了一个病弱青年初解人情时的畏葸情绪和青春期的忧郁。这是青年即将走向社会时的两种常见的情绪，前者的艺术风格是因为青春热情而表现出的是超常的狂热与自信，后者同样由于青春的热情而表现出的是超常的忧郁和颓丧。但他们都是带着强烈的青春热情的。我们同时又可看到，他们在对周围环境的描写中，都表现着粗疏和梗概的性质，既不如鲁迅的老辣，也不如他的精细，这是敏于感受而暗于知人的青年人的特征在文学创作中的表现。但创造社在自我表现的旗帜下避开了自己的弱点，集中发掘了自己的优长，这是它之所以能取得成就的主要原因。

怎样才能充分估价创造社的意义？我认为，正是创造社，代表了中国现代的青年文化和青年文学的独立形态的形成。从此，中国文化成了由老年文化、中年文化和青年文化三种形态的文化相互联系而又相互斗争构成的统一整体。如果说至"五四"新文化运动我们有了两种不同的文化传统，至创造社，我们则有了三种不同的文化传统。由此可以看出，创造社的历史意义是不能低估的。

---

① 郭沫若：《编辑余谈》，《创造季刊》1924年第2卷第2期。

三 创造社向中年文化的转变

　　人的悲喜剧之一就是总要沿着幼年、童年、少年、青年、中年、老年的单一方向改变，而随着年龄的增长，文化心理也或多或少地发生各种变化，而每一次变化，既伴随着所得，也伴随着所失。

　　但是，文化心理又并不总是与相应的年龄步步相随的。在老年文化占统治地位的社会环境里，很可能大量少年、青年、中年的文化心理都是属于老年文化型的。相反，在青年文化占统治地位的社会里，很可能大量老年人的文化心理仍属于青年文化型的。一般说来，文化心理的变化总是由个体同环境的有形与无形的撞击产生的。青年的直率、大胆和热情只有在与具体的社会斗争无涉的情况下才会得到鼓励和赞扬，而在具体社会斗争中缺乏必要理性思考的感情冲动就要经历失败的痛苦，这时他便要深化对周围环境的认识，积累斗争的经验，这也就意味着中年文化心理取代了青年文化心理。理智的成分增强了，感情的成分减弱了。在这个过程中，与文化环境的性质又有极大的关系。如若整个文化环境是老年文化占统治地位的，一个少年在接受知识的过程中便将老年文化接受过来，其心理也有可能从童年直接进入老年文化阶段。相反，如若青年文化在周围文化环境中占着统治地位，青年的热情与大胆总是受到鼓励的，他就有可能停留在这种文化心理的阶段。

　　在这里，我们有必要考察创造社向中年文化的转化过程。

　　我们看到，创造社作为青年文化的集中体现者的时间是极为短暂的。就从文学创作来说，创造社影响最大的两部作品——郭沫若的《女神》、郁达夫的《沉沦》——都还是在创造社成立前创作的。创造社成立之后，他们还较长期地坚持了自己的创作风格，但也在开始发生缓慢的变化。这种变化是随着他们的文化心理的变化而发生的。也就是说，创造社向中年文化的转变是从它的正式成立起便开始了的。

　　上面我们曾经谈到，中年文化是从现实的具体文化环境中产生的。在这样一个文化环境中，他有了一定的追求目标，并在这种追求目标的基点上开始认识周围的社会环境，形成自己的思想和情感态度。这种思想和情感态度不再仅仅是普遍的、抽象的，而成了在特定环境条件下、带着特定目的意识而具体化和明确化了的思想和情感态度。显而易见，当创造社一经成立，一经成为独立的、与其他文学社团有着矛盾的独立文学社团，当它不得不在中国现实社会环境的条件下为自己的存在和发展开辟实际道路，他们的文化心态也就开始自觉与不自觉地向中年文化转变了。

　　在创造社存在和发展的过程中，我们都能感到一个极其奇特的现象：即就文学性质而言，就他们的思想和创作的实际状况而言，它属于由"五四"新文化运动倡导者们倡导的新文化与新文学，它是新文化和新文学传统的继承者和发扬者。在这方面，它与中国传统的旧文化和旧文学的实际距离拉大了。如果说猛烈地抨击着中国传统文化的"五四"新文化运动的倡导者们在精神人格和道德品质方面还更多地保留着中国传统文化和传统道德的色彩的话，那么，创造社成员显然则更少这种色彩了。在中国传统文化熏陶下成长起来的尊孔守经卫道的传统知识分子，尽管与"五四"新文化运动的倡导者们有着公开的冲突与斗争，但在道德人格上他们会更尊重胡适、周作人、鲁迅和李大钊而更难以接受郭沫若和郁达夫；在文学作品上也是一样，胡适的《尝试集》、鲁迅的《呐喊》是直接颠覆了旧文学的统治地位的作品，但它们至少在感情上还能得到传统文学教养下成长起来的知识分子的认可，但要让他们接受郭沫若那"狂暴而自信"的诗歌、郁达夫那描写性苦闷的小说，就是更加困难的了。但在实际的思想斗争和文学斗争中，我们看到的则是另一种状况，创造社的论争更多地集中在与"五四"新文化运动的倡导者们及其直接的继承者"文学研究会"的论争中，而在对待中国传统文化的态度上，创造社的成员们则温和得多也冷静得多了。

这种奇特的现象在先进与落后、新与旧、革命与反革命的二分模式中显然是难以解释的，在左、中、右的三分法中也是难以解释的。但在老年文化、中年文化和青年文化三种独立的文化形态中却极易说明。

中年文化是在反叛老年文化的过程中获得自己的独立性的。正是由于中国传统文化在整体上的老年文化性质，所以在中国进入近代社会之后，适应现代社会环境的能力减弱了，根据现实的需求谋求民族发展的活力衰退了。"五四"新文化运动继承着洋务派、维新派、革命派的革新传统，提出了整个文化的改造问题。在这时，他们是在老年文化传统的包围之中而倡导新文化的。不论他们自觉还是不自觉，他们都必须在老年文化占统治地位的文化环境中谋求自我目标的实现，因而在他们激烈地抨击传统文化的同时，他们自身仍然有意与无意地保留着老年文化的特征，并运用着老年文化积累起来的生活经验和斗争经验。仅仅因为他们把新与旧、传统与现代的诸因素集中到追求现实民族发展这样一个总的基点上来，它才整体上成为中国现代中年文化的一种文化形态。青年文化则是在对中年文化的反叛过程中产生的。没有中年文化对老年文化的反叛，青年文化是不能独自取得自我的独立地位的，只有当中年文化为了社会的实际发展而呼唤青春的活力时，青年的独立价值才提高了起来。但青年是尚未进入现实社会斗争，因而也还没有从自我生活中确定实际的生活目标与社会目标的一个阶层，他们的热情首先表现在对自我及自我前途的关注上，首先建立在个人幸福和爱情生活的体验上，因而在青年真正地独立表现自己的时候，便与中年文化发生了矛盾和冲撞。但也正是在这矛盾冲撞之中，青年文化才以自己的独立形态出现在社会上。在其自然的形态上，它与老年文化的距离更大了，但它这时反叛的是中年文化，反而对老年文化取着较之中年文化更为客观的态度。这三种文化形态是各自独立的，因为它们的建构基础不同，这种建构基础是在青年、中年、老年不同人生阶段所重视的人生侧面的不同所致，但它们彼此又是在矛盾中有着交叉的，因为三者的建构基础都是人生的基本问题，侧重点虽有不同，但都是不可或缺的。

创造社一登上文坛，它与中年文化的矛盾便暴露出来了。这表现在以下方面：关于文艺社会作用的论争，关于所谓"垄断文坛"的论争，关于天才问题的歧见，关于翻译问题的笔战，关于新诗创作的评价，关于《呐喊》的评价，等等。在过去，我们更多地注意于彼此的是非。我认为，即使评论彼此的是非，我们也绝不能低估中年文化与青年文化心理的不同，不能低估两种文化心理所造成的生活实感和审美实感的差异，不能低估这种差异对他们的理论倾向和创作倾向的决定作用。郭沫若是比胡适、陈独秀更有文学才能的文学家，但他在阅读《呐喊》的时候却只读到三分之一。这说明胡适、陈独秀这类中年人能够在鲁迅小说中体验到的东西，像郭沫若这类青年人是难以感受到的。以此反观成仿吾在二十年代写的《〈呐喊〉的评论》，便知道他并非故意贬低鲁迅了。相同的情况恐怕也发生在相反的方向上。鲁迅是比闻一多更伟大的一个文学家，但他似乎终其一生都不喜欢郭沫若的《女神》，而闻一多对《女神》的评价倒更能说明它在中国新诗史上的地位。这里的误差并不难理解，一个对中国社会文化心理极少了解也不感兴趣的人是不会爱上鲁迅小说的，而一个饱经人生沧桑、已失去青春期蓬勃热情的人也很难再爱读郭沫若的诗歌。不同的文化心理有不同的审美感受，不同的审美感受又有不同的理论倾向。

但是，当创造社走入社会，与中年文化发生了矛盾和冲突的时候，却正是中年文化在中国兴盛和发展的途中。民族危机始终是鸦片战争后中国社会关注的中心问题。正是由于这种危机，使关心现实具体发展的中年文化得到了艰难却持续的发展，并在"五四"新文化运动之后的知识界取得了对传统老年文化的胜利。在中国传统文化中，文学是作为怡情养性、载道颂圣而得到社会认可的，并不是作为一种独立的社会事业而被看待的。"五四"把文学从古代的载道传统中解放出来，使其成了一种独立的社会事业，但他们是在文学对社会现实人生的作用中来确立文学的社会地位的。在这种情况下，创造社带着自我表现的理论进入了社会，并与"五四"新文化运动的"社会文学""平民文学""写实文学"的传统发生了矛盾。显而易见，它在整个社会的斗争中还是很被动的。它既难得到古代文学传统的支持和理解，又难得到"五四"新文学传统的同情和接纳。与此同时，随着创造社成员更多地感受到社会现实问题的压迫，他们自我的原有思想基点便发生了犹疑。而这种犹疑，也便标志着他们由青年文化向中年文化转变的开始。

我们看到，在创造社与文学研究会关于文艺社会作用的论争中，创造社成员的理论基点始终是犹疑不定的。郭沫若一方面强调文学艺术的直觉直感性质，强调文学的自由想象，强调情感的自然流露，一方面又强调文学的社会功能，强调应当反映人民的疾苦。成仿吾也是如此。有时我们认为这是他们对文学规律的全面认识。实质上，这是他们在两种文化心理和文学观念间游移的表现。对于一个尚未入世的青年而言，文学就是一种自我情感的表现，是抒发自己内心的情感和情绪的，既然他们还没有正式踏进现实社会中去，还没有在具体的社会斗争中形成自己的独立追求，文学的具体社会作用，文学表达时代的愿望和要求的问题，就不存在于他们内在的意识中了。中年人在具体的社会斗争中形成了自己的独立社会追求，也就有了自己的社会倾向性，因而他们并不满足于感情的自然流露，同时还本能般地分辨着什么样的感情以及这种感情附着在一种什么样的人生倾向与社会倾向上。由此可以看出，创造社这时的理论基点的游移恰恰是由青年文化向中年文化过渡期的特征。

与此同时，创造社成员的创作也发生了一些变化。郭沫若在《女神》之后，陆续发表了《星空》《前茅》《恢复》诸集中的诗作。在这些诗作中，社会的主题增多了，纯自我表现的主题减少了；客观描写的成分增强了，感情自抒的成分减弱了。郁达夫继《沉沦》之后，又写出了像《春风沉醉的晚上》《薄奠》这样的"多少也带一点社会主义的色彩"的短篇小说，发表了《文学上的阶级斗争》这样的文学论文。中年文化的色彩分明增强了起来。

但我们必须看到，创造社在向中年文化转变的过程中，有着许多自己的特点，这些特点给他们的创作带来了明显的损害。首先，它是在文学理论的斗争中逐渐实现向中年文化的转变的，这种转变与"五四"一代知识分子的转变并不相同，但在理论上接受的却是原来的思想基点。"五四"一代知识分子更多的是在现实生活和长期的社会斗争的经验中实现向中年文化的心理转变的。那一代人几乎都亲身感受过维新运动、辛亥革命和辛亥革命后各种社会斗争对他们的影响，有很多人还亲身参加过辛亥革命，这加深了他们对社会和社会上各类人的感受和思考。创造社成员也曾有过与泰东书局的矛盾，也曾经历过"五卅"运动，但这些人生的经验较之前一代知识分子到底薄弱得多了。而在文学论争中，他们却不能不部分地接受对方的理论基点，强调文学对社会人生的作用，强调社会疾苦的表现。因而，当他们急于在创作上实现这种转变的时候，他们原来的优势丧失了，而对社会的描写和人的心灵的探索却流于空疏和粗糙。郭沫若《女神》之后的诗作明显地表现着这种弱点。其次，他们是在与中年文化的直接对立中实现由青年文化向中年文化的转变的。"五四"一代知识分子是在与传统中占统治地位的老年文化的对立中形成自己的独立形态的，只要考虑到鸦片战争后民族危机的加深，我们便会感到这是一个异常自然的过程，像春雨后从土壤中抽出的嫩芽，虽然离开了传统而又带有传统的特征。创造社在与中年文化的斗争中却实现着向中年文化的转变，使自身的内部矛盾加深了。一方面这种斗争强固了自身的某些青年文化的特征，一方面为了在理论上战胜对方又把对方的某些理论强化到了极高的程度，二者不能不产生矛盾，破坏了自身文化心理和理论主张的和谐性。

也正是在这种情况下，发生了1928年的革命文学论争。

从我们现在所取的研究角度而言，笔者认为应当指出，马克思主义就其自身属于中年文化的范畴，这是由它的下列几个性质决定的：1. 科学性。马克思主义自身是一种科学学说，它主要不是一种感情的倾向，而是一种理性学说。这种学说要求在特定的社会追求中来理解、来认识。2. 实践性与革命性。马克思主义是一种实践性极强的学说，而中年文化的基本特点便是实践性（当然有各种不同的实践目标）。但从创造社自身的角度，却更多地带着原有的青年文化的特征接受马克思主义学说。这里有下列几点应当注意：一、创造社是在与中年文化的直接矛盾中逐渐走入社会、向中年文化转变的。这种矛盾使它不可能停留在原来的中年文化的具体理论上，它必须要找到新的理论，以体现自己与论战对方的区别，但这种理论自身又必须属于中年文化性质，这样才能体现他们的新的感受（不同于青年时期的社会的感受）。二、马克思主义在当时世界上的广泛传播，使马克思主义成为当时世界的最先进的思想潮流，这满足了追求进步的青年文化心理的需求。三、创造社的主要成员（郭沫若、成仿吾、王独清等）参加了第一次国内革命战争，受到了中国共产党的实际影响和思想影响。综上三点，创造社接受马克思主义的总特点是：他们是带着更强烈的青年热情接受马克思主义的，而在实际的社会人生经验与科学认识上则依然相当薄弱。在这时，冯乃超、李初梨、朱镜我等几个留日青年归国，他们在对中国社会的实际认识和艺术创作的实践经验方面更逊于郭沫若、成仿吾等早期的创造社成员，仅仅因为他们在留日期间更多地接触到马克思主义的理论书籍，所以在论争中起到了主要作用，这就更增强了创造社理论的青年文化特征。这种特征造成了创造社在论争中的作用的二重性：一、他们以蓬勃的青年热情提倡马克思主义，迅速扩大了马克思主义在中国的影响；二、由于他们不是在革命的实践追求的基础上对马克思主义理论进行理性思考，因而他们自身的理论带有简单化的教条主义性质，在具体实施中也带有明显的"左派"幼稚病。而在他们的对立面，鲁迅和茅盾等早就属于中年文化的范畴，对中国社会文化的认识与追求社会改造的具体体验使他们在具体认识上更接近同样属于社会改造理论的马克思主义，只是他们在理论学说上还没有更多这方面的书本知识。这样，1928年革命文学论争便成了双方既抵拒又吸引的一场论争。

这场论争之后，创造社便结束了自己的生命，但它所体现的中国现代社会的青年文化并没有消失。在中国，老年文化、中年文化、青年文化的三种理论形态仍然存在着，它们虽然在各个历史时期各有不同的表现，但彼此的矛盾与交织仍然是中国现当代文化的整体结构形式。它们各自有自己的传统，而青年文化的传统，按照笔者的意见，则是创造社首先建立的。

（原载《创造社丛书·理论研究卷》，学苑出版社1992年版）

论创造社文学的现代化品格

朱寿桐

"五四"新文学，从本质上说，是具有鲜明的现代意识的"五四"作家以适合现代人审美情趣的笔法反映现代中国生活及其情绪感兴的文学形态，体现着中国文学现代化的基本内容；创造社以"异军突起"之势成为"五四"新文学传统的主要开拓力量之一，它的文学业绩自可以放在中国文学现代化的积极成果乃至重要契机上进行考察。这一番考察至少能使我们对于创造社文学的现代化风采有一个较为全面的印象，而且，对于创造社作家的现代化文学素质也有一个较为清晰的认识，由此还能帮助我们对中国新文学的现代化问题展开较切实、深入的探讨。

一

在那异彩纷呈、生机勃勃的"五四"文坛上，创造社诚然是一股苍头突起的"异军"，因为这个团体的骨干分子"对于《新青年》时代的文学革命运动都不曾参加，和那时代的一批启蒙家如陈、胡、刘、钱、周，都没有师生或朋友的关系"，又因为他们秉持着"对于本阵营的清算的态度"，"和胡适对立，和文学研究会对立，和周作人等语丝派对立……"[①]。说"对立"多少有些过甚其词，但创造社以其独立不倚的精神和踔厉风发的意气，确实开辟了与《新青年》《新潮》和文学研究会等团体相异其趣的新文学传统，颇为充分而典型地体现了"五四"时代思想解放、个性狂放、"意想奔放"[②] 的现代化文学品格。

应该说，创造社这种精神和意气本身，便成就了这一社团集体的现代化人格形象。作为创造社崛起的先声，郭沫若的《女神》以奋昂激越的腔调唱出了中华民族悠久而时新的"涅槃"浩歌，叫出了"天狗"般的破坏、创造和发展的时代要求；郁达夫的《沉沦》则以哀伤幽婉的语气诉尽了时代青年的人生苦闷和青春悲哀，喊出了个性、人性的肯定、解放和发展的时代要求。它们各以鲜明强烈的现代化品格投合着那个时代觉醒了的"现代人"的心犀：《女神》被称为"与旧诗词相去最远"、

[①] 郭沫若：《文学革命之回顾》，《郭沫若全集·文学编》第16卷，人民文学出版社1989年版，第98页。
[②] 陶晶孙：《记创造社》，《牛骨集》，太平书局1944年版，第153页。陶称创造社的精神为"意想奔放"。

体现着"二十世纪底时代的精神"的时代"肖子",实际上也就道出了《女神》的现代化品格。正是这种品格反映了二十世纪"人人心中最神圣的一种热情"①;《沉沦》也"一出版就打响了,差不多和《女神》一样地轰动",以至于郁达夫兴奋得以为会有一个"《沉沦》以斯姆"(即《沉沦》- ism,指《沉沦》主义之类的热潮)接踵而至②。创造社在这样的文化氛围中以这样的风格和气派崛其独出,便在客观上充任了"五四"时代精神的典型体现者角色,应合了这一时代对于文学和文学建设生力军的现代化要求。现代化的精神、气息和品格使得创造社这股"异军"从来没有成为"孤军",不仅创造社的作品深受当时读者的欢迎,而且创造社还以现代化品位所特具的凝聚力吸引了一大批青年文学家,包括后来成为沉钟社、湖畔诗社和新月社中坚的作家和诗人。③

就文学社团而言,创造社的现代化风采是"五四"文坛上最为鲜丽的亮色之一。同作为新文化运动的文学实践者,新潮社、文学研究会倡导"为人生"的人道主义、现实主义,悉心描写现实人生的艰难与不平,自觉反映下层劳动人民的"血和泪",这对于封建"载道"文学和旧式无病呻吟、铺张扬厉、雕琢阿谀的诗赋词章来说,亦无异于一场革命,体现了具有一定现代化品质的人文主义社会价值观和美学意识。然而,在相当多的意义上和相当大的程度上,这种观念和意识的现代化品质也未尝不可以理解成民族文学优秀传统的自然延伸,甚至未尝不可以理解为古代社会文明道德的健康承传。从《诗经》的《七月》《伐檀》到杜甫的"三吏""三别",从孟老夫子的"民本"观到《捕蛇者说》作者的《封建论》,不都色泽鲜明地闪烁着这种文学传统和文明道德的灼熠光华?中国新文学的现代化可以在任一意义上包含着民族文化优良传统的因素,但现代化气息最浓郁、意味最深湛的则应是典型地表现现代人生活感兴和现代人生真谛的文学形态。从这个意义上说,创造社文学的现代化素质确实比新潮社、文学研究会胜出一等。创造社文学直接表现了现代社会生活中现代人的感兴情绪,包括郁达夫在《沉沦》系列乃至"于质夫"系列小说中暴露的情感病态和"凄切的孤单"等"零余"之感,包括郭沫若在《女神》中叫嚣的反抗、叛逆之声和在《残春》等作品中抒写的潜意识心理,包括成仿吾在《一个流浪人的新年》等小说中展示的现代人生普遍的悲剧感和失落感,甚至包括郁达夫、张资平等人创作中常常显露的对于既成道德秩序抑压不住的超越和反叛欲望,无论是亢奋热烈的还是灰冷感伤的,都是"五四"时代特定气氛下具有敏锐感知的现代青年所普遍领受或乐于认同的,正因如此,创造社文学才在产生之初形成了较大影响。许多人都乐于把"五四"时代精神与创造社文学表现的现代情绪、感兴直接联系起来,这也表明创造

---

① 闻一多:《〈女神〉之时代精神》,《创造周报》1923 年第 4 号。
② 郑伯奇:《忆创造社》,载饶鸿竞等编《创造社资料》下册,福建人民出版社 1985 年版,第 855 页。
③ 当时集聚在创造社刊物上的作家有:冯至、闻一多、梁实秋、徐志摩等,汪静之后来也声称湖畔诗社倾向于创造社。

社文学至少在现代化气息的强烈性和集中性上典型地体现了"五四"时代的风采；当然，创造社所开辟的昂扬着"五四"狂飙突进意气和个性主义现代气息的新文学传统，在其后几十年的历史进程中并未得到很好的继承和发扬，但这只能被看作是整个中国现代文学的缺失和遗憾，这种缺失和遗憾更明确地印证了创造社文学的巨大价值：正是它的历史性存在，才使得中国新文学的现代化在其发轫阶段显示着较为健全的态势；而中国新文学几十年来并不健全的现代化发展，又使得人们备感创造社文学传统已经成了最为稀缺的一种要素。

在中国新文学现代化的历史进程中，创造社文学既是不可或缺的因素，又是独树一帜、不可替代的成分。因此创造社作家据以进行创作的确曾是"五四"时代现代人的敏锐感知，且是不同于鲁迅式的现代感知。作为现代化文学的先决条件，作家的现代感知即是：以现代人的敏锐神经，对主体之于时代、社会、自然世界乃至宇宙时空的价值地位的自觉意识，对现代社会生活特性及其在人们心灵上的映射的艺术感悟，对自我主体、社会主体、民族主体乃至现代人类的心理情绪的激活要求。鲁迅的现代感知主要体现在社会主体、民族主体的理性自觉的价值追求上，他的文学选择旨在鞭策人心，让国人脱弃愚钝麻木而敏于自觉，由此，他的全部文学业绩使得他成就了一个冷峻而理性的现代感知者形象。创造社作家的现代感知则主要立足于自我主体，从自我强烈的情绪感受出发努力反映现代生活的脉搏与气息，表现现代人的心理感应与生命节律；这些脉搏、气息、心理感应和生命节律，在作品中的表现形态便是自我情绪、时代情绪和普遍的人类情绪，作为这种美学选择和文学倾向的理论表述，他们最为坚执也最为一致地强调情绪表现是文学的本质；因而，情绪表现不仅成了创造社文学统一倾向的概括，也成了它所具有的现代化品格的标识。

创造社最初成立于日本，对"五四"新文化运动的参与远没有新潮社乃至文学研究会那么直接，但却比后两者更典型、更强烈地表现出"五四"时代情绪和特定生活气息下现代人的心理感应，其原因即在于创造社作家在总体上比新潮社、文学研究会作家更富有现代性感知，而创造社作家最为擅长的情绪性现代感知甚至比鲁迅式的理性的现代感知更适合于传达时代情绪和现代生活氛围及其心理感应。这便是创造社作为"五四"新文学一股"异军"的现代化品格的基本体现。

情绪表现的创造社文学不仅能迅捷而强烈地反映"五四"时代精神和现代人的心理感应，而且也能真正唤起人们的现代感知，触动人们的现代神经，激活人们的现代情绪。新潮社和文学研究会作家在表现人生"问题"的思索和反映劳动人民"血和泪"的创作中，常把笔致停留在客观地摹写世相世态、有倾向性地描写人物命运上，这种文学表现方法当然没有过时，但也确实难以触动现代人的超负荷神经，难以唤起现代人强烈的情绪共鸣。创造社在文学表现的基本思路和基本方法上与鲁迅一样具有某种现代化追求的自觉意识，将笔锋刺破客观生活事象的表膜而深透到人的心理、神经层面，只不过创造社不像鲁迅那样热切地期待着"造成精神上的影响"，而只顾寻求情绪上的认同和共鸣。从诗学原理上考察，创造社的情绪表现倾向确实具有难以磨蚀的现代化意义。虽然情绪文学观并不属于现代化的特有命题，"缘情"一说甚至是中国古代文论史上的一个贯串性论点，但创造社作家不无夸张地把情绪看作"文学的本质"——"文学的本质是有节奏的情绪的世界"①，把情绪视为现代作家全部人格意义的具现——"艺术底发生，全在个人底情感"②，"文学始终是以情感为生命的，情感便是他的终始"③，甚至把情绪当成艺术与艺术家的绝对主宰——要求艺术家"作情绪底赤子"④，则完全改变了传统意义上的情绪价值观，赋予了文学情绪以全新的现代含义，将情绪与文学的本质直接联系起来，既反映了他们对文学本论和诗学原理的新型思维，也昭示着他们对生活与艺术的把握的现代体式。现代人对现代社会生活的审美认知往往是情绪型的，——诉诸直觉、印象、意识流和心理感应等非理性方面，于是在现代化的生活条件下形成了各种现代主义此起彼伏的文学态势；创造社作家未必能够深刻体验这种种现代情绪，而且中国现实文坛也无须乎一定得借助于非理性主义思潮促动现代化进程，但他们如此强调情绪，尊崇情绪，便与现代诗学方法形成了高度契合关系。

从创造社文学创作的主要文体——小说方面考察，也能确证其情绪表现倾向在文学表现方法论上的现代化意义。中国新文学在小说领域的现代化一开始便呈示出两方面的体征，"一方面是小说之于社会历史地位的价值确认"，即由将小说视为"街谈巷议"的"残丛小语"转而当作"维新""群治"的法宝和"为人生""改良这人生"的利器；"另一方面是小说对于主体审美表现的功能寻证"，即由将小说理解为"叙述杂事"转而确认为表现人的内心要求和情绪体验。创造社的情绪表现倾向体现着后一方面的内容，而中国新文学的初创阶段也主要是依靠了创造社文学才使这一方面的内容得以体现，又恰恰是这一突出地强调了文学主体人格价值的方面最能显示现代化的美学素质。创造社作家对此显然有着一定的自觉，否则就无法解释他们对情绪表现何以如此一致地强调不置。郁达夫曾援引过美国女作家爱迭斯·华东（Edith Wharton）的话说，小说现代化的"真正的开始"，"就是在把小说的动作从稠人广众的街巷间移转到了心理上去的这一点"⑤。心理上的"动作"当然包括创造社最为倾心的情绪因素，现代化的小说必须表现某种情绪因素，直接对文学现代化问题负责的现代美学理论就坚持认为，"一部成功的小说必然是成功地传达某种情感"⑥。

---

① 郭沫若：《文学的本质》，《郭沫若全集·文学编》第 15 卷，人民文学出版社 1990 年版，第 352 页。
② 王独清：《未来之艺术家》，《学艺》1922 年第 4 卷第 4 期。
③ 成仿吾：《诗之防御战》，《创造周报》1923 年第 1 号。
④ 王独清：《未来之艺术家》，《学艺》1922 年第 4 卷第 4 期。
⑤ 郁达夫：《郁达夫文集》第 6 卷，花城出版社等 1983 年版，第 108 页。郁达夫在文中称"近代小说的真正的开始……"这里的"近代"系当时他们对"现代"的通称，现依据华东的原文 Modern fiction 改为小说的"现代"化。
⑥ ［美］利昂·塞米利安：《现代小说美学》，宋协立译，陕西人民出版社 1987 年版，第 81 页。

二

既然创造社文学的情绪表现倾向是其现代化品格的体现与表露，则在此倾向下所做出的各种文学选择和所显示的各种文学风貌都获取了一定的现代化色彩，而在此倾向下其所具有的鲜明的创造气息、诸多的成熟形态和勃郁的发展势头都应视为中国新文学现代化的积极成果。

诚如其社名所示，创造社自诞生之日起就显扬着超绝不倚的创造气息，他们所矢志于体味的是创造者的"孤高""苦恼""狂欢""光耀"①。这种态度和气派很容易令人联想到浪漫主义的丰致，于是浪漫主义的封号一直伴随着这个几度成为热门话题的文学社团，或者作为誉称，或者作为恶谥。其实，创造社的创造气概完全表现在对情绪的尊崇与张扬上，创造社文学之所本并不是浪漫主义或别的什么主义，而是超越于各种主义规范之上的情绪；浪漫主义及其他主义（如新浪漫主义等）至多是在其文学主张和文学创作中所涵容着的种种成分和色彩而已。② 创造社文学的现代化品格也从不依傍于各种现代主义或新浪漫主义，这倒并不是因为他们怎么明确现代化不等于现代主义化的道理，而是因为他们只是要凭借现代情绪感受从事现代艺术创造，根本不愿意、也不屑于拘牵于任何一种"主义"。显然，创造社是从其主要成员作为弱国子民在国外所感受的现代人生的苦闷、忧郁和困惑的情绪世界走上现代化文学之路的，他们对所接触的西方新浪漫主义和现代主义文学自有着独到的会心和深切的感悟，于是他们还一度表露过对于表现主义的"共感"，研究过未来主义的"诗约"，甚至进行过象征主义的戏剧、未来主义诗歌和意识流小说的创作尝试，但这些至多只是从一定的色彩和一定的方面浓化、强化了创造社文学的现代化品格，而绝不足以取代乃至冲淡创造社从表现情绪出发进行超越"主义"的"创造"的文学倾向。郭沫若在创造社酝酿之初曾构想过用一种"主义"作为社旨方针，甚至雄心勃勃地选择了新浪漫主义③，但他自己从理论到实践都没有付诸落实，更不用说作为整个社团的规约了。当创造社作家认定了文学的情绪本质和主体情绪表现的绝对价值时，当他们把情绪表现倾向与文学的现代化发展直接联系起来时，他们立刻从理论上辩明了对各种"主义"实施创造性超越的必要性，——郑伯奇当时就明确表述道："为使后进的中国文坛发达（即谓为促进中国新文学的现代化——引者释），我们宜兼收并蓄，更

---

① 创造社的"创造"名目，除了"创作"含义而外，更涵有"创造"的本义。见郭沫若为《创造》季刊写的卷头诗《创造者》。
② 创造社一直被称作浪漫主义文学社团，但这一历史悠久的观点远不能形成定论。参见拙作《评创造社研究的浪漫主义体系》，《扬州师院学报（社会科学版）》1990年第1期。
③ 陶晶孙：《记创造社》，《牛骨集》，太平书局1944年版，第147页。

不能去做一主义的运动来自画。"①"兼收并蓄"一词分明可以视作对于"五四"现代精神的一种回应与唱和，它向人们明白展示了创造社不甘拘守于某种或某些"主义"的开放意识和创造气度。确实，人们尽可以对创造社做这样那样的"主义"式的分析与定性，正像现代文学研究界长期以来最感兴趣也最为擅长的那样，可我们终究会觉得，无论哪一两种"主义"都难以规约创造社文学的现代化追求，创造社文学的情绪表现倾向及此倾向下的创造气息本质上并不属于任何"主义"式的理性教条。

创造社依凭着情绪表现的巨翅，不仅实现了对各种主义的超越，而且也实现了对许多既定艺术形式的超越，这些超越的努力本身即透溢着逼人的现代创造气息。由于情绪的强烈冲动及其表现的绝对要求占据着其文学观念的支配地位，创造社几乎忽略了一切技巧和形式的讲求：叙述的散漫芜杂，结构的随"情"所欲，是人们对之每常加以诟病的方面，而对文体形式的毫不介意和对一般文学规矩的漫不经心则使它的创作显示出令人羡艳的自由风采。《沉沦》《漂流三部曲》系列作品和《残春》《一个流浪人的新年》等几度被人们称为浪漫主义小说，有时也被称为自我小说、身边小说、抒情小说等。无论被冠以怎样的称谓，它们那种作为小说形态特征的情绪表现性已得到了人们的普遍关注，而且这种小说形态的非传统性和现代化特质也已得到了人们的确认，现当代许多作家在追求小说表现和叙述方法的现代性时，所做的努力乃程度不同地皆受到了创造社文学的鼓舞和激励。这是中国现代新概念小说②的滥觞。这种小说表现的主题常常不是"思想"，更不必说深刻的理性，而是一种情绪，一种现代人在现代生活秩序中所敏锐感受得到的现代情绪；它的题材也不再是狭义的"社会生活"，正如车尔尼雪夫斯基所说，"我们所理解的现实生活不单是人对客观世界中的对象和事物的关系，而且也是人的内心生活"③。当然包括幽微的心理世界内的各个角落，包括情绪体验，故创造社文学的题材从来都是贮满情绪并任情绪所之、不加剪裁不事构组的"内心生活"，于是作品的体裁便自然趋向于散文化，有些作品甚至就彻底泯却了小说与散文的文体区别，郁达夫将他的《青烟》便直接标示为"幻想"，想来他也无法、或许也不想断定这一作品到底该算小说还是散文；随之，小说中的人物失去了"自主权"，而径直成为作家情绪疏泄的傀儡和表现的工具，情节的客观性也为作家情绪表现的主观性所冲淡；总之，原本意义上的小说的各种文体特征都在情绪表现的硬性要求下做了软性变形并呈弱化趋势。所有这些变化的方面都是对文学情绪表现的主体性因素绝端强调的结果，因而都展示着某种现代创造精神和文学现代化的特定风采。未必这些方面都是美的甚至合理的，文学的现代化与文学创

---

① 郑伯奇：《国民文学论》（下），《创造周报》1924 年第 35 号。
② 关于"新概念小说"的概念，参见拙著《酒神的灵光：文学情绪论》，延边大学出版社 1991 年版，第 7 章第 2 节。
③ ［俄］车尔尼雪夫斯基：《生活与美学》，周扬译，人民文学出版社 1957 年版，第 101 页。

作的美化、合理化远不是一回事。从文艺美学的规则去评论创造社文学的优劣并不是十分困难的，不过，创造社的文学，特别是如上所说的小说创作，即使被认为不符合审美要求，也无妨于我们对其现代化形态与风采的价值确认，其道理正类似于现代化的事物未必在所有人的价值观念中都能获得承认。

严格地说，创造社最不屑于接受现成的文学规范，为了情绪表现的本真和本真情绪的表现，他们矢志于超越各种"主义"美学，致力于超越各种形式、形态，强调的是"从商品化、奴隶化的今日艺术求我们的真正的艺术的解放"①，追求的是"自由不羁地创造些新的形式"②。虽然他们自己也无法说清应该创造的新形式究竟会是什么样的，正像他们仅凭现代情绪和现代感知并不能确知什么是现代化文学形态一样，但他们到底还是凭着超越的气度和创造的精神把原本秩序井然的文学世界的理性范式搅得混沌一片，在此基础上建立了情绪表现的有序框架；他们的诗作、他们的批评，尤其是他们的小说和散文，主动解除了形式分析和文体分析的各种可能依据，成了除情绪强调、情绪抒发和情绪表现而外几乎什么都不是的文学样式，一种气势逼人、风格特异的"'创造'文体"。尤为可贵的是，创造社作家虽不明确现代化文学形态和自己应创造的新形式究竟如何，但并没有一任情绪纵横决荡而不负美学上的责任，对于情绪表现的合理模式和现代美学尺度还是做出了某种探索的努力。当有人指责郭沫若的《残春》缺少小说必须具备的 Climax（高潮）的时候，成仿吾挺身而出，认定以情绪表现为旨趣的现代小说原不必须要什么情节的高潮，情绪自身也不需要一个制高点：如果有一个情节的高潮或情绪的制高点，其后的内容便自然会成为"有害无益的蛇足"，"所以与其有一个有害的最高点，我们宁可欢迎没有最高点的文艺"，没有最高点的作品才意味着情绪只会"与内容渐增，没有减少的时候"③。与此相一致，成仿吾还提出了情绪与生活材料应有合理比值的问题，重申"情绪不可不与内容并长"："叙述的事实过多，最易流于庸俗；事实所引起的情绪过浓，亦每陷于感伤主义。"④ 这些理论其实可以看作创造社对文学现代化形态的一种阐解，不论其实践价值如何，都反映了创造社作家对现代化文学品格的成熟性思考的努力与趋向。

确实，创造社文学的现代化意义并不只在于其大胆的开拓和不羁的创造精神，倘光开拓、创造而不顾寻求果实的成熟，那是熊瞎子掰苞米式的开拓，并不能真正显示其现代化品格和对于中国新文学现代化的实际促动作用。创造社从现代情绪的表现要求出发，并凭借着现代情绪的自由、超越性能，轻易地越过了"五四"文学革命者为之进行过艰苦卓绝斗争的"白话文学为正宗"的阶段，也迅捷地脱却了"五四"

---

① 王独清：《编辑后记》，《创造月刊》1928 年第 2 卷第 1 期。
② 成仿吾：《诗之防御战》，《创造周报》1923 年第 1 号。
③ 成仿吾：《〈残春〉的批评》，《创造》季刊 1923 年第 1 卷第 4 期。
④ 成仿吾：《写实主义与庸俗主义》，《创造周报》1923 年第 5 号。

新文化运动清算民族文化传统的思想包袱。在文学的口语化、民族化这两个方面为新文学走向现代化提供了成熟的标本。由于创造社偏执于情绪自然流露的强调,甚至咬定诗是"写"出来的而不是"做"出来的,① 他们的文学创作在语言运用上便显得毫无顾忌,直接实现了文学革命家视同理想的"话怎么说,就怎么写";正是他们的诗作、散文和小说,把白话在文学上的运用真正推向了成熟,从而为"五四"先贤矢志以求的语言工具现代化运动作出了成熟的贡献。另一方面,创造社作家在追求现代化的审美境界时,十分注重在古代文化遗产中寄托现代情绪,从而使现代情绪的表现能洽合民族化的审美心理。无疑,这是对中国新文学的现代化提出了一个崭新的课题。现代化在一定意义上就是世界化,中国文学的现代化就是在某种程度上走向世界文学,这一过程固然包括对传统文学陈陈相因之惰性的蝉蜕,包括对世界进步文学潮流的趋骛,也包括对本民族文学优良传统的继承与发挥。"五四"时期,鲁迅、周作人等便已明白了越是地方的(民族的)越容易成为世界的,这就体现了在民族化基础上实现现代化的成熟的理论取向。创造社在那个时代可以说是最旗帜鲜明地对民族文学传统回眸顾盼的,因为彼时一般作家还沉浸在"五四"清算古典、传统的气氛中。创造社作家依然以现代人特有的开放精神、创造气息和超然情感,追怀着古老民族"年青时候"的新鲜、甘美、光华、欢爱,爱慕着"泛神论者"的庄子和楚国的骚豪、唐代的诗宗,崇尚着温飞卿、杜樊川、厉鹗、黄仲则的诗风情调,既使现代情绪融汇了古朴的风采,又使现代化的情绪表现深扎在长期形成的民族化审美意识基础之中。确实,创造社文学在洋溢着现代人体验的孤冷情绪的同时又显得古风氤氲,呈示出民族化与现代化相结合的某种成熟态势:在郭沫若、王独清的诗作和郁达夫、倪贻德的小说中,我们常有机会看到作者对古意的直接取法;许多作品既得现代情感勃兴之势,兼具现代语言流畅之利,更受古典诗心启悟之功,其情其绪便显得韵味深匦,意趣无穷,诸如"你赠我幽辉半床,我报你冰雪之心"(王独清:《月》),"青天为被,白云为褥,渔舟为床,……忘形于一切的有象无象"(王珏:《泊黄山港外》),等等。

创造社文学鲜明的现代化品格还体现在,伴随着创造的意气和成熟的追求,呈示出勃郁发展的意向。这种发展当然须反映社会时代前进的现代化步伐,任何对于社会时代的变化反应迟钝乃至缺乏感应的文学绝对算不上是开放型的,更称不上是现代化的。创造社文学在"五四"新文学中并不以表现广阔的社会现实内容为突出之点,但却能算得上对社会现实动荡变化的最敏锐最迅捷的反映者,这同样与它的情绪性品质密切相关。现代化的生活正需要通过现代人的情绪体察才能得到最直接最本真的表现,因为"现代人的生活已抛弃了以前曾经一度是大有可为的形式而另寻途径了。生活由于不断的运动越来越朝着变化不定的方向发展,……在我们这个时代的生活

---

① 郭沫若:《曼衍言》,《创造》季刊 1923 年第 1 卷第 2 期。

中，人的行动缺乏通常的动机和公认的意义，一些前所未有的感情出现了……"① 虽然中国二十年代的社会生活还远未达到这样的现代化程度，可变幻莫测的时代风云确实容易令人产生迷惑之感，从中产生的"前所未有"的现代情感必须以情绪表现的文学形态去把握，于是，创造社文学又在伴随时代发展这一方面领尽了风骚，尽显其现代化的品格。敏锐的情绪感受使创造社作家在某种意义上成了具有时代洞察力和社会预言力的诗人，他们以诗人的情绪感应力体察到蕴涵于社会、民众之中的深刻现实和沉潜动态，从而使文学获得了浓郁的现代感和激活力；他们一开始就不是从鲁迅式的理性启悟或茅盾式的经济社会学的概念世界出发的，富有现代感和激活力的情绪感触决定了他们对现代社会发展脉搏的把握纤致入微，于是，他们可以比任何现代作家都更早更迅速地进入"方向转换"，从而在时代发展的浪潮中保持其文学的现代化成色。正是在这种意义上，郭沫若凭着他那朴素的"劳工神圣"观念，便能在一个平凡的"上海的早晨"，感念到急匆匆"赴工"的男女工人不会白白付出他们的"血汗与生命"，感受到他们之中"终会有剧烈的火山爆喷"，而这时还只是1923年！② 其时他高呼"反抗资本主义的毒龙"，"要在文学之中暴发出无产阶级的精神"，并不意味着他真的获得了无产阶级世界观，而只是因为他切实感受到了畸形的资本主义是压抑人性与个性的。无产阶级的精神可以体现"精赤裸裸的人性"③，这在政治上似乎是一种遗憾，可却真实可信地表露了创造社作家现代生活感兴和情绪的嬗变脉络，使创造社文学乃至整个新文学后来的方向转换获得了切切实实的现代化发展意味。

凭着健全、成熟而激活的现代化文学品格，创造社不仅为"五四"文学提供了新的现代化因素，而且也为新文学的现代化开辟了新的契机与前景。对于中国新文学而言，随着社会生活的发展变化而转向于无产阶级情绪、要求的表现，既是对"五四"新文化传统的一种发展性继承，也是"五四"新文学走向现代化的一个必然路径：创造社率先走上了这一路径并对其他新文学团体和作家起到了有力的影响和逼促作用，这是其对新文学现代化所作出的难以磨灭的贡献。确实，新文学的方向转换固然反映着某种历史的必然性，但与创造社的促动作用大有关系，即连鲁迅对革命文学的接受和对左翼文学运动的参加，也与创造社的"挤逼"分不开，这是鲁迅自己主动承认的事实。

创造社以如此凌厉磅礴的创造气息和发展成就了一个具有现代化文学品格的团体形象，从而在整个现代文学史上占据着十分重要的地位：二十年代一度是创造社与文学研究会争雄分垒的时代；三十年代文学主流则可以视为创造社开创的革命文学事业

---

① ［法］娜塔莉·萨罗特：《怀疑的时代》，林青译，《外国文艺》1980年第6期。
② 郭沫若：《上海的清晨》，《创造周报》1923年第2号。
③ 郭沫若：《我们的文学新运动》，《创造周报》1923年第3号。

的蓬勃发展,动乱不堪的四十年代犹曾出现过"流行谈创造社"的情形。①

三

创造社文学的现代化品格当然与创造社处身其中的那个时代的文化、审美要求有着相当密切的联系,但从根本的内因方面考察,则是创造社作家的现代化文学素质的必然展露。这种现代化文学素质既包含着某种哲学观念基础,又体现着一定的现代生活体验,还显示着相应的现代艺术趣尚。

创造社作家之所以比新文学建设之初的任何其他作家都重视情绪感受、情绪刺激和情绪表现,在相当重要的意义上是因为他们依据的是生命哲学基础而不是社会哲学观念。当鲁迅在深刻思考中国的国民性与社会变革的出路问题时,当文学研究会作家在紧张考察社会血泪和人生究竟时,创造社作家却沉溺于内在生命及其情绪感兴的审美体验和表现之中,把"一切的艺术"都理解作"生命的艺术",要求文学表现"最深的'生命的现象'"和"最深的'生命'的冲动"②。这种生命哲学的讲求看来与柏格森、叔本华学说的影响有着十分密切的联系,至少直接体现着梅特林克等人的审美价值观,只不过没有那么神秘幽深、玄虚诡奥。创造社作家往往是在概念乃至措辞上更热衷于"生命""宇宙""意志"等富于情绪刺激力的用语,实际上则最不耐心于玄思这类哲学命题;他们热衷于提出这些命题,其最现实的价值指向乃在于强调主体情绪的本真和艺术对情绪的表现性能,这又正是创造社文学现代化品格及其不可替代特性的体现。

说创造社作家的文学观念基于一种生命哲学,显然带着极而言之的意味。他们以这种哲学观念为张本,把自己最感兴趣的情绪表现纳入了生命体验和生命本能的意识系统之中,从那里获得了理论上的某种安全感以便于在最大限度上使文学主体的情绪得到解放。于是,他们可以信誓旦旦地把情绪表现阐释为生命之泉的琮琤,有如"命泉中流出来的 Strain,心琴上弹出来的 Melody,生底颤动,灵底喊叫……"③。于是,他们可以放任情绪表现坦率直白的风格,从而使创造社文学典型地体现出上文析示的现代化风采。在生命哲学的观念底气作用下,创造社往往更加理直气壮地一任情绪所之,突破既定的规范和章法,无论在现实把握上还是在审美把握上。创造社不仅大胆地表现《沉沦》式的"求爱的心"或"爱的要求",而且真率地肯定了滕固《壁画》《石像的复活》式的欲的本能,甚至露骨地描写了郁达夫《茫茫夜》、黄慎之《他》式的变态性欲和同性恋心理,因为他们坚信这些都是人的生命价值、生命

---

① 陶晶孙:《记创造社》,《牛骨集》,太平书局1944年版,第155页。
② 成仿吾:《一个流浪人的新年》附"自语",《创造》季刊1923年第1卷第1期。
③ 郭沫若:《曼衍言》,《创造》季刊1923年第1卷第1期。

冲动和生命要求的体现，代表着内心情绪的本真原态，应得到承认和表现，而不必挂碍于道德的指斥与规劝；这实际上又反映了道德观念乃至社会生活观念上的现代色调和现代意味。创造社作家还把个性情绪表现的坚执性表述为"永远求生命的意志之表现"①，这样，他们常常肆无忌惮地夸大自己的情绪体验和情绪感受，不顾各种合理的或非合理的文学纪律、美学章法的约束，于是"泪浪滔滔"之类的夸张便变得比什么都理直气壮。②

在创造社文学创作中，"泪浪滔滔"的现象是比较普遍的，这除了他们在生命哲学的阐解中自觉得"有恃无恐"而外，根子更在于创造社作家普遍具有苦闷、哀伤的生命体验。他们的苦闷、哀伤虽与现实社会中的孤独感和挫折感密切相关，但在更多的意义上，则应理解为现代人悲剧性的生命体验的内容；迥然不同于传统感伤文学的感时忧世，而包含着较为深邃、较具质感的现代化规定性。具体地说，创造社作家作为现代人的生命体验包容着内外两向度的悲剧性内涵：内向度的生命体验是对生命形态、存在与宇宙的内视及其产生的情绪感兴，外向度的生命体验则是对现代社会生活的种种感受，二者往往都呈现出悲剧性色调，类似于厨川白村的《苦闷的象征》中所说的"人间苦"的体验。

具有现代感知的人在内生命的体验中必然联想到宇宙，因为宇宙是时空概念的具象和抽象的织品，赋有主体意识的现代人在确认生命本体及其存在意义时势必要认知其时空规定性，而宇宙意识的浩茫无征又难免使这种认知的企图成为永无结果的败花，于是神秘而空茫的宇宙给他们带来了难以抵御的诱惑，随之也带来了悲剧性的情绪体验。创造社作家就是在这种意义上追求"宇宙的实感"的，同时他们果然体味到了"宇宙的核心是悲哀，是寂寞"③：在一首题为"雨后"的诗中，郭沫若喻解道："雨后的宇宙，好象泪洗过的良心！"显然，对宇宙核心的悲哀体验恰恰反映了现代人生命体验的情绪印象，宇宙自身是无法呈示其悲哀的。

生命的悲剧性体验和宇宙的悲哀，对于创造社作家而言绝不是玄幽空幻的，而是实实在在、难以摆脱的情绪现实，是社会生活中情绪感受的印刻与折射的结果，这是差不多所有具有现代感知的人的共同感受：广漠而无可索证的悲悒情绪，没来由的痛苦和躁灼，说不出的苦闷与惆怅，由于缺乏具体的对象性和缘故，这就成了我们通常所称的现代情绪，从大的方面说，乃是内外两向度的生命体验的情绪整合体。当创造社作家深切地体验到不可名状、无可奈何、莫名其妙、难明来由的苦闷、哀伤情绪并努力诉诸文学表现的时候，他们即已从生命的视孔窥见现代人孤独与烦恼感受的一定必然性，便倾向于夸饰这种现代情绪，遂在文学创作中形成了一种风尚。郁达夫曾惊

---

① 成仿吾：《批评与同情》，《创造周报》1923年第13号。
② 郭沫若一首诗中用了"泪浪滔滔"形容自己的感伤悲怀，遭到了徐志摩的非议，郭沫若、成仿吾等立即著文予以反驳。
③ 郭沫若：《曼衍言》，《创造》季刊1923年第1卷第2期。

奇地发现自己的悲苦、烦恼是"说不出所以然来"的:"我不晓得为什么我会这样的苦闷,这样的无聊!"①邓均吾则创作了大量的诗作表现这种莫名的悲苦,连后来成为共产党领袖的张闻天也在创造社刊物上发表"人生根本是无聊的"这样的见解,②似与郁达夫在相对应答。成仿吾明确地把这种体验和感受阐解为现代情绪,进而认为表现这种现代情绪是文学现代化的要求。他在批评冰心的《超人》时指出,"只是怀疑与苦闷,什么也不能肯定",甚至也谈不上否定,乃是"近代人"精神痛苦的根由——照例,这里的"近代人"就是指现代人。③在他的主观性极强的理解中,王统照的《一叶》一度表现出了"在运命掌中辗转的人类之无可奈何的悲哀",对此,他自然大加赞赏。④

　　生命的悲剧、宇宙的悲哀,以及现代人生莫名的悲苦,既是理性悟解的发现,更是情绪体验的结果。最善于对人生万象做情绪把握的创造社作家,对这类现代情绪的体验最为顺理成章,其现代情绪的感受最为深切,其文学表现也就最容易获得现代化风采。这里确实体现了创造社作家特具的一种现代化素质。或许真如创造社作家在方向转换之初所觉悟到的那样,这种种莫名的悲苦衷感是"怆聚"在个人主义"囚牢"里的消极后果,一旦他们走向兵间、民间,投身到革命的漩涡,这种灰冷情绪就会被有效地克服。问题当然不像如此简单。创造社热衷于提倡和表现的现代情绪虽带着强烈的个人性,可更反映着较为普遍的现代人的生命体验和现代感知,是每一个具有敏锐的生存意识和宇宙意识的现代人都能感受或都乐于认同的。凭着这种现代情绪,创造社作家对现实生活的把握常常既充满着现代化色泽又显得独特别致。在"五四"新文学的最初阵营中,谁也没有像创造社这样强烈地刻画过作为现代流浪者的"离人的孤冷的情怀"⑤,谁也没有像创造社这样集中展示过现代流浪者的生活,而郁达夫、郭沫若、成仿吾、王独清、田汉、倪贻德、周全平、敬隐渔等几乎所有的创造社作家,都经常地、甚至主要是描写现代流浪者的形象,表现现代流浪者的孤冷情绪;这既是他们的生活状态、生存形式的客观写照,又是他们之于社会现实关系的真切感兴,这种感兴契合并映射着现代人之于宇宙时空关系的情绪感兴,故显得深刻而有现代性光泽。要之,流浪可以说是现代人不安定灵魂状态的一种现实感应,现代人于宇宙时空、于生命、"存在"过程及于现代生活中普遍感受的失落、无助、孤冷、悲哀,正体现为典型的现代流浪者心态。因此,创造社作家自己的人生经验和心灵历程虽然都足以使他们无愧于真正的流浪者称号,但他们并不满足于一般地再现流浪生活和一般地谱唱流浪者的哀歌,而是更热衷于描写流浪

---

① 郁达夫:《一封信》,《东方杂志》1924 年第 21 卷第 2 期。
② 张闻天:《通信》(致郁达夫),《创造》季刊 1923 年第 1 卷第 4 期。
③ 成仿吾:《评冰心女士的〈超人〉》,《创造》季刊 1923 年第 1 卷第 4 期。
④ 成仿吾:《〈一叶〉的评论》,《创造》季刊 1923 年第 2 卷第 1 期。
⑤ 郁达夫:《一个流浪人的新年》附言,《创造》季刊 1923 年第 1 卷第 1 期。

所寓涵的现代意味，其情绪形态便是：莫名的苦闷哀伤，不顾一切的灵魂冒险，以及追求生命的幽栖与燃烧。创造社文学所呈现出来的基本情绪色调和情绪发展矢向，包括感伤与忧郁、孤苦与颓丧、叛逆与反抗、消沉与热烈、乞求安慰同情与实现方向转换，等等，无不可以从这种现代流浪心态和现代情绪中求得解释。在文学的王国里，流浪者是一个非常古老的臣民，无论是西方的流浪汉小说还是中国的游子吟诗歌都能作证；而创造社作家凭借生命体验和现代生活感兴，努力挖掘现代流浪生活所寓涵的现代情绪内蕴，从一个独特的角度把握住了现代人生的某种本质方面和现代人的某种本质感受，其意义便不仅在于使古老的题材焕发了新的生命，更在于使现代人生的文学表现真正充盈着现代化风貌。

由于创造社作家的生命哲学基础与现代主义者的思想基础有着明显的同源或交叉关系，创造社作家久居国外的生活经验和在开放的现代文化氛围中养成的艺术趣味又使他们对现代主义文学有着深刻的会心，因而他们对广泛意义上的现代主义文学手法多有把握，这又在技术层面上显示了创造社作家的现代化文学素质，也是创造社文学所以能呈现出鲜活的现代化风采的直接原因。

创造社带着情绪表现的冲动性要求步入文坛，首先在"五四"文坛上闯荡出了一片集中抒写心理情绪的净地；而心理情绪描写的注重，既反映了文学叙述方法的现代化要求（诚如上文所说，现代化的笔触便是"从稠人广众的街巷间移转到了心理上去"），也是自象征主义以降的泛现代派最为统一的倾向。毫无疑问，心理情绪的表现是中国新文学现代化框架中的必然构件。创造社虽然不是新文学史上最早运用心理情绪表现法的，但却是最努力乃至最全面地尝试这种基本的现代艺术技法的，成就也最为集中最为突出：且不必说陶晶孙《黑衣人》等剧作所表现的象征主义神秘幽深，也不用说王独清及后来的冯乃超、穆木天诗歌创作所具有的象征主义的阴冷奇崛，更不须说田汉、郁达夫、滕固的创作所呈示出来的唯美主义幽微享乐情调，以及成仿吾《深林的月夜》等充满表现主义意象变形色彩的作品，单说郭沫若所写的很经得起精神分析学阐解的小说如《残春》等，便足以见得创造社在心理情绪表现方面的现代化文学素质之全面、纯正，这些在文学史上无疑是最早成熟的现代风格的作品，以其色彩斑斓和歧异纷繁装点着中国现代文苑的第一重门楣，使得中国新文学平添了几分现代化的基色。

心理情绪表现的现代艺术手法还反映了创造社作家具有某种现代化的文学观念，即不再把文学简单地视为客观生活的映射与写照，而认为文学表现的基本对象应是人的内心生活（诚如上引车尔尼雪夫斯基所言）和心理情绪，并且确认现代人的心理情绪很需要现代化的艺术表现法。郭沫若认识到"真正的文艺是极丰富的生活由纯粹的精神作用所升华过的一个象征世界"[1]，于是以心理情绪表现为基础的象征主义、

---

[1] 郭沫若：《批评与梦》，《创造》季刊1923年第2卷第1期。

表现主义和精神分析方法的运用对于他们来说是势在必行的。创造社作家深切感受和体验到的心理情绪，由于充满着现代人生幽微眇昧的苦味之杯乃至生命、存在意识中的悲剧意味，难以借助一般浪漫的或写实的手法做淋漓尽致的表现，遂呼唤着现代艺术手法和现代艺术精神，故此郑伯奇有言："象征派诸人的思想，实可以应我们心坎深处的要求。"① 这表明创造社文学的现代表现手法——象征主义、表现主义方法等，不是浮掠于内容表层面的文饰，而是与内容密切相关并具有深厚质感的现代化成果，体现着创造社作家较全面的现代化文学素质。当然，作为时刻不愿放弃主体性武装的现代文学家，创造社同人对泛现代派艺术并没有全盘接受的意思，对其中不适合现代中国人和现实社会要求的心理情绪内容有着本原而强烈的防范；在创造社中比任何人都专注于创作象征主义诗歌的穆木天就曾表示："象征主义的手法，我们是可以相当地应用的，但我们不能作一个颓废的象征主义者。"② 这话是后来说的，但反映了创造社文学的一般情形。也许正因为创造社作家始终存有这样的或类似的自觉，他们的文学才既体现着鲜明的现代化特征，又与"五四"新文学母体紧密联系在一起，从而，以其较为健康的现代化素质有效地启动和部分地体现了中国新文学的现代化。

创造社文学的现代化品格对于中国新文学现代化的某种启动意义，在这样的文学史情形中体现得更为彰明较著：现代中国文学史上任何一种现代派倾向的作品，都在创造社文学中初具雏形。象征主义、表现主义、唯美主义和心理主义等自不必说，即连三十年代兴起的新感觉主义也可以在创造社文学的镜像中映照出其面影。邓均吾发表于《创造》季刊第二卷第一期上的诗歌《白鸥》，别出心裁地运用了听觉感应及其变形联想，带着秾丽的感觉派色调，曾被一些不通现代艺术的人嘲骂为"木头的噪响"，可得到了成仿吾的有力支持，认为"全凭着听觉在做骨子"正是本诗的妙处③，这实际上便是对感觉派艺术的首肯与呼唤。邓均吾确实善于运用现代感觉效应曲折地表现心理情绪，有时结合以表现主义的变形手法，使诗歌呈示出新感觉主义的诡谲奇崛的色彩感，例如在《幽默之苦》一诗中，他轻笔绘写出了"紫血般可怕的太阳"。创造社另一位同人何畏也极善于铺写感觉和直觉，他那篇极富印象主义色彩的《上海幻想曲》在感觉、直觉的大胆、迅捷而跃动的表现方面并不比十年之后穆时英的都市描写逊色，故陶晶孙后来称此篇是"很痛快的"散文，是一篇"奇妙文章"。④

中国新文学的现代化当然远不等于现代主义化，但现代主义艺术方法无疑是新文学现代化彩锦上所应具或必有的光点与色块；创造社当然不是现代主义文学团体，但

---

① 郑伯奇：《代序》，《鲁森堡之一夜》，泰东图书局1928年版，第13页。
② 穆木天：《我主张多学习》，郑振铎、傅东华编《我与文学》，生活书店1934年版，第319页。
③ 成仿吾：《评〈创造二卷一号创作评〉》，《创造周报》1923年第9号。
④ 陶晶孙：《记创造社》，《牛骨集》，太平书局1944年版，第151页。

它在新文学初创时期就呈献出如此密集的现代艺术光点和如此鲜丽的现代美学色块，对中国新文学现代化的贡献仅此一端便属显而易见。

（原载《文学评论》1992年第6期）

"打架","杀开了一条血路"
——重评创造社"异军苍头突起"

刘 纳

关于本文的题目

"打架"一词出自成仿吾写于1922年11月、发表于《创造》季刊第1卷第4期的《创造社与文学研究会》。成仿吾写道:"文学研究会的那一部分人,所以拼死拼命地与我们打架的原因,一是因为田寿昌没有理他们,所以疑及我们的全体,二是文学研究会成立的时候,气焰正盛,一见我们没有理会他们,很觉得我们是一些大胆的狂徒,无聊的闯入者,就想等我们把头现出来,要加我们以凶狠的猛击。我们对于这种天外飞来的奇冤与无故相加的狂暴,据我一个人的意思,实在没有值得去理会的价值;不过郁达夫或者实在忍不下去,才开始了我们的防御工事;而我们的行为,始终是防御的——正当的防御的。以后他们的攻击一天天加劲起来,达夫才有时候取了攻势的防御。本来防御是很正当的事情,而且在这种暗无天日的社会里,我们若不出来主张自己,盲目的人们,说不定真的把我们当做了劣败者……"成仿吾把创造同人说成"打架"中的"防御者",实在是强词夺理。他们明明是主动挑起"打架"的,这在本文中将要说到。

"杀开了一条血路"引自瞿秋白1935年5月在汀州狱中致郭沫若的信。在生命的最后时日,瞿秋白将"杀""血路"这样森然可怖而又壮烈可泣的字眼用于写作与文坛论争,会对我们理解五四以后现代文学的进程提供某种启示和暗示。

"异军苍头突起"出于郭沫若写于1946年3月的《论郁达夫》。在此之前,1930年初郭沫若已经在《文学革命之回顾》中说道:"创造社这个团体一般是称为异军特起的",并对"异军特起"的背景作了解释:"因为这个团体的初期的主要分子如郭,郁,成,张对于《新青年》时代的文学革命运动都不曾参加,和那时代的一批启蒙家如陈,胡,刘,钱,周都没有师生或朋友的关系。……他们的运动在文学革命暴发期中又算到了第二个阶段。""一般投机的文学家或者操纵家正在旁若无人兴高采烈的时候,突然由本阵营内起了一支异军,要严整本阵营的部曲,于是群议哗然,而创造社的几位分子便成了异端。"

锋芒毕露的亮相

1921年9月29日、30日两天的上海《时事新报》上,出现了一份措辞激烈、锋芒毕露的《纯文学季刊〈创造〉出版预告》:

> 自文化运动发生后,我国新文艺为一二偶像所垄断,以致艺术之新兴气运,澌灭将尽。创造社同人奋然兴起打破社会因袭,主张艺术独立,愿与天下之无名作家共兴起而造成中国未来之国民文学。

一份简短的"预告"实际上已经确立了创造社的异端形象——其时距《创造》季刊的出版尚有半年多,可谓未见其人,已闻其声。"预告"的文字出自郁达夫之手,它得到了当时在日本的郭沫若的激赏,郭致信郁说:"我见了'预告'之后,于感得快意的里面,同时增添了无限的责任心。我们旗鼓既张,当然要奋斗到底。"①"预告"只是"打架"的信号,待《创造》季刊创刊号问世,则充分显示了这一文学集体的骂派性格。

出来骂阵的主将仍是郁达夫,他的《艺文私见》后一部分几乎可视为"打架"的挑战书,他先是泛泛地骂"新旧文艺闹作了一团,鬼怪横行,无奇不有"。接着缩小了攻击范围,专骂"假批评家"。他说,像勃兰兑斯那样的外国大批评家,"无论哪一个,能生一个在我们目下的中国。我恐怕现在那些在新闻杂志上主持文艺的假批评家,都要到清水粪坑里去和蛆虫争食物去。那些被他们压下的天才,都要从地狱里升到子午白羊宫里去呢!"同期《创造》季刊还发表了郭沫若的通信《海外飞鸿》,其中第二封信先改译了两首歌德诗,批评了国内新文学译者的不负责任,然后笔锋一转,也抨击起"批评家"来:

> 我国的批评家——或许可以说是没有——也太无聊,党同伐异的劣等精神,和卑劣的政客者流不相上下,是自家人的做作译品,或出版物,总是极力捧场,简直视文艺批评为广告用具;团体外的作品或与他们偏颇的先见不相契合的作品,便一概加以冷遇而不理。他们爱以死板的主义规范活体的人心,什么自然主义啦,什么人道主义啦,要拿一种主义来整齐天下的作家,简直可以说是狂妄了。我们可以各人自己表张一种主义,我们更可以批评某某作家的态度是属于何种主义,但是不能以某种主义来绳人,这太蔑视作家的个性,简直是专擅君主的态度了。

---

① 《郭沫若致郁达夫信》,《创造》季刊1923年第1卷第1期。

接着，郭沫若又表明自己的批评态度："不要匿名，不要怕事，不要顾情面，不要放暗箭，我们要大胆虚心佛情铁面，堂堂正正地做个投炸弹的健儿！""投炸弹"的比喻无比清晰地传达了郭沫若将批评视作战斗的亢奋心态。

郁达夫的《艺文私见》和郭沫若的《海外飞鸿》都没有点被抨击者的名，而文学研究会方面首先由沈雁冰以"损"的笔名出来应战是极合情理的事——谁都知道他就是主要被骂者。于是便有了发表在《文学旬刊》第37期（1922年5月11日出版，距《创造》季刊创刊号的发行仅十天）的《〈创造〉给我的印象》。《印象》一文持了反击的姿态，"损"写道："我现在却情愿让郁君骂是假批评家，骂是该'到清水粪坑里去和蛆虫争食物去'的假批评家，对于创造社诸君的'创造品'说几句类乎'木斗'的话。"显然，作为文学研究会理论领袖的沈雁冰已经被惹恼了，用沈雁冰半个多世纪后的话来说，"贬词看来用得多了一些"①。

《创造》季刊创刊号还发表了张资平的两篇文章《出版物道德》和《"创作"》。前者抨击"一班卑怯的文士抄译了人家的原作，却不把原作出自何书及其出版时日告诉人"，作者在极不客气地断定"中国无出版物道德还可以说是贱丈夫干出来的"之后，举出了《小说月报》第12卷第8号的两篇译文作为例子。《"创作"》评《小说月报》刊载的两篇小说：王统照的《遗音》（12卷3号）和落华生（许地山）的《换巢鸾凤》（12卷5号）。张资平对《遗音》做了肯定的评价，也指出了"一段非科学的描写"，而后便集中火力批评《换巢鸾凤》及篇后的"附注"。他认为《换巢鸾凤》"内容事实都很平常"，"不能脱离旧小说的俗调"，"写得不近情理"。这篇小说是被编在《小说月报》"创作"栏的，张资平则认为"我想不编在'创作'里面还好些"。《小说月报》发表这篇小说时原有署名"慕之"的附注，称作品"带有极浓厚的地方的色彩"，"广东的人一看就觉着他的'真'……"。这篇附注排在该刊通常"编者附注"的位置，读者有理由猜测"慕之"即是编辑者沈雁冰的化名。张资平则针对这篇"附注"批驳道："我读了就不觉其真。我想这篇的实写程度，怕够不上20%。"与郁达夫、郭沫若的骂相比，张资平的批评是针对具体问题，而锋芒指向则是一致的。

半个多世纪之后，沈雁冰仍以委屈的口吻叙述自己和郑振铎读到《创造》季刊创刊号时的心情："我们想，一年来我们努力提倡新文学反对鸳鸯蝴蝶派，介绍外国进步文艺，结果却落得个'党同伐异'和'压制天才'的罪名，实在使人不能心服。……那时我们都是二十来岁的青年，血气方刚，受不得委屈，也就站起来答辩。"②

其实，郭沫若、郁达夫等也正是因为"委屈"和"不能心服"才挑起"打架"的。

---

① 茅盾：《复杂而紧张的生活、学习与斗争（下）（回忆录五）》，《新文学史料》1979年第5期。
② 茅盾：《复杂而紧张的生活、学习与斗争（下）（回忆录五）》，《新文学史料》1979年第5期。

为什么以文学研究会作为"打架"对手

先声夺人的《〈创造〉出版预告》中的关键词显然是"垄断"二字。那么,"垄断"文坛者究竟是指谁?郭沫若后来曾在《创造十年》中回忆了自己当时"打草惊蛇"的预感,又曾在《我的作诗的经过》一文中解释"垄断文坛"并非"讥讽文学研究会",而只是针对着将郁达夫小说《银灰色之死》压了半年之久的《学灯》编辑李石岑。郭沫若写道:"然而不幸达夫是初回国,对于国内的情形不明,一句无存心的话便结下了创造社和文学研究会的不解的仇恨。"不知为什么郭沫若会在"打架"过去了十多年之后做出这"无存心"的辩解,郭沫若难道会不清楚,"垄断文坛"的指斥是吐出了他们在一两年时间里积蓄的不平感?

还是郑伯奇的回忆更为客观地说明了创造社同人的心态。郑伯奇肯定"所谓'垄断文坛',当然指的文学研究会",又具体分析了不平感的由来:"但当时达夫在预告中的影射恐怕也不是'无的放矢'。至少在达夫或者和他同感的人总有这种感觉。现在推想起来,问题可能在于发表作品和出版方面。"①

说到"作品发表和出版",这正是一个文学社团生存和发展的关键问题。在被郭沫若称之为创造社"受胎期"的1918年,策划中的社团即是"找几个人来出一种纯粹的文学杂志"。但出版社的经营者都不愿接受由几个留日学生自行操办的前途莫测的刊物。而就在郭沫若等因为找不到出版社长达三年都无法将办同人刊物的计划付诸实施的时候,1921年初,"五四"新文学的第一个社团文学研究会宣布成立,并以商务印书馆革新了的《小说月报》作为自己的阵地。

文学研究会的酝酿并不早于创造社的"受胎期",但文学研究会的成立却比创造社早了半年,《小说月报》的革新更比《创造》季刊的出版早了一年多。文学研究会的最初倡议者也是几个青年,1920年11月,22岁的铁路管理学校学生郑振铎与曾经一起创办《新社会》旬刊、《人道》月刊的朋友瞿世英、耿济之、许地山商议成立文学社团时,首先遇到的也是"找出版社"的问题,而已经有了两次办刊经验的郑振铎则显示了出色的策划才能。虽然他与朋友所办的两个刊物已经产生了一些社会影响,他本人也在《晨报副刊》《时事新报·学灯》等报刊发表过作品,但显然他考虑到了仅凭他们这几个青年尚难以办起刊物——他们需借助名人的影响力与号召力才可能使上海滩上的书局老板接受他们的计划。郑振铎在致正筹备《小说月报》革新事的商务编辑沈雁冰的信中,便打出了"发起人为周作人"的旗号。有这样一位名人作为首席发起人,筹划中的刊物被出版社接受的可能性便大大增加了。除周作人外,文学研究会列名第一号会员的朱希祖和第二号会员蒋百里,其资历名望与社会关系都

---

① 郑伯奇:《忆创造社》,《文艺月报》1959年第5—9号。

能够为一个原来由几个青年策划的文学团体增添分量。例如，郑振铎、耿济之去找商务印书馆编译所负责人张元济商谈刊物事，就是出于蒋百里的介绍。有论者认为在学术范围的广阔与精力充沛方面，"郑振铎与郭沫若十分相似"①，然而，在他们从事文学活动的初期，在"五四"新文学两个最重要社团的发起过程中，郑振铎所下的运筹擘画的功夫是超过了郭沫若的。比如拉名人，是郭沫若不懂？没想起来？不屑于这样做？甚至鄙视这种做法？

郑振铎与沈雁冰建立起联系后，《小说月报》成为文学研究会的代用刊物，而远在海外的郭沫若等因一个十分偶然的机会与小小的泰东书局达成了"互相利用"（郭沫若的说法）的关系，以接受经济剥削的代价才促成了《创造》季刊的出版。数十年后，成仿吾还为此事愤愤不平，并承认创造社和文学研究会的对立与这种不平感有关："当时书店老板看我们都是穷青年，不帮助我们。这也是我们与文学研究会有分歧的原因之一，因为文研会是有资本家、老板支持的。"②

郭沫若等筹建的文学社团与纯文学刊物本来有可能成为新文学的"第一"，却因缺少机会、缺乏名人和关系的背景便让郑振铎、沈雁冰们占了先。而文学研究会一成立，便摆出了包纳一切、领导潮流的架势。《文学研究会宣言》刊载于1920年12月13日北京《晨报》、1920年12月19日上海《民国日报·觉悟》、1921年1月1日出版的《新青年》第8卷第9号以及《小说月报》第12卷第1号上，可谓造足了气势。其中有"希望不但成为一个普通的文学会，还是著作同业的联合的基本"以及"结成一个文学中心的团体"的提法。发表于同期《小说月报》的《文学研究会简章》第9条还规定，"本会会址设于北京，其京外各地有会员5人以上者得设一分会。"虽然在下一期《小说月报》发表的《文学研究会会务报告（第一次）》特别对"简章"的第9条做了更改，取消了"分会"的提法，但领导全国新文学潮流的意图仍是郭沫若等所能觉察到的，也是他们至为反感的。

由于郭沫若等比郑振铎、沈雁冰等晚了一步，于是竟出现了一个短暂的"文学研究会时代"，时人描绘，那时候"所谓堂堂之鼓，正正之旗的唯一新文艺刊物，而同时也极在大中学生中流行的，恐怕便要算《小说月报》一种了"③。不同于《新青年》"急先锋"（郭沫若语）式的作战姿态，文学研究会主动承负起了"文学工作的发达与巩固"（《文学研究会宣言》）的使命。沈雁冰当时所发表的文章充分传达了与此使命相适应的理论抱负和理论勇气。他援引西方近代文学理论，搭起了一个庞大、呆板的理论框架，并且提出了要把西方近代文学思潮在中国"演一过"的主张。在主编革新了的《小说月报》之后，沈雁冰开始作定期的文坛鸟瞰式的评论，如《春

---

① 陈福康：《郑振铎研究综论》，《学海飞鹏》，中国铁道出版社1988年版，第123页。
② 成仿吾：《与苏联研究生彼德罗夫关于创造社等问题的谈话》（1959年9月29日），《新文学史料》1985年第2期。
③ 陈翔鹤：《郁达夫回忆琐记》，《文艺春秋》副刊1947年第1卷第1期。

季创作坛漫评》(《小说月报》第 12 卷第 4 号)、《评四五六月的创作》(《小说月报》第 12 卷第 8 号)等,颇有形成惯例的意思。沈雁冰"评"的对象是小说和剧本。在《春季创作坛漫评》中,他没有提到 1921 年 2 月 25 日《民铎》第 2 卷第 5 期刊载的郭沫若诗剧《女神之再生》,这还可以以该剧是诗体来解释。而在他所评及的作品中,对田汉剧本《灵光》有尤为严厉的批评:"只觉得伶俐有趣,而不起深刻的感觉","也没有深刻的悲哀的印象","似乎田君于想象方面尽管力丰思足,而于观察现实方面尚欠些功夫呵!"而对于这篇"漫评"中所提及的其他 30 多篇作品,沈雁冰却都没有施以如此严厉的批评,显然,他对作品的褒贬评判并非使用同一尺度。

沈雁冰这样的批评态度很容易被郭沫若等理解为"党同伐异",而沈雁冰所搭建的庞大、包罗万象的文学理论框架,鸟瞰文坛时所使用的指导性语气,也都会引起郭沫若等的反感。这是后起文学青年对权威姿态的反感,也是受冷遇者、受排斥者对事业顺遂者的反感。待郭沫若等终于拥有了自己的阵地——《创造》季刊,他们便摆出了向"树大招风"(沈雁冰语)[1]者主动挑战的姿态。"垄断文坛"的指斥并非出于偶然,更非郁达夫个人一时的心血来潮,而是发自对"文坛上生存竞争非常险恶"[2]的体认,是经讨论经选择而采取的不畏"孤立"[3]的主动出击的态度。

对于当时其实尚未形成的"新文坛"来说,这是一批更"新"的人。相距 4 年多,《新青年》与创造社的战斗目标都是"垄断文坛"者,而《新青年》与"桐城派""宋诗派"之间是有"新"与"旧"的原则分歧的,创造社在自己与文学研究会之间则已经找不到这类性质的分歧,他们所指责的"专擅""狂妄""党同伐异"等都不过属于作风、态度方面的问题。由于实际上已经找不到足以形成敌对营垒的原则分歧,战斗就变成了"打架"。

"主义"分歧与帮派情绪

从 1921 年上半年至 1923 年下半年,创造社与文学研究会的"打架"几乎成为当时新文学界最为引人关注的热点。

郭沫若、郁达夫、成仿吾等创造社同人曾在打架或曰论争中宣布自己是反功利的。郁达夫所说"文艺是天才的创造物"(《艺文私见》),郭沫若所说"艺术本身无所谓目的"(《文艺之社会使命》)等都曾被后来的研究者反复征引,作为探究创造社文学主张的依据,而半个多世纪后沈雁冰对论争双方关于"功利"的论点所作的"翻译"才是最有趣的:

---

[1] 茅盾:《复杂而紧张的生活、学习与斗争(下)(回忆录五)》,《新文学史料》1979 年第 5 期。
[2] 郁达夫:《友情和胃病》,《郁达夫文集》第 1 卷《胃病》,花城出版社 1982 年版,第 102—115 页。
[3] 郁达夫:《友情和胃病》,《郁达夫文集》第 1 卷《胃病》,花城出版社 1982 年版,第 102—115 页。

……应得说明一下:"文艺的功利主义"是创造社诸公的用语,翻译为我们现在通行的用语,就是:"文艺作品应当是社会生活的反映,创作是要为人生为社会服务的。"而反对文艺上的功利主义翻译为我们通用的话,就是:"文艺作品应当是作家主观思想意识的表现,创作是无目的无功利的。"①

非方言的汉语白话文有时候也当真需要翻译——翻译成另一个时期"通行的用语",尽管仍然是白话文——这确是一件很有趣的事。通过这一"翻译"工作,早已以笔名"茅盾"行世的沈雁冰将当年两个社团关于"功利""非功利"的争执纳入了后来持续几十年的"文艺战线""路线斗争"的范畴。而当我们读到郭沫若关于"非功利"的表述,如"文艺也如春日的花草,乃艺术家内心之智慧的表现……应该说没有所谓目的"(《文艺之社会的使命》),我们会联想到郭沫若与创造社同人其实并不能进入"没有所谓目的"的写作。这样说,并非有意把"没有所谓目的"的非功利状态悬为写作的极致。事实上,写作者的动机与其创作成就之间并不存在简单的因果联系,而并非"非功利"的创造社以"无所谓目的"相号召,则正如郭沫若后来在《创造十年》里所说"所谓人生派与艺术派都只是斗争上使用的幌子"而已。

除了"为社会"与"非功利"之外,后来的研究者通常认为文学研究会与创造社还在"为人生"与"为艺术"、"现实主义"与"浪漫主义"之间各执一端。以主张规范创作和以"主义"将作家归类本是没多大意思的事。一般说来,如果一个写作者把写作视作个人行为,他不至于急急忙忙打出旗号,而社团就不同了,它总要弄个主张、主义什么的作为集体亮相的徽帜。文学研究会有"为人生"的主张和对现实主义的提倡,创造社却偏偏不标出主张和主义,而"没有划一的主义"提法本身,便意在与文学研究会针锋相对。创造社同人一再在论争文章中表述他们对"主义"的厌恶,显然是在反对文学研究会对"主义"的推崇。据陶晶孙回忆,创造社成立时对"主义"也是做过选择的。"沫若说要把新罗曼主义为《创造》的主要方针,后来社会都承认创造社为罗曼主义。"②后来郑伯奇写《〈中国新文学大系·小说三集〉导言》,确认浪漫主义为创造社"集团的主要倾向",并具体分析了他们倾向浪漫主义的三方面原因,其中每一个原因都由"他们在外国住得很久"引发出来。

郑伯奇关于创造社"倾向浪漫主义"的"环境"说得到了文学史家的广泛认同,这一说法也确有事实依据。而40年代的一位论者却对创造社与"主义"结缘的过程做了另样的叙述:

---

① 茅盾:《复杂而紧张的生活、学习与斗争(下)(回忆录五)》,《新文学史料》1979年第5期。
② 陶晶孙:《创造三年》,载饶鸿竞等编《创造社资料》下册,福建人民出版社1985年版,第772页、774页。

创造社起初还没有标榜什么主义，只知道创造者的孤苦，苦恼，狂欢，光耀而已。可是他们常用"艺术之神""内心的要求""自我的创造"等语，致使被世人称为"艺术至上主义者"……就是他们自身，也不知不觉间，染成了浪漫主义的色彩了。更加上与人生派的文学研究会对立的关系，他们终于不得不意识的提倡浪漫主义了。①

这位论者从"不得不……"这样的句式所表达的创造社"主义"选择的被动性对我们理解现代文学史上社团流派现象的形成颇有启发。当我们从"打架"或曰论争的角度重评创造社的"异军特起"，我们也可以从文坛背景的角度对"主义"的选择做些讨论和推测。

早在郭沫若为创造社确定"新罗曼主义"的方针前，沈雁冰就曾提倡"新浪漫主义"。由于把欧洲文学思潮的变迁看作直线向前的过程，他很自然地把上世纪末出现、第一次世界大战前后得到发展的，包括着"半打多"现代派及罗曼·罗兰早期作品的"新浪漫主义"，看作文学进化的高峰。② 在1921年之前，沈雁冰反对提倡自然主义和写实主义，甚至说过："在社会黑暗特甚，思想锢蔽特甚，一般青年未曾彻底了解新思想意义的中国提倡自然文学，盛行自然文学，其害更甚。"③ 他对自己的主张有过极明确的表述："能引我们到真确人生观的文学该是新浪漫的文学，不是自然主义的文学，所以今后的新文学运动该是新浪漫主义。"④ 而在1921年之后，沈雁冰转而把提倡写实主义——自然主义视为当务之急，来了一个大转弯。

刊载于《小说月报》第12卷第1号的《改革宣言》称："写实主义的文学，最近已见衰竭之象，就世界观之立点言之，似已不应多为介绍；然就国内文学界情形言之，则写实主义之真精神与写实主义之真杰作未尝有其一二，故同人以为写实主义在今日尚有切实介绍之必要；而同时非写实的文学亦应充其量输入，以为进一层之预备。"这里所表述的尚是较为持平的看法，并未把写实主义抬到须极力提倡的压倒其他一切"主义"的特殊地位。1921年下半年以后，沈雁冰则开始不遗余力地倡导写实主义——自然主义，这或许与胡适的"指导"有关。据胡适1921年7月22日日记记载，在当天的谈话中：

……我又劝雁冰不可滥唱什么"新浪漫主义"。现代西洋的新浪漫主义的文学所以能立脚，全靠经过一番写实主义的洗礼。有写实主义作手段，故不致堕落

---

① 黄得时：《郁达夫先生评传》，载王自立等编《郁达夫研究资料》下册，天津人民出版社1982年版，第428页。
② 茅盾：《夜读偶记》，百花文艺出版社1979年版，第3页。
③ 雁冰：《为新文学研究者进一解》，《改造》1920年第3卷第1号。
④ 雁冰：《为新文学研究者进一解》，《改造》1920年第3卷第1号。

到空虚的坏处。如梅特林克，如辛兀（Mcterlinck，Synge），都是极能运用写实主义的方法的人。不过他们的意境高，故能免去自然主义的病境。①

尽管沈雁冰后来没有提到过这次谈话，但显然，胡适的一番"指教"对他是有影响的，就在当时沈雁冰正在编辑的《小说月报》第12卷第8号上，出现了题为"最后一页"的一则补白，它无疑出自沈雁冰之手：

……现在固然大家都觉得自然主义文学多少有点缺点，而且文坛上自然主义的旗帜也已竖不起来，但现代的大文学家——无论是新浪漫派，神秘派，象征派——哪个能不受自然主义的洗礼过。中国国内创作到近来，比起前两年来，愈加"理想些"了，若不乘此把自然主义狠狠的提倡一番，怕"新文学"又要回原路呢？

很明显，沈雁冰几乎完全接受了胡适的"指教"，因而才会迫不及待地写下这"最后一页"。只是沈雁冰把胡适所说的"写实主义"换成了"自然主义"。在沈雁冰当时的武库里，写实主义与自然主义本来就界限不清。在1921年下半年以后，沈雁冰反复强调写实主义——自然主义是校正中国文学弊病的"对症药"。②

郭沫若、郁达夫等可能并不知道沈雁冰等"狠狠地提倡"写实主义——自然主义与他们所不服气的"胡适大博士"有关，而"异军特起"的创造社既然把文学研究会及其核心人物沈雁冰视作挑战对象，他们便不可能与沈雁冰提倡同样的"主义"。郭沫若确定以"新罗曼主义"为方针，未必不包含着以不同的"主义"造成派别对立的意思——何况"新罗曼主义"即"新浪漫主义"恰恰为沈雁冰曾经极力提倡而后却又摒弃——虽然这一"主义"的旗帜后来并未当真挑起。

以对立的"主义"相标榜本是"异军苍头突起"的需要。

不同于沈雁冰在半个多世纪后回顾两个社团的"打架"或曰论战时还在摆自己这一方的"理"，郭沫若早就极为坦率地承认："文学研究会和创造社并没有什么根本的不同，所谓人生派与艺术派都只是斗争上使用的幌子。"（《创造十年》）而当读到郭沫若写于1923年1月的一段文字，我们甚至会惊异地感到他简直在复述沈雁冰的主张：

真的！近代文学的精神无论何国都系胎胚于自然主义。自然主义近虽衰夷，然而印象派中，象征派中，立体派中，未来派中，乃至最近德意志的表现派中，

---

① 胡适：《胡适的日记》上册，中华书局1985年版，第156—157页。
② 记者（沈雁冰）：《一年来的感想与明年的计划》，《小说月报》1921年第12卷第12号。

都有自然主义的精神流贯着,这是不可磨灭的事实。自然主义的精神在缜密的静观与峻严的分析……①

这段文字当时发表在四川一群文学青年自办的刊物中,没有引起论战对手的注意,而它恰可为"文学研究会和创造社并没有什么根本的不同"提供有力的佐证。

郭沫若后来还说过:"那时候的无聊的对立只是在封建社会中培养成的旧式的文人相轻,更具体地说,便是行帮意识的表现而已。"(《创造十年》)"行帮意识的表现"几个字是加了着重号的。郭沫若同一文章中的另一说法也值得注意,"一个人无论是怎样超脱的性格,入了一种团体也自会带着那个团体的意识"。正是这"团体的意识"或曰"行帮意识",使得原本可能互补互容的文学主张之间仿佛有了不可逾越的界限。郭沫若看到了文学研究会作家"似乎也不见得是一个葫芦里面的药",沈雁冰则始终认为创造社的主张与创作实际并不一致。②但是在"帮"的对立形成之后,毕竟得各打出一面旗帜才师出有名。"主义"的分歧中势必糅合进了帮派情绪。

向新文化界权威胡适挑战

在1922年8月出版的《创造》季刊第1卷第2期上,也是郁达夫出马,以更为凶猛的火力向更有实力的对手挑战了。他毫不含蓄地骂道:"我们中国的新闻杂志界的人物,都同清水粪坑里的蛆虫一样,身体虽然肥胖得很,胸中却一点儿学问也没有。有几个人将外国书坊的书目来誊写几张,译来对去的瞎说一场,便算博学了。有几个人,跟了外国的新人物,跑来跑去的跑几次,把他们几个外国的粗浅的演说,糊糊涂涂地翻译翻译,便算新思想家了。"(《夕阳楼日记》)虽然郁达夫没有点名,但人们会知道他骂的是"五四"新文化的先驱人物胡适。文后注明写作时间是"1921年5月4日夜半",在此之前的两年间,胡适曾商请北京、南京等地高校筹集资金邀其老师杜威来华讲学,胡适本人则亲任翻译,陪着杜威在北京、天津、济南、太原等地"跑来跑去的跑几次"。

其实,在《夕阳楼日记》发表的三年前——1919年10月,正在日本留学的郁达夫回国参加外交官考试期间曾主动致信已经暴得大名的胡适,表达"钦羡"之情:"我并不认识你,你当然是不认识我的。你们的那一番文艺复兴的运动,已经唤起了几千万的同志者。大约不认识你的青年学生,唐唐突突的写信给你的人,也一定不少的了……我也就是这些青年学生中间的一个人。我此番想写这封信给你的动机,大约

---

① 郭沫若:《致草堂社》,原载1925年5月5日《草堂》第3期通讯栏,转引自黄淳浩编《郭沫若书信集》上册,中国社会科学出版社1992年版,第246页。
② 茅盾:《复杂而紧张的生活、学习与斗争(下)(回忆录五)》,《新文学史料》1979年第5期。

也是同另外的青年差不多。"

这是任何时代都常有的事：无名青年写信给名人，表达仰慕与见面的愿望。郁达夫在信中还引证了美国作家爱默生当年致信《爱丁堡》杂志的一段文字，以表示自己的做法是效法前贤。他向胡适提出了见面的请求，由于担心自己的请求被回绝，他又说："万一你不许我的时候，恐怕与我的 dignity（尊严）有些关系，所以我现在不能把我的名姓同我的学籍通知你。"

在八十年光阴过去之后，揣测当时未满 23 岁的郁达夫的心理，他对自己尊严的维护中显然掺揉着自卑。自视甚高的他能主动给不相识的仅仅长自己 4 岁，平心说也不见得怎样佩服的名人写信，大概已经感受到了几分别扭、几分不自在，因而他在比较谦恭地表示了钦羡和相见的愿望之后，竟又加上几句话以进一步维持尊严："我也忙，你也忙，所以我不敢多写了。这一张信稿的章句、言语、书写，都芜俗得很，我也不想再来抄一张过，我也更没有功夫来推敲了。失礼的地方，只能请你宽恕我吧。"寄给名人的竟是懒得誊抄的草稿，似乎最能说明郁达夫并不在乎名人的骄傲气质，而既不在乎却又要表示敬意请求见面，其间的矛盾心态也就显露无遗了。

没有材料表明胡适曾给郁达夫回过信，他当然有充分理由不理睬一个非亲非故的无名青年。郁达夫的钦羡之意很容易便转化为了对权威姿态的反感，他所拟措辞激烈的《创造》季刊"出版预告"中所抨击的"一二偶像"当然也有胡适在内。而郁达夫"无名作家"的自我体认以及"打破社会因袭"的号召中隐藏着因"无名"而受压制遭冷遇的痛苦——也包括从胡适那里所感受到的冷遇。

胡适显然被"粪蛆"的比喻激怒了，他在 1922 年 9 月 20 日发表了题为"骂人"的短文，但他回骂的"初出学堂的学生""浅薄无聊"而"不自觉"等实在比"粪蛆"要文明得多了。

在胡适的《骂人》短文发表四天之后，郁达夫又写了《答胡适之先生》的公开信。一改《夕阳楼日记》气势汹汹、咄咄逼人的风格，他将尖刻的讽刺出之以皮里阳秋的措辞："其实像我这样一个无名小卒，何尝敢骂胡先生……我怕胡先生谈起政治忙碌，没有工夫细想，要把这些'无聊浅薄'的文字的意义误会了……"

当时在日本的郭沫若后来回忆："达夫挨了骂，他便异常地悲愤。写来的信上说，他要跳黄埔江。我得了信，又看见了胡适的那段杂记，也很悲愤。"（《创造十年》）郭沫若的回忆略去了郁达夫先"骂人"的情节，而郁达夫非但没有跳江，而且在 1922 年 11 月写了后来被郭沫若称之为"名贵一时的历史小说"《采石矶》，以清中叶诗人黄仲则寄托自己的郁愤，而以考据权威戴东原影射胡适。小说中的黄仲则谈起戴东原，愤愤地说："即使我在妒忌人家的大名，我的心地，却比他们的大言欺世，排斥异己，光明得多哩！我究竟不在陷害人家，不在卑污苟贱的迎合世人。"这正是郁达夫对自己和胡适的基本评价。

郁达夫的"悲愤"便得创造社的另两位大将郭沫若、成仿吾一齐上阵为郁达夫助战。1922年11月出版的《创造》季刊第1卷第3期同时发表了郭沫若的《反响之反响》和成仿吾的《学者的态度——胡适之先生的〈骂人〉的批评》，都是火力凶猛而又条分缕析的论辩文章。1923年4月，胡适又在自己主编的《努力周报》上发表了一篇《编辑余谈》，继续大摆权威架子，以不屑的口吻鄙薄郁达夫、郭沫若等"不通英文"，说"我没有闲功夫答辩这种强不知以为知的评论"。于是郭沫若奋起迎战，发表了《讨论注释运动及其他》，终于把积蓄了多时的不平、不满和不服气形之于激愤意气的言辞：

> 你北京大学的胡大教授哟！你的英文诚然高明，可惜你自己做就了一面照出原形的镜子！……我劝你不要把你的名气来压人，不要把你北大教授的牌子来压人，你须知这种如烟如云没多大斤两的东西是把人压不倒的！

郭沫若对于"胡大教授"的愤愤不平之意早在1921年夏天便已萌发，只是当时没有发作罢了。不但没有发作，郭沫若在1921年8月9日和12日还曾两次会见胡适。第一次即郭沫若后来在《创造十年》中记述的"光荣"的"同席"。那天的"同席"是谁请客？胡适日记与郭沫若回忆所述大有差别。胡适当天日记记："周颂九（久）、郑心南约在一枝香吃饭，会见郭沫若君。"周、郑是商务印书馆编译所的工作人员，又是郭沫若在日本东京帝大的高班同学，由他俩出面做东，似有为郭沫若引荐之意。而郭沫若后来在回忆录《创造十年》里，却明确地记述了那天的主人是商务印书馆编译所所长高梦旦，而且事前郑重地下了请帖。

究竟谁请客并非是无所谓的事——这与高梦旦商务印书馆编译所所长的身份有关，而商务是使郭沫若十分敏感的地方。作为与小书局合作的写作者，郭沫若无法对商务印书馆这庞大的存在无动于衷。胡适又恰恰是商务印书馆请到上海来的，并且受到了令人惊叹的礼遇，已是新文化运动风云人物的胡适又成为上海文化界的舆论热点。郭沫若当时对胡适的反感至十多年后化作了嘲讽的文字："大博士进大书店……他每天是乘着高头大马车由公馆跑向闸北去办公的。这样煊赫的红人，我们能够和他同席，是怎样的光荣呀！"

关于这次"光荣"的"同席"，郭沫若在《创造十年》里记述了仿佛记忆犹新的情景，如胡适怎样"殷勤"之后又描述了自己的揣测："商务真的有想找我的意思吗？"

究竟高梦旦与胡适是否有意"找"郭沫若，这件事除郭沫若本人的回忆外，尚难找到其他的佐证。郭沫若十多年后记叙这次会见时几乎句句含有嘲讽，而胡适当时记在日记里的印象就已经颇有保留："他的新诗颇有才气，但思想不大清楚，工力也不好。"他会在与郭沫若会见之前，就与高梦旦商议要把郭请到商务吗？胡适会推荐与自己没有什么关系的人吗？我们只能留下疑问了。

另一个疑问是：据胡适日记记载，就在那"光荣"的"同席"三天之后，郭沫若曾与朋友到商务编辑所拜访胡适，而郭沫若始终未曾提起过这件事。

至1923年4月，郭沫若、郁达夫与胡适双方都正在火头上，而这年5月胡适到上海时则转变了态度，他致信郭沫若等，表白自己"是最爱惜少年天才的人"，"绝无丝毫'忌刻'之念"，表示"我还是退避为妙"，并且说："我盼望那一点小小的笔墨官司不至于完全损害我们旧有的或新得的友谊。"可能胡适并不愿意世人知晓他"退避为妙"的姿态，因而在信末附笔："此信能不发表最好。"郭沫若和郁达夫在两天之后分别写了回信。郁达夫回信的语气颇为矜持，他说："至于'节外生枝'，你我恐怕都有此毛病，我们既都是初出学堂门的学生，自然大家更要努力，自然大家更要多读一点英文。"两个"都"字和"你我""我们""大家"等用语表明郁达夫仍然没有把胡适的权威身份放在眼里，也没有放过胡适应当承担的责任。

"打架"的得与失

从1921年下半年至1923年上半年，创造社屡屡在新文坛挑起"打架"，他们几乎"打"遍了新文坛，而且尤以名人为对手。"架"越打越大，越打牵扯的名人越多。借用郭沫若后来的描述，"由达夫的《夕阳楼》惹起了胡适的骂人，由胡适的骂人惹起了仿吾和我的回敬，以后便愈扯愈远了。张东荪来参加过这场官司，接着是惹出了仿吾的《形而上学序论》的指摘，张东荪的'手势戏'喧传了一时，成仿吾的'黑旋风'也因而名满天下。吴稚晖也来参加过这场官司，接着是惹出了陈西滢对于《茵梦湖》的指摘。还有是'诗哲'徐志摩在《努力周报》上骂了我的'泪浪滔滔'。这场事件的因果文字，如有人肯好事地把它收集起来，尽可以成为一部《夕阳楼外传》。"（《创造十年》）

对于创造社四面出击、多方树敌的后果，郭沫若若干年后的叙述中仍然充满悲壮感："他们弄到在社会上成了一支孤军"①，"在敌对阵营里并没有损失分毫，把自己却弄得焦头烂额"（《创造十年》）。那么，创造社从"打架"中得到了些什么呢？郭沫若提到"一鼓的作气的确是很勇猛，使敌对者对于我们也隐隐生了一种畏惧"，他是指胡适"采取出了一种求和的态度"（《创造十年》）——胡适的颇为诚恳的来信与来访被郭沫若等视为"求和"，也是无可奈何的事。对于作为文学团体的创造社来说，他们最大的"得"是："热烈的讨论，引起了读者的注意"，"创造社在读者中间的影响不断扩大"。② 创造社同人陶晶孙后来曾以他极不流利的中文将"进攻"的得失表述得极为清楚："文学界对创造社的进攻或创造社对外面之进攻，虽把《创造》

---

① 郭沫若：《文学革命之回顾》，《郭沫若全集·文学编》第16卷，人民文学出版社1989年版，第99页。
② 郑伯奇：《忆创造社》，《文艺月报》1959年第5—9号。

之立场提高，但也给他短命的。"① 且不说"短命"，"把《创造》之立场提高"则是无可争辩的事实。

用句北京话来说，郭沫若、郁达夫等是以"气不忿儿"的心情站出来打架的，他们不甘心让"新"的文坛成为文学研究会的一统天下，不甘心去做沈雁冰、郑振铎等人的陪衬。（陶晶孙写道："在这时候，中国的情形当然有很多奇怪事体，沫若有领袖性，不肯成为《学艺杂志》之附属品，不肯成为大博士之下人，不肯成为大学教授等等。"②）也确实由于他们出来"打架"，文学研究会未能如愿地实现"结成一个文学中心的团体"的宏志，计划中的文学格局被打乱了，所谓"文学研究会时代"也未能维持下去。创造社三巨头那些逞一时之快的意气之言，虽招尤招忌，虽授人以反击之柄，却赢得了文学青年们真诚的同情和由衷的敬佩。

1923年5月——恰恰在《创造》季刊问世一周年的时候，偏重于评论介绍而以创作副之的《创造周报》出版发行了。这是"适宜于战斗的一种轻便的刊物"③。它使前期创造社的活动达到了"全盛期"④。固然，我们不能低估创造社作品，特别是郭沫若、郁达夫作品对时代青年的吸引力。无论是郭沫若诗歌中抒情主人公强悍的"男性的音调"，还是郁达夫"自叙传"式小说里主人公纤细的病态的气质，都体现了那一时代的兴奋和苦闷、那一时代的骚动情绪，都以极大的情绪力量感染着青年读者。而接连不断的"打架"也确是创造社产生影响力的重要原因，不承认这一点，我们就无法解释为什么尤为重在"战斗"的《创造周报》受到了青年们尤为热烈的欢迎。当时的一位文学青年在十年之后写道："当时，在青年的读书界中发生着最大的影响的，是创造社。这一个集团，以一种活泼的青春的力量，从事着文学的活动。"而文学研究会则"因为受过创造社的极力的攻击，在青年间曾一时失掉了信仰"。⑤

时人认为，创造社的声势已经"凌驾同时的各种文学团体之上"。⑥

鲁迅后来也承认："创造社的这一战，从表面看来，是胜利的。"⑦

无论成仿吾当时发出过怎样充满失败情绪的慨叹，无论郁达夫当时发出过怎样充满激愤的叫喊，无论郭沫若日后用怎样的揶揄口吻描述他们"焦头烂额"的处境，毕竟，他们曾享受过战斗的欢欣，也曾被青年的拥戴热情所鼓舞。

---

① 陶晶孙：《创造三年》，载饶鸿竞等编《创造社资料》下册，福建人民出版社1985年版，第772页。
② 陶晶孙：《创造三年》，载饶鸿竞等编《创造社资料》下册，福建人民出版社1985年版，第774页。
③ 郑伯奇：《二十年代的一面——郭沫若先生与前期创造社》，载饶鸿竞等编《创造社资料》下册，福建人民出版社1985年版，第759页。
④ 郑伯奇：《二十年代的一面——郭沫若先生与前期创造社》，载饶鸿竞等编《创造社资料》下册，福建人民出版社1985年版，第762页。
⑤ 韩侍桁：《写实主义文学的发生》，《文学评论集》，现代书局1934年版，第69—70页。
⑥ 史蟫：《记创造社》，载饶鸿竞等编《创造社资料》下册，福建人民出版社1985年版，第992页。
⑦ 鲁迅：《上海文艺之一瞥》，《二心集》，人民文学出版社1973年版，第82—96页。

主动出击的创造社同人却有对于自己"弱者"身份的体认,有被欺侮、被轻视的感受,他们将自己的处境定位于孤独。在社会生活中的孤独与失败本为无奈,但是由于把孤独失败的命运视作了天才区别于平庸者的重要标志,这一本为无奈的处境甚至被提升为一种理想和一面旗帜。他们可以从孤独失败中滋生出神圣的使命感,可以因孤独失败赢得众多文学青年亲近而热烈的感情,而且,在他们对今日孤独失败的体认中顺理成章地包含着对日后"军歌高响"的胜利的希冀。

孤独者、失败者的自我定位使创造社同人格外热衷于团体活动,青春时期"结党"的需要得到了极大的实现和满足。奥地利学者康罗·洛伦兹以动物生活作为人类行为天性基础的研究表明:"在青春期后,有些人被一股无比的力量鼓舞着去采纳一种固定体而找不到一个价值的时候,令人惊讶的是,他们会固定在一个较低等的代替物。希望成为亲密组织团体的一分子,而为共同的目标奋斗的这种本能需求非常的强烈……"①

创造社这一集体在郭、郁、成心中占据崇高位置。"数年来疯狂一般的把自己的爱情献给了文艺的女神"②而"女神"毕竟缥缈而迢远,具体地说,"爱情"是献给了创造社及其以《创造》冠名的刊物。他们满怀感情地把自己的刊物称作"爱儿"③。这"最初的婴儿"竟又是"开辟鸿荒的大我"④。在需要建立起崇拜对象的青春后期,他们实际上把倾心热爱的团体当作了康罗·洛伦兹所说的"较低等的代替物",以代替那可想象、可仰望却高不可及的"文艺的女神"。

九十年前的中国写作者已十分明了"打架"对读者的吸引力,因而有了"制造热点"的说法。在确定《创造周报》"偏重于评论介绍"的方针时,在目睹《创造周报》的销售盛况时,郭沫若、郁达夫、成仿吾当然不会低估"打架"对于他们团体影响力的意义。在无比亲密的通力合作中,他们都把更多的精力投入了集体性的挑战与还击。实际上,"党同伐异"即抱团打群架的集体出击,势必会影响文学写作的个人性质。

有这样一种说法:"在那时候,即民国十一年到十四、十五年之间,如果有人去向任何一个文学青年问道:'你所喜爱的中国作家究竟是哪个呢?'那无疑地,他是会说出郁、郭二位的名字来。"⑤倘若我们相信这一描述不带或者仅带很少的夸张成分,我们还须注意另一事实:郭沫若、郁达夫最有影响的作品《女神》与《沉沦》都是写在创造社成立之前,即"打架"开始之前。在以极大的心力投入"打架"之后,他们当然并没有放弃创作,甚至常常为了支撑刊物而赶写。由于他们一起骂别人

---

① [奥]康罗·洛伦兹:《攻击与人性》,王守珍、吴月娇译,作家出版社1987年版,第279—280页。
② 成仿吾:《一年的回顾》,《创造周报》1924年第52号。
③ 成仿吾:《一年的回顾》,《创造周报》1924年第52号。
④ 郭沫若:《创造者》,《创造》季刊1923年第1卷第1期。
⑤ 陈翔鹤:《郁达夫回忆琐记》,《文艺春秋》副刊1947年第1卷第1期。

的同时也被别人骂在了一起，形成了几乎"一荣俱荣，一损俱损"的紧密关系——尽管日后证明这一紧密关系未必牢固持久——他们的写作也表现出更多的共同之处。

评论者早就注意到创造社作家趣味的"单调"，沈从文、陈西滢等稍显严苛的批评揭示出创造社风格——主要是郭沫若与郁达夫作品风格——最基本的特色，也触及到了其创作的弱点。在才智方面，郭沫若和郁达夫都持有天生的优势，而且，他们的作品恰恰适应了时代青年的心理需求，这使得他们在很短的时间里便获得了"成功"的效应和"成功"的感觉。但他们也就停止在这里了。无论是郭沫若还是郁达夫，都并未以切实的努力弥补自己文体能力与艺术经营方面的欠缺，也未能更深入地、更多角度地切入自己的各个精神层面。当他们以主要心力投入"打架"，他们也就只能以即兴的、速成的方式写作。幸亏，他们所选择的宣泄式风格尚适应这种写作方式，也尚能容受艺术组织力与表现力的欠缺。他们各自的艺术开拓极有伸展的可能，但他们却没有更积极地把握住这种可能性。就本身所拥有的才情来说，他们或许可以有更大的文学作为。

事实上，并没有什么材料能够表明郭沫若和郁达夫曾经试图改变即兴的、速成的写作方式。正是由于坚持了这一方式，他们一篇篇单独看来常是单调仄迫的作品连贯起来，便造就了各自鲜明的风格。尤其值得注意的是，他们作品的风格与他们"打架"中的形象如此一致，以至于只要他们恪守着各自的写作格局，也就维护了团体的形象。

对于早已成为过去的文学历史，任何"假如"都是有意思而无意义的。倘若我们无法抵挡"假如"的诱惑再来设想一次：假如在20年代初，郭沫若、郁达夫、成仿吾虽分别舍弃了原本就学的专业而从事文学，却没有结社，没有办"自己的"刊物，没有以"打架"的方式挑起文坛争端，"杀开了一条血路"，那么，虽然我们难以推测他们每个人的创作将呈现出什么样的面貌，但我们几乎可以肯定地说，"五四"以后中国现代文学的发展历史便会是另一样的景象了。

从"打架"到"阶级斗争"

郭沫若、郁达夫、成仿吾在"异军苍头突起"的艰辛过程中所表现的精神和意志令人赞佩，而尤为令人惊叹的是他们仅以三人之力影响了中国新文学的进程。他们不但完成了预期的"奋然兴起打破社会因袭"的使命，而且，对于中国新文学的发展起着十分深远的作用。

说到创造社究竟是怎样由战斗或曰"打架"而终于走上社会革命的道路的，其间的社会环境思想动向以及团体内部的分化有相当复杂的过程。而在1923年，即"打架"正在热烈进行中的时候，郁达夫的文章《文学上的阶级斗争》其实已经预示出这个团体将由"打架"通向革命的路径——尽管郁达夫本人最终并没有成为"无产阶级"的革命者,却被当年的战友郭沫若骂作"有产派""反动",被"剧变"了的创造社所清算。

郁达夫将"新运动"与"反对运动"之间的斗争视作艺术史的规律:"于是艺术史也同社会运动史一样,就分出许多阶级来,互相斗争。"郁达夫对西方自然主义之后文学思潮的勾勒,几乎是对创造社"异军苍头突起"的历史描述,同时预示了这个团体日后发展的趋向。郁达夫在文章最后甚至仿效马克思和恩格斯《共产党宣言》中的口号,"大声疾呼":"世界上受苦的无产阶级者,/在文学上社会上被压迫的同志,/凡对有权有产阶级的走狗对敌的文人,我们大家不可不团结起来……"

郭沫若后来在《创造十年》中说:"最初在中国的文艺界提出了'阶级斗争'这个名词的怕就是达夫。"又说,"不过达夫的那篇《文艺上的阶级斗争》,结果只是说了些斗争,并不曾说到阶级,离题目自然是很远的。"郭沫若说这些话是在30年代,他已经能以较严格的理论定义理解"阶级",因而会认为当年的郁达夫"离题自然是很远的"。其实,无论是郭沫若还是郁达夫,还是成仿吾,从创造社一成立——甚至在创造社成立之前的酝酿期——便怀有十分强烈的"阶级"意识。当他们表示"愿与天下之无名作家共兴起",当他们宣布"我们都是一些被压迫的无名的作者",当他们愤怒地诉说自己"生活是很不好"①的处境并表白自己"不曾拜倒在资本家与权贵门首"②的操守,他们有理由将自己的阶级成分定在"无产"——按照对这个词语字面意思的浅显理解,几个既无资金,又无后台、背景的青年,当然该属无产阶级。

创造社的第三种刊物《创造日》于1923年7月21日问世。此后的一段时间里,郭、郁、成三人"疲于奔命地支撑着季刊、周刊和日刊"。而就在创造社事业的鼎盛期,其"三鼎足"的生活却陷入了空前的困窘。泰东图书局经理赵南公的超强度经济剥削使他们"最感痛苦的便是没有钱用"(《创造十年》)。当时正在美国留学的闻一多从友人梁实秋那里得知郭沫若的生活境况后,在家信里写下过一段感慨而又愤慨的话:

> ……昨与友人梁实秋谈,得知郭沫若在沪卖文为生,每日只辣椒炒黄豆一碗佐饭,饭尽尤不饱腹,乃饮茶以止饥。以郭君之才学,在当今新文学界应首屈一指,而穷困至此。世间岂有公理哉?③

"世间岂有公理哉?"在艰苦的"笼城生活"中,郭、郁、成也一定这样无数次地质问过。在质问的同时,他们不断加深着、强化着对自己被剥削者、被压迫者身份

---

① 成仿吾:《一年的回顾》,《创造周报》1924年第52号。
② 成仿吾:《一年的回顾》,《创造周报》1924年第52号。
③ 闻一多:《闻一多全集·书信·日记·附录》,湖北人民出版社1994年版,第196页。

的体认，也就不断滋生着对于"有钱有幸福"[①]者的距离感与对立的情绪。有这样的"阶级"意识作底垫，他们把自己与穷苦人民划在一个阵线就成了顺理成章的事。作为"无产阶级者"，他们受着出版商的剥削和"垄断文坛"者的压迫，因而，他们号召同为"被压迫"者的"天下之无名作家的联合"。联合起来与谁斗争呢？"无产阶级者"的斗争对象当然是有产者以及"站在资本家墙脚下"的"垄断文坛"者、"依恃人多势众"者。这样，创造社以方便的逻辑将"打架"纳入了"阶级斗争"的范畴。

创造社在自己的行进历程中将《新青年》的战斗精神演化为"打架"，又由"打架"引申出激进的"阶级斗争"，其间他们自己也无法回避对"党同伐异"等政治斗争方式的参照。中国现代文学三十年的运动、论争、社团史以及文坛的是是非非、恩恩怨怨，都能由此寻出缘由。

（原载《中国现代文学研究丛刊》2000 年第 2 期）

[①] 郭沫若：《致成仿吾书》，《创造周报》1924 年第 52 号。

创造社与马克思主义美学

俞兆平

一 问题的缘起

马克思主义美学在中国的传播和任何事物一样，都有一个萌始、发展的演化历程。"十月革命一声炮响，给我们送来了马克思列宁主义。"[1] 若以1917年为始点，随着对马克思主义的介绍、研究、宣传，及其理论著作的翻译，其美学的一些基本要点，如经济基础与意识形态的关系，以唯物史观考察、论析文学的本质、文学的创作等，也开始为中国的文学界所重视及实践。至1930年，中国左翼作家联盟在上海成立，决定设立马克思主义文艺理论研究会等，马克思主义美学在中国的传播达到了高潮。但中国现代文学界在论述这一高潮形成时，似乎缺少一个自身演进的"量变"过程，而是多以"外部规律"，如1925年"五卅"运动、1927年"四·一二"政变，这些外在的政治事件作为动因，作为突如其来的"质变"的起点。

因此，如何描述出这一时期马克思主义美学在中国文学界传播的有序的渐进过程，也是我们对"五四"文学思潮的研究任务之一。如果我们不带偏见，而从史实出发，那么我们应该承认，在这一时期的国内的各文学社团中，介绍、研究、宣传马克思主义美学，时间最久、着力最甚的是创造社。鲁迅曾经回忆道："我有一件事要感谢创造社的，是他们'挤'我看了几种科学底文艺论，明白了先前的文学史家们说了一大堆，还是纠缠不清的疑问。并且因此译了一本蒲力汉诺夫的《文艺论》，以救正我——还因我而及于别人——的只信进化论的偏颇。"[2] 论辩的一方被对方"挤"着去看一些书，至少说明对方在某种理论的掌握与运用上超前了一步。

但学界在论述创造社的文艺思想时有这样一个现象，即往往以1926年为界限，或以"文学革命到革命文学"的转折为界点，在此之前的创造社耽于浪漫主义思潮，追求"为艺术而艺术"，有唯美主义倾向；在此之后，突然政治"左"倾，投向革命，宣传马克思主义文学理论，倡导无产阶级文学。这样客观上给人造成一种印象，似乎"浪漫派"就是如此"浪漫"，他们的选择没什么定性，一夜之间便可从反文学

---

[1] 毛泽东：《毛泽东选集》第4卷，人民出版社1991年版，第1471页。
[2] 鲁迅：《鲁迅全集》第4卷，人民文学出版社1957年版，第3页。

功利性的唯美追求中，投身于提倡"革命文学"的政治热潮。这种错觉的形成，客观上在于学界没有把创造社对马克思主义美学的追求当成一个渐进的整体性的动态进程，从而对他们的"突变"也多持不信任的态度，故往往评断为"'左'倾幼稚病""偏激""教条式"等。国内近期出版的一本《中国马克思主义美学思想的发展历程》专著，论及太平天国美学，论及梁启超、王国维、蔡元培的美学，却对正宗的创造社接纳马克思主义美学的情况略而不谈，强调的反而是他们在1928年对鲁迅批判的错误的历史教训。① 一些研究者在主观上是否还囿于这样的困境：既然已把创造社定性为浪漫主义的文学流派，既然断定他们前期倾向于"为艺术而艺术"，若再论析他们当时对马克思主义美学的追求，肯定他们这一趋势，岂不自相矛盾？为着自圆其说，就不能不割舍一些史实了。

一个社团思想观念的形成、价值取向的择取，有着多种动因，特别是处在"五四"这一思潮迭起、观念杂陈的特殊历史时期，更是如此。不可否认，1928年后，创造社一些成员，如冯乃超、李初梨等，在运用马克思主义理论进行文学批评时，特别是对鲁迅、茅盾，以及对本社创始人郁达夫等的批评，是存在着"左"的倾向，但这并不仅是个人的行为，因为他们必须服从于当时的党中央甚至共产国际的总的路线、方针。因而，我们对作家、批评家个体不必给予过多的苛求与指责。任何一种理论的引进、接受和实践，都有一个从朦胧、幼稚，到圆融、成熟的过程。郭沫若在1958年为《文艺论集》撰写的"前言"中回忆道："三十多、四十年前的我，是在半觉醒状态。马克思、列宁的存在是知道了，对于共产主义是有憧憬的，但只感觉着一些气息。思想相当混乱，各种各样的见解都沾染了一些，但缺乏有机的统一。因而，有些话说得好像还不错，而有些话却又十分糊涂。"② 从史实上看，郭沫若这一回忆是比较客观的。郭沫若在1926年还谈及："只要真正是和我的作品的内容接触过，我想总不会发现我从前的思想和现在的思想有甚么绝对的矛盾的。我素来是站在民众方面说话的人，不过我从前的思想不大鲜明，现在更鲜明了些，从前的思想不大统一，现在更统一了些罢了。"③ 强调了自身思想发展的延续性、思想倾向的一致性。

因此，我们有必要从渐进的、整体性的动态进程，来描述、考察创造社当年接纳、运用马克思主义美学的情况。这样，也可使我们进一步地理解，为何创造社的"自我表现"的概念中包含着强烈的社会性内涵，为何郭沫若会以艺术是"貌似无用，然而有大用存焉"的统一命题，来调整、综合文学的社会功用与审美特性的矛盾。也就是说"冰冻三尺，非一日之寒"，我们甚至可以超出美学、文学的范围，去理解郭沫若何以能早在1929年就写出令中国史学界震惊的、第一部用马克思主义观

---

① 钱竞：《中国马克思主义美学思想的发展历程》，中央编译出版社1999年版。
② 郭沫若：《郭沫若全集·文学编》第15卷，人民文学出版社1990年版，第144页。
③ 郭沫若：《郭沫若全集·文学编》第16卷，人民文学出版社1989年版，第23页。

点研究中国历史的专著——《中国古代社会研究》。

由于中国现代文学界对1928年左右从日本归来的冯乃超、李初梨、彭康、朱镜我等，在研究、宣传马克思主义的情况上，已有较多的评述，所以本文主要侧重于学界有所忽略的创造社三元老——郭沫若、郁达夫、成仿吾以及郑伯奇等与马克思主义美学的关系展开论述。

二　历史的语境

马克思主义美学的要点之一，是强调历史的过程、社会的环境对个体思想意识形成的构建与制约的作用。郭沫若、郁达夫等早在1913年就到了日本，受到了日本的政治、文化、社会生活的较大影响。郭沫若曾经说过："中国文坛大半是日本留学生建筑成的。创造社的主要作家是日本留学生，语丝派的也是一样。……就因为这样，中国的新文艺是深受了日本的洗礼的。"① 当时的日本在意识形态方面是相对开放的，西方的各种思潮，包括马克思主义等也都涌入日本的思想界，那时中国不少有关这方面的论著是假道日文转译过来的。因而，创造社的成员们或隐或显地都在一定的程度上受到了马克思主义的影响。

在《创造十年》中，郭沫若这样回忆道："一九一七年俄罗斯的十月革命一成功，在各国的劳工运动上和文化运动上有一个划时期的促进。日本思想界之一角显著地呈出了左倾色彩的，便是从那时候起头。在当时日本比较进步的杂志《改造》和《解放》，继续发刊了。"十月革命的胜利，新的社会制度的诞生引起了世人的热切关注，而与新制度伴生的无产阶级文学，则通过日本的思想界、文学界对郭沫若这批中国留学生产生了较大的影响，像田汉，"他那时已在介绍俄罗斯文学，又在议论着诗人和劳动问题。据我所知他是受了日本文坛的影响，同时不消说也就间接地受了俄罗斯革命的影响"②。

郑伯奇在《国民文学论》中也谈道，1922年"日本文坛进行艺术与阶级的论争最剧烈的时候，有岛氏做了《一个宣言》。那篇文章的大意是绝对地承认阶级斗争；而他结论到第三阶级绝无能参预第四阶级革命的资格。这议论未免趋于极端，使他犯了自杀的惨剧"③。有岛武郎是日本当年强调文学阶级性最甚的一位作家，他为此信念而自杀，可见论争程度之激烈。当时创造社及国内一些作家都关注过这场论争，至少他们在名词概念的使用上也都受到其影响。譬如，郭沫若在《革命与文学》、鲁迅在《"醉眼"中的朦胧》等使用到的，流行于当时文学界的"第三阶级""第四阶

---

① 郭沫若：《郭沫若全集·文学编》第16卷，人民文学出版社1989年版，第53页。
② 郭沫若：《学生时代》，人民文学出版社1979年版，第59页。
③ 饶鸿竞等编：《创造社资料》上册，福建人民出版社1985年版，第79页。

级"等名词，应均出自日本学界。

1924年6月，居于日本，"物质生活简直像伯夷叔齐困饿在首阳山上"的郭沫若，在靠典当度日的时候，费了两个月的时间翻译了日本马克思主义研究的先驱者、经济学家河上肇的《社会组织与社会革命》。他在给成仿吾的信中谈到自己的思想剧变："这书的译出在我一生中形成了一个转换时期，把我从半眠状态里唤醒了的是它，……我对于作者非常感谢，我对于马克思、列宁非常感谢。"① 他宣布："我现在成了个彻底的马克思主义的信徒了！"② 有些研究者总是把郭沫若的真诚当成了"浪漫"，对他信奉马克思主义持怀疑的态度。这应回归他当时的生存环境，方能得以消除。当郭沫若穷困到把《歌德全集》典当了一张五圆的老头票，把刚译完的《社会组织与社会革命》原书马上又典当了五角钱予以度日的时候，他还会有心情来"演戏"、来"浪漫"吗？如果我们承认经济状况对思想意识的制约作用，那么，处于贫困潦倒、数米而炊的郭沫若，这时接纳马克思主义理论正是久旱得雨、顺理成章的事。

在中国国内，1923年发生了思想界自"五四"以来的第三次大论战——"科学与人生观论战"。这场论战的意义不只是在原初命题上的深化，更重要的是促进了马克思主义作为科学的理论在中国思想界传播开来。在当时崇奉"德先生""赛先生"的历史语境中，以张君劢、张东荪等为代表的"玄学派"自然败下阵来，而以丁文江、胡适、陈独秀等为代表的"科学派"获得胜利。但得胜的"科学派"一方内部并不统一，存在着原则上的分歧。陈独秀认为，胡适、丁文江等科学派对张君劢等玄学派的批评不过是"以五十步笑百步"而已，因为胡适的"心物二元论"与张君劢的主张距离并不太远。陈独秀说："我们相信只有客观的物质原因可以变动社会，可以解释历史，可以支配人生观，这便是'唯物的历史观'"③。胡适不同意陈独秀把"物质的"一个字仅解释成"经济的"，他说："我个人至今还只能说，'唯物（经济）史观至多只能解释大部分的问题'。独秀希望我'百尺竿头更进一步'，可惜我不能进这一步了。"④ "这一步"实质上就是马克思主义的一元论历史观与自由主义的多元论历史观的区别之所在。因此，陈、胡之间的分歧是无法调和的，陈独秀的这段话宣布了他们最终的对立："离开了物质一元论，科学便濒于破产，适之颇尊崇科学，如何对心与物平等看待！适之果坚持物的原因外，尚有心的原因——即知识、思想、言论、教育，也可以变动社会，也可以解释历史，也可以支配人生观——像这样明白主张心物二元论，张君劢必然大摇大摆的来向适之拱手道谢！！！"⑤ 这场论战在

---

① 郭沫若：《郭沫若全集·文学编》第16卷，人民文学出版社1989年版，第10页。
② 郭沫若：《郭沫若全集·文学编》第16卷，人民文学出版社1989年版，第8页。
③ 张君劢、丁文江等：《科学与人生观》，山东人民出版社1997年版，第7页。
④ 张君劢、丁文江等：《科学与人生观》，山东人民出版社1997年版，第27页。
⑤ 张君劢、丁文江等：《科学与人生观》，山东人民出版社1997年版，第32页。

中国现代思想史上具有重要的位置，按张利民先生在《科学与人生观》一书的"重版引言"所评述的："通过这场论战，中国现代哲学的三大思潮：现代新儒学、自由主义、马克思主义，初步展示了未来的发展方向。"① 而马克思主义，尤其是它的唯物史观更以一种科学的价值形态日益获得中国先进知识分子的信奉与遵从。郭沫若曾说："辩证唯物论这种思想只愁青年们不肯接近，或者不能接近，只要他们接近了，那便要同一切的金属遇着水银一样，立地要成为汞合金，立地要互相锻合。"② 这一比喻相对贴切地道出了当时青年们的思想动态。

创造社的主要成员们便是在这样的历史语境中，逐渐趋近、接纳、遵从了马克思主义美学，并作为基本的原理、要则运用于社会的观察、文论的构建、文学的创作之中。

三 遵从的表现

科学社会主义的基本观念。创造社主要成员们马克思主义美学观的形成，建立在他们对科学社会主义的基本观念的把握上。1924 年 8 月，郭沫若在给成仿吾的信中谈道："科学的社会主义所告诉我们的'各尽所能，各取所需'的时代，我相信终久能够到来；'个人之自由发展为万人自由发展之条件的一个共同体'，我相信是可以成立的。"③ 他所引的这两句话，一是出自马克思的《哥达纲领批判》，一是出自《共产党宣言》，均为共产主义的最根本原则。前者是关于人们在理想的社会中，物质生产劳动的形式和物质产品的分配原则；后者是关于个体在群体社会中的生存状态，即个体既能遵循自然与道德的客观律令，又有着生存的主体自由。"各尽所能，各取所需"，在今天这已是耳熟能详的提法，但后一个命题的提出，非一般人所能。直至1973 年，顾准还发出这样深沉的感慨："究竟什么叫做共产主义，迄今的定义，与马克思亲自拟定的定义'每个人的自由发展是一切人的自由发展的条件'（《共产党宣言》）愈来愈纷歧，愈来愈不一致，也愈来愈难理解。也没有多少人考虑过这个问题。"④ 对照之下，方可认识到，郭沫若在 75 年前就能如此准确扼要地提出共产主义的两大原则要义，并非一件易事，这内蕴着学识上的功力与对社会的深切感悟。

若从科学社会主义理念出发，观照当时的中国社会，其现状已是内外交困、疮痍满目，处于危亡之际。郭沫若、郁达夫等都对此做出惨痛的描述，并加以分析、解剖。1926 年，郭沫若在《文艺家的觉悟》中写道："我们所处的中国尤为是受全世界的资本家压迫着的中国……每年每年把我们的金钱榨取几万万海关两去。他们把他们

---

① 张君劢、丁文江等：《科学与人生观》，山东人民出版社1997 年版，第 1 页。
② 郭沫若：《郭沫若全集·文学编》第 16 卷，人民文学出版社1989 年版，第 74 页。
③ 郭沫若：《郭沫若全集·文学编》第 16 卷，人民文学出版社1989 年版，第 8 页。
④ 顾准：《顾准文集》，贵州人民出版社1994 年版，第 374 页。

的机器工业品输入，同时又把我们旧有的手工业破坏了，于是民穷了，业失了，平地添出了无数的游民，而在这个食尽财空的圈子里面又不能不争起糊口的资料来，于是才发生出无数循环不已的内争。"① 郭沫若分析了垄断资本主义对半殖民地半封建中国的残酷榨取，及资本主义工业对中国民族工业的压迫与破坏，指出了资本主义的侵略乃是当时中国衰败的根本原因，达到了本质性的揭示。

郁达夫则侧重于中国农村状况的分析。1927年他在《农民文艺的提倡》中论析说："近代资本主义的流毒，在都会里头，产生了一个无产劳动者阶级，同时在农村里，也促生了许多贫农。"促生的过程是这样的："机械工业发达的结果，一般人的欲望亦随之而增高"，"资本主义的生产，侵入到了乡村里头，使大农愈来愈大，愈进愈富，而中小自作农，就不得一天一天的减少下去。同时因为应用机器的结果，农村劳动者，大部分就不得不陷于失业的地位，而流为饿殍。他们中间的强者，飘流到了都会里头"②，与原有的工业劳动者争夺工作位置，加剧了竞争。郁达夫从物欲消费心理的趋导，从新的生产力与旧有的生产关系的矛盾冲突出发，论析了中国农村贫富两极分化日益严重的趋势，以及无产阶级和贫农阶级的生存现状。这些都显示出他们运用科学社会主义的基本原理在中国现状上研究的突破。

经济基础与意识形态的关系。马克思主义美学区别于他种美学体系的质的规定性是：隶属上层建筑的意识形态受制约于与之相适应的经济基础。这是我们研究美学、文艺学的性质与意义的理论基础。"物质生活的生产方式制约着整个社会生活、政治生活和精神生活的过程。"③ 1928年，成仿吾在其著名的《从文学革命到革命文学》一文的论述中，就贯穿着马克思主义美学的这一基本原则。他写道："历史的发展必然地取辩证法的方法。因为经济的基础的变动，人类生活样式及一切的意识形态皆随而变革，结果是旧的生活样式及意识形态等皆被扬弃，而新的出现。"意识形态随着经济基础的变动而变革，成了他考察文学艺术流变的指导原则。由于"近代的资本主义急潮的来侵，早把我们旧日的经济的基础破坏，欧战中我们更有了近代式的资产阶级及一部分小资产阶级的'印贴利更追亚'。文学这意识形态的革命渐不能免"④，"五四"文学革命正是沿着马克思所揭示的历史进程而展开的。

值得重视的是，成仿吾还逆向论及"意识形态的批判"——意识形态对经济基础反作用的问题。1928年，成仿吾在《全部的批判之必要》一文中分析道：文艺对象的构成过程是，"依他们的物质的生产样式而形成'社会的关系'的人，又依他们的社会关系而形成诸原则，观念，范畴。"其具体的演进是，"社会的下部建筑的矛盾之发展终必出现于意识，这矛盾被意识着到一定程度的时候，先起意识形态的批

---

① 郭沫若：《郭沫若全集·文学编》第16卷，人民文学出版社1989年版，第26页。
② 郁达夫：《郁达夫文集》第5卷，花城出版社1991年版，第280页。
③ ［德］马克思、恩格斯：《马克思恩格斯选集》第2卷，人民出版社1975年版，第82页。
④ 成仿吾：《成仿吾文集》，山东大学出版社1985年版，第241—242页。

判，这种批判的要求终要下降到经济过程的批判。在经济过程的批判完了之后，从前的意识形态的批判被修正，深化而形成一种轮廓。再经生活过程的批判与意识过程的批判，这轮廓的内容逐渐充实而决定。"① 也就是说，成仿吾当年已认识到，包括文学艺术在内的意识形态，还有着自身的主动性。它是为着克服经济基础内部的矛盾，为了调整经济基础而产生的，它的批判，它的修正，都说明它在本质上是维护、巩固，或更新、发展一定的经济基础的一种手段。这也是当代西方马克思主义流派理论构成的重要命题之一，而对这一命题我们文学界直至20世纪80年代末期才引起理论意义上的注意。

1930年，郭沫若在《文学革命之回顾》中也谈道，"五四"运动前期，自由平等的要求偏重在政治上、法律上；而到了文学革命时期，自由平等的要求进展到思想上、文艺上来。为什么步骤是这样的呢？他写道："由文化本身来说，政治、法律和社会的经济基础逼近，所以基础一动摇，政治、法律便不能不先发生动摇。思想、道德、文艺等在上层建筑中比较更上一层，所以它们受到影响总要稍稍落后。"② 显然，这一论析完全依循于马克思《〈政治经济学批判〉序言》的基本原则和逻辑推演，特别是关于上层建筑还有不同层面，政治、法律因靠近经济基础而先于道德、文艺发生变化的论述，更是深入地把握到马克思这一命题的精髓，而且也符合恩格斯在《致康·施米特》信中所提出的："那些更高地悬浮于空中的意识形态领域，即宗教、哲学等等"③，与经济基础之间有着相对独立性质与中介环节的原理。

文艺的本质与功用。谈到创造社的文艺本质观，马上就会有两个判断词——"强调自我""尊重主观"闪出人们的脑际，这是中国现代文学研究界几成思维定式的定论。是的，成仿吾说过："文学上的创作，本来只要是出自内心的要求"；郭沫若说过："文艺也如春日的花草，乃艺术家内心之智慧的表现"；郁达夫说过：艺术"是人生内部深藏着的艺术冲动，即创造欲的产物"。但他们在同一篇文章中，又同时高扬艺术的社会功用大旗。成仿吾说，文学家的"使命，不仅是重大，而且是独任的，……对于时代的虚伪与它的罪孽，我们要不惜加以猛烈的炮火。"④ 郭沫若说，艺术有两种伟大的使命："统一人类的感情和提高个人的精神，使生活美化——已经够有不朽的价值"。⑤ 这里何曾有脱离现实、耽于主观的偏误？这一问题，笔者在《创造社文论与康德美学》一文中认为，他们一是接受康德关于"美的理想"的二律背反的正反命题可合题统一的观点，以"无用而有大用""不用之用"为基点，展开对文艺的本质和功用的论述。二是主张"自我"包容了社会生活。

---

① 成仿吾：《成仿吾文集》，山东大学出版社1985年版，第253页。
② 郭沫若：《郭沫若全集·文学编》第16卷，人民文学出版社1989年版，第92页。
③ [德]马克思、恩格斯：《马克思恩格斯选集》第4卷，人民出版社1975年版，第484页。
④ 成仿吾：《成仿吾文集》，山东大学出版社1985年版，第91页。
⑤ 郭沫若：《郭沫若全集·文学编》第15卷，人民文学出版社1990年版，第204页。

创造社主要成员对文艺与现实关系的重视，亦受启于马克思主义美学。1924 年，郭沫若在《孤鸿——致成仿吾的一封信》中谈道："我对于今日的文艺，只在它能够促进社会革命之实现上承认它有存在的可能。……真实的生活只有这一条路，文艺是生活的反映，应该是只有这一种是真实的。"① 艺术源自生活这一马克思主义美学的基本原则，郭沫若是心领神会的。1926 年，他进一步断言："文学是社会上的一种产物，它的生存不能违背社会的基本而生存，它的发展也不能违反社会的进化而发展。所以我们可以说一句，凡是合乎社会的基调的文学方能有存在的价值，而合乎社会进化的文学方能为活的文学，进步的文学。"②

那么，这"社会的基调""社会进化"的主要内涵是什么呢？1923 年，郁达夫在《文艺赏鉴上之偏爱价值》中指出："栖息于 20 世纪的地球上的人类，大抵以对现状抱着不满者居多。而此不满之发生，又是因于现在经济社会组织之不良。所以对现实社会反抗的文艺作品，描写被压迫者及贫人的生活的作品，偏爱价值比绝对价值大。"③ 因此，描写被压迫的阶级、贫困无产者的文学作品，才符合社会的基调，社会进化的趋势。郁达夫文论一贯重视社会经济的分析，文学艺术的源点来自生活，而且来自现实社会生活中的经济状态及各阶级的生存状况，如生产资料的占有、产品分配的形式，由此形成的贫富不均、阶级对立等。可以看出，创造社主要成员的文艺本质观很大成分是奠立在马克思主义美学上的。

由于肯定文艺本质的基点是社会生活，他们也就重视文艺的社会功用。1924 年，郭沫若强调说："现在是宣传的时期，文艺是宣传的利器。"因此，"纯文艺"的路是行不通的，"在现在而谈纯文艺是只有在年青人的春梦里，有钱人的饱暖里"④。1926 年，郭沫若就更明确地宣布："我们现在所需要的文艺是站在第四阶级说话的文艺，这种文艺在形式上是现实主义的，在内容上是社会主义的。——我在这儿敢斩钉截铁地说出这一句话。"⑤ 对创造社追求的文艺本质及其功用做了最后的界定。

创作主体的社会性。马克思主义美学的要则还强调创作主体与所生存社会的一体化。马克思在《1844 年经济学—哲学手稿》中指出："应当避免重新把'社会'作为抽象物同个人对立起来。个人是社会的存在物。因此，他的生活的表现——即使它不直接采取集体的、同其他人共同完成的生活表现这种形式——是社会生活的表现和确证。"⑥ 个人组成了社会，社会渗入了个人，两者是互为一体、相互依存的。马克思强调的是社会与个人的统一。因而，他在《共产党宣言》中肯定："人的观念、观

---

① 郭沫若：《郭沫若全集·文学编》第 16 卷，人民文学出版社 1989 年版，第 20 页。
② 郭沫若：《郭沫若全集·文学编》第 16 卷，人民文学出版社 1989 年版，第 35 页。
③ 郁达夫：《郁达夫文集》第 5 卷，花城出版社 1991 年版，第 162 页。
④ 郭沫若：《郭沫若全集·文学编》第 16 卷，人民文学出版社 1989 年版，第 20 页。
⑤ 郭沫若：《郭沫若全集·文学编》第 16 卷，人民文学出版社 1989 年版，第 31 页。
⑥ ［德］马克思：《1844 年经济学—哲学手稿》，人民出版社 1979 年版，第 76 页。

点和概念，一句话，人们的意识，随着人们的生活条件、人们的社会关系、人们的社会存在的改变而改变"。①

马克思的创作主体社会性的原则在创造社主要成员的文论中时时得以体现。1926年，郭沫若在《文艺家的觉悟》中指出："一个人生在世间上，只要他不是离群索居，不是如像鲁滨孙之飘流到无人的孤岛，那他的种种的精神活动，无论如何是不能不受社会的影响的。"② 郁达夫把这一原则推演至革命文学的论争中去，他绝不相信那些宣称一夜间就可改变阶级意识的轻率之言，他认为社会环境、经济状况对人的意识的形成是根深蒂固的："不管你有几千万家财，有几十乘汽车，有几十间高大洋楼，只教你有一个自以为是无产阶级的心，你就可以变成一个无产阶级者的这一种理论，我是绝对否认的。"③ 因此，他不无偏激地说："我在此地敢断定一句，真正无产阶级的文学，必须由无产阶级自己来创造"④。他的这一断言在内质上与前述日本20年代初关于艺术与阶级论争中有岛武郎的主张是一致的。虽然他们对马克思这一原则的理解过激了一些、机械了一点，但精神内质是一致的。

对创作主体社会性原则的遵循，也使创造社的主要成员在提倡"自我表现"的创作主张时有了理论上的根据，从而能理直气壮地进行学术论争。1923年，郑伯奇在《国民文学论》中论析道："这'自我'并不是哲学家的那抽象的'自我'，也不是心理学家的那综合的'自我'，这乃是有血肉，有悲欢，有生灭的现实的'自我'。这'自我'既然是现实的，当然不能超越时间空间而存在，并且也不能单独的孤立的存在。这自我乃是现实社会的一个成员，一个社会性动物。……艺术只是自我的表现，我们说了，我们现在也可以说'艺术是表现人生的'。这话并不矛盾，不冲突，实在也很一致的。一个赤裸裸的自我，堕在了变化无端的社会中，其所怀的情感，所受的印象，一一都忠实地表现出来：这便是艺术。"⑤ 如此清晰的论辩，如此明确的判断，笔者实在很难理解学术界的一些论者何以在创造社的"自我表现"问题上纠缠不休，把"为艺术而艺术"的称号强加给他们？

资本主义与艺术的关系。马克思在《剩余价值理论》中指出：只有在一定的、历史的发展的基点上，"才能够既理解统治阶级的意识形态组成部分，也理解一定社会形态下自由的精神生产。……例如资本主义生产就同某些精神生产部门如艺术和诗歌相敌对。"⑥ 这种"敌对"的原因，在《共产党宣言》中解答得十分清楚：在资本主义社会中，"人和人之间除了赤裸裸的利害关系，除了冷酷无情的'现金交易'，

---

① ［德］马克思、恩格斯：《马克思恩格斯选集》第1卷，人民出版社1975年版，第270页。
② 郭沫若：《郭沫若全集·文学编》第16卷，人民文学出版社1989年版，第24页。
③ 郁达夫：《郁达夫文集》第6卷，花城出版社1991年版，第63页。
④ 郁达夫：《郁达夫文集》第5卷，花城出版社1991年版，第250页。
⑤ 饶鸿竞等编：《创造社资料》上册，福建人民出版社1985年版，第73页。
⑥ ［德］马克思、恩格斯：《马克思恩格斯全集》第26卷，第1分册，人民出版社1956年版，第295页。

就再也没有任何别的联系了。"商品交换逻辑渗透到社会生活的每一个角落,金钱取代了人间的亲情,商品的交换价值压倒了人的尊严。"资产阶级抹去了一切向来受人尊崇和令人敬畏的职业的灵光。它把医生、律师、教士、诗人和学者变成了它出钱招雇的雇佣劳动者。"① 艺术,这一精神生产的产品,现已变为金钱交换的商品,它那神圣、自由的品格沦落了。因此,资本主义在其本质上是和文学艺术相敌对的。

在这一问题上,郁达夫的感悟比较深。在1923年的《艺术与国家》一文中,他从资本主义对生态环境的破坏谈起:"资本主义更是自然的破坏者。好好的一处山水,资本家要用了他们的恶钱来开发,或在山水隈中,造一个巨大的Tank,或在平绿的原头,建一所压人的工场。"在资本主义的铁轮之下,不仅自然环境遭到毁灭性的破坏,而且人间的亲情也被颠覆殆尽,那工场、Tank把"附近的居民的财帛和剩余的劳银,也要全部被吸收过去,卒至许多的居民,就不得不妻离子散,变成Pauper(贫贱民?),小家庭的和爱的美感,和父子、兄弟、姐妹、夫妻、朋友中间流贯的热情,同时都不得不被一网打尽。所以资本主义和艺术是势不两立的。"② 亲情和爱是艺术的温床,如果美的基点——"情",被金钱"一网打尽",那么,建基于"情"之上的美的艺术当然不复存在了。显然,郁达夫这一论述是受启于《共产党宣言》,不仅内在的思辨逻辑,甚至连一些语词概念也是一致的。

关于艺术发展不平衡性问题。马克思主义美学的特质在于经济基础制约意识形态的科学体系的建立,但随即带来了这样的问题:何以存在具有超越特定时空、超越特定经济时期的永恒性(郁达夫称之为"永久性",郭沫若称之为"不朽性""悠久性"等)的文学艺术作品呢?如郭沫若所举的《诗经》中的《国风》、殷周的青铜器,其美的形式与艺术的魅力是永恒的,是无法模仿的。由此导致他们产生了困惑。郭沫若说:"这种倾向和辩证的唯物论却是相背驰的。老实说最近的两三年前,我就是这种人中的一个,我为这个问题实在是苦闷过来。"③

1923年,郭沫若在《我们的文学新运动》中就发现过这一问题。"让历史做我们的先生吧!凡受着物质苦厄的民族必见惠于精神的富裕,产生但丁的意大利,产生歌德、许雷的日耳曼,在当时都未受到物质的恩惠。"④ 他看到了艺术生产和物质生产的发展不平衡性的问题,生产力低下、物质状况贫乏的意大利、德国,却诞生文学、美学的大师。如但丁、歌德、席勒等,而他们的作品却超越时空、界域,有着美的永恒性。那么,"艺术岂不是超过时代的东西?艺术岂不是超过阶级的东西?艺术的对象岂不就是无阶级无限制的一般的人?艺术的本质岂不就是纯真赤裸的人性?"⑤。郭

---

① [德]马克思、恩格斯:《马克思恩格斯选集》第1卷,人民出版社1975年版,第253页。
② 郁达夫:《郁达夫文集》第5卷,花城出版社1991年版,第153页。
③ 郭沫若:《郭沫若全集·文学编》第16卷,人民文学出版社1989年版,第108页。
④ 郭沫若:《郭沫若全集·文学编》第16卷,人民文学出版社1989年版,第3页。
⑤ 郭沫若:《郭沫若全集·文学编》第16卷,人民文学出版社1989年版,第105页。

沫若继续发问。当时文艺界正展开人性与阶级性的论争，这一问题若不解答清楚，马克思主义美学在中国的传播必定受到影响。

于是，郭沫若在1930年翻译了马克思的《政治经济学批判导论》（即《〈政治经济学批判〉导言》）以求解答，并作了说明。他首先诠释马克思关于古希腊艺术和那一时期经济相适应的解说，指出古希腊艺术只能诞生在那个由希腊人幻想所点染出的神话的世界。他进而发挥道：假使中国的文坛是建设在上海的中心，作家是睡在东亚酒楼的钢丝床上，耳畔只是汽车的咆哮，或是黄浦滩头的轮船拔锚，"你能听出甚么河洲上的'关关雎鸠'吗？……那里还会闹到'女曰鸡鸣'的使你在半夜里起床？"[①] 郭沫若这些话，在无意中言及了后来的张爱玲、刘呐鸥、穆时英等海派"都市文学"的特质，马克思主义美学的普遍性也由此可见。

而后，郭沫若便完整地译述了马克思的"为什么历史上的人类童年时代，在它发展得最完善的地方，不该作为永不复返的阶段而显示出永久的魅力呢"那段著名的话（因篇幅关系，此不全引）。郭沫若激动地评说："这几句简单扼要的话，真是道破了几千年来艺术学上的秘密，新兴艺术学或美学的胚芽便含蓄在这儿。我们透过了优越的民族性、美的人性，现在是得到一个永不复归的社会性来把这个艺术的不朽性的问题解决了。"[②] 按笔者现在掌握的资料来看，这是中国现代美学思想史上，第一次对马克思关于物质生产与艺术生产发展不平衡性的命题做出的论析与评定。但按郭沫若所解读的，仅以"永不复归的社会性"一个概念就可完全回答艺术的永恒性问题，似乎并非那么简单，而且也不一定符合马克思的原意。

倒是郁达夫1932年在暨南大学的演讲《文学漫谈》比较接近马克思的原意："大作家的把捉时代，是要把捉住时代精神的最主要的一个根本观念，是要把捉住超出在一短时候和各种不相干的琐碎关系之外的人性的本质的。这时代的基础观念和人性的本质融化入作家的个性，天才作者然后再把它们完完整整地再现出来，于是千古不灭的大作品，就马上可以成立了。"[③] 他认为，有每一个时代或阶级的人性，但也有超时期、超琐碎关系的本质性的人性。笔者认为，马克思所说的"儿童的天真""儿童的真实""儿童的天性""它发展得最完善的地方"，就是指人类未被机械理性、社会机器、金钱物欲等所异化之前的"人性的本质"。郁达夫主张时代精神、时代的基础观念和人性的本质没有矛盾，可以合为一体融入作家的个性中去，那么，永恒的作品就有可能诞生了。他的这一看法有相当的合理性。

总之，创造社主要成员郭沫若、郁达夫、成仿吾、郑伯奇等，在掌握科学社会主义的基本观念之外，他们关于经济基础与意识形态的关系、文艺的本质与功用、创作

---

① 郭沫若：《郭沫若全集·文学编》第16卷，人民文学出版社1989年版，第109页。
② 郭沫若：《郭沫若全集·文学编》第16卷，人民文学出版社1989年版，第111页。
③ 郁达夫：《郁达夫文集》第6卷，花城出版社1991年版，第101页。

主体的社会性、资本主义与艺术的关系、艺术发展不平衡性等问题的论述，均受启发于马克思主义美学。只有添补上这一块的空白，中国现代马克思主义美学的发展，方可真实地显出它那渐进的、有序的、整体性的、从量变到质变的历程。

（原载《厦门大学学报（哲学社会科学版）》2000年第4期）

论文选编

郭沫若的左联往事

郭平英

1930年3月2日，中国左翼作家联盟在上海成立。父亲郭沫若是左联49位发起人之一。他当时由于被国民党政府通缉而流亡日本，到1936年左联解散，一直没有回国的可能，所以他和左联的关系和许多左联盟员有所不同。

一 左联成立与《少年维特之烦恼》的版税

父亲向来不主动对子女讲述往事，我偶然遇到一次例外，是在"四人帮"被粉碎，科学文艺界开始回暖的时候。这天晚上，我在他的房间里翻看报纸，沙发前的长条茶几上摆放着成摞的书报杂志。他看过杂志一份关于左翼文学活动的大事记一类的材料后，顺口说："左联成立的时候，我捐过《少年维特之烦恼》的版税，现在没有人提了。"

为左联成立捐款的事，在《跨着东海》这篇写于1947年的自传中被提及，文中写道："我当时曾经把《少年维特之烦恼》书捐献给联盟，把那书的版税作为联盟的基金。凡是参加过那初期活动的朋友们，对于这个小小的往事，应该还有人能够记忆吧。"

当年了解这件事的人会有谁呢？郭沫若是在左联成立两年以前流亡日本的。据党组织的安排，由他的一位入党介绍人、在上海从事党的保卫工作和文化工作的李一氓和他保持单线联系（他的另一位入党介绍人是周恩来）。李一氓早年就读成都石室中学，和郭沫若是先后期的校友，1925年在广州加入创造社。以后出征北伐，他们同在北伐军总政治部工作。从1926年夏天离开广州，到1927年从九江赶往南昌参加八一起义，郭、李二人时常一起行动。

郭沫若到日本后的头几年，经常通过李一氓帮他买书、寄书，和出版社打交道。《中国古代社会研究》《甲骨文字研究》《殷周青铜器铭文研究》这三部专著，就是李一氓联系出版的。1932年，李一氓调往江西瑞金中央苏区工作，情况紧急，走得匆忙，郭沫若失去了党组织的联系人。

和郭沫若保持着通信联系的，还有一位当年太阳社的骨干阿英，1930年春在上海筹备成立左联的主要负责人之一。阿英晚年病重时回忆说，他曾给郭沫若写过信，把筹备左联的事简单告诉过他,郭沫若回信表示支持。然而,阿英和李一氓日后都没有提到过郭沫若的这次捐款,《跨着东海》成为孤证。

左联自成立以来,始终处在复杂艰险的环境中,盟员们随时可能遇到危险,被通缉、拘捕,甚至杀害。同左联经历过的风雨相比,捐版税这件事的确不大,也不会有很多人经手。现在想起来,只能无奈那时自己完全没有多了解父亲生平的意识,在听到父亲提到这件事后,没有接着问问具体细节,比如为什么决定捐《少年维特之烦恼》这本书的版税,托付谁办的,等等。

歌德的中篇小说《少年维特之烦恼》(以下简称《维特》),被公认为德国狂飙突进运动的代表作,以高昂的激情和鲜明的反封建意识,推动了德国新文学的发展。而郭沫若的这个译本,自1922年面世,多年来总有两三家出版社交替着再版,确实影响了中国一代文学青年。1930年前后,出版《维特》的出版社有两家:上海泰东图书局和联合出版社。此前,创造社出版部也出过这本书,不过左联成立时,创造社出版部已被查封很长时间了。

查看泰东与联合这两家出版社1930年前后《维特》的再版信息,有没有亡羊补牢的机会呢?先看泰东图书局,它是最早推出《维特》的,1922年印行初版本,1927年11月印行重排订正本。重排本校正了初译的疏漏和初版本的手写之误,版次仍然累计。1929年至1930年间再版过4次:

第12版,1929年4月印行,印数12001—17000册(计5000册);

第13版,未见版权页(推测时间在1929年下半年,印数2000);

第14版,1930年4月印行,印数19001—22000册(计3000册);

第15版,1930年8月印行,未见版权页。

再看上海联合书店,1929年再版情况不详,1930年再版过两次:

第7版,1930年5月1日印行,印数90001—11000册(计2000册);

第8版,1930年8月1日印行,印数11001—13000册(计2000册)。

对照左联的成立时间——1930年3月,所捐版税可能性最大的,当数泰东图书局4月份第14版。假如这个分析没错的话,那么经办人应该正是左联的第一任党团书记阿英。阿英在1928年就和泰东有过合作,他的三卷本的《中国现代文学家》,还有《一条鞭痕》《荒土》等许多作品都是泰东出版的。相比而言,上海联合书店第7版的可能性偏小,一则代郭沫若同这家出版社打交道的李一氓,不是左联筹备工作的负责人,而是中国社会科学家联盟的发起人;二则联合书店这一版的出版时间是1930年5月,比左联的成立更晚了些时候。

创造社被查封之前,郭沫若可以定期通过内山完造得到创造社出版部转来的一些补贴。创造社被查封后,补贴没有了,一家人的开销全靠现写现卖的稿费支撑,家里的经济状况自然不宽裕。他在撰写古文字研究著述时,毛笔常用到笔锋写秃了还舍不得换一支新笔。到学校开学前夕,为了孩子们的学费,又免不了要向出版商预支稿酬。通过这些生活细节,不难掂量出郭沫若手里那支笔要负担的压力。

泰东第 14 版《维特》印数 3000,定价不高。算下来,这笔版税不是很大一笔钱。和父亲有过交往的人们常说,郭沫若是个慷慨豪爽的人,能喝酒,海量,生活上丰俭随意,和朋友有福同享,有难同当。五卅惨案发生后,他用《聂嫈》的演出收入救助过受伤的工友,此后做过许许多多类似的事,从不挂在嘴边,为什么这件"小小的往事",直到晚年还没忘记呢?

左联成立前夕,郭沫若投寄给阿英、蒋光慈主编的刊物《拓荒者》一首诗《我们的文化》。读了其中的诗句,使我对父亲捐版税的决定多了些理解。诗里写道:

> 我们要高举起我们的火把
> 烧毁这目前被毒蛇猛兽盘踞着的山林。
> 担负着创造世界的未来的人们,
> 我们大家团结起来。
> 我们同声的高呼:
> 我们要创造一个世界的文化,
> 我们要创造一个文化的世界!

这笔为数不多的版税,诚然会给左联一点点实在的支援,但想来它的意义并不限于此。当一个人不能置身在革命队伍,被禁足在国门之外独处困境的时候,这份芹献不仅包含了对左联这支队伍团结、壮大,乃至为中国的新文化运动开拓新局面的冀望,也包含了对在白色恐怖下初心不改的战友们的敬意。

二 东京分盟与《豕蹄》及其献诗

1934 年春,左联东京分盟秘密成立。郭沫若并不是东京分盟的成员,但他非常重视左联东京分盟的活动,和左联东京分盟的成员们建立了频繁的往来,在致力从事古文字研究的同时,为《东流》《杂文》《质文》等左联东京分盟的刊物频频撰稿,围绕文艺大众化、民族主义文学、国防文学与民族解放战争的大众文学两个口号的论争,发表了许多中肯的见解。

中国新文化建设迫切需要加深对马克思主义文艺理论的学习与思考,是郭沫若与东京分盟主要成员的共识。在郭沫若的影响下,1936 年秋,质文社出版了含有 10 部作品的"文艺理论丛书"。"丛书"第一种,即郭沫若对马克思、恩格斯合著的《神圣家族》第五部分的翻译,题为《艺术作品之真实性》(后改译为《艺术的真实性》)。翻译之初,分盟的年轻人曾建议使用日本《理论季刊》登载的马克思、恩格斯的《艺术论体系》为底本。经过版本比较,郭沫若决定直接采用德文本进行翻译,既带动了马克思主义文艺理论在中国的翻译、介绍、研究，也更正了日译本中的错误。

同分盟的青年朋友的交往，使郭沫若的文学创作也活跃了起来，如同火盆里的木炭被轻轻拨动，那些看似睡眠状态的炭块立刻变亮了，跳跃出闪闪火星。1935年6月3日，杂文社的人来访问他，请他为7月份即将出版的《杂文》第2号赶写一篇文章，希望立等可取。于是郭沫若请年轻朋友稍事等候，立即动笔写出一篇《孔夫子吃饭》交给他们。故事源自《吕氏春秋》，写被围困在陈蔡之间、断炊七日的孔子，在颜回讨粮、煮饭过程中竟然心生猜疑，那窘态暴露了这位圣贤自私虚伪的一面。小说所针对的是国民党当局在全国推行的尊孔复古之风，将孔子神化，以达到现实的政治目的，讽刺了"一些领袖意识旺盛的人"。

接着，郭沫若为《杂文》月刊第3号写了《孟夫子出妻》。故事源自《荀子·解蔽篇》中"孟子恶败而出妻"这句话。说读了《荀子》的原文自可明了，败，是败坏身体的败，不是妻有败德之意。孟子是禁欲主义者，他自命为"孔门的嫡传"，立志要成为圣贤，要效仿孔子出妻。可是不管他怎样涵养自己的"浩然之气"，故作矜持，只要妻子在身边，"便一身都充满着燥气"，陷入想兼得女色与圣贤的矛盾之中。反倒是孟妻决定成全孟子，使孟子发觉，妻子"比孔夫子还要伟大"，"与其去远师孔子，我应该近法我的夫人"。郭沫若称赞这位无名无姓的做了牺牲的女性，"不亚于孟子的母亲，且不亚于孟子自己"。

郭沫若的第三篇历史小说《秦始皇将死》写好时，《杂文》社已被迫改名，按郭沫若的提议，杂志更名为《质文》。小说刊登在《质文》第4号，讲述的是公元前210年秦始皇东巡客死在返回咸阳途中的故事。写始皇帝临终时后悔自己干了焚书坑儒这两件蠢事，"赢得一个千秋万岁的骂名"，感慨说："我想来统一思想，想使天下的人都对我心悦诚服，其实我真是一个大傻瓜。思想哪里是用暴力可以统一得起来的呢？"明眼人一看便知对秦始皇的这番勾画是对蒋介石独裁统治的讥讽。

郭沫若随后又为《质文》杂志写了《楚霸王自杀》；为《东流》杂志写了《贾长沙痛哭》。在接连完成的几篇历史题材小说中，最让人动情的是《司马迁发愤》，发表于上海《文学界》1936年6月5日的创刊号上，杂志由曾经担任过上海左联党团书记的戴平万主编。郭沫若依托司马迁的《报任安书》，借古抒怀，痛斥了不学无术的权威，对趋炎附势、朝三暮四的卑鄙人性极尽嬉笑怒骂。小说中的司马迁独白说："有权势的人能够在我的肉体上施以腐刑，他不能够腐化我的精神上的产品。我要和有权势的人对抗，看我们的生命那个更长，我们的权威那个更大，我们对于天下后世的人那个更有功德。有些趋炎附势的糊涂蛋在蔑视我们做文学的人，我要把我们做文学者的权威提示出来给他们看。我的全部的生命，全部的心血，都凝集在了这儿。""我的肉体随时可以死，随时可以被人寸断，但我敢相信我的生命是永远不死的。"这不正是作者在日本著书立说时的所思所想吗？

作者把这六篇文章收入历史小说与自叙传的合集，取名《豕蹄》。集子在1936年10月由上海不二书店初版时，采用了《质文》社负责人魏猛克画的插图。封面上作者的像，也用了简约的漫画手法，画像右下角有画家的签名，我认不出，是否也是魏猛克的作品呢？希望有人给予指点。

书名《豕蹄》，是"史题"的谐音。六篇历史题材的小说，被郭沫若称为"半打豕蹄"。《豕蹄》开卷一首十四行的《献诗——给 C. F.——》写道：

> 这半打豕蹄
> 献给一匹蚂蚁。
> 在好些勇士
> 正热心地
> 呐喊而又摇旗，
> 把他们自己
> 塑成为雪罗汉的
> 春季。
> 那匹蚂蚁
> 和着一大群蚂蚁
> 在绵邈的沙漠
> 无声无息
> 砌叠
> Aipotu。

诗是写给他日夜思念的朋友成仿吾的，C. F. 即成仿吾姓名英文拼写的字头。诗的最后一句"Aipotu"，是英文乌托邦 Utopia 的倒写，暗喻着他们前仆后继为之奋斗的主义并非是空想。蚂蚁，昆虫世界里最有纪律、最富有牺牲精神的物种。当溪流阻断了道路时，走在前面的蚂蚁会毫不犹疑地沉入水中，让后面的蚂蚁沿着不计其数的蚁骸搭建起的桥继续前行。郭沫若不止一次地为蚂蚁的这种牺牲自我的本能所叹服。

东京分盟中的绝大多数盟员是二十岁上下的进步青年，尚未加入任何党派。已经加入中共的盟员，如任白戈、蒲风，只是少数，党员身份并不公开。大家对于郭沫若无论是学术造诣、艺术才华、社会阅历，还是思想理论水平，都充满敬意，或者有人推测郭沫若有中共色彩，并不等于他们可以同郭沫若建立党的关系。无法同党组织取得直接联系的处境，使郭沫若向往着能成为一匹行进在集体行列中的蚂蚁，在西北的沙漠边际，把理想构筑成现实。他借《豕蹄》献诗传递出的真情，党内的同志自是读得懂的。

1936年12月郁达夫来访，带来成仿吾到达陕北以后继续跟随红军东渡黄河的消息，再度勾起郭沫若对军旗的憧憬，对成仿吾的牵挂，惦念着西北的冰雪严冬会不会加重仿吾的关节炎和鼻炎……郭沫若把《豕蹄》开卷的十四行献诗加以扩展，写得更加坦诚，标题改为《怀C. F.》。让我们来读其中的一节：

> C. F.！
> 八年来我是一刻也不曾忘记过你。
> 我虽然和你隔离，
> 我虽然受着重重的束缚，累赘，
> 让我这菲薄的蚁翅
> 一时总飞升不起
> 但我的想念不曾一刻离开过你，
> 一刻离开过那千山万水地，千辛万苦地，
> 为着理想的 Aipotu 之建立
> 向砂漠中突进着的军旗。
> 我自己未能成为蚁桥中一片砖，
> 我是怎样地焦愤，自惭，
> 我相信你是能够同感。

他又给李一氓写了一封信，写道："我就骨化成灰，肉化成泥，都不会屈挠我的志气。"在当时的形势下，给李一氓的信和为成仿吾重写的《怀C. F.》，无法带回国内。不论托付何人，一旦发生意外，受托者都会因此落入险境。郭沫若把它们夹藏在书稿里，成为心中的默念。

20世纪50年代，这两份铭刻着赤子情怀的手迹终于随着郭沫若的书稿，从日本辗转取回，如今成为郭沫若纪念馆的珍藏。

三　质文社与一波三折的《克拉凡左的骑士》

1930年郭沫若完成了一部十万字的长篇小说，以北伐时期的经历为背景，是1928年流亡日本之前开始构思的。那时他拟过一份7篇小说的写作计划，篇目是《酒家女》《党红会》《三月初二》《未完成的恋爱》《新的五月歌》《安琳》《病了的百合花》。计划没能全部实现，写出的只有《新的五月歌》一篇。1932年他着手联系出版，把文稿寄到上海，由内山完造暂存，标题改为了《同志爱》，准备出一个单行本。

郭沫若在给叶灵凤的三封信里说到这件事：

我现在手里有一部长篇小说《同志爱》，写的是武汉时代的一件事情，是前年写好的。有十万字上下。你们肯出一千五百元现金购买，我可以卖给你们。（1932.7.23）

此书乃余生平最得意之作，自书出后可以掀动国内外。内容并不十分红，你可以先去看看。那书现代如要，稿费要一千五百元，现金交易。因该书另有两处要，你们如要，请从速。（1932.8.29）

《同志爱》良友款尚未付清，又对于内容有改削之意，卖约寄来，我尚未签字。现代定要时可速备千五百元现款携往内山，将该稿索回。凡经我同意之处可稍加改削。到内山时即以此明片为凭可也。此书出，决可引起内外注意。……《同志爱》一书，要者有光华，乐华，文艺诸家，竟归良友，亦出我意外。由你手去索回，我是高兴的。（1932.9.25）

这部一度被四五家出版社同时看好的长篇小说，结果还是因为颜色的问题没能出版。作者拒绝按照出版商的要求大加删削，索性把稿件从上海要了回来，锁入书柜。1936年夏秋时节，臧云远和魏猛克去拜访郭沫若，谈话间说起这部旧稿，郭沫若被年轻朋友说服了，同意交给《质文》连载。当小说经过整理，在1936年10月刊出的时候，标题做了第三次改动，变为《克拉凡左的骑士》。可惜小说只连载了两回，《质文》杂志就停办了。

1937年郭沫若归国抗战，把小说手稿带回上海，岂料手稿又碰上一件更令人扼腕的事。战后，郭沫若追记道："上海成为孤岛后，余往大后方，稿托沪上友人某君保管。忽忽八年，去岁来沪时问及此稿，友人否认其事。大率年岁久远，已失记忆，而稿亦已丧失。我已无心补写。"《质文》所刊发的小说的前半部分，在收入《地下的笑声》时，被改名为《骑士》。

关于小说的标题，还有一句插话。1941年郭沫若作《五十年简谱》，对1930年有如下记述："草长篇小说《武汉之五月》（后改名为《骑士》），曾于《质文》杂志发表一部分。"《武汉之五月》，又出现了一个新的篇名。只是对《质文》杂志发表时使用的标题有误记，应为《克拉凡左的骑士》。

克拉凡左，一译卡拉瓦乔（Michelangelo Merisi da Caravaggio），16世纪下半叶至17世纪初的意大利现实主义画家。小说详细介绍了他的一幅作品，借用画作"一位青年骑士"的形象来比照小说人物金佩秋的风采：

那是一位青年骑士和一位女相士的半身像。骑士戴着一顶插着鸵鸟毛的广沿帽，额上微微露出一些卷发，左手叉在带着佩剑的腰上，把微微矜持着的抿着嘴的面孔偏着，把右手伸给旁边立着的一位女相士。那骑士面孔的表情，那全体的姿势，就像是把那位秀丽的女士铸出了一个模型。

中国美术馆一位副馆长帮忙查到这幅作品，标题 fortune teller，译文《算命者》，亦即郭沫若所说的"女相士"。这个题材卡拉瓦乔先后画过两次，两幅作品中人物站立的角度略有一点不同。第一幅作于 1594 年，由罗马卡庇托里尼博物馆收藏；第二幅作于 1595 年，由巴黎卢浮宫收藏（对创作年代的另一种推断为 1596 年和 1596—1597 年）。第二幅显然更精彩，小说所描写的正是这一幅。郭沫若对画面的语言描述与画作的实际构图完全相符。

卡拉瓦乔的《算命者》，比以往任何时候都更直观地告诉我父亲之于西方美术史的熟悉。同时它也提出一个问题，《克拉凡左的骑士》是不是这部长篇小说最恰当的标题？我的看法是否定的。小说曾因明显的政治倾向而未能出版，作者在决定由《质文》发表时，自然会采取些措施，例如用一个带着异域色彩的题目，有如迷彩服，使它比较容易通过审查机关的审查。小说没有被封杀，却因为《质文》社的停办，连载中途搁浅了。

《新的五月歌》→《同志爱》→《克拉凡左的骑士》→《武汉之五月》→《骑士》，一波三折，五易其名。其中 1941 年使用的《武汉之五月》，与 1928 年初拟的《新的五月歌》最为贴近。

尽管小说被保留下来的篇幅只是开头部分，却已经呈现出一组叱咤风云、风流倜傥的群像：用《脱离以后》这篇文章（暗指"脱离蒋介石以后"）震动了武汉三镇的政治部代主任马杰民；声音里带着绍兴酒的味道，目光如弹丸一般的章铁士；善解人意，每晚必与章铁士彼此交换情报的万超华；肺病已到三期，对局势分析透彻的白秋烈；长期在上海开展妇女运动的柳若英；催促着马杰民火速前往上海的董幸寅；汉口市党部宣传部长的严少荪；武汉市党部妇女部长的金佩秋；等等，透过这些人物，我们看到作者本人，看到周恩来、邓颖超、杨之华、宛希俨、黄慕兰等许多历史人物的身影。整部小说有四分之三的篇幅未能面世，人物对话里多次提到的一位能干的女性易力诗尚未出场，一个交织着爱情、友情与豪情的英雄城市，一个波澜壮阔、跌宕起伏的五月，还没来得及展开……

照理，小说的后半部会有更精彩的内容，作者"自信书出后可以掀动国内外"。遗憾的是，它的高潮部分已经不复存在了。

四　友情天长地久的两个"臭老九"

文章的第一节讲到阿英，其实阿英和郭沫若的交往早于左联时期，他们相识于 1928 年 1 月。此时的郭沫若正受到国民党当局的追杀。他化名麦克昂，和成仿吾、冯乃超、李初梨等创造社成员，在上海同反动势力的文化"围剿"相抗争，奋力倡导无产阶级革命文学。阿英也是经受过第一次国内革命战争洗礼的中共党员，作为太阳社的中坚力量，力主文学要反映工农大众的生活与斗争。相同的思想基础和文学主张，使太阳社与后期创造社的成员很快走到一起，以不恰当的方式同鲁迅展开了一场关于革命文学的论争。在中共党组织的引导下，两个社团的成员纠正了认识和情绪上的偏激，终止了辩论。1929年初，创造社被当局查封，太阳社亦宣布解散。不久大家汇聚在左翼作家联盟的旗帜下，拥护以鲁迅为左联的旗手。夏衍、阿英和鲁迅一起当选为主席团成员。郭沫若在《拓荒者》上发文说："创造社的几个人对于鲁迅先生是并没有什么成见。""我们现在都同达到了一个阶段，同立在了一个立场。……以往的流水账我们把它打消了吧。"1931年5月，《甲骨文字研究》问世的当月，李一泯就根据郭沫若的托付，给鲁迅送去这部新著。鲁迅也在文章中写道："我和茅盾，郭沫若两位，或相识，或未尝一面，或未冲突，或曾用笔墨相讥，但大战斗却都为着同一的目标，决不日夜记着个人的恩怨。"1937年，鲁迅逝世周年纪念之际，阿英以"鲁迅书话"为题，讲述他如何淘得鲁迅与周作人合译的《域外小说集》，如何与鲁迅通信，了解版本、题签的详情，以见"先生生前艰苦劳迹"。

  1937年7月底，郭沫若为救国难而毁小家，冒着九死一生的危险只身归国抗战。根据周恩来的意见，郭沫若和潘汉年等人创办了上海市文化界救亡协会的机关报《救亡日报》。郭沫若任社长，担任报社总编和副刊主编的正是夏衍和阿英两位熟悉的老朋友。

  《救亡日报》与上海军民共同奋战了三个月，在中国军队决定弃守上海的危难时刻，郭沫若收到安娜夫人的来信，得知几个月来家人遭受的一切，安娜夫人被审讯鞭笞，孩子们受到不公的对待。这时，《救亡日报》正在紧张地处理撤离上海的事务，刻不容缓。郭沫若把对日寇的愤慨、谴责和对亲人的牵挂写入《遥寄安娜》的条幅："虽得一身离虎穴，奈何六口委骊渊。两全家国殊难事，此恨将教万世绵。"他把条幅送给了决定留守孤岛的阿英，然后连夜起草了告别上海同胞的"终刊辞"，坚定地对读者说，目前的军事撤退，并不是放弃上海，而是持久抗战大战略下的军事部署。我们从事文笔的人，要暂时和上海同胞们告别，绝不是放弃了上海，也绝不停止了战斗。"我们的抗战是长期的，全面的，所争的是整个民族，整个国家的生存。"

  1941年底，太平洋战争爆发。阿英根据中共地下组织的秘密通知，举家从上海前往苏北抗日根据地，开始了新四军的军旅生涯。1944年春，郭沫若在重庆发表了《甲申三百年祭》，被中共中央列为全党的学习文件。文章以大量史料论证了明亡的根本原因在于朝政的虚伪腐败，官吏的横征暴敛，对灾荒的置若罔闻；驳斥了国民党当局鼓吹的外族入主中原，是因为明末"党派倾轧""流寇横行"，含沙射影地诋毁中国共产党的论调。第二年，阿英受《甲申三百年祭》感染，创作了五幕历史剧《李闯王》，在苏北抗日根据地巡回上演。郭沫若和阿英的这两部作品都对李岩这个人物寄予了极大的同情。据史料记载，李岩是河南杞县的举人，好施尚义，因受逼迫而加入了李自成的农民起义队伍。他多次进谏闯王切勿使军纪涣散，切勿在京城大肆敛财，大开杀戒，不意反遭谗言陷害。郭沫若曾想就李岩和红娘子写一部历史剧，因为红娘子的材料不够充足，没有落笔。而李岩的正义建言和悲剧结局，却在《李闯王》的剧情中得到生动展现，表明两位作者在价值观、在道德评判标准上的契合。

1950年初，郭沫若应阿英之约，把新中国成立前后所作的旧体诗辑为《破浪集》，交给阿英主持的天津《星报》，从创刊号开始连载了15天。这些旧体诗大多写于自香港北上东北解放区的途中，没有单独出版，其中一部分被作者抽出来，编入《新华颂》等集子，其余的便成了散在佚诗，未能收入《沫若文集》和《郭沫若全集》。如此一来，《星报》对《破浪集》的连载，便具有了一层难得的史料价值。

几年后，阿英担任中国文联的副秘书长。在文联的日常工作里，郭沫若、阿英合作默契。工作之余，他们一起去逛旧货市场，若能淘一两件中意的小物件，更是其乐无穷。1961年，阿英编写了纪录片《梅兰芳》的脚本，郭沫若根据阿英提议，为电影写了《咏梅二绝有怀梅兰芳同志》。影片还采用了郭沫若的原声朗诵，用略带川音的普通话，记录了那一代人彼此间的真挚感情。阿英深谙版本学，对弹词小说素有研究。郭沫若在从事清代女词人陈端生生平与长篇弹词《再生缘》的考订时，阿英特地送来自己珍藏的道光二年宝仁堂刊行的初刻本，使《再生缘》的校勘工作得到双重的保障。

1963年夏末，纪念曹雪芹逝世二百周年的大型展览在故宫文华殿举行，由文化部、文联、作协、故宫博物院联合主办。阿英对红学有30余年的研究，展览筹备组由他牵头，正是英雄有用武之地。郭沫若按筹备组要求题写了展览会标，对有关文物资料也十分关注。当时，有一幅河南省博物馆入藏的人物画，相传为曹雪芹画像，业内人士对此持有异议。郭沫若出面把这幅画调到北京，和黄苗子等专家反复研究后，认为画中的人物不是曹雪芹，筹备组做出不在展览中使用这幅画的决定。阿英陪同我的父母亲观看了预展。文华殿殿堂宏阔，正中摆放了巨大而精致的大观园的沙盘模型。父亲为筹备组半年来取得的工作成绩感到由衷喜悦。他在新绘制的红楼人物的肖像画前驻足，和阿英交换看法的情景还留在我的记忆里。多年后，吴世昌在《郭沫若院长谈曹雪芹卒年问题》中回忆，郭沫若看过预展的第二天即复信吴世昌："昨天到文华殿看展览，注意到十六回脂评本中问题的那一条，关键的'壬午'二字，字迹较小而不贯行，颇致疑虑。可惜原本在台湾，无从检验。"关于曹雪芹的卒年，学界长期存在"壬午除夕""癸未除夕"两种观点。文华殿的展示使父亲更加倾向"壬午说"有孤证单行之嫌，并希望学者再"耐心考察一下"，找到更多旁证资料。这件往事使我对阿英牵头的红楼梦展览的学术含量之高、对父亲对展示资料观看之专注，多了一层了解。

阿英比父亲年轻，却不幸走在了前面，于1977年6月17日病故。在去世前的一段时间里，他在身体越来越虚弱的情况下断断续续地口述了对左联的回忆，为后人留下宝贵史料。正在北京医院住院的父亲参加了阿英的追悼会，在从八宝山革命公墓返回医院途中，父亲把他们半个世纪的友情化作四句真诚的送别：

你是"臭老九",我是"臭老九"。

两个"臭老九",天长又地久。

第二年 6 月 12 日,阿英忌日五天前,父亲离我们而去。周扬在悼念文章里回忆了郭沫若去世前和他的两次交谈,两次都说到要对第二次国内革命战争十年间左翼文学运动的正反两方面的历史经验进行研究和总结。

从 1930 年 3 月左联成立,到 1936 年 2 月左联停止活动,尽管郭沫若没有在上海实地参与中国左联的活动,但是他和左联一直遥相呼应,气息相通。他为中国左联、左联东京分盟刊物撰写的大量文章及其所阐述的观点,证明他与中共党组织始终保持着精神上、思想上的紧密联系。

(原载《新文学史料》2021 年第 1 期)

郭沫若及创造社同人与闻一多的交谊

商金林

一 "昧于世故人情，不善与俗人交接，独知读书"的闻一多

"新文化运动"初期，陈独秀、胡适、钱玄同、刘半农等先驱者向旧思想、旧文学发起攻击以后，旧营垒中的那些守旧派仰仗传统势力在文坛上的主流地位，将《新青年》的呐喊视为"虫鸣"而不屑与辩，迫使钱玄同和刘半农不得不扮演双簧戏，这就是1918年3月《新青年》第4卷第3号上那篇《文学革命之反响》出世的背景。钱玄同模拟保守派文人口气写的《王敬轩君来信》，对新文学大加攻击；刘半农以"记者"的身份，在《复王敬轩的信》中予以痛快淋漓的回击，故意造成一场论战，以便引"崇拜王敬轩者"出洞，把讨论引向深入，唤起社会上的注意。而从闻一多的《仪老日记》[①]可以推测出，所谓的"骂倒王敬轩"的影响，其实很有限。

《仪老日记》自1919年1月1日始，至同年4月14日止。1月和2月的日记是全的。3月的日记仅有3月1日至16日。3月16日记："自三月十七日至四月二日凡十七日，剧事最烦，日不暇给，无日记。自三月二十八日至四月二日，未上课。社事经过困难，不一而足，皆不赘。三日初进城，故续记从此始。"而4月的日记也只有4月3日至14日，这么算来《仪老日记》加起来还不到90天。但这段时间很敏感，钱玄同和刘半农的"双簧戏"演过了，鲁迅的《狂人日记》发表也半年多了，而闻一多仍是两耳不闻窗外事，过的纯粹是清华校园生活，这让我感到十分意外。

1919年，闻一多21岁，是清华高等科二年级的高才生，风华正茂，绘画、演戏、写诗、作文都有不俗的表现。清华是留美预备学校，闻一多学习的课程有"英读本""英作文""法文""历史""代数""历史""地质""政治学""生物学""法制史"等，功课很重。但闻一多才华横溢，除对各种活动都充满了很浓厚的兴趣之外，对"诗云子曰"情有独钟，硬是挤出时间来读经史子集，勤学不懈。仅《仪老日记》所记载阅读的"经史"和名著就有《诗经》《日下旧闻考》《罗马史》《上古史》《希腊史》《文选》《史记》《类纂》《旧约故事》《萧选》《清诗别裁》《鲁灵光殿赋》等。这里摘录六则日记：

---

① 闻一多：《闻一多全集》第12卷，湖北人民出版社2004年版，第411—428页。

元月四日读姚姬传复鲁宾之书。有曰：若鸡伏卵，其专以一，内候其节，而时发焉。曾又曰：为学之要，在于涵养而已。声华荣利之事，曾不得以奸乎其中，而宽以期乎岁月之久，其必有以异乎今而达乎古也。因思吾自侧身会事，日课尽荒。继此以往，神扰志乱，其何以读书，况众手所指，群飞刺天，果何裨哉！今犹不悟，后悔何追。

元月七日李格题非士讲 STEVENSON'S "MARKHEIM"（史蒂文森《马克海姆》），言学行之道，非进不退，断无定时。人之溯维既往者，孰不悔艾丛生，内省不疚，其惟圣人乎？又曰：人将为恶，思其亲必止。皆有深理。

元月十四日温《希腊史》。……枕上忽思屏弃百事，颛心读书。觉数月来，碌碌旦夕，六凿攘于内，群蜚兴于外，学荒志弛，何益可言。暑假中作"惩志"诗，曾几何时，而覆辙复蹈。自兹铲拔野心，降志雌伏，优游艺囿，宽候岁时，未必不能出人头地。何事浸浸末务，以自图烦虑哉！

元月十五日昨以读书事告德明，德明以语雨苍，二人皆不然余说，谓作事仍可读书，且人最忙时作事每最多。雨苍更有他勖励之语，感其意乃允废前计。此事一生关键，未可苟且。后此作事，当谨慎勤敏，不可虚掷景光，致误学业，勉旃勉旃。诗云：战战兢兢，如临深渊，如履薄冰。念兹在兹，永矢弗谖。

元月二十五日读《文选》十首。阅《类纂》二首，兴趣盎然，不忍释卷也。读爱鲁氏诗一首。

二月十日枕上读《清诗别裁》。近决志学诗。读诗自清明以上，溯魏汉先秦。读《别裁》毕，读《明诗综》，次《元诗选》，次《宋诗钞》，次《全唐诗》，次《八代诗选》，期于二年内读毕。

除了读"经史"名著，闻一多还做了四件事。一是和清华新剧社成员一起创编和演出了新剧《鸳鸯仇》《是可忍》《巾帼剑》《我先死》《得其所哉》。清华新剧社4月6日在前门外第一舞台演出《是可忍》与《得其所哉》两剧，梅兰芳特地前往观看。二是练习"演说"。《仪老日记》记：1月4日："近来演说课练习渐疏，不猛起直追，恐便落人后。"1月6日："作文演说果降列中等，此大耻奇辱也。"1月7日："十一时后，在钟台下练'CROSS OF GOLD'（《金十字勋章》，美国政治家威廉·詹宁斯·布顿恩作）演说八遍。"1月8日："夜偕德明习演说。"1月9日："夜出外习演说十二遍。"1月10日："演说略有进步，当益求精至。"1月11日："练演说。"1月14日："夜至凉亭，练演说三遍，祁寒不可禁，乃返。"1月15日："习演说。"十二天日记中，竟有九次关于练习演说的记录，可见闻一多对此门功课的用心与用力。三是作文。1月3日："作《读〈关雄〉章札记》一首。"1月4日："作文学史月考。"1月5日："作家书，改驷弟（弟弟闻家驷，时在老家读私塾）文。"1月6日："作中文。"1月7日："作文。"1月9日："作国文涩甚，不谓数月未阅书，乃至于此。"1月10日："誊大考演说辞。"1月26日："为驷弟评释古文二首，又缮文课寄归（为闻家驷抄写的课文）。"1月29日："考订畿内外胜绩掌故，历史课也，余选题为《北京明故城》。"2月2日："作《北京明城考参考汇录》稿本。"2月3日："作《北京明城考参考汇录》。"2月5日："作《病松》诗未竣。"2月7日："改《病松》诗。"2月11日："作《明城考》。"2月19日："作英文《二月庐记》。"2月22日："作英文作文。"2月23日："作英文作文。作诗。"2月27日："续作《愤言》。"2月28日："作《体育馆歌》。"3月1日："作《清华体育馆歌》。"4月13日："英文作文。"此外还翻译了波兰《千年进化史》（3月14日、4月14日日记）。四是绘画。3月1日：参加"特别图画班"。3月8日：参加"特别图画班"。3月15日：参加"特别图画班"。4月9日："作水影画一幅。"不难看出闻一多在《仪老日记》所记的阅读和写作，包括演出、演讲和绘画，与新文化运动都没有很直接的关联，涉及新文化运动的仅有三处。而这三处归结到一点就是留恋文言，对白话持怀疑的态度。

  二月二十七日　《学报》编辑会议，某先生提倡用白话文学，诸编辑率附和之，无可如何也。
  三月四日　学报用白话文，颇望成功，余不愿随流俗以来讥毁。

闻一多是《清华学报》的中文编辑，"某先生提倡用白话文学，诸编辑率附和之"，而他的态度是"无可如何也"，不知道该怎么办。3月4日，《学报》编辑会议定"用白话文"，闻一多虽说"不愿随流俗以来讥毁"，但"用白话文"的立场并不坚定，"颇望成功"的话表明他内心还是有些犹豫。还有一处涉及对傅斯年的批评。闻一多对严复翻译的《天演论》十分欣赏。《仪老日记》中2月15日、20日、21日，3月9日、10日、11日、14日都记到"读《天演论》"。2月20日记：

  读《天演论》，辞雅意达，兴味盎然，真迻译之能事也。《新潮》中有非讥严氏者，谓译书不仅当译意，必肖其词气、笔法而后精，中文造句破碎，不能达蝉联妙邃之思，欲革是病，必摹西文云云。要之严氏之文，虽难以上追诸子，方之苏氏，不多让矣。必谓西文胜于中文，此又蛄蜣丸转，癖之所钟，性使然也。吾何辩哉！

"《新潮》中有非讥严氏者"，指的是傅斯年的《欧化的白话文》，此文刊登在《新潮》第1卷第2期，1919年2月1日出版。傅斯年在文章中说："严几道翻译西洋书用子书的笔法，策论的笔法，八股的笔法……替外国学者穿中国学究衣服，真可说是把我之短，补人之长。"而闻一多对《天演论》译文"笔法"则赞誉有加，称其不让"苏氏",这说明他心仪和欣赏的仍是文言。

可以肯定,闻一多是看过《新潮》的,否则他就不会批评傅斯年。至于是否看过《新青年》和《每周评论》,《仪老日记》中没有提到,也就不能下断语了。众所周知,1918年5月15日,鲁迅的《狂人日记》在《新青年》月刊第4卷第5号发表。此后,《新青年》大量刊登鲁迅的作品。在1918年5月至1921年5月三年多时间里,鲁迅在《新青年》共发表作品54篇,计小说5篇,新诗6首,杂文29篇(其中随感录27篇),通讯3篇,译文4篇,其他(附记、正误)7篇。鲁迅的这些作品,连同胡适的《文学改良刍议》、陈独秀的《文学革命论》、李大钊的《青春》《今》等振聋发聩的文章发表以后,闻一多看没看过不好确定,但在《仪老日记》以及同时期的书信中都没有提及,至少直至1919年4月14日,即《仪老日记》的最后一天,闻一多还是游离于新文化运动之外,虽说也参与《鸳鸯仇》《巾帼剑》《我先死》《得其所哉》的演出为"爱国运动"募集到四千元,可他过的还纯粹是"校园生活",用他自己的话说,是"昧于世故人情,不善与俗人交接,独知读书",是轰轰烈烈的"五四"运动改写了闻一多的人生道路。

二 "我生平服膺《女神》几于五体投地"

"五四"运动暴发的第二天,清华同学推选出"清华学生代表团"领导爱国运动。闻一多被推选为代表团成员,担任文书工作。1919年5月17日,闻一多在给父母的信中报告清华及自己在"五四"运动中的情况,充满了爱国的热情。信中写道:

> 国家至此地步,神人交怨,有强权,无公理,全国蕾然如梦,或则敢怒而不敢言。卖国贼罪大恶极、横行无忌,国人明知其恶,而视若无睹,独一般学生敢冒不韪,起而抗之。虽于事无大济,然而其心可悲,其志可嘉,其勇可佩。所以北京学界为全国所景仰,不亦宜乎?清华作事,有秩序,有精神,此次成效卓著,亦素所习练使然也。现校内办事机关曰学生代表团,分外务、推行、秘书、会计、干事、纠察六部。现定代表团暑假留校办事。男与八哥(堂兄闻亦传)均在秘书部,而男责任尤重,万难分身。
>
> ……男在此为国作事,非谓有男国即不亡,乃国家育养学生,岁糜巨万,一旦有事,学生尚不出力,更待谁人?忠孝二途,本非相悖,尽忠即所以尽孝也。且男在校中,颇称明大义,今遇此事,犹不能牺牲,岂足以谈爱国?男昧于世故人情,不善与俗人交接,独知读书,每至古人忠义之事,辄为神往,尝自诩吕端大事不糊涂,不在此乎?或者人以为男此议论为大言空谈,如俗语曰"不落实",或则曰"狂妄",此诚不然。今日无人作爱国之事,亦无人出爱国之言,相习成风,至不知爱国为何物,有人稍实爱国,必私相惊异,以为不落实与狂

妄，岂不可悲！此番议论，原为驷弟发。感于中寇欺忤中国，愤懑填膺，不觉累牍。驷弟年少，当知二十世纪少年当有二十世纪人之思想，即爱国思想也。①

"五四"运动使"昧于世故人情，不善与俗人交接，独知读书"的闻一多走出了校园，成了时代的弄潮儿。6月，闻一多被选为清华学生代表，出席在上海召开的全国学联成立大会。梁实秋在《谈闻一多》中说："一多在这潮流里当然也大露头角。但是他对于爱国运动，热心是有的，却不是公开的领袖。'五四'运动之际，清华的学生领袖最初是陈长桐，他有清楚的头脑和天然的领袖的魅力，继起的是和闻一多同班的罗隆基，他思维敏捷，辩才无碍，而且善于纵横捭阖。闻一多则埋头苦干，撰通电、写宣言、制标语，做的是文书的工作。他不善演说，因为他易于激动，在情绪紧张的时候满脸涨得通红，反倒说不出话。"② 也正是"五四"运动中暴露出来的"不善演说"这个短板，激励闻一多"勤讲苦练"，最终成了令人称慕的演说家。吴晗在《哭一多》③ 一文中说："一部好胡子配上会发光的眼睛，在演讲，在谈话紧张的时候，分外觉得话有分量，尤其是眼睛，简直像照妖镜，使有亏心事的人对他不敢正视。"在《哭一多父子》④ 中盛赞走出书斋参加群众运动的闻一多"像一头愤怒的狮子"，满怀深情地说"我记得你洪亮的声音，激昂的神情，飘拂的长髯，炯炯的目光。在每一次群众大会中，在每一次演讲会中，座谈会中。我也记得你每一次所说的话"。闻一多的这个"突变"得益于"五四"运动。

与此同时，闻一多对"文学革命"的认识也有了提升。闻一多从小就深受"国学"的熏陶，在1916—1920年上半年的五年多里，闻一多经常有旧诗发表，在清华颇有诗名。1920年7月13日，闻一多创作了第一首新诗《西岸》⑤。1921年3月3日，闻一多写了提倡写新诗的论文，题为"敬告落伍的诗家"，文章把当时写旧诗的青年斥为"落伍的诗家"，进而指出，清华学校不少人"把人家闹了几年的偌大一个诗体解放底问题，整个忘掉了。唉，真有《桃花源》里'不知有汉，遑（无）论魏晋'底遗风呵！""我便诚恳地奉劝那些落伍的诗家，你们要闹玩儿，便罢，若要真做诗，只有新诗这条道走，赶快醒来，急起直追，还不算晚呢。"⑥ 还郑重推荐三篇论文：一是胡适的《我为什么要做新诗？》（《新青年》第6卷第5号）；二是胡适的《谈新诗》（《星期评论》第5号）；三是康白情的《新诗底我见》（《少年中国》第1卷第9期），这时的闻一多应该说是真正地站到了"新文学"的阵营中来了。《辛酉

---

① 闻一多：《闻一多全集》第12卷，湖北人民出版社2004年版，第17—18页。本文所引闻一多书信皆出第12卷。
② 梁实秋：《谈闻一多》，台湾传记文学出版社1967年版，第6页。
③ 吴晗：《哭一多》，《新华日报》1946年7月28日。
④ 吴晗：《哭一多父子》，《周报》1946年7月20日。
⑤ 闻一多：《西岸》，《清华周刊》1920年9月24日第191期。
⑥ 闻一多：《敬告落伍的诗家》，《清华周刊》1921年3月11日第211期。

镜》中对闻一多的性格有生动的叙述:"所见独不与人同,而强于自信。每以意行事,利与钝不之顾也。性简易出慷爽,历落自喜,不与人较短长,然待人以诚,有以缓急告者,虽无资,必称贷以应。"① "强于自信"的闻一多之所以能认同"新文学",这与郭沫若的影响有很大的关联。1922年6月,闻一多在给顾毓臻的信中写道:

> 朋友!你看过《三叶集》吗?你记得郭沫若、田寿昌缔交底一段佳话吗?我生平服膺《女神》几于五体投地,这种观念,实受郭君人格之影响最大,而其一生行事就《三叶集》中可考见的,还是同田君缔交底一段故事,最令人景仰。我每每同我们的朋友实秋君谈及此二君之公开之热诚,辄为之感叹不已。我生平自拟公开之热诚恐不肯多让郭田,只是勇气不够罢了,清华文学社中同社有数人我极想同他们订交,以鼓舞促进他们的文学的兴趣,并以为自己观摩砥砺之资。终于我的勇气底马力不足以鼓我上前向他们启齿。至今我尚抱为至憾。

郭沫若与田汉、宗白华三人1920年1—3月间的通信二十封,汇编成《三叶集》,1920年5月由上海亚东图书馆出版。郭沫若的第一部诗集《女神》,1921年8月由上海泰东图书局出版。从阅读顺序来看,闻一多读《女神》在前,读《三叶集》在后。读了《女神》,对《女神》佩服得"几于五体投地";读了《三叶集》,"实受郭君人格之影响最大"。闻一多觉得自己做事和交友的"热诚恐不肯多让郭田"而勇气不够,从而激起了他要与清华文学社同人"订交"的勇气,"以鼓舞促进他们的文学的兴趣,并以为自己观摩砥砺之资",也就是凝聚共识,砥砺前行,引领潮流。1922年7月16日,闻一多登上了开赴美国的客轮,开启了赴美留学的生活。上船前,他默诵着郭沫若《蜜桑索罗普之夜歌》:

> 无边天海呀!
> 一个水银的浮沤!
> 上有星汉湛波,
> 下有融晶泛流,
> 正是有生之伦睡眠时候。
> 我独披着件白孔雀的羽衣,
> 遥遥地,遥遥地,
> 在一只象牙舟上翘首。

---

① 《闻一多》,《辛酉镜》1917年6月15日。

他想象他未来的航程也会像郭沫若诗中所描写得那样辽阔和壮美。他将在这样的境界中吟诗、作画、给亲友写信，心中充满了喜悦。

同年8月7日，闻一多抵达芝加哥，可直到9月中旬才找到合适的住处，9月25日，芝加哥美术学院开学。开学后的第四天，即1922年9月29日，闻一多就在给梁实秋和吴景超的信中，极其郑重地说明他要求清华文学社同人创办《月刊》的意见。他说"我的宗旨不仅与国内文坛交换意见，径直要领袖一种之文学潮流或派别"。清华文学社并没有出《月刊》的计划，只是酝酿出版清华文学丛书，其中就有闻一多与梁实秋合著的《〈冬夜〉〈草儿〉评论》。10月27日，闻一多在给清华文学社社友的信中建议"取消丛书之议，将其材料并入杂志而扩充杂志为季刊，以与《创造》并峙称雄"。他最看好的就是《创造》季刊，要求在上海求学的弟弟闻家驷必须定期给他邮寄。在给友人和家人的信中一再说"《创造》颇有希望"，郭沫若和田汉是《创造》里的"人才"，把郭沫若视为"知己"，称作"同调"。1922年11月1日，《〈冬夜〉〈草儿〉评论》作为"清华文学社丛书"第一种在国内出版。出版这本书，梁实秋垫了一百个银圆，可书面世后反响不如预期，这让闻一多感到很郁闷。不料远在日本的郭沫若看到后大为赞赏，在写给梁实秋的信中说："如在沉黑的夜里得见两颗明星，如在蒸热的炎天得饮两杯清水之……在海外得读两君评论，如逃荒者得闻人足音之跫然。"梁实秋当即把郭沫若的此番评论函告闻一多，闻一多兴奋至极，他在11月26日给梁实秋的信中说：

郭沫若来函之消息使我喜若发狂。我们素日赞扬此人不遗余力，于今竟证实了他确是与我们同调者。《密勒氏评论》不是征选中国现代十二大人物吗？昨见田汉曾得一票，使我惊喜，中国人还没有忘记文学。我立即剪下了一张票格替郭君投了一票，本想付邮，后查出信到中国时选举也该截止了，所以没有寄去。本来我们文学界的人不必同军阀，政客，财主去比长较短，因为这是没有比较的。但那一个动作足以见我对于此人的敬佩了。

12月27日，闻一多在给父母亲的信中谈到《努力周刊》和《文学旬刊》上都有反对《〈冬夜〉〈草儿〉评论》的言论时说："假如全国人都反对我，只要郭沫若赞成我，我就心满意足了。"在闻一多的心目中，郭沫若是值得"敬佩"的"天才"，是中国"现代第一诗人"；《〈冬夜〉〈草儿〉评论》的意义就在于"结识了郭沫若及创造社一般人才"，能得到郭沫若的"同情"是再好不过的了。也就在1922年11月，《创造》季刊第1卷第3期刊登了郭沫若的小说《未央》，这是郭沫若在其《女神》时期所发表的最长的一部作品，同时也是他本人准备创作的第一部长篇小说的"序幕"。闻一多看后在给梁实秋的信中说：

> 刚看完郭沫若底《未央》，你可想到我应起何感想？沫若说出了我局部的悲哀，没有说出我全部的悲哀。我读毕了那篇小说，起立徘徊于室中，复又站在书架前呆视了半晌。我有无限的苦痛，无穷的悲哀没处发泄，我只好写信给你了。……

闻一多所说的"悲哀"，指的是家庭包办婚姻。1922年1月，他回浠水老家过寒假，遵从父母之命与高孝贞结婚。闻一多并不满意这门亲事，父母为了说服他同意他提出的三个条件：不祭祖、不行跪拜礼、不闹新房；还答应成亲后让高孝贞入学校读书。尽管这样，他心里还是对这桩婚姻不满。《未央》说出了闻一多"局部的悲哀"，让他的"悲哀"有了"发泄"的管道，对郭沫若又多了几分"知己"和"亲近"的情感。

也就在1922年11月，郭沫若的论文《波斯诗人莪默·伽亚谟》，连同他翻译的莪默·伽亚谟的四行诗集《鲁拜集》（译诗共101首），在《创造》季刊第1卷第3期发表。莪默·伽亚谟是伊朗11世纪最伟大的诗人之一，他的诗以对人生哲理参悟的精辟见长，奇异而又清新，只不过郭沫若不解波斯文，译文是据斐芝吉乐的英文译本转译的，难免会有这样或那样的不足。闻一多让好友钱宗堡帮他找来《鲁拜集》的参考书"参证比验"，经过仔细的考察之后，写了书评《莪默·伽亚谟之绝句》[1]。全文共三章，（1）郭译订误；（2）郭译总评；（3）怎样读莪默？这是学界第一篇评论郭译《鲁拜集》的论文。

论文开篇便说："当今国内文学界所译西洋诗歌本来寥如晨星，而已译的又几乎全是些最流行的现代作品"，"西洋诗底真面目我们中国人可说还不曾认识"，"我读到郭译的莪默，如闻空谷之足音，故乐于与译者进而为更缜密的研究"。从"国内文学界所译西洋诗歌本来寥如晨星"的现状出发，充分肯定了郭沫若译介的《鲁拜集》。闻一多一方面盛赞郭沫若译法的忠实，对"表现原义表现的很正确"：读第八首译诗时，"可以想象译者最初开始工作，气充神旺，笔酣墨饱，就如同诗中这一轮初升的旭日，他的'金箭'一般的笔锋，摩天扫地，涂成了二幅灿烂的图画"。与此同时，又看到郭沫若"解释原义的疏误"，"故乐于与译者进而为更缜密的研究"，在"郭译订误"部分逐一指点出来，希望郭沫若"至少当有再译三译"。在《作者附识》中说："我的朋友钱君宗堡替我搜罗了许多参考书，又供给了一些意见"，文章"前后修改了四遍"[2]，改定后又请好友梁实秋帮看，并由梁实秋寄给《创造》季刊编辑成仿吾。

《莪默·伽亚谟之绝句》是闻一多发表的第一篇评论郭沫若的论文，第二篇评论

---

[1] 闻一多：《莪默·伽亚谟之绝句》，《创造》季刊1923年第2卷第1期。
[2] 闻一多：《莪默·伽亚谟之绝句》，《创造》季刊1923年第2卷第1期。

郭沫若的论文就是享誉文坛的《〈女神〉之时代精神》①，论文开篇便说："若讲新诗，郭沫若君底诗才配称新呢，不独艺术上他的作品与旧诗词相去最远，最要紧的是他的精神完全是时代的精神——二十世纪底时代的精神。有人讲文艺作品是时代底产儿。《女神》真不愧为时代底一个肖子。"接着从"二十世纪是个动的世纪"、"二十世纪是个反抗的世纪"、"艺术与真科学携手"、进行"世界之大同"、"物质文明"等五个方面对《女神》做了全方位的解读，论文对"二十世纪"的阐释尤为精彩，他是这样说的：

> 二十世纪是个悲哀与奋兴底世纪。二十世纪是黑暗的世界，但这黑暗是先导黎明的黑暗。二十世纪是死的世界，但这死是预言更生的死。这样便是二十世纪，尤其是二十世纪底中国。
> "流不尽的眼泪，
> 　洗不净的污浊，
> 　浇不熄的情炎，
> 　荡不去的羞辱，"
> 　　　　　　　　　　　　　　——《凤凰涅槃》
> 不是这位诗人独有的，乃是有生之伦，尤其是青年们所同有的。但别处的青年虽一样地富有眼泪，污浊，情炎，羞辱，恐怕他们自己觉得并不十分真切。只有现在的中国青年——"五四"后之中国青年，他们的烦恼悲哀真像火一样烧着，潮一样涌着，他们觉得这"冷酷如铁"，"黑暗如漆"，"腥秽如血"的宇宙真一秒钟也羁留不得了。他们厌这世界，也厌他们自己。于是急躁者归于自杀，忍耐者力图革新。革新者又觉得意志总敌不住冲动，则抖擞起来，又跌倒下去了。但是他们太溺爱生活了，爱他的甜处，也爱他的辣处。他们决不肯脱逃，也不肯降服。他们的心里只塞满了叫不出的苦，喊不尽的哀。他们的心快塞破了，忽地一个人用海涛底音调，雷霆底声替他们全盘喊出来了。这个人便是郭沫若，他所唱的就是《女神》。难怪个个中国青年读《女神》没有不椎膺顿足同《湘累》里的屈原同声叫道——
> "哦，好悲切的歌词！唱得我也流起泪来了。
> 流罢！流罢！我生命底泉水呀！你一流出来，
> 好像把我全身底烈火都浇息了的一样。
> ……你这不可思议的内在的灵泉，你又把我苏活转来了！"
> 啊！现代的青年是血与泪的青年，忏悔与奋兴的青年。《女神》是血与泪的诗，忏悔与奋兴的诗。田汉君在给《女神》之作者的信讲得对："与其说你有诗

---

① 闻一多：《〈女神〉之时代精神》，《创造周报》1923年第4号。

才,无宁说你有诗魂,因为你的诗首首都是你的血,你的泪,你的自叙传,你的忏悔录啊!"但是丹穴山上底香木不只焚毁了诗人底旧形体,并连现时一切的青年底形骸都毁掉了。凤凰底涅槃是诗人与一切的青年底涅槃。……我们的诗人不独喊出人人心中底热情来,而且喊出人人心中最神圣的一种热情呢!

"我们的诗人不独喊出人人心中底热情来,而且喊出人人心中最神圣的一种热情呢!"仅这句话就足以看出闻一多对郭沫若的评价之高,以及郭沫若对闻一多的影响之大。

三 坦诚地批评与终生敬慕

早在1922年10月,闻一多就将诗作汇编成诗集《红烛》,盼望能够出版。10月15日在给家人的信中说,希望《红烛》能在年内出版,因为"我决归国后在文艺界做生涯,故必早早做个名声出去以为预备"。当时,文学新人出书十分困难,要自己先筹集印费,《红烛》的印费需一百大洋。闻一多在美国很节省,于1923年2月寄回到50美金,那时1美元可换1.3个银圆。关于诗集的格式,闻一多明确指出:"纸张字体我想都照《女神》底样子。"这部书由郭沫若和成仿吾介绍给泰东书局,1923年9月出版发行,得稿酬80元,这让闻一多感到很欣慰。

从闻一多给家人和友人的信中可以看到,他对郭沫若及创造社同人也很关心。1923年9月24日给闻家驷的信中说:"泰东(书局)本窘甚。沫若等为文亦无规定之价格,惟每月房饭钱皆向泰东支取,尚不及百元。故目下彼等不能支持,皆有离沪之意。沫若返四川或东渡行医,仿吾往北京,达夫返浙江。"他为郭沫若、成仿吾和郁达夫的生活担忧。1923年11月30日给闻家騄的信中说:"世间固无公理。昨与友人梁实秋谈,得知郭沫若在沪卖文为生,每日只辣椒炒黄豆一碗佐饭,饭尽犹不饱腹,则饮茶以止饥。以郭君之才学在当今新文学界应首屈一指,而穷困至此。世间岂有公理哉?"1924年2月,郭沫若"苦于生活的压迫",同意安娜和孩子们暂时折回日本福冈"去寻生活",他自己仍留在上海。可郭沫若终究还是放心不下,4月初重赴日本福冈,可只待了半年重又到上海。闻一多由郭沫若想到他自己,觉得还是回国好,1925年3月在给梁实秋的信中说,"只要回家,便是如郭(沫若)、郁(达夫)诸人在上海打流亦可以。君子固贫非病,越穷越浪漫",向梁实秋打听郭沫若创作风格上是否有"什么变化"。

闻一多与郭沫若的友谊更多的是体现在学术上的君子之交,可以用"真诚"和"真心"四个字来形容。众所周知,闻一多初名亦多,族名家骅,字益善,号友山,亦号友三。他的名与字多出自《论语·季氏》:"益者三友","友直、友谅、友多闻"。进入清华后改名"多","五四"运动后又改为"一多"。人如其名,生活中的闻一多为人豪爽正直，从"不自欺"，在学术问题上求真务实，如有欠缺和不足之处绝对不会回避。

我们不妨再来看看他写的《莪默·伽亚谟之绝句》。论文的第一部分"郭译订误"，列举郭译的"疏误"及与原文"大相径庭"处有七处之多。第二部分"郭译总评"中的结论是："郭君每一动笔我们总可以看出一个粗心大意不修边幅的天才随跳乱舞游戏于纸墨之间，一笔点成了明珠艳卉，随着一笔又洒出些马勃牛溲。"类似这样的批评其实是很严厉的，郭沫若闻过则喜，闻一多的这篇《莪默·伽亚谟之绝句》是由郭沫若亲自校对后编入《创造》季刊的。郭沫若在给闻一多的回信中说：

  你的这篇文章我见你信时，早就想读，想早收些教益。我于四月二日返沪时，你这篇文章已经交到印刷所去了，直至今晨才送校稿来，我便亲自替你校对。我一面校对，一面对于你的感谢之念便油然而生。你所指摘的错误，处处都是我的弱点，我自己也是不十分相信的地方，有些地方更完全是我错了。你说 Fitzgerald 的英译前后修改了四遍，望我至少当有再译三译。你这恳笃的劝诱我是十分尊重的。我于改译时务要遵循你的意见加以改正。我在此深表诚挚的谢意于你和你的友人钱君。①

译本《鲁拜集》1924 年 1 月由上海泰东图书局正式出版时，郭沫若特地将闻一多"直译"的一首，即《鲁拜集》第十九首抄录下来，作为"注释"附在正文后面，供读者参考，称赞闻一多的"直译文，甚忠实"②。至于《〈女神〉之时代精神》与《〈女神〉之地方色彩》就更值得玩味了。1922 年 10 月 15 日，闻一多在给闻家辑和闻家驷的信中说"我现在又在作《女神评》"。同年 12 月 4 日晚，闻一多将《〈女神〉之时代精神与地方色彩》寄给《创造周报》，后拆分为《〈女神〉之时代精神》和《〈女神〉之地方色彩》，分两期发表。《〈女神〉之时代精神》发表于 1923 年 6 月 3 日出版的《创造周报》第四号；《〈女神〉之地方色彩》发表于 1923 年 6 月 10 日出版的《创造周报》第五号。《〈女神〉之时代精神》综述《女神》的思想内容，重在阐释"二十世纪"的时代精神；《〈女神〉之地方色彩》评论《女神》的艺术特色，重点是讲民族特色，探索新诗怎样才能具有地方色彩。

闻一多直率地指出，《女神》这本风行一时的诗集有"过于欧化的毛病"，"不独形式十分欧化，而且精神也十分欧化的了"。表现在两方面：一是内容"一味地时髦是骛，似乎又把'此地'两字忘到踪影不见了。现在的新诗中有的是'德谟克拉

---

① 《郭沫若致闻一多函》（1923 年 4 月 15 日），《创造》季刊 1923 年第 2 卷第 1 期。
② 郭沫若译为："帝王流血处的蔷薇花/颜色怕更殷红；/花园中的玉簪儿/怕是植根在美女尸中。"闻一多译为："我怕最红的红不过/在帝王喋血处的蔷薇；/园中朵朵的玉簪儿怕是/从当年美人头上坠下来的。"

西'，有的是泰果尔，亚坡罗，有的是'心弦''洗礼'等洋名词。但是，我们的中国在那里，我们四千年的华胄在那里？那里是我们的大江、黄河、昆仑、泰山、洞庭、西子？又那里是我们的《三百篇》，《楚骚》，李、杜、苏、陆?"二是语言，"夹用了可以不用的西洋文字"，"有意地欧化诗体"，就连用的"典故"也是西方的比中方多得多。进而就如何纠正这种"欧化底狂癖"做了深入的探究，郑重提出诗人首先要有正确的创作意图，真正认识"新诗底意义"，认清"新诗径直是'新'的，不但新于中国固有的诗，而且新于西方固有的诗；换言之，他不要作纯粹的地方诗，但还要保存本地的色彩，他不要做纯粹的外洋诗，但又尽量的吸收外洋诗的长处；他要做中西艺术结婚后产生的宁馨儿。"其次，诗人要"不忘我们的'今时'同我们的'此地'"，认清我们"所居的环境"。

值得注意的是，闻一多所说的认清我们"所居的环境"，并不仅指诗人一时所处的狭小之地，而是"家乡"乃至"祖国"的大环境；也不仅局限于吃穿住行，而是涵盖了物质和文化的方方面面。大概是有人为郭沫若做过这样的辩解：他创作《女神》时，生活在"一个盲从欧化"的日本，"他的环境当然差不多是西洋环境，而且他读的书又是西洋的书；无怪他所见闻，所想念的都是西洋的东西"。可闻一多并不认同这样的"环境决定论"。他说郭沫若"他并不是不爱中国，而他确是不爱中国底文化"；"我个人同《女神》底作者底态度不同之处是在：我爱中国固因他是我的祖国，而尤因他是有他那种可敬爱的文化的国家"；认为《女神》的作者对中国的文化"隔膜"，看不到中国文化上的好处。对中国的文化缺乏热爱，他的诗就缺乏东方艺术的特色。"我要时时刻刻想着我是个中国人，我要做新诗，但是中国的新诗"——这一高亢的思想在《〈女神〉之地方色彩》中表现得尤为鲜明。

闻一多态度严肃，话锋凌厉，对《女神》缺乏"地方色彩"的批评入木三分。当时的文坛上，互相吹捧和恶意攻击都很盛行，闻一多的这种作风更显得可贵。而郭沫若以及创造社同人的虚心接纳也大可敬佩。闻一多1923年3月20日致家人的信中提及《〈冬夜〉〈草儿〉评论》受到"我们眼里的人"的"鉴赏"时说："实秋信中又讲到郁达夫（小说家，也是创造社底中坚人物）曾到清华园来拜访了他一次。他又讲我的批评《女神》的文章将在下期的《创造》里登出了。总之，目下我在文坛上只求打出一条道就好了。"《〈女神〉之时代精神与地方色彩》是由梁实秋寄给成仿吾的，从这封信可以看出，这篇论文在发表之前得到了郭沫若、成仿吾和郁达夫三员大将的好评。郁达夫还专程到清华与梁实秋面谈过，这对于闻一多说来也是莫大的鼓舞。闻一多急于想在文坛上"打出一条道"来，而以郭沫若为代表的创造社同人给予了热情的扶持和帮助。

闻一多书信中批评郭沫若的文字还有一些。1922年9月29日给梁实秋和吴景超的信中说"《女神》虽现天才，然其technique（技艺）之粗簼簌以加矣"。1923年2月18日在致梁实秋的信中说："沫若所谓静中动，动中静，完全没有道理。我还是固执我的成见。"1923 年 9 月 24 日给闻家驷的信中说:"此次实秋经沪时,彼等(沫若、仿吾、达夫)欲将编辑事托我与实秋二人代办,实秋未允。实秋已被邀入创造社。我意此时我辈不宜加入何派以自示偏狭也。沫若等天才与精神固多可佩服,然其攻击文学研究会至于体无完肤,殊蹈文人相轻之恶习,此我所最不满意于彼辈者也。"闻一多不愿意加入创造社,这对郭沫若及其同人说来是一种遗憾,但并没有影响彼此之间的感情。闻一多不满意郭沫若的"文人相轻之恶习",但对于他的"天才"和"创造精神"始终是佩服的。1925 年 3 月,闻一多在纽约想与梁实秋等人创办刊物(刊名取《雕虫》或《河图》;"雕虫"偏重文艺,"河图"取意于龙马负图,代表中华文化之所由始也),第二第四两期均列有郭沫若的"诗",希望能得到郭沫若的鼎力相助。他不仅认为郭沫若是"当今诗人"中的"第一位",也是学问家中的大家。张春风在《闻一多先生二三事》①一文中说,闻一多在清华讲书时,"总好称道郭沫若先生,在他研究毛诗、楚辞及古代神话中,他多次引用郭先生研究金文的所得,他佩服郭先生的卓识有胆量,能创造。当时郭先生正在日本作逃捕,但闻先生就曾多次表示:'为了学术研究,清华大学应礼聘郭先生来讲学!'"朱自清 1937 年 5 月 6 日记:"冯(友兰)告以闻君(闻一多)意见。为商谈聘任郭沫若事,尚未做决定。闻直接向冯提出此请求,令余惊异。"② 冯友兰是清华大学文学院院长,朱自清是中文系主任。闻一多越过系主任直接找到冯友兰,至少能说明他对郭沫若崇敬心切。而郭沫若也一直关心闻一多的近况,1944 年上半年,曾拜托张光年代他约请闻一多为他主编的《中原》杂志撰稿,闻一多很快就写出了那篇内容精湛、富于创见的名篇《屈原问题》。1945 年 6 月,郭沫若访苏联路过昆明时访问了闻一多,闻一多也和吴晗等人一起设宴为郭沫若送行。闻一多牺牲后,郭沫若不仅写了《悼闻一多》《闻一多万岁》《闻一多做学问的态度》《闻一多的治学精神》等纪念文章,还自告奋勇,承担闻一多全集的编订工作。他在《开明版〈闻一多全集〉序》中自称:

  就他所已成就的而言,我自己是这样感觉着,他那眼光的犀利,考索的赅博,立说的新颖而翔实,不仅是前无古人,恐怕还要后无来者的。这些都不是我一个人在这儿信口开河,凡是细心阅读他这《全集》的人,我相信都会发生同感。③

这几乎成了评论闻一多的"经典"。

(原载《新文学史料》2021 年第 3 期)

---

① 张春风:《闻一多先生二三事》,《宇宙风》1947 年 3 月第 147、148 期合刊。
② 朱自清:《朱自清全集》第 9 卷,江苏教育出版社 1998 年版,第 466 页。
③ 郭沫若:《开明版〈闻一多全集〉序》,《闻一多全集》第 12 卷附录,湖北人民出版社 2004 年版,第 431—432 页。

侠情和友谊的纪念

——杨凡与郭沫若的交往

柯汉琳

1936年上海《光明》半月刊第1卷第9期发表了一篇文章——《侠情和友谊的纪念》。这是郭沫若为杨凡所译高尔基《文学论》一书写的序文（收入《郭沫若全集·文学编》第16卷，人民文学出版社1989年版，第222页）。这里要谈杨凡与郭沫若的交往，笔者以为借用郭文的标题为题最为恰切。

郭沫若的序文为何突出使用了"侠情""友谊"两个词？原来，正如序文及杨凡自传所叙述的，1935年10月6日（序文原文作这个时间，《郭沫若全集》认为应是10月5日），郭沫若应"中华留日学生会"的邀请给"东京中国青年会"作一次公开演讲，演讲题目是"中日文化的交流"。当时听众有一千多人，百分之八十都是进步学生，但也有一群国民党特务——郭老把他们叫作"一群眼睛"，混进会场，当演讲结束时，那群"眼睛"突然骚扰起来，他们无耻地向郭沫若"掷果"、扔杂物、扔鸡蛋。而在这一群"眼睛"的环境中，从那骚扰中，组织这次请郭老公开演讲的早稻田大学学生、中华留日学生会负责人杨凡和朱洁夫挺身而出，跑到郭沫若身边掩护。林林在《这是党史喇叭的精神——忆郭沫若同志》一文中也记述了此事："那一阵骚乱中就近挺身而出的是早稻田大学同学杨凡和朱洁夫等人，保卫郭老安全上了汽车离场的。"（见《新文学史料》1979年第2期）郭老回忆了这段往事后写道："他们的勇敢、敏捷、不顾危难的侠情和友谊，在我是深深地铭感着的。"这就是郭老序文取此标题的缘故。

先介绍一下杨凡。杨凡，男，1909年生，广东梅州人，1925年参加革命，1926年参加中国共产主义青年团，1928年到上海做党的地下工作，1930年加入中国共产党并调至中央宣传部《红旗日报》工作，同年冬因单线联系人叛变、出卖而被捕入狱；1931年经党组织营救出狱，调至全国总工会工作；1933年2月因党组织"交通"中断，失去与组织的联系，在寻找组织半年多仍无结果后流亡到日本，第二年考上日本早稻田大学就读国际政治和国际金融专业；1933—1936年在日本留学期间，杨凡参加了"早大留日学生会"并担任执行委员，参与组织成立"中华留日学生会"并任常委。

杨凡与郭沫若的交往自1933年初开始，是黄冰川（共产党人，1932年从北京到东京留学，曾在北京参加"三一八"反北洋军阀斗争、秘密组织北京学生联合会等）介绍引见的。同年大约4、5月间冰川回北京，却突然病逝。1933年6月，留日学生在东京开了追悼会，编印了《冰川追怀集》（图一），郭沫若、杨凡等都写了悼文，郭沫若写的是《流星的幻影》（尚未收入郭老全集），杨凡写的是《遗言》。

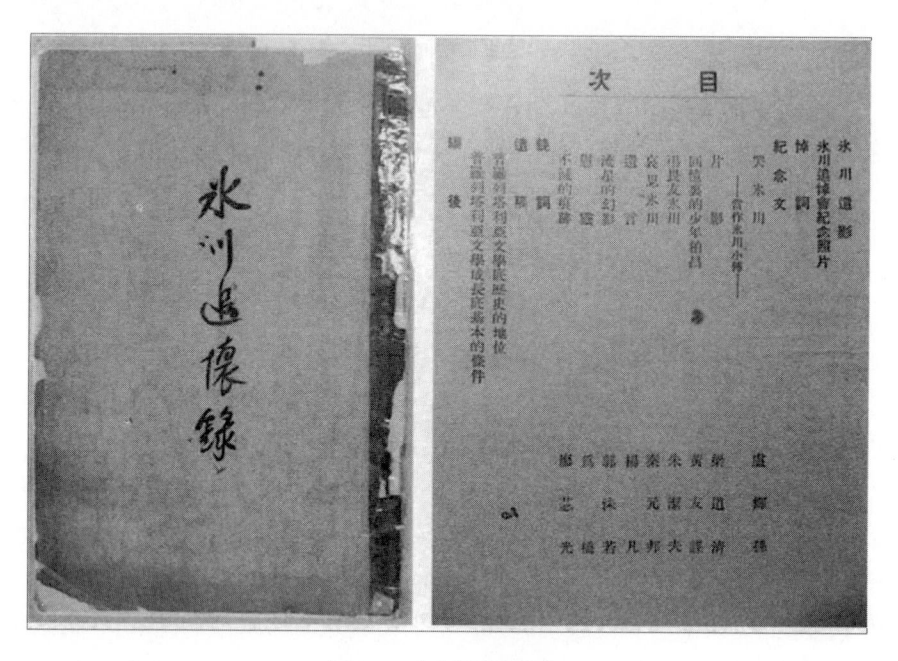

图一 《冰川追怀集》

见过几次面之后，郭沫若对杨凡很信任，杨凡也时常向郭沫若汇报留日进步学生的活动，接受郭沫若的指导。据杨凡在《我的自传》中回忆，当时郭老受到日本和国民党特务的监控，处境十分恶劣，见面要秘密进行。一天，杨凡因工作与郭沫若约见，郭沫若为避开日本警视厅的注意，身着和服，戴着黑框眼镜，一大早就从他居住的千叶县须和田村车站出发到东京神田出站口侧面等杨凡；杨凡身穿黑条西装，也一早到达神田。两人见面后，分别走到对面一间咖啡馆，要了两杯牛奶和面包，用了早点后，就到外面小路边走边聊；过了8点钟以后，郭老悄悄建议："我们到照相馆照张照片留作纪念吧！"这就有了下面这张照片（图二）。不久，杨凡又介绍吴素霞（杨凡夫人，东京大学留学生）等拜访了郭沫若并在照相馆合影（图三）。杨凡与郭沫若在交往中建立了深厚的友谊，时常到须和田村看望郭老，还有一批书信保留了下来，说明两人关系之密切。

图二　杨凡与郭沫若1934年在日本合影

图三　杨凡（后右一）、吴素霞（后右三）与郭沫若合影

1935年9月初，留日学生中有一部分国民党分子准备成立"留东同学会"，要选派代表回南京参加"国民大会"，并成立"中华留日学生总会"，以控制所有留日学

生。杨凡等一批左派学生得知这一消息后,立即研究斗争策略,准备在大会上进行反击。杨凡被推选为这次负责反击斗争的指挥之一,他立即到须和田村找郭老。杨凡向郭老汇报了在伊东的情况,特别汇报了准备和国民党分子斗争的情况。郭老听后问斗争有没有把握,当杨凡把几天来各大学学生会活动的情况做了详细分析汇报后,他很高兴地说:"我等待你们的好消息!"

9月下旬,杨凡又一次到须和田村向郭老汇报中华留日学生总会斗争胜利的经过和在神田区神保町中华青年会馆有计划地组织一些学术报告会,以团结广大留日学生的打算。郭老听后兴奋地说:"我完全同意!"杨凡立即请郭老做第一讲,郭老想了想说:"就讲'中日文化交流'吧!"杨凡高兴地道谢并告别,郭老挥了挥手说:"吃完饭后回去!今天请安娜烧一盘四川菜'麻婆豆腐'尝尝!"因杨凡的邀请,便有了前面所说的1935年10月6日的那次演讲中发生的国民党特务"一群眼睛"的骚乱和杨凡、朱洁夫挺身而出保护郭沫若的佳话。

1935年9月那次拜访郭沫若时,杨凡已把高尔基的《文学论》翻译稿送请郭老作序。郭老当时是"吃了一惊"的,因为"像他那样和我接近的人,直到工作完成了才让我知道",足见他做事是"踏实而敏捷的",这"更使我确切地明白了他的为人"。再说,那时的杨凡经济上是非常艰难的,"因为没有学费,他一面苦工,一面读书,全靠自己的一手一足"维持生存,在这样的状况下竟完成了该书的翻译,郭老对此又是极为赞赏的。"苦工"就是课余教初到日本留学的中国学生学日语,像章伯钧、李伯球等都由杨凡辅导过。郭老了解到这一情况,于1935年9月17日给田中庆太郎写信介绍、引荐杨凡,请其帮助杨凡举办日语会话班,既可解决部分中国留学生的语言困难,又可解决杨凡的经济困难。郭老当时表示,田中那边如能支持,他也会大力支持。此事后来虽然没有办成,但足见郭老对杨凡的关心厚爱和他与杨凡的亲密关系。下面是郭老先后致田中庆太郎的两封信(郭老的女儿郭平英女士提供):

致田中庆太郎
1935年9月17日① (译文)

拜启:

  谨介绍杨凡君。

  近来留日学生增多,然无理想之日语补习学校。为弥补此缺陷,杨君计划设立日语学院,仆亦愿助一臂之力。

---

① 郭平英女士注:此信未经邮寄,信封正面以日文写,意为"谨介绍杨凡先生"。《郭沫若致文求堂书简》将此信编入1934年,现据信中内容及杨凡亲属提供史料,更正为1935年。

兹欲相恳于兄台者：

①负责会话班。如兄台无暇，乞介绍合适人选。月薪70元左右（时间为每周十课时左右）。

②借用善邻书院之教室（若其它合适场所亦可）。

③指导办理各种必需之手续（征得官宪之理解，办理手续等）。

杨君云，如能办成学校，所有教科书及辞典等，均指定使用贵堂发行者。

草草。

郭沫若 17/IX.

田中庆太郎先生

致田中庆太郎
1935年9月28日（译文）

拜复：

惠函拜悉。

杨君十八日前后曾来谈。彼神色颓然，盖闻兄台言事颇难办。估计日内仍将奉访。彼当初来访时，余之答复附有条件——兄台如积极支持，余亦支持。故或使杨君相当失望。总之，日内当有消息。

难得心旷如晴秋，陶醉于桂香之中也。

沫若 25/IX.

田中庆太郎先生

震君病情其后如何？

容庚《金文续编》谅已出版，如贵堂到货，余需一部。

1936年9月，为抗击日本帝国主义对华侵略，杨凡"应着母国的呼召，要回去尽他的责任去了"。所以序中说："杨君说，他在两三天内便要动身，这部《文学论》的译出便是他苦学了四五年的纪念。""他的志趣使我感动，这写序的责任，在私情和公谊上，我都是义不容辞的。"这就是郭老在百忙中热情为该书写序的来由。

郭沫若对杨凡翻译高尔基《文学论》的工作评价很高，他知道杨凡马上要回国了，于是在序言最后一段还对杨凡日后的人生道路提出了真诚的期望，作为"对于杨君的临别赠言"。他说："译者的杨君不日也快要回国了，回国后不必一定是做文学上的工作，但做文与做人并没有两样。我希望杨君要始终本据着正确的理论把自己的一生做成一篇杰作。"

后来杨凡的革命人生确是"一篇杰作"。他从日本回国后，先后接受朱瑞（抗战时任八路军驻河南办事处主任）、叶剑英、周恩来的指示，进入国民党宋哲元部、吴奇伟部工作，最后成功策划推动了吴奇伟部起义，并作为共产党粤赣闽边区游击队代表之一与国民党方面进行梅县和平解放的谈判，为梅县和平解放立下了汗马功劳。

再说与郭沫若的交往。1938年年底，郭沫若回国来到重庆，担任国民政府军事委员会政治部第三厅厅长和文化工作委员会主任，一直站在抗日救亡的前列，领导国统区的进步文化人士开展抗日文化宣传工作和反独裁、争民主的斗争。1942年冬天，杨凡从驻守鄂西宜昌一带的吴奇伟部出差到重庆，到重庆的第二天就拜访郭沫若。当时郭沫若已辞去了第三厅厅长之职，只做文化工作委员会的工作。相隔五六年再见面，两人格外高兴。当时在场的还有于立群，因为1938年4、5月间杨凡在汉口与几位地下党同志见面时就认识她，所以她一见面就热情招待并亲自下厨。杨凡向郭老汇报了这几年自己走过的道路，叙述了国民党内部的腐败和特务横行的黑暗情况，表达了他打算离开国民党部队去延安的想法。郭沫若听完汇报，点点头说："我非常理解你的处境，重庆也是如此，吃完午饭后你先到新华社找周恩来同志，听听他的决定再说。"临走时，郭老特地拿出两张照片送给杨凡（图四、图五）。

图四　郭沫若送杨凡的照片之一

图五 郭沫若送杨凡的照片之二

下午见了周恩来,一开头周恩来就笑着说:"你的情况他们都对我说了,你想到延安去是不是?"杨凡再次表达了这一愿望,但周恩来摇了摇头,向杨凡谈了当前形势和工作需要,明确要他回宜昌去,回吴奇伟部去。这一决定对杨凡后来的人生道路影响极大,当然,杨凡由此也有缘参加了著名的"宜昌保卫战",有缘参加了推动吴奇伟部起义的工作,也有缘参加了和平解放梅县的谈判工作,等等。这不是本文要谈的历史,简略一提,是要再次说明杨凡是如何践行郭老的期望,"把自己的一生做成一篇杰作"的。

杨凡与郭沫若的交往主要是在日本留学和抗日战争的几年,新中国成立后,1955年他与朱洁夫一起到郭老家拜访过郭老,此后因工作原因就再也没有见面了,但他们结下的革命友谊是长存的。郭老逝世后,杨凡发表了《怀念郭老》的文章表达哀念,其情真切。

杨凡和郭老虽然都已离世多年,但他们的后人并没有淡忘他们那段"侠情和友谊"写就的人生历史。父辈的"侠情和友谊"将化为血液在后人的生命中延续流淌。

注释:

注一:文中引用的文字资料包括《我的自传》《怀念郭老》等均为杨凡生前亲笔

所写；照片均为杨凡及其家人珍藏，此为首次公开。2019 年 9 月，这些文字资料和照片已与其他大批重要文献和书籍一起捐赠给国家图书馆，国家图书馆特为此举行了捐赠仪式。

　　注二：本文涉及的杨凡有关文字资料和历史照片均由本文作者的妻子、杨凡的三女儿杨珍妮审核（杨珍妮是杨凡遗存全部资料文献捐赠国家图书馆过程的整理人）。其中杨凡、朱洁夫与郭沫若合影（图六），原提供的照片是反面的，经郭平英女士指出后已置换为正面照（郭平英女士提供）。

　　注三：杨凡的《高尔基〈文学论〉》译稿后托朋友转艾思奇交上海生活出版社出版。据杨凡《我的自传》说，该书付印时，沪战爆发，闸北被炸，书稿被焚烧。但华南师范大学李育中教授曾对笔者说，他有杨凡所译此书。李育中教授生前曾说会将此书送我，可惜因其藏书太多，一时不易找到，直到他离世，笔者仍未见此书。

图六　1942 年杨凡（左一）、朱洁夫（右一）与郭沫若在重庆合影

图七　郭沫若送给杨凡的照片（照片上写的"高歌"是当时杨凡常用笔名）

图八　杨凡所写《怀念郭老》一文手稿

（原载《新文学史料》2021 年第 2 期）

论谷崎润一郎与郭沫若的交往

张能泉

1926年，日本作家谷崎润一郎第二次来华时与中国现代作家有过交往，这其中就包括郭沫若。两人的交往不仅给谷崎润一郎留下了较为深刻的印象，而且他的文学主张与艺术见解也对郭沫若的文学创作产生了较为明显的影响。当前，国内学术界对郭沫若与日本现代文学的关系进行了较为深入的研究，并且涌现了一批高质量的研究成果。其代表性成果有：靳明全《文学家郭沫若在日本》（重庆出版社1994年版）、刘德有《随郭沫若战后访日：回忆与纪实》（辽宁人民出版社1988年版）、武继平《郭沫若留日十年：1914—1924》（重庆出版社2001年版）、蔡震《文化越境的行旅：郭沫若在日本二十年》（文化艺术出版社2005年版）等。这些成果以翔实的史料梳理了郭沫若与日本现代作家的密切联系，为推进郭沫若研究夯实了基础。然而，美中不足的是，关于谷崎润一郎与郭沫若交往的研究仍欠深度，尤其对两者交往的历史以及交往的特点、成因和文学影响缺乏翔实的阐释。因此，本文将在借鉴已有研究的基础上既注重史料的梳理，以厘清两人交往的历史，又注重结合当时的语境分析其交往的原因，以促进国内中日现代作家关系研究。

一 交往的历史

谷崎润一郎与郭沫若的交往始于1926年1月内山书店的聚会。会上，谷崎润一郎想获知中国文坛翻译日本文学的情况，经郭沫若等人的介绍，谷崎润一郎才从中得知，"日本作品的翻译，据调查发现似乎有很多。然而尽管很多人手中存有作品的译稿，却进不了一般的读书界，因为书店不肯作为单行本出版"。[①] 散会之后，意犹未尽的谷崎润一郎邀请了郭沫若和田汉外出畅谈，郭沫若就中日两国文坛稿费计算方法进行了一番比较。随后，他们来到谷崎润一郎的住处"一品香"旅社交谈到深夜。交谈中，郭沫若对谷崎润一郎的言论予以否定，并结合中国发展的历史进程与民族文化展开了反驳。关于两人的此番争论情况，田汉在《南国电影剧社时代》和《上海通信》中进行了记载："谷崎氏凭借记忆所及记下的谈话自然不免有多少的错误，但

[①] ［日］谷崎润一郎：《上海交游记》，みすず書房2004年版，第153页。

是诚如他的话'我们心中郁积雍塞的苦恼'却是不错的。"① 由此可见，郭沫若之所以会与谷崎润一郎进行争辩，是想以中国的历史与实情来纠正他当时那种较为平庸的中国观。有趣的是，此次争论促成了两人的交往，成为中日现代作家交流史上的一段佳话。

1928年2月24日，郭沫若因政治原因流亡日本。虽然彼此缺乏直接的交往，但是谷崎润一郎仍然留意过郭沫若在日本的消息。"我间接地听到一些有关郭沫若在千叶县暂住的事，在不参加政治活动的条件下被允许留在日本，并且确实远离政治埋头于学术著述等等消息。"② 与此同时，他还曾委托朋友联系九州医大附属医院的郭沫若妻子，请她转交其新书《寥食虫》给郭沫若。之后直到1955年郭沫若率团访问日本，两人才再次相见。

1955年12月1日，郭沫若率中国科学家代表团访问日本，这件事情引起了包括谷崎润一郎在内的日本众多文化人士的兴趣。时任日本文部大臣的清濑一郎在欢迎宴会上明确表明，日本内阁衷心欢迎以郭沫若先生为首的中国科学代表团访问日本。谷崎润一郎在朝日新闻社的安排下，提前来到郭沫若入住的东京帝国饭店，等候与郭沫若的会见。这也是两人最后一次相见。朝日新闻社本来打算将此次见面安排为座谈会，特意邀请了内山完造和该社社论副主任白石凡共同参与。然而，"这次座谈会，从结果看，内山完造和白石凡两位先生几乎没有插话的机会，实际上形成了郭老与谷崎的二人对谈"。③ 上午9时，谷崎润一郎见到了久违的郭沫若。双方在寒暄之余，主要就中日历史、文学与文化、社会习俗、社会主义建设等问题畅谈了三个小时。会后，谷崎润一郎打算告辞，被郭沫若留下在帝国饭店食堂共进午餐。临别时，郭沫若邀请谷崎润一郎下年4月访问中国。与此同时，随团出访的翻译刘德有对此次会谈的情况也进行了记载。郭沫若以中国科学院院长的身份会见谷崎润一郎属于一种典型的官方行为。作为一位唯美派作家，谷崎润一郎不热衷于政治，他虽然出席了日本朝日新闻社安排的对谈会，事后却对此流露出了不满的情绪。1956年3月，日本《文艺》杂志举行了一次名为"谷崎文学的神髓"的座谈会。评论家武田泰淳、十返肇、伊藤司会等受邀参加这次座谈会。会上，武田泰淳对1955年谷崎润一郎与郭沫若的会谈发表了自己的看法。他说："朝日新闻的谷崎先生和郭先生的那次谈话，可真有意思啊。双方完全捡自己想说的，各说各的。"谷崎润一郎本人也直言不讳地谈出自己的会谈感受："为了让内容变得有趣，把不是我问的问题也变成我问的了。周围的新闻记者，比如白石君等人说的话，也变成了我说的。甚至连妇女问题之类的话题也出来了，那种问题，我可不记得曾经说过。"④ 此番言论

---

① 田汉：《田汉论创作》，上海文艺出版社1983年版，第19页。
② [日]谷崎润一郎：《上海交游记》，みすず书房2004年版，第203页。
③ 刘德有：《随郭沫若战后访日：回忆与纪实》，辽宁人民出版社1988年版，第92页。
④ [日]西原大辅：《谷崎润一郎与东方主义——大正日本的中国幻想》，赵怡译，中华书局2005年版，第258页。

表明，两人的交往此时已经发生了转变。

二 交往转变的原因

如果说，他们前期的交往属于非官方性质的文人交流的话，那么此时的交往已经呈现出官方的气息。那么，导致这种关系转变的原因是什么呢？我们认为既与谷崎润一郎坚守纯艺术创作的文学主张有关，也与郭沫若前后身份以及文学观念的转变有关。

作为一位唯美派作家，谷崎润一郎一生都致力于纯文学的创作，认为艺术家在进行文学创作时不应该表现出功利性，而应在一种甘美而芬芳的艺术世界中传达艺术家对唯美世界的憧憬与理解。在他看来，艺术家需要超脱复杂多变的现实世界，而安心于单纯的精神世界之中。"艺术家无论怎样怯懦，但也要安于自己的天分，精益求精地研习艺术。这时候就会产生为艺术而不惜舍去生命的勇气，不觉间对死就有了切实的觉悟。这才是艺术家的勇气！"① 基于这种对文学艺术的独特认知，谷崎润一郎不仅多次拒绝了日本官方的职务邀请，而且还深居简出，潜心于纯文学的创作，以此来捍卫文学的独立性与纯洁性。二战期间，创作完成的长篇小说《细雪》就是如此。因而，当他与身为中国政府要员的郭沫若会面时，其心中自然会滋生出一种精神的隔阂，对于郭沫若的盛情邀请也就会以身体不适与不善交际的性格为由谢绝。1957年6月21日，他在给好友内山完造的信中就这样写道："郭沫若先生曾再度邀请游历，并给以热情招待，……可能要辜负其好意。其一，对当下健康没有自信。……其二，我生来就不善于与人交往，很少前往自己喜爱的场所，也很少前往各地游览。"② 由此可见，谷崎润一郎难以认同和接受郭沫若与其"为艺术而艺术"的文学主张息息相关。

谷崎润一郎与郭沫若的交往呈现出一个鲜明的特点，即由初期的亲密转向后期的疏远。有趣的是他与田汉、欧阳予倩等人的交往却没有这样，而是彼此成了兴趣相投的知心朋友，建立了深厚的友谊。"与我关系缔结最为密切的第一应属田汉君，第二是欧阳予倩君。"③ 之所以会出现这种转变还与郭沫若前后身份以及文学观念的转变有关。作为中国新文学运动的支持者和生力军，郭沫若先后创作了《凤凰涅槃》《天狗》《地球我的母亲》《女神之再生》等一批彰显个性的诗歌，体现了中国现代诗歌的浪漫主义新风。1922年，他在《论国内的评坛及我对于创作上的态度》中明确提倡文学创作的非功利主张。"至于艺术上的功利主义的问题，我也曾经思索过。假使

---

① ［日］谷崎润一郎：《谷崎润一郎全集》第20卷，中央公论社1974年版，第453页。
② ［日］谷崎润一郎：《上海交游记》，みすず書房2004年版，第177页。
③ ［日］谷崎润一郎：《上海交游记》，みすず書房2004年版，第136页。

创作家纯以功利主义为前提从事创作，上之想借文艺为宣传的利器，下之想借文艺为糊口的饭碗，我敢断定一句，都是文艺的堕落。隔离文艺的精神太远了。"[1] 1923 年，他在《文艺之社会的使命》中再次强调文学的无功利观。"诗人写出一篇诗，音乐家谱出一支曲子，画家绘成一幅画，都是他们感情的自然流露：一阵如春风吹过池面所产生的微波，应该说没有什么所谓目的。"[2] 此时郭沫若的文艺思想具有一定的唯美主义的色彩，呈现出"为艺术而艺术"的文艺观念。1926 年，郭沫若的言行举止以及出众的才华给谷崎润一郎留下了深刻的印象，并两度邀请到其入住的旅馆交谈，究其根源在于此时两人都推崇文学的非功利性，礼赞文学艺术的纯粹性，倡导用艺术的精神来美化生活。因此，相似的文学观念成为彼此精神契合的基础。然而，与毕生都致力于唯美主义的谷崎润一郎不同，郭沫若的文艺思想具有较为明显的杂糅性。也就是说，他一方面大力提倡张扬个性与主情唯美的文艺思想，另一方面又流露出工具文学的观念。新文学时期的郭沫若在倡导个性解放的同时，又将个人的情感与祖国的命运、民族的前程结合起来，表现出浓厚的忧患意识和务实精神。而且随着国内时局的变化，郭沫若对这种主张个性解放、推崇唯美的文艺观念展开了严厉的自我批判。他说："今日的文艺，是我们现在走在革命途上的文艺，是我们被压迫者的呼号，是生命穷促的喊叫，是斗士的咒文，是革命预期的欢喜。"[3] 就这样，郭沫若文艺思想随着国内革命形势的急剧变化完成了从"唯美文学"向"工具文学"和"革命文学"的转变。1945 年，郭沫若发表的《人民的文艺》直接宣扬"人民文学"观念，认为文学艺术不是纯艺术的创作，而是立足人民、反映人民的有力武器。由此，郭沫若文艺思想彻底转变了前期的唯美主义，而走上了文学创作的功利主义道路。

三 交往的文学影响

在与谷崎润一郎的交往过程中，郭沫若早期的文学创作受到了谷崎文学的影响，其身边小说就具有了较为明显的谷崎文学的特征。受"五四"时期特殊历史语境的影响，身边小说成为这个时期中国现代文坛出现的一种重要的小说类型。最早提出这个概念的正是创造社的成仿吾。他在评论郭沫若小说的时候，称郭沫若小说主要有两大类型，其一是身边小说，其二为寄托小说。所谓身边小说就是郭沫若自己身边的随笔式的小说。[4] 相对于郭沫若的寄托小说，也就是借古喻今的历史小说而言，他的身边小说立足于表现自我、坚持艺术的立场，通过自我生存的呈现来张扬个性和解放自我，书写其生命的真实体验与感受。

---

[1] 郭沫若：《郭沫若全集·文学编》第 15 卷，人民文学出版社 1990 年版，第 228 页。
[2] 郭沫若：《郭沫若全集·文学编》第 15 卷，人民文学出版社 1990 年版，第 200 页。
[3] 郭沫若：《郭沫若全集·文学编》第 16 卷，人民文学出版社 1989 年版，第 10 页。
[4] 成仿吾：《中国新文学大系·小说三集》，上海良友图书公司 1935 年版，导言第 14 页。

第一，谷崎文学借助幻想呈现女性肉体的官能之美对郭沫若身边小说的创作产生了影响。在小说《异端者的悲哀》中，主人公章三郎痴情于梦境中富有官能刺激的女子，心甘情愿地陶醉在幻想的世界之中不愿回到肮脏丑陋的现实社会，充分表现了人物真实的内心世界和自我意识，梦境中的女性官能之美也传达了作者的女性崇拜思想。受谷崎文学的影响，郭沫若的身边小说时常会通过幻想的形式来呈现女性肉体的官能之美，既增强了作品的幻美感，也表达了郭沫若对女性的崇拜意识。其中，短篇小说《喀尔美萝姑娘》充分展示了人物对女性肉体官能的幻想。小说主人公"我"一次偶然的机会结识了一位卖喀尔美萝（日本的一种糖制食品）的姑娘。姑娘莹黑柔媚的眼睛给"我"留下了深刻的印象，唤醒了"我"沉睡已久的欲望。为此，"我"抛弃世俗的伦理束缚，沉溺于她的身体幻想。"我将用手指去摸她的眼睛，摸她的双颊，摸她的颈子，摸她的牙，摸她的乳房，摸她的腹部，摸她的……我这 Mephistopheles（靡非斯特）！"① 在这里，女性的身体成为慰藉"我"心灵的一剂良药，让人沉迷陶醉，兴奋不已。女性的肉体官能强烈地刺激了"我"，使"我"情不自禁地去触摸她的身体，感受着从未有过的愉悦与满足，从而也让"我"在幻想的官能书写之中展现出浓郁的个体意识。因此，我们认为郭沫若的身边小说注重于描写人物的自我表现和个性解放意识。为了能够沉浸在女性肉体的官能享受之中，他们不惜抛弃自己的灵魂与道德，宁愿成为罪恶的化身，以官能的享乐治疗灵魂的创伤，从而使小说充满了女性崇拜与享乐色彩。

第二，谷崎文学善于在人物的病态行为中表现和礼赞美对郭沫若的身边小说创作产生了影响。作为一位"恶魔主义"作家，谷崎时常描写人物的偏执、丑恶、畸形、变态、乖张、诡异、怪诞、颓废等病态行为，并以大胆赤裸的展现方式使这些非常态的行为变成对美的执着与享乐。在谷崎看来，凡是美的事物都是强者，凡是丑的事物都是弱者。女性的身体是美的化身，是强者的代表，是礼赞的对象。相反，男性则是弱者的体现，他们要想成为强者，要么通过各种畸形病态的行为从女性身上获得欲望的满足，要么甘心自愿被她们折磨和虐待，并将受虐时产生的快感视为人生最大的愉悦与幸福。《饶太郎》塑造了一位以嗜虐为乐的饶太郎形象。当女方越是爱恋他，他就越希望受到女方更为残酷的折磨，因为这样可以让他获得无穷无尽的快感，从而把个体的生命从世俗的遮蔽状态中拯救出来。《恶魔》中佐伯用一种有悖于常理的病态行为去偷舔表妹感冒时擦鼻涕用过的手帕，从中寻求官能的刺激与快感，以此消除现实的烦恼与困惑。郭沫若的小说《骷髅》也是如此。小说通过描述斋藤寅吉盗尸、藏尸、奸尸和画尸的言行举止，充分展现了人物的变态心理，使作品呈现出浓郁的颓废—恶魔色彩。斋藤寅吉迷恋女性的尸体，产生了各种诡异的幻觉，浓厚的视觉书写形象地再现了他对女尸的病态行径。在这里，郭沫若不惜以浓墨重彩的文字描述他的

---

① 郭沫若：《郭沫若全集·文学编》第9卷，人民文学出版社1985年版，第227页。

狂热行径与变态行为，以唯美化的方式展示人物对女尸的迷恋与痴情，在强烈的官能书写中表现人物的心理错位，以此离经叛道的言行方式表达人物对女性之美的极力赞美与顶礼膜拜。

第三，谷崎文学对伦理道德的搁置与排斥对郭沫若身边小说创作产生了影响。谷崎为了确保文学艺术的审美价值，大力维护和捍卫文学艺术的纯粹性，强烈反对文学的功利性创作，排斥伦理与道德对文学的审视与批判。作为一个背德者，章三郎的行为既冒犯了父母，也触怒了妹妹，还伤害了同学。然而，他不会对这种背德行为进行任何的反思，更不会得出深刻的认识。章三郎将官能享乐和耽于幻想作为自己的人生追求，导致了他道德意识与伦理观念的缺失。作为兄长他不去关心妹妹的疾病，而是时不时与之作对，故意触怒妹妹，加速其病情的恶化，导致妹妹早逝。章三郎为了表现自我，不顾世俗的伦理道德，一味地追求艺术的美。在生活与艺术的关系上，他执着于艺术第一的观念，割舍伦理与道德的约束，将现实生活视为一块可以随意裁剪的面料，根据自己的需求将它编织成相应的艺术品。这部自传体小说体现了谷崎文学的特质之一就是醉心于美与丑的颠倒，偏离道德之路，将美看成是高于现实的一种存在。受谷崎文学的影响，郭沫若的身边小说也会因其强烈的情感流露和自我表现而不在乎传统伦理道德的禁锢。《叶罗提之墓》是郭沫若依据自己生活体验而写成的一篇类似自传体性质的身边小说，主要讲述了叶罗提爱恋堂嫂之手的故事。得知嫂嫂难产而死，叶罗提索性买了一瓶白兰地，边喝边泪眼涔涔地把玩堂嫂送给他的顶针。就在那瓶白兰地要喝完的时候，他把那枚顶针丢进了自己的嘴里而住进了医院。可是，当护士伸手给他把脉的时候，意识昏迷的他说道："啊，多谢你呀，嫂嫂。"当护士伸手给他插体温计的时候，他又唤道："啊，多谢你呀，嫂嫂。"最后，叶罗提"被嫂嫂的手把他牵引去了。医生的死亡证上写的是'急性肺炎'，但没有进行尸体解剖，谁也不曾知道他的真正的死因"。[①] 小说中的叶罗提与堂嫂的爱恋是一种典型的乱伦行为，违背了世俗的伦理道德。为了真实地表现他们的内心情感，作者并没有受限于伦理道德的约束，而是以大胆直接的方式给予描写和呈现。当得知堂嫂离世后，伤心欲绝的叶罗提在酒精的作用下毅然选择以吞噬堂嫂的顶针来结束自己的生命。如果说《春琴抄》中的佐助刺瞎双眼是为了体现他对春琴之美的渴望与憧憬而采取的一种自我选择，那么叶罗提以自杀的方式结束生命也是为了钟情于堂嫂的美，为了捍卫自我的尊严而对抗世俗禁忌的自我表现。因此，我们认为叶罗提的行为与佐助一样既是对女性之美的礼赞，也是对世俗伦理道德的排斥。

当然，谷崎文学对郭沫若身边小说创作的影响是有限的，也是局部的。简要来说，郭沫若身边小说所呈现的官能色彩与谷崎文学有着较为明显的差异。如果说，谷崎文学偏重于感官描写的话，郭沫若的身边小说更偏重于情感的表现。如果说，谷崎

---

① 郭沫若：《郭沫若全集·文学编》第9卷，人民文学出版社1985年版，第204页。

文学执着于艺术的本体去再现人物的病态行为的话，那么，郭沫若的身边小说则是立足于现实社会，以人物的病态行为向读者展示那个时代青年知识分子的生存苦闷，以及对当时病态社会的严肃批判。他的身边小说主动迎合了时代的主旋律，将自我表现与社会发展的要求相结合，使其作品中所倾诉的个体苦闷蕴含了丰富的社会内涵。因此，郭沫若的身边小说并不完全是谷崎文学那种低婉哀伤的悲情与苦闷，而是还有悲愤昂扬的激情与抗争。这种将个体的生存体验与时代的发展精神相融合的文学表现形式也让郭沫若的文学呈现出了直露式的抒情意味。郭沫若身边小说的直露式的诗性抒情虽然具有较强的自传性色彩，但并不是像谷崎文学那样仅倾注于个体的生存体验，而是要将个人的生存体验与现实社会相关联，表现出传统与现代、本土与异域、自我意识与伦理道德以及理想社会与现实社会之间的冲突与矛盾，从而呈现作者浓郁的现实精神与人文情怀。

总而言之，谷崎润一郎与郭沫若之间的交往断断续续近三十年，跨越时间长，交往次数较多，其交往对郭沫若身边小说的创作也产生了一定的影响。与此同时，彼此的交往似乎总存在一些隔阂，尤其是战后与郭沫若的交往更是流于形式，带有较为浓郁的官方性质，缺乏文人之间应有的情感投入和真挚情怀。这种由亲密转向疏远的交往是基于两人文艺思想上的距离与情感上的错位而形成的。因而，在与郭沫若多年的交往过程中，谷崎润一郎也逐渐形成了自己对他的一种总体认识。郭沫若浓郁的参政热情与疏远政治的谷崎润一郎存在着明显的区别，以至于在谷崎润一郎心中与其关系最为亲密的中国现代作家不是郭沫若，而是田汉与欧阳予倩。与此同时，郭沫若对谷崎文学的兴趣使他能够效仿和高举"为艺术而艺术"的旗帜，提倡文学创作的无目的性，捍卫文学的纯粹性，反对文学的道德批评。其身边小说吸收和借鉴了谷崎文学的表现手法，运用幻想来呈现女性的肉体之美，利用人物病态的行为来表现自我意识与个性解放观念，使用梦境来排斥道德与伦理的禁锢，在一定程度上使其身边小说侵染了谷崎文学，强化了新文学的文学意识，促进了"五四"文学的多元化发展。然而，受"五四"时期社会环境和自身条件的影响，郭沫若对谷崎文学的选择性接受让他的身边小说既倾吐了他青年时期漂泊异乡的羁旅之苦和凄凉之境，又折射出了当时社会的面貌，使其文学具有了较强的社会意识。因此，郭沫若的身边小说是在现实和梦幻、写实与虚构中向读者表达个性解放与反封建的思想，是个体情绪与时代精神的有机融合。总而言之，郭沫若通过对谷崎文学的扬弃，秉承了"五四"新文学的发展使命，以激情抒发自我，流露出特定道德背景下的人文情怀与审美意识，形成了郭沫若文学浪漫主义的抒情风格。

（原载《北方工业大学学报》2021年第3期）

论日本"二二六"事件对郭沫若的影响

——以考证郭沫若致《宇宙风》五函的写作时间为基础

廖久明

关于1936年日本发生的"二二六"事件,《二十世纪国际问题词典》是这样介绍的:

> 二二六事件　日本皇道派法西斯军人未遂武装政变事件。1936年2月26日凌晨,安藤辉三、村中孝次等20余名不满政府政策的青年军官,率领1400余名士兵,在东京发动叛乱,占领陆军省、警视厅等许多重要行政机关,袭击首相等高级官吏住宅,杀死内大臣(前首相)斋藤实、藏相高桥是清、陆军教育总监渡边锭太郎,重伤侍从长铃木贯太郎,并向陆军大臣提出"兵谏",要求成立军人政府独裁统治,以便更疯狂推行侵略政策和战争政策。但未取得东京驻军支持。29日,在政府军队的镇压下,叛军束手就擒。10余名军官被处决,陆军中央对全军的统制确立。军部乘机操纵在军部占主导地位的广田弘毅组阁,基本建立法西斯统治。[①]

该次"未遂武装政变事件"也被称作"二二六"兵变、"二二六"政变、"二二六"暴乱等。该事件不但使日本"基本建立法西斯统治",并且对正流亡日本的郭沫若造成了巨大影响。

要论述该影响,必须从考证《宇宙风》乙刊第2期(1939年3月16日)发表的郭沫若致《宇宙风》五函的写作时间入手。这五函发表时题为"作家书简(二)"[②],无收信人和写信时间;在《郭沫若研究专刊》第2辑(1980年11月)发表和收入《郭沫若佚文集》(1988年)时未标明写作时间,标题均为"致《宇宙风》信",题注中有这样的文字:"据查,信是写给《宇宙风》社编者兼发行人陶亢德的";收入《郭沫若书信集》(1992年)时,将《郭沫若研究专刊》第2辑发表的《致陶元慙

[①] 沈学善主编:《二十世纪国际问题词典》,江苏人民出版社1994年版,第301页。
[②] 《宇宙风》乙刊第1期(1939年3月1日)发表了鲁迅的书简,题为"作家书简(一)"。

信》和《致〈宇宙风〉信》合并在一起，认定收信人为陶亢德，认定这五函的写作时间分别为：第一函为"193×年×月×日"，第二至第五函为"1936年×月×日"；新近出版的《郭沫若年谱长编（1892—1978年）》认定这五函的写作时间、收信人分别为：1935年7、8月间致陶亢德，1936年2月下旬致林语堂，1936年3月致陶亢德，1936年4月致陶亢德，1936年5月底致陶亢德①。现在，笔者将对发表在《宇宙风》乙刊第2期这五函的写作时间和收信人进行考证，并在此基础上论述日本"二二六"事件对郭沫若造成的巨大影响。

一 郭沫若致《宇宙风》五函写作时间考证

第一函

惠书收到。承询《海外十年》之作本是前几年想写的东西，但还没有动笔，如在现在写起来，要成为《海外廿年》了。所想写的是前在日本所过的生活，假如尽性写时总当在廿万字以上，这样长的东西怕半月刊不适宜吧。

《浪花十日》之类的文章可以做，但如不从事旅行便难得那样的文章。因此我希望你们按月能寄两三百元的中币来，我也可以拨去手中的它事来用心写些小品，按月可以有两三万字寄给你们发表，你们觉得怎样呢？假使这样嫌松泛了时，按字数计算，千字十元发表费亦可，但也要请先寄费来后清算。请你们酌量一下罢。专复即颂

撰安。

郭沫若顿首

关于郭沫若致函事，陶亢德有如此回忆：

语堂和我与鼎堂本不相识，所以办《论语》时未尝请他撰文。后来办《人间世》，有一次冰莹来信说起鼎堂在日本经济不大宽裕，《人间世》《论语》能不能请他撰文（其时冰莹也在日本）。约人撰稿本来是我的事，语堂也决不会反对，鼎堂的文章求之无方罢了，现在既有冰莹作介，我就立刻复信请她代为恳切求稿。后来鼎堂来信，说是有一部《离骚》的白话译稿，不知要否。和语堂一商量，大家觉得恐怕太长，而且既是诗，出版者方面也许不大称心，于是回他一信，婉请撰惠别的文章。结果也就没有下文。此后又办《宇宙风》了，这杂志我是把他当作性命看待的，血心要办它成为一个"精彩绝伦"的散文半月刊，在盘肠大战的想人约稿中，不由不想到有过上述一点因缘的郭鼎堂。于是在决定

---

① 林甘泉、蔡震主编：《郭沫若年谱长编（1892—1978年）》第2卷，中国社会科学出版社2017年版，第569—614页。

杂志创刊之前，就写了一信给他，并且指定要他写长篇自叙传《海外十年》，或如不久之前登在《文学》上的他的游记《浪花十日》两类小品。这《海外十年》的题目是他以前在一篇什么文章里提起过的，总算我那时候记性不坏，竟还记得。他的回信是说《海外十年》现在成为《海外廿年》了，写《浪花十日》之类的文章也须先有钱旅行。后来一说两说决定写《海外十年》，我也先汇去了一百元国币作预支稿费。现在大家看到一百元三字也许要笑话我何必郑重其事，殊不知姑不论当时的一百元钱胜过现在的几千，就是只要知道《宇宙风》的全部资本不过五百大元，而一个作家的稿费预支一支就支去了五分之一，也当原谅我今日回想起来怎不大书特书一下的私衷了。①

根据引文可以知道，第一函为陶亢德回忆中的以下信件："他的回信是说《海外十年》现在成为《海外廿年》了，写《浪花十日》之类的文章也须先有钱旅行。"现在看看郭沫若1935年8月24日写在明信片上的以下文字：

> 陶元熹先生的信和款子均已奉到，我决计写"海外十年"，分段地写，写完留学时代的生活为止。第一段是"初出夔门"，今日动手写，大约三五日内可以写出。怕你们悬念，特此写一张信片来报告。②

由于该明信片的开头直呼"陶元熹"的姓名，可以认为是写给《宇宙风》编辑部的。根据该函中的"我决计写'海外十年'"可以知道，陶亢德在上一函中并未指定郭沫若写什么，只是希望在《海外十年》或者"《浪花十日》之类的文章"中任选一种。结合上引文字可以推断出如下的写信经过：一、《宇宙风》创刊前，陶亢德致函郭沫若，"指定要他写长篇自叙传《海外十年》，或如不久之前登在《文学》上的他的游记《浪花十日》两类小品"；二、郭沫若复函道："《海外十年》现在成为《海外廿年》了，写《浪花十日》之类的文章也须先有钱旅行"；三、陶亢德复函中由郭沫若自己决定写什么，并"汇去了一百元国币作预支稿费"；四、郭沫若于1935年8月24日致函《宇宙风》编辑部"决计写'海外十年'"。在这四函中，陶亢德写作的两函迄今未见，郭沫若写作的第一函即需要考证写作时间的这函、第二函已知写作时间。

首先考证一下郭沫若与陶亢德通信一次大概需要多少时间。《郭沫若和这几个"文学大师"：闻一多、梁实秋、郁达夫、林语堂……》除影印了郭沫若1935年8月

---

① 陶亢德：《知堂与鼎堂》，《古今》1943年4月第20—21期合刊。
② 郭沫若：《致陶亢德（六函）》，黄淳浩编《郭沫若书信集·上》，中国社会科学出版社1992年版，第408页。在《致陶亢德》（王锦厚、伍加仑、肖斌如编《郭沫若佚文集（1906—1949）》上册，四川大学出版社1988年版，第223页）中，认定该函写作年份为1933年，有误。

24 日致《宇宙风》编辑部的明信片外，同页还影印了郭沫若致《宇宙风》的一个信封。① 信封上日本邮戳时间是"10.10.23"，中国邮戳时间是"十月廿八"，日本邮戳时间只能释读为昭和 10 年 10 月 23 日，即 1935 年 10 月 23 日，才能与中国邮戳时间衔接起来。如此算来，当时郭沫若将书信交到日本邮局、盖上邮戳后投递到上海、盖上当地邮戳的时间是 6 天——反之应该亦然。不管是急需用钱的郭沫若还是急需稿子的陶亢德，收到对方来信后都会立即回信，收到对方来信后立即复信、投递到邮局并盖上邮戳应该需要一天时间。如此算来，郭沫若与陶亢德书信往返一次需要 7 天时间。再看看郭沫若 1933 年 4 月 3 日致叶灵凤函的以下文字可以知道，笔者根据邮戳推断的往返时间是正确的："今天是四月三号，此信到你手里当在十号以前，我将特别提醒你，请你于四月十号务必将二百元寄出。"② 郭沫若如此肯定地告诉叶灵凤收到自己该函的时间，很明显是基于以往的经验。

现在，通过倒推便能知道该函的大致写作时间：1935 年 8 月 24 日郭沫若通过明信片告诉《宇宙风》编辑部，谈收到稿费事和自己的写作计划；8 月 18 日陶亢德复函由郭沫若自己决定写什么，并"汇去了一百元国币作预支稿费"（该函迄今未见）；8 月 12 日郭沫若致函陶亢德同意写作并提出条件；8 月 6 日陶亢德致函郭沫若向其约稿（该函迄今未见）。如此算来，该函写作时间为 1935 年 8 月 12 日。由于实际情况与理论计算之间总有差距，并且往返之间延期的可能性很大，所以将该函的写作时间最好确定为 1935 年 8 月中旬。

第二函

　　二月十二日信接到。《日本之春》不能写，但《海外十年》是可以续写的，大约在贵志十四期上便可重与读者见面。但我有一点小小的意见，希望你和××先生能够采纳。目前处在国难严重的时代，我们执文笔的人都应该捐弃前嫌，和衷共济，不要划分畛域。彼此有错误，可据理作严正的批判，不要凭感情作拢统的谩骂。（以前的左翼犯有此病，近因内部纠正，已改换旧辙矣）这是我的一点小小的意见。你们如肯同意，我决心和你们合作到底，无论受怎样的非难，我都不再中辍。请你们回我一信，如以为我这种意见值不得采纳的，也请你们明白地回答一句，我好把前所预受的五十元稿费立即奉还。如以为是可以采纳，那是最好也没有的。《海外十年》的第六节是《在朝鲜的尖端》，可登预告也。此复即颂

　　安好。

郭沫若

---

① 王锦厚：《郭沫若和这几个"文学大师"：闻一多、梁实秋、郁达夫、林语堂……》，四川大学出版社 2011 年版，第 193 页。
② 《致叶灵凤（1933 年 4 月 3 日）》，黄淳浩编《郭沫若书信集·上》，中国社会科学出版社 1992 年版，第 387 页。

考证该信写作时间有两条线索：一、"二月十二日信接到"；二、"《日本之春》不能写，但《海外十年》是可以续写的，大约在贵志十四期上便可重与读者见面"。现在据此进行考证。

根据第一函的考证可以知道，郭沫若与《宇宙风》编辑部书信往返一次需要7天时间，一般情况下，陶亢德2月12日发出的信，郭沫若收到时间当为2月17日，如果立即回复，落款应为当日——盖上邮戳的时间很可能为次日。为保险起见，可以认为郭沫若立即回信的时间应该为1936年2月20日左右。

1936年2月16日出版的《宇宙风》第11期《编辑后记》有这样一段话："下下期即第十三期拟出一春季特大号，先此预告一下。"3月1日出版的《宇宙风》第12期《编辑后记》继续预告："下期本刊是春季特大号，也是本刊出版半年的一个纪念，将以最丰富最精彩的内容与读者诸君相见。"3月16日，作为春季特大号的《宇宙风》第13期出版，发表了丰子恺的《春人四题（画）》、知堂的《北平的春天》、木石的《春在东京》、姚颖的《南京的春天》、春风的《沈阳的春天》、施蛰存的《春天的诗句》。由此可以明白郭沫若复函中的"《日本之春》不能写"的意思：在确定《宇宙风》第13期为"春季特大号"后，陶亢德于2月12日致函郭沫若请写作《日本之春》，郭沫若则在复函中告诉陶亢德："《日本之春》不能写，但《海外十年》是可以续写的，大约在贵志十四期上便可重与读者见面。"《宇宙风》第14期的正常出版时间是4月1日，现在来考证郭沫若写作该函的大概时间。

郭沫若在1935年8月24日致《宇宙风》编辑部的明信片上如此写道："第一段是'初出夔门'，今日动手写，大约三五日内可以写出。"取中间时间，假设4天写成，完成时间当为1935年8月28日。刊登有《初出夔门》的《宇宙风》第1期的出版时间是1935年9月16日，意味着郭沫若完稿后立即寄出并立即登载需要的时间是20天左右。那么，为了确保在4月1日出版的《宇宙风》第14期发表，郭沫若需要在1936年3月12日左右寄出。假设写作《在朝鲜的尖端》同样需要4天时间，意味着郭沫若写作该函的时间是1936年3月8日左右。

根据函中的两条线索考证出来的写作时间相差半个多月，笔者可以肯定写作时间是后者而不是前者。理由为：陶亢德来函时间是1936年2月12日，假设郭沫若2月17日收到来函后便决定写作《海外十年》的第六节《在朝鲜的尖端》，那么，他应该在复函中这样写："大约在贵志十三期上便可重与读者见面"，引文却是"大约在贵志十四期上便可重与读者见面"，由此可以断定该函写作时间是1936年3月8日左右。同样由于实际情况与理论计算之间总有差距，并且往返之间延期的可能性很大，所以最好将该函的写作时间确定为1936年3月上旬。

现在来看看陶亢德的以下回忆文字：

> 天下事往往难于逆料，我们虽以一番诚心十分力量请鼎堂撰文，谁知《海

外十年》登了没有多少字之后，他竟在一篇什么小说书（只记得书名中有个铁字的）的序文中把我们臭骂了一顿，说幽默和小品之类是四马路上的卖笑妇。这篇文章转载在《时事新报》的副刊《青光》上，后面还有不知什么人的后记，说是郭公的为《宇宙风》写文章，是不知国内文坛状况，受人之愚，今已明白，故《海外十年》已如神龙见首不见尾云云。鼎堂原文和什么人的附记，我们看了自然"为之大怒"，我一面写信询鼎堂到底是怎么一回事，一面写了篇《鼎堂与宇宙风》，一述他给《宇宙风》写稿的经过，拟刊出以明事实。语堂也写了一篇文章，题目记得是《我要看月亮》，是讽刺左派的禁谈风月的。不久鼎堂回信来了，措辞并不如那篇序文的杀气腾腾，而只责语堂文中常多"左派左派"字样，后来似乎是语堂回他一信，告以所以"左派左派"者，是"左派"先太欺人了，别人可噤若寒蝉，我林语堂做不到云云。接着是鼎堂又来一长信，痛言国事之亟，大家不应再作意气之争。这封信是教我转的，当时读了很为感动，字迹和信纸样子也历历如在目前。只是此信今日我处固然不见，即语堂赴美前托我保存的"有不为斋书简"中亦无其踪影，假如尚在人间的话，真是后人写中国文坛史的绝好资料，同时也可见鼎堂为人之如何可敬可爱。

根据该段文字可以知道，郭沫若的《论"幽默"——序天虚〈铁轮〉》（除引文外，以下简写为《论"幽默"》）在《时事新报·每周文学》第20期（1936年2月4日）发表后，"为之大怒"的林语堂、陶亢德与郭沫若的通信情况为：陶亢德"写信询鼎堂到底是怎么一回事"——"不久鼎堂回信来了，措辞并不如那篇序文的杀气腾腾"——"语堂回他一信，告以所以'左派左派'者，是'左派'先太欺人了，别人可噤若寒蝉，我林语堂做不到云云"——"接着是鼎堂又来一长信，痛言国事之亟，大家不应再作意气之争"。很明显，前三函迄今未见。根据内容可以断定，第四函当为本文考证写作时间的第二函。由此可知，该函收信人当为"陶亢德并转林语堂"。根据以上梳理的通信情况也可知道，第二函的写作时间当为1936年3月8日左右，而不是2月20日左右，因为在写作该函之前，郭沫若不但与陶亢德有过一次信函往来，并且还未收到林语堂的来函（郭沫若始终未收到该函，详见第三函考证）。对于引文中的"只是此信今日我处固然不见，即语堂赴美前托我保存的'有不为斋书简'中亦无其踪影"，笔者打算做出如下推测：该函1939年拿出来在3月16日出版的《宇宙风》复刊第2期发表后，可能连同另外四函一起遗失了。

第三函

今天接到你的信使我打破了一个闷胡卢，我还以为是你们有意和我决绝，故不回我的信，原来你是写了回信而在望我的回信吗？你的回信我却至今没有收到，大约是在前月尾上这儿发生事变的时候有了浮沉吧。你的意见是怎样的，我自无从知道了。目前你们的经济如难周转,前次汇来的稿费,自当如命奉还。别纸请持往内山书店索取吧。将来你们如需要我的助力时我是随时可以帮忙的。再者,我的原稿(使用了的)如蒙保存,请便寄还,因我手中未留副稿。专复即颂

  著安。
  郭沫若

该函内容很明显与本文考证写作时间的第二函没有直接关系,在笔者看来,该函与陶亢德的以下回忆文字有关:

> 上面所引知堂信中的云云,就正指鼎语二堂相争的一回事,他之所以劝架,是由于我在去信询鼎堂以究竟,同时写了一信给他,一面告诉这回事,一面询鼎堂究是何等样人,因为此时不久以前,知堂恰去日本一行,我在报纸或刊物上见到二堂相见晤谈的消息,想想彼二堂既可畅谈甚洽,何以这二堂就水火如此,所以想问个究竟。回信就如上引。语堂的《我要看月亮》和我们的《鼎堂与宇宙风》二文之暂不发表,就为了知堂的一言。及到后来鼎堂痛论彼此互讦之非,这两篇东西就自然扯去丢之字篓。他也继续为我们撰稿,长篇《北伐途次》中文稿,就在《宇宙风》上登完的。

知堂周作人的信件写于1936年2月27日,内云:

> 赐信均收到。鼎堂相见大可谈,唯下笔时便难免稍过,当作个人癖性看,亦可不必太计较,故鄙人私见以为互讦恐不合宜,虑多为小人们所窃笑也。偏见未必有当,聊表芹献耳。

据陶亢德的回忆可以知道,看见周作人函后,"语堂的《我要看月亮》和我们的《鼎堂与宇宙风》二文之暂不发表,就为了知堂的一言",意味着林、陶二人决定不与郭沫若"互讦"。郭沫若在《论"幽默"》中对幽默小品文提出了严厉批评,甚至在开篇如此写道:"天虚这部《铁轮》,对于目前在上海市场上泛滥着和野鸡的卖笑相仿佛的所谓'幽默小品',是一个烧荑弹式的抗议。"[①] 编者在发表该文时还在附记中如此写道:"郭先生久居国外,对于国内文坛的情形,不大明了。譬如林语堂先生主编的《宇宙风》,开初原是继承了《论语》和《人间世》,发扬'幽默'和'闲适'精神的刊物,对于进步倾向的攻击和诬蔑,却比《论语》《人间世》更为激烈,

---

① 郭沫若:《论"幽默"——序天虚〈铁轮〉》,《时事新报·每周文学》1936年第20期。

但是他们为了某种原因，也还是去拉郭先生的稿子。郭先生因为不知《宇宙风》的作风如何，答应投稿，因此《宇宙风》上就有起'鼎堂'的连载的自传来。这一件事，曾经引起了许多青年的误会，以为郭先生本是前进的领导者，为什么竟跟反前进的'幽默''闲适'派合作起来了？"加上郭沫若由于没有收到"你"（林语堂）的来函而一直没有回函，林、陶二人应该认为郭沫若不会再给《宇宙风》投稿，找个周转困难的理由要回预支的稿费便是理所当然的事情，所以，郭沫若在回函中如此写道："目前你们的经济如难周转，前次汇来的稿费，自当如命奉还。"根据以下文字可以推断，该函是写给林语堂的："今天接到你的信使我打破了一个闷胡卢，我还以为是你们有意和我决绝，故不回我的信，原来你是写了回信而在望我的回信吗？你的回信我却至今没有收到，大约是在前月尾上这儿发生事变的时候有了浮沉吧。你的意见是怎样的，我自无从知道了。"理由为："大约是在前月尾上这儿发生事变的时候有了浮沉"的回信当为回忆中的以下这信："后来似乎是语堂回他一信，告以所以'左派左派'者，是'左派'先太欺人了，别人可噤若寒蝉，我林语堂做不到。"

  由此可以断定，郭沫若该函是看见林语堂索要预支稿费函后写作的，而林语堂致函索要稿费则是看见周作人函后的事情。现在来推测一下该函的写作时间。由于周作人1936年的书信、日记未出版，我们只能根据鲁迅1936年1、2月的书信、日记来考查当时北京至上海通信需要多少时间：1月5日："一月一日信收到"，"下午得靖华信，即复"；1月21日："十四日信已到"；1月22日："复靖华信并寄小说三包"；2月1日："一月二十七日来信，昨已收到"，"午后寄母亲信"；2月1日："一月廿八信并汇款，昨日收到"，"复靖华信并寄书一包"；2月10日："四日信收到"，"得靖华信，即复"；2月29日："二十五日信收到"，"得靖华信，即复"。① 由此可知，这六函的投递时间分别为：5、8、5、4、7、5 天，意味着当时北京至上海通信时间一般为5天。鲁迅曾在致许广平函中如此写道："二十一日午后发了一封信，晚上便收到十七日来信，今天上午又收到十八日来信，每信五天，好像交通十分准确似的。"② 由此可知，当时北京至上海通信所需时间一般确为5天。周作人致函时间是2月27日，陶亢德收到时间当为3月3日左右。根据回忆可以知道，陶亢德得信后与林语堂商量的结果是："语堂的《我要看月亮》和我们的《鼎堂与宇宙风》二文之暂不发表"。根据郭沫若书信内容可以知道，第三函是写给林语堂的，由此可以推断林、陶二人商量的另一结果是由林语堂致函郭沫若：告知郭沫若，林语堂曾致函给他却未收到复函，并请郭沫若将之前汇去的稿费退还。理论上算来，郭沫若3月8日左右能够收到来函，急于收到来函的他得函后会当天复函。但是，不但陶、周通信时间

---

  ① 鲁迅：《鲁迅全集》第14卷，人民文学出版社2005年版，第1—39页；《鲁迅全集》第16卷，人民文学出版社2005年版，第585—593页。
  ② 鲁迅：《19290522 致许广平》，《鲁迅全集》第12卷，人民文学出版社2005年版，第169页。

有可能延期，林、陶二人商量也需要时间，加上实际情况与理论计算之间总有差距，所以，为保险起见，可将该函的写作时间认定为1936年3月上中旬。

第四函

　　信接到。目前国难迫紧，文学家间的个人的及党派的沟渠，应该及早化除。我在贵志投稿，你们当在洞悉中，我是冒着不韪而干的。我的目的也就在想化除双方的成见，免得外人和后人笑话。近时的空气似乎好了很多，个中还有相当的酝酿，但请你们在这时也务要从大局着想。能够坦白地化除畛域，是于时局最有裨补的。比如发表我给××信，××加些按语来表白自己的抱负和苦衷等等（有忠告也是好的），是极好的办法。我对于你们是开诚布公的，请你也不要把我当成外人看待，我们大家如兄如弟地携起手来，同为文字报国的事，我看是最为趁心之举。只要你们能够谅解我这番意思，我始终是要帮着你们的，以后还想大大地尽力。这层意思请你同××过细商量一下吧。关于日本的文字前几天用给你的信札的形式写了两张，但总因忙也没写下去，我现在寄给你，你看可以补空白时，便割去补补吧。关于日本，现在很难说话，我预备坐它几年的牢。草此专颂

　　撰安。

　　郭沫若

该函简单地告诉收信人"信接到"后，立即转入"目前国难迫紧，文学家间的个人的及党派的沟渠，应该及早化除"，可以断定它与第二函有关：郭沫若在第二函中呼吁"目前处在国难严重的时代，我们执文笔的人都应该捐弃前嫌，和衷共济，不要划分畛域"，陶亢德、林语堂接读该信后"很为感动"，在这种情况下，立即复函是当然的，郭沫若立即写作该函也是当然的。现在就来考证该函的写作时间：前面已经考证出呼吁"目前处在国难严重的时代，我们执文笔的人都应该捐弃前嫌，和衷共济，不要划分畛域"的函写作于3月8日左右，正常情况下，陶亢德们收到并复函的时间当为3月14日左右，郭沫若收到并回函的时间当为3月20日左右。还是由于实际情况与理论计算之间总有差距，并且往返之间延期的可能性很大，所以最好将该信的写作时间确定为1936年3月下旬。引文中的"××"应为语堂，所以，该信的收信人当为陶亢德。

第五函

　　发表费百圆早接到。

　　《海外十年》几次提笔想续写，但打断了的兴会一时总不容易续起来。我现在率性把一部旧稿寄给你们，请你们发表。我费了几天工夫清理了一下，删除了

好些蛇足，在目前发表似乎是没有妨碍的。你们请看一遍再斟酌吧，如以为有些可删，请于不损害文体的范围内酌量删除，或用××偃伏。如以为不好发表，阅后请寄还我。

如可发表时，发表费能一次寄给我最好，因为我在右胸侧生了一个碗大的痈，已决心进医院去割治。如一次寄不足，能先寄两百元来也好。

郭沫若

考证该函的写作时间有两条线索：一、"我现在率性把一部旧稿寄给你们，请你们发表。我费了几天工夫清理了一下，删除了好些蛇足，在目前发表似乎是没有妨碍的"；二、"我在右胸侧生了一个碗大的痈，已决心进医院去割治"。

关于这部"旧稿"的情况，《宇宙风》第 19 期（1936 年 6 月 16 日）的《编辑后记》有如此介绍："郭沫若先生的《海外十年》停刊之后，读者深以为憾。现在我们请郭先生另惠他稿，蒙其俯允，稿已全部寄来，从下期起按期发表，题为——《北伐途次》。"第 20 期（1936 年 7 月 1 日）发表的《北伐途次》开头有郭沫若写作的跋语，其落款为："一九三六年六月一日，作者识"。结合信中的"我费了几天工夫清理了一下"可以知道，该函极有可能是在郭沫若写完该跋语后接着写的，也就是说，写作于 1936 年 6 月 1 日。

关于"右胸侧生了一个碗大的痈"的情况，郭沫若 1936 年 6 月 2 日写作的《痈》有详细介绍。该文落款为："1936 年 6 月 2 日负痈抄。"① 结合郭沫若为《北伐途次》写作跋语的时间是 1936 年 6 月 1 日、写作《痈》的时间是 6 月 2 日可以进一步断定，该函的写作时间是为《北伐途次》写作完跋语后接着写的，即 1936 年 6 月 1 日。

综上所述，我们可以对《宇宙风》乙刊第 2 期发表的郭沫若致《宇宙风》五函的来龙去脉梳理如下：1935 年 8 月 6 日左右，陶亢德致函郭沫若请为《宇宙风》写稿（该函迄今未见）；郭沫若于 8 月 12 日左右复函同意写作并提出条件（第一函）；8 月 18 日左右陶亢德在复函中由郭沫若自己决定写什么并"汇去了一百元国币作预支稿费"（该函迄今未见）；8 月 24 日郭沫若致函《宇宙风》编辑部谈收到稿费事和自己"决计写《海外十年》"。1935 年 9 月 16 日，《宇宙风》半月刊创刊，郭沫若在上面发表了《海外十年》之一《初出夔门》，在第 3—6 期连载了《海外十年》之二至五的《幻灭的北征》《北京城头的月》《世间最难得者》《乐园外的苹果》。1936 年 2 月 4 日，《时事新报·每周文学》第 20 期发表了郭沫若的《论"幽默"》，林语堂、陶亢德看见后"为之大怒"，陶亢德立即写信询问"鼎堂到底是怎么一回事"（该函迄今未见）；"不久鼎堂回信来了，措辞并不如那篇序文的杀气腾腾，而只责语堂文

---

① 郭沫若：《其他·痈》，《郭沫若全集·文学编》第 10 卷，人民文学出版社 1992 年版，第 387 页。

中常多'左派左派'字样"（该函迄今未见）；"语堂回他一信，告以所以'左派左派'者，是'左派'先太欺人了，别人可噤若寒蝉，我林语堂做不到"，遗憾的是，该函"在前月尾上这儿发生事变的时候有了浮沉"；陶亢德在致函郭沫若同时，致函周作人询问郭沫若"究是何等样人"（该函迄今未见），周作人 1936 年 2 月 27 日左右回函告知，于 3 月 3 日左右得到该函后，考虑到林语堂致郭沫若函已有一段时间却未收到回函，以为郭沫若不再为《宇宙风》投稿，林、陶二人听从周作人劝告，"语堂的《我要看月亮》和我们的《鼎堂与宇宙风》二文之暂不发表"，同时致函郭沫若：告知郭沫若，林语堂曾致函却未收到回函，并请郭沫若将之前汇去的稿费退还（该函迄今未见）；郭沫若接读该函后，知道林语堂的来函遗失了并在复函中同意将稿费"如命奉还"（第三函）。由于 1936 年 3 月 16 日《宇宙风》第 13 期要出版春季特大号，曾经"为之大怒"的陶亢德在致函郭沫若询问"到底是怎么一回事"后，于 2 月 12 日致函郭沫若请写作《日本之春》（该函迄今未见）；郭沫若收到该函后并未立即回复，却在半个多月后的 3 月上旬致函陶亢德并转林语堂："《日本之春》不能写，但《海外十年》是可以续写的，大约在贵志十四期上便可重与读者见面"，同时呼吁："目前处在国难严重的时代，我们执文笔的人都应该捐弃前嫌，和衷共济，不要划分畛域"（第二函）；陶亢德、林语堂接读该函后"很为感动"，于 3 月中旬回函同意郭沫若意见（该函迄今未见）；郭沫若收到回函后于 3 月下旬回函，简单告诉"信接到"后再次呼吁"目前国难迫紧，文学家间的个人的及党派的沟渠，应该及早化除"，并解释自己为《宇宙风》投稿的目的："想化除双方的成见，免得外人和后人笑话"（第四函）。1936 年 6 月 1 日，郭沫若致函告知："《海外十年》几次提笔想续写，但打断了的兴会一时总不容易续起来。我现在率性把一部旧稿寄给你们，请你们发表。"（第五函）根据以上梳理可以知道，写于 1935 年 8 月中旬的第一函应该是写给陶亢德的，写于 1936 年 3 月上旬的第二函应该是写给陶亢德并转林语堂的，写于 1936 年 3 月上中旬的第三函应该是写给林语堂的，写于 1936 年 3 月下旬的第四函应该是写给陶亢德的，写于 1936 年 6 月 1 日的第五函没有材料说明到底写给谁。由此可知，这五函在收入《郭沫若书信集》时将收信人全部归入陶亢德名下欠妥。稳妥的做法是：全部归入《宇宙风》编辑部名下，若有必要，可在题注中标明第一至四函可能是写给谁的。

通过梳理需要考证写作时间的五函的来龙去脉，很自然地会有以下疑问：一、郭沫若在《宇宙风》发表《海外十年》1—5 后为什么不再供稿，并且在 1936 年 2 月 4 日《时事新报·每周文学》第 20 期发表《论"幽默"》严厉批评林语堂提倡的幽默小品文；二、郭沫若接到陶亢德 2 月 12 日请其写作《日本之春》的来函后，为什么不立即复函，半个多月后复函时，为什么呼吁"目前处在国难严重的时代，我们执文笔的人都应该捐弃前嫌，和衷共济，不要划分畛域"，接读陶亢德看了该函的回函后，郭沫若为什么再次呼吁"目前国难迫紧，文学家间的个人的及党派的沟渠，应该及早化除"？第一个问题笔者已在《郭沫若的〈论"幽默"〉与幽默小品文论争》①发表自己的看法，在此略，现在只谈谈对第二个问题的看法。

二 日本"二二六"事件后的郭沫若

查《郭沫若年谱长编（1892—1978 年）》，郭沫若收到陶亢德 1936 年 2 月 12 日来函后的一段时间里，应该有充足的时间回函：翻译的"一部大东西"《艺术作品之真实性》已于 2 月 15 日"译迄，并作《前言》"，2 月 28 日、3 月 4 日还分别创作了一篇历史小说：《楚霸王自杀》《中国的勇士》。② 实际情况则是：郭沫若收到来函后半个多月才回函，并且在回函中大谈"目前处在国难严重的时代……执文笔的人"应该怎么办。对此，笔者曾经结合这两篇历史小说的内容，认为郭沫若于 1936 年 3 月上旬回函并在信中如此呼吁与日本的"'二二六'政变有关"③。现在具体谈谈日本"二二六"事件后的郭沫若。

首先看看郭沫若在自己作品中对日本"二二六"事件的论述。据查，在已经找到的郭沫若作品中，除《五十简谱》记录了日本"二二六"事件发生后自己"受日本宪兵审询"④、《洪波曲》回忆了国内曾经出现的西园寺跑到自己寓所里"避过难"的谣言⑤外，郭沫若还在《忠告日本政治家》（1937 年 9 月 9 日《救亡日报》）、《抗战以来日寇的损失》（1938 年 6 月 23、24 日《新华日报》）、《日本在崩溃途中》（1939 年 1 月 8 日重庆《商务日报》）等文章中论述了日本"二二六"事件发生的原因和结果。在其中一篇文章中，郭沫若是这样概括论述的："日本的稍微有些理智的人，本来早就知道少壮军部的狂暴，是要危害他们自己本国的。满洲事变以来，他们用尽苦心地在想方法来约束少壮军部，使他们能够适可而止；但是，这苦心是失败了，经过了'五一五'和'二二六'的内乱，一直达到了目前，日本的老成派，明白地是已经失掉了他们的掌舵的力量，而只好一任少壮军部去横冲直撞，把国家的存亡来做赌博了。那些老成派觉悟了国家已经没有出路，只可断念下去，让少壮军部去拼个死活，拼得好，是侥幸，拼得不好是活该，这便是日本的老成派的心理，也就是精神丧失的另一种方式的表现，是精神虚脱症。"⑥

再来看看当时也在日本的左联成员陈乃昌的回忆：

---

① 廖久明：《郭沫若的〈论"幽默"〉与幽默小品文论争》，《中国现代文学研究丛刊》2019 年第 3 期。
② 林甘泉、蔡震主编：《郭沫若年谱长编（1892—1978 年）》第 2 卷，中国社会科学出版社 2017 年版，第 593—599 页。
③ 廖久明：《"便是阋墙的兄弟应该外御其侮的"——略谈郭沫若 1936 年的三件事》，《郭沫若学刊》2005 年第 4 期。
④ 郭沫若：《五十简谱》，《郭沫若全集·文学编》第 14 卷，人民文学出版社 1992 年版，第 549 页。
⑤ 郭沫若：《洪波曲》，《郭沫若全集·文学编》第 14 卷，人民文学出版社 1992 年版，第 168 页。
⑥ 郭沫若：《抗战以来日寇的损失》，《新华日报》1938 年 6 月 24 日。

《文物》还未出版,"二二六"事变发生。东京的宪兵部竟亦"问道"于先生。是清早,一位高级官儿正装登门请驾,像下贱臣像那么鞠躬有礼,又像是"礼多必诈"。到了宪兵部便请坐,奉茶;登堂却高坐一位头目,旁站立一个差遣,桌面还安放木棍一根,情景有点是款待上宾,更像是坐寨审票。问过"什么朋友往来"?又问过"对于事变的观感"?先生一如往常的朴质平易,而义正词严,则凛不可犯,"朋友往来的一切责任都在我,有事问我,不能麻烦我的朋友";"事变是表现日本民族的勇敢精神,我佩服你们的勇敢,但又是政治失其常轨的暴乱,上轨的政治,不容有此暴乱。除果必须去因,遵循轨道,自应先去其故障,有如流水,平明无波,然遇阻则激起飞浪,势不可免者"。暴寇狼心,如此这般,前后四小时之久,终不能犯先生之尊。礼之来,仍礼之去。先生之骨气及其机智,保护他在日本平安的度过十年。①

该段回忆让我们知道了郭沫若在《五十简谱》所写的"受日本宪兵审询"②的具体情况。尽管引文中的郭沫若"凛不可犯",他非常反感这种"审询"则是可以想见的。在《忠告日本政治家》中,郭沫若回忆了他当时听见播音员"那战栗而又亢扬的声音"后的感受:"'二二六'之变,在当时,我是住在日本的,日本军部把东京播音局占领起来,用兵士提着枪逼着播音员报告军部所发出的消息。播音员的那战栗而又亢扬的声音,听起来真令人可怜。"③根据陈乃昌和郭沫若的以上回忆可以知道,日本"二二六"事件直接影响到了郭沫若并给他留下了深刻印象。根据陈乃昌的回忆还可以知道,郭沫若对日本"二二六"事件发生的原因和未来的可能发展是了解的。关于人们对此次叛乱意义的了解情况,有美国学者曾如此写道:"在大多数西方人看来,那次叛乱不外乎是极端民族主义者制造的又一次大屠杀,而了解其意义的人屈指可数。但苏联人却了解,这主要是因为左尔格④,他正确地推测到这次叛乱将导致向中国扩张。"⑤笔者曾经根据郭沫若这段时间创作的《楚霸王自杀》(2月28日)、《齐勇士比武》(3月4日)、《司马迁发愤》(4月26日)、《贾长沙痛哭》(5月3日)4篇历史小说认为:"郭沫若是了解这次叛乱意义的'屈指可数'的人之一。"⑥看看以下回忆文字可以知道,笔者的推断是正确的:"他对我说,关东军现在成为日本军部队的主体,通过'六二六'事件后,现正策划加紧侵略华北,军事行

---

① 陈乃昌:《沫若先生印象断片——为先生五十诞辰而作》,《新蜀报》1941年11月16日。
② 郭沫若:《五十简谱》,《郭沫若全集·文学编》第14卷,人民文学出版社1992年版,第549页。
③ 郭沫若:《忠告日本政治家》,《郭沫若全集·文学编》第18卷,人民文学出版社1992年版,第162页。
④ 左尔格,《法兰克福报》非正式记者,德国驻日使馆武官秘书,苏联红军远东间谍网负责人。
⑤ [美]约翰·托兰:《日本帝国的衰亡》,郭伟强译,新华出版社1982年版,第41页。
⑥ 廖久明:《"便是阋墙的兄弟应该外御其侮的"——略谈郭沫若1936年的三件事》,《郭沫若学刊》2005年第4期。

动可能会加强。"①

对郭沫若创作于1936年的历史小说，人们有如此评价：《楚霸王自杀》"通过乌江亭长对项王的功过得失作出评价，点明小说主题用意在于成败兴亡系于民心这个道理"；《齐勇士比武》通过齐国两名勇士不顾国家安危，一味争强斗狠，最后两败俱伤的故事，"抨击蒋介石等国民党军阀，怯于外敌，不抵抗日本帝国主义的侵略，而勇于内战"；《司马迁发愤》"借主人公的高洁志行反遭屈辱缧绁之苦来抒发作者内心的愤懑"；《贾长沙痛哭》"可以说是作者借贾谊而发的抗日请缨檄文，此篇小说可看作是作者的'国防文学'，和献给当局的一篇'治安策'。"② 在笔者看来，郭沫若在这个时候以如此快的速度创作历史小说，其目的是"借历史小说以提醒国人，并用以明志"③。

除"借历史小说以提醒国人，并用以明志"外，郭沫若还在其他文章中呼吁团结。1936年3月21日，郭沫若为周而复的《夜行集》写作序言，内云："古人说：'兄弟阋于墙，外御其侮'，这样话究竟是已经过去了的话。我们今日的格言却似乎是：'外侮翻过墙，内屠其弟兄'，尽你说得舌弊唇焦，尽你怒骂，尽你嘲笑，大刀依然不是坦克车的对手。你敢哭丧着一个面孔吗？邻国不是多么'亲善'？民族不是正在'复兴'？滚蛋，你们应该充分地来个'反省'！旧时的人尊重礼让，尼采打了个价值的倒逆，说礼让是奴隶的道德。现在的中国人又来了一个倒逆的倒逆。在这儿秦桧是岳飞，岳飞是秦桧，文天祥是张洪范，张洪范是史可法。"④

现在回过头来看本文考证的五函，对其中三函的一些内容会有一种恍然大悟的感觉。郭沫若在第二、四函中呼吁团结的原因为：日本"二二六"事件发生后，郭沫若也"正确地推测到这次叛乱将导致向中国扩张"，所以立即改变了自己的态度，写信向林、陶二人呼吁团结御侮，致使幽默小品文论争没有再次发生；第三函"你的回信我却至今没有收到，大约是在前月尾上这儿发生事变的时候有了浮沉吧"的意思为：林语堂的回信于1936年2月底寄到东京时，由于正值"二二六"事件，所以遗失了。现在需要回答的问题是：日本"二二六"事件发生时间是1936年2月26—29日，郭沫若为什么直到3月8日左右才致函陶亢德并转林语堂呼吁团结御侮？笔者认为原因有两个：一、日本"二二六"事件尚未结束，郭沫若就于2月28日写作了《楚霸王自杀》，3月4日又写作了《中国的勇士》，他"借历史小说以提醒国人"

---

① 杨凡：《与郭沫若在日本的交往》，《革命史资料》第20辑，中国文史出版社1992年版，第135页。据查，日本没有发生"六二六事件"，结合上段所写的时间"1935年冬"可以知道，引文中的"六二六"当作"二二六"。
② 秦川：《郭沫若评传》，重庆出版社1993年版，第225—227页。
③ 廖久明：《也谈"郭沫若对鲁迅态度剧变之谜"》，《鲁迅研究月刊》2009年第9期。
④ 郭沫若：《序》，见周而复《夜行集》，上海文学丛报社1936年版。

需要时间；二、他致函陶亢德后一直在等待复函①，由于该函"在前月尾上这儿发生事变的时候有了浮沉"，所以暂未致函，应该是在预计中的复函过了十天左右还未收到的情况下，郭沫若才写作了该函，这实际上已经反映了他写作该函的急迫心情。

（原载《中国现代文学研究丛刊》2021 年第 6 期）

---

① 即《知堂与鼎堂》中的以下两函："不久鼎堂回信来了，措辞并不如那篇序文的杀气腾腾，而只责语堂文中常多'左派左派'字样，后来似乎是语堂回他一信，告以所以'左派左派'者，是'左派'先太欺人了，别人可噤若寒蝉，我林语堂做不到云云。"

《中国资料》与郭沫若日文佚作《站在人民的立场》

陈童君

1946年11月，一位名叫菊地三郎的日本左翼文人在东京创办了一份刊名为《中国资料》的文化资讯期刊。菊地三郎原本是任职于日本《朝日新闻》的一名记者，他曾在1944年作为《朝日新闻》社的中国特派员到上海工作，1946年5月回到日本之后和妻子渡边和子一起在东京设立了"中日文化研究所"，从事民间层面的中日文化交流，同年11月创办《中国资料》作为"中日文化研究所"的机关刊物。[1] 据菊地三郎的回忆，在策划创办《中国资料》之际，他首先通过当时在上海工作的"中日文化研究所"所员岛田政雄，与郭沫若、茅盾等中国文坛的知名作家取得了联系，请求郭沫若等人支持"中日文化研究所"以及《中国资料》的编辑发行工作。[2] 作为回应，郭沫若随后向《中国资料》投稿了一篇用日文写作的评论，题作《人民の立場に立ちて》（《站在人民的立场》），发表在《中国资料》创刊号的刊首。这篇文章末尾写有1946年9月6日的成稿时间，同时还附上了一张郭沫若自己的近照以表示"全面支持《中国资料》的创办工作"[3]。

《中国资料》刊载的《人民の立場に立ちて》既没有收入人民文学出版社的《郭沫若全集》，在2017年中国社会科学出版社的最新版《郭沫若年谱长编（1892—1978年）》中也没有相关记述，是一篇郭沫若的日文佚作。《中国资料》现在收藏于日本国立国会图书馆宪政资料室的"美国占领期报刊图书出版物文库"，俗称"普兰格文库"（Gordon W. Prange Collection）[4]。该文库不但收藏有《中国资料》刊发的郭沫若日文佚作，同时还可查阅美国对日占领军针对郭沫若作品的言论审查档案文件。

---

[1] ［日］菊地三郎：『声なき民のアジア学 現地体験四十年を語る』，新人物往来社1981年版，第1—3页。

[2] ［日］菊地三郎：「私たちの仕事」，岛田政雄『嵐に立つ中国文化』所收，国际出版株式会社1948年版，第265—266页。

[3] 《最近の郭沫若氏》，《中国资料》1946年11月创刊号。

[4] "Gordon W. Prange Collection"是以美国对日占领军总司令部参谋第二部（G2）战史室长"戈登·普兰格"的名字命名的报刊图书文库。该文库收录有美国占领下日本发行的10万余件期刊、报纸和图书出版物，原件收藏于美国马里兰大学，日本国立国会图书馆宪政资料室收藏有文库副本。

1945年8月日本战败之后，美国对日本实施了长达6年半的"美国对日单独占领"①。为了营造有利于美国的舆论环境，美国对日占领军总司令部于1945年9月19日在日本发布《出版言论法规》（Press Code），并在各地秘密设立"民间审查支队"（Civil Censorship Detachment），采用言论审查的手段对战后日本的公共言论空间实施了"服务于占领军总司令部需要的信息管制和舆论操控"②。

根据日本国立国会图书馆宪政资料室收藏的 VH1 – C241 号文件显示，1946年11月《中国资料》创刊号正式出版之前，美国占领军"民间审查支队"首先审阅了该期刊提供的一份样稿并对一部分内容进行了大幅删减，其中包括郭沫若向《中国资料》投稿的日文佚作《人民の立場に立ちて》。样稿刊载的郭沫若作品原文共有7段，总计日文2824字。为方便论述，以下首先将《人民の立場に立ちて》的日语原文按照段落标序后译介全文，以便考释。

①中日两大民族在经历了长达八年的血腥战争之后，今天都陷入一种几乎相同的境遇之中。现在我们的面前都摆放着两种未来的可能性，一种是隶属于某个霸权国家成为它的殖民地或半殖民地，另一种则是成为光荣的独立国家。这两种可能性同时存在，但又相互间发生着斗争。就像一些观察敏锐的人认识到现在的中国存在着两个阵营一样，我们也发现今天的日本也存在着两个阵营。现在的中国有一部分附庸于其他国家，另一部分则是属于中国人民。今天的日本同样存在着一个附庸于其他国家的阵营和另一个属于人民的阵营。在中国，这两个阵营相互之间的斗争已经发展为激烈的战争。日本的具体情况我们虽然尚不完全清楚，但是相信日本应当和中国一样存在着两个阵营之间或明或暗的斗争，而且斗争的情况一定还很激烈。

②今天，人民的日本和人民的中国可以说是站在了完全相同的命运道路之上。中国人民如果获得了解放就一定会来援助日本人民，反之日本人民如果获得了解放也一定会来援助中国人民。但是如果中日两国人民都出现相反的情况，如果都得不到解放也无法援助对方的话，那么两个国家就会同时陷入不幸。过去那个时代日本曾宣扬过的"共存共荣"的口号到今天才真正适用于中日两国。过去的"共存共荣"的口号强调工业化国家的日本和农业化国家的中国之间的互补，本质上是日本帝国主义进行殖民地侵略的掩饰手段。但是今天，人民的日本和人民的中国处在了真正的"共存共荣"的境遇之下，曾经听起来陈腐的"兄弟国家"一词现在也具备了一种崭新的、切实的意义。正因为如此，今天我们不但应该相互理解，更应当在深层意义上相互关怀、相互关心，做到"有福共享、有难同当"。我们认为人民的日本和人民的中国必须团结一致形成联合战线，为了在未来获得光荣的独立共同战斗。

③历史告诉我们，人民的解放是必然会实现的。这意味着不但中日这两个兄弟国

---

① ［日］豊下楢彦：『日本占領管理体制の成立』，岩波书店1992年版，第27页。
② ［日］山本武利：『GHQの検閲・諜報・宣伝工作』，岩波书店2013年版，第14页。

家会相互援助争取解放，而且全世界的任何国家任何民族的人民都利害一致，都有争取解放的任务，都会相互援助追求胜利的解放。相比较第一次世界大战，第二次世界大战后的世界情势已经有了很大的发展。人民追求解放的浪潮正在令资本主义国家陷入恐慌。在欧洲，人民追求解放的浪潮已经在好几个国家显现出它的威力。在亚洲，人民追求殖民地解放运动的烽火也已经燃烧到了各地。而在这个时候，日本从帝国主义的迷梦中醒来，日本帝国的崩溃反而为日本人民开辟了一条活路，人民的日本毫无疑问拥有了非常值得乐观的光明前途。但是日本人民也必须清醒认识到要想开拓这条道路绝非容易之事。我们还需要突破非常多的难关，有些困难甚至有可能让我们陷入绝望。但是我们没有必要泄气，不屈不挠的精神一定会帮助我们突破那些困难。

④"知己知彼，百战百胜"是出自中国古代兵法的成语，它所表达的是一类普遍真理。今天我们需要同时了解日本的两个阵营，既需要了解附庸于外国的那个日本，同时更必须了解另一个属于人民自己的日本。同样地，日本的朋友们在理解当今中国的时候也应该有相同的意识，不要只把目光放在那个附庸外国的中国之上，一定要关注另一个属于人民自己的中国。我们要设法让两国人民了解到各自国家的两种阵营的存在，这需要投入相当的努力。我们要设法消除普通日本人对中国人的轻蔑感，这当然是非常困难的，而要消除普通中国人对日本的敌视感同样是很困难的事情。过去日本帝国的军国主义教育残留下的影响肯定是非常巨大的，而过去八年日本的侵略战争在中国人的心中植下了更加难以消除的仇恨。这些都是相互理解的障碍。无论有多么困难，我们首先要做的就是排除掉所有这些障碍，这绝不是不可能完成的工作。

⑤现在我们最基本的问题是必须毅然站在人民的立场之上丝毫不动摇。只要我们能够坚持人民的立场，就可以辨别谁是朋友、谁是敌人，就可以正视一切，扫除一切毒素。日本有所谓的"支那通"，他们只会戴着轻视的有色眼镜看待中国。中国也有所谓的"日本通"，他们只会戴着仇视的有色眼镜看待日本。诚然，我们并不反对日本人去轻视那个附庸外国的中国，但是我们希望日本人在看待属于人民自己的那个中国的时候能够摘下有色眼镜。反过来说，我们也知道仇视过去的日本帝国并没有错，但是既然我们已经知道还有另一个属于人民自己的日本的存在，那么我们就必须摘下仇视的有色眼镜。我们认为，在看待事物的时候未必一定要采用所谓纯粹客观的立场，而是要在客观的背后配以正确的主观立场，而这就是人民的立场。从人民的立场出发，我们就可以拥有清晰的爱恨观念。人民的立场不但可以带给我们正确的知识，更可以保证我们正确的行动。我们有很多事情需要向日本学习，日本也有很多事情需要向我们中国学习。中日两国人民应该通过相互交换经验、统一战斗的步伐，共同承担起我们的历史使命。

⑥但是，正是在今天这个需要"同声相应、同气相求"的时代，我们中日两国人民的呼声却不幸被铁幕所遮断了。现在我们能够获取到的有关日本当下状况的资讯，几乎完全是借由美国和英国的通讯机构传播到中国的，而日本在获取有关中国的

资讯上恐怕也面临着相同的问题。中日两国之间的直接交流几乎中断了。这样的情况让我们十分沮丧,而这种令人沮丧的情况恐怕将会一直持续到停战和约签订之后。当前我们应当尽可能通过主观努力弥补中日之间无法直接交流的缺失,同时为情况好转后的工作做好相应的准备。

⑦将来的中日文化交流必定会变得非常频繁。尽管我们还需要面对无数的困难,还将经历无数艰难曲折的斗争,但是人民必定会迎来解放的那一天,人民的文化必定会取得最后的胜利。九月六日。

郭沫若的这篇日文佚作主旨在于强调第二次世界大战之后的中日两国人民面临着摆脱殖民统治、寻求独立的共同时代课题。郭沫若认为中国和日本虽然一个是战胜国,另一个是战败国,但在二战结束之后都出现了国家内部两个阵营之间的激烈对立,其中一个阵营主动附庸于其他霸权国家,另一个阵营则属于本国人民。郭沫若将中日两国的后一种阵营定义为"人民中国"和"人民日本",提倡二战之后的中日交流应当建立在"人民中国"和"人民日本"的相互协作与理解之上,因为它们都是站在人民的立场之上代表了反对殖民寻求独立的正确时代方向。郭沫若将是否站在"人民的立场"之上视作战后中日文化交流能否成功的关键。但同时他也指出,冷战铁幕的存在致使战后中日两国几乎完全借由西方国家的通讯机构获取相互间的资讯,这阻碍了"人民中国"和"人民日本"之间的直接交流,两国人民必须通过自身努力弥补这一缺陷才能迎来独立与解放,才能最终取得人民文化的胜利。

郭沫若的这篇日文佚作与刊载这篇文章的《中国资料》创刊号的《创刊词》形成明显的呼应关系。《中国资料》的《创刊词》写道,"日本的对华研究工作首先必须以正确认识中国为前提,但是如今日本最缺乏的正是能够传递事实的客观资料,这也是我们创办《中国资料》的原因。(中略)真理需要传递给千万大众,事实需要为万人所知晓。报道中国的事实,传递中国的真相,这就是期刊《中国资料》所希望承担的使命"[①]。郭沫若的日文佚作《人民の立場に立ちて》表述的正是对菊地三郎等中国遣归日侨跨越冷战铁幕传递"人民中国"之声的期待。

但是日本国立国会图书馆宪政资料室收藏的《中国资料》样稿显示,美国占领军"民间审查支队"在审查郭沫若的这篇日文佚作之时删除了其中的1583字,也就是超过原文一半的内容。例如上文译介的原文第1段、第2段和第6段遭到了美国占领军言论审查官的全文删除。在《中国资料》样稿文后还附有一张审查官制作的审查事项英文打字稿(NEWS MATTER OR TABLE OF CONTENTS),在这里审查官列出了删除郭沫若作品内容的主要理由是"含有间接批评盟国的政治宣传"(Above deleted; Propaganda, indirect Criticism of Allies)。参照上文译介的作品原文可以发现,美国占领军在审阅《中国资料》样稿的时候采用了非常严厉的言论审查标准。尽管

---

① 「創刊のことば」,东京『中国資料』1946年11月第1号,第1页。

《人民の立場に立ちて》一文中没有出现任何一处直接关涉所谓"盟国"的词句，但是审查官却将文中所有出现"霸权国家""殖民主义""附庸于外国""人民日本""解放""独立"之类词句的段落予以全文删除，并将其定义为"含有间接批评盟国的政治宣传"。审查官的意图显然是为了防止日本读者在阅读郭沫若的作品之后产生联想，将战后美国假借盟国名义对日本施行的军事占领视作殖民主义行为，进而产生反对美国占领追求解放独立的思维倾向。同时，审查官也不希望日本读者意识到美国占领军言论审查制度的存在，所以将郭沫若的作品中出现"铁幕"一词的段落同样施以了全文删除的粗暴处理。

另一方面在中国国内，自1946年6月国共全面内战爆发之后，有关作家的言论立场的问题成为左翼文化界热切讨论的话题。1946年6月4日，刚从重庆搬到上海不久的郭沫若参加了抗战胜利后文协举办的第一届诗人节并发表演讲，号召"大家不要害怕，言论自由不是人家赏赐的，而是自己争取得来的"[1]。一个多月之后的7月23日，郭沫若又在延安《解放日报》发表评论《坚定人民的立场》，主张"今天衡定任何事物的是非善恶的标准，便是人民立场——要立在人民的地位上衡量一切"[2]。8月24日，郭沫若在上海《周报》发表《自由在我——为纪念周报休刊而作》一文，严词抗议国民党政府的言论审查制度，声称"人呢用无声手枪打死，报呢用无声手谕查禁，已经是司空见惯的事了。早被打死适足以证明是一个好人，早被查禁适足以证明是一种好报"[3]。《中国资料》刊载的《人民の立場に立ちて》明显承袭了同时期郭沫若在中国国内的基本言论立场和问题意识。

实际上在1946年元旦期间，郭沫若就曾经在东京《每日新闻》1月3日头版发表过另一篇日文作品《日本人に寄す》（《寄日本人》），同年7月7日卢沟桥事变纪念日之时又用中日双语写作了另一篇近似主题的作品《寄日本文化工作者》[4]。这两篇作品和《人民の立場に立ちて》一样均采用了向日本读者喊话的文体形式，都试图利用作品的文本空间跨越国界限制架设联结中日左翼文化界阵营的言论信息通道。《人民の立場に立ちて》实际上可以看作郭沫若和菊地三郎等中日左翼文人们通力合作共同对抗言论封锁架设自由通道的一次尝试。这次尝试遭遇到了美国占领军言论审查机构的强力阻挠。前述《中国资料》创刊号的样稿在被删减掉大量内容后于1946年11月正式出版，今天在日本早稻田大学中央图书馆可以查阅到它的市面流通版。市面流通版刊载的《人民の立場に立ちて》只剩下了1241字，其余内容均遭到了前述言论审查文件的删除处理，致使作品的完整性严重受损，沦为一篇结构松散语句杂

---

[1] 《上海文化工作者集会纪念诗人节》，重庆《新华日报》1946年6月8日第3版。
[2] 郭沫若：《坚定人民的立场》，延安《解放日报》1946年7月23日第4版。
[3] 郭沫若：《自由在我——为纪念周报休刊而作》，上海《周报》1946年第49、50期合刊。
[4] 中文版发表在上海《日本论坛》1946年8月15日第1号。日文版发表在上海《改造评论》1946年9月1日第2号。《改造评论》是国民党第三方面军改造日报馆于1946年6月在上海创办的日文综合期刊。

乱的文章。因为市面流通版《中国资料》的创刊号既无编辑后记亦没有其他提及言论审查的文字，所以读者仅从期刊版面上无法察觉到美国占领军的言论审查暴行。而作者郭沫若和期刊的编辑菊地三郎日后亦未提及，这应当也是《人民の立場に立ちて》迄今为止不为人所知的原因之一。

尽管《人民の立場に立ちて》作为一篇郭沫若的日文佚作长期被世人遗忘，但它能够为后人重新审视战后日本与中国的关系提供新的线索和视角。近年来针对郭沫若佚文的研究不断出现新的成果[①]，但是有关郭沫若的境外佚作和外语佚文的研究还是一个进展相对缓慢的领域。而另一方面，从1945年8月到1952年4月的美国对日占领时期毫无疑问是战后日本史的原点。在这个美国对日信息封锁的时代里中国文人是如何向日本社会传递"人民中国"之声的？又是如何遭遇美国的言论审查、如何跨越冷战铁幕的阻挠的？针对这些问题的探索是重审战后中日关系史轨迹的一个关键所在，而这也是本文介绍日本刊物《中国资料》与郭沫若日文佚作的目的所在。

（原载《中国现代文学研究丛刊》2021年第4期）

[①] 张勇：《1948年郭沫若香港期间创作的收录与散佚考释》，《鲁迅研究月刊》2013年第8期；李斌：《郭沫若佚文三篇识读》，《中国现代文学研究丛刊》2015年第3期；金传胜：《〈晶报〉与郭沫若佚文》，《中国现代文学研究丛刊》2019年第5期；等等。

唯物史观与郭沫若的中国古典文学研究

李 斌

郭沫若是中国马克思主义史学的开创者和领军人物，在他广泛的研究领域中，中国古典文学研究有着突出的成就。早在新文化运动时期，他就对中国古典文学表现出了一定的学术兴趣，改编了《西厢记》，将《诗经·国风》中的部分诗作翻译成白话诗《卷耳集》，并参与古诗今译和整理国故的讨论。但他对中国古典文学研究的真正展开，是在接受了马克思主义理论后的1928年。在此后的五十年里，他以唯物史观为指导，广泛研究了《诗经》、《楚辞》、魏晋文学、唐诗、清代诗话和弹词，作出了较多学术贡献，具有鲜明的学术特点。但在他的社会史研究、思想史研究和古文字研究的耀眼光芒下，他的中国古典文学研究还没有引起学界的充分关注[1]。本文对此略做总结，以就正于方家。

一 通过学科融合开展文献考订

1928年，郭沫若在国民党当局通缉下流亡日本，并开始了他的中国古代社会史研究。他当时能接触到的先秦史料相当有限，《诗经》是其中最重要的材料之一。据郭沫若考察：《绵》《思齐》等诗表明当时还处于原始社会，而《生民》《公刘》则完整反映了从原始社会到农业社会的过渡以及国家的形成过程；在奴隶制建立后，《七月》《甫田》等诗中的农夫、《东山》中的军人，就是真正的奴隶；而中国从奴隶社会向封建社会的转变"在变风变雅里面便可以找出无数的证明"，比如"阶级意识的觉醒""旧家贵族的破产""新有产者的勃兴"[2]等。

雅各布·格林把古代文学作品当成研究德意志史的珍贵史料，恩格斯认为"是

---

[1] 学界关于郭沫若的中国古典文学研究，综合性研究成果有罗炯光《郭沫若中国古典文学观——为郭沫若诞辰100周年作》（《郑州大学学报（哲学社会科学版）》1992年第6期），谢桃坊《史学家的视野 诗人的感受——郭沫若与中国古典文学》（《古典文学知识》2002年第1期），郭士礼《唯物史观与郭沫若的古典文学研究——以〈诗经〉研究、屈原研究为例》（《湖北社会科学》2017年第11期），徐希平、彭超《郭沫若古代文学研究之得失——以论李杜宗教观念为例（提要）》（《郭沫若与文化中国——纪念郭沫若诞辰120周年国际学术研讨会论文集（下卷）》，2012年）等，专题性研究集中于《李白与杜甫》，此外还有关于郭沫若《再生缘》研究、屈原研究的零星论文。总体上说成果不多，整体质量还有待提升。

[2] 郭沫若：《中国古代社会研究》，上海联合书店1930年版，第177页。

完全有理由的"①，这类似于在中国学术现代化进程中被广泛运用的"以诗证史"的研究方法。郭沫若以《诗经》考察中国古代社会就是这一研究方法的突出代表。此后，郭沫若通过"以诗证史"考察了屈原、司马迁、陈端生等作家的生卒年和生平活动，以及李白、陈端生等作家的家庭生活状况等，取得了系列成就。

在完成《诗书时代的社会变革与其思想上之反映》后，郭沫若有所反思：《诗经》中的诗篇有些产生于周初，有些产生于春秋，其创作年代相差好几百年，有些诗篇的具体创作年代已不可考，且很多诗篇都经过后人润色删改，"因此无批判地利用《诗经》和《书经》以为史料，便要成为问题"②，"材料不真，时代不明，拢统地研究下去，所得的结果，难道还能够正确吗？"③故而"无论作任何研究，材料的检讨是最必要的基础阶段。材料不够固然大成问题，而材料的真伪或时代性如未规定清楚，那比缺乏材料还要更加危险"④。唯物史观的研究方法要求郭沫若先要解释材料来源，考订材料真伪，然后在此基础上阐释作品内容。果然，当郭沫若进一步利用新材料尤其是新出土的甲骨文、金文资料开展研究时，他对《中国古代社会研究》中所使用的《诗经》《周易》等材料的时代性做出了新的判定，并由此修正了自己关于中国古代社会分期的观点。

在此后的研究中，针对"材料不真，时代不明"的问题，郭沫若融合医学、语言学、考古学等多学科知识，熟练运用"关键词考察""以医考文"等多种研究方法，在考证作者生平、作品来源、作品年代和作品版本等方面作出了诸多贡献，丰富了中国古典文学研究的学术体系。

以雷蒙·威廉斯的《关键词——文化与社会的词汇》为代表，通过词源学、知识考古学等方法考察"关键词"，探究背后的文化和社会意义，是近年来文化研究的重要路径，为学界广泛推崇。与此略有差异的是，郭沫若的"关键词考察"注重在不同民族语言文化交流背景下，以文字、音韵、训诂等小学方法对中国古典文学中的"关键词"进行词源学考察，以探究作品来源及其内涵，并在文学史研究上取得了突破。

郭沫若擅长从汉语发展演变的过程中考察"关键词"。他从小就熟读清代音韵学著作，在流亡期间对甲骨文、金文有精深研究，对汉字演变规律有专门探讨，这些都使他具备相关的学术能力。关于《楚辞》中"亂曰"的"亂"字，历来就有不同解读，王逸训为"理"，也有训为"治"的。郭沫若根据他对金文的长期研究指出，金文中没有"亂"字，金文中的"鬭"字有时候也写作"辭"，所以"亂字实在是别

---

① 恩格斯：《爱尔兰史——古代的爱尔兰》，《马克思恩格斯全集》第16卷，人民出版社1964年版，第571页。
② 郭沫若：《屈原研究》，群益出版社1943年版，第81页。
③ 郭沫若：《我是中国人》，《海涛》，新文艺出版社1951年版，第118页。
④ 郭沫若：《古代研究的自我批判》，《十批判书》，群益出版社1945年版，第2页。

字,是亂字写错了的","亂就是辭,可以知道《楚辭》的'乱曰'本来是作'亂曰',即'辭曰',便是《楚辭》的'辭'的命名之所由来"①。将"乱"释为"辞",是对《楚辞》研究的重要贡献。

学界多关注现代汉语中的大量外来词汇,但郭沫若却关注到古代汉语中的外来词汇,并以此作为解诗的关键。学界对《胡笳十八拍》的"拍"字历来就有不同的解读,一般理解为"节拍"的"拍",刘大杰认为它和"拍担"或者"拍弹"有关。郭沫若敏锐地意识到"拍"字应该和当时胡汉民族融合所导致的语言交流有关,并推断这是属于突厥语系的古匈奴语,可能相当于汉字的"首"。郭沫若不懂突厥语,他特意写信请教包尔汉和冯家昇有关突厥语系中"首"字的发音。包尔汉和冯家昇分别多次写信给郭沫若,介绍了他们调查到的使用突厥语系的各族关于"首"字的各种发音及相关问题。郭沫若据此推断"蔡文姬《胡笳十八拍》的'拍'字不外是突厥语系的'首'字 Bas, Bash, Baʹsh, Bosh, Pash, Posh 或者 Push 的对音","'拍'字是古匈奴语头首字的译音"。在解决了"拍"字的来源和字义后,他不仅为《胡笳十八拍》是蔡文姬所作提供了更确凿的证据,而且认为"应当进一步追究到诗歌称'首'始于何时的问题"②。在研究《胡笳十八拍》时,郭沫若注意到了蔡翼、陈旸、郭茂倩等人对"契声"的理解有异:蔡翼在《琴曲》中认为"小胡笳又有契声一拍,共十九拍,谓之祝家声",没有说"末拍为契声";而据此立论的陈旸却在《乐书》中说"《小胡笳十八拍》,末拍为契声,世号祝家声";郭茂倩《乐府诗集》解释为"契者明会合之至理、殷勤之余也"。对"契"字究应如何理解?郭沫若在请教了懂梵语的季羡林和金克木后提出:"'契'是佛徒梵呗中的一种术语。佛经中除叙述文之外,每每有一种诗形式的'偈'("偈陀"之省,或作"伽陀",梵文 Gatha 的译音),中文主要是译成五言、七言或者六言。'偈'有长短,但定规是每四句为一'契'。如果是四句偈,那就一契等于一偈了。所以契字有时可以成为偈的同义语。"这不仅弄清了"契"的含义,而且进一步"可以探得唐人绝句的起源"③。

郭沫若对"乱""拍""契"等字的解读结论或可商榷,但他在民族语言、中西语言交流融合以及古今语言文字演变的大背景下释读中国古典文学中的"关键词"的研究方法令人耳目一新,具有创新性和合理性。

所谓"以医考文",指用医学知识考察作者身心状态、解读作品内容。郭沫若经历了"五四"科学精神的洗礼,在日本九州帝国大学获得了医学学士学位,后来又长期担任中国科学院院长,有着丰富的自然科学尤其是医学知识,这为他考察历史人

---

① 郭沫若:《屈原》,开明书店1935年版,第50页。
② 郭沫若:《为"拍"字进一解》,《文史论集》,人民出版社1961年版,第249—250页。
③ 郭沫若:《六谈蔡文姬的〈胡笳十八拍〉》,《文史论集》,人民出版社1961年版,第243—244页。

物提供了重要知识背景。《尚书·无逸》中有高宗"亮阴三年不言"的记载，《论语·宪问》认为这是守制。郭沫若综合各种文献，认为高宗那三年实际上得了"不言症（Aphasie）"，"所谓'谅阴'或'谅闇'大约便是这种病症的古名"①。《史记》载秦始皇"为人蜂准，长目，挚鸟膺，豺声，少恩而虎狼心。居约易出人下，得志亦轻食人"。郭沫若从医学角度解释道："这所说的前四项都是生理上的残缺，特别是'挚鸟膺'，现今医学上所说的鸡胸，是软骨症的一种特征。'蜂准'应该就是马鞍鼻，'豺声'是表明有气管炎。软骨症患者，骨的发育反常，故尔胸形鼻形都呈变异，而气管炎或气管枝炎是经常并发的。有了这三种征候参验起来，软骨症的诊断是毫无问题的。因为有这生理上的缺陷，秦始皇在幼时一定为一位可怜的孩子，相当受了人的轻视。"所以后来秦始皇"精神自难健全"，"很容易地发展向残忍的一路"②。

和他的历史人物研究一致，郭沫若也常常用医学知识考察作家的身心状态。早在"五四"时期，郭沫若就对屈原开展了"一种精神病理学的观察"，断定屈原"脑中发生一些病态的联想 Pathologische Assoziationen 再加上些 Manische 和 Stereotypische Sprache"③，并以此为基础构思了他的《湘累》。在后来的《屈原研究》中，郭沫若根据屈原的作品推测屈原"有失眠症"，"梦也很多，又很怪"，他还据《惜诵》中"背膺拌以交痛兮，心郁结而纡轸"推断屈原大约有"神经痛，不然便是肋膜炎"和"心悸亢进的征候"，"再说《离骚》那种诗形，《九章》的大部分也是同样，是有点'印版语'（Stereotyped Expression）的倾向的，这也是精神多少有些异状时的常见的征候"（《屈原研究》，第146—147页）。关于杜甫之死，郭沫若根据医学知识提出了如下解释："聂令所送的牛肉一定相当多，杜甫一次没有吃完。时在暑天，冷藏得不好，容易腐化。腐肉是有毒的，以腐化后二十四小时至二十八小时初生之毒最为剧烈，使人神经麻痹、心脏恶化而致死。加以又有白酒促进毒素在血液中的循环，而杜甫的身体本来是在半身不遂的状况中，他还有糖尿病和肺病，腐肉中毒致死不是不可能，而是完全有可能的。"关于李白之死，郭沫若以皮日休诗中的"竟遭腐胁疾，醉魄归八极"为依据，提出："'腐胁疾'，顾名思义，当是慢性脓胸穿孔。脓胸症的病源有种种，酒精中毒也是其中之一。李白在上元二年的发病，估计是急性脓胸症。病了，没有得到适当的治疗，便成为慢性。于是，肺部与胸壁之间的蓄脓，向体外腐蚀穿孔。这可能就是所谓'腐胁疾'了。""这种慢性症很难有痊愈的希望。李白的嗜酒，又至死不休，更使这样的疾病没有治愈的可能。李白真可以说是生于酒而死

---

① 郭沫若：《驳〈说儒〉》，《青铜时代》，文治出版社1945年版，第114页。
② 郭沫若：《吕不韦与秦王政》，《十批判书》，群益出版社1945年版，第372页。
③ 《郭沫若致张资平》（1921年1月24日），黄淳浩编《郭沫若书信集》上册，中国社会科学出版社1992年版，第192页。所引文字为德语，该书编者翻译为："脑中发生一些病态的联想，再加上些狂热的和固定不变的、公式化的语言。"

于酒。"①

郭沫若不仅用医学知识考察作家的身心状态，还通过它来解读文学作品。1957年，郭沫若写作了专题论文《〈红楼梦〉第25回的一种解释》。在《红楼梦》第二十五回"魇魔法姊弟逢五鬼"中，赵姨娘和马道婆串通，使用魔法陷害贾宝玉与王熙凤。剪纸人施魔法在明清白话小说和后来的通俗小说中常常出现，这当然是迷信。但《红楼梦》被称为伟大的现实主义小说，按照学界对现实主义小说的理解，是不应该出现这种迷信情节的。曹雪芹在这里违背了他的现实主义原则吗？对此，郭沫若根据他的医学知识和亲身经历，并请教了当年在九州帝国大学医学部的同班同学钱潮博士，对这一看似迷信的情节给出了科学解释：王熙凤和贾宝玉实际上得了斑疹伤寒（Typhus exanthematicus），是通过接触秦钟或水月庵的智能儿感染上的②。

郭沫若通过"以医考文"所得出的结论不一定就是定论，但他在学科融合的基础上充分重视医学和文学的关联，也和当下盛行的"疾病与文学"的研究不谋而合，对理解作家作品提供了有益思路。

在印刷术出现前，汉语经历了刻、铸、抄等不同的书写方式，也有龟甲兽骨、青铜玉石、绢帛竹简等不同的物质载体。郭沫若十分重视校订古籍因书写方式不同以及因书写载体在保存和传播中出现破损和误抄而导致的文本错讹，从而提出在研究中"把书读活"，认为"研究问题时占有材料固然是必要的，但在占有了材料之后，还要看如何活用。材料有，不一定就可靠，材料没有，不一定就不可靠"，"人是活的，书是死的。活人读死书，可以把书读活。死书读活人，可以把人读死"③。

郭沫若对古籍的书写载体在流传和保存过程中可能出现残破从而导致文本错讹的可能性有着充分的估量。早在1931年，郭沫若就提出，《大学》所载汤之盘铭中的"苟日新、日日新、又日新"是对铭文"兄日辛、祖日辛、父日辛"的误读。误读的原因是"铭之上端当稍有泐损"，兄、祖、父三字的上半部均损失掉了，后人看不见，"故又误兄为苟，误且（古文祖）为日，误父为又。求之不得其解，遂傅会其意，读辛为新，故成为今之'苟日新、日日新、又日新'也"④。器物"泐损"导致铭文残缺而引起后人误读，这是大胆的假设，但合乎情理。与之相似的还有他对李白出生地的考察。李白在《上安州裴长史书》中称："白本家金陵，世为右姓，遭沮渠蒙逊难，奔流咸秦，因官寓家。"咸秦是什么地方，自来解释不清。郭沫若认为："如为建都咸阳之旧秦，则与碎叶、条支等相抵触，且由边垂迁入内地而为'官'，亦不得言'奔流'。故'咸秦'必系讹字，盖因原字蠹蚀破坏而后人以意补成之。余意'咸秦'当即'碎葉'之讹，碎字左半包含在'咸'字中，葉字下部也包含在

---

① 郭沫若：《李白与杜甫》，人民文学出版社1971年版，第205、81页。
② 郭沫若：《〈红楼梦〉第25回的一种解释》，《文艺月报》1957年第3期。
③ 郭沫若：《三谈蔡文姬的〈胡笳十八拍〉》，《文史论集》，人民出版社1961年版，第217、213页。
④ 郭沫若：《汤盘孔鼎之扬榷》，《郭沫若全集·考古编》第5卷，科学出版社2002年版，第191页。

'秦'字中。"(《李白与杜甫》，第5页)此处关键在于"原字蠹蚀破坏而后人以意补成之"，这是对纸本可能破损而导致抄写失误的大胆推测。虽然结论未必可靠，但打破了版本迷信，从而将文献考订建立在更坚实的物质文化基础上。

在研究《胡笳十八拍》时，郭沫若提出了竹简的散佚和保存问题。《淳化阁法帖》中有相传为蔡文姬手书的"我生之初尚无为，我生之后汉祚衰"十四字。这十四字究竟是不是蔡文姬的真迹？历来看法不一，黄庭坚认为真，米芾判为假。郭沫若从竹简散佚的角度"揣想"这是真的："原文可能是写在竹简上的东西，一简十四字，全诗应有九十多简。估计诗后还当有年月日和蔡琰的署名。但因简册散乱或部分焚毁，好事者仅拾取其第一简而保存之，俾得流传于世。"①

对于古代稿本在传抄过程中可能存在的漏抄和误抄，郭沫若提出"加字解释"。何薳《春渚纪闻》卷六《东坡事实》有云："文章至东汉始陵夷。至晋宋间，句为一段，字作一处，其源出于崔蔡。史载文姬两诗特为俊伟，非独为妇人之奇，乃伯喈所不逮也。"有学者以此为苏东坡没有读过《胡笳十八拍》的证据，但郭沫若认为："本来'特'字的意思是单指一种东西说的，所谓'物无偶曰特'(《方言》)。'史载文姬两诗特为俊伟'是不通的。"他提出，在"史载"前面应加上"《胡笳》视"，将这一句变为"《胡笳》视史载文姬两诗特为俊伟"，于是"便大通而特通了"。这就是郭沫若所谓的"加字解释"。当然，"加字解释"是有条件的，因为"《春渚纪闻》本来是一种残缺不全的书"，后人整理"只能'十通七八'，还有十之二三没有搞通"②，而这一句可能就属于"没有搞通"的。

郭沫若校订古籍的办法，如"加字解释"等，大多属于"揣想"，难以证实，其具体结论学界不一定认可。但这提示我们，校订古籍应从物质文化史的角度出发，充分考虑到古籍因书写方式的差异以及书写载体在保存和流通中可能出现破损而导致的文本错讹的情况，并对此大胆假设，合理求证，从而"把书读活"。这对打破文献考证中长期存在的版本迷信具有一定的积极作用。

此外，郭沫若还擅长将考古发现和传世文献相结合，考证时代风气和作品真伪。比如根据青铜器铭文对周代传统思想、谥法起源的考察，根据出土文物对屈原时代楚国文学风尚的考察，将出土碑刻和传世文献相结合对《兰亭集序》真伪的考察，等等，都取得了一定的成就。

郭沫若的这些研究建立在唯物史观的基础上，融合了多种学科的知识和方法，极大丰富了中国古典文学研究的学术体系，在学术史上有不容忽视的价值。

---

① 郭沫若：《六谈蔡文姬的〈胡笳十八拍〉》，《文史论集》，人民出版社1961年版，第242页。
② 郭沫若：《三谈蔡文姬的〈胡笳十八拍〉》，《文史论集》，人民出版社1961年版，第215—217页。

二 人民本位：研究和评判中国古典文学的标准

在接受了马克思主义理论之后，郭沫若曾有从整体上对中国古代的经济基础和上层建筑进行分门别类研究的雄心。1945 年，在为《青铜时代》和《十批判书》所写的《后记》中，郭沫若说："在这里把古代社会的机构和它的转变，以及转变过程在意识形态上的反映，可算整理出了一个比较完整的轮廓。依我原先的计划本来还想写到艺术形态上的反映，论到文学音乐绘画雕塑等的情形，或因已有论列，或因资料不够，便决计不必再添蛇足了。已有论列的如文学，有我的《屈原研究》。那是有单行本行世的。"① 在郭沫若看来，文学属于"意识形态"中的"艺术形态"之一，它和音乐、雕塑等一样，都是对"社会的机构和它的转变"的反映。只有准确考证出中国古典文学史料的真伪，才能正确探讨它所反映的"社会的机构和它的转变"。作为马克思主义者，郭沫若在重视经济基础对上层建筑的决定作用时，也高度重视意识形态的能动作用，即"社会要受到文学的创造性的影响而被塑造"②。屈原虽然是现实政治的失败者，但他的作品具有影响社会、塑造民心的力量。早在 1935 年，郭沫若就饱含深情地写道：屈原的"不甘心也就是楚人的不甘心，由这不甘心所生出的他的悲愤的文辞也就是楚人的呼吸，楚人特别爱他的辞，特别哀他的死，更由他的辞与死而增涨了民族的义愤。所谓'楚虽三户亡秦必楚'的预言之所以产生，以及那个预言之卒由楚人的项梁、项籍而实现，都是这个不甘心的成果"（《屈原》，第 77 页）。全面抗战时期，郭沫若在陪都重庆面对日本帝国主义的紧逼和国民党的消极抗战，不仅写作了历史剧《屈原》，而且对屈原展开了更深入的研究。郭沫若从现实需要出发研究中国古典文学，就不仅仅要对作家作品进行学术考证，更要本着其立场观点评价作家作品，以为现实服务。

正如论者所言，"'人民本位'是郭沫若古典文学研究基本立场"③。"人民本位"源自郭沫若在抗战和解放战争时期对现实的反应，他说："今天衡定任何事物的是非善恶的标准，便是人民立场——要立在人民的地位上衡量一切。我们要坚决这人民立场，严格地把握着人民本位的态度。举凡有利于人民的便是善，有害于人民的便是恶。坚守人民本位的便是是，脱离人民本位的便是非。"④ 不久他又坦言其历史人物研究"主要是凭自己的好恶"，"我的好恶的标准是什么呢？一句话归宗：人民本

---

① 郭沫若：《后记：我怎样写〈青铜时代〉和〈十批判书〉》，《十批判书》，群益出版社 1945 年版，第 428 页。
② 郭沫若：《文学与社会》，《雄鸡集》，北京出版社 1959 年版，第 141 页。
③ 郭士礼：《唯物史观与郭沫若的古典文学研究——以〈诗经〉研究、屈原研究为例》，《湖北社会科学》2017 年第 11 期。
④ 郭沫若：《坚定人民的立场》，《解放日报》1946 年 7 月 23 日。

位!"① 古代作家属于历史人物,所以"人民本位"也是郭沫若一直坚持着的评价古代作家作品的基本标准。

从"人民本位"的立场出发,郭沫若称赞儒家思想,反对墨家和法家思想;肯定屈原、白居易、苏涣等人的作品在内容上接近人民,反映民间疾苦,代表人民呼声。

郭沫若在先秦诸子研究中最受争议的是他长期坚持尊儒反墨反法的立场,无论是抗战时期来自"同一阵营"的非议,还是后来在"评法批儒"中对他的批判,郭沫若都为这一立场付出了沉重代价。郭沫若将先秦诸子思想放在从奴隶制到封建制过渡的时代背景下考察。他认为当时最大的变化是生产方式的变革,人民(生产奴隶)地位得到提高,顺应这一时代变革、尊重人民思想的,就是当时的先进思想,应该受到肯定。郭沫若认为,儒家"是主张王道的,它是采取着人民本位的立场"②,其思想的核心是"仁","仁者爱人",爱的是"人民大众",所以儒家是"顺应着奴隶解放的潮流的",值得肯定;墨家是"'王公大人'本位",在墨家眼里,"人民""依然是旧时代的奴隶所有物,也就是一种财产",墨家"看不出人民生产力的伟大"③,逆时代潮流而动;法家的代表韩非"是以君主的利害为本位",是"一位极权主义者"④,也是违背时代发展的。

郭沫若认为屈原受到了儒家思想的影响,其作品反映当时"人民的价值提高了"(《屈原研究》,第120页)。释读《离骚》"哀民生之多艰"的"民"字,是郭沫若评价屈原的关键。在1935年的《离骚今言译》中,郭沫若将"民"释为"我",这和后来闻一多、林庚等楚辞专家的解读是一致的。但郭沫若却在1942年修改了自己的观点,将"民"释读为"人民",这来源于他的古文字研究。"民字于卜辞未见,即从民之字亦未见。殷彝亦然。周代彝器,如康王时代之《盂鼎》已有民字","均作一左目形而有刃物以刺之","而以之为奴隶之总称","疑民人之制实始于周人,周人初以敌囚为民时,乃盲其左目以为奴征"⑤。所以,在郭沫若看来,屈原"哀民生之多艰"哀的是人民(即生产奴隶),故而屈原是"民本思想者"(《屈原研究》,第126页),"是深深把握着了他的时代精神的人,他注重民生,尊崇贤能,企图以德政作中国之大一统,这正是他的仁,而他是一位彻底的身体力行的人,这就是他的义"(《屈原研究》,第135页),"他倒不仅是一位革命诗人,更说不上什么'艺术至上主义者'了"(《屈原研究》,第136页)。这就是郭沫若高度肯定和大力推崇屈原的重要原因。

---

① 郭沫若:《历史人物"序"》,海燕书店1947年版,第1页。
② 郭沫若:《韩非子批判》,《十批判书》,群益出版社1945年版,第303页。
③ 郭沫若:《孔墨底批判》,《十批判书》,群益出版社1945年版,第76、78、98、103页。
④ 郭沫若:《韩非子批判》,《十批判书》,群益出版社1945年版,第302、334页。
⑤ 郭沫若:《释臣宰》,《郭沫若全集·考古编》第1卷,科学出版社1982年版,第70—71页。

在《李白与杜甫》中，郭沫若评价最高的唐代诗人是苏涣，他说如果封建时代真有"人民诗人"，他一定投苏涣一票，虽然苏涣只留下四首诗，但从中可以看到他"深知民间疾苦"，而且他后来"沉默寡言、发动群众认真造反"，成为"造反诗人"（《李白与杜甫》，第248、250页）。郭沫若也称赞白居易、元稹等人的诗歌，认为"内容上的改革，也就是思想上的改革，便是要使诗歌描写人民的生活，传达人民的疾苦，要把诗歌作为社会改革的武器，而不是为向上层统治阶级歌功颂德而诗歌或为诗歌而诗歌"，"白乐天《新乐府》五十首便是这诗歌革命的实践，那在中国文学中是会永远放着光辉的"①。郭沫若特别欣赏清代女弹词作家陈端生和她的《再生缘》，因为陈端生对封建社会中的君权、父权、夫权都充满了强烈的叛逆性，她在作品中让女子中状元，做寨王，"与男子并驾齐驱"，甚至"使她的主要人物发展到了目无丈夫，目无兄长，目无父母，目无君上的地步"，特别是她"在作品中揭穿了封建帝王的虚伪和胡作非为，这在旧时代是难能可贵的事"②。

郭沫若从时代的制高点出发，即便是他最心爱的作家，如果有背离"人民立场"处，他都会毫不客气地给以批评，"无论李也好，杜也好，他们的'光焰'在今天都不那么灿烂了"（《李白与杜甫》，第115页）。

郭沫若热爱屈原，坦言"屈原是我最喜欢的一位作家"（《屈原》"序"，第1页），但却遗憾于屈原不懂得发动群众。他认为"在幽王时代楚国已经在用铁兵"（《屈原研究》，第101页），白起攻破楚都，夺取洞庭、五湖，但最后又都放弃了，"不是楚国工农的铁器在那儿说话吗？"所以"屈原在他被放逐的十五六年间如早把他们组织起来，不是很大的力量吗？"（《屈原研究》，第102页）而屈原"虽然爱怜民众，但他却没有本领来领导民众"，"他只认识在上的力量，而不认识在下的力量。这儿如其说是时代限制了他，宁确实是资质限制了他"（《屈原研究》，第95页）。郭沫若还将屈原和楚人项梁相比，感叹道："实际家能够领导民众，组织民众；诗人，其进步者如屈原，竟只能感受着民众的气势而呼号，在实践上则在时代的边际上彷徨。"（《屈原研究》，第97页）

郭沫若喜欢李白，但对李白背离人民之处却痛下针砭。安史之乱前，李白去幽州，感到安禄山的叛变迫在眉睫，却在诗中写道："乐毅倘再生，于今亦奔亡。""有策不敢犯龙鳞，窜身南国避胡尘。"郭沫若不禁大为感叹："在国难临头的时候，求仙固然不应该，'奔亡'也同样不应该。这种退耎逃跑的思想到后来一直纠缠着他。安禄山叛变时，他正采取了'奔亡'的道路，应该说是李白一生中所犯的最大错误。""这时的逃避却是万万不能使人谅解了。他即使不能西向长安，为什么不留在

---

① 郭沫若：《关于白乐天》，《雄鸡集》，北京出版社1959年版，第203页。
② 郭沫若：《谈〈再生缘〉和它的作者陈端生》，陈端生著，郭沫若校订《再生缘》，北京古籍出版社2002年版，第26页。

中原联结有志之士和人民大众一道抗敌？而却'窜身南国'，还要胡乱享乐，自鸣得意！李白在这时实在是胡涂透顶了！"（《李白与杜甫》，第53—54页）

在中国传统社会，为了上升到更高的阶层，有些文人抱着强烈的功名心，对权势溜须拍马，而眼中却没有人民。郭沫若对此予以明确批判。

郭沫若认同司马迁对宋玉"终莫敢直谏"的评价，认为宋玉"神经过敏，不抵事。作善不能到家，作恶也不能到头。宋玉在这样的情形之下而却希望楚王特别重用他，可见他是把行市看错了"①。郭沫若赞同裴行俭"士先器识而后文艺"的观点，在历史剧《武则天》中借武则天批评骆宾王，认为他讨伐武则天的檄文虽然文辞好，但是，"你们看，他这文章里面，可有一句话说到老百姓上来的吗？古人说'吊民伐罪'。他们在讨伐我，却不替老百姓说一句话。再说，这样的文章，老百姓能听得懂，看得懂吗？"②郭沫若在《读随园诗话札记》中批评袁枚等人"对于权门既不敢反抗，也不敢回避，而是甘愿或勉强依附。但为自己的利害打算，为更容易欺骗别人和自己，却宁肯做权门的花瓶，而不敢做权门的爪牙"③。杜甫有一首诗《遭田父泥饮美严中丞》，写他在成都期间被一位老农拉着从早到晚饮酒，老农一直在赞美成都府尹即杜甫的上司严武，"酒酣夸新尹，畜眼未见有"，"语多虽杂乱，说尹终在口"。萧涤非认为该诗在杜诗中"对劳动人民的品质的歌颂表现得最全面最突出"④，但郭沫若却认为这"完全是皮相的见解"，杜甫写这首诗的目的绝不是为了歌颂老农，而是"要借老农的口来赞美严武"（《李白与杜甫》，第141页）。这说明了杜甫十足的功名心，故受到郭沫若的批评。

郭沫若晚年将"人民本位"的标准发展为"阶级本位"。他通过分析《茅屋为秋风所破歌》和"三吏""三别"等作品，判定杜甫"是站在地主阶级的立场上的人"，其诗中的"人民形象""都是经过严密的阶级滤器所滤选出来的驯良老百姓"，"杜甫是不希望人民有反抗情绪的，如果有得一丝一毫那样的情绪，那就归于'盗贼'的范畴，是为杜甫所不能同情的危险分子了"（《李白与杜甫》，第135页）。虽然这些结论对杜甫苛责较多，带着特殊时代的印痕，得不到研究界的普遍认同，但这是郭沫若长期站在"人民本位"评价古典文学的立场使然，只是用力过猛，有点极端了。

郭沫若以"人民本位"作为他评价古典文学的标准，虽然有些地方对具体历史的复杂性分析不够，在评价屈原、李白、杜甫等著名作家时缺乏足够的了解之同情，但他在学术研究中坚持"人民本位"，且从不隐瞒自己的观点，始终坚守马克思主义的立场，体现了马克思主义史学家的本色，后人对此也应有了解之同情。

---

① 郭沫若：《关于宋玉》，《雄鸡集》，北京出版社1959年版，第195页。
② 郭沫若：《武则天》，中国戏剧出版社1962年版，第72页。
③ 郭沫若：《读随园诗话札记》，作家出版社1962年版，第51页。
④ 萧涤非：《杜甫研究》上卷，山东人民出版社1956年版，第73页。

三 对中国古典文学发展"两条道路"的探索

本着"人民本位"的立场，郭沫若尊重人民群众的首创精神，总结出了民间文学不断替代贵族文学的中国文学史的发展规律。

郭沫若一直高度重视民间文学。在屈原研究、建安文学研究中，他都提到了民间文学对中国文学发展的推动作用。郭沫若在《屈原》中通过比较《楚辞》和金文来论证《楚辞》的文学史地位。郭沫若考察了楚、徐、吴、越等地出土的青铜器，如楚公逆镈、义楚钟、王孙遗者钟、者减钟上的铭文，得出当时"南方的文字也有'台阁体'，和《周书》的《诰》《命》，《周诗》的《雅》《颂》相仿佛"（《屈原》，第60页）。在和这些贵族的"台阁体"文字的比较中，郭沫若分析了《楚辞》"艺术的特异性"及其成为诗歌史上"一番伟大的革命"的原因：一是采用了"羌""謇""灵""爽"等楚地方言（《屈原》，第61—63页），即以白话入诗。二是"诗的句法之延长"（《屈原》，第64页），当时的诗歌绝大部分都是四言体，"《楚辞》，特别是屈原的作品，都是经意的创作，除掉《天问》一篇还多少遵守着四言的格律之外，其余的可以说是全部打破了"（《屈原》，第66页）。三是"诗的篇章之扩大"（《屈原》，第67页），在郭沫若看来，屈原之所以是"最伟大的一位革命的白话诗人"，是因为"他利用了自成天籁的歌谣体"，"利用了歌谣的自然韵律来把台阁体的四言格调打破了"（《屈原》，第66—67页）。1953年，郭沫若更是直接阐明："屈原的诗的形式主要是从民间歌谣体发展出来的，所使用的语汇也多是人民的语言。"[①] 可见郭沫若将民间文学形式进入文人诗作为诗歌"革命"的要因。抗战时期，郭沫若在《论曹植》中认为曹植"一方面尽力摹仿古人，另一方面又爱驱使辞藻，使乐府也渐渐脱离了民俗。由于他的好摹仿，好修饰，便开出了六朝骈俪文字的先河。这与其说是他的功，毋宁是他的过"，而曹丕则"始终是守着民俗化的路线"，"文艺上的贡献是谁也不能否认"（《历史人物》，第27—28页）。这都是郭沫若重视民间文学的体现。

1942年，毛泽东在《在延安文艺座谈会上的讲话》中指出："人民生活中本来存在着文学艺术原料的矿藏，这是自然形态的东西，是粗糙的东西，但也是最生动、最丰富、最基本的东西；在这点上说，它们使一切文学艺术相形见绌，它们是一切文学艺术的取之不尽、用之不竭的唯一的源泉。这是唯一的源泉，因为只能有这样的源泉，此外不能有第二个源泉。"[②] 郭沫若在1950年曾回忆这段话对他的影响："说实话我过去是看不起民间文艺的，认为民间文艺是低级的、庸俗的。直到一九四三年读

[①] 郭沫若：《屈原简述》，《屈原赋今译》，人民文学出版社1953年版，第4页。
[②] 毛泽东：《在延安文艺座谈会上的讲话》，《毛泽东选集》第3卷，人民出版社1991年版，第860页。

了毛主席《在延安文艺座谈会上的讲话》，这才启了蒙，了解到对群众文学、群众艺术采取轻视的态度是错误的。在这以后渐渐重视和宝贵民间文艺了。"① 所谓"过去是看不起民间文艺的"，指的是他曾经将相当多的精力放在了甲骨文、金文和石鼓文等古文字的研究上，这些文字，如金文，"作器者为王侯与其臣工，故此实为统治思想之传统"②，是贵族文学。可能是为了以"自我批评"的方式"以身作则"引导与会者重视这篇经典文献，郭沫若这一表述还是稍微有些夸张，因为他本人在研究金文等贵族文学时，也是知道"宝重"民间文学的。但郭沫若确实是在读了《在延安文艺座谈会上的讲话》之后，才将"宝重"民间文学的观点上升到对中国文学史"两条道路"斗争规律的总结。

郭沫若有关中国文学史"两条道路"斗争规律的总结集中体现在1948年他在香港所作的《中国文学的史的发展》的演讲中。该演讲稿没有刊发，记录稿保存在郭沫若纪念馆，迄今不为学界所知。郭沫若在演讲中提出"中国文学两条路线的斗争"，即中国古典文学的发展历史是"雅、土的斗争史"，即民间文学和贵族文学的"斗争史"。这是此后郭沫若有关中国古典文学发展历程的核心观点。

郭沫若指出："自有了阶级历史以来，一切物质生产和精神生产均呈分化的状态。而体现在文学上的便有雅土之分，上层为'雅'，下层为'土'，所谓'雅'便是贵族文学，'土'便是民间文学。'雅'的与'土'脱离而孤立了。'土'是不足以登上大雅之堂的东西。""每一个历史的转捩时代，阶级便有了大变动，文学史上也跟着起了翻天覆地的变动，换句话说，每一个社会的变革，文学上也随着变革，它们的关系是附着的，彼此不可分离的密切结合着。""当人民翻了身，朝代转换了，过去被支配的阶级所产生的文学——民间文学——便跳上了庙堂，变为王室、达官贵人享受的东西了。而代表新兴阶级的文学抬头了。可是，待新兴的支配者取得统治工具以后，转而人民革命又被出卖了。文学本身又在阶级分化中分裂为'雅'与'土'两方面。所以文学好像社会一样的不断的变革，不断的变化着呢。"在郭沫若看来，文言是雅文学的书写形式，有"头号文言和二号文言之分"，中国社会经历了从奴隶社会到封建社会、封建社会解体这两次最剧烈的变革，相应的有两次大的文学革命：第一次是以《楚辞》为代表，革命对象是甲骨文、金文、《尚书》等"头号文言"；第二次是"五四"新文学运动，革命对象是"之乎者也"等二号文言。在中国文学的发展历程中，楚辞、乐府、唐诗、宋词、元曲都来自民间文学，雅化"跳上庙堂"后，又有新的民间文学兴起代替它们。

在对中国文学发展历程的规律的总结基础上，郭沫若回应了《在延安文艺座谈

---

① 郭沫若：《我们研究民间文学的目的——在中国民间文艺研究会成立大会上的讲话》，《雄鸡集》，北京出版社1959年版，第70页。
② 郭沫若：《周彝中之传统思想考》，《郭沫若全集·考古编》第5卷，科学出版社2002年版，第80页。

会上的讲话》中的观点:"如果回想一下中国文学的历史,就可以发现中国文学遗产中最基本、最生动、最丰富的就是民间文学或是经过加工的民间文学的作品。"① 是否为当时的民间文学或是否汲取了民间文学的养料,成为郭沫若评判古典文学的重要标准。

郭沫若之所以断定《胡笳十八拍》"实在是一首自屈原的《离骚》以来最值得欣赏的长篇抒情诗",除了其强烈的抒情性和感染力外,还与其形式创新有关。《胡笳十八拍》是七言体,在当时的文人诗中比较罕见,但"在汉代民歌、歌谣里很多",《胡笳十八拍》不仅采用"民间歌谣的体裁",还"杂以外来影响的胡声"②。"蔡文姬是在骚体和七言民歌的基调之上树立了她独创的风格。这犹如屈原扩大民谣而成《离骚》、司马迁综合群言而成《史记》一样。但《离骚》之前无《离骚》,《史记》之前无《史记》,《胡笳》之前也无《胡笳》。这里正显得蔡文姬之值得令人尊重,《胡笳十八拍》之值得令人爱惜。"③ 郭沫若判断李白与杜甫在诗歌艺术上的优劣的标准是其作品与民间文学的距离。"用公平的眼光来看,李的'摆去拘束'的乐府歌诗,比起杜的'属对律切'的长篇排律来,要更有诗味,更接近于群众,更有生命一些。就是杜甫的好诗,也不属于他苦心惨淡地搞出来的排律。"(《李白与杜甫》,第115页)"杜甫以尽力合乎规律为得意,李白则满不在乎,有时更有意在打破规律。两人的风格的确有些不同,在封建时代抑李扬杜的人却说杜甫是创新派、革命派,李白是复古派、保守派。这颠倒了的评价,不应该再颠倒过来吗?"(《李白与杜甫》,第148页)郭沫若欣赏白居易、元稹"使诗歌平易化,采用人民的语言,更多地包含叙事的成分,而又注重音韵的优美,使人民大众容易了解"(《关于白乐天》,《雄鸡集》,第203页)。1961年,身兼数职的郭沫若之所以在百忙之中集中精力研究《再生缘》,校订《再生缘》的版本,并将其与《红楼梦》相提并论,称之为"南缘北梦"④,原因之一就是他认为这种"不登大雅之堂"的弹词来自民间,属于"人民文学"(《再生缘》"序",第3页)。

以民间文学和贵族文学"两条道路"的斗争为中国文学发展的规律,以与民间文学关系的亲疏远近为衡量古典文学成就高下的标准,这虽然稍微遮蔽了更为复杂的文学史现象,对主流文学的成就也不够重视,但郭沫若从人民立场出发,高度重视民间文学,敏锐地考察了如《再生缘》《胡笳十八拍》等长期为文学史所忽略的一些重要作品,其研究具有高度的创新性,至今仍值得重视和借鉴。

---

① 郭沫若:《我们研究民间文学的目的——在中国民间文艺研究会成立大会上的讲话》,《雄鸡集》,北京出版社1959年版,第70页。
② 郭沫若:《谈蔡文姬的〈胡笳十八拍〉》,《文史论集》,人民出版社1961年版,第200、206—207页。
③ 郭沫若《四谈蔡文姬的〈胡笳十八拍〉》,《文史论集》,人民出版社1961年版,第234页。
④ 郭沫若:《谈〈再生缘〉和它的作者陈端生》,陈端生著,郭沫若校订《再生缘》,北京古籍出版社2002年版,第31页。

小　结

　　郭沫若在成为马克思主义者之后，从服务于社会史和思想史研究的目的出发，开始了他对中国古典文学"以诗证史"式的研究。在走过一段弯路后，郭沫若一直坚持将学术研究建立在全面准确可靠的材料的基础上。为了材料的准确可靠，他将大量精力用于中国古典文学文献的考证。他综合了文字学、考古学、医学等多学科知识，通过学科融合，形成了"关键词考察""以医考文"等研究方法。他高度重视古典文学的书写条件和文本差异，大胆假设，小心求证，在作者生平、版本考订等方面取得了一系列成就。郭沫若在多学科融合基础上形成的这些研究方法，为健全中国古典文学研究的学术体系留下了宝贵遗产。

　　郭沫若对古典文学的考证既是其学术兴趣所在，也是为了更好地总结中国古典文学发展规律，客观评价中国古典文学成就。作为马克思主义者，郭沫若以"人民本位"为标准，对于那些站在人民立场、反映人民疾苦、为人民发声的作家，他给予高度肯定，对于那些脱离人民、只为自己功名利禄、站在人民对立面的作家，他毫不留情地进行贬斥。在《在延安文艺座谈会上的讲话》的启发下，郭沫若更加尊重人民群众的首创精神，更加重视民间文学，总结出中国古典文学发展的"两条道路"的规律。在"人民本位"和"两条道路"的标准下，虽然偶有偏颇，但总体来说，郭沫若对中国古典文学中的一些重要作家作品进行了实事求是而又全面深刻的评价。这是对中华优秀传统文化进行创造性转化和创新性发展的重要尝试，也为我们进一步完善中国古典文学研究的话语体系提供了宝贵经验。

（原载《文学遗产》2021年第3期）

泛神论、主情主义与"五四"时期郭沫若的情感总体观

刘 奎

"五四"时期,郭沫若深受泛神论思想影响。正如他的回忆所言,"在那个时期我在思想上是倾向着泛神论(Pantheism)的"①。他的诗集《女神》中,就有一辑"泛神论之什"。郭沫若如何受泛神论影响的问题,一直是学界关注的重点。已有研究从思想源流、思维方式、接受过程或思想转变等角度,对该问题进行了较为深入的讨论②。这些研究大多专门而精深,但对郭沫若、宗白华等人在"五四"时期的何种语境下关注泛神论,郭沫若泛神论思想的来源,尤其是他与泛神论理论的代表斯宾诺莎思想之间的关联,歌德在郭沫若接受斯宾诺莎时的中介意义,以及郭沫若如何改造泛神论,他的改造与新文化运动的文化政治和历史想象之间的深层关联等问题,还有进一步探讨或重新展开的空间。而对于郭沫若的"主情主义",学界往往将之归于浪漫主义,也忽略了主情主义与泛神论之间的深层联系。本文试图将郭沫若的泛神论思想重新问题化,在"五四时期的泛神论"这一语境下重探郭沫若诗歌和诗学的时代意义。

一 泛神论与郭沫若面对的两个传统

朱自清在《新文学大系·诗集》导言中称,郭沫若的诗"有两样新东西","都是我们传统里没有的:——不但诗里没有——泛神论,与二十世纪的动的和反抗的精神"。朱自清认为,"中国缺乏瞑想诗。诗人虽然多是人本主义者,却没有去摸索人生根本问题的。而对于自然,起初是不懂得理会;渐渐懂得了,又只是观山玩水,写入诗只当背景用。看自然作神,作朋友,郭氏诗是第一回。至于动的和反抗的精神,

---

① 郭沫若:《我的作诗的经过》,《质文》1936年第2卷第2期。
② 顾炯:《〈女神〉与泛神论》,《文学评论》1979年第1期。孙党伯:《关于郭沫若和泛神论的关系问题》,《郭沫若研究》第6辑,文化艺术出版社1988年版。刘悦坦、魏建:《论郭沫若"泛神"的艺术思维方式》,《郭沫若学刊》2000年第4期。吴定宇:《论郭沫若与泛神论》,《郭沫若学刊》2002年第3期。陈永志:《泛神论 中心形象 人生哲学——〈女神〉与〈草叶集〉比较谈(上)》,《郭沫若学刊》2003年第2期,等等。

在静的忍耐的文明里，不用说，更是没有过的"①。朱自清所拈出的两样新内容，是郭沫若诗歌从一开始就遇到的两种评价。对于动的和反抗的精神，主要由闻一多揭橥，其《〈女神〉之时代精神》勾勒了《女神》"动的精神""反抗的精神"等五种时代精神②，后来衍生为文学史对郭沫若的经典评价，尤其是"反抗的精神"所连带的浪漫、抒情等问题，更是讨论郭沫若早期诗歌的主要范式。至于泛神论问题，则常成为浪漫主义的附带问题。

较之时代精神这类读法，对郭沫若诗歌的泛神论式阅读出现得更早。在郭沫若投稿《时事新报》期间，该报副刊《学灯》的编辑宗白华就说郭沫若是一个泛神论者："你的诗已陆续发表完了。我很希望《学灯》栏中每天发表你一篇新诗，使《学灯》栏有一种清芬，有一种自然 Natur 的清芬。你是一个 Pantheist，我很赞成。因我主张诗人的宇宙观有 Pantheismus 的必要。我不久预备做一篇《德国诗人哥德 Goethe 的人生观与宇宙观》，想在这篇中说明诗人的宇宙观以 Pantheism 为最适宜。"③ 不仅宗白华，田汉后来读了郭沫若的诗也作如是观。论者以往讨论郭沫若诗作的泛神论色彩时，多从动的和革命的精神一面着眼，将泛神论与惠特曼的诗歌联系起来，忽略了宗白华提出泛神论的语境。宗白华跟郭沫若讨论泛神论时，主要是强调泛神论带给郭沫若诗作以哲理性，这让郭沫若的诗与当时流行的白话诗区分开："你的凤歌真雄丽，你的诗是以哲理做骨子，所以意味浓深。不像现在有许多新诗一读过后便索然无味了。所以白话诗尤其重在思想意境及真实的情绪，因为没有辞藻来粉饰他。"④ 强调泛神论带给诗歌的哲理性，朱自清所说的"瞑想诗"与此一致。宗白华提倡泛神论有具体的对话对象，即针对的是早期白话诗的"索然无味"，他想通过泛神论的自然观和哲学思想丰富新诗的思想和意境。宗白华对早期白话诗的不满，与郭沫若等新文化运动响应者的文化诉求有内在的一致性。

自 1917 年胡适发表《文学改良刍议》，到郭沫若与宗白华通信时，白话诗已经历两年的发展，新文学杂志如《新青年》《少年中国》《新潮》等都刊载新诗，新诗基本上成为既成事实。白话诗当然引起不少批评，对此，当事人和文学史强调的主要是梅光迪等保守者的态度⑤。其实新文化人的批评也不少，如胡怀琛及后来的闻一多、梁实秋和成仿吾等都提出过不同意见。这些批评既是新文化人探索新道路的方

---

① 朱自清：《导言》，朱自清编选：《中国新文学大系·诗集（影印本）》，上海文艺出版社 2003 年版，第 5 页。
② 闻一多：《〈女神〉之时代精神》，《创造周报》1923 年 6 月 3 日第 4 号。
③ 田汉、郭沫若、宗白华：《三叶集》，上海亚东图书馆 1920 年版，第 4 页。按，Natur 意为自然，Pantheist 泛神论者，Goethe 歌德，Pantheism 泛神论主义。
④ 田汉、郭沫若、宗白华：《三叶集》，上海亚东图书馆 1920 年版，第 25 页。
⑤ 胡适：《逼上梁山——文学革命的开始》，《东方杂志》1934 年第 31 卷第 1 号。

式,也是对文化象征资本的争夺。① 郭沫若等创造社同人,是以挑战者的姿态进入新文坛的。郭沫若开始写新诗,有来自国内新诗的启示,也有对新诗现状的不满。② 他们成立创造社的初衷,即在表达对新文化发展路径的不同意见。如 1918 年夏,郭沫若与张资平在福冈见面,二人谈及国内的文学杂志时,张资平对国内的文化情形就很悲观,认为"中国真没有一部可读的杂志",郭沫若询问"《新青年》怎样",张资平对《新青年》的评价也不甚高。郭沫若对当时国内的两大杂志《小说月报》《东方杂志》本就不满,③ 他们才因此一拍即合,计划创办自己的纯文学刊物。办纯文学刊物,是受日本文坛的启发,也是为了与国内新文化运动对话,试图另辟蹊径。

宗白华对郭沫若诗作的泛神论式解读,是在与以胡适为代表的新诗传统对话,但他对泛神论的评价与郭沫若的理路也有差异。宗白华对泛神论的讨论,主要强调的是自然与哲理,侧重郭沫若诗作清芬风格的一面,这与后来读者从狂飙激进的一面解读不同。宗白华提及泛神论,是为凸显郭沫若诗作的创新处,也是想用自然论来调和郭沫若的激情:"沫若,你有 Lyrical 的天才,我很愿你一方面多与自然和哲理接近,养成完满高尚的'诗人人格',一方面多研究古昔天才诗中的自然音节,自然形式,以完满'诗的构造',则中国新文化中有了真诗人了"④。但对于郭沫若而言,他理解的"诗人人格"并不是静态的,而是动态的:"我想我们的诗只要是我们心中的诗意,诗境底纯真的表现,命泉中流出来的 Strain,心琴上弹出来的 Melody,生底颤动,灵底喊叫;那便是真诗,好诗,便是我们人类底欢乐底源泉,陶醉底美酿,慰安底天国。"⑤ 在他看来,泛神论沟通的不是静态的自然,而是在万物有灵的视域下,抒情主体通过情感不断沟通并往返于内外自然之间,其主情的诗学与泛神论是内在关联的。泛神论与主情论之间的这种内在关联性是为宗白华所忽略的。

泛神论是郭沫若为新诗提供的新资源,也是他重估传统的方法。郭沫若在论及理想的人格时,对新文化人一味否定传统的做法持保留态度,他所选定的理想人格的代表,一个是德国的歌德,一是被新文化人批评较多的孔子。郭沫若对孔子的重新肯定,也是基于泛神论的知识结构。在他看来,孔子是"有他 Pantheism 底思想"的哲学家,也是政治家、科学家、教育家和文学家。这与当时新文化人将孔子视为礼教的罪魁不同,他认为"孔子底存在,是断难推倒的",不仅如此,他反而期待孔子式的新人出现,"我常希望我们中国再生出个纂集《国风》的人物——或者由多数的人物组织成一个机关——把我国各省各道各县各村底民风,俗谣,采集拢来,采其精粹的

---

① 姜涛:《"新诗集"与中国新诗的发生(增订本)》,北京大学出版社 2019 年版,第 82—98、242—277 页。
② 郭沫若:《创造十年》,现代书局 1932 年版,第 73 页。
③ 郭沫若:《创造十年》,现代书局 1932 年版,第 41—44 页。
④ 田汉、郭沫若、宗白华:《三叶集》,上海亚东图书馆 1920 年版,第 3 页。
⑤ 田汉、郭沫若、宗白华:《三叶集》,上海亚东图书馆 1920 年版,第 6 页。

编集成一部《新国风》；我想定可为'民众艺术底宣传''新文化建设底运动'之一助。我想我们要宣传民众艺术，要建设新文化，不先以国民情调为基点，只图介绍些外人言论，或发表些小己底玄思，终竟是凿枘不相容的"。"我想孔子那样的人是最不容易了解的……可是定要说孔子是个'宗教家'，'大教祖'，定要说孔子是个'中国底罪魁'，'盗丘'，那就未免太厚诬古人而欺示来者。"① 郭沫若文中的"新文化建设底运动""宗教家"等引语，大都是新文化人的用语。当时《新青年》正展开有关孔教问题的讨论②，不少人的言辞颇为激烈，郭沫若此论与以《新青年》为中心的文化人有很强的对话性。

不过，郭沫若等创造社成员虽以挑战者的姿态进入新文坛，但他们的初衷与胡适等人是一致的，他们分享着同样的新文化理想，不同的只是方法和路径。在新文化的整体框架下，郭沫若对孔子的肯定，也要经过"文艺复兴"（再生时代）一类的新文化结构，并给他贴上泛神论者的标签。其实不止孔子，郭沫若还将老子、庄子、王阳明等传统人物也视为泛神论者，与歌德、裴默·伽亚谟、华兹华斯、泰戈尔、惠特曼等西方文人置于同一思想视野中，后者是新文化人引入的新资源。如此，孔子、老子等传统资源就从新文化的对立面转化为内在资源。泛神论在郭沫若这里，既是新文化运动要引入的新知识和新理念，也成为赋予历史人物以时代合法性的标签，但泛神论的理论脉络，又显示出郭沫若与胡适等新文化人的差异。③ 在泛神论这个知识框架下，郭沫若对新文化运动的小传统和传统文化的大传统都做出异于胡适等人的选择，他既迎合新文化运动，又试图走出不同的历史路径。

二 泛神论的系谱与内涵

泛神论不只是新文化标签，还有特定的历史脉络和文化内涵。泛神论在西方主要兴起于经院哲学时期，如约翰·司各脱等试图以古希腊的理性解释信仰问题，但却被教会视为异端。④ 斯宾诺莎是近代最具代表性的泛神论者，且接近早期的自然哲学。郭沫若对斯宾诺莎的著作下过一些苦功，读过《伦理学》、《神学政治论》（《论神学

---

① 田汉、郭沫若、宗白华：《三叶集》，上海亚东图书馆1920年版，第13—14页。
② 相关研究可参考李宪瑜《"孔教问题"与"文学革命"——论〈新青年〉杂志的两大讨论》，陈平原主编《现代中国》第2辑，湖北教育出版社2002年，第103—116页。孟庆澍：《"五四"前夕知识界的孔教讨论——以〈甲寅〉和〈新青年〉为例》，《人文》第一卷，中国社会科学出版社2019年版，第100—116页。
③ 除了郭沫若外，早期新文化人对泛神论并无太高的评价。早期较为全面介绍泛神论思想的是张锡三，其《泛神论与基督教》对泛神论思想及流派做了较为全面的介绍，但他将泛神论归入有神的一类（张锡三：《泛神论与基督教》，《燕京大学季刊》1919年12月第1卷第1期）。另外，陈独秀在跟俞颂华通信讨论孔教问题时，因涉及宗教，也曾提及泛神论。在陈独秀看来，宗教不离鬼神，"泛神教（或译作万有神教）则已界于宗教与非宗教之间"（记者：《通信》，《新青年》1917年3月第3卷第1期）。
④ 参见［美］梯利著，伍德增补《西方哲学史（增补修订版）》，葛力译，商务印书馆1995年版，第193—196页。

与政治》)、《知性改进论》(《理智之世界改造》)① 及《埃迪加》② 等著作。因为日本高等学校和大学医学专业的外语为德语，郭沫若能读德语原著。据郑伯奇回忆，曾琦就曾在东京为郭沫若代购德文版的《埃迪加》③。郭沫若的诗作《三个泛神论者》，其中也有斯宾诺莎。④

在西方哲学史上，斯宾诺莎往往与笛卡尔一道被置于大陆理性主义的脉络。⑤ 斯宾诺莎虽然受笛卡尔的影响，但他思想中的泛神论、神秘主义元素，表明他与笛卡尔的唯理主义之间存在一定的差异。不过这种差异不是本质上的，而是程度上的。笛卡尔虽然后来被视为唯理主义者，但他不乏对激情等内容的讨论，如他的《论灵魂的激情》就认为，激情不仅由肉体造成，思想也产生激情。⑥ 但在笛卡尔的哲学体系中，身体与心灵是二元的，他又根据心灵活动的主动与被动，将灵魂划分为思想和情感。在主体性的确立过程中，情感是要被理性克服的对象。斯宾诺莎则不同，他虽在笛卡尔的影响下，试图通过理性方法来解释情感，如《伦理学》那样以几何学式的方法分析情感，但在这种方法的外衣之下，他改变了笛卡尔的灵肉二元体系，提升了情感在主体构成中的地位。

斯宾诺莎赋予情感的重要性是在泛神论的视域下完成的。斯宾诺莎认为神既是绝对的，但也在万物之中，神的作用不是以信仰的方式，而是以逻辑的方式维系万物⑦。实体不再是笛卡尔式的绝对实体，而是既绝对，同时又在万物之中。人与世界的关系不是二元的，而是一元的。相应的，人的心灵与肉体也是统一的，"心与身乃是同一的东西，不过有时借思想的属性、有时借广延的属性去理解罢了"⑧。正如论者所指出的，斯宾诺莎强调的是"人类本性同时为理性和无知、想象和激情所定义"⑨。简单而言，斯宾诺莎的泛神论，认为自然为神之分殊（modificationes），也就是万物皆神，那么，人也成为实体（神）之众多分殊中的一员，被理性和感情完整定义。在斯宾诺莎这里，泛神论与情感是相关联的问题⑩，从前文郭沫若的主情诗学

---

① 郭沫若：《创造十年》，现代书局 1932 年版，第 77 页。
② 郑伯奇：《二十年代的一面——郭沫若先生与前期创造社》，王延晞、王利编《郑伯奇研究资料》，知识产权出版社 2009 年版，第 51 页。
③ 郑伯奇：《二十年代的一面——郭沫若先生与前期创造社》，王延晞、王利编《郑伯奇研究资料》，知识产权出版社 2009 年版，第 51 页。
④ 郭沫若：《三个泛神论者》，《女神》，泰东图书局 1921 年版，第 103 页。
⑤ 参考［美］梯利著，伍德增补《西方哲学史（增补修订版）》，葛力译，商务印书馆 1995 年版，第 326—343 页。
⑥ 对此问题的相关研究可参考［英］苏珊·詹姆斯《激情与行动：十七世纪哲学中的情感》，管可秾译，商务印书馆 2017 年版，第 139 页。
⑦ ［荷］斯宾诺莎：《伦理学》，贺麟译，商务印书馆 1997 年版，第 3、29 页。
⑧ ［荷］斯宾诺莎：《伦理学》，贺麟译，商务印书馆 1997 年版，第 100 页。
⑨ ［法］艾蒂安·巴利巴尔：《斯宾诺莎与政治》，赵文译，西北大学出版社 2015 年版，第 99 页。
⑩ 有关斯宾诺莎的情感论，可参考赵文《Affectus 概念意涵锥指——浅析斯宾诺莎〈伦理学〉对该词的理解》，《文化研究》2019 年总第 38 辑。

来看，他继承了这一点。

斯宾诺莎在泛神论的总体框架下，让被笛卡尔的理性主体克服的情感重新成为定义人的重要因素。实际上，斯宾诺莎的代表作《伦理学》除了论神之外，大部分内容都在分析心灵和情感。郭沫若从斯宾诺莎那里接纳的，除了泛神论的宇宙观外，更重要的是泛神论中的情感论。在斯宾诺莎的理论体系中，人并非"王国中之王国"，并非完全自决而不受外物决定的，而是与自然万物一样，要遵守自然的规律和法则。人的情感也同样如此，它们不是起于自然的缺陷，而是"皆出于自然的同一的必然性和力量"①。这很大程度就是针对"以为人心有绝对力量来控制自己的行为"的"鼎鼎大名的笛卡尔"的②。斯宾诺莎不仅认为情感不必被理性克服，理性只能引导情感，影响情感的属性，他甚至认为欲望（意识着的冲动）是人的真正本质③。

斯宾诺莎还赋予情感以社会性和实践性。他"把情感理解为身体的感触，这些感触使身体活动的力量增进或减退，顺畅或阻碍，而这些情感或感触的感念同时亦随之增进或减退，顺畅或阻碍"④。在斯宾诺莎的泛神世界中，自然万汇一体，世界是一元的，人与万物同源，或者说彼此之间具有内在的可沟通性，这种沟通不必然是思想或理性，身体和情感也是重要的方式。人与人之间更是如此，人被情感与理性共同定义，情感具有可交往的社会性，当无数个体将自己所掌握的正确观念，通过情感的交互结合起来，那么，群体便不再是非理性的主体，而是有着创造幸福的潜能⑤。

郭沫若的泛神论和主情主义受到斯宾诺莎的直接影响，但歌德在他阅读和理解斯宾诺莎的过程中起着中介作用。郭沫若在《创造十年》中回忆道："因为喜欢太戈尔，又因为喜欢歌德，便和哲学上的泛神论（Pantheism）的思想接近了起来——或者可以说我本是有些泛神论的倾向，所以才特别喜欢有那些倾向的诗人的……我由歌德又认识了斯宾诺若（Spinoza），关于斯宾诺若的著书如像他的《伦理学》《论神学与政治》《理智之世界改造》等，我直接间接地读了不少。因为和国外的泛神论的思想一接近，便又把年少时分所喜欢的庄子发现了。"⑥ 郭沫若经过泰戈尔、歌德等人接触泛神论，进而阅读斯宾诺莎。由泰戈尔而溯及印度的"梵"，并重新发现中国传统文化中的"道"，乃至接近美国诗人惠特曼等。不过，这些内容在郭沫若这里大都为泛神论思想的变体，是类比中的不同泛神论形态。歌德的不同之处在于，他不仅作品带有泛神色彩，还直接对斯宾诺莎的泛神论进行了阐释。

斯宾诺莎在西方文化史上被重新发现，歌德发挥了很大的作用。在西方哲学史

---

① ［荷］斯宾诺莎：《伦理学》，贺麟译，商务印书馆1997年版，第97页。
② ［荷］斯宾诺莎：《伦理学》，贺麟译，商务印书馆1997年版，第96页。
③ ［荷］斯宾诺莎：《伦理学》，贺麟译，商务印书馆1997年版，第99、107页。
④ ［荷］斯宾诺莎：《伦理学》，贺麟译，商务印书馆1997年版，第98页。
⑤ 从交往的角度对斯宾诺莎的伦理学与政治问题的讨论，可参考［法］艾蒂安·巴利巴尔《斯宾诺莎与政治》，赵文译，西北大学出版社2015年版，第144—149页。
⑥ 郭沫若：《创造十年》，现代书局1932年版，第76—77页。

上，笛卡尔的唯理主义因启蒙运动的推崇而得以发扬光大，成为影响深远的唯理哲学传统①。斯宾诺莎的命运则较为坎坷，他的哲学最初并非被视为泛神论，而是被称为无神论。启蒙时期他的著作几乎被遗忘，直到十八世纪雅科比、歌德、莱辛等德国文人才重新发现了他。②歌德对斯宾诺莎尤其推崇，称对他"整个思想有那么大的作用的伟人，就是斯宾诺莎"，他在回忆录《诗与真》中，多次提及斯宾诺莎对他的"决定性的影响"③。斯宾诺莎对歌德的影响，就歌德所描述的，主要在三个方面，一是斯宾诺莎对思想与情感关系的处理，"思想与心情，知性与感觉，以不可抗的亲和力来互相探求，藉此，极相异的性质的结合也可以实现了"④。歌德当时正受困于少年维特式激情，故较为看重斯宾诺莎对理性与情感的综合。二是万物有灵的自然观⑤。三是直觉的作用。通过直觉，他能让世界了然于心⑥，同时，他还"把包括自己内在的诗人的才能"当作有灵的自然，通过直觉加以把握，或者说，通过直觉才能更好地抓住灵感和自然的真相，"这种诗才的运用，虽可为外部的诱因所引起和规定，但是，最欢畅地最丰富地表现出来，却是它无意地甚至违反自己的意志地流露的时候"⑦。根据上文对斯宾诺莎哲学的分析，正视情感之于主体结构的意义，自然有灵与通过直觉把握真实，均是基于泛神论的世界观。

郭沫若在日本的高等学校就学时，就曾阅读歌德的《诗与真》（郭沫若译为《创作与本事》）⑧，后来还多次尝试译介《浮士德》。他直接谈论泛神论，也是在谈及歌德的作品之时。郭沫若在为他翻译的《少年维特之烦恼》所写序言中，列举了该作引起他共鸣的种种思想：

> 第一，是他的主情主义……他对于宇宙万汇，不是用理智去分析，去宰割，他是用他的心情去综合，去创造。他的心情在他身之周围随处可以创造一个乐园：他在微虫细草中随时可以看出"全能者底存在"，"兼爱无私者底彷徨"。
> 第二，便是他的泛神思想：泛神便是无神。一切的自然只是神底表现，我也

---

① ［英］苏珊·詹姆斯：《激情与行动：十七世纪哲学中的情感》，管可秾译，商务印书馆2017年版，第23页。
② 姚大志：《斯宾诺莎的"泛神论"新考》，《吉林大学社会科学学报》1987年第2期。
③ ［德］歌德：《诗与真（下）》，《歌德文集》第5卷，刘思慕译，人民文学出版社1999年版，第667页。
④ ［德］歌德：《诗与真（下）》，《歌德文集》第5卷，刘思慕译，人民文学出版社1999年版，第668页。
⑤ ［德］歌德：《诗与真（下）》，《歌德文集》第5卷，刘思慕译，人民文学出版社1999年版，第720页。
⑥ ［德］歌德：《诗与真（下）》，《歌德文集》第5卷，刘思慕译，人民文学出版社1999年版，第717—718页。
⑦ ［德］歌德：《诗与真（下）》，《歌德文集》第5卷，刘思慕译，人民文学出版社1999年版，第721页。
⑧ 郭沫若：《创造十年》，现代书局1932年版，第77页。

只是神底表现，我即是神，一切自然都是我的表现。人到无我的时候，与神合体，超绝时空，而等齐生死。人到一有我见的时候，只见宇宙万汇和自我之外相，变灭无常而生生死存亡之悲感。

第三，是他对于自然的赞美：他认识自然是为一神之所表现，自然便是神体之庄严相，所以他对于自然绝不否定。他肯定自然，他以自然为慈母，以自然为友朋，以自然为爱人，以自然为师傅。

第四，是他对于原始生活的景仰：原始人底生活，最单纯，最朴质。最与自然亲眷，崇拜自然，赞美自然的人，自然不能不景仰到原始生活去了。

第五，是他对于小儿的尊崇……小儿底行径正是天才生活底缩型，正是全我生活底模范！①

郭沫若的这类说法，常被当作他是浪漫派的证词，第二点又被作为泛神论者的论据。主情、自然、原始等元素，确实与浪漫主义文学的主要特征若合符节，不过，在郭沫若的论述中，看似将主情、自然等与泛神论分开罗列，但它们其实有内在相关性。如主情方面，"在微虫细草中，随时可以看出'全能者底存在'"，这正是歌德从斯宾诺莎那里得到的万物有灵的启示。"不用理智去分析"，而用心情去创造、无我的时候"与神合体"、以自然为师、"崇拜自然"及孩童是天才等，均离不开自然的神性这一泛神前提。这具体表现在文学创作中，则强调抒情、直觉和下意识的作用。从这个角度而言，这里看似是郭沫若的浪漫主义宣言，毋宁说是他对泛神论的发挥。这并非要否定浪漫主义研究视野之于郭沫若研究的有效性，而是说，郭沫若的浪漫诗学有着泛神论的思想基础。

在郭沫若接受泛神论的过程中，歌德的影响是具体而微的，尤其是在诗歌创作方面。如郭沫若在忆及《凤凰涅槃》的写作经过时，一再提及他当时灵感袭来甚至来不及思考的场景。② 类似的场景，歌德在描述斯宾诺莎对他的影响时也曾描述过。他谈及斯宾诺莎的自然神性时，说诗人可以把自己的才能当作自然来看待，这时，无意识地表达便是最丰富的，因而他平时对此就特别留意，练习"在黑暗中起床"把"蓦然涌起的诗意写下"的习惯。他曾提及自己的一次即兴创作，当时灵感袭来，他连稿纸也"无暇放好"，"身体动也不动地打斜把诗从头到尾写下来"。他"对于这样子写成的诗特别尊重"③。郭沫若所描述的场景，与歌德所说的极为类似，他们强调的并非浪漫主义的天才观，而是强调要把诗人的内在才能，当作有灵的自然一样，让创造性自然流露。从这个例证可见，郭沫若与泛神论之间的渊源，比已有研究所描述

---

① 郭沫若：《少年维特之烦恼序引》，《创造》季刊1922年3月15日创刊号。
② 郭沫若：《创造十年》，现代书局1932年版，第78—79页。
③ ［德］歌德：《诗与真（下）》，《歌德文集》第5卷，刘思慕译，人民文学出版社1999年版，第722页。

的要深入和复杂一些。

三 情感有机论及一元论的整体性视野

在宗白华的鼓励下，郭沫若写有不少带有泛神论色彩的诗作。如收录在《女神》"泛神论之什"中的《三个泛神论者》《电火光中》《雪朝》《登临》等均是，他同时期的其他诗作也多带泛神论色彩。这些诗作中，部分作品如《三个泛神论者》的泛神论元素很容易辨识，但也有部分作品如《梅花树下醉歌》则让人难以直接看出。这除了读者的知识结构之外，也与诗歌的传播相关。如《梅花树下醉歌》开头部分："梅花！梅花！/我赞美你！我赞美你！/你从你自我当中/吐露出清淡的天香，/开放出窈窕的好花。"[1] 其中"你从你的自我当中"的自我二字，在初刊于《三叶集》时是加了引号的，正如论者所指出的，这是"特指泛神论之本体"[2]。如果去掉引号，这就很容易被理解为"五四"时期的个人主义声调。

现在重探郭沫若与泛神论思想的关系，除了要辨识其诗歌和诗论中的泛神论色彩之外，更重要的是他如何将泛神论转化为自身的文学和思想资源，以及这带给郭沫若早期的创作与思想哪些新的图景，借此我们可以重拾"五四"时期知识分子的哪些历史经验等问题。通过重读郭沫若"五四"时期的诗作和相关论述，可以发现，郭沫若在一个变革的时代，试图通过泛神论视域中的情感，探索或者说重建一个有机的新世界。

在泛神论视域下，宇宙不是机械的，而是充满灵性，是有机的，文学的创作与阅读是通过直觉接近、传达这个世界的真相，正如他对哲学家的期许，"哲学中的 Pantheism 确是以理智为父以感情为母的宁馨儿。不满足那 Upholsterer 所镶逗出的死的宇宙观的哲学家，他自然会要趋向到 Pantheism 去，他自会要把宇宙全体从新看作个有生命有活动性的有机体"，"诗人与哲学家底共通点是在同以宇宙全体为对象，以透视万事万物底核心为天职；只是诗人底利器只有纯粹的直观，哲学家底利器更多一种精密的推理"[3]。在泛神论的宇宙中，诗歌所表达的情感，小而言之是个人的情绪，大而言之是宇宙的律动。在郭沫若这里，大小宇宙是相通的，人与世界的关系不是二元的，而是一元的。正如宗白华对他说的，"你在东岛海滨，常同大宇宙的自然呼吸接近，你又在解剖室中，常同小宇宙的微虫生命接近，宇宙意志底真相都被你窥着了"[4]。这里的大小宇宙，不是唯理主义式的将人视为"王国中的王国"，而是说大小宇宙之间是同构的，甚至可以说这不是同构，而是有机的整体，这也是郭沫若常提及

---

[1] 郭沫若：《梅花树下醉歌》，《女神》，泰东图书局1921年版，第136页。
[2] 陈永志校释：《〈女神〉校释》，华东师范大学出版社2008年版，第123页。
[3] 田汉、郭沫若、宗白华：《三叶集》，上海亚东图书馆1920年版，第15—16页。
[4] 田汉、郭沫若、宗白华：《三叶集》，上海亚东图书馆1920年版，第23页。

的歌德的"由内而外"的意思。

在这个大小宇宙有机关联的一元论中，作为诗人或文人的郭沫若，首先是通过情感本体论来表达他对新文化和新民族的想象。郭沫若推崇情感本体的文学论。他很早就提出"诗的本职专在抒情"。"抒情的文字便不采诗形，也不失其诗。例如近代的自由诗，散文诗，都是些抒情的散文。自由诗散文诗的建设也正是近代诗人不愿受一切的束缚，破除一切已成的形式，而专挹诗的神髓以便于其自然流露的一种表示。然于自然流露之中，也自有他自然的谐乐、自然的画意存在，因为情绪自身本是具有音乐与绘画之二作用故。情绪的吕律，情绪的色彩便是诗。诗的文字便是情绪自身的表现（不是用人力去表示情绪的）。我看要到这体相一如的境地时，才有真诗好诗出现"①。诗的本职在抒情，在泛神论的万物有灵的视域中，抒情的方式不必是"做"，而是无意识的"写"，"自然流露"更容易传达宇宙的律吕，达到形式与内容的体相一如。

文学的本质是情感，那么情感起源于何处，是否完全出自个人的内心，这是需要进一步追问的。郭沫若在《文学的本质》一文中，曾试图从"原始民族的口头文学或者幼儿的自由诗歌中"，探寻文学的"原始细胞"。他通过分析中外原始歌谣等材料，发现诗的起源是"同一句或者同一字的反复"，"这种文学的原始细胞所包含的是纯粹的情绪的世界，而它的特征是在有一定的节奏"。情绪并非天生的，而是"我们由内在的或者外界的一种或多种的刺激，同时在我们的心境上反应出单纯的或者复杂的感情来"②。这单纯的或复杂的感情，在时间轴上的延续就是情绪，它具有"与生俱来"的节奏。情绪的节奏就是诗歌或者说文学的细胞。诗歌的专职是抒情，但情感却并非起源于原子式的个人，而是源自人受到外界的刺激，是在人与世界的互动中产生的。这与斯宾诺莎"把情感理解为身体的感触"一致，情感因此具有社会性，并非纯然是"内发的"情感③，而是源自大小宇宙之间的交互过程。

情感的社会性不仅体现为情感的触发过程，还在于情感的可传递性。在斯宾诺莎的伦理视域中，情感源于身体的感触，那么，"假如我们想象着与我们相似的任何人有了某种情感，则这种想象将表示出我们身体的一种感触，与他的情感相同，因为我们想象着与我们相同的对象有了相同的情感"。这种"情感模仿作用"，不仅存在于人与人之间，因为万物有灵，这种情感的模仿能力也存在于人与万物之间，"一个和我们相同之物，我们虽然对它并没有感情，但是当我们想象它有着某种情绪时，我们亦将引起同样的情绪"④。这个类似"同情"的情感传递机制，其作用不止于激发相

---

① 田汉、郭沫若、宗白华：《三叶集》，上海亚东图书馆1920年版，第46页。
② 郭沫若：《文学的本质》，《学艺》1925年第1期。
③ 宋彬玉：《"内发情感"的自然流露——郭沫若前期创作及文艺思想初探》，《郭沫若学刊》1999年第3期。
④ ［荷］斯宾诺莎：《伦理学》，贺麟译，商务印书馆1997年版，第120页。

似的情感，还作用于人与人之间的相互认同。"假如我们想象着某人对于我们所爱之物感觉快乐，则我们对他将有一种爱的情绪。反之，假如我们想象着他对于我们所爱之物感觉痛苦，则我们对他又将有一种恨的情绪。"① 从本质上而言，情感是我们对人与世界关系的想象。郭沫若的看法与此类似，他认为情感虽来自内心，但内心并非源点，而是个人凭直觉沟通自然而产生，但这里的自然并不是狭义的山水自然，而是泛神论视域中的世界万物。他也认为情感有模仿作用，正如他所言，"本来艺术的根底，是立在感情上的，感情是有传染性的东西"②。这个观点他一直坚持着，后来他还进一步强调，"情绪的波动是有传染性的"，"作家把由内在或外在的条件所激起的情绪，反射出来，由其本身的节奏便可以使受者起着同样的反射"③。

从这个角度，郭沫若提出了他有关艺术的审美功利性的独特看法。在他看来，艺术的创作过程要杜绝功利性，但艺术品创造出来之后，便天然地具有社会性。从创作论的角度，这颇类似康德、黑格尔"无目的的合目的性"的美学观念。他曾反驳托尔斯泰（杜斯泰）《艺术论》的单凭作品能否引起人情感共鸣以评定艺术之优劣的论点，郭沫若认为，"艺术的活动，诚如杜氏所说在唤起一种感情的经验，然而这种活动每每流行于不经意之间，即使宏巨的制作须得匠心经营，而艺术家的目的只在乎如何能真挚地表现出自己的感情，并不在乎使人能得共感与否"④。在创作过程中，越是没有功利心，越能贴近自然的律吕，越接近艺术的本质，艺术成品因此越具有社会性。因为情感的传染性倚赖的并非情感的激烈程度，而是激情是否自然，是否贴近了世界的律动。因为情感的可传递性或者说传染性，让艺术的欣赏过程本身就成了情感的实践过程，故而，就艺术的社会性而言，已完成的艺术品天然是具有社会性的。

但不是所有人都有同等的感受力，该如何保证作品的社会性得到充分体现呢？这关系着情感实践的限度问题。郭沫若试图通过文艺批评和审美教育来解决这个问题。对于批评，郭沫若认为"是当生于一种渊深的同情"⑤，为此他大力推介瓦特裴德（Walter Pater，沃尔特·佩特）的批评论。瓦特裴德有关文艺复兴的艺术批评⑥，并非纯文学批评，而这正是郭沫若看重的地方，"他不是狭义的文艺批评家，他是广义的文化批评家。但他关于文艺批评的持论，是最注重感觉的要素而轻视智识的要素。他做人注重智识的蕴积，做评则注重感觉的享乐。增进感受性的容量，这是批评家自修的职务。满足感受性的程度，这是批评时的尺度。依所赋与的快乐分量之多寡以定

---

① ［荷］斯宾诺莎：《伦理学》，贺麟译，商务印书馆1997年版，第116—117页。
② 郭沫若讲，李伯昌、孟超合记：《文艺之社会的使命》，《文学》1925年5月18日。
③ 郭沫若：《创造十年续编二六》，《大晚报》1937年4月28日。
④ 郭沫若：《艺术的评价》，《创造周报》1924年11月25日第29号。
⑤ 郭沫若：《论国内的评坛及我对于创作上的态度》，《时事新报·学灯》1922年8月4日。
⑥ ［英］佩特：《文艺复兴：艺术与诗的研究（插图珍藏本）》，张岩冰译，广西师范大学出版社2000年版。

作品之价值，这是他批评的标准"①。较之狭义的文学批评，郭沫若更看重文化批评对感受力的培育。② 在郭沫若看来，"批评家所重要的，不是在有一个正确的抽象的'美'的定义以满足智性，在有一种气质，能于美的物象当前时深为感动的力量"。对批评家来说，重要的不是从理论的角度去讨论何为美，而在于具有领略美的感受力，能将作品内蕴的美感传达出来。

除了批评外，读者要领略艺术的感情，需要通过教育培养自己的感受力。读者感受力的差异系于教养，感受力的培养依赖于教育。"教育的完否便以对于这些印象的感受性之深浅贫富为比例。"③ 在《天才与教育》一文中，郭沫若指出，天才与凡人的区别"只有数量的相差，而没有品质的悬异"。天才专靠天赋不能成为天才，需要教育，"广义的教育"，"教育的至上的目标便是使人人完全发展其所有的天赋"。中国当时亟须普及教育，因为"有教养的国民而经动乱，他的物质生活虽然受打击，而他的精神生活转有统一的可能"④。他根据中国的现实，认为中国的教育过于重利，有关真善美的教育太少，因而大力提倡审美教育。郭沫若提倡审美教育，部分受到蔡元培的影响。蔡元培早在1917年即提倡以美育代宗教。在蔡元培看来，宗教是刺激感情，故常引起异教之间的冲突，美育则是陶养感情，以养成高尚纯洁之习惯。因美具有普遍性，"不复有人我之关系，遂亦不能有利害之关系"⑤。郭沫若对《学艺》《新青年》都有所关注，对该文当不陌生。不过郭沫若与蔡元培的观念差异也是明显的：蔡元培主张以美育代宗教，侧重的是美育所带来的平稳秩序，目的在杜绝纷争，郭沫若看重的是审美教育所培养新的感受力或者说新感性，这将成为新国民的情感基础。

这种内含着社会性、实践性的情感论，是与具体的历史内容密切相关的。在泛神论的一元观中，宇宙的律吕与个人的抒情可沟通，个人的抒情又可通向国民情感的培育，文学的生产与历史的进程因此有沟通的具体途径。虽然郭沫若有时为了描述这个一元的世界，常会借用诸如"庄严世界"、"道"或"天人合一"等形而上词汇⑥，但这种抽象的描述，常通过与现实世界的勾连，生成为具体的社会或历史的整体视野。如对于新诗，他提出的是情感本体论，是形式与内容的"体相一如"，其最终目

---

① 郭沫若：《瓦特裴德的批评论》，《创造周报》1923年第26号。
② 已有研究者关注郭沫若的文化批评观与他社会理想之间的同构性，可参考蔡震《"我的诗便是我的生命"——关于生命哲学与郭沫若》，《郭沫若与东西方文化》，当代中国出版社1998年版。李怡：《〈女神〉与中国"浪漫主义"问题——纪念〈女神〉出版90周年》，《中国现代文学研究丛刊》2012年第1期。
③ 郭沫若：《瓦特裴德的批评论》，《创造周报》1923年第26号。
④ 郭沫若：《天才与教育》，《创造周报》1923年第23号。
⑤ 蔡元培：《以美育代宗教（六年四月八日在神州学会演说）》，《学艺》，1917年第2期。蔡孑民：《以美育代宗教（在神州学会演讲）》，《新青年》1917年第6期。
⑥ 郭沫若甚至曾用古语集成对联，"内圣外王一体，上天下地同流"，见郭沫若《我的作诗的经过》，《质文》1936年第2期。

的则是以新文化运动的方式创造新人,这与当时的社会改造、新国民国家等思潮相关。他在致宗白华的信中说:"我近来趋向到诗的一元论上来了。我想诗的创造是要创造'人',换一句话说,便是在感情的美化(Refine)。艺术训练的价值只可许在美化感情上成立,他人已成的形式是不可因袭的东西。他人已成的形式只是自己的监狱。形式方面我主张绝端的自由,绝端的自主。至于美化感情的方法:我看你所主张的(一)在自然中活动;(二)在社会中活动;(三)美觉的涵养(你的学习音乐绘画,多读天才诗人诗的项目,都包括在这里面);(四)哲理的研究;都是必要的条件。此外我不能更赘一辞了。"① 因为"写"诗的过程,是将内在情感下意识地表达出来,创作者与他的作品也是"体相一如"的,由此,经由泛神的情感论最终生成的是一个新人、新文学与新世界有机关联的整体世界。

  在这个有机世界中,文学在美化人的情感方面并不具有特殊性,因为文学处于社会的多重关系之中,它只是培育感受力的一种方式,其他自然活动和社会活动如劳动等,都是新(诗)人生成的重要途径。如田汉当时曾写有一篇长文《诗人与劳动问题》,他援引日本诗人生田春月《新诗作法》中的观点,"诗的原则是人类的情操 Sentiment 情绪 Emotion 感觉 Sensation 等素直单纯的记录","诗人的心不过自然的镜","因为诗是本能的产物",故做人比技巧更重要,"人格就是诗","做诗人的修养就是做人的修养"②。生田春月受德国诗人歌德影响,其诗论与郭沫若的有相通之处。田汉强调的诗人的人格修养问题,是当时青年改造社会、塑造新人的乌托邦想象和社会实践的折射。③ 田汉和宗白华都是少年中国学会会员,当时"少中"不少人在开展工读互助运动,而日本武者小路实笃及国内新文人周作人、王光祈等也在开展"新村"运动。这些社会与文化运动也是将国家新造落实到塑造新人、新型人际关系等具体问题上来,在他们的设想中,新人的养成与新国家的建设也是有机关联着的。郭沫若对工读互助有所关注,他的《晨安》就向"半工半读团的学友们"问安④。郭沫若与宗白华的通信也多次谈及"诗人人格"问题,实际上,《三叶集》中郭沫若、宗白华与田汉三人所谈论的大多是人格塑造、婚姻、恋爱等社会问题。这些社会问题在郭沫若等人看来,并非与新文学无关,相反,社会的改造、新人的养成与他们对新诗的设计密切相关。

  在郭沫若等部分"五四"新文化人的视野中,文学的一元图景内在于社会改造的整体性设想。在大小宇宙的嵌套结构之中,"由人的苦闷可以反射出社会的苦闷

---

  ① 田汉、郭沫若、宗白华:《三叶集》,上海亚东图书馆1920年版,第49页。
  ② 田汉:《诗人与劳动问题(续)》,《少年中国》1920年第9期。
  ③ 李培艳:《田汉早期的诗学贡献——对〈诗人与劳动问题〉一文及其写作背景的考察》,《东岳论丛》2014年第7期。
  ④ 沫若:《晨安》,《时事新报·学灯》1920年1月4日。

来，可以反射出全人类的苦闷来"①，个人的苦闷与社会的困境是同源的。郭沫若以情感为本体的文学想象，是基于对人与世界有机关系的想象，更为重要的是，通过情感的感触及其可传递性等性质，人既能通过自我修养美化情感，还可以将通过不同途径进行人格修养的人重新粘合起来。在郭沫若的设想中，艺术有两方面的作用：一是对于小宇宙而言，艺术"能提高我们的精神，使我们的内在的生活美化"②；二是从大宇宙而言，艺术能引导人们情感的汇流，形成情感的历史汇流。而这种汇流是具有历史能动性的，可以促成历史的变革。"我们可以知道，艺术可以统一人们的感情并引导着趋向同一的目标去行动。此类的事实很多，一时也说不完：如意大利未统一前，全靠但丁（Dante）一部神曲的势力来收统一之效果；法国革命以前福禄特尔，卢梭的著作影响很大；从前德国帝国之成立，Treitschke 说，歌德的力量不亚于俾士麦（Bismarck）；俄罗斯最近的大革命，我们都晓得是一些赤诚的文学家在前面做了先驱的呢。"③ 在胡适那里，但丁等人是通过将方言提升为国语的方式塑造民族国家。郭沫若的着眼点与之有类似处，也有不同。一方面他看重的是情感的感染力，尤其是情感所带来的民族情感认同，这是如他在呼唤新的孔子来编订新国风时所说的，要重塑"国民情调"。另一方面在于情感的革命性，情感不仅提供了认识世界的整体视景，也为改造世界提供了情感的动力和历史的契机。

余论　泛神论的中国史时刻

"五四"之后，中国知识界不乏提倡情感革命的文化人，除了郭沫若、宗白华和田汉在《三叶集》中所提出的情本体的文学观外，还有如郑振铎、费觉天提倡的"血与泪的文学"④，朱谦之提倡情本体的革命哲学⑤，茅盾的新浪漫主义⑥，以及梁实秋、闻一多对郭沫若情本文学论的呼应等。郭沫若的泛神论视野的情感有机论，其特殊性在于为情感革命论提供了本体和方法的支持。

郭沫若认为"艺术可以统一人们的感情并引导着趋向同一的目标去行动"，但这很容易遭到大众心理学，如勒庞"乌合之众"一类观点的驳诘⑦。对这个问题最直接

---

① 郭沫若：《论国内的评坛及我对于创作上的态度》，《时事新报·学灯》1922 年 8 月 4 日。
② 郭沫若讲，李伯昌、孟超合记：《文艺之社会的使命》，《文学》1925 年 5 月 18 日。
③ 郭沫若讲，李伯昌、孟超合记：《文艺之社会的使命》，《文学》1925 年 5 月 18 日。
④ 西谛：《血和泪的文学》，《文学旬刊》1921 年第 6 期。相关研究可参考［日］尾崎文昭《郑振铎倡导"血和泪的文学"和费觉天的"革命的文学"论——五四退潮后的文学状况之二》，程麻译，《中国现代文学研究丛刊》1991 年第 1 期。
⑤ 朱谦之：《革命哲学》，泰东图书局 1921 年版。
⑥ 雁冰：《为新文学研究者进一解》，《改造》1920 年第 1 号。
⑦ ［法］古斯塔夫·勒庞：《革命心理学》，佟德志、刘训练译，吉林人民出版社 2011 年版。［法］古斯塔夫·勒庞：《乌合之众》，李隽文译，江苏凤凰文艺出版社 2020 年版。

的回应者是朱谦之,他的《革命哲学》对勒庞(吕邦)的相关论点做了反驳[1],并从情本体的角度,提出了新的群体运动论点。他认为群众是由带自觉性的个体组成的,"群众之心意中,本来自觉",但因受各种力量压迫而潜伏,"寂然不动",需要"代表群众的真情"的理想者去唤起,由此,群众运动便成为"彻头彻尾的'真情运动'"[2]。朱谦之的《革命哲学》为"创造社丛书"之一,有郭沫若、郑伯奇及郑振铎等人的序诗。郭沫若的序诗将世界的诸多变化都视为革命,认为"革命底精神便是全宇宙底本体了"[3]。所谓的宇宙本体,就是泛神论中的"实体",郭沫若将泛神论的万物有灵的灵,解释为革命精神,泛神论因此具有历史化的可能。在这个框架下,人通过直觉把握的宇宙精神,不再是抽象的实体,而是二十世纪的革命精神,情感主体因此具有了历史性。

诗人通过无意识的创作接近宇宙真相,也是把握时代精神的过程,这与浪漫主义视野中情感主体的历史化过程看起来颇为类似。正如论者所指出的,在浪漫主义的"呼语"机制中,抒情主体与历史精神的关系类似乐器与风的关系,"诗人客体化、工具化其自身(变为里尔琴),丧失自我,从而获得一种能够进入整个历史和宇宙的总体之中的主体性",而郭沫若抒情主体的能动性在于,通过转徙于不同的历史之风,他能把握时代精神的变体。[4] 此说深入揭示了郭沫若的抒情主体与历史精神的关系,在泛神论的视域中,郭沫若也强调通过无意识接近自然的灵性,把握宇宙精神。浪漫主义和泛神论视野下抒情主体的历史化机制看起来一致。但需要补充的是,在郭沫若这里,抒情主体与时代精神并不是二元的,而是一元的。与笛卡尔式理性主体的封闭不同,抒情主体经由个人与世界的交互而生成,泛神论者之所以强调直觉、无意识的过程,正是要求个体先打破唯理主体的封闭性。在泛神论视域中,情感并不起源于原子式的个人内部,而是源于人与世界的接触,情感主体生成于个体对人与世界关系的想象及其后的情感实践过程之中,因而,情感主体本身便内含着个体对历史精神的把握。这里存在一个对浪漫主体政治性逻辑的翻转,即,并非抒情主体的历史化,而是个人要先通过情感的方式洞察历史精神,才能生成具体的抒情主体。这个抒情主体结构之中就内含着历史性,正如郭沫若所说的,"宇宙万汇底印象都活动着在里面"。同时,情感主体的历史性也并不是抽象的,而是有着具体时空内涵的历史意识。

郭沫若对时代精神或宇宙精神的理解,是与他对二十世纪精神的总体判断相关的。在他看来,二十世纪是一个动的世纪,或者说革命的世纪。在"五四"时期,

---

[1] 相关研究可参考 Tie Xiao, *Revolutionary Waves*: *The Crowd in Modern China*, Cambridge, MA: Harvard University Asia Center, 2017。

[2] 朱谦之:《革命哲学》,泰东图书局1921年版,第121页。

[3] 郭沫若:《宇宙革命底狂歌》,朱谦之《革命哲学》,泰东图书局1921年版,序言第12页。

[4] 王璞:《抒情与翻译之间的"呼语":重读早期郭沫若》,《新诗评论》2014年总第18辑。

郭沫若对革命的理解较为抽象，是糅合了古代"顺天应人"的革命观、柏格森的创化论及社会革命等多种理论的观念，其核心在于历史的创造精神，是一种既带有弱国子民的自强意识，也带有世界大同视野的历史整体观。在他看来，"二十世纪是理想主义复活的时候，我们受现实的苦痛太深巨了。现实的一切我们不惟不能全盘肯定，我们要准依我们最高的理想去否定它，再造它，以增进我们全人类的幸福。"① 这种类似"凤凰涅槃"式的历史描述，不仅仅是诗意的想象，也有他对二十世纪初期诸多历史事件的综合判断，这既包括俄国的十月革命，也包括刚结束不久的第一次世界大战等。而十九世纪末、二十世纪初兴起的诸多社会和文化思潮，如社会主义、无政府主义及弱小民族解放问题等，也都昭示着二十世纪变革的历史前景。

　　对时代精神的这个总体判断，内在于他的文学观念中。他认为，"十九世纪的文艺是受动的文艺。自然派，写实派，象征派，印象派，乃至新近产生的一种未来派，都是摹仿的文艺。他们都还没有达到创造的阶级，他们的目的只在做个自然的肖子。"二十世纪的文艺不再是模仿的文艺，而是创造的文艺，"二十世纪是文艺再生的时候，是文艺从科学解放的时候，是文艺从自然解放的时候；是艺术家赋与自然以生命，使自然再生的时候，是森林中的牧羊神再生的时候，是神话的世界再生的时候，是童话的世界再生的时候"②。两相对照，可见在郭沫若这里艺术的形式与社会的形式同构，分享着同样的历史精神和革命潜能，"二十世纪的文艺运动是在美化人类社会，二十世纪的世界大革命运动也正是如此。我们的目标是同一的"③，文学精神与时代精神是一元的。正如研究者解读《女神》时指出的，郭沫若与"时代精神"或者说二十世纪历史进程的复杂关联，彰显的正是新诗起点处的容纳能力。而这也为中国新诗史"构造出一种更为总体性的历史视野"④。这个总体视野来自郭沫若早期新诗的独特形制，更来自郭沫若谈论文学时的一元论世界观，在这个一元的世界里，文学与其他社会实践都是世界的有机构成。这个"有机"不仅是葛兰西所指的社会有机性，也是生物学意义上的有机体，指有生命有活力的机体。

　　赋予泛神论以中国现代史的特定内涵，也见于郭沫若对孔子等传统思想的诠释。郭沫若虽然将孔子视为泛神论者，但也认为孔子"认本体在无意识地进化"，与"斯宾诺莎 Spinoza 的泛神论异趣"⑤。也就是说，较之斯宾诺莎哲学中恒定的本体（实体），孔子的泛神论带上了生生变化的进化色彩。在这个基础上，郭沫若将整个文化传统做了新的解释。当时新文化圈流行西方精神主动、东方主静一类的文化对比，郭

---

① 郭沫若：《艺术家与革命家》，《创造周报》1923 年 9 月 9 日第 18 号。
② 郭沫若：《自然与艺术——对于表现派的共感》，《创造周报》1923 年 8 月 23 日第 16 号。
③ 郭沫若：《未来派的诗约及其批评》，《创造周报》1923 年 9 月 2 日第 17 号。
④ 姜涛：《"世纪"视野与新诗的历史起点——〈女神〉再论》，《中国文学批评》2019 年第 2 期。
⑤ 郭沫若：《中国文化之传统精神》，成仿吾译，《创造周报》1923 年 5 月 20 日第 2 号。该文为郭沫若应《朝日新闻》所写，原题《芽生の嫩叶》，成仿吾的译文为节选。参考蔡震《关于郭沫若的〈芽生の嫩叶〉一文》，《郭沫若学刊》2008 年第 3 期。

沫若对此颇不以为然。他认为"我国的儒家思想是以个性为中心，而发展自我之全圆于国于世界，这不待言是动的，是进取的精神。便是道家思想也无甚根本上的差别"。他解释老子思想中的无为的"为"，当"读成去声"，"是生而不有为而不恃的积极精神"①。但这种积极进取的精神被秦汉以来的专制文化遮蔽了，二十世纪是"再生时代（Renaisance）"，中国文化的任务就是要复兴这固有的创造精神，这种创造精神就是郭沫若新泛神论的本体。可以说，郭沫若从"再生"的历史契机出发，将泛神论等西方资源和传统历史精神压缩到了二十世纪初期的中国历史之中。而郭沫若的视野也并未限于民族主义，而是经由民族主义通向世界主义的，正如他所说的，"我们的这种传统精神——在万有皆神的想念之下，完成自己之净化与自己之充实至于无限，伟大而慈爱如神，努力四海同胞与世界国家之实现的我们这种二而一的中国固有的传统精神，是要为我们将来的第二的时代之两片子叶的嫩苗而伸长起来的"②。民族性与世界性的统一，是泛神论带来的历史总体性的另一重内涵。

（原载《中国现代文学研究丛刊》2021 年第 4 期）

---

① 郭沫若：《论中德文化书》，《创造周报》1923 年 6 月 10 日第 5 号。
② 郭沫若著：《中国文化之传统精神》，成仿吾译，《创造周报》1923 年 5 月 20 日第 2 号。

从宇宙更新到政治革命：郭沫若基于泛神论的思想转向
——一种思想史的考察

尚晓进

在1924年8月9日写给成仿吾的信中，郭沫若宣告："我现在成了个彻底的马克思主义的信徒了！马克思主义在我们所处的这个时代是唯一的宝筏……"[①] 至1926年初，他奔赴革命圣地广州，正式完成了从浪漫主义向马克思主义的转向。

在现代文学的批评话语中，这往往被界定为从抒情向史诗的转向，然而，浪漫主义内含丰富驳杂的思想资源与文学表达，它带给中国浪漫主义者的不仅是情感的张扬与自我的确立，对郭沫若而言，浪漫主义哲学决定了他看待人与宇宙、个体与整体的关系以及两者沟通和关联的方式。因而，需要从更开阔的思想史视野中，梳理浪漫主义对于郭沫若的思想影响，辨析浪漫主义与作家的马克思主义转向是一种延续性的发展还是断裂式的突变。另一方面，在思想史的视野中，也可以更好地厘清郭沫若驳杂的思想体系，把握浪漫主义、现代非理性主义思潮、儒学以及马克思主义之间的沟通与转化，由此明确作家思想转向的内在逻辑。

一 新斯宾诺莎主义与郭沫若一元论的宇宙观

如果不将浪漫主义局限于个体抒情的层面，我们就无法回避郭沫若的泛神论（pantheism）思想。泛神论与浪漫主义关系密切，是郭沫若研究的一个关键词，他本人明确以此来界定自己的思想和创作，但作家并未局限于斯宾诺莎或德国浪漫派的概念范围，而是融汇中西传统，演绎出一套自己的思想。相关研究或则拘泥于这一概念本身，或则将之简单化处理，以致遮蔽了问题本身，20世纪90年代以后，郭沫若研究甚至出现了"去'泛神论'的倾向"。[②] 然而，泛神论构成郭沫若浪漫主义的基本内核，仍有必要回到这一关键词，在重估的基础上，辨析它对郭沫若的具体含义以及

[①] 郭沫若：《孤鸿——致成仿吾的一封信》，《郭沫若全集·文学编》第16卷，人民文学出版社1989年版，第8页。

[②] 王海涛、陈晓春：《郭沫若泛神论思想研究述略》，《郭沫若学刊》2009年第4期。

在其思想体系中的意义。

　　泛神论的信仰非常古老,贯穿于东西方宗教、哲学和文学的整个历史进程中①,17世纪的荷兰哲学家斯宾诺莎(Benedict Spinoza)被视为近代最有影响力的泛神论者。泛神论牵涉的观念繁复,但核心信条可概括如下:神与宇宙同一,神之外别无他物,或者说,任何认为神与宇宙无区别的观念都可被称为泛神论的。② 郭沫若主要通过歌德等浪漫派作家了解到泛神论,又经由歌德接触到斯宾诺莎的思想,涉猎了后者的《伦理学》和《论神学与政治》等著作。③ 1920年,在给宗白华的一封信中,郭沫若谈及歌德,"我想他确是个Pantheist。他是最崇拜Spinoza的"④,显然将斯宾诺莎视为泛神论的代言人。歌德本人推崇斯宾诺莎,但他远非斯宾诺莎的忠实信徒,并未系统把握斯宾诺莎的思想体系,更非斯宾诺莎那样的决定论者。需要追问的是,斯宾诺莎在何种意义上启发了歌德和他那一代浪漫主义者,这点对于进一步厘清郭沫若的思想脉络也至关重要。

　　被视为无神论者的斯宾诺莎在狂飙突进时期重新进入德国思想界,雅科比与摩西·门德尔松在18世纪80年代的论战引发了全国性的复兴热潮,也吸引了赫尔德等人参与论战,赫尔德的《上帝,一些谈话》(God, Some Conversations, 1787)一书即是这场辩论的重要思想成果。这场运动又被称为新斯宾诺莎主义(neo-Spinozism),是对启蒙机械论和极端理性主义倾向的反叛,属于一种前浪漫主义思想。赫尔德和歌德等人厌倦了自然神论冰冷机械、完全受制于因果律的宇宙图景,也不满于将上帝想象为超越性的人形存在或外在于造物的工程师,他们为斯宾诺莎的一元论所吸引,以18世纪晚期的哲学语言重新阐释他的学说。在重释斯宾诺莎的过程中,赫尔德融合莱布尼茨的动力论(dynamism),使得"斯宾诺莎的宇宙为莱布尼茨的动力论所激活"⑤,上帝不再是作用于僵死的物质,物质本身具有活力,作为整体的自然被想象为一个有机体。这一思想体系的发展也受到当时学科范式转换的启发,生物学和化学取代数学和天文学为宇宙图景提供了一种新的科学模型,"活力"(livingness)成为

---

　　① 泛神论(pantheism)这个词语直到18世纪才出现,由希腊语词根"全"(pan)和"神"(theos)两部分构成,一般认为,爱尔兰自由思想家约翰·托兰(John Toland)在1705年的著述中最早使用了该词。

　　② 参见William Mander, "Pantheism", The Stanford Encyclopedia of Philosophy (Spring 2020 Edition), Edward N. Zalta (ed.), https:/plato.stanford.edu/archives/spr2020/entries/pantheism/。

　　③ 国内学界认为郭沫若泛神论思想存在中国古典、西欧、印度三个源头,但对具体影响和承袭关系有诸多看法,主流观点认为更多得益于西学资源,尤其是浪漫主义的影响,其中歌德的影响最为关键,正是经由歌德,郭沫若接触并了解到斯宾诺莎。郭氏留日期间,歌德等德国浪漫主义作家的作品已在日本译介和传播,但郭沫若对歌德的接受更为直接:1916年秋他在德语课上读到歌德的自传《诗与真》(他译为《创作与本事》),之后开始阅读和翻译歌德的作品,《浮士德》和《少年维特之烦恼》的翻译都直接以德文本为依据。另一方面,与宗白华的影响也有关系,宗白华同样倾心于歌德,《三叶集》中的多篇书信显示,两人对歌德和德国文学的讨论颇为深入。

　　④ 郭沫若:《郭沫若全集·文学编》第15卷,人民文学出版社1990年版,第23页。

　　⑤ Lesley Sharpe, The Cambridge Companion to Goethe, Cambridge: Cambridge University Press, 2002, p.287.

一切现实的根本性原则，斯宾诺莎的"实体"（神或自然）被诠释成实体性的力量；"神的'属性'变成有机的力量"；神内在于自然，是浸润一切的生命和力量原则，"宇宙不再是毫无生机的物质或空洞无物的空间，而是一个充满生机的、活跃的、彼此关联的力量体系"。[1] 在魏玛期间，歌德与赫尔德交流密切，在斯宾诺莎的阐释上尤其受后者影响。[2] 歌德同样执着于内在性与万物内在统一的信念，在具体之物中寻找神性，相信内在的神性联结起宇宙万物，自然涌动生机活力，处于不断的变化与发展中。1772年，歌德这样描写他所理解的自然："我们所看到的自然是能量（energy），能量消耗着能量，没有什么是静止的，一切都转瞬即逝，每一分钟，成千的种籽化为齑粉，又有成千的新生，伟大而壮阔，变化无穷，美的、丑的、善的与恶的，每一样都与其他事物一样享有平等的存在。"[3] 概言之，新斯宾诺莎主义带来的核心观念包括："一元论、神的内在性、神包罗一切的统一性、不断运动演化的宇宙观和历史进程等"[4]，这些观念以及隐含命题为19世纪上半叶的浪漫主义运动贡献了重要思想资源。

郭沫若所言的泛神论包含驳杂的思想源流，但最核心的是新斯宾诺莎主义的宇宙图景，而这一观念又直接来自歌德的影响。在1920年致宗白华的信中，郭沫若由歌德谈到泛神论，认为"不满足于那upholsterer所镶逗出的死的宇宙观的哲学家，他自然会要趋向到Pantheism去，他自会要把宇宙全体从新看作个有生命有活动性的有机体"[5]。在此，郭沫若区分出两类哲学家，一类把宇宙看作死的；另一类把宇宙看作有生命的有机整体，这一类即泛神论的，可以说，他相当准确地把握了歌德和赫尔德等人一元论的宇宙图景。1920年在《人生与文学》一文中，郭沫若这样写道：

　　一切物质皆有生命。无机物也有生命。一切生命都是Energy的交流。宇宙全体只是个Energy的交流。

　　物质与Energy只是一元，并非二体。离去物质，没有Energy的观念。离去Energy，没有物质的存在。

　　Energy常动不息，不断地收敛，不断地发散。

　　Energy的发散便是创造，便是广义的文学。宇宙全体只是一部伟大的诗篇。未完成的、常在创造的、伟大的诗篇。

---

[1] Julia A. Lamm, "Romanticism and Pantheism", in *The Blackwell Companion to Nineteenth-Century Theology*, David Fergusson (ed.), West Sussex: John Wiley & Sons, 2010, p. 173.

[2] Frederick H. Burckhard, "Introduction", in Johann Gottfried Herder, *God, Some Conversations*, Frederick H. Burckhard (trans.), New York: the Library of Liberal Arts, 1940, p. 16.

[3] Ritchie Robertson, *Goethe: A Very Short Introduction*, Oxford: Oxford University Press, 2016, p. 42.

[4] Frederick H. Burckhard, "Introduction", in Johann Gottfried Herder, *God, Some Conversations*, Frederick H. Burckhard (trans.), New York: the Library of Liberal Arts, 1940, p. 63.

[5] 郭沫若：《郭沫若全集·文学编》第15卷，人民文学出版社1990年版，第23页。

Energy 的发散在物如声、光、电热,在人如感情、冲动、思想、意识。感情、冲动、思想、意识的纯真的表现是狭义的生命的文学。①

这段话虽然是谈文学,其实更详尽地阐释了新斯宾诺莎主义的一元论。郭沫若用了英文 energy 这个词,"能量"(德文为 energie)和"力量"(德文为 Kraft)也是歌德和赫尔德经常使用的语汇,各种机械的、生物的与生理的力量都为同一能量的显形,而神即能量和力量体系的总体。从这一视角出发,有机物与无机物、精神与物质、灵魂与肉体都只是相互作用的力量而已,新斯宾诺莎主义"消解了斯宾诺莎体系里残留的笛卡尔二元论痕迹",同时也消解了后者隐含的决定论和宿命论的观念。② 有论者指出,有机一元论启发歌德洞悉万物的统一性,从整体图景中把握个体事物以及事物之间的内在关联,这"使得他的自然科学研究获得求证事实之外的意义"③。这一论断同样适用于郭沫若,作为留日医学院学生,郭沫若无疑为启蒙以来的知识范式所束缚,科学规定的宇宙是机械的、割裂的、冰冷的、受制于因果律的。歌德的作品实际上为他开启了另一幅图景,宇宙不再是机械静止的,为自然科学所发现的规则或法则所设定,而是"常动不息,不断地收敛,不断地发散",奔涌着生机活力和能量,蕴含了无限的可能性,《女神》中的很多诗篇展示的正是这样生机喷薄的宇宙图景。

留日期间,郭沫若接触的思想资源并不限于欧美浪漫主义传统,此外,还接触到叔本华、尼采和伯格森等人的非理性主义思想。20 世纪 90 年代,一些学者开始用"现代生命哲学"来重新界定郭沫若的泛神论,在他驳杂的西学源流中发现了这一贯穿始终的主旋律。④ 诚然,他们的观察是敏锐的,但这一论断无视歌德对于郭沫若的核心影响,也混淆了思想史上的承袭关系。毋宁说,有机一元论的宇宙观是浪漫主义留给后世的思想遗产之一。浪漫主义者认为,"宇宙是永恒的自我前进、自我创造的过程",而非事实、事件或物质的简单集合。⑤ 而在尼采和伯格森等人的学说中,郭沫若发现了它们与浪漫主义的渊源关系,又以他所理解的泛神论来沟通这类非理性主义思潮,将叔本华的"生命意志"、尼采的"权力意志"和伯格森的"生命之流"与新斯宾诺莎主义的"能量"和"生机"融汇在一起,以诗人的直觉来把握这种奔涌不息、不断变化与创造的宇宙图景。比如,《立在地球边上放号》一诗就是对作为

---

① 王锦厚等编:《郭沫若佚文集(1906—1949)》(上册),四川大学出版社 1988 年版,第 26 页。
② Julia A. Lamm, "Romanticism and Pantheism", in *The Blackwell Companion to Nineteenth-Century Theology*, David Fergusson (ed.), West Sussex: John Wiley & Sons, 2010, p.173.
③ Charles W. Hendel, "Goethe's Faust and Philosophy", Philosophy and Phenomenological Research, Dec., 1949, Vol. 10, No. 2, p. 164.
④ 参见陈晓春《在"泛神论"的背后——郭沫若早期哲学思想再探》,《郭沫若学刊》1994 年第 3 期;阎嘉:《早期郭沫若与现代生命哲学》,《四川大学学报(哲学社会科学版)》1998 年第 1 期。
⑤ Isaiah Berlin, *The Roots of Romanticism*, New Jersey: Princeton University Press, 1999, p.133.

宇宙本体的能量、力或生机的直接礼赞："啊啊！不断的毁坏，不断的创造，不断的努力哟！／啊啊！力哟！力哟！／力的绘画，力的舞蹈，力的音乐，力的诗歌，力的律吕哟！"[①] 这里的"力"、"音乐"和"律吕"等语汇明显带有尼采学说的痕迹。

可以肯定，新斯宾诺莎主义的有机一元论启发了郭沫若对于自我与他者、个体与世界关系的理解，这些观念直接影响到他对 20 世纪早期民族国家危机的思考，诸如个体的潜能、民族的未来、民族新生的可能等。

二　基于泛神论的民族复兴理想

对郭沫若而言，并不存在一个单纯的个人抒情阶段，民族危机和国家未来始终处于他情感和思想的中心，政治意识贯穿了他的留日生活，1919 年撰写的《抵制日货之究竟》和次年发表的《日本之煤铁问题》即是这方面的明证。郭沫若的政治意识落在民族复兴问题上，又表现出文化民族主义的倾向，"从民族历史上寻找民族精神的想法在日本留学时代便已显端倪"[②]。正是抱着重振民族精神、复兴中国的目的，郭沫若致力于古代历史和文化的学术研究，1921 年发表的《我国思想史上之澎湃城》是他的第一篇学术论文。在文中，他呼吁发掘先秦传统，以复兴中国民族精神。就一个深受德国浪漫主义，尤其是歌德和赫尔德影响的作家而言，思想中有文化民族主义的因素并不奇怪，但他未成为一位文化保守主义者。或许，这才是真正有意味的一点，从思想史的角度来看，郭沫若的选择恰恰与他的泛神论密切相关，泛神论为他敞开了一种民族复兴的不同路径，而这最终促成了他的政治转向。

《女神》（1921 年）贯穿了郭沫若对于民族复兴与新生的憧憬，不同于文化民族主义者的是，郭沫若并不致力于从过去或民间传统中发掘民族纯正的精神，他发掘先秦传统也并非为了将民族的根脉建立在久远的传统上，关于这点，后文将进一步论及。郭沫若关于民族更新的理想完全是向未来敞开的，新斯宾诺莎主义为他呈现的是处于永恒变化与新生中的宇宙图景，毁灭和创造是宇宙的真相，也是人类社会的常态，个体与民族更新是宇宙中的必然，也是宇宙壮丽进程的一部分。变动不居的宇宙图景鼓励了郭沫若的乐观主义，使他在黑暗和毁灭中看到再造中国的可能。在《女神》时期，诗人的想象在天空海洋与陆地之间驰骋，日月星辰、风雨雷电的变动预示着个体和社会的新生，民族更新俨然是宇宙性的事件，《女神之再生》和《凤凰涅槃》都在宇宙尺度上预言民族将于黑暗和死寂中重生。《宇宙革命的狂歌》（1920 年）则以宇宙革命的狂澜开启民族新生的壮阔前景，诗人将自然界的一切变动都视为革命的表现，革命即为宇宙的常态，甚至等同于宇宙的本体："革命的精神便是全

[①] 郭沫若：《女神》，《郭沫若全集·文学编》第 1 卷，人民文学出版社 1982 年版，第 72 页。
[②] 蔡震：《郭沫若民族复兴思想形成的文化背景》，《贵州师范大学学报（社会科学版）》2018 年第 2 期。

宇宙的本体了。"① 诗人随即将目光转向中华民族的地理象征——黄河和扬子江，召唤扬子江上的居民加入这革命的狂潮。在他的诗性想象里，从宇宙革命到社会革命，这之间仿佛存在天然的联系，政治的、社会的与宇宙的俨然是可以互换的概念。

尽管诗人常在浩瀚的宇宙时空中召唤民族新生，他并未将希望寄托于超越性的神祇，反之，奋进的自我或主体形象始终占据其想象的中心。在《女神》诸多诗篇里，变革的理想常以自我为支点展开，改造社会仍被视为人自身所必须承担的历史责任，这一思路来源于泛神论的内在逻辑。神的内在性沟通了个体与神及宇宙万物的关联，个体与神之间不再存在不可逾越的鸿沟，赫尔德常以"自我来阐释宇宙"，将神视为唯一真实的自我，谢林和黑格尔等人则"彻底取消了客体与主体的屏障，认为作为个体的自我与统摄自然为整体的神拥有同一的真实性"②。无论是将神和自然诗意地想象为一个无所不包的大我，或者，将自我不断扩张乃至等同于包罗万象的神，都是以神的内在性为存在论根基的，郭沫若也正是基于此来理解个体与宇宙的关联。《梅花树下醉歌》一诗完美展示了郭沫若对于一元论的把握："梅花呀！/我赞美你！/我赞美我自己！/我赞美这自我表现的全宇宙的本体！"③ 梅花绽放，正像实体性的能量或活力在宇宙中涌动，世间万象即是宇宙本体的自我表达，同一性贯穿宇宙万物，这就意味着自我与神或宇宙同源同构，我与他者之间并不存在本质性的区分。诗人接着写道："还有什么你？/还有什么我？/还有什么古人？/还有什么异邦的名所？"④

同一性消解了我与他者、时间与空间的差别，将一切聚合为一个统一的整体，这就是《凤凰涅槃》里反复歌吟的"一切的一"。所以，郭沫若又说："泛神便是无神。一切的自然只是神的表现，自我也只是神的表现。我即是神，一切自然都是自我的表现。"⑤ 如果世界万物都是本体的表达或表象，它们并无本真性的存在，泛神论也给了他反叛权威与破坏偶像的勇气。同一性确认个体与整体、自我与宇宙沟通的可能，能量的融通与交流使得自我得以超越个体限度而拥有无限的潜力，郭沫若在诗歌中经常表现的是一个在宇宙中不断扩张的自我形象，"浪漫主义的自我肯定在郭沫若那里臻于极致"⑥。《天狗》充分体现了浪漫主义无限扩张的主体形象，诗人首先将"天狗"或"我"与作为整体的宇宙相认同，这一认同是通过"吞"这个意象来实现的，吞下日月星球与宇宙的全部能量后，天狗获得驰骋天地、超越生死的绝对自由。有学者以郭沫若诗歌中丰富的身体意象来阐释他的自我塑形：Jiayan Mi 以"宇宙化的身

---

① 王锦厚等编：《郭沫若佚文集（1906—1949）》（上册），四川大学出版社1988年版，第28—29页。
② Frederick H. Burckhard, "Introduction", in Johann Gottfried Herder, *God, Some Conversations*, Frederick H. Burckhard（trans.）, New York: the Library of Liberal Arts, 1940, p.56.
③ 郭沫若：《女神》，《郭沫若全集·文学编》第1卷，人民文学出版社1982年版，第95页。
④ 郭沫若：《女神》，《郭沫若全集·文学编》第1卷，人民文学出版社1982年版，第96页。
⑤ 郭沫若：《〈少年维特之烦恼〉序引》，《郭沫若全集·文学编》第15卷，人民文学出版社1990年版，第311页。
⑥ 伍晓明：《郭沫若早期文学观与西方文学理论》，《中国现代文学研究丛刊》1985年第3期。

体"和"身体的宇宙化"来界定之①；姜涛等人认为能动性、外射性的身体"配合社会病理学的视角"具有"动员型的政治、'文学化的政治'"的力量。② 这些论断都洞悉了泛神论与自我扩展的内在关联，只是在郭沫若这里，基于一元论的自我扩张，并不局限于身体，也非全然是病理学意义上，反而是在与宇宙的能量交融中，自我获得无限的生机与潜能，不竭的生命活力"在他的泛神论体系中，反映了更为形而上的宇宙能量的源泉"③。可以说，我与非我的融通，是主体自我确立的方式，也是诗人对主体能动性的信心所在。无限扩张的自我在郭沫若这里最终发展为行动主义的人生哲学。新斯宾诺莎主义将宇宙视为永不停息的生命洪流、无穷无尽自我创造的过程，这就意味着，主体无法保持与客体的静观距离，主体必然被卷入宇宙的洪流中，要么选择与之对抗，要么认同它，"与之一起创造，将自己投入这伟大的进程，在自身中发现那种外在于你的创造力"。主体奋进和创造的意志势不可挡，但主体又不局限于有限的自我，"可以是宇宙、或个体、或阶级、民族、教会——任何可被指认为构成宇宙最本真现实之物"。④ 因而，浪漫主义同样包含对群体和人类整体意志力的肯定，郭沫若在泛神论中看到了这一点，《金字塔》可谓对人类伟力的颂歌："创造哟！创造哟！努力创造哟！／人们创造力的权威可与神祇比伍。"⑤ 泛神论为郭沫若树立了一种以行动创造未来的人生哲学，这一人生哲学是浪漫而瑰丽的，以天地宇宙为展开的舞台，是宇宙自我更新之宏阔诗篇的一部分。不容否认，这种行动主义蕴含着现世革命的导向。

一元论为郭沫若在个体之我与民族之我之间找到一个等价互换的桥梁，小我始终投射出民族的大我，自我更新始终服务于民族和社会再造的目标，这是以泛神论为根基的逻辑推演，而非转喻式的修辞。《浴海》一诗清晰地表达出自我更新的政治性维度。诗的开篇是"我"在太平洋与波涛舞蹈的场面，诗人的肉体与海浪阳光相呼应，在与宇宙相融共振的神秘体验中，个体得到净化和新生，接着，"我"召唤兄弟们一起来"戏弄波涛"，全盘洗掉那"陈腐了的旧皮囊"，而脱胎换骨的目的最终是为了社会的重造："新社会的改造／全赖吾曹。"⑥ 这种变革理想是浪漫主义的，也是乌托邦式的，却并非个人主义的，与其说它是个人英雄主义的，毋宁说它寄寓了诗人对于泛神论主体自身的信心。1922年发表的《创造者》一诗被作为《创造季刊》的发刊词，诗人在此召唤出开天辟地的盘古："本体就是他，／上帝就是他，／他在无极之

---

① Jiayan Mi, *Self-fashioning and Reflexive Modernity in Modern Chinese Poetry*, 1919–1949, Lewiston: The Edwin Mellen Press, 2004, p. 55.
② 姜涛:《"世纪"视野与新诗的历史起点——〈女神〉再论》，《中国文学批评》2019年第2期。
③ Leo Ou-fan Lee, *The Romantic Generation of Modern Chinese Writers*, Cambridge: Harvard University Press, 1973, p. 187.
④ Isaiah Berlin, *The Roots of Romanticism*, New Jersey: Princeton University Press, 1999, pp. 133—134.
⑤ 郭沫若:《女神》,《郭沫若全集·文学编》第1卷，人民文学出版社1982年版，第107页。
⑥ 郭沫若:《女神》,《郭沫若全集·文学编》第1卷，人民文学出版社1982年版，第70—71页。

先,／他在感官之外,他从他的自身,／创造个光明的世界。／目成日月,／头成泰岱。／毛发成草木,／脂膏成江海,快哉,快哉,快哉,／无明的浑沌,／突然现出光来。"① 这首诗写得奇幻雄浑,一个全新的光明世界呼之欲出,可以说,它最集中地表达了基于泛神论的民族再造理想。

至此,不妨概括一下郭沫若从泛神论中推演出的主要观念:更新和革命的理念、具有无限潜能的自我、奋进的主体、一往无前的意志、行动主义的人生哲学,可以看出,这些已包含了他后期政治转向的思想要素。但不容否认的是,宇宙化的自我和以宇宙为剧场的革命仍属于诗歌的国度,而非现世政治的领域,在隐喻式的解读之外,仍需追问,郭沫若是如何衔接神话与历史、诗性想象与现世政治的? 这一问题对郭沫若尤为重要,因为他不仅是作家,更是中国革命的参与者,是刘奎所定义的"诗人革命家"。

三 泛神论与儒道思想的融通

20 世纪 20 年代早期,郭沫若对中国传统文化的思考相当多,发表了一系列探讨古典思想传统的论文,除上文提及的《我国思想史上之澎湃城》外,还有《中国文化之传统精神》(1923 年)、《论中德文化书》(1923 年)和《伟大的精神生活者王阳明》(1924 年,又名《王阳明礼赞》)② 等。郭沫若的一些观点与东方文化派相近,1921 年,梁漱溟在文化比较的视野下重释儒学,发表《东西文化及其哲学》,几乎同一时期,郭沫若也展开了重释儒道传统的思想历程。虽然与国内大的文化氛围相呼应,但郭沫若相对独立地发展出了自己的思想,这可能与日本近代启蒙主义中的儒学要素有关。③ 如果说梁漱溟以伯格森生命哲学思想为直接启发,郭沫若则以新斯宾诺莎主义为支点,在自己的泛神论体系内重释儒道传统。郭沫若少年时受过良好的传统文化教育,尤其喜欢《庄子》,留学日本时,曾在东京的旧书店购得一部《王文成公全集》,1916 年因为精神上苦闷,开始研读王阳明的哲学,学习他的静坐方法,这与他接触歌德和泛神论思想的时间大致重合。关于这一时期的思想发展,郭沫若在回顾性和自传文章中有多种说法,有时并不一致,更接近事实的应当是在接受西方泛神论

---

① 郭沫若:《创造者》,《郭沫若全集·文学编》第 5 卷,人民文学出版社 1984 年版,第 404 页。
② 《伟大的精神生活者王阳明》是郭沫若唯一一篇评论王阳明的专题文章。李晓虹注意到这篇文章存在复杂的版本变化,增删取舍之外,题目也做过几次改动,作者认为这与时代思想及郭沫若自身观念变化有关。她还注意到,关于创作时间郭沫若有三个说法,不同版本标注的年代也不一致,经考证,她断定写作时间为 1924 年 6 月 17 日。本文采用她的结论,该篇引文均出自《郭沫若全集·历史编》第 3 卷,该文集中收录的为《沫若文集》(第 10 卷)中刊出的版本,题名为《王阳明礼赞》,与初版比较,只删除了几句关于王阳明的评价,不涉及对其思想的阐释,故本文作者采用这一版本。参见李晓虹《从版本变化看郭沫若心中的王阳明》,《郭沫若学刊》2012 年第 3 期。
③ 蔡震:《郭沫若民族复兴思想形成的文化背景》,《贵州师范大学学报(社会科学版)》2018 年第 2 期。

思想后，对中国传统哲学有了新的理解和阐释："在那个时期我在思想上是倾向着泛神论（Pantheism）的，在少年时所爱读的《庄子》里面发现出了洞辟一切的光辉，更进而开始了对于王阳明的礼赞，学习静坐。"①

换言之，在赫尔德和歌德等人的思想基础上，他融通儒道两家，把老庄、孔子和王阳明都指认为泛神论。当然，郭沫若并非严谨的哲学家，也无意于逻辑严密的思想体系。《〈少年维特之烦恼〉序引》一文中对泛神论做了界定，其行文中可见驳杂的思想渊源，但其中最核心的仍是一元论的宇宙观，一元论是作家融合西学与中国儒道学说的支点。

"将郭沫若直接引回道家传统的，是西方泛神论"②，在新斯宾诺莎主义与道家思想之间，他显然发现了契合之处。20 世纪 20 年代前后，郭沫若所持的一个观点非常有趣，他把三代之前视为中国思想史上的一个黄金时代，三代之前的思想至三代之际湮灭，而先秦哲学则是对三代之前传统的复归，对于这一脉传统，他所推崇的正是泛神论的宇宙观。在《我国思想史上之澎湃城》中，他由《列子》谈到先秦一元论的宇宙观："可知古代哲人以为宇宙万汇出于一元……且此一元之本体，乃为一种实质的存在，变化无常，由其自体中演化出宇宙万汇，一切种种，因其变化无常也，故名之'易'，是可知'易'乃本体之命名，即后日老庄之所谓'道'者是也。"③ 道家哲学和新斯宾诺莎主义都持一元论的宇宙观，郭沫若将"道"和"易"等同于斯宾诺莎的实体或神在一定意义上是成立的。在《中国文化之传统精神》中，他重申这一观点，认为三代之前的思想是"朴素的本体观与原始的自然神教"，"一切的山川草木都被认为神的化身，人亦被认为与神同体"④。至三代之际，"宇宙神之观念遂一变而为人格神矣"⑤，人格神随即开启了一个迷信、禁锢思想的黑暗时代。郭沫若显然将人格神视为泛神的对立面，并赋予其相反的政治意味，前者意味权威与束缚，而后者许诺自由和个性解放，对权威、迷信的破除以及革命的壮阔前景。在中国文化语境内，这是一元论对于他的关键意义。郭氏对老子的再阐释尤其值得关注，他将老子称作革命思想家，认为他以"道"的观念复活一元论的宇宙观，否定了"宗教的，迷信的，他律的三代思想"⑥，他甚至据此为老子辩言，否认其"无为说"是消极出世的。郭沫若研究古史、提倡发掘先秦传统的用心也在此，即以三代以前、周秦之际的宇宙观复活自由和进取的精神，开创民族的未来，而非像文化民族主义者那样回望过去，将民族的根基构建在久远的传统之上。

---

① 郭沫若：《我的作诗的经过》，《郭沫若全集·文学编》第 16 卷，人民文学出版社 1989 年版，第 212—213 页。
② 伍晓明：《郭沫若早期文学观与西方文学理论》，《中国现代文学研究丛刊》1985 年第 3 期。
③ 王锦厚等编：《郭沫若佚文集（1906—1949）》（上册），四川大学出版社 1988 年版，第 74—75 页。
④ 王锦厚等编：《郭沫若佚文集（1906—1949）》（上册），四川大学出版社 1988 年版，第 98 页。
⑤ 王锦厚等编：《郭沫若佚文集（1906—1949）》（上册），四川大学出版社 1988 年版，第 77 页。
⑥ 王锦厚等编：《郭沫若佚文集（1906—1949）》（上册），四川大学出版社 1988 年版，第 99 页。

郭沫若认为："周秦之际……道家的反对有神论而提出本体观，儒家的博大的人生哲学之体系化，在我国思想史上诚达到空前的高潮。"① 当然，相比于道家，更令人好奇的是，郭沫若如何将儒学同样统摄在泛神论的体系内？以泛神论融合儒学是在宇宙论和内在性两个层面实现的。郭沫若对孔子推崇备至，将他与歌德相提并论，认为孔子同样复活了泛神的宇宙观：他"认形而上的实在为'道'"，"'易'与'道'在他是本体之不同的两个假名"，不同于老子无目的和机械的本体，在孔子这里，本体又向着"善"进化，是"天天在向'善'自新的"②。郭氏不仅有意将进化的思想引入孔子的泛神论，还特别强调其伦理的维度。当然，这显然无视了先秦儒家与宋明新儒学的区别，但对郭沫若而言，这一阐释的意义在于，将儒学重新置于一元论或万物一体的宇宙视野中，将之从传统阐释的束缚中解放出来，在学术上为社会变革的冲动做了准备。

就儒学与泛神论的融通而言，更重要的一环是通过阳明心学而实现的。1924 年 6 月 17 日，郭沫若为泰东书局出版的《阳明全书》写了一篇序言——《伟大的精神生活者王阳明》，该文系统表达了他对王阳明的理解。王阳明的学说是对处于主流地位的朱子学的修正，这一修正是以对"心"的重新定义而实现的。程朱理学将人欲与天理分开，"把'天理'悬置于超越处，要求人们追寻终极本原而超越生活世界"③，然而，王阳明把心与理、人心与道心重新捏合为一，提出"心即性，性即理""心外无理，心外无事"④。在《传习录》中，他这样说："心即理也。天下又有心外之事，心外之理乎？"⑤ 这与新斯宾诺莎主义的一元论确有相通之处，"心即理"之"理"，郭沫若又做如下解释："是宇宙的第一因原，是天，是道，是本体，是普遍永恒而且是变化无定的存在，所谓'亦静亦动'的存在。"⑥ 这一阐释确认了超越原则的内在性这一关键元素，而内在性在孔子和先秦传统中并不突出。更重要的是，郭沫若在王阳明心学中看到以同一性确立自我的思想路径，这与西方泛神论是相通的，他在文中引用阳明诗句"大道即人心，万古未尝改。长生在求仁，金丹非外待"，认为这是他彻底觉悟的惊人之语，阳明觉悟的是基于同一性内转而非向外求索，内转的根基自然又建立在他的心学上。王阳明的"心"以一元论的方式确认了自我与非我、自我与实体的同源同构，也确立了以自我为根基的道德完善与事功之路径。

郭沫若由此将王阳明、庄子和斯宾诺莎联系了起来，直到 1938 年他仍将三人相

---

① 郭沫若：《论中德文化书》，《郭沫若全集·文学编》第 15 卷，人民文学出版社 1990 年版，第 154 页。
② 王锦厚等编：《郭沫若佚文集（1906—1949）》（上册），四川大学出版社 1988 年版，第 99 页。
③ 葛兆光：《中国思想史：七世纪至十九世纪中国的知识、思想与信仰》（下），复旦大学出版社 2000 年版，第 303 页。
④ 葛兆光：《中国思想史：七世纪至十九世纪中国的知识、思想与信仰》（下），复旦大学出版社 2000 年版，第 305 页。
⑤ 王阳明：《传习录》，江西人民出版社 2016 年版，第 18 页。
⑥ 郭沫若：《王阳明礼赞》，《郭沫若全集·历史编》第 3 卷，人民出版社 1984 年版，第 294 页。

提并论，认为庄子所言的"道"就是本体，王阳明与庄子别无二致，只是把庄子的道命名为"良知"①。概言之，是阳明学说使郭沫若得以打通泛神论与儒家学说，将儒学伦理成功移植到他所建构的泛神论意义体系内，在儒学伦理体系内部，郭沫若关于革命和新生的憧憬最终落在现世政治的维度上。

四 儒学伦理与马克思主义的转向

儒学的融通最终促成郭沫若的马克思主义转向。儒学伦理将变革的冲动铭刻于社会生活与人际关系的网络中，落实到个体具体的伦理实践与社会责任中，浪漫主义的自我扩张由此获得伦理支点，神话式的更新最终得以在社会的维度上展开，成为可以实践的政治目标。新斯宾诺莎主义以宇宙为剧场的变革一旦转入人类社会的内部，郭沫若马克思主义的转向在逻辑上也就通顺了。

郭沫若认为，自汉武以后，儒学服务于官方意识形态，孔子的精神已被扭曲，"王阳明所解释的儒家精神，乃至所体验的儒家精神，实即是孔门哲学的真义"②。他将阳明思想的核心概括为两条公式，其一为万物一体的宇宙观，其二为知行合一的伦理观。基于"心"或"理"的内在性，王阳明将伦理的依据移入人的内心，人的心灵中自有"良知"，"心灵既是道德本身，又是道德的监督者，人们'不假外求'，既无需借助于外在伦理道德规则的约束，也无需依赖外在于心灵的天理的临鉴"③。郭沫若认为，这与孔子是一致的，他将孔子的"礼"解释为"吾人本性内存的道德律"，与康德的"良心之最高命令"相通，相信人性在不断的"日新"中臻于完善。④ 伦理自律而非他律也正是西方泛神论的题中之义，泛神论者否认存在更高的力量、外在的权威，或任何超越性的外在立法者，从某种意义上说，这是"对康德伦理判断自律原则的确认"⑤。郭沫若在阳明学说中敏锐地捕捉到相同的思想意味，但他又看到，王阳明给出的路径为"知行合一"，即将个体的道德完善置于具体的社会生活之中，包含认知和实践两个层面：一方面静坐以明知，一方面在事上磨炼以求仁，不偏枯，不独善，努力于自我的完成与发展，而同时使别人的自我也一样地得遂其完成与发展。⑥ 致良知依靠的是具体的事功而非静观冥想或与神合一的神秘体验，个体不是独善，而是要成就他人的共同完善。儒学给了浪漫主义的自我确立一个伦理

---

① 郭沫若：《创造十年续编》，《郭沫若全集·文学编》第12卷，人民文学出版社1992年版，第208页。
② 郭沫若：《王阳明礼赞》，《郭沫若全集·历史编》第3卷，人民出版社1984年版，第294页。
③ 葛兆光：《中国思想史：七世纪至十九世纪中国的知识、思想与信仰》（下），复旦大学出版社2000年版，第304页。
④ 王锦厚等编：《郭沫若佚文集（1906—1949）》（上册），四川大学出版社1988年版，第101页。
⑤ 参见 William Mander, "Pantheism", *The Stanford Encyclopedia of Philosophy* (Spring 2020 Edition), Edward N. Zalta (ed.), https:/plato.stanford.edu/archives/spr2020/entries/pantheism/。
⑥ 郭沫若：《王阳明礼赞》，《郭沫若全集·历史编》第3卷，人民出版社1984年版，第296页。

学的维度，同时，将宇宙力量自我呈现的场域从自然转移至社会，将诗意的自我扩张转化为具体的事功或社会实践，这是郭沫若所理解的儒学真义。

泛神论带给郭沫若的启发包括自我的扩张与主体一往无前的意志，奋进的意志导向行动主义的人生哲学，这正是他在歌德那里看到的"泰初有事业"："宇宙自有始以来，只有一种意志流行，只有一种大力活用。从这种宇宙观所演绎出来的人生哲学，便是——汝在生中无所用乎徙倚逶迄；让汝一生成为事业与事业之连锁。"① 如罗伊所言，"相信行动是自我实现之路，拒绝权宜与妥协"，这些浪漫主义因素都"有助于他接受马列主义"②。郭沫若在先秦哲学中看到同样的行动主义精神，认为先秦哲学孕育的两个信条是："把一切的存在都看做动的实在之表现！把一切的事业都由自我的完成出发！"③ 老子如此，孔子亦如此。郭沫若又以近代进步和进化的观念来阐释泛神论"动"的宇宙观，"我国本来是动的进步的文化精神"④，中国文化的特点是肯定现世以图自我的展开，自我的展开无疑与宇宙的进步同一，同时具有明确的"善"的伦理维度。郭沫若引用《象传》，以"天行健，君子以自强不息"来说明孔子行动主义的人生哲学。⑤

当然，在儒学体系内，个体事功并非导向浪漫主义的个人主义，而是服务于社会的整体目标。关于这点，郭沫若在《王阳明礼赞》中做了如下阐发：

> 孔氏认出天地万物之一体，而本此一体之观念，努力于自我扩充，由近而远，由下而上。横则齐家、治国、平天下，纵则赞化育、参天地、配天。四通八达，圆之又圆。这是儒家伦理的极致，要这样才能内外不悖而出入自由，要这样人才真能安心立命，人才能创造出人生之意义，人才不虚此行而与大道同寿。⑥

在此，郭氏赋予儒家的自我扩充以纵向和横向两个维度，纵向沟通生生不息、向着"善"进化的宇宙万汇，横向则是以个体为圆心推展开来的社会共同体和生活世界。这也是他在《论中德文化书》里所阐发的儒学思想进路："我国的儒家思想是以个性为中心，而发展自我之全圆于国于世界，所谓'修身、治国、平天下'。"⑦ 经由泛神论，郭沫若引入了新生、进化与革命的意志冲动；另一方面，接通儒学伦理后，浪漫主义的意志被收束在事功或经世致用的政治目标之下，两者的融通为郭沫若最终

---

① 郭沫若：《波斯诗人莪默·伽亚谟》，《郭沫若全集·文学编》第 15 卷，人民文学出版社 1990 年版，第 296 页。
② David Tod Roy & Kuo Mo-jo, *The Early Years*, Cambridge: Harvard University Press, 1971, p.141.
③ 王锦厚等编：《郭沫若佚文集（1906—1949）》（上册），四川大学出版社 1988 年版，第 102 页。
④ 郭沫若：《论中德文化书》，《郭沫若全集·文学编》第 15 卷，人民文学出版社 1990 年版，第 154 页。
⑤ 王锦厚等编：《郭沫若佚文集（1906—1949）》（上册），四川大学出版社 1988 年版，第 100 页。
⑥ 郭沫若：《王阳明礼赞》，《郭沫若全集·历史编》第 3 卷，人民出版社 1984 年版，第 293 页。
⑦ 郭沫若：《论中德文化书》，《郭沫若全集·文学编》第 15 卷，人民文学出版社 1990 年版，第 149 页。

接受马克思主义做好了思想准备。

　　1917年十月革命后，日本思想界出现左翼运动的复兴。在医学院读书时，郭沫若已接触到一些社会主义理论，在翻译河上肇的著作之前，阅读过日本学者福井准造所著的《近世社会主义》一书，左翼思潮在其诗集《女神》和早期论文中都有所体现。①《三个泛神论者》尤其值得关注，作者将中国的庄子、荷兰的斯宾诺莎和印度的加皮尔相提并论，抒发了对三位泛神论者的热爱，有趣的是，这三人又是社会学意义上的劳工和无产者，庄子是"靠打草鞋吃饭的人"，斯宾诺莎是"靠磨镜片吃饭的人"，而加皮尔则是"靠编渔网吃饭的人"。②该诗不仅有糅合泛神论与左翼话语的努力，更折射出作者敏锐的政治意识，泛神论原本被赋予自由和解放的潜力，那么，它与具有革命倾向的阶层联盟自然合乎逻辑，泛神论由此获得了阶级的属性。20世纪20年代前后，《地球，我的母亲》《雪朝》《巨炮之教训》《匪徒颂》《辍了课的第一点钟里》等诗都体现出这种混合泛神论与左翼话语的措辞风格，"劳工""工人"和"无产阶级"等语汇清晰提示了他的左转倾向。这一时期，他仍是在泛神论体系内吸收马克思主义的，《雪朝》充分证明了这点，宇宙化的自我是"英雄的诗人"，同时也是"无产阶级的诗人"："我全身的血液点滴出律吕的幽音／同那海涛相和，松涛相和，雪涛相和"③，个体生命的热血呼应着宇宙澎湃的狂潮，泛神论开启的变革愿景与左翼思想的革命意志交织在一起。至1922年，在《黄河与扬子江对话》一诗里，诗人在世界史的视野中，直接呼唤革命的到来："二十世纪的中华民族大革命哟，／快起！起！起！"④ 诗行间，诗人对于革命的呼唤已经迫不及待。

　　1924年，郭沫若着手翻译河上肇的《社会组织与社会革命》一书，为了翻译此书，他系统地阅读了马克思和列宁的一些著作，甚至计划用五年时间翻译《资本论》。毫无疑问，在译书过程中，郭沫若对马克思主义社会学理论和唯物史观有了系统理解。郭沫若一直警醒于资本主义的弊病，翻译此书使他获得理论批判的视野，"认识了资本主义之内在的矛盾和它必然的历史的蝉变"⑤，另一方面，他接受了科学社会主义敞开的"各尽所能，各取所需"的历史前景，进步史观与他源自泛神论的变革理念其实也相符。

　　然而，郭沫若对河上肇的接受是有保留的。在给成仿吾的信中，他写道："他不赞成早期的政治革命之企图，我觉得不是马克思的本旨。"⑥ 河上肇受经济决定论的

---

　　① Xiaoming Chen, *Towards a Confucian/Marxist Solution: Guo Moruo's Intellectual Development to 1926*, The Ohio State University, 1995, p. 117.
　　② 郭沫若：《女神》，《郭沫若全集·文学编》第1卷，人民文学出版社1982年版，第73页。
　　③ 郭沫若：《女神》，《郭沫若全集·文学编》第1卷，人民文学出版社1982年版，第85页。
　　④ 郭沫若：《前茅》，《郭沫若全集·文学编》第1卷，人民文学出版社1982年版，第314页。
　　⑤ 郭沫若：《创造十年续编》，《郭沫若全集·文学编》第12卷，人民文学出版社1992年版，第205页。
　　⑥ 郭沫若：《孤鸿——致成仿吾的一封信》，《郭沫若全集·文学编》第16卷，人民文学出版社1989年版，第10页。

影响，认为革命必须在经济发展成熟后才可实现，但郭沫若"选择了俄国的列宁主义"，认为早期革命实践是可行的。① 对列宁学说的选择，也在泛神论逻辑的延长线上。回顾这一时期的思想状况，郭沫若写道："我自己的想法是倾向革命的，觉得中国的现状无论如何非打破不可，要打破现状就要采取积极的流血手段。这种想法，在基调上也还是一种唯心的想法。"② 倘以唯心唯物划分，泛神论自然属于唯心一脉，这一评判也确认了他思想中泛神论的内核。有意味的是，恰恰是这"唯心"的思想促成了郭沫若对主体性或人的能动性的肯定，使得他避免了机械的经济决定论。郭沫若认为政治革命有先行的可能，这符合他对主体能动性或人自身意志力的一贯推崇。李斌也认为，"郭沫若反对河上肇的这一论点，源自他对主观能动性的强调"，因为郭氏否认人为自然的死物。③ 毋庸置疑，这一乐观信念内在于他泛神论的宇宙观，也构成了他政治理念的根基，而列宁主义从理论层面印证了他在《一个宣言》（1923年）里表达的信念："世运的杌陧，国度的倾邪，是制度不良所致；但是，创立制度的是人，改革制度的也是人，我们要改革它，从新创造它。"④

儒学伦理引领诗人进入现实的生活世界，知行合一、事上磨炼的信条为个体进入社会生活提供了具体的实践路径，经世致用、修齐治平的理想又将个体事功纳入政治革命的整体图谋中。然而，政治革命势必冲破儒学伦理的束缚，获得破除既定秩序的颠覆意味，马克思主义与儒学显然存在内在的紧张，但郭沫若并不准备放弃儒学，1925年前后融通马克思主义和儒学成为他关注的焦点。《马克斯进文庙》（1925年）这篇文章非常有意味，该文发表于他向成仿吾宣告马克思主义转向之后，这一时间节点足以说明儒学对于他的关键意义。作家在此虚构了马克思与孔子的一场对话，两人在对谈中发现儒学和马克思主义在很多方面殊途同归。海外有学者认为，郭沫若将儒学和马克思主义分别视为东西方最优秀的传统，前者有助于指引个人的伦理完善，而后者以社会发展和变革为专长，因而，有意融合之，使之互为补充。⑤ 但这中间的思想机制远比融合两者更复杂，对郭氏而言，儒学是他从宇宙诗学向现世政治转向的关

---

① 郭沫若在翻译《社会组织与社会革命》一书时，对《政治革命后俄罗斯之经济地位》一章做了较多增添，该章为河上肇所译的列宁文章，郭沫若根据原文完整版对译文做了增补，刘奎认为这一选择表明郭氏赞成列宁有关政治革命和国家资本主义的论述。参见刘奎《郭沫若的翻译及对马克思主义的接受（1924—1926）》，《现代中文学刊》2012年第5期。

② 郭沫若：《创造十年》，现代书局1932年版，第206页。有意味的是，在1958年编入《沫若文集》时，作家对该篇进行了一定的删改，其中删掉了"这种想法，在基调上也还是一种唯心的想法"一句，《郭沫若全集》依据的是1958年的删改版。显然，郭沫若在1932年时认定自己的观点是唯心的，1958年的改动与当时的意识形态有关，参见王本朝、陈宇《"自我"形象的改写与重构——关于郭沫若〈创造十年〉的删改》，《郭沫若学刊》2007年第4期。

③ 李斌：《女神之光：郭沫若传》，作家出版社2018年版，第111页。

④ 郭沫若：《一个宣言》，《郭沫若全集·文学编》第15卷，人民文学出版社1990年版，第221页。

⑤ Xiaoming Chen, *Towards a Confucian/Marxist Solution: Guo Moruo's Intellectual Development to 1926*, The Ohio State University, 1995, p. 294.

键一环，是仍具有鲜活力量的生活伦理，也是个体联结他人、社会与民族共同体的有效范式。借用杨玉英评议之语："郭沫若或许并不觉得自己完全迷失在了共产主义运动中……个体最终的完善（即修身）只能通过国家建设（即平天下）这样的集体事业才能达成，而他在毛泽东革命中的所作所为正是自己参与这项事业的体现。"①1926年，郭沫若奔赴广州，从一介文士开始介入实际政治，彻底完成了政治和事业上的转向，而这一转向是由泛神论、儒学与马克思主义的融通共振最终促成的。

在现代文学抒情与史诗之辨的批评范式下，郭沫若的政治转向被界定为从抒情/审美向史诗/政治的转向。在普实克之后，"抒情"概念渐次转向了个人与社会、个体与民族国家、心理与历史、情感与政治的对立，复基于此强调它对启蒙、革命和国族叙事的对抗和消解作用。面对这一消解性叙事，近年来研究者强调两者之间的辩证关系，从抒情诗学和情感政治的层面，探讨抒情或审美介入政治的潜在空间，刘奎注意到泛神论对于郭沫若的思想意义，认为郭氏基于泛神论的情感有机论为情感革命论提供了本体和方法的支持②，这一研究创造性地翻新了抒情与史诗之辨范式。另一方面，如本文所示，泛神论的一元论也从根本上界定了郭沫若把握人与他者及世界关系的方式，在其思想体系内，自我与他者、自我与社会并非自由主义者定义的紧张关系，个体自我与民族自我同源同构，两者之间是同一和包容的关系；自我抒情从来不只关乎一己的悲欢，自我的扩张并非个人主义意识形态的显形，也不以现代自我的生成为最终目的，而是在对善的追求中，成就自我，融入民族新生的历史洪流，最终实现齐家治国平天下的儒家政治理想。概言之，从思想史的角度来看，郭沫若的后期转向在逻辑上完全是自洽的，也超越了抒情概念预设的格局。或者，这也是今天重读郭沫若的意义所在。他提示我们，在自我与他者、个体与民族国家之间，并非必然的对立和紧张关系，而是充满共同完善与相互成就的可能，而在自由主义之外，中西文化传统都为个体联结他人、社会与民族国家提供了丰富的可能性。

（原载《中国现代文学研究丛刊》2021年第6期）

---

① 杨玉英：《英语世界的郭沫若研究》，复旦大学出版社2011年版，第146页。
② 参见刘奎《浪漫如何介入历史：抗战初期郭沫若的抒情诗学与情感政治》，《中国现代文学研究丛刊》2019年第6期；《泛神论、主情主义与"五四"时期郭沫若的情感总体观》，《中国现代文学研究丛刊》2021年第4期。

《上海文艺之一瞥》版本与译本考识

——兼及译本引发的笔战

秦 刚

《上海文艺之一瞥》是鲁迅深入剖析中国革命文学的发展脉络与流弊的著名讲演，这次讲演的成果即为录于《二心集》的文章《上海文艺之一瞥》。但从讲演到文章初刊，时间间隔长达一年零三个月。而且《上海文艺之一瞥》一文既不是那次讲演的讲稿，也不同于讲演的记录稿，而是鲁迅根据刊发于《文艺新闻》的现场记录稿重新撰写而成的，成稿过程颇为复杂。更为棘手的是，这篇文章附有一个疑点颇多的副标题："八月十二日在社会科学研究会讲"。因其与1931年7月20日鲁迅日记中"晚往暑期学校演讲一小时，题为《上海文艺之一瞥》"[①] 的所记时间、地点都有抵牾，造成了基本信息的混乱，让事实真相难于考辨。

长期以来，学界对《上海文艺之一瞥》（以下简称《一瞥》）的成文过程及版本类别缺乏考证，这直接反映在人民文学出版社出版的《鲁迅全集》（以下简称《全集》）中。《全集》关于此文的篇目注释从1958年版、1981年版一直沿用至2005年版，因怠于版本甄别，导致事实描述失准，注释内容未见改进。2014年第7期《鲁迅研究月刊》发表的魏建、周文《〈上海文艺之一瞥〉的谜团及其国外版本》（以下简称《谜团》）一文尖锐指出，"80多年过去了，甚至连鲁迅这次演讲的时间和地点等最基本的问题，学界都没有搞清楚。至于对这篇作品的版本问题更是不明不白"，并提出有必要"进一步清理《上海文艺之一瞥》的文本源流，从而对其文本的形成和影响有一个较为清晰的认识"[②]。该论文除质疑全集注释所代表的"错误的'共识'"外，还通过郭沫若在《创造十年·发端》的转述，提及《一瞥》的"国外版本"，即"日文版"的存在。其实这个"日文版"也是长久以来学界疏于查考的译本，它由增田涉在鲁迅指导下翻译完成，旋即于1931年11月5日刊发于东京发行的期刊《古东多万》第1年第2号，竟早于其中文稿初刊，即《二心集》刊行近一年时间。原本使用中文撰写的稿件却先行发表了日译本，在鲁迅的文章中只此一例。不

[①] 鲁迅：《鲁迅全集》第16卷，人民文学出版社2005年版，第261页。
[②] 魏建、周文：《〈上海文艺之一瞥〉的谜团及其国外版本》，《鲁迅研究月刊》2014年第7期。

过《谜团》对译本的了解也仅限于郭沫若的转述,未能揭示其真实面目,也未能彻底解开讲演时间与地点的"谜团",但该论文明确指出《上海文艺之一瞥》的版本及译本辨识上存在的问题,为进一步的探讨与考据奠定了根基。

本文将全面稽考《上海文艺之一瞥》从讲演、讲演记录稿直到鲁迅自撰稿及其日译稿的版本演变与译本衍生过程,并主要针对日译本展开文本考辨,进而解开围绕《上海文艺之一瞥》的尚待解释的疑点;最后还将论及日译本引发的郭沫若对鲁迅的反击,指出郭沫若以《创造十年·发端》自我辩护之际,对鲁迅大量使用的"流氓"一词的策略性重译是他为自己正名的关键步骤。

为后文论述之便,在此将 2005 年版《鲁迅全集》对《二心集》所录《上海文艺之一瞥》的注释全文引用如下,并对其中与实情不符或有待商榷之处先行确认。

> 本篇最初发表于 1931 年 7 月 27 日和 8 月 3 日上海《文艺新闻》第二十期和二十一期,收入本书时,作者曾略加修改。据鲁迅日记,讲演日期应是 1931 年 7 月 20 日,副标题所记 8 月 12 日有误。[①]

距日记所记 7 月 20 日的讲演仅一周之后,《文艺新闻》于 7 月 27 日、8 月 3 日分两次连载署名"鲁迅讲"的讲演记录稿,首发时在头版《读者与记者》栏末处记有"鲁迅演讲笔记因付印匆忙,未及送他校阅,错误由记者负责"的说明。但对此经他人之手而鲁迅未及校阅的现场记录稿,似应与鲁迅日后亲手撰写的文章定稿区别看待。而全集注释认定《文艺新闻》刊发的现场记录稿属于《上海文艺之一瞥》的"最初发表",则无形中混同了两个性质相异的版本类别。而对《二心集》所录该文的"收入本书时,作者曾略加修改"的判断,则与实际情况相差甚远,《谜团》已提出充分理由质疑这一判断。事实是,《文艺新闻》发表的记录稿与《二心集》收录稿之间,从篇幅到文字表述都存在着极为显著的差异。就字数而言,"文艺新闻版"3420 多字,而"二心集版"7580 多字,字数多出一倍以上[②]。而且,对比两稿的文字,几乎难以找到完全重合的语句表述,后者基本没有保留前者的原有字句,就行文而言,可以说是从头至尾的重撰[③]。《谜团》指出鲁迅修改后的定稿"应是更深一层的再创作",对此笔者亦持赞同态度。

此外,全集注释据 7 月 20 日鲁迅日记,指出"副标题所记 8 月 12 日有误"。《谜团》则进一步质疑做此判断的证据不足,反问"谁能排除鲁迅在 8 月 12 日以同样的

---

① 鲁迅:《鲁迅全集》第 4 卷,人民文学出版社 2005 年版,第 310 页。
② 魏建、周文:《〈上海文艺之一瞥〉的谜团及其国外版本》,《鲁迅研究月刊》2014 年第 7 期。
③ 孙用在《〈二心集〉校读记》中曾表示:"《上海文艺之一瞥》在《文艺新闻》上发表时,字句与收入本书中者颇不同,而且简略,无法一一对校。"孙用:《〈鲁迅全集〉校读记》,湖南人民出版社 1982 年版,第 266 页。

话题又做了一次演讲呢",并试图求证这一可能性。对此,笔者认为确有理由质疑其副标题的真实性,因此并不认同上述假设。全集注释的有待商榷之处,是对副标题的信息采取了选择性的采信方式,只认为"8月12日"的日期"有误",却轻信"社会科学研究会"的地点之说,进而在7月20日鲁迅日记的注释中对"暑期学校"以"指社会科学研究会"来做注解①。如此只信其半而否定另一半的做法未免自相矛盾,容易造成混乱。在无法确认"社会科学研究会"就是"暑期学校"的情况下,有必要对副标题中的信息一并存疑。关于《一瞥》副标题的真实性问题,本文将通过与日译本的比对进一步分析。

一 从"秘密"讲演到"自草一篇"

1931年7月20日晚鲁迅前往"暑期学校"作讲演一事,除在鲁迅日记中能查证之外,该讲演的组织者、《文艺新闻》总编辑袁殊作为最重要的见证人,在其遗稿《我所知道的鲁迅》中曾有回顾,基本事实较为清楚。袁殊是这样讲述的:

> 那是一九三一年夏天的事儿。一天,雪峰同我商量举办上海工人暑期训练班,秘密地在四川路基督教青年会二楼的会议室里为鲁迅组织一次演讲。之后不久,演讲会如期举行,到会者五十余人,担任记录的是我爱人马景星的朋友于海,他是上海美专的青年学生,专为《文艺新闻》设计一些刊头和写些美术评论文章。此人解放后曾在《烟台日报》工作,后来听说调到新华社工作。那次演讲会后,我根据于海的记录,对原文未更改就登在一九三一年七月二十七日第二十期的头版头条上,以后又连载一期登完。②

袁殊回忆鲁迅为《文艺新闻》撰写的稿件通常都"由我的挚友冯雪峰带来",此次讲演对象"上海工人暑期训练班"也是在冯雪峰建议下创办,"秘密"安排的讲演地点在"四川路基督教青年会二楼的会议室"。同样根据访谈整理的袁殊《对〈文艺新闻〉及〈记者座谈〉的回忆》中,也有内容大致相同的叙述③。但关于讲演地点则另有一说,董竹君的自传《我的一个世纪》中记述《上海文艺之一瞥》的讲演地点"在上海环龙路(现南昌路)一幢小洋房的二楼暑期学校"④。董竹君当天带着四

---

① 鲁迅:《鲁迅全集》第16卷,人民文学出版社2005年版,第263页。
② 袁殊:《我所知道的鲁迅》,《上海鲁迅研究》第二辑,上海社会科学院出版社1989年版。此稿为《中国青年报》记者姚铮根据1986年6月27日袁殊口述笔录整理而成。
③ 袁殊:《对〈文艺新闻〉及〈记者座谈〉的回忆》,《传播学研究集刊》第一辑,上海古籍出版社2003年版,第90页。
④ 董竹君:《我的一个世纪》,生活·读书·新知三联书店1997年版,第222页。

个女儿聆听了讲演,她回忆鲁迅见到孩子们坐在最前排还笑问:"这样小的孩子也能听得懂吗?"董竹君提供了一份来自于现场听众的珍贵证言,关于讲演地点的分歧只得暂时存疑。

袁殊谈及讲演记录系由《文艺新闻》美编于海担任,此说亦完全属实。于海曾在《怀念鲁迅先生》中证实"鲁迅先生在暑期学校社会科学研究会上作《上海文艺之一瞥》的讲演时,我以《文艺新闻》记者名义作记录"①。1987年10月29日《人民日报》发表的舒屺《〈上海文艺之一瞥〉的记录者》一文回忆,1953年于寄愚(于海的笔名)对文章作者亲口说,《文艺新闻》所载记录稿的"记录者就是他本人"。于海1909年生于山东蓬莱,1930年在上海参加工作,曾任左翼美术家联盟总干事。

讲演记录稿发表之初,鲁迅在7月30日致李小峰的信中写道:"《上海文艺之一瞥》我讲了一点钟,《文艺新闻》上所载的是记者摘记的大略,我还想自草一篇。但现在文网密极,动招罪尤,所以于《青年界》是否相宜,乃一疑问。且待我草成后再看罢。大约下一期《文艺新闻》所载,就有犯讳的话了。"② 按信中所示,鲁迅此时已有意"自草一篇",这体现了他对讲演内容的重视。鲁迅后来曾提到对有些讲演记录"改起来非重写一遍不可"③,而实际上他对《上海文艺之一瞥》的"自草"几乎就等于"重写一遍",而并非以"记录稿"为底稿的修订或增补。为与"文艺新闻版"的"记录稿"相区别,不妨将"二心集版"称为"重写稿"。而"重写稿"究竟完成于何时?这也是未曾被关注和探讨过的一个问题,在此,笔者试以两种文稿篇尾的一处草蛇灰线为据稍做推理。

其实在"记录稿"和"重写稿"里,都有一处与新闻时事相关的叙事,可作为推断前者讲演时间及后者成稿时间的线索。在两稿结尾处,作为统治者文艺的实例,列举了《申报》刊出的一桩诉讼案的判词。现将两稿结尾的对应部分引用如下,亦可窥见两稿文字表述上的显著差异。记录稿结尾为:

> 例如新近申报上一段新闻:一个律师的女人告她男人将她打伤,而判决则谓青色的伤不谓伤,因不妨碍生理的机能的原故,这仅为道德问题。在生理学上,我们知道青色的伤已经表示了肌肉受了障碍,因此我们知道了统治者的法律与道德,所以这一类的文章不特可以消闲,同时于我们的创作上也是有益的,今天就讲到此处。④

---

① 于海:《怀念鲁迅先生》,载吴步乃、王观泉编《一八艺社纪念集》,人民美术出版社1981年版,第16页。
② 鲁迅:《310730 致李小峰》,《鲁迅全集》第12卷,人民文学出版社2005年版,第269页。
③ 鲁迅:《341214 致杨霁云》,《鲁迅全集》第13卷,人民文学出版社2005年版,第294页。
④ 鲁迅:《上海文艺之一瞥》,《文艺新闻》1931年第21期第3版。

再看"重写稿"的相应部分：

> 例如前几天，《申报》上就记着一个女人控诉她的丈夫强迫鸡奸并殴打得皮肤上成了青伤的事，而法官的判词却道，法律上并无禁止丈夫鸡奸妻子的明文，而皮肤打得发青，也并不算毁损了生理的机能，所以那控诉就不能成立。现在是那男人反在控诉他的女人的"诬告"了。法律我不知道，至于生理学，却学过一点，皮肤被打得发青，肺，肝，或肠胃的生理的机能固然不至于毁损，然而发青之处的皮肤的生理的机能却是毁损了的。①

语句表达迥然不同的两稿都述及《申报》披露的一个女人控告其丈夫虐待殴打案件的"判词"。查同时期《申报》可知，此案为律师任振南在上海地方法院被其妻控告猥亵行为案，1931年7—8月间的《申报》曾有多次报道。两稿述及的事实来自7月16日《申报》第15版《任振南猥亵不起诉》，报道云"律师任振南，被其妻在地方法院控告猥亵行为，业经检察官讯明，予以不起诉处分"，并辑录了上海地方法院7月14日宣判的判词全文。其判决道，"关于如何履行同居义务，无若何具体规定"，"后阴之应否交进，亦无取缔明文，亵渎女性，应依教育道德以制裁之，非刑罚所能矫正，至关于左腿部分，查刑法上，所谓伤害，当以毁损人身生理上的机能为成立要件，换言之，即须使人身主体的机能受损害也，夫妻反目，加以暴行，事所惯见，虽脚踢处微现青红色，然未达上述程度"，"对于轻微损害，未便绳以刑事，合依刑事诉讼法第二百四十四条第二款，及第三款处分不起诉"。

显而易见，"记录稿"和"重写稿"所转述的判词均来自上述报道。"记录稿"将其作为"新近申报上一段新闻"完全合理，对于讲演当日而言，7月16日的报道即属"新近"。而"重写稿"以"前几天"的《申报》所见引出话题，当为在"记录稿"基础上重新撰写的惯性使然而不足为信。需要特别注意的是，"重写稿"中还暗藏了另一重要的时间线索，即"现在是那男人反在控诉他的女人的'诬告'了"一句，此一句的资讯并非来自7月16日报道，因此也不见于"记录稿"。而查《申报》可知，这句话只能来自于8月24日第15版的《任振南猥亵案诬告讯》，其中称"任对于其妻蒋杏娟曾提起诬告之反诉，地方法院检察官已两次传讯，然因任不在沪，故无从传唤"。据此可以得出结论，此句中的"现在"即"重写稿"的完成时间，应在鲁迅阅读8月24日报道得知事件最新进展之际，合理推算，应为8月24日后的数日间。如此推论出的"重写稿"的完稿时间，正好能顺理成章地进一步解释文章完成后缘何被译成"日文版"。

---

① 鲁迅：《上海文艺之一瞥》，《鲁迅全集》第4卷，人民文学出版社2005年版，第310页。

二 增田涉如何初译鲁迅之作

在考察鲁迅"自草"成文的《上海文艺之一瞥》缘何译成日文之前,有必要先将"日文版"刊发于《古东多万》第 2 号时增田涉附在篇首的题记译出,因为这段文字如实概述了此文的翻译背景。

> 《上海文艺之一瞥》为最近在当地某处鲁迅做的秘密讲演,讲演之大要连载于当地周刊《文艺新闻》。但因《文艺新闻》在其立场上须顾虑官方,而不得不加以一定的删减。然而,鲁迅根据该报连载的笔录改写成《上海文艺之一瞥》,叙述更为恳切周详,也更为恰切地直书了辛辣的谩骂。本稿根据他为我讲说的改写后的原稿译录而成。(九．十七．于上海)[1]

增田涉携作家佐藤春夫写给内山完造的介绍信于 1931 年 3 月来到上海,又经内山完造介绍,以翻译《中国小说史略》为目的师从鲁迅,每日聆听鲁迅讲解。鲁迅日记 7 月 17 日记载"下午为增田君讲《中国小说史略》毕"[2]。8 月间增田涉用日文撰写了《鲁迅传》的初稿,经过文字上的压缩之后,《鲁迅传》后来发表在《改造》1932 年 4 月号上。而上述题记的末尾标注了 9 月 17 日的日期,证明《上海文艺之一瞥》的翻译于此日完成。此外,关于鲁迅讲演为"秘密讲演"的说明也印证了袁殊的说法。"日文版"在《古东多万》发表时,署名为"鲁迅讲述、增田涉译记",这表明整个翻译过程是在鲁迅的指导与协作之下完成的。

在同一期《古东多万》上,除《一瞥》之外,还发表了增田涉译鲁迅小说《鸭的喜剧》的译文。关于这两篇作品的翻译过程,增田涉撰有《初译鲁迅之时》[3]一文,详尽记述了佐藤春夫编辑《古东多万》时向其致函约稿,促使他选译这两篇作品的原委。但略有遗憾的是,他撰写此文时已是事过三十余年之后,文章开篇他便坦承对自己所译的首篇鲁迅作品究竟是哪一篇已经记不清楚,这导致该文章的部分陈述有一些颠倒和差错需要辨析、订正。这篇文章至今未见有中文译文,因此,须不避繁难地将文中的关键内容引用之后,再进一步求证与考辨,以厘清增田涉翻译两篇作品的正确次序。笔者得出的结论为,增田涉先根据鲁迅的讲解译出了《上海文艺之一瞥》,然后又与鲁迅合译了《鸭的喜剧》,前者才是增田涉初译的鲁迅作品。

增田涉在《初译鲁迅之时》中,先介绍了佐藤春夫 1931 年 8 月 27 日所寄的一封

---

[1] 鲁迅:「上海文藝の一瞥」,増田渉訳,『古東多万』1931 年 11 月第 2 号。引文为笔者译。
[2] 鲁迅:《鲁迅全集》第 16 卷,人民文学出版社 2005 年版,第 261 页。
[3] 初刊『図書』1966 年 9 月,收入『魯迅の印象』,角川书店 1970 年版。

信函。这封信不见于其他文献，因此只能依据增田涉的文章转引，现将此信内容摘引如下：

> 时下小生如同封附上的趣意书所示将发行杂志，已将初号编辑完毕。就此为第二号、第三号之用，请君费心留意关于中国现代文艺界或一般学艺界的话题并适于杂志报道的内容，因杂志页数有限，十页稿纸左右字数较为适当。望乞赐稿可题为中国现代文艺界消息等、内容为报道性的文章。……①

佐藤春夫信中提到的杂志，就是他创办并主持编辑的《古东多万》。佐藤春夫希望增田涉为该刊寄来一篇"十页稿纸左右"的稿件，以稿纸页数计算字数是日本文坛的习惯，一般每页稿纸400字，10页即相当于4000字。增田涉在文中回忆说，他随即翻译了《文艺新闻》刊发的中国作家声讨"九·一八"事变的专辑文章寄去，此处内容如下：

> 虽然日期没有标在信里，但是有八月二十七日寄出的信封，想必就是那个时候。既然要具有报道性，我就翻译了九月十八日满洲事变发生后《文艺新闻》编辑的中国作家对此发表意见的一组专辑，加上《中国作家如何看、如何认识满洲事变？》的标题寄了过去。……但也许因为内容不适合《古东多万》，稿件后来转给了《中央公论》（或者也可能是我直接投过去的），发表时文中充斥着〇〇××等削除符号，成了一篇意思难懂的文章。②

文中提及的原题为"支那作家如何看、如何认识满洲事变？"的专辑报道，系9月28日《文艺新闻》刊《日本占领东三省屠杀中国民众！！！文化界的观察与意见》的翻译。《文艺新闻》向文化界人士征集对"九·一八"事变的声讨，鲁迅对此的答复即《二心集》所收《答文艺新闻社问》。可是，增田涉先说将译稿投给《古东多万》后被转至《中央公论》，又说也许直接投给了后者。从译稿及时刊发于《中央公论》1931年11月号（11月1日发行）来判断，直接投稿的可能性更大，并不像经过中转。所以有理由推测，他为回应佐藤约稿翻译并寄去的应为《上海文艺之一瞥》才合理。之所以如此推断，首先是因为那组"九·一八"特辑发表于9月28日，动笔翻译必定要在9月底。如果收到8月27日佐藤来信的一个月后才着手翻译，不仅时间拖得过长，而且无法解释在9月17日之前他为何先译了《上海文艺之一瞥》。

---

① 增田涉：「魯迅を訳しはじめたころ」，『魯迅の印象』，角川书店1970年版，第238页。引文为笔者译。

② 增田涉：「魯迅を訳しはじめたころ」，『魯迅の印象』，角川书店1970年版，第238—239页。引文为笔者译。

其次,《一瞥》"记录稿"恰好与佐藤信中的要求相符,即"关于中国现代文艺界或一般学艺界的话题",字数为 4000 字左右。分两次发表的"记录稿"恰好符合上述条件。增田涉很可能最初想翻译《一瞥》的"记录稿",而鲁迅刚好完成了"重写稿",既然国内"文网密极,动招罪尤",鲁迅很可能主动提出让其翻译"重写稿"在日发表,以跨越语际的方式冲出"围剿"。增田涉的如下回忆,便能印证这一推论:

> 《上海文艺之一瞥》是当时在上海"社会科学研究会"的集会(毕竟在当时状况下,应是非公开集会。记得鲁迅对我说过,他在一个秘密的地方做了讲演)上讲的。那次讲演的笔录发表在前文提及的十分先锋却只有薄薄八页的小报《文艺新闻》上。我一直阅读此报(其实是周刊),所以当我说想翻译这篇时,鲁迅就把他将报上刊出的笔录亲自动手作了大幅度增补后的原稿交给我。原稿是在他一直使用的绿格稿纸上用毛笔写成的。我根据那份原稿,一面向他请教文中一处处难懂字句的意思,一面翻译出来寄给了佐藤春夫。①

增田涉回忆鲁迅告诉他"在一个秘密的地方做了讲演",而且当他提出翻译"记录稿"时,鲁迅主动拿出"作了大幅度增补后"的毛笔写就的"原稿"。增田涉接到 8 月 27 日佐藤来信应在 9 月初,可以推测,他在鲁迅指导下用约两周时间完成了文章的翻译。但译毕不过数日后,增田涉又收到了佐藤春夫写于 9 月 15 日的一封来信。

> 下一封来自佐藤氏的日期为"九月十五日四时"的信我也保存着,那时他刚阅读了白杨社出版的松浦氏翻译的《阿Q正传》(这本小册还加入了《狂人日记》和《孔乙己》并标有注释),表示受到"最强烈的感动","故烦劳君求得二十页稿纸左右的先生(鲁迅)的作品于《古东多万》刊载,如能得先生口译、君之笔录,亦可为先生的日文范本,大有裨益矣(后略)"。于是,我看《上海文艺之一瞥》正是反映现代中国文学界状况的内容,就译好后寄去。②

如前文所论,《上海文艺之一瞥》当为应对 8 月 27 日佐藤来信之请,而不太可能如增田在此所说,是对 9 月 15 日佐藤来信的回应。一个显见的矛盾是,这封写于 9 月 15 日的信邮寄到上海亦需数日,《上海文艺之一瞥》却已在 9 月 17 日译毕,不

---

① 增田涉:「魯迅を訳しはじめたころ」,『魯迅の印象』,角川書店 1970 年版,第 239—240 页。引文为笔者译。
② 增田涉:「魯迅を訳しはじめたころ」,『魯迅の印象』,角川書店 1970 年版,第 239 页。引文为笔者译。

可能和9月15日寄出的信函有因果关系。因此，增田应对9月15日来信之请的，应是《鸭的喜剧》。《古东多万》所刊《鸭的喜剧》译文，署名为"鲁迅作、鲁迅·增田涉共译"，这显然是增田涉按照佐藤春夫提出的"得先生口译、君之笔录"的嘱托，与鲁迅协作共同完成了小说的日译。

当然，就译稿字数而言，佐藤希望"求得二十页稿纸左右的先生的作品"即8000字左右，《鸭的喜剧》译成日文不到4000字，《上海文艺之一瞥》字数较多，日文稿近13000字。两篇相加，还是略微超出了佐藤春夫两封信中提出的合计30页稿纸即12000字的预想字数。《古东多万》第2号共156页，其中《一瞥》占21页，《鸭的喜剧》占6页，目录中两篇文章署名皆为"鲁迅"。

三 《古东多万》刊发的"日文版"

《古东多万》是佐藤春夫和雅博拿书房的经营者五十泽二郎合作创办的文艺杂志，刊名取自日语"言霊"一词，指词语里蕴含的神奇力量。其读音使用万叶假名表记即"古东多万"。杂志为大32开本，用纸选用传统手漉和纸。第2号为1931年11月5日发行的10、11月合并号，柿漆涂抹的深橙色封面上，木版套印出的图案中刊名为设计风格的"古东多卍"，但目录和版权页均使用"古东多万"。该号刊发了马场孤蝶、内田百闲、武者小路实笃、佐藤春夫、中川一政等人的19篇文章与诗作，鲁迅是唯一的海外撰稿者。

《上海文艺之一瞥》是在日本期刊上发表的第一篇鲁迅的文艺评论，也是鲁迅作品首次在日本媒体上的同时性传播。刊发之际，正值林守仁（山上正义）译《支那小说集阿Q正传》（四六书院10月5日发行）问世不久，该译本中收录了尾崎秀实撰写的《中国左翼文艺战线的现状》，《上海文艺之一瞥》恰好与之形成呼应之势，从内部视角论述了现代上海文艺的演进历程，同时也深入剖析了中国革命文学发展的真实状况。而且全文刊出，未删一字。仅数日前，增田涉译《支那作家如何看、如何认识满洲事变？》刊于《中央公论》时文中即遍布"××"。半年后，增田涉所撰《鲁迅传》在次年4月号《改造》发表时，凡有"无产阶级""革命"等字样也皆被"××"所取代。日本主流刊物对左翼文化的审查严苛异常，《上海文艺之一瞥》的译文能完璧刊出，得益于《古东多万》提供了一个难得的发声平台。

仔细对比《上海文艺之一瞥》的中日文版，笔者首先注意到的是，中文原文中对部分专有名词使用了外文标注，如"毕亚兹莱（Aubrey Beardsley）""颓废派（Decadence）""诺拉（Nora）"等，这些外文标注在日文版被全部省略。当然，也可能是原稿所未标，为《二心集》收入时所加。但原文提到的唯一日本人名厨川白村，在日文版中以"或人"（某人）替代。此句原文为："日本的厨川白村（H. Kuriyagawa）曾经提出过一个问题，说：作家之所描写，必得是自己经验过的么？"① 日译文隐去厨川白村名字的原因不详。

其次，日译文中保留了数例原文中的汉字词汇，而且这些汉字词汇在日语中并不常用，混杂在日文中有可能造成一定的理解障碍。这样的例子虽只有屈指可数的几处，但在这种"硬译"的方式中，似乎能读出鲁迅的"讲说"留下的痕迹，而增田涉未能将其转换为恰切的日语表达。如"风尘沦落""摧残""看到""鸡奸"等词汇都直接转换成日语中并不常用的汉字词。而"最容易将革命写歪"中的"写歪"，则用两字颠倒过来的"歪写"来直接翻译。在日语里"歪写"也属于生僻词。

但总体而言，日文版与中文版的内容高度对应，前者属于十分忠实而且通顺自然的译文。仅有个别词句运用了略与原意不同的意译处理。比如"怕犯讳"被译成"文字がよくない"（文字不佳），"作为命根的"被译成"一生けんめいになつてゐた"（非常认真的）等。而"竭力选些不关痛痒的文章"被译为"一生懸命に屁のやうな文章を選んでゐる"（竭力去选屁一样的文章），似乎体现了鲁迅"讲说"时的冷幽默。少有的一处不够准确的译文，是对原文提及创造社"商品固然是做不下去的，独立也活不下去"的翻译，译文未能准确把握原文的意思，导致语义含混②。这处误译被郭沫若敏锐地抓住，在《创造十年·发端》里，他将这句译文回译为"在作为商品上虽是怎么也忍耐不过，然而独立了也没有如意地赚出钱来"，并写道："这段的首两句，我是很忠实地翻译出的，然而意思是摸不准确，不知道鲁迅先生的原文是怎样。不过这全段的意思是很明白的，便是创造社的几个'流氓痞棍'想赚钱没赚成，又才跑去革命。"③ 此外，在全文倒数第二段的段尾，译文加入了唯一一处译者说明，即针对任振南案的判决附有"译记者云，法官从男方处卷走了相当数量的贿赂，故此随意胡说"④。

然而，"日文版"与"二心集版"之间最为显见，亦最为重要的差异，就是后者的副标题"八月十二日在社会科学研究会讲"并不见于前者的译文中。这证明在"重写稿"撰写完成之初，稿件上并未出现副标题，它很可能是编入《二心集》时才添加上去的。鲁迅编讫《二心集》是1932年4月26日，当日日记记有"夜编一九三十至卅一年杂文讫，名之曰《二心集》，并作序"⑤。《二心集》收录了1930年至1931年所作的杂文37篇，此间正值鲁迅参加左翼作家联盟、与梁实秋展开翻译论战以及左联五烈士被杀害的时期，因此文集包括了《对于左翼作家联盟的意见》《"丧

---

① 鲁迅：《上海文艺之一瞥》，《鲁迅全集》第4卷，人民文学出版社2005年版，第307页。
② 增田涉日译文将此句译为"商品とすることはどうしても忍びなかったのだけれども、独立してもうまくまうからなかつた"。
③ 郭沫若：《创造十年》，现代书局1932年版，第18—19页。
④ 鲁迅：「上海文藝の一瞥」，増田渉訳，『古東多万』1931年11月第2号。引文为笔者译。
⑤ 鲁迅：《鲁迅全集》第16卷，人民文学出版社2005年版，第307页。

家的"" 资本家的乏走狗"》《中国无产阶级革命文学和先驱的血》等多篇指导文学运动、论争文学的阶级性、抗击文化"围剿"的笔锋犀利的文章。鲁迅自己也承认，"我的文章，也许是《二心集》中比较锋利"①。而《二心集》又是鲁迅唯一出售了版权的杂文集②。

在收入《二心集》时，如《对于左翼作家联盟的意见》初刊时的副标题"在左翼作家联盟成立大会上的演说"被改为"三月二日在左翼作家联盟成立大会讲"，此前未曾在国内报刊上发表的《黑暗中国的文艺界的现状》则添加了副标题"为美国《新群众》作"。如此看来，《上海文艺之一瞥》的副标题也当为编入时所加。不过，如前所述，这一后添加上的副标题反而生出诸多的疑团。若退而思之，既然鲁迅向增田涉透露过讲演为"秘密"安排，又因顾忌"文网"而从未在任何中文刊物上发表过"重写稿"，那么，这一副标题为补充真实信息而添加的可能性到底有多大？笔者对此持怀疑态度。在知其为"秘密"的情况下，鲁迅必定要心存戒备，不会轻易暴露真实信息，因此这个副标题很可能写了一个不实的时间和模糊的地点以作障眼法。考虑到当时国民党政府加紧文化"围剿"的险恶环境，以及《二心集》出版所遭受的波折，如此推测似愈加合理。最初鲁迅想把《二心集》交给北新书局时就特意叮嘱李小峰"此书北新如印，总以不用本店名为妥"③。在李小峰拒绝出版后，鲁迅曾想交光华书局出版也终未如愿，最后只好托付冯雪峰设法找出版社。冯雪峰通过同一党小组的地下党员钱杏邨为鲁迅联系到了合众书店④，8月23日终于将《二心集》版权售与合众书店。值得注意的是，在《二心集》出版过程中，"秘密"讲演的策划者冯雪峰实际担当了中介角色，因此做必要的掩护也是对冯雪峰的间接保护。

1934年2月《二心集》被国民党中央党部查禁，合众书店将其改版为《拾零集》于同年10月出版时，《上海文艺之一瞥》连同其他22篇文章尽遭删除，鲁迅愤然要求合众书店"在第一页上，声明此书经中央图书审查会审定删存"⑤。《二心集》遭遇的后事证明，鲁迅为《二心集》采取的谨慎态度并不为多虑。

如《谜团》所论，《鲁迅全集》注释所示"副标题所记8月12日有误"似已成定说，但讲演地点究竟是"暑期学校"还是"社会科学研究会"则全无共识，当时上海似有众多冠名"社会科学研究会"的团体，确定具体所指异常困难。日本学者长堀祐造提出讲演或与上海东亚同文书院中华部"社会科学研究会"有关的可能性

---

① 鲁迅：《19350423 致萧军、萧红》，《鲁迅全集》第13卷，人民文学出版社2005年版，第445页。
② 乐融：《〈二心集〉的"二心"及版权的出售之谜》，《上海鲁迅研究2016冬》，上海社会科学院出版社2017年版。
③ 鲁迅：《19320514 致李小峰》，《鲁迅全集》第12卷，人民文学出版社2005年版，第303页。
④ 乐融：《〈二心集〉的"二心"及版权的出售之谜》，《上海鲁迅研究2016冬》，上海社会科学院出版社2017年版。
⑤ 鲁迅：《19341013 致合众书店》，《鲁迅全集》第13卷，人民文学出版社2005年版，第226页。

并撰文论证①,但亦欠缺直接的证据。因而,笔者认为"八月十二日""社会科学研究会"可能都是作者的策略性误导,理应一并存疑为妥。

四 郭沫若的反击,重燃的笔战

《古东多万》原为打破日本文艺界主流期刊一统天下的格局,追求刊物的趣味化和个性化而创办②,因而以格调高雅、装帧古朴的风格面向小众群体,每期限定印刷一千部,还设定了会员预订制的经销方式,只有在会员订购后尚有库存的情况下才委托书店销售,而且"颁布章程"规定"因用纸漉造之限制"绝不加印③。因此,杂志的实际传播力较为有限。然而,《上海文艺之一瞥》的发表却意外掀起波澜,正在日本流亡的郭沫若在"一位日本朋友"推荐下于1932年1月读到此文④,他为鲁迅对创造社冠以"新才子派"的批评大为不满,愤而撰写出《创造十年》以做反驳。

增田涉在《初译鲁迅之时》也提到他由沪返日后,在东京本乡的文求堂书店偶遇郭沫若,文求堂的店主田中庆太郎将二人带至附近餐馆为双方引荐,当时"郭氏对《上海文艺之一瞥》甚为不满,我记得他不停地把对鲁迅的恶语中伤向我抛来"。关于这篇译文引发的"意外的后日谈",增田涉称"至少那篇译文成为让郭沫若写出创造社时代的自传小说《创造十年》的契机,这部自传小说为中国文学史研究家提供了一份史料,这对我来说也是意外的收获"⑤。

身在日本的郭沫若应该没有机会读到"文艺新闻版"的"记录稿",事实上"记录稿"里对创造社的恶语要少得多。《一瞥》唯一提到郭的名字处是"重写稿"加入的,即云自商务印书馆出版了郭沫若、张资平译著后,创造社不再审查该馆书籍的误译一句。但郭沫若反应如此激烈,未必都是文章内容本身的原因,该文章的跨语际发表等于让鲁迅对创造社的批评传布到日本,这可能更让他难以坐视,同时也给了他必须站出来辩驳以正视听的强烈动机。《创造十年·发端》中直白说道,"总之我是应该感谢鲁迅先生的,我读了他那篇《一瞥》,才决心要来做这部《十年》"⑥。尽管《创造十年》使用中文撰写,但其首章《发端》中多处征引鲁迅文章逐句辩驳,因此,澄清其中涉及的译本与翻译的问题便十分必要,其文本中也的确隐藏着只有从翻译角度才能烛照到的机微。

---

① 長堀祐造:「魯迅とゾルゲとの距離——表象としてのスパイ及び「上海文芸の一瞥」講演の謎」,関根謙:『近代中国その表象と現実 女性・戦争・民俗文化』,平凡社2016年版。
② 参见佐藤春夫「編輯者の言葉」,『古東多万』1931年9月创刊号。
③ 「月刊雑誌古東多万・頒布章程抄」,『古東多万』1931年9月创刊号。
④ 郭沫若:《创造十年》,现代书局1932年版,第2—3页。
⑤ 增田涉:「魯迅を訳しはじめたころ」,『魯迅の印象』,角川书店1970年版,第241页。引文为笔者译。
⑥ 郭沫若:《创造十年》,现代书局1932年版,第25页。

尽管郭沫若在《发端》里自称"我的笔太直,不曲,没有像鲁迅先生的那样曲"①,但文中的曲笔却随处可见。比如,郭沫若抓住杂志封面中"古东多卍"的"卍"字大做文章,借"日本朋友 K 君"之口说因为"有个卍字","我是把它当成了法西斯谛的机关报的"②。但卍字与法西斯纳粹党的标志并不相同。由于鲁迅在《一瞥》最后提到"民族主义文学"只好有机会再讲,郭沫若便发明出"被压迫民族的民族主义文学卍!"的口号,特意指出"这个屁股上的卍字,就和'古东多卍'的屁股上的那个字一样,是当作'万'字在使用","但有聪明的读者定要把它联想到法西斯谛,那也是他的自由"③。郭沫若曾以杜荃的笔名发表《文艺战线上的封建余孽》,攻击鲁迅为"不得志的 Fascist(法西斯谛)",如今又诱导"聪明的读者"将"法西斯谛"与鲁迅的文字做联想,这似乎证明,对于郭沫若来说这次重新燃起的文字攻防就是两年前革命文学论争的延续。

《一瞥》中对创造社有"崇创作,恶翻译,尤其憎恶重译"之评,但郭沫若全然不受此论束缚,反而从鲁迅文章里选出多段触及创造社的文字"重译"出来,再逐一驳斥。他强调:"我们鲁迅先生所'改写'成的中文原稿,似乎也还没有发表出来。我现在暂以一个准鲁迅崇拜者的资格,把日译文中骂到创造社的地方要忠实地——我特别在这'忠实地'下加着注意点——重译成中文。"④ 郭沫若的"重译"等于把译成目标语言的译文又译回到源语言,也可称为"回译"。总体而言,他确实做到了对引文的"忠实"翻译。然而,郭沫若的"重译"里深藏着一个事关《创造十年》自我定位的书写策略。那就是对鲁迅批评创造社为"才子+流氓"的"流氓"一词的巧妙处理。

《上海文艺之一瞥》日文版仅对"流氓拆梢"的"流氓"一处采用了汉字加注音假名的"流泯"的方式来翻译,其余皆用"ごろつき"(流氓)来对译。之所以用"泯"字,可能因为日文常用汉字中没有"氓"字的缘故,但郭沫若也足以据此判断出"ごろつき"所对应的中文原词就是"流氓"。

然而,郭沫若对本来无法回避的"ごろつき"(流氓)的回译可以说颇费心思。首先,他回译了鲁迅讽刺商务印书馆出版郭、张译著后创造社不再审查其出版物的误译"是也有些才子+流氓式的"一段日文,将最后一句回译为:"岂不就是才子加珂罗茨基式乎?"⑤ 需要注意的是,郭沫若在这里创造性地把"ごろつき"(流氓)音译为"珂罗茨基",然后在括号中说明"日本文的珂罗茨基 Gorotuki 译成中文是'流氓痞棍'",称鲁迅文章的本意"直言之,便是'郭沫若辈乃下等之流氓痞棍也'"。

---

① 郭沫若:《创造十年》,现代书局1932年版,第25页。
② 郭沫若:《创造十年》,现代书局1932年版,第5页。
③ 郭沫若:《创造十年》,现代书局1932年版,第13页。
④ 郭沫若:《创造十年》,现代书局1932年版,第7页。
⑤ 郭沫若:《创造十年》,现代书局1932年版,第15页。

随后，他反复将自己及创造社成员用"流氓痞棍"来称呼，或者直接简称为"流痞"，也有两处使用了"痞棍"，但却始终避开单独使用"流氓"一词。

那么，郭沫若发明出"珂罗茨基"这一汉语里未曾有过的音译词用意何在？其实，那正是一处精心布局的伏笔。在近万字的《发端》的最后，郭沫若终于有效地运用这一发明，就《创造十年》的作品属性自问自答："究竟是个甚么东西呢？——说本色些，就说它是一个珂罗茨基的自叙传之一部分罢。"① 有了之前的铺垫，他顺水推舟地以"珂罗茨基"自喻，运用策略性的替换法，巧妙化解了"流氓"一词的刺激性。如托洛茨基、加涅茨基等，经常出现于苏俄人名中的"茨基"二字，让"珂罗茨基"看上去像是某"布尔什维克"的名字，留有革命化、浪漫化想象的填补空间，以其自称便颇有重塑自我英雄主义神话的味道，这也正好同《创造十年》为创造社及其本人正名的用意相一致。有学者指出，《创造十年》对创造社的历史回顾可概括为正视听、树旗帜、立地位的三个方面②。这一切效果，都以将鲁迅使用的"流氓"一词转译为汉语里闻所未闻的"珂罗茨基"的高明处理为条件。试想，如果以"一个流氓的自叙传之一部分"来自我定位，《创造十年》恐将难以达成为作者正名之效。

《创造十年》写成之后，郭沫若委托叶灵凤在上海代办出版事宜，该书于1932年9月20日由现代书局出版。此时，让郭沫若大为光火的鲁迅文章还未发表中文稿，现代书局在广告里只好张冠李戴地宣传："卷首冠有万余言的《发端》一篇，对于鲁迅于一九三一年在《文艺新闻》上所发表的演讲稿《上海文艺之一瞥》其中关于创造社方面各种事实的曲解，有极锐利严肃的解剖与批判。"③ 幸而《二心集》终于在一个月后的同年10月发行，由此，"重写稿"《上海文艺之一瞥》与《创造十年》之间的文字交锋终于揭幕上演。因为郭沫若的回击反而赶在《一瞥》中文稿的初刊之前出版，在势头上竟然不落下风。

虽然当初"秘密讲演"的听众不过五十余人，但一经鲁迅重新撰文，继而译成日文在日本发表，《上海文艺之一瞥》在跨语际传播中引发不同声音的碰撞，再从域外转回到上海，上演了针锋相对的笔墨之战。尽管鲁迅未做过任何回应，但《上海文艺之一瞥》所拓展出的文学场域已为这场不期然发生的笔战提供了充足的上演空间。

有足够的资料显示左翼文学两位领军者的"笔墨相讥"引人瞩目的盛景。顾凤城以黄人影的笔名编辑的《创造社论》（光华书局1932年版）和曹聚仁以吴坤仁的笔名编选的《真正老牌幽默文选》（群众图书公司1933年版）都曾把两篇文章组合收录以做噱头。1933年2月16日出版的《出版消息》（第5、6期合刊）半月刊还发

---

① 郭沫若：《创造十年》，现代书局1932年版，第26页。
② 彭林祥：《〈创造十年〉问世后的臧否之声》，《平顶山学院学报》2013年第4期。
③ 广告载于《申报》1932年9月28日第4版。

出过征集《〈上海文艺之一瞥〉及〈创造十年·发端〉平议》的征文启事，请读者自由发表意见。据称"接得来稿无数"，"但内容意思大抵一律"，最终选择了两篇刊登在该刊第 8 期上①。

被现代书局冠以"一九三二年中国新文坛划时代的杰作"之称的《创造十年》初版印量已达六千册，1933 年 1 月 20 日再版，11 月 1 日三版。合众书店似未见用力宣传的《二心集》10 月初版后迅即售罄，11 月再版，1933 年 1 月三版，8 月再出四版，被版本研究专家称"一年之内出四版，在现代出版史上是少见的"②。这两册书的热销自然与双方笔战的助推有关，也必然有力推进了对革命文学的再认识。但热销的盛况也让双方风头过大，鲁迅早有担忧的"文网"终于收紧。

1934 年 2 月 3 日《东方快报》所载《〈二心集〉被禁》称，"上海市公安局认为此书性近煽惑，有碍治安"，遂"请得高二分院之第一〇六七号搜查票"，派警员至合众书局"抄出《二心集》一千三百余本之多，乃即解送捕房，由捕房转送高二分院，请求没收"③。同月 19 日，国民党中央党部查禁了上海出版的 149 种文艺书籍。据转发全部名单的《南宁民国日报》报道，下发文件称"特将各项反动刊物目录，咨送内政部转行各省市主管机关，严行查禁，以杜流传"④。在这份被禁书单里，《二心集》和《创造十年》都名列其中。

因《二心集》被禁，合众书店将其改版为《拾零集》出版时，《上海文艺之一瞥》已遭删除，此后直至鲁迅去世，国内应再无该文章的版本流通。然而，在这一段国内流布的空白期，反而在日本又出现了一个《上海文艺之一瞥》的译文版本，即 1935 年 6 月岩波书店出版的佐藤春夫与增田涉合译的《鲁迅选集》，增田涉翻译的"日文版"在略做修订后收录其中。这一版本的译文中，依然没有副标题出现。据增田涉回忆，这部岩波文库版的《鲁迅选集》共售出约"十万部"⑤。

《鲁迅选集》也收入了增田涉的《鲁迅传》，而且《改造》发表时被删掉的词句部分得到了恢复。这篇传记里特别提到鲁迅对创造社、太阳社的"左"倾错误的批评，强调了鲁迅对中国左翼文学的领导地位。而《鲁迅选集》中直接与这部分内容相呼应的鲁迅文字，无疑就是《上海文艺之一瞥》。这也意味着这篇译文在同时代的日本读书界为形塑中国左翼文坛领袖的鲁迅之像而起到的作用不容小觑。

（原载《文学评论》2021 年第 2 期）

---

① 《鲁迅与郭沫若》，《出版消息》1933 年第 8 期。发表于该期《出版消息》的两篇文章分别为周维纲《〈上海文艺之一瞥〉及〈创造十年·发端〉平议》和晓韦《读过了〈一瞥〉和〈发端〉》。

② 参见周国伟编著《鲁迅著译版本研究编目》，上海文艺出版社 1996 年版，第 125 页。

③ 参见《〈二心集〉被禁》，《东方快报》1934 年 2 月 3 日，转引自中国社会科学院文学研究所鲁迅研究室编《1913—1983 鲁迅研究学术论著资料汇编》第 1 卷，中国文联出版公司 1985 年版，第 924 页。

④ 《省府令转各县局 查禁文艺反动刊物》，《南宁民国日报》1934 年 4 月 23 日第 7 版。

⑤ 增田涉：「佐藤春夫と鲁迅」，『鲁迅の印象』，角川书店 1970 年版，第 272 页。

郭沫若诗集《新华颂》删改考

杨玉霞

一 诗集《新华颂》篇目删改

诗集《新华颂》出版于 1953 年 3 月，同月《毛泽东的旗帜迎风飘扬》出版，1957 年《沫若文集》出版，1959 年《骆驼集》出版，1977 年《沫若诗词选》出版。随后出版的这几部诗集，或者是收录了诗集《新华颂》，或者是从其集中选择部分作品录入。虽然其中有些诗集的选辑是编辑部完成的，但都是经过郭沫若"亲自校阅"的。因此，研究这些诗集篇目删改，可以窥见当时社会的趣味和诗人的思想趋向。

诗集《新华颂》中作品在录入其他选集时候的辑选篇目情况如下表所示。

《新华颂》1953.3	《毛泽东的旗帜迎风飘扬》1953.3	《沫若文集》（二）1957.3	《骆驼集》1959.12	《沫若诗词选》1977.9
收入诗歌 21 首，附录旧体诗 11 首，歌曲一首	收入《毛泽东的旗帜迎风飘扬》《突飞猛进一周年》《顶天立地的巨人》《斯大林万岁》《光荣归于列宁》《史无先例的大事》《鲁迅先生笑了》《"六一"颂》《消灭细菌战》《多谢》《光荣与使命》《学文化》《防治棉蚜歌》13 首	删去《四川人，起来》《斯大林万岁》《消灭细菌战》3 首，歌曲《和平鸽子歌》1 首，将《金环吟》等 7 首编入《蜩螗集》，其他悉数收入	收入《新华颂》《消灭细菌战》2 首	收入《新华颂》《毛泽东的旗帜迎风飘扬》

1. 诗集《新华颂》与"文学初步读物"《毛泽东的旗帜迎风飘扬》

《毛泽东的旗帜迎风飘扬》系丛书《文学初步读物》的第 1 辑，与《新华颂》同月出版，同样是由人民文学出版社编选。时任人民文学出版社副社长和副总编辑的楼适夷回忆这套读物是为了"在提高的指导下开展普及"，当时郭老得知自己的诗被编入，曾十分高兴地说："我的诗也可以成为工农读物吗？"①

正是因为书的用途是作为"工农读物"，所以我们可以看到编辑在选辑作品之时

---

① 楼适夷：《零零碎碎的记忆：我在人民文学出版社》，《新文学史料》1991 年第 1 期。

在考虑思想性与时代性之外，更考虑其艺术表达的通俗性，古典辞赋形式的《新华颂》未被选入而选取具有歌谣性质、朗朗上口、通俗易懂的《消灭细菌战》《学文化》《防治棉蚜歌》等，自然也是可以理解。

2. 诗集《新华颂》与《沫若文集》（二）

《沫若文集》（二）在收入诗集《新华颂》时，删去歌曲《和平鸽子歌》；因为《金环吟》等7首旧体诗均写于1949年9月前，所以编入《蜩螗集》；删去《四川人，起来》《斯大林万岁》《消灭细菌战》。

（1）《四川人，起来》

这首诗写于1949年9月24日，载于1949年10月2日的《人民日报》。郭沫若写这首诗以鼓舞四川人民"活捉蒋介石"。

这首诗有着广场诗慷慨激昂的声势，简单直白的语言形式，不断复沓的抒情技巧，带来巨大的鼓动力量。但同时，这首诗语言粗糙，有些地方甚至显得粗鄙，比如"为什么让这卖国贼……一屁股坐在四川人/五千万个的头上，自由自在的在那儿放屁？"作品有着明显的时效性和目的性，因此随着国民政府迁台、蒋介石离开四川，这首粗糙得近于叫喊的口号诗歌也完成了它的使命。

（2）《斯大林万岁》

《斯大林万岁》作于1949年11月，初载于1949年12月13日的《人民日报》。郭沫若为斯大林题写了这首祝寿诗，并亲笔题于中国文艺界人士为祝贺斯大林七十寿辰所制作的纪念册之上。

这是一首祝寿诗，也是一首对斯大林的颂歌："斯大林的名号，永远成为了人类的太阳。/万岁！伟大的斯大林！万岁！亲爱的钢。"这样的诗句在今天读来会觉得夸张而空洞。其实这些"现在看来如此肉麻的吹捧，在当时却是反映了中苏友谊的真诚"。[①] 在中苏"蜜月"时期，有大量的"斯大林颂"作品，"可以说共和国文学早期以歌颂斯大林为主旨的图片和文字作品构成了一种特别的文学史景观"[②]，比如艾青的《献给斯大林》、马凡陀的《全世界不同的语言欢呼着同一个姓名》等作品，都是献礼斯大林七十寿辰之作。

其实，郭沫若同时还有一首《我向你高呼万岁》，后来作了删改并换了诗题，收入《沫若文集》（二）（下文将详细分析），还在12月18日的《人民日报》上发表散文《"灵魂工程"的工程师——为庆祝斯大林七十寿辰而作》（又载《文艺报》1949年第1卷第7期）。易彬在与诗人彭燕郊访谈中论及艾青的一段对话似乎也可以作为较为中肯的注解：

---

① 陈景彦等：《20世纪中日俄（苏）三国关系史研究》，长春出版社2011年版，第360页。
② 丁帆主编：《中国现当代文学讲稿》，南京大学出版社2013年版，第44页。

易：他（艾青——作者注）不断地写"斯大林万岁"之类的诗。
彭：他也不能不写那些东西。人们往往不知不觉地成为悲剧人物。①

《斯大林万岁》一诗是郭沫若以文艺界人士之一的身份，表达对斯大林寿辰的祝贺，而《我向你高呼万岁》则是以官方身份表达对于斯大林功绩的歌颂与寿辰的祝贺，后者包含并提升了前者的情感，并且对斯大林的伟大之处描绘得更为全面，抒情的"境界"更为阔大，更何况 1957 年对斯大林个人崇拜的批判已经开始露出苗头，敏感聪慧如郭沫若者完全有理由在《沫若文集》中删掉《斯大林万岁》并大刀阔斧地修改《我向你高呼万岁》。

（3）《消灭细菌战》

作于 1952 年 3 月中旬，载于 1953 年 3 月 26 日的《人民日报》。这是郭沫若为声讨细菌战而创作的一首歌词。

关于 1952 年朝鲜战场上这场"细菌战"的有无一直存在争议。② 原志愿军卫生部长吴之理曾以当事人的视角，讲述他所经历和了解的所谓"美帝细菌战"："苏共中央来电说，细菌战是一场虚惊……总理即下令撤回。"③ 但此时（1952 年秋），关于反细菌战的宣传在国内早已深入展开，很多人就知其一而不知其二了。

郭沫若是否知道内情，我们暂时找不到第一手的材料来证明。当时周恩来担任中央防疫委员会主任，郭沫若、聂荣臻是副主任。周恩来若是下令撤回宣传的话，郭沫若、聂荣臻按理应该是最先知道的。如果这样，1957 年的《沫若文集》（二）的篇目是郭沫若选辑的，因此删去就可以理解了。但《沫若文集》（二）中的《光荣与使命》和《玛娜娜》两首都提到了"美国干涉者投掷细菌弹"，又说明作者并未否认细菌战的存在。或许我们只能猜测，郭沫若删去这首诗是由于其原本就是作为歌词来创作，就像删去《和平鸽子歌》一样。

3. 诗集《新华颂》与《骆驼集》《沫若诗词选》

《骆驼集》出版于 1959 年 12 月。《骆驼集》从《新华颂》中选了 2 首，《新华颂》与《消灭细菌战》。郭沫若在前记中说明诗的选辑主要是由人民文学出版社负责，自己"只略略有些增删"，因为"如果让我自己来选择时，可能一首也选不出来"④。这句话既可理解为作者的自谦之意，亦可揣测作者也有自知之明，对自己的这些作品有着充分的自觉，依然有着对于诗美的严格要求。

---

① 彭燕郊口述，易彬整理：《我不能不探索——彭燕郊晚年谈话录》，漓江出版社 2014 年版，第 11 页。
② 这一争议可以参见如下文章：曲爱国：《是美军的罪行还是中朝方面的"谎言"——关于抗美援朝战争反细菌战斗争的历史考察》，《军事历史》2008 年第 2 期；齐德学：《抗美援朝战争中的反细菌战是中国方面的造假宣传吗？》，《当代中国史研究》2010 年第 3 期；朱清如：《60 年来美国实施的朝鲜细菌战研究述评》，《武陵学刊》2013 年第 1 期。
③ 吴之理：《1952 年的细菌战是一场虚惊》，《炎黄春秋》2013 年第 11 期。
④ 郭沫若：《骆驼集·前记》，人民文学出版社 1959 年版，第 1 页。

《沫若诗词选》是郭沫若生前重新校阅的最后一部诗集，由人民文学出版社于1977年9月出版。《沫若诗词选》从《新华颂》中选了2首，即《新华颂》和《毛泽东的旗帜迎风飘扬》。在人生的最后阶段，郭沫若从新中国成立后的第一本诗集《新华颂》仅选了2首（还作了多处删改）辑入自己的最后一本诗集，这似乎表达了郭沫若对《新华颂》的别样情感。

二 诗集《新华颂》文本删改

诗集《新华颂》中的作品在之后收录进入其他诗集中时，除了篇目会有删改之外，郭沫若还会对文本进行校阅、修订，进行不同程度的删改，而这些删改并未在文后做出说明。对这些删改进行全面梳理和研究有助于我们去深入了解郭沫若思想的变化，从而对晚年郭沫若做出更为审慎和全面的评价。

1. 从诗集《新华颂》到《沫若文集》（二）

（1）《我向你高呼万岁》：

①题目改为《集体力量的结晶》。

②删掉首句。

③第二、四、六、七、八节中"全人类的解放者"改为"集体力量的结晶"。

④删掉第三节。

⑤第四节中删掉"旧时代的救世主耶稣……是真的"。

⑥第五节中"在你的领导之下"改为"苏联的人民武力"，"你"改为"你和你的战友们"。

⑦第五、六、七节中一处"你"改为"你和你的战友们"。

⑧第八节中在"你"后加"会"字，后两句同。删掉"这样的称颂或许有背于辩证逻辑吧"，"你应该也是在变的"去掉"是"。

⑨第九节删掉"永垂不朽！"三句。

⑩第九节中两处"你"改为"集体力量"；三处"你的"改为"集体的"，后面两个"你的"同样改为"集体的"。最后一节，全部删掉。

（2）《史无先例的大事》

①第三节"毛泽东在高呼斯大林的万岁，/斯大林在高呼毛泽东的光荣！"改为"中国人民在高呼世界和平万岁，/苏联人在高呼马列主义光荣"。

②第八节"寿翁"改为"约瑟夫"。

③第十节"乌拉，中国人民的领袖毛泽东！/乌拉，世界革命的导师斯大林！"改为"全世界劳动人民的团结力量/欢迎文学艺术永远战胜战争！"。

（3）《光荣归于列宁》

①第二节"伟大的斯大林"改为"约瑟夫斯大林"，"法西斯的轴心"改为"法

西斯蒂轴心"。

②第四节删去"在我们贤明的领袖……功将告成"。

(4)《突飞猛进一周年》

①有四处重新划分诗节。

②第四节"联"改为"结"。

(5)《火烧纸老虎》

①第二部分"朝鲜"加引号。

②第三部分"中国人民众议既决"删掉"中国人民"。

③第五部分"他的残暴"改为"它的残暴"。

④第六部分"独霸世界的妄想也变成了一阵狂风"改为"独霸世界的妄想也变成了一阵腥风"。

(6)《顶天立地的巨人》

第二节"消灭了八百零七万人的反革命武装力量"改为"击溃了八百零七万人的反革命武装力量";"一小撮卖国贼"改为"一小撮残兵败将"。

(7)《防治棉蚜歌》

①去掉所有诗节序号,以空格分诗节。

②第一节至第二节前两句删掉"各位同志听我把话表……而且好",合为一节。

③第三节中删掉"棉蚜活","它"改为"棉蚜",改"从地面"为"要";"下卵"改为"下蛋";删掉"保管";末尾增加一句。

④第四节增加"苦买菜……蚜子的生命就难保"一句。

⑤第五节全部删去:"这个研究去年五月已发表……更比一年好。"

(8)《多谢》

①全诗重新分为五节。

②"我们并肩前进"改为"我们能并肩前进",最后一节"记录我们今后的奋斗"改为"我要记录今后的奋斗"。

(9)《光荣与使命》

①第一节"斯大林金质的英容"改为"维护国际和平的奖章","辉煌"改为"静穆","照耀"改为"悬挂"。

②第二节删去"都会曾经","向我道贺"改为"寄来不少的奖状","都为我高唱着保卫和平者之歌"改为"都在把保卫和平者之歌高唱",句子结构稍调,并将"斯大林奖章"改为"和平奖章"。

③第三节删掉"斯大林爷爷",加"苏联的红军";"斯大林"改为"镰刀和斧头";"接受斯大林的荣光"改为"服务在工厂和农庄"。

④第五节"斯大林是和平的象征"改为"镰刀和斧头是和平的象征"。

仔细分析以上删改,可以发现大致有如下几种情况。

其一，文辞润色、结构调整等方面的修改。如（1）中⑧，（4）中①②，（5）中①②③④，（6），（7），（8），（9）②。在这些增删改易之中，有的的确使得作品更加简练，比如《防治棉蚜虫》，虽然改后的诗作依然直白浅显，但起码是简洁一些了；有的可以使作品的语言表达更加准确和恰当，比如对（6）《顶天立地的巨人》的一处修改；等等。有些作品重新划分诗节，可以使诗歌的结构更加清晰，情感的节奏得到更好的表现，比如《突飞猛进一周年》。这些修改无疑是值得肯定的，正如他一再强调的"诗是语言的艺术"①，郭沫若对于自己的作品的不断删改正体现了他对于诗歌艺术的最基本的追求。

其二，思想、内容调整等方面的修改，以《我向你高呼万岁》、《史无先例的大事》和《光荣与使命》最为突出，这几首诗最明显的修改就是对其中个人崇拜的语句进行修改和删除。这一方面已经有学者做了详细的研究，将这些修改归因于郭沫若对于中苏情势以及毛泽东对于苏联的态度变化的敏锐感知，②这已不必赘言。值得注意的是，在这些修改之中，还涉及对于毛泽东的表达，比如（2）①③、（3）②。在1958年以前，毛泽东对个人崇拜是相当警惕的。因此，当苏共二十大揭露斯大林的个人崇拜问题后，毛泽东与党中央都开始重视这一问题。《人民日报》发表《关于无产阶级专政的历史经验》和《再论无产阶级专政的历史经验》，分析总结苏联的经验教训，以防止和克服党内出问题。郭沫若在诗歌表达上自然要符合这样的大趋势。但1958年以后，在反对个人崇拜方面，毛泽东表现出明显的思想倒退。在1958年3月成都会议上他提出了要区分两种个人崇拜的错误观点，引起了严重的不良后果。在这样的背景下，郭沫若一些被世人诟病的所谓"吹捧诗"也就越来越多。

2. 从诗集《新华颂》到《沫若诗词选》

（1）《新华颂》

①每一诗节删去最后两句"使我光荣祖国，/稳步走向大同"。

②第二节"工业化"改为"现代化"，"耕者有田天下公"改为"国际歌声入九重"。

③第三节"四面八方自由风"改为"千秋万岁颂东风"。

从歌词创作角度来看，将"使我光荣祖国，/稳步走向大同"这段原本可以复沓并不断推进情感的副歌删掉并不恰当。有学者认为郭沫若的修改是有一定原因的："盖1967年批判刘少奇《论共产党员的修养》，毛泽东在审定的批判文章中增写过否

---

① 郭沫若：《谈诗歌问题》，《光明日报》1956年12月15日。
② 魏建的《〈沫若诗词选〉与郭沫若后期诗歌文献》（《中国现代文学研究丛刊》2011年第11期）指出：经过修改"诗作主题由对斯大林的个人崇拜，改成了对'集体力量'的赞颂"这是"郭沫若随着国际、国内政治风云的变幻，对《我向你高呼万岁！》一诗做了一次面目全非的'整容'"。山东师范大学刘晶晶的硕士学位论文《论十七年郭沫若诗歌的"改"与"删"》认为，"这恐怕与郭沫若对中苏关系的认识和态度发生转变不无关系，而他（郭沫若）的这种转变可能就源于郭沫若已经体察到的毛泽东对苏联模式的不满及毛泽东对斯大林的评价和对苏联态度的微妙变化"。

定《礼运·大同篇》和康有为的《大同书》。"① 毛泽东曾在给黎锦熙的信中声称："大同者，吾人之鹄也。"② 《论人民民主专政》中又提到"康有为写了《大同书》，他没有也不可能找到一条到达大同的路"，他找到的是"另一种可能性：经过人民共和国到达社会主义和共产主义，到达阶级的消灭和世界的大同"③，这时毛泽东否定了康有为找到大同之路的可能性，却并没有否定"大同"这一目标。1958 年的人民公社化运动，就是他将大同理想变为现实的一次尝试。但 1967 年，毛泽东在批判刘少奇《论共产党员的修养》时，将《礼运·大同篇》《桃花源记》《大同书》与"法国和英国空想社会主义者的大批著作"斥为"一路货色"④。1968 年 12 月 1 日的《人民日报》第 6 版上发表了题为"什么'统一'？什么'大同'"的文章，粗暴凌厉，足以让刚刚痛失两位爱子的郭沫若战战兢兢。有意思的是，《沫若诗词选》选入的《歌颂中朝友谊》（选十六首）中有一首《颂平壤市》，末句"丰收歌颂传郊野，一脉大同入海洋"却没有改动，虽然此处不同于《新华颂》的"大同"，亦不同于《满江红·赞南京路上好八连》之"大同"，但经历过"文革"式的深文周纳，谨慎如郭沫若难道不会忧虑"欲加之罪何患无辞"？又或者，郭沫若还不是那么"小心翼翼"？

诗中从"工业化"到"现代化"的修改，反映了中国进行社会主义经济建设思想路线的变化。1949 年毛泽东在中共七届二中全会报告中强调指出要"使中国稳步地由农业国转变为工业国"⑤，而在 1964 年 12 月的第三届全国人民代表大会第一次会议上，根据党中央和毛泽东的提议，周恩来正式提出要在 20 世纪内实现四个现代化的奋斗目标。郭沫若将"工业化"换为"现代化"可以视为其"趋时"的表现，但也可视为其从实际出发，使其作品更加真实地反映时代的表现。其实，如果撇开内容不谈而单从语言艺术上来讲的话，"现代化，气如虹，/国际歌声入九重"较之于修改之前更为生动，气势如虹、歌声直上云霄，情景相融，而原句"工业化，气如虹，/耕者有田天下公"，理念传达的痕迹更重些。

从"四面八方自由风"到"千秋万代颂东风"，也可见政治氛围对于郭沫若的影响。"千秋万代颂东风"这一句并不是郭沫若第一次使用，1962 年郭在游黑龙潭时就曾经题词："黑水祠中三异木，千秋万代颂东风。"类似的还有"堤外海天催晓色，园中花草颂东风"（1959 年《使馆宿舍即景》），"化作甘霖均九域，千秋长愿颂东风"（1961 年《六朝松》），等等。郭沫若后期诗歌中的这一"东风"意象，已经有

---

① 冯锡刚：《郭沫若的晚年岁月》，中央文献出版社 2004 年版，第 396 页。
② 毛泽东：《致黎锦熙信》，《毛泽东早期文稿》，湖南出版社 1990 年版，第 89 页。
③ 全国人大常委会办公厅、中共中央文献研究室编：《人民代表大会制度重要文献选编》（1），中国民主法制出版社 2015 年版，第 14 页。
④ 红旗杂志编辑部、人民日报编辑部：《修养的要害是背叛无产阶级专政》，《人民日报》1967 年 5 月 8 日。此处引用部分为毛泽东增写。
⑤ 毛泽东：《毛泽东选集》第 3 卷，人民出版社 1991 年版，第 1081 页。

学者进行过细致研究。①"自由风"本是来自"四面八方",但历经"反右""文革"之后,被删减为单一的"东风"。郭沫若1957年以后诗歌创作中集中、大量出现的"东风"意象,一方面体现了郭沫若对"时代语言"的靠近,另一方面体现了当时诗歌语言的萎缩和封闭。其实自1957年11月18日毛泽东在莫斯科会议上发表"东风压倒西风"即席演说之后,如果我们翻阅1958年的《人民日报》,会发现题目中含"东风"的各类文章,从1月1日的《东风第一枝》到12月31日的《东风压倒西风》,包括诗歌、散文、新闻报道等计约55条,"东风"也成为国产汽车品牌、人民公社名称甚至理论刊物名称,郭沫若主动或被动地被裹挟其中。

(2)《毛泽东的旗帜迎风飘扬》

①每节删去"毛泽东的党/领导着新中国/在胜利中成长"。

②第二节中,"我们工人阶级"改为"咱们工人阶级","为咱们祖国的工业化贡献出力量"改为"为咱们祖国的工业化,技术必须加强"。

③第三节"要逐步实现机械化的集体农庄"改为"要逐步实现机械化,倒海翻江"。

④第四节"我们反抗侵略,协助友邦"改为"我们反抗侵略,睦邻友邦"。

《毛泽东的旗帜迎风飘扬》写于1952年6月11日,发表于1952年6月27日的《人民日报》,标题是《工农歌唱"七一"》,后收入诗集《新华颂》和《沫若文集》(二),修改后收入《沫若诗词选》。

这首诗的修改主要侧重于句式的整饬,如②③④,相似的句式可以更好地抒发感情,加以"万岁毛泽东!万岁中国共产党!"这样采用"主谓"颠倒的句式,借以表达激动的感情和赞叹的语气,强调的作用和感召的力量都会得到明显的加强。修改①则可以使作品更加简练,使作品是诗而不是歌词。从"协助友邦"到"睦邻友邦",增加"倒海翻江",都使得情感的表达更加准确、恰当和生动。

三 诗人的自觉与革命者的自觉

对于自己后期诗歌创作的艺术水平,郭沫若有着相当清醒的认识。其实早在1944年1月5日郭沫若在为诗集《凤凰》作序时就表示:"我要坦白地说一句话,自从《女神》以后,我已经不再是'诗人'了……像产生《女神》时代的那种火山爆发式的内发情感是没有了。""广义的来说吧,我所写的好些剧本或小说或论述,倒有些确实是诗,而我所写的一些'诗'却毫无疑问地包含有分行写出的散文或韵文。"②《女神》以后自己已经不再是"诗人"了——这样的说法未免自贬过分,但

---

① 逯艳:《"东风"隐含的多重意义指向》,《淄博师专学报》2011年第1期。

② 郭沫若:《序》,《凤凰》,群益出版社1947年版,第5页。

"分行写出的散文或韵文"在他新中国成立后的诗集中越来越多却是事实，它们缺少了"内发情感"，缺少了"生命感"。正是如此，郭沫若《蜩螗集》的序中说："这些诗……作为诗并没有什么价值，权且作为不完整的时代记录而已。"① 在1958年12月20日《人民日报》上发表的《读了"孩子的诗"》一文中郭沫若写道："我完全同意，他们一定会超过我们，特别是超过我。因此，我作了一首诗答复那位小作者：郭老不算老，诗多好的少。老少齐努力，学习毛主席。"② 1959年12月在《骆驼集》的前言中郭沫若感叹："如果让我自己来选择时，可能一首也选不出来。"③ 这也是郭沫若不断修改、勉力改进自己作品的原因之一：他对诗歌依旧有着自己的艺术标准，有着相当的自觉。

然而郭沫若不仅有作为诗人的自觉，还有作为革命者的自觉。早期郭沫若的诗歌观念是"建立在情绪的基础之上，情绪是其诗学观念的核心"，④ 但在1936年郭沫若则宣称："……我高兴做个'标语人'、'口号人'，而不必一定要做'诗人'。"⑤ 1937年他跟夏衍说自己在看了《八一宣言》和季米特洛夫在第三国际第七次代表大会上的报告之后，就曾对林林说："好，党决定了，我就照办，要我做喇叭，我就做喇叭。"⑥ 20世纪50年代他提出："诗歌应该是最犀利而有效的战斗武器，对友军是号角，对敌人则是炸弹。因此，写诗歌的人，首先便得要求他有严峻的阶级意识，革命意识，为人民服务的意识，为政治服务的意识。有了这些意识才能有真挚的战斗情绪，发而为诗歌也才能发挥武器的效果而成为现实主义的作品。"⑦ 他自觉地接受党的领导，甘愿做"党的喇叭"，忠诚地宣传党的主张，自觉地服从党的需要。从《新华颂》到《沫若诗词选》，我们从大多数作品中看到的是寡淡的诗意、宣传腔调的语言，以及作者不断的删改，这正是出于一个革命者的使命感，也就可以理解。

诗人的自觉与党员、革命者的自觉，在郭沫若身上互相纠缠。从《新华颂》到《沫若诗词选》的选辑删改，我们可以看到自己前者逐渐潜隐而后者逐渐张扬的过程，而经历"文革"之后，这种"自觉"转而有了"自保"的意味。1966年4月14日，在第四届全国人民代表大会常务委员会第三十次会议上，郭沫若宣布了所谓著名的"焚书论"："……拿今天的标准来讲，我以前所写的东西，严格地说，应该全部

---

① 郭沫若：《序》，《蜩螗集》，群益出版社1948年版，第1页。
② 1958年12月怀来县召开的首届县文代会闭幕式上举行了一次赛诗大会，与会的民歌手、作家、诗人纷纷登台朗诵自己创作的诗篇。其中，来自果林公社一年级的小作者刘玉花走上台大声朗诵："别看作者小，诗歌可不少；一心超过杜甫诗，快马加鞭赶郭老。"此事此诗于1958年12月18日登在《人民日报》第8版上。郭老的《读了"孩子的诗"》就是针对此事而写。具体可见张家口市政协文史资料委员会编《张家口文史》第2辑，2004年版，第301页。
③ 郭沫若：《骆驼集·前记》，人民文学出版社1959年版，第1页。
④ 吕周聚：《中国新诗审美范式的历史转型》，人民出版社2014年版，第67页。
⑤ 郭沫若：《我的作诗的经过》，《质文》1936年第2卷第2期。
⑥ 袁鹰、姜德明编：《夏衍全集·文学》下册，浙江文艺出版社2005年版，第447页。
⑦ 郭沫若：《郭沫若谈创作》，黑龙江人民出版社1982年版，第63页。

把它烧掉，没有一点价值。"① 面对他人疑问，郭沫若在给读者徐正之的信中回答道："凤凰每经五千年要自焚一次，从火中再生。这就是我所说的'烧掉'的意思。"② 需要注意的是，郭沫若所说的"没有价值"一直是强调"按今天的标准来讲"的"没有价值"，也就是没有当下价值，但如果以文学或者文艺创作的恒世价值标准来衡量呢？郭沫若在"没有价值"前加的这个限定性状语，表明他并非完全否定自己的作品的，只是认为"不合时宜"。

1967年7月4日，郭沫若在亚非作家紧急会议上做了题为"亚非作家团结反帝的历史使命"的长篇发言，最后就"焚书说"作了澄清："我检讨了自己，我用今天的标准看来，我以前所写的东西没有什么价值，严格地说这是我责任感的升华，完全是出自我内心深处的声音。但我把这话传播出去，出乎意外地惊动了全世界。……作为对人民负责的革命作家要不断地进行自我改造，不断地进行严格的自我批评，在我们这里是极其正常的事。"③ 最后一句话，是郭沫若为自己和众多中国作家而言——不断的"自我改造"与"自我批评"终于成为文本中一处又一处的删削改易，成为具有时代特色的写作现象。

从《新华颂》到《沫若诗词选》的选辑删改，正是作者自我日渐萎缩的体现，是作者终于"脱胎换骨"的体现。毛泽东曾经说："不脱胎换骨，就进不了共产主义这个门。"④ 所以郭沫若的"焚书说"不过是其"脱胎换骨"的一个极端表现，较之于其他一些知识分子、艺术家的"忏悔"，"焚书说"既不算早也不算过分。1950年费孝通在《人民日报》发表文章说："百无是处的悔恨心理。恨不得把过去的历史用粉刷在黑板上擦得干干净净，然后重新一笔一笔写过一道。"⑤ 1952年7月，被世人称为"最像艺术家的艺术家"的丰子恺写了一份《检查我的思想》说："我的立场，完全不是无产阶级的，而是小资产阶级的。因此我过去的文艺工作，错误甚多，流毒甚广……今天，我要向广大群众表示由衷的忏悔。"⑥ 1961年黄炎培作诗："千山万水我何曾，解放追随愧此身。双鬓斑斑知未晚，大群改造作新人。"⑦ 这首诗黄炎培为他人题写多次，并屡有修改……通过"改造"而脱却知识分子"原罪"，通过删改而提高写作的"纯度"，正是那一时代作家的群体选择。

---

① 郭沫若：《向工农兵群众学习　为工农兵群众服务》，《光明日报》1966年4月28日。
② 黄淳浩编：《郭沫若致徐正之（1967年8月25日）》，《郭沫若书信集》（下），中国社会科学出版社1992年版，第409页。
③ 郭沫若：《亚非作家团结反帝的历史使命》，《人民日报》1966年7月5日。
④ 毛泽东：《在中央军委扩大会议和外事会议上的讲话》（1959年9月11日），新湖大革命造反临时委员会宣传部：《战无不胜的毛泽东思想万岁》第3册，第281页。
⑤ 费孝通：《我这一年》，《人民日报》1950年1月3日。
⑥ 丰子恺：《检查我的思想》，《缘缘堂集外佚文》（上），海豚出版社2014年版，第138—147页。
⑦ 黄炎培：《黄炎培日记》第15卷，华文出版社2012年版，第195页。

结　语

郭沫若是一个诗人，更是一个革命者；郭沫若是一个知识分子，或者更准确地说，是一个无产阶级政党的有机知识分子。从这样一个视角来考察以《新华颂》为起始和典型的郭沫若后期诗歌写作，就不难理解其不断的删削改易。这些不同身份并非明晰对立或截然分清的，而是纠缠在一起、难以剥离的，形成一个立体的和全面的郭沫若。郭沫若在给周国平的一封信中曾经说："可惜我'老'了，成为了一个一辈子言行不一致的人。"[①] 这里的"老"字着意加了引号，自然不单是指年岁之老——其时他已经七十八岁了，更是指精神之老、心境之老——"一辈子言行不一致"，包含了一个知识分子对自我的清醒认知，含义深沉。他不断地删改，却还是被后人"耻笑"——而少有人窥见那背后的芜杂。

（原载《中国文化研究》2021 年第 1 期）

---

① 周国平：《岁月与性情：我的心灵自传》，长江文艺出版社 2004 年版，第 155 页。

郭沫若历史剧《高渐离》的版本与修改

宋 宁

抗战时期郭沫若创作的 6 部历史剧中,《高渐离》具有独特的文学史价值和文学价值。《高渐离》是 6 部历史剧中唯一没有通过国民党中央图书杂志审查委员会的审查、未能在国统区上演的剧作。[①] 作为剧本传播的《高渐离》依然获得了广大读者的关注。1946 年以《筑》命名的单行本在上海得以出版,有报道称:"郭沫若新著五幕史剧《筑》,写高渐离击筑刺秦皇的故事。在沪新出版物中,颇为吃香。"[②] 之后的再版情况也能印证这部剧作拥有一定数量的读者。《高渐离》的文学价值主要体现在塑造了新颖的秦始皇、赵高、高渐离、宋意等人物形象,其中的秦始皇形象至今聚讼不已。然而,《高渐离》有多种版本,研究者多有疏漏,或者对文本差异不够重视,影响了研究的推进。现有的《高渐离》版本研究成果,都仅选取其中两个版本进行对照和阐述,难以呈现版本流变的全貌,甚至不免出现错误的推论。[③] 本文将梳理《高渐离》所有版本的流变,对照主要版本的异同,概述修改情况,以期对于郭沫若历史剧的研究有所裨益。

一 《高渐离》的版本流变

郭沫若于 1942 年 5 月 28 日至 6 月 17 日期间创作了历史剧《高渐离》,之后发表于桂林《戏剧春秋》第 2 卷第 4 期,此为"初刊本"。《高渐离》在国统区没有通过审查,直到 1946 年 5 月才由迁移上海的群益出版社出版单行本,改名为《筑》,[④] 并在正文之前增加《序言》和《人物研究》两篇文章。这版共印 2000 册,是为"初版

[①] 在延安曾以平剧形式排演,1944 年 9 月 17 日周恩来致郭沫若信:"近日延大在以平剧形式排兄《虎符》及《高渐离》,话剧尚未尝试。"周恩来:《周恩来同志给郭沫若同志的四封信》,《人民日报》1983 年 3 月 2 日。

[②] 沈升:《文艺新闻》,《先进》1946 年 9 月第 1 卷第 4 期。

[③] 比如,蒋潇对"初版本"与"文集本"结尾中的秦始皇形象进行了比较,见蒋潇《论〈高渐离〉——郭沫若抗战时期历史剧创作初论之一》,《唐都学刊》1986 年第 1 期。李畅将"初版本"与 1951 年上海新文艺本进行了比较,见李畅《〈高渐离〉之初版本与修改本比较》,《乐山师范学院学报》2008 年第 8 期。

[④] 郭沫若 1942 年 6 月 18 日就有意改名,"草筑之考证,成。决定名高渐离剧本为筑,虽不通俗,饶有风致"。郭沫若:《筑》,《新华日报》1942 年 6 月 29 日。

本"。剧作正文与"初刊本"相较，只有 28 处文字修改，① 修改幅度不大。新增的《序言》，原题为"筑"，发表于 1942 年 6 月 29 日重庆《新华日报》，上篇是对"筑"这种乐器的详细考证，下篇则是补记的创作日记。② 新增的《人物研究》，原题为"《高渐离》人物研究"，发表于 1942 年桂林《戏剧春秋》第 2 卷第 3 期，是为下一期发表剧本所作的铺垫。

1949 年 9 月群益出版社出版《筑》第二版，印数为 1500 册，这版可称为"群益修改本"。郭沫若自述："为要改版，我又把这个剧本大大地修改了一遍。"③ 确实如此，剧作正文有 554 处文字修改。④ 并把"初版本"《序言》改名《关于〈筑〉》，⑤《人物研究》改名《〈筑〉的人物研究》，以及增加《校后记》共三篇文章作为附录，放在剧作正文后面。1949 年 12 月群益出版社出版《筑》第三版，印数也是 1500 册，内容与 9 月版一致，可归为"群益修改本"。1951 年 7 月新文艺出版社出版《筑》的新一版，印数为 2000 册，内容与"群益修改本"相同。1954 年 1 月新文艺出版社重印《筑》新一版，印数为 6500 册，内容也与"群益修改本"相同。1957 年 3 月人民文学出版社出版《沫若文集》第 4 卷，收入此剧，恢复"初刊本"原名《高渐离》。卷首《第四卷说明》中说："《高渐离》是 1942 年的作品，原名《筑》，初版于 1946 年，现在根据 1954 年新文艺出版社版，并经作者作了较大的修订，改成今名。"此版本是为"文集本"。如上文所述，所谓"1954 年新文艺出版社版"与"群益修改本"内容相同。那么，将"文集本"与"群益修改本"相比较，剧作正文共有 433 处文字变化。附录也做了调整，把《关于〈筑〉》一文的上下篇分为《关于〈筑〉》⑥《剧本写作的经过》⑦ 两篇文章，《〈筑〉的人物研究》又改回原名《人物研究》，《校后记》改名为《校后记之一》，增加了《校后记之二》。《人物研究》有两处删减，一处是删去一个"也"字，另一处则是删去了"秦始皇帝"名目下作者的推论：

> 据以上资料，于秦始皇之生理与心理两方面可作相当准确之判断。"蜂准"

---

① 本文统计修改数量以人物对白中的句为基本单位，一句对白中无论几处改动都以"1"处计算，标点改动未计入。因 1946 年"初版本"排版、印刷较为粗糙，一些人物名从"初刊本"中单字改为双字，如"黄"改为"黄媪"等，但并未一以贯之，有的开始双字，接着变为单字；另一些人物名一直保持单字，如"高""夏"等，因此人称变化也未列入修改数量。

② 《筑》作为《序言》时，有两处改动，一处删去一个"为"字，另一处把"写"改为"篇"。此外，还有两处误排："未"错排成"末"，"甚"排成同义的"什"。

③ 郭沫若：《校后记》，《筑》，群益出版社 1949 年版，第 154 页。

④ 除了上面注释所说明的情况，一些相同改动、多次出现的情况也算作"1"处，如"事体"改"事"；一些增加、删减、整合、重写等较大的改动，由于属于连续的片段，也都算作"1"处。

⑤ 文字方面有 7 处改动：删去语气助词"也"，把两处"此"改为"这"，"篇"改为"编"，"末"改为"未"，"什"改为"甚"，"华银山"改为"华銮山"。

⑥ 删去原文中日本朋友的名字"林谦三君"。

⑦ 删去原文最后两句：六月十八日"草筑之考证，成。决定名高渐离剧本为筑，虽不通俗，饶有风致"。"想到率性以筑之考证作为剧本之序，因以前文作为上篇，补记此下篇，以完成其作为序文之格式。"

即今言马鞍鼻,"挚鸟膺"即今言鸡胸,此为软骨症之特征。秦皇幼年盖曾患软骨症无疑。软骨症必兼气管支炎,故其"声"如"豺"也。精神身体俱不健全,故渴望长生,而妒视他人的健康,因而迷信神仙,嗜杀成性,而刚愎自用。身为帝王,大可为所欲为,此种地位亦助成其暴戾。

1986年10月人民文学出版社出版的《郭沫若全集·文学编》第7卷中收入的《高渐离》是根据1957年《沫若文集》第4卷的版本,因此"全集本"同"文集本"。

综上所述,《高渐离》版本的流变是"初刊本"—"初版本"—"群益修改本"—"文集本"。各版本都是在前一版本基础上进行修改,但由于"初版本"改动不大,而且排版印刷错误较多,下文主要对照"初刊本"、"群益修改本"和"文集本",概述修改情况。

二 结尾的两次"完全改换"

历史剧《高渐离》的版本变迁中,结尾改动十分显著。从"初刊本"的结尾到"群益修改本"的结尾,郭沫若称之为"完全改换","特别是第五幕的落尾处,我在最初虽然很费了些心思,但没有得到适当的解决,旧稿是非常勉强的。我现在把它完全改换了"①。其实,从"群益修改本"的结尾到"文集本"的结尾,变化同样巨大,也称得上"完全改换"。

首先,从"初刊本"到"群益修改本""文集本",作者删繁就简,字数不断减少,场面安排更加简洁。如果剧作的结尾从卫士押着怀贞夫人、高渐离退场算起,"初刊本"结尾长达699字,"群益修改本"结尾有254字,"文集本"结尾只有179字。"初刊本"结尾涉及多个人物的上下场与歌舞表演,场面较为复杂,乃至凌乱。作者曾说:"写第五幕开场,颇费思索。于处理童男童女之退场入场,苦不易恰到好处。"② 其实,不仅童男童女,李斯、赵高、胡亥等人也有较为烦琐的退场入场,同样"不易"做到"恰到好处"。相比而言,"群益修改本"和"文集本"的结尾更加简洁,更有层次,胡亥、赵高等人不必反复退场入场,而艺术效果并没有因此减弱。

其次,结尾的修改与政治环境密切相关,三个场面完全不同,含有不同的寓意。"初刊本"的结尾如下:

皇:好,现在不必多说话了。我们就开始跳蓬莱舞,在这儿跳了一个圈子之

---

① 郭沫若:《校后记》,《筑》,群益出版社1949年版,第154页。
② 郭沫若:《筑》,《新华日报》1942年6月29日。

后，再跳到外边去，看活门神赏雪。

赵高持节在月台上挥动，钟鼓之声起。马牛羊豕龟鹿六童由月台左阶跳上，跳入便殿，始皇戴豸面即加入行列为邻队，胡亥戴狼面，加入第二名。在庭燎之畔先跳了一个周遭，此时栏外雪景中，高渐离，与怀贞夫人钉成十字形，品排升上，始皇领队跳上月台，向右阶而下，胡亥向左而下。马牛羊豕兔鹿，轮次一右一左，分别下。在鼓乐声中反复唱"琅琊台辞"，第六章。

"初刊本"的结尾中，秦始皇与胡亥分别戴上"豸"与"狼"面具与童男、童女一起跳舞至退场。郭沫若后来说："我写这剧本时是有暗射的用意的，存心用秦始皇来暗射蒋介石。"① 那么，郭沫若设置秦始皇戴"豸"面具，不仅暗合他在《人物研究》一文中所摘录古籍中秦始皇是"豸声"的相貌细节，而且暗示秦始皇是"豸狼"一样的统治者。另外，高渐离与怀贞夫人最终被"钉成十字形，品排升上"，作为秦始皇等人跳舞的背景，也象征着秦始皇统治的残忍。此时，身处国统区，郭沫若以秦始皇"暗射"蒋介石的专制和残忍，不得不运用隐喻和象征等手法。1948年，当郭沫若修改《高渐离》时，已逃离国统区，置身香港，他把结尾做了一次"完全的变换"，自由地表达对于蒋介石的批判和嘲讽。"群益修改本"的结尾如下：

> 舞台上只余始皇一人。忿恨作态，四处驰突，有如受了伤的野兽。
> 胡：（一直藏在始皇坐椅下，至此始由椅下爬出）爸爸，他在笑你吗？
> 皇：（余忿未泄，给胡一脚蹴去）杂种！你也跟我滚下去！
> 胡：（突然反噬，跳上去给始皇一个耳光）要你才是杂种，你跟我滚出去！
> 皇：（大叫）啊，反了，反了！儿子打老子，天下大乱了。人来呀！
> 父子两相纠打，在地上打滚。徐福率群儿戴马牛羊豕兔鹿一涌而上，伫立旁视，不敢劝止。只听始皇父子互相打骂："你这该死的魔鬼！你这该死的魔鬼！"……

"群益修改本"结尾变成了"儿子打老子，天下大乱了"。郭沫若改变了秦始皇与胡亥的和谐关系，两人纠打对骂。"面具"舞也被删去，徐福率领童男、童女上台后，"伫立旁视，不敢劝止"。这一修改，把悲惨、神秘的结局变成了一出简洁有力的滑稽戏，彻底丑化秦始皇、胡亥的形象，是对蒋介石统治集团发动内战的尽情嘲讽。所以，作者当时得意于这一"完全改换"，"没想出隔了六年竟能得到这个比较满意的收获"②。然而，时过境迁，共和国成立后，蒋介石统治集团已被推翻。郭沫

---

① 郭沫若：《校后记之二》，《沫若文集》第4卷，人民文学出版社1957年版，第127页。
② 郭沫若：《校后记》，《筑》，群益出版社1949年版，第154页。

若无须再以秦始皇"暗射"蒋介石,"秦始皇是一位对民族发展有贡献的历史人物,蒋介石哪能和他相比!"① 他在1956年再次修改《高渐离》时,又一次把结尾处"完全改换"。"文集本"结尾具体如下:

> 秦始皇:还是赏雪要紧。(向赵高)你让那些童男、童女,再跳一次"蓬莱舞",唱《琅琊台刻辞》。
> 胡亥:还是古板的东西要安全一点啦。
> 秦始皇:(气已平复,抚摩胡亥之头)娃娃,你毕竟聪明。
> 童男、童女照前歌舞一遍。
> 六合之内,皇帝之土。
> 西涉流沙,南尽北户,
> 东有东海,北过大夏,
> 人迹所至,无不臣者。
> 功盖五帝,泽及牛马,
> 莫不受德,各安其宇。

"文集本"结尾恢复了"初刊本"中的歌舞,但删去了秦始皇、胡亥戴面具加入舞蹈以及高渐离、怀贞夫人被"钉成十字形"等具有"暗射"、象征意味的细节,突出歌颂秦始皇统一功绩的《琅琊台刻辞》。而且,秦始皇与儿子胡亥的对话也变得正常,与前面秦始皇宠爱胡亥的和谐关系相一致。作者对于秦始皇的评价趋于全面和客观。总之,剧作的结尾及其两次"完全改换",凸显了郭沫若深度参与时事、艺术地表达时局见解的文化政治实践。

三 角色设置的修正

作为杰出的史学家,郭沫若善于发掘史料,大胆假设,对于中国历史分期和许多重要历史人物都能够提出一家之言。作为历史剧作者,他更加自由地驰骋自己的历史想象,常常创造出为历史人物"翻案"的角色。然而,随着观众或读者的反馈、时代变迁和认识趋于客观,郭沫若也会不断修正某些角色的设置,使其更加符合历史真实,更易为大众接受。在《高渐离》不同版本的变迁过程中,出现较为明显的修正的角色有秦始皇、赵高、高渐离等。

第一,秦始皇形象的修正。与两次"完全改换"结尾相一致,在高渐离击杀秦始皇不中之后,秦始皇对于高渐离、怀贞夫人的态度和处死方式,也出现很大变化。

---

① 郭沫若:《校后记之二》,《沫若文集》第4卷,人民文学出版社1957年版,第127页。

具体如下:

> 皇:这一对狗男女我是再也不能忍耐了,你们把他们抓下去,用蒺藜鞭背五百,再钉活门神,就在外面的雪地里给磔死!(初刊本)
>
> 皇:(指高渐离与怀贞夫人)这一对狗男女我是再也不能忍耐了!你们把他们抓下去,用蒺藜鞭背五百再钉活门神。(群益修改本)
>
> 秦始皇:(指高渐离与怀贞夫人)这一对男女,我要成全他们。高渐离真不愧是荆轲的朋友,怀贞也真不愧是怀清的姊妹。人各为其主。他们是"富贵不能淫,贫贱不能移,威武不能屈"的人。我让他们"求仁得仁"。(向李斯)你把他们带下去处死之后,加以厚葬;把他们的忠烈加以宣扬。(文集本)

从不同版本的对照中,我们不难发现,作者对秦始皇残忍的表现逐渐减弱。"群益修改本"删去"就在外面的雪地里给磔死!"这一句,而且也删去了后面在舞台上展示"钉活门神"这一恐怖的画面。"文集本"中,作者删去了"狗"字,秦始皇没有用"这一对狗男女",而是用"这一对男女"称呼高渐离、怀贞夫人,并对他们大加赞赏。秦始皇要让他们"求仁得仁",下令处死他们,但不仅没有用酷刑,而且吩咐李斯"加以厚葬;把他们的忠烈加以宣扬"。这样的修正在剧本前面几幕中也有细微的体现,比如:

> 徐:满嘴的忠孝节义,满腹的骄奢淫佚,这原是秦皇的拿手好戏。(初刊本)
>
> 徐:满嘴的忠孝节义,满腹的淫佚骄奢,这原是秦皇的拿手好戏啦。(群益修改本)
>
> 徐福:满嘴的忠孝节义,满腹的淫佚骄奢,这就是暴君们的拿手好戏啦。(文集本)

作者把"秦皇""秦始皇"改为泛指的"暴君们",批判锋芒有所减弱。可见,对于秦始皇形象的修正,一方面确实"把过分毁蔑秦始皇的地方删改了"[①],秦始皇的形象由此变得更加正面。另一方面,这种修正在艺术上并不突兀,反而使秦始皇的形象在全剧中更加统一。因为在第三幕,秦始皇审问高渐离时说:"我告诉你,荆轲,我虽然恨他,但我还佩服他。"(所有版本相同)并嘲笑高渐离不配当荆轲的朋友。在第五幕,秦始皇让高渐离演奏一曲《荆轲刺秦》,宣称自己和荆轲是"英雄惜英雄",在他面前演奏《荆轲刺秦》,"丝毫也不会有什么'冒昧'"(所有版本相

---

① 郭沫若:《校后记之二》,《沫若文集》第4卷,人民文学出版社1957年版,第127页。

同)。所以，作者对于秦始皇形象的修正，在主题和艺术上都是成功的。

第二，赵高形象的修正。郭沫若在《高渐离》中完全改变了以往历史叙述中赵高的奸臣形象，把他写成一个潜伏在秦国"要从这内部来把秦国腐烂"的复仇者。在"初刊本"中，当赵高向高渐离和盘托出自己的真实身份和企图时，高渐离逐渐相信了他的说辞，并大为感动。然而，到了"群益修改本"中，郭沫若却改变了高渐离的态度，让他不再相信赵高的说辞，也就是说，通过强调"复仇者"身份只是赵高的一面之词，从而修正了赵高形象。具体如下表：

初刊本	群益修改本
高：(渐渐将态度和缓，有倾听之意。)……	高：不要多费唇舌，请去对你的"不共戴天之仇"讲！
高：(略略颔首)……	高：你向我花言巧语，到底有什么用？
高：(警惕)赵高先生，你这儿说话是不是可以随便的？	高：笑话！你要把秦国腐烂！
高：(感激)哦，赵先生，你是这样一位有志气的人，在我实在连做梦也没有梦到！	高：(反话)你真是一位有志气的人啦！
高：赵先生，我现在要从心坎里说一句话，我感觉着你很可怕。	高：(毫不妥协地)你倒腐烂得真是可怕。

很明显，在"初刊本"中高渐离相信了赵高的说辞，甚至担心他的安全问题。而在"群益修改本"中高渐离自始至终没有相信赵高，反而不断地驳斥和嘲讽他。除此以外，郭沫若还完全删去了下面这一大段对话：

> 高：(沉着地)赵先生，我多谢你，听了你的话，使我深刻地受了感动。使我感觉到，我的生命还存在的一天，我是怎样的更应该善于利用我的生命。
> 赵：那是很愉快的，我真替你高兴，我还要请问你，你有位女主人，听说也一道来了，她是怎样？
> 高：夏无且告诉过你什么吗？
> 赵：他说他把她的儿子杀了，又说她只是一心想死。
> 高：我看，她倒是一心想报仇，报她的私仇和国仇，她也是你们赵国的疏族啦。
> 赵：你知道夏无且是在追求她的吧？
> 高：约略知道一些。
> 赵：那吗，我倒要请求你，你好不好也劝她一下，率性对于夏无且采用我的办法？

高：这个我没有什么把握，而且我们没有谈话的机会，更何况你的秘密也不好任意泄漏啦。

赵：好的，回头我要叫人分别地把你们安顿在妥当的地方啦。（初刊本）

因为在"群益修改本"中，高渐离根本不相信赵高，所以赵高无法开口建议高渐离劝说怀贞夫人"对于夏无且采用我的办法"。而且在初稿创作过程中，郭沫若已经改变了想法，"起初本拟让怀贞忍辱含垢，作为夏无且之妻，而最后出以报复，至此亦无须乎用此下策矣"①。因此，这一大段对话没有存在的必要，作者毫不痛惜地删去了。

为什么郭沫若不再坚定地保持赵高的"复仇者"形象呢？因为他在《高渐离》中对于赵高的"翻案"，固然令人惊奇，但缺乏强有力的史实根据，只不过从赵高的出身进行了大胆推测和想象，"赵高实一深心人，其对秦皇父子出以深谋远虑之内部破坏，实为其父母及赵氏复仇也"②。这一观点，郭沫若自称并非独创，在发表剧作的同时，曾写信向柳亚子求证："沫若近作史剧《高渐离》一种，其中将赵高写为从事工作之报仇者，就此实得诸先生之启示。不知在何处曾读先生一文，记太炎先生咏赵高诗一绝即含此意。原诗及尊文均失记，甚望教示，拟补记一序于卷首以明渊源，甚望，甚望。"③可惜之后并没有此序，因为柳亚子的回信有些语焉不详，他记得章太炎先生为他题扇诗的第二句是"赵家熏腐解亡秦"，但是，"第二句的意义，似仿佛记忆，赵高本赵国诸公子，国亡后自宫投秦，卒复其祚。是否太严先生告我，或别从他书涉猎得之，则无从置答矣"④。其实，即使章太炎先生咏赵高诗句确有此意，也只是个人见解，并不能提高《高渐离》中赵高"复仇者"形象的可信度。

而且，"复仇者"的说辞也不能为赵高洗涤助纣为虐、胡作非为的罪恶。《高渐离》中怀清夫人受辱自杀是重要的情节，表现了秦始皇的好色和虚伪。而赵高设计帮助秦始皇强奸怀清夫人，是其在剧作中确凿无误的罪恶行为。所以，在作者修正赵高形象时，除了让高渐离不相信其一面之词外，还把赵高写得更加无耻与下流：

赵：（会意）陛下的意思是？唉？

皇：是的，阿高，你是聪明的人，我现在的想头是：不仅要那怀清夫人多出钱，而且——我还想要她那个——丹穴。（初刊本）

赵：（会意）陛下的意思是要她那个——"丹穴"吗？

皇：（呈出带矜持的傻笑）阿高，你真是聪明人！可你要知道，我是要得很

---

① 郭沫若：《筑》，《新华日报》1942年6月29日。
② 郭沫若：《〈高渐离〉人物研究》，《戏剧春秋》1942年9月第2卷第3期。
③ 郭沫若、田汉：《丰收与屈原》，《戏剧春秋》1942年10月第2卷第4期。
④ 郭沫若：《赵高与黑辛》，《新华日报》1942年10月31日。

快！（群益修改本）

从"初刊本"到"群益修改本"，作者把"丹穴"这一淫秽之语从秦始皇改为赵高口中说出，而且在随后作者所增添的对话中，赵高再次以此开玩笑，尽显谄媚、淫荡之态：

皇：不！你不能拖延！我今晚就要。假使今晚不到手，明朝就要你的头！
赵：那吗，小臣的头就抵上怀清夫人的"丹穴"了。（群益修改本）

秦始皇、赵高形象的修正是密切相关的，秦始皇好色之心不变，但变得有些矜持，而赵高的无耻、奸猾的丑恶嘴脸则得到充分的展示。

第三，高渐离形象的修正。高渐离本应该是这部剧作的主角，却常沦为配角，尤其是在第二、三幕中，而且性格也不够鲜明。所以，在《高渐离》的不同版本中，可以发现郭沫若对于高渐离形象也有较多的修正。在上文论述赵高形象修正时涉及了高渐离形象的变化。面对赵高自称"复仇者"的说辞，"初刊本"中的高渐离从"嗤之以鼻"到"态度和缓"，乃至"感激"，而在"群益修改本"中，高渐离始终不相信而驳斥他。这一修改，把高渐离的轻信、软弱调整为警惕、刚强，使角色性格鲜明，也更加统一。否则，一个轻信、软弱的人怎么会在剧作后半部分处心积虑地做出刺杀的举动？剧作最后，在高渐离刺杀不中反被害的描写中，作者进一步做了调整。

贞：吕政，你这连嫡亲的父母弟兄都曾经害死了的人，你这毫无人心的魔鬼，你不出十年是会得不到好死的！（初刊本）
高渐离在众人不提防之中，用唇齿已经将布套移脱，此时发出大笑声来。
高：啊哈哈哈……秦始皇帝，我们多谢你，你使我们永生了！啊哈哈哈哈……（群益修改本）

郭沫若把怀贞夫人的咒骂改为高渐离的大笑。一方面，怀贞夫人称秦始皇为"吕政"，骂他是害死至亲的私生子，在剧作中并无铺垫。另一方面，怀贞夫人这一角色的重要性毕竟不如高渐离，作者把高渐离写得视死如归，增强了其刚强的性格。可惜，在"文集本"中为了修正秦始皇的形象，作者又删去了高渐离临死前的这一细节。总之，在《高渐离》版本的变迁中，可以清晰地看到郭沫若对于主要角色的修正，而且不同角色的修正往往是交织在一起的。

四 合乎逻辑的细致修改

对于史料收集和史学研究，郭沫若是严谨的、科学的，而在创作历史剧时却显露出诗人型、天才式的特征，初稿创作速度往往很快，几天就会创作完成一部剧作。尽管之后他广泛征集朋友们和一些剧作家的意见，多次朗诵给他们听，反复推敲修改，但不免还有一些粗疏、错误之处遗留在早期刊本中。在改版前，他总会进行细致的修改，包括一些合乎逻辑的修改。在《高渐离》的版本变迁中，许多修改即属于此类。其中有合乎文化逻辑的修改。历史剧是对历史事件的讲述和历史人物的塑造，自然需要符合相应时代的文化环境和文化逻辑。比如，在第一幕中，怀贞夫人怀疑高渐离的身份，与他有一次长谈，最后一句就有些不太符合文化逻辑，作者在"文集本"中删去了。具体见下表。

初刊本	群益修改本	文集本
高：（行拱手鞠躬礼）夫人，你把我看得太高贵了，我真是感激而又非常的惭愧。我自己实在太平常了，什么事情都做不出，什么事情也都做不好，我还打算向你请长假呢。 贞：你不必那样吧，我们总有一天会能够更加互相了解的。	高：（行拱手鞠躬礼）夫人，你把我看得太高贵了。我真是感激而又非常的惭愧。我自己实在太平常了，什么事情都做不出，什么事情也都做不好，我还打算向你请长假呢。 贞：你不必那样吧，我们总有一天会能够更加互相了解的。	高渐离：（行拱手鞠躬礼）夫人，你把我看得太高贵了。我非常惭愧。自己实在太平凡了，什么事情都做不好，我倒有心向你请长假呢。

这一片段，从"初刊本"到"群益修改本"只有一处标点的修改。从"群益修改本"到"文集本"，高渐离的话语显得更简洁、更得体，更重要的是，删去了怀贞夫人的回答，因为怀贞夫人的这句话太过于随意和亲热，不符合文化逻辑。一是，此时，她与化名燕大的高渐离是主仆身份，高渐离对其尊敬有礼，尽管她对高渐离的真实身份有所猜疑，但不至于过分逾越主仆礼仪。二是，她是孀居，对于成年男子高渐离，也不应随意说出"我们总有一天会能够更加互相了解的"这一可作亲密关系理解的话。

为了符合文化逻辑的修改，又比如第三幕中的赵高和蒙毅之间的一段对话：

初刊本	群益修改本
赵：蒙上卿，到底是什么把你蒙着的？你在发什么昏聩哟！…… 蒙：什么！你骂我昏聩！ 赵：你本是昏聩喽，姓蒙也姓得太好！	赵：蒙上卿，到底是什么把你蒙着了？你在发什么昏？…… 蒙：什么！你骂我昏蒙，侮辱我的氏姓！ 赵：你本是昏蒙着的。姓蒙也姓得太好！

这一片段是审问怀清夫人自杀案时，赵高与蒙毅发生了冲突，赵高运用双关语嘲笑、侮辱蒙毅。在"初刊本"中，蒙毅的反应不合文化逻辑。即使蒙毅是武将，也不可能听不懂赵高用他的"蒙"姓骂他，因为古代人对于姓氏和家族荣誉是极其重视的。而在"群益修改本"中，作者不再用"昏聩"一词，把"蒙"字的双关义写得更清楚，同时蒙毅立刻斥责赵高"侮辱我的氏姓！"修改后，蒙毅的反应更合乎文化逻辑。

还有合乎生活逻辑的修改。历史剧的创作离不开作者对于历史人物的日常生活的想象和呈现，这必然需要符合日常生活的逻辑，违背常理也是一种艺术缺陷。在"初刊本"中，夏无且带领士兵来抓捕高渐离、宋意的场景中，就有不合生活逻辑之处，而"群益修改本"弥补了这一缺陷。具体见下表。

初刊本	群益修改本
夏：（立桥上指挥）那逃跑的是宋意，你们赶快跑一个人去追。（一人应命跑去。） 黄：（向夏抗议）你们白昼横行，你是谁？ 夏：我是谁？哼！我是秦始皇帝的御前侍医夏无且，我奉命捉拿你们不知死活的恶党！ （指高）那位就是高渐离，把他捉着。 高：（静立待捕，怒视夏无且而无言。）哼！ 卫士二人将高渐离两手反剪。	夏：（立桥上指挥）那逃跑的是宋意，你们赶快去追。（一人应命跑去。） 那位就是高渐离，（指高）把他捉着。 高：（静立待捕，怒视夏无且而无言。）哼！ 卫士二人将高渐离两手反剪。 黄：（向夏抗议）你们白昼横行，你是谁？ 夏：我是谁？哼！我是秦始皇帝的御前侍医夏无且。我奉命捉拿你们这些不知死活的恶党！

这一修改，看似主要是次序的调整，把高渐离被捕放在了前面，把黄媪和夏无且的对话放在后面，其实为了更加符合生活逻辑和人之常情。一方面，对于高渐离而言，看到宋意逃跑，夏无且指挥士兵去追捕，又看到夏无且停下来回答黄媪的叱问，这么长时间过去，却一直"静立待捕"，实在不合逻辑。所以"群益修改本"把抓捕高渐离放在了前面，因为他来不及逃跑才会"静立待捕"。另一方面，对于夏无且而言，先指挥抓捕要犯再回答黄媪叱问才符合常理，因为只有抓到高渐离，夏无且才会有时间和心情向黄媪卖弄自己的身份。

另外还有合乎思维逻辑的修改。在"初刊本"中，高渐离刺杀计划失败后，秦始皇审问高渐离时有一处不合思维逻辑的话语，作者为此增添了半句话。

初刊本	群益修改本
蒙：（扯去布套，铅条落出，）通是一些铅条！ 皇：哼，这不知死活的东西！公然蓄谋图刺！是谁帮助你搅的？ 高：一切都是我一个人的所作所为。 皇：哼，你是个瞎子，你那里能做得这样的布套？一定有人通谋，你说，你说！	蒙：（扯去布套，铅条落出）通是一些铅条！ 皇：哼，这不知死活的东西！公然蓄谋图刺！是谁帮你搅的？ 高：都是我一个人的所作所为。 皇：哼，你是一个瞎子，你那里来得这许多铅条，那里能做得这样的布套？一定有人通谋，你说，你说！

从"初刊本"到"群益修改本"，除了把"帮助"改为更口语化的"帮"，这段对话的修改主要在于秦始皇的话中增加了"你那里来得这许多铅条"这半句。因为前面蒙毅扯去布套时铅条落出，而且说出了"通是一些铅条！"的话，所以后面秦始皇不可能只关注布套，而不提铅条。而在"群益修改本"中，秦始皇先质问铅条来历，再质问布套来历，显然更符合思维逻辑。

可见，在《高渐离》改版时，尤其是从"初刊本"到"群益修改本"，郭沫若进行了逻辑上的细致修改。有时看上去只不过调整了一些句子的次序，或者增删某句话，但这些片段就会变得更加符合文化的、生活的或思维的逻辑，整个剧作在艺术上也更加圆熟。

五 语言的规范化、流畅化修改

从"初刊本"到"文集本"，《高渐离》这部剧作的创作和修改经历了抗战时期、解放战争时期和新中国成立初期，跨越了15年。郭沫若十分重视戏剧语言的修改，使之不断规范化、流畅化。

首先，替换一些词汇，用语更加规范，使对白更容易为当时大众所理解。比如：事体→事，安易→安逸，蛮甜→满甜，绝不会→决不会，满有紧→满有劲，晓得了→知道了，跌倒→摔倒，团起来→靠拢来，用不住→用不着，那吗→那么，失却→失掉，傻公→傻瓜，苍黄→苍惶，打比→打个譬比，暖和→温暖，摩摩→摸摸，吵扰→搅扰，奋断→振断，浑虫→浑蛋，收查→搜查，率性→索性，宦者→宦官，赏鉴→欣赏，操扰→搅扰，洽当→恰当，等等。

这些词汇修改的方向是更规范化的口语。除此之外，还有少数词汇的修改是为了符合剧作的时代背景，如一壶→一卣，色子→骰子，铅笔→铅条，开水→汤水，等等。

其次，语言规范化修改还体现在许多细微的地方。一是改正早期版本中的字词的错排、疏漏等情况；二是对语气词的删减，"初刊本"中有特别多的语气词，如人物对白中充斥着"吗""啦""呢""呵""来"等，所以"群益修改本""文集本"中尽可能删去一些并没有情感表达作用的语气词；三是对标点符号使用的改进，"初刊本"中常见人物话语"一逗到底"的现象，"群益修改本"中多处"逗号"被改为"句号"，而"文集本"中则增加了引号，改用新书名号。

再次，对人物语言进行许多细致修改，使剧本逐渐形成简洁流畅的风格。比如从"初刊本"到"群益修改本"的修改有：

"你从表面上怎么分别法呢？"改为"你怎么知道？"。

"是的，就是他，他在等待着，等待陛下召见呢"改为"是，就是他。他在等候着陛下召见"。

"大约刚才的话你是听见的"改为"刚才的话大约你是听见的"。

"我是极端的希望它能够靠得住"改为"我希望它靠得住"。

而从"群益修改本"到"文集本"，人物语言的删减更显著，比如：

"是的，我倒还没有请问你的来意啦"改为"有话就请讲"。

"是是是，廷尉，你究竟是本职行当，你的见解一点也不错。一切都照着你的主意办"改为"是是是，廷尉所见极是，一切都照着你的主意办"。

"怀清夫人为什么要突然的来这样一个精神反常"改为"怀清夫人为什么突然地精神反常起来"。

不难看出，修改后的人物语言变得更加规范和简洁，读来流畅。当然，修改后的剧作也失去了一些时代语言特征，有些人物语言变得干巴巴，最后的"文集本"变得更适合阅读而不是演出，但整体上还是利大于弊，规范、流畅的语言将使剧本保持长久的生命力。[①]

六 结语

《高渐离》版本众多，主要有"群益修改本"和"文集本"的两次修改。剧作正文的文字改动分别达到554处和433处；两次都"完全改换"了结尾，赋予不同的寓意；并不断修正秦始皇、赵高、高渐离等主要角色的设置；在许多细微之处进行了合乎文化的、生活的或思维的逻辑的修改；对于戏剧语言进行了规范化、流畅化的修改。一方面，《高渐离》的修改凸显了郭沫若在不同时代背景下的文化政治实践。"对于郭沫若来说，浪漫主义的诗化人格，是他多变的一面，而革命或历史精神则是他的统摄原则。"仅就其剧作家的身份来说，也是如此。从《高渐离》的结尾和秦始皇形象的多变性，可见浪漫主义重视灵感的作用，但万变又不离其宗，乃是不同革命

---

① 刘奎：《诗人革命家：抗战时期的郭沫若》，北京大学出版社2019年版，第389页。

形式下时代精神的"统摄"。另一方面，角色的修正、合乎逻辑的修改和语言的修改体现了郭沫若在戏剧艺术上的精益求精。

（原载《现代中文学刊》2021 年第 6 期）

战时首都档案中的郭沫若戏剧《屈原》

张传敏

本文所谓"战时首都"指的是抗战时期的重庆。1937年11月20日国民政府发布移驻重庆宣言，11月26日国民政府主席林森和部分行政人员抵达重庆，于是该城成为临时首都，直至1946年5月5日国民政府宣布还都南京。重庆在此期间产生的档案，即为战时首都档案，其最主要的馆藏地包括中国第二历史档案馆、重庆档案馆以及位于台北的"国史馆"等。

重庆作为战时首都，是当时中国的政治、文化中心之一，演剧事业极为繁荣。然而，战时首都档案中一些珍贵的戏剧材料，却尚未引起学界的充分注意，其中就包括有关郭沫若著历史剧《屈原》演出的档案。

郭沫若在《屈原的幸与不幸》（载于1948年6月15日香港出版的《中国诗坛》第2期）中说，因为国民党当局的打压，自己所写的五幕历史剧《屈原》"于无形中被禁止作第二次上演了"。这难免给人一种印象：自1942年4月3—20日在重庆国泰大戏院演出后，直到郭沫若写这篇文章之前，该剧就再也未被上演过。实则，中华剧艺社从1942年6月28日起就曾在北碚演出过5场《屈原》。除此之外，鲜为人知的是，就在1942年4月20日的演出结束后不久，中华剧艺社还在重庆国泰大戏院复演过该剧，时间是5月12—15日。

重庆档案馆藏档号为00600001003380000001的档案中有时任重庆国泰大戏院经理夏云瑚为这次复演《屈原》给重庆市社会局所上的呈。其文如下：

> 窃商影院自前次公演话剧《屈原》以来，迭接多数观众函请复演。现以中华剧艺社旅行北碚在即，特由商影院敦请中艺社订期于五月十二日起复演四夜（星期五并加演日场一场），理合呈报钧局备查。
> 　谨呈重庆市社会局
> 　具呈人　国泰大戏院经理夏云瑚
> 　　　　　　　　　　　　　　　中华民国三十一年五月　日

重庆市社会局稍后在给国泰大戏院的指令中批准了这次演出：

令国泰大戏院

卅一年五月未列日呈一件：为应多数观众请商，拟自本月十二日起至本月十五日止复演话剧《屈原》。祈鉴核由。

呈悉。姑予照准。惟所售票价应遵照规定，最高不得超过十五元，仰即知照。

此令。

局长包□□①

据重庆市社会局的批示，国泰大戏院所定复演《屈原》的票价超出了最高限价。那么国泰所定票价究竟几何？在重庆档案馆藏一份档号为00640008005780000259的档案中可以找到答案。这份档案是中国航空建设协会总会给重庆市财政局的一封公函：

中国航空建设协会总会公函
三十一年五月九日发

事由：为中华剧艺社响应"剧人号"献机运动，定期公演话剧《屈原》。函请查照准予备案由。

案准中华剧艺社函，以响应"剧人号"献机运动，定于本月十二日起至十五日止在国泰戏院公演话剧《屈原》，共演五场，附抄票券种类数目表乙份，请函有关机关准予备案等由；准此，相应抄同原表函达，即希

查照办理，为荷！

此致

重庆市财政局
附抄原票券种类数目表乙份
会长蒋中正

票券种类数目表
三十元券共壹佰肆拾张
二十元券共贰佰壹拾张
十五元券共贰佰捌拾张
十元券共贰佰柒拾捌张
五元券共肆佰柒拾捌张
总共壹千三百八十六张

---

① 当时的重庆社会局局长包华国。

这件公函的发文机关中国航空建设协会总会源头有二：一是1933年1月在上海成立的民间团体"中国航空协会"，二是同年5月在南京成立的政府机关"全国航空建设会"。1936年9月，行政院经呈准国民政府后将二者合并，并正式定名为"中国航空建设协会"，由蒋介石亲自兼任会长，并设委员30人、常务委员6人，行政院院长孔祥熙担任该会主任常务委员，常务委员周至柔兼任总干事职务。该会系半官半民性质，宗旨是"集中全国官民力量，倡导社会协助政府，充实空防，发展航空建设事业"①。

至于公函中所说"剧人号"献机运动，则是由隶属于国民政府军事委员会航空委员会政治部的神鹰剧团于1940年发起的。国民政府军事委员会航空委员会的源头是1925年广州国民政府军事委员会中的航空局，中间历经变动，至1934年5月16日由国民政府军事委员会航空署改称现名，由蒋介石任委员长。另据王学振的《抗战时期的神鹰剧团及其戏剧活动》介绍，该委员会的下属政治部神鹰剧团1938年10月成立于湖南衡阳，首任团长即该政治部主任简朴。在该剧团成立之初，恰逢时在国民政府军事委员会政治部第三厅工作的董每戡到衡阳养病，剧团重要成员许建吾力邀董加入该剧团，至12月底董正式进入剧团任编导，直至1941年6月才离开。"剧人号"献机运动正是董每戡在该剧团任职期间所发起的。董还撰有《"剧人号"献机运动》（载于1940年9月15日出版的《戏剧战线月刊》第12期）一文专记其事。该文称，为庆祝"八一四"空军节，董每戡以神鹰剧团的名义草拟了一份快邮代电发送给全国剧人，邀请他们借1940年10月10日第三届戏剧节或其他时机举行献机募捐公演，拟将全部收入交给中国航空建设协会，委托其代为购买小型驱逐机一架献给政府，以为建设空军作出贡献。这就是"剧人号"献机运动的由来。该文还称，神鹰剧团的号召发出后不久就得到了响应，湖南、昆明、兰州、贵阳、重庆、成都都有剧人从事这次献机募捐工作。

遗憾的是，学界目前尚未发现"剧人号"献机运动中戏剧工作者们利用募款捐献飞机的数量以及运动何时结束的材料。至于1942年中华剧艺社复演《屈原》募集钱款的数额亦不得而知。但这次复演《屈原》，至少可以说明郭沫若为"剧人号"飞机所作的贡献。这一点作为时任中国航空建设协会总会会长的蒋中正应该是知情的：公函最后盖的正是他的签名章。

不要小看这枚印章，文件中显示重庆市财政局收到公函后所拟的各项办理意见中并未像重庆市社会局那样对超出限额的票价提出异议，② 反而有"入场券已盖印"③的字样，应该就是拜它所赐。这枚印章同时还可以说明，尽管当时的国民党文化官僚如

---

① 中国航空建设协会总会编：《中国航空建设协会总会工作总报告》，1938年版，第2页。
② 当时重庆戏剧票价限制的具体数额待考。
③ 当时的重庆电影、戏剧界实行票价管制政策，影、戏票都必须经财政局盖印后才能发售。

潘公展之流反对演出《屈原》，剧中昏庸的"楚王"原型蒋某人却并没有打算禁止它。

除了以上档案外，1942年5月12—15日的《新华日报》可以进一步证明国泰大戏院此次复演《屈原》并没有停留在一纸空文上。5月12日该报第一版的下部赫然印着此次演出的广告："中华剧艺社旅碚在即！临别纪念！今晚七时半起复演伟大名剧《屈原》地点国泰戏院。"此后直到15日，虽然字体变小，《屈原》演出的广告每天都可见于《新华日报》头版。

但郭沫若说《屈原》"于无形中被禁止"，亦非虚言。重庆档案馆藏的一份1943年12月的《重庆市教育局训令》（档号01440001000060000093000）中有如下内容：

令各级学校

案奉

教育部卅二年十一月五日社字第54078号训令开："案准中央图书杂志审查委员会卅二年十月六日函开，查近来各地剧团上演戏剧，每因不明何种剧本系属查禁有故，往往触犯禁令而不自觉。兹为便于参考起见，特将本会去年四月份起至今年七月份止，凡属禁演及须修改后方准上演之剧本编列一表，随函检奉一份，即希查照并转饬所属各剧团知照为荷，等因；并附《取缔剧本一览表》一份。准此，除分令外，合行抄发《取缔剧本及须修改后方准上演剧本》各一份，令仰遵照并转饬所属遵照为要"等因；附抄发《取缔剧本及修改后方准上演剧本一览表》各一份。奉此，自应遵办。除分令外，合行抄发原件，令仰遵照为要！

在这件档案的附件中，有当时负责剧本审查的中央图书杂志审查委员会发布的1942年4月至1943年7月间经审剧本中被取缔的剧本及修改后方准上演的剧本123种，《屈原》虽不在被取缔之列，但和曹禺的《日出》、沈浮的《重庆二十四小时》、阳翰笙的《天国春秋》、夏衍的《第七号风球》（原名《法西斯细菌》）、董林肯的《小主人》、陈白尘的《大地黄金》（原名《秋收》）一起被列入修改后才能上演的剧本中。然而，这份附件并未说明这些剧本究竟有哪些违碍之处、应该怎样修改才能获得被搬上舞台的机会，所以它们也就等于被禁止演出了。

国民党中央图书杂志审查委员会的剧本审查结果之所以要以教育部训令的形式传达到各级各类学校，是因为当时的戏剧演出不仅受到社会上一般群众的喜爱，也被广大学生们所欢迎。学校中戏剧社团既多，各种有关戏剧的活动也时有所见——本文前面提到的中华剧艺社赴北碚演出《屈原》，其实就是由当时的私立育才学校具函邀请的[①]。除此之外，重庆档案馆中还有一份1943年1月18日国立第十二中学

---

① 参看重庆档案馆藏《私立育才学校聘请中华剧艺社来碚公演〈大地回春〉〈屈原〉名剧的函件（1942年6月11日）》，档号：00810004014480000003000。

给第二六兵工厂的函件（档号01800001005920000090），也是有关《屈原》演出的。当年的国立第十二中学位于四川长寿（今隶重庆）。这份函件中，负责演出的该校全体应届毕业同学联合级自治会云："《屈原》演出日期（元月廿三日）以与本县驻第九教养院演剧时间冲突，服装问题难以解决，特提前于本月廿二日晚演出，请鉴谅并希届时莅临。"

函中的第二六兵工厂，即1939年10月国民政府军政部筹设的第二十六工厂，主要生产军用炸药原料氯酸钾，1940年2月由重庆迁址长寿办公。所谓"本县驻第九教养院"，即"荣誉军人第九临时教养院"，隶属于国民政府国防部联合勤务总司令部，1939年9月由湖北宜昌迁长寿，主要负责收容二、三等伤残军人并对他们进行品德教养、职业培训、职业安置等工作，1949年解体。① 国立第十二中学的学生原定演出《屈原》的时间竟然和该教养院的演出发生冲突，不得不提前进行，亦可见当年戏剧演出之普及。

另外值得一提的是，1995年出版的《长寿县文史资料》第九辑中原国立第十二中学学生徐家琼的一篇回忆录，不仅可以印证本文前面所述该校函件中所载内容，也可以从一个侧面说明当年《屈原》演出的受欢迎程度：

> 抗日宣传，形式多样，内容丰富。国立十二中的学生演出的《雷雨》《屈原》《棠棣之花》等话剧，艺术水平较高，感情真挚。原26兵工厂（现长寿化工厂）的很多职工、干部和长寿城区的各界人士都不嫌路远，踊跃前来观看。②

（原载《新文学史料》2021年第4期）

---

① 关于"第九教养院"的情况，参见冉洪科《荣誉军人第九临时教养院始末》，中国人民政治协商会议四川省长寿县委员会文史资料工作委员会编《长寿县文史资料》第九辑，1995年版，第48—49页。

② 徐家琼供稿，徐德富整理：《抗战时期的国立十二中》，中国人民政治协商会议四川省长寿县委员会文史资料工作委员会编《长寿县文史资料》第九辑，1995年版，第40页。

郭沫若历史剧《屈原》之"再发现":
戏剧接受的历史逻辑与阐释导向

王 瑜 周珉佳

在中国现代戏剧研究领域,有一个公认的概念——"中国话剧的重庆时期"。在20世纪30年代末到40年代中期,重庆作为国统区抗战文化中心,涌现了一大批戏剧家、戏剧社团和经典的抗战戏剧作品。1938年10月,怒吼剧社和中华全国剧协联合流亡到重庆的上海业余剧人协会、四川旅外抗敌剧社、中电剧团、怒潮剧社、国立剧专、复旦剧社、青年剧社等25个演出团体,在重庆举办了第一届戏剧节,为期22天的演出引起了广泛的社会关注。此后,接连不断的戏剧演出不断推动重庆的话剧事业发展。郭沫若在当时通过创作一系列抗战历史剧,奠定了在中国现当代戏剧史上的重要地位,其中以历史剧《屈原》最为经典。当然,重庆抗战戏剧创作与宣传的艺术生产、政治博弈以及历史逻辑也十分复杂。戏剧的创作与接受是戏剧完成的逻辑整体,因此,在当下从戏剧接受的历史逻辑与阐释导向的角度来重新梳理历史剧《屈原》,或许会获得一些新的发现。

一 历史剧《屈原》"再发现"的理论前提与研究基础

(一)"历史剧"的本质、功能与发展中的争议

"历史剧"是指向过去的时代取材,以真实的历史人物、历史事件为题材,经过作者艺术加工编写而成的戏剧作品。历史剧的创作要对大量的历史资料进行分析、研究,在符合历史真实的基础上,选取有典型意义的、有戏剧性的事件,并适当运用想象、虚构进行丰富和补充,构成戏剧冲突,再现一定历史时期的社会生活面貌。笼统来讲,历史剧在概念上并不存在理解障碍,创作者可以向过去时代的一切历史阶段取材,可能是某一个段落,甚至是某一时刻。黑格尔曾强调历史剧应该"维持历史的忠实",但实际上这种观点约束了艺术自由度;而与黑格尔对立的一个极端观点则是,历史剧虽然也是向历史取材,但取的可能仅仅是人物的名字,套取的也仅仅是一个朝代背景,以虚构和想象为主体。当然,更多的历史剧处于两个极端的中间位置,且通过适当的把握,令作品尽可能地满足艺术欣赏的基本要求。

那么,为什么要创作历史剧?它具有什么社会文化功能?历史本身就是一种强大

的、真实的创作动机，历史人物的命运、情感、性格、人物关系都可以成为创作者的切入点，体现当代人对于历史的理解。王瑶说："剧作家的创作意图并不在再现历史的本来面貌，而是由历史事件或人物来引发出作家的认识和感兴，所谓借历史的酒杯来浇现实的块垒，使观众或读者在情绪的感染中引起对比或联想，从而激发他们对事物的强烈的爱憎感情。"① 多年来，国内外的戏剧界都对历史剧如何把握历史真实和历史虚构的尺度存在争议，在这样的争论中，双方都供奉着一个极为理想的"超状态"：历史剧应该追求历史真实与艺术真实的高度统一，要满足这一点，剧作家既要有渊博的历史修养，又要有艺术创造能力，二者必须兼备，才有可能创作出几乎没有瑕疵的、平衡的历史剧。

在中国现当代戏剧发展史上，根据艺术生产背景与社会发展逻辑，关于"历史剧"一共有三次比较集中的论争：第一次发生在 1950 年初，当时田汉的《关汉卿》、曹禺的《胆剑篇》、朱祖诒的《甲午海战》等优秀历史剧登上戏剧舞台，一时间引发了热烈的鉴赏和讨论。第二次是在 1960 年下半年，吴晗发表《谈历史剧》一文，当即引发了李希凡、王子野等人的观点交锋，这次论争是在讨论艺术创作者的权力问题。第三次论争发生在 1983 年上半年，当时的历史剧讨论是戏剧界观念大讨论中的一个分支，主要针对艺术表现形式而展开。反观历史剧的创作与论争发展，有一个值得关注的点，在 20 世纪 30—40 年代，郭沫若、田汉等人创作了许多优秀的历史剧，《屈原》《虎符》等作品至今仍在不断复排演出，然而国内戏剧界的关注点大多集中在历史剧的剧本创作和舞台表演方面，较少触及创作内在召唤结构和受众反应，这也成为我们重读郭沫若抗战历史剧《屈原》的一个重要因素。尤其是马克思的"艺术生产论"和马舍雷的文学接受判断介入之后，《屈原》在历史褶皱中更有了待挖掘和再发现的内容。

（二）戏剧阐释方法的突破

郭沫若抗战历史剧的主题、历史价值和艺术品格已成为中国现代戏剧研究、郭沫若研究和抗战文艺研究等多个交叉领域的重镇。细做综述，笔者整理出学界目前较为重要且有代表性的相关研究成果——吴晗《论历史剧》（《文学评论》1961 年第 3 期）、北淮《历史剧的历史化和非历史化》（《戏剧艺术》1981 年第 2 期）、王瑶《郭沫若的浪漫主义历史剧创作理论》（《文学评论》1983 年第 3 期）、秦川《郭沫若历史剧创作论》（《西南民族学院学报（哲学社会科学版）》1995 年第 4 期）、陆炜《虚构的限度》（《文艺理论研究》1999 年第 6 期）、沈渭滨《关于历史和历史剧的思考》（《南京师范大学文学院学报》2002 年第 1 期）、王海燕《围绕历史剧〈屈原〉的一场国共斗争》（《文史春秋》2004 年第 10 期）、解志熙《历史的悲剧与人性的悲

---

① 王瑶：《郭沫若的浪漫主义历史剧创作理论》，《文学评论》1983 年第 3 期。

剧——抗战时期的历史剧叙论》(《中国现代文学研究丛刊》2007年第2期)、沈庆利《现代视界与传统魅惑——重读郭沫若历史剧〈屈原〉》(《中国现代文学研究丛刊》2009年第4期)、贾振勇《诗与政治的共鸣：1940年代的郭沫若及其抗战历史剧》(《东岳论丛》2009年第8期)、蔡震《郭沫若与孩子剧团及抗战戏剧》(《郭沫若学刊》2015年第3期)、傅学敏《缝合与裂缝：论郭沫若历史剧创作之得失》(《戏剧（中央戏剧学院学报）》2016年第4期)、于立得《郭沫若历史剧〈屈原〉在前苏联的翻译与传播》(《郭沫若学刊》2020年第1期)等，还有田本相和杨景辉的专著《郭沫若史剧论》(人民文学出版社1985年版)、刘奎的专著《诗人革命家：抗战时期的郭沫若》(北京大学出版社2019年版)等。

  当然，这些研究成果有对郭沫若历史剧《屈原》的深度解读和对历史剧艺术生产逻辑的探讨，但是仍然有对作品"程式化"的论定。不仅如此，学界对郭沫若文本的社会意义和文体美学的挖掘多过对戏剧接受美学的发现与探讨（戏剧观演关系中的戏剧接受史也是戏剧史论多年来被忽视的一环）。这样的研究态势看似稳定，却隐藏了一定的问题。若能用陌生化的研究方法重新解读经典文艺作品，探索和挖掘以往固化思维研究不曾辐射到的思想生发点，重构审美感知维度和加大感知力度，便能对以《屈原》为代表的抗战历史剧形成一个新的研究思路以及一个全新的评价体系。

  接受美学是以阐释学为基础发展起来的文艺理论，其代表人物伊瑟尔认为："文学文本具有两极，即艺术极与审美极。艺术极是作者的文本，审美极是由读者来完成的一种实现。"[①] 话剧作为一种艺术表现形式，同样存在"艺术极"和"审美极"，戏剧形态的演变和戏剧生态变化都需要参考社会思想史和文艺发展史，这就使戏剧接受比一般的文学接受更为丰富、复杂。戏剧的文学生产与接受若长期被割裂，就会直接影响对审美极和艺术极的理解。因此，较为客观、科学的戏剧接受美学研究应该是从创作开始的，甚至是从创作之前——创作者受到谁的启发和影响、有怎样的构思、有怎样的心理动因等——开始的，这些事实上都在戏剧接受的范畴之内。具体到抗战历史剧，因其本身的创作基因就较为复杂，它的自然审美反应和主观审美反应的差异就会比较突兀，故而，《屈原》（还有一批类似的作品）的文学生产和接受在社会意识形态和文化语境中就显得尤为复杂。不同年代、不同视角下的历史剧艺术生产与接受美学研究会有一定的时代限制性，通过不断地重读才会产生新的投射和判断。

二 《屈原》与孙伏园及《中央日报》副刊

  《屈原》剧本脱稿后，郭沫若把它交给了重庆《中央日报》副刊主编孙伏园。

[①] [德] 沃尔夫冈·伊瑟尔：《阅读活动——审美反应理论》，金元浦、周宁译，中国社会科学出版社1991年版，第29页。

1942年1月24日至2月7日,该报连载了《屈原》。① 这看似普通的一次作品发表,其中却裹杂着关于孙伏园、《中央日报》十分复杂的历史背景,而其中的诸多细节也是进一步推动《屈原》戏剧接受研究的重要线索。作为国民党的党报,《中央日报》自1938年起就越发重视对意识形态的输出控制,更加重视刊发内容的政治取向和立论态度。国民政府当时对《中央日报》的定位,还是秉承谨慎的态度,号召全国国民团结一致,在青天白日旗帜下共同奋斗抗敌。随着政府迁到重庆,国民政府意识到原来的宣传方式和策略已经不能满足新形势的要求,仅仅依靠国民党的文化官员是不够的,亟须吸收一些创作经验丰富的文化界名人来造势,所以,《中央日报》的组稿逐渐倾向国民党党外人士。于是,国民党文化官员陈博生相中了孙伏园。孙伏园当时是国民党和共产党均大力争取的无党派人士,他本人坚称自己是"超党派",他的人脉广涉各个社会阶层、各种政治立场,是最有影响力的中间派。国民党为了扩大政治宣传的主动权,遏制共产党的舆论发展,便极力笼络孙伏园,并将《中央日报》副刊主编这样重要的职务再次交予他②,他还同时负责《士兵月刊》③。值得注意的是,无论是《士兵月刊》还是《中央日报》副刊,孙伏园始终都用一种审慎的态度去对待国共合作关系和问题,既不攻击共产党,也不谄媚国民党。

  1941年,孙伏园二度进入《中央日报》副刊后,首期发刊词写道:"在抗战进入第五年,中华民族正进行在最艰苦的一段阶程的今天,本刊之刷新,有它特殊的意义与使命。"这句话将副刊的意义向读者做了解释:"它和整个报纸同为时代的镜子,是民众的乐园,它不会常扳着战争的面孔,有时微笑,有时幽默,有时捧献给你一束智慧之花,她是那么可爱的!""徒有刺而无蜜,将成为无趣味的牧师说教;徒有蜜而无刺,易流为无签的委巷俗俚。"孙伏园期待副刊"有新的热情,新的活力,再接再厉,为三民主义的新中国,完成伟大而光荣的抗战建国的任务",要敢言,向人们传递一种战争中的精神力量;兼收并蓄,而不是把政党意志作为办刊标准;不攻击其他党派,主体就是传达对胜利的渴望。

  鉴于孙伏园与国民党合作多年的编辑经验和文化身份,他发表《屈原》剧本绝非义气行为,那么只有一种推论性的解释:《屈原》在艺术审美以及主题意蕴方面本

---

① 郭沫若的历史剧《屈原》于1942年1月24日至2月7日在《中央日报》副刊上连载,刊发的准确日期是1942年1月24—25日、27—31日,2月4—7日,共分10次刊载于《中央日报》第四版。

② 1927年3月22日,武汉国民党政府曾创办国民党党报《中央日报》,同时发行副刊,副刊于1927年9月1日停刊,其间便是由孙伏园担任主编。因此,孙伏园与国民党在抗战时期并非首次合作。

③ 《士兵月刊》由蒋介石手令直接授意创办,直接隶属于国民党军委政治部部长室,与第三厅平级,也就是说,被晏阳初推荐当社长的孙伏园与郭沫若在某一时期是地位相当的。国民党相信如此高的地位和话语权是笼络孙伏园十分有力的砝码,然而孙伏园只是将这本刊物作为"对国民党几百万士兵进行国共合作全面抗战以争取胜利的宣传教育的阵地"来经营的,而不是做政治斗争的傀儡工具。"皖南事变"后,周恩来怒将"千古奇冤、江南一叶;同室操戈,相煎何急"的题词刊登在1942年1月18日的《新华日报》上;但1942年第一期的《士兵月刊》并未出现对国民党行径的丝毫维护之词,也没有用激烈的言辞来攻击共产党,几乎找不到反共言论。

是有多元阐释空间的,剧作的主题内涵并非单纯"怒斥国民政府破坏抗战统一战线"。在孙伏园的专业编审眼光中,它是一部充满了"新的热情,新的活力"的名家佳作,"有蜜"且"有刺",符合办刊宗旨。《屈原》剧本刊毕之际,孙伏园还在副刊附了《读〈屈原〉剧本》一文,大力肯定和推荐了这部剧本:"郭先生的《屈原》剧本,满纸充溢着正气。有人说郭先生的《屈原研究》的态度和方法是'新朴学',那么他的《屈原》剧本实在是一篇'新正气歌'","这是中国精神,杀身成仁的精神,牺牲了生命以换取精神的独立自由的精神。在中国历史上,甚至只在这次抗战中,表现这种'中国精神'的事件何止千百起。我们用了劣势的武器,能够抵抗敌人的侵略,乃至能够击溃敌人的,就完全靠着这种精神。有着这种精神的民族,永远不会失败,永远能够存立于天地之间","因为我读完《屈原》剧本,满眼看见的只是这一股正气,所以在艺术方面还有许多要说的话只好留待将来再说了"。① 由此,孙伏园也成为最早公开阐释解读《屈原》的"戏剧接受第一人"。

孙伏园这篇文章具有明显的功能价值。首先,作为最早一批戏剧接受者,孙伏园的阐释为作品奠定了基调,对戏剧的内在召唤结构给予了明确的启发性表达,并且激发了隐含的读者群体,为后来人的阐释解读引导了走向;其次,孙伏园还为刊物的导向性做了更有普适价值的阐释和解读;最后,纵观孙伏园的一生,他在政治上还是表现出了含蓄谨慎的倾向共产党的态度,因此,孙伏园这篇文章能够为《屈原》的"合法性"提供先发制人的正面阐释,起到"自保"的作用。②

三 《屈原》唱和诗的舆情影响

《屈原》以及孙伏园被误读,与《屈原》唱和诗有很大的关系。《屈原》发表之初,无论是左翼作家、进步人士还是国民党文人,都对其中表达的独立中国精神激赏不已。共产党方面,周恩来等人及时发挥了《屈原》的舆论影响,将《屈原》的主题解读为"讴歌了反抗压迫、反抗侵略的斗志,鞭挞了苟合与媾和的投降主义,怒斥了'攘外必先安内'的卖国主义"。周恩来设宴祝贺《屈原》演出成功,他对夏衍等人说:"在连续不断的反共高潮中,我们钻了国民党反动派一个空子。在戏剧舞台上打开了一个缺口。"③《新华日报》特别开辟了"《屈原》唱和"专栏,刊载社会各界人士的唱和诗。在一个多月的时间里,共发表唱和诗66首,《新华日报》于1942年5月7日发表郭沫若《奉答赐和诸君子》,作为"《屈原》唱和"活动的结束。"参与唱和的诗人们实际上都明了这场诗歌唱和有着纯文学(话剧)鉴赏之外

---

① 孙伏园:《读〈屈原〉剧本》,《中央日报》1942年2月7日第2版。
② 1938年,孙伏园的两个儿子前往延安陕北公学学习,在延安加入共产党并成为部队骨干,这一点对于重庆时期的孙伏园来说还是比较敏感的。
③ 碧莲:《历史剧〈屈原〉的首次公演》,《文史杂志》2009年第6期。

的诉求,因此也都在其诗作中或隐或显地表达自身文化和政治等方面的立场与选择,而和诗本身也就是立场和选择的一种外在表现。"① 唱和诗的"和"为附和,本身就带有赞同褒奖之意,唱和诗一来一往,持续地扩大了《屈原》的影响,刺激了更多的进步文人和民众关注《屈原》,这是比广告更有现实影响力的宣传方式。

唱和诗作者之一陈禅心回忆说:"一九四二年四月上旬的一天,郭老热情接见了我,随后把黄炎培、沈钧儒、董必武诸前辈和他唱和《屈原》的诗作递给我看,且命和作。"② 其中的"命"字颇有深意。可以看出,《屈原》唱和诗在很多情况下是主动操作和造势的结果,而非自然而然的审美反应,戏剧接受者的表达也并非出自对戏剧内在召唤结构的响应,而是为了增强《屈原》的社会影响力。在诸多唱和诗中,黄炎培的创作具有特殊意义。直接与话剧《屈原》相关的公开刊载的唱和诗始自 1941 年 4 月 12 日《新民报》头版的《〈屈原〉弦外之音——黄炎培、郭沫若酬唱》,即郭沫若与黄炎培间的唱和诗作。周恩来暗中推动了他二人的唱和诗创作,也就是说,这已不仅是文人间的友情酬唱,而且是一场文化宣传活动。唱和诗自黄炎培始,也是他首先叫停的,其中的原因也值得深掘。首先,黄炎培的政治理想一直都是非常明确的,他为了促进党派之间的统一、抗日救国的统一,在维护抗日民族统一战线的实践活动中来回奔波、斡旋。"皖南事变"后,中共参议员拒绝出席接下来的参政会,黄炎培到处奔走,希望通过成立特别委员会等方式来消除国共两党之间的隔阂,但最终未能如愿。黄炎培始终强调,不应过分刺激国民党当局,须谨慎小心,以免"皖南事变"的悲剧再次发生甚至更加严重,所以政治文化宣传切不可强逼。其次,这一批《屈原》唱和诗多是急就章,诗句在审美意蕴和语词推敲方面都欠功夫,不足以给读者更好的阅读审美享受,诗作不断地重复表达,难出新意,程式化明显,而这是有学养文人的底线,所以适时终止是明智之举。最后,黄炎培主动叫停,显然是隐约地感觉到了什么——这些唱和诗有些是人情酬唱,而有些是借题"明志",阐释、过度阐释与有意偏离阐释越发明显,已经逐渐超出了艺术鉴赏的界限,有一些不愿意涉政治过深的文人此时感觉不适。为避免文人内部出现矛盾嫌隙,尽快结束是明智的决定。

目前有相关资料有如下表述:"《屈原》见刊之后,有国民党要员(有材料称是时任国民党宣传部副部长的潘公展,也有材料称是蒋介石本人)气急败坏地大骂:'怎么搞的,我们的报纸公然登起骂我们的东西来了!'于是下令撤消孙伏园的编辑职务。"但是仔细梳理史料,便能看出这句表述的失实之处:第一,孙伏园离开《中

---

① 咸立强:《"〈屈原〉唱和"与话剧〈屈原〉的经典化》,《华南师范大学学报(社会科学版)》2019 年第 3 期。
② 陈禅心:《〈屈原〉与〈屈原〉唱和》,《郭沫若研究》1986 年第 2 辑。

央日报》之后,还能继续主持《士兵月刊》的审编工作,可见孙伏园并不是全然被动地被国民党高层下令撤销职务。第二,张治中上任政治部部长之后,郭沫若即辞去了第三厅厅长职务,该职务由何浩若担任,而何是一名明确的反共分子。在何上任之后,孙伏园实际上已经在考虑离职退路了,并不仅是由于刊发《屈原》而被迫离职。第三,国民党的恼羞成怒并不是直接因为《屈原》的发表,而是因为《屈原》唱和诗以及后来对它的阐释击中了国民党的痛处。唱和诗的艺术移情与情感宣泄,进一步为《屈原》定了性。除了唱和诗,《屈原》的戏剧评论也使《新华日报》成为抗战时期文人自由书写的阵地,最终使中共在潜移默化中掌握了戏剧运动乃至整个意识形态的话语权。①

四 周恩来对郭沫若的鼓励、支持与引导

1938 年 3 月,国共统战组织军委会政治部在武汉成立,中共首席代表周恩来出任副部长。政治部下设三个厅,郭沫若任第三厅厅长,主持政治部的宣传工作。第三厅又设五、六、七三个处分管艺术、电影、国际宣传等事项,当时有洪深、徐悲鸿、冼星海等一大批进步艺术家在第三厅工作。郭沫若任第三厅厅长期间,第三厅的贡献在于其领导的九个抗敌演剧队、四个抗敌宣传队、四个电影放映队和收编的孩子剧团,多次通过戏剧的表现形式宣传政治革命,它们"给予各战区和后方的安慰、鼓励和启迪"是实实在在的。当时周恩来对郭沫若的艺术创作和文化宣传工作起到了非常重要的保护作用,一方面促使抗日宣传工作能够正常推进,为重庆抗战文化运动起到引领作用,为抗战戏剧的排演争取经费;另一方面保护了以郭沫若为代表的进步艺术家的人身安全。

然而,为了限制中共文化力量,蒋介石于 1940 年 10 月改组了第三厅,对郭沫若、阳翰笙等人实行羁视,要求这一批文化知识分子只能做研究工作,不能从事与政治相关的工作。郭沫若在文工会中的宣传活动备受约束,如同在集中营,郁闷无奈,也很不满。1941 年 6 月,《中共中央关于党在文化运动上的任务》指出:"团结一切抗日不反共的文化力量,建立文化运动上最广泛的统一战线,向着一个共同的目标,反对民族敌人——日本帝国主义,反对民族投降主义,反对黑暗复古主义;发展进步的文化力量,发展民主思想,主张思想自由,研究各种学术,宣传科学的社会主义,推进中国文化向前发展。"② 这篇文章驳斥和抨击了国民党改组后的第三厅的工作性质和工作任务,从政治正确性上把握了主动权。

1941 年 11 月 16 日是郭沫若 49 岁的生日,周恩来前来为郭沫若祝寿,同到的还

---

① 参见高音《〈屈原〉——用戏剧构筑意识形态》,《文艺理论与批评》2006 年第 3 期。
② 南方局党史资料征集小组编:《南方局党史资料》(文化工作),重庆出版社 1990 年版,第 9 页。

有当时也在困顿中的阳翰笙。在当天,《新华日报》头版头条刊载周恩来的文章《我要说的话》,对郭沫若给予"新文化运动的主将"的高度评价。可见,周恩来为郭沫若祝寿并非心血来潮,而是经过精准铺垫的政治行为。周恩来对郭沫若说:"为你作寿是一场意义重大的政治斗争;为你举行创作二十五周年纪念又是一场重大的文化斗争。通过这次斗争,我们可以发动一切民主进步力量来冲破敌人的政治上和文化上的法西斯统治。"① 周恩来同时要求阳翰笙尽其所能动员整个文艺界、文化界和新闻界,配合辅助郭沫若的文艺创作。可见,《屈原》的问世并非文学艺术创作灵感迸发这么简单,而是一场自上而下的文艺政治活动。

就在郭沫若49岁生日之后不久,郭沫若怀着"把这个时代的愤怒复活在屈原的时代里去"的信念,开始创作抗战历史剧《屈原》。周恩来认为,屈原受迫害,忧愤而作《离骚》;"皖南事变"后,共产党人也遭受迫害,所以写这部戏很有意义。这部戏在创作以及排演过程中遇到了一系列困难,周恩来对这些困难的具体解决方法做了批示,为这部戏开了一路"绿灯"。

1942年1月3日,阳翰笙拜访郭沫若,郭沫若朗读了《屈原》已经写好的第四幕和第五幕,阳翰笙听后很赞赏。几天后,周恩来再次登门,郭沫若将完成的全剧剧本朗诵给周恩来听,周恩来十分动情,他对《雷电颂》尤其赞赏:"屈原并没有写过这样的诗词,也不可能写得出来,这是郭老借着屈原的口说出自己心中的怨愤,也表达了蒋管区广大人民的愤恨之情,是向国民党压迫人民的控诉,好得很。"②《屈原》剧本一经刊出便受到了一些历史学家的批评,认为郭沫若歪曲了历史,严厉质疑了《屈原》搬上舞台的合理合法性。周恩来作为《屈原》剧本创作的推动者、戏剧的首批接受者、创作者的支持者和同盟者,反复读了剧本,他开始与郭沫若讨论,为二度修改做了铺垫。周恩来说:"拿屈原作为一个伟大的思想家兼艺术家,我同意。说他是革命的思想家,容有商榷的余地。"③ 周恩来认为,历史剧只要大的背景和重大事件、重要人物不违背历史真实就可以,不必拘泥于主要人物和细节。周恩来这样的表述有明确的动因倾向,首先,他要在创作功能价值上肯定郭沫若《屈原》的价值,如此的肯定态度不仅会安抚和鼓励郭沫若,而且能够鼓舞一大批同时代的进步文艺创作者;其次,周恩来认同了屈原的指代隐喻,只要能影射"皖南事变",建构起人民的信念感,屈原的结构性意义就完成了,因此周恩来将历史真实性置于戏剧的隐喻之下;最后,周恩来和阳翰笙都是《屈原》最早的戏剧接受者,明确地知道自己的接受再生产者身份,他们通过传播情感接受和文化理性接受带动后续的社会性接受,最终实现超验性的终极关怀。

---

① 阳翰笙:《回忆郭老创作二十五周年纪念和五十寿辰的庆祝活动》,《新文学史料》1980年第2期。
② 张颖:《雾重庆的文艺斗争》,《人民文学》1977年第1期。
③ 中央文献研究室编:《周恩来年谱(1898—1949)》,中央文献出版社1989年版,第527页。

周恩来作为戏剧创作的源助力推动者，此时就已经投射了期待视野和"隐含的读者"身份，甚至预料到了郭沫若创作《屈原》可能遭遇的难题。除了亲自修改剧本、鼓舞戏剧人的斗志外，周恩来还常常观看重要演出。金山彼时在党内直接受周恩来的领导，因此，金山出演屈原，极有可能也与周恩来的布局安排紧密相关。周恩来曾对金山说："（《雷电颂》）这是表达郭沫若心声的重要台词。注意台词的音节和艺术效果固然重要，但尤其重要的是充分理解郭老的思想感情，要正确表达。这是郭老说给国民党顽固派听的，可以预计在剧场中一定会引起观众极大的共鸣。这就是斗争，所以必须要以内心的真情来朗诵这段台词。"[①] 在戏剧的创作和接受中间，有着十分重要一环——"社会发展关系"，历史剧的传播与接受的导向和方式，也依赖于社会发展关系和社会矛盾这一复杂的审美反应场。周恩来借用政治意志推动审美意志，因此，他对郭沫若的鼓励、支持和引导都渗透了其在态度、知识、道德、审美等方面争夺话语领导权的要求。

除此之外，郭沫若不仅是《屈原》的艺术生产者，同时也是戏剧接受者，这一点是不应被忽略的。创作者会根据创作经验和剧场直观审美感受而调节"期待视野"，在文学的创作和传播过程中具有极强的调节性，显示了强大的生产性。《屈原》在重庆演出期间，郭沫若几乎每天在演出现场仔细观察观众的反应。从这一点来说，郭沫若是有观演反馈意识的，这在当时的剧作家中并不多见。当时抗战剧的创作出现了两极化的特征：解放区抗战戏剧创作者为向底层民众宣传抗日，十分重视观众的反应以及戏剧演出效果；而国统区的一批知识分子、文化名流，是以文化思想的深度探索为己任，这一类剧作家对于戏剧的一度创作很是关注，而对剧作是否能在立体舞台上收获良好的演出效果以及观众的接收反馈效果并不十分关注。郭沫若显然是国统区进步作家的另类，他十分注重观众的现场反应。《屈原》的创作和演出，是政治郁闷者在汹涌澎湃的艺术象征世界，凭借艺术移情和宣泄向观众传达意志，恰如郭沫若所说："人类的文学艺术活动，在它的本质上，便是一种战斗；对于横暴的战斗，对于破坏的战斗，对于一切无秩序、无道理、无人性的黑暗势力的战斗。"[②] 郭沫若进入剧场，接收观众的反馈，感受审美反应场的能量和信号，这是他戏剧接受体验的一种深化，同时也是对戏剧艺术生产信息转换的探索。

在中国现当代社会文化发展变迁中，学界对《屈原》的研究方法、研究视角、研究态度、意义价值判断都出现了多元化、复杂化、细节化的趋势，戏剧接受的历史逻辑和观演关系中的信念感和人民性，对《屈原》主题的阐释都有一定的影响。因此，如今重新解读、探索和挖掘以往研究不曾辐射到的思想生发点，结合接受美学理论激发新的批评范式的生产性，能够深入理解政治场阈中的文艺创作，以及文艺创作

---

① 白杨：《缅怀郭老话〈屈原〉》，《中学语文教学》1994 年第 6 期。
② 郭沫若：《郭沫若全集·文学编》第 9 卷，人民文学出版社 1985 年版，第 300 页。

中的政治较量，继而完成抗战历史剧《屈原》全面的戏剧接受研究，呈现更为真实的历史阐释导向。

（原载《山东社会科学》2021 年第 3 期）

"民族—人民"诗人的生成

——马克思主义视野与抗战时期郭沫若的屈原研究

唐文娟

20世纪是民族革命的世纪，也是人民革命的世纪。在世界范围内，民族革命与人民革命往往呈现相互矛盾、彼此牵制乃至对立的状态。与之相比，抗日战争时期，中国划分为不同的政治区域，情况变得更为复杂。在中共领导的抗日民主根据地，民族革命和人民革命达到了高度统一，民族解放的过程亦是人民解放的过程。然而，在国统区，随着民族矛盾的加深，民族革命的优先性被不断强调，人民革命的实践、理论与表述一度遭到抑制、排斥，如何在民族革命话语霸权中开辟人民革命理论言说与实践的空间，重构二者的一致性，成为左翼文化人面临的迫切问题。事实上，作为左翼文化巨擘，郭沫若抗战时期的历史人物研究和历史剧创作，大多隐含着两种话语的变奏，尤其是围绕屈原展开的长达十余年的研究、创作，更透露出对这一问题回应与探索的努力。

在民族危亡背景下，郭沫若起初主要着力于民族诗人屈原形象的塑造，而1942年在与左翼史学家侯外庐的论争中，郭沫若又将屈原和"革命儒家"相勾连，赋予其人民性的内涵，两者的结合最终确立了"民族—人民"[1]诗人的屈原形象。可以说，屈原形象的变迁过程，既包含了郭沫若对民族革命与人民革命话语统一性的持续思考，又包含了对革命中传统知识分子角色和定位的另类探索。就此而言，以往着眼于内在思想发展脉络对郭沫若屈原研究的讨论，还远未将其意义完全揭示出来。[2]鉴于此，本文试图在抗战时代语境和情感结构的变迁中，以及与同时代学人的对话、碰撞中，辨析郭沫若马克思主义屈原研究的独特性，揭示郭沫若如何推动民族诗人屈原的生成、传播，又如何生产出人民诗人的表述，最终促成"民族—人民"诗人屈原

---

[1] "民族—人民的"概念来自葛兰西对意大利革命中知识分子难题的表述，即意大利知识阶层脱离"民族"、脱离"人民"，不是同现实民族中占绝大多数的人民，而是同等级制度的传统保持着紧密的联系。革命所需的知识分子应该和人民休戚相关，能够发挥联系人民、教育人民、凝聚集体意志的作用（参见葛兰西《关于"民族—人民的"概念》，《论文学》，吕同六译，人民文学出版社1983年版，第46—54页）。但此处并非照搬葛兰西，只是借用他的说法，揭示郭沫若对屈原的定位与中国革命内在经验的联系。

[2] 如石云《评郭沫若的屈原研究》，《江汉论坛》1988年第4期；魏红珊《郭沫若与屈原研究》，《郭沫若学刊》1999年第2期；卜庆华《论郭沫若的屈原研究》，《湖南师范大学社会科学学报》2003年第5期。

的诞生。这将会加深对郭沫若历史书写现实性、革命性的理解，同时深化对抗战时期国统区左翼知识分子革命话语实践复杂性、曲折性的认识。

一 抗战时期的"屈原热"与民族诗人屈原的诞生

20世纪40年代，陪都重庆出现了一个颇为引人注目的文化现象：学者研究屈原身世，诗人吟诵屈原气节，作家撰写屈原故事，画家描摹屈原像，剧院上演屈原戏，文化讲座宣讲屈原，民众运动会纪念屈原，外交场合谈论屈原，传统民俗意义上的端午节已不足以盛载屈原的意义，一个崭新的节日——"诗人节"被发明出来。在这场由文化界发起、政治界助力的"屈原热"中，赋《离骚》、发《天问》、"自沉汨罗"的三闾大夫屈原，以一种现代意义上的民族诗人形象，现身于抗战时期的历史舞台。

若追溯起来，早在20世纪初，屈原就已进入"梁启超、革命派等具有现代国家观念的新思想精英"的视野，汉代以来王逸、洪兴祖、朱熹、王夫之等推崇的"忠君爱国"屈原，开始被现代意义上的"爱国"的"文学家"所替代。[1] 然而，在五四时期"打倒孔家店"的思潮中，胡适首先指出"忠臣"屈原是汉儒堆成的"伦理的箭垛"[2]，进而对"忠臣"化的屈原进行了彻底的解构，其"去政治化"的倾向使屈原不仅与"忠君"而且与"爱国"完全脱钩。受胡适在知识界如日中天的影响[3]，1926年游国恩就将"屈原借事神以讽谏，以寄其忠君爱国之思"看作需要扫除干净的"乌烟瘴气的谬说"。[4] 直到1935年，闻一多仍认为，"帝王专制时代的忠的观念，决不是战国时屈原所能有的"，"说屈原是为忧国而自杀的，说他的死是尸谏，不简直是梦呓吗？"[5] 可见，"五四"以后，屈原被剥离了忠臣、爱国者、政治家等身份，学界对屈原的共识主要是现代文学意义上的"诗人"。

然而，随着"九一八"事变爆发，民族危机加重，研究界对屈原的形象及作品的理解开始发生变化。曾将屈原忠君爱国之说斥为"迂腐的义理"的游国恩，目睹日本侵略行径，冀望世人受屈子之文感发，共赴国难。[6] 1935年，几乎在闻一多将屈原"为忧国而自杀"斥为"梦呓"的同时，尚在日本流亡的郭沫若应上海开明书店邀约，写下专著《屈原》，由此踏上屈原研究之路。

---

[1] 王余辉：《解构·建构·实现——近代"屈原爱国"观念生成与传播的历史考察》，《史学月刊》2020年第5期。
[2] 适（胡适）：《读〈楚辞〉》，《读书杂志》1922年第1期。
[3] 同一时期不乏学者将屈原视为"政治家"和"爱国者"，如谢无量从地理、出身和音乐角度对屈原爱国思想加以解释，只是并未引起广泛注意。参见谢无量《楚词新论》，商务印书馆1923年版，第60—62页。
[4] 游国恩：《楚辞概论》，述学社1926年版，第97页。
[5] 闻一多：《读骚杂记》，《益世报》（天津版）1935年4月3日。
[6] 游国恩：《读骚论微初集》，商务印书馆1937年版，第216—217页。

作为"五四"一代文化人,郭沫若同样摒弃了"忠臣"观念,但肯定屈原是"爱国"的,这建立在他对屈原自杀时间及原因的重新解释上。据闻一多的总结,屈原自杀的动机历来有三种说法,即泄愤说、洁身说和忧国说。[1] 前两者倾向于将屈原自杀看作个人悲剧,后者则将其看作爱国的最高体现。闻一多认可的是前两种说法,即屈原"自杀的基因确是个人的遭遇不幸所酿成的",原因在于经过考证屈原的死期早于怀王丧身辱国,更不及郢都失陷。[2] 关于屈原卒年,钱穆也持相似看法。[3] 这可以说是20世纪二三十年代居于主流的观点。

然而,郭沫若以王夫之《哀郢》篇题解为中介[4],将屈原"自杀"的时间定在楚襄王二十一年秦将白起攻破郢都之际,提出了更为激烈的"殉国说"[5],这无疑是忧国说的现代变体。如果考虑到传统屈原忧国说的提倡者如洪兴祖、朱熹、王夫之、黄文焕等多生活在异族入侵、朝代更替的历史情境中,那么,当民族危机再度袭来,忧国说被重新召唤回来,且被转化为更为激烈的殉国说便非偶然。只不过此时屈原所殉之"国"已从传统的"君国"被置换为现代意义上的"民族国家"。

郭沫若不仅在民族主义意义上重新阐释了屈原爱国的精神底质,而且在文学革命层面对屈原"诗人"面向进行了揭示、塑造。在1935年创作的《屈原》中,郭沫若从白话入诗、诗体解放的角度将屈原定位为"革命的白话诗人"[6]。他指出,"《楚辞》中使用的方言,即当时的白话","白话入诗已经可以说是诗体的解放",屈原"利用了歌谣的自然韵律来把台阁体的四言格调打破了。屈原,可以毫不夸张地给他一个尊号,是最伟大的一位革命的白话诗人"[7]。事实上,《楚辞》"书楚语,作楚声,纪楚地,名楚物"[8] 早为传统学人所揭示,现代学人也关注到了《楚辞》和《诗经》语言形式上的差别,并试图从民俗学、文学社会学的角度加以阐释。不同于梁启超、谢无量、游国恩、鲁迅等人将《诗经》《楚辞》的差异归为"南北文学"或"南北文化"的差异,郭沫若将其看作"雅颂"与"风"、"台阁体"和"歌谣体"、"贵族文学"和"民间文学"的不同,由此在五四白话文运动的阐释框架内肯定《楚辞》的民间性和屈原的革命性。

颇有意味的是,郭沫若的屈原殉国说以及"革命的白话诗人"的论断此时虽已

---

[1] 闻一多:《读骚杂记》,《益世报》(天津版)1935年4月3日。
[2] 闻一多:《读骚杂记》,《益世报》(天津版)1935年4月3日。
[3] 钱穆也认为屈原卒年当在怀王时,至多在襄王初年。钱穆:《先秦诸子系年考辨》,商务印书馆1935年版,第249—252页。
[4] 王夫之《哀郢》篇题解:"楚东迁于陈,屈原眷念故都。"王夫之:《楚辞通释》,上海人民出版社1975年版,第77页。
[5] 郭沫若:《屈原》,光明书店1935年版,《序》第2页。
[6] 郭沫若:《屈原》,光明书店1935年版,《序》第66—67页。
[7] 郭沫若:《屈原》,光明书店1935年版,《序》第60、64、66—67页。
[8] 黄伯思:《新校楚辞序》,载李诚、熊良智编《楚辞评论集览》,湖北教育出版社2003年版,第139页。

成形，然而应者寥寥，而在不多的反响中，不乏对屈原爱国说的批判。① 1936 年，相近的说法在郭沫若的长文《屈原时代》中再次出现，依然未引起广泛关注。随着抗日战争的全面爆发，挖掘传统文化中的精神资源进行抗战动员，变成了政党、知识分子、文化人的普遍共识，而利用各种节庆、纪念日举行大型公开仪式则成了重要的民众动员模式。② 民俗意义上的端午节被官方赋予了政治教育意义。"纪念屈原、讨论屈原本身就是一种立场、一种姿态，是一种政治的表现。"③ 在这一情境中，20 世纪 30 年代为郭沫若、游国恩等推崇的屈原，"在民族多难、国家多事的今天"，"被广泛的注意起来"④。

大约从 1940 年端午节开始，纪念屈原的诗文显著增加。此时既是著名学者、诗人、剧作家，又身兼第三厅厅长、负责抗战动员工作的郭沫若，时隔四五年后关注点再度回到屈原，写下了纪念文章《关于屈原》和《革命诗人屈原》。⑤ 前者强调屈原之死是为殉国而非失意，后者则强调屈原诗歌形式的革命性——这几乎是对其 20 世纪 30 年代中期观点的"重复"。只是，这些"重复"的旧说却引发了时代共鸣。1940 年端午，陪都新运总会举行大型水上运动会，会长孔融明确将屈原看作"爱国诗人"，宣告"纪念端午，就是纪念屈原"⑥。臧云远认为"屈原诗化了当时江南的大众语，运用了当时老百姓喜闻乐见的民谣体"，戈茅指出"屈原不仅是一位伟大的古代诗人，而且是一位富有学问的政治家，热情的爱国者"，并且率先将"民族诗人"的称号赋予屈原。⑦

正是由于时代情感结构转变，以屈原祭日为"诗人节"的提议呼之而出，应者云集。1941 年 5 月 30 日，正值端午节，全国文艺界抗敌协会举办了 400 多人参加的大型纪念晚会。国民党元老、监察院院长于右任致辞，"文协"总务部主任老舍报告筹备经过，"文工会"主任郭沫若讲演屈原生平。⑧ 一个新的节日——"诗人节"——被隆重宣告诞生。⑨ 与此同时，重庆有影响力的报刊，无论立场左右、官办私营，几乎都刊出了篇幅可观的纪念文字。⑩ 为其供稿的既有国民党高层如陈立夫、

---

① 长之：《屈原》，《益世报》（天津版）1935 年 5 月 29 日。
② 例如，抗战后每年举行的"一·二八""五四""五卅""七七""双十"等纪念仪式。其中，最为轰动的是 1938 年郭沫若在武汉领导第三厅筹办的"七七纪念周"活动。
③ 黄晓武：《马克思主义与主体性——抗战时期胡风的"主观论"研究》，中央编译出版社 2012 年版，第 43 页。
④ 林若：《爱国诗人屈原：为纪念第二届诗人节而作》，《时代中国》1942 年第 5 卷第 6 期。
⑤ 郭沫若：《关于屈原》，《大公报》1940 年 6 月 9 日；郭沫若：《革命诗人屈原》，《新华日报》1940 年 6 月 10 日。
⑥ 《嘉陵江盛会——龙舟竞赛和纪念屈原》，《中央日报》1940 年 6 月 10 日。
⑦ 臧云远：《屈原艺术的发展和评价》；戈茅：《关于屈原》，《新华日报》1940 年 6 月 10 日。
⑧ 老舍：《第一届诗人节》，《宇宙风》1941 年第 120 期。
⑨ 关于诗人节的筹备、设立及各方围绕屈原形象及意义的博弈与斗争，参见刘奎《诗人革命家：抗战时期的郭沫若》，北京大学出版社 2019 年版，第 184—200 页。
⑩ 堵述初：《诗人节的重庆各报特刊》，《中央日报》1941 年 6 月 5 日。

梁寒操、冯玉祥等，也有立场各异的文艺界人士如郭沫若、孙伏园、易君左、李长之、王进珊、陈纪莹、吴组缃、老舍等。[①] 一时间，凭吊屈原的诗词创作成为风气，以屈原为主人公的小说、戏剧、论文、随笔数量激增，"屈原热"由此到来。

在"诗人节"中，郭沫若占据着显要的位置，他不仅为屈原像题词，发表主题讲演，撰写"诗人节"专刊文章《蒲剑·龙船·鲤帜》，而且宣言性的《诗人节缘起》也经过他的修正。[②] 更为重要的是，郭沫若在 20 世纪 30 年代中期"翻新再造"的以白话入诗、殉国而死的民族诗人屈原形象，被呈现在《诗人节缘起》中，并经过"诗人节"的晚会仪式和媒介仪式广为传播。[③] 当日纪念文章虽立场各异，论述角度多有不同，且各自对民族主义内涵的理解也不乏分歧，但在屈原爱国这一点上毫无二致。[④] 例如，平民促进会成员堵述初不仅称屈原为"爱国的诗人""第一位民族诗人"，还从文字通俗意义上将屈原命名为"平民的诗人"，可以说是郭沫若的观点的引申和总结。[⑤]

然而，郭沫若并未止步于此。1941 年底，郭沫若在中华职教社所作《屈原考》《屈原的艺术与思想》专题演讲中，多次称屈原为伟大的"民族诗人"[⑥]。1942 年 1 月，郭沫若创作了历史剧《屈原》，2 月应侯外庐的论战写下了《屈原思想》，4 月将两三年来关于屈原的讲演、杂文辑为《蒲剑集》出版[⑦]，同年端午，又写下《屈原研究跋》，筹备屈原研究论著的汇集出版工作[⑧]。密集的屈原著述、公开的宣讲以及大型剧场演出，使民族诗人屈原形象深入文化人、学生群体、市民观众心中，逐渐成为时代共识。而闻一多否认屈原自杀殉国的说法，以及质疑屈原存在的声音，此时几乎被完全淹没。[⑨]

二 唯物史观视野中的革命儒家与"人民"代言人屈原

在民族危机的"常态化"以及"屈原热"的时代氛围中，屈原研究俨然成了抗

---

① 老舍：《第一届诗人节》，《宇宙风》1941 年第 120 期。
② 据老舍记述，几位朋友起草的《诗人节缘起》"由郭沫若先生修正"。老舍：《第一届诗人节》，《宇宙风》1941 年第 120 期。
③ 中华全国文艺界抗敌协会：《诗人节缘起》，《新华日报》1941 年 5 月 30 日。
④ 刘奎：《诗人革命家：抗战时期的郭沫若》，北京大学出版社 2019 年版，第 196 页。
⑤ 堵述初：《屈原之歌》，《中央日报》1941 年 5 月 30 日。
⑥ 《屈原考》中提到 3 次，《屈原的艺术与思想》中提到 2 次。郭沫若：《屈原考》，《中央日报》1942 年 12 月 5 日、6 日；郭沫若：《屈原的艺术与思想》，《中央日报》1942 年 1 月 8 日、9 日。
⑦ 此集主要目的在收录屈原相关文字，但"还附带着收集了好几篇谈文艺或学术的文章"。郭沫若：《蒲剑集》，文学书店 1942 年版。
⑧ 《屈原研究》一书收入《屈原身世及其作品》《屈原时代》《屈原思想》《离骚今译》，除《屈原思想》为近作，其余皆旧略加改动而成。参见郭沫若《屈原研究》，群益出版社 1943 年版。
⑨ 在质疑屈原是否存在上，除更早的廖季平、胡适外，20 世纪 30 年代还出现了卫聚贤、何天行、丁迪豪等。参见卫聚贤、何天行、丁迪豪《楚词研究》，吴越史地研究会 1938 年版。

战时期的显学。郭沫若的屈原殉国说、革命白话诗人说被广泛接受,很大程度上在于契合了民族危亡时代的情感结构。然而,郭沫若的屈原研究并没有停留在抗战动员层面,而是有着严肃的学术追求。由于首开以马克思主义唯物史观研究屈原的先河,且不断强化革命儒家的论述,郭沫若的屈原研究显得与众不同、独树一帜。

正如郭沫若所言:"屈原的作品以及整个《楚辞》,近年来已渐渐把它们的身价恢复了。学习屈原,研究楚辞,差不多成为了一种风尚。"① 对于当时的屈原研究,梁宗岱有一个形象的区分,即"走外线"和"走内线"。所谓"走外线",即泰纳派的批评方法,"对于一个作家之鉴赏,批判,或研究,不从他底作品着眼而专注于他底种族,环境,和时代",梁宗岱批评其进入中国沦为"一种以科学方法自命的烦琐的考证",矛头指向陆侃如的《屈原》。② 事实上,20世纪二三十年代以来,西方实证主义与传统训诂考证相结合成为主流的研究方法,风潮所及,当时的研究者如胡适、谢无量、游国恩、闻一多等,大都注重屈原生平、行迹、作品等材料的收集、训诂和考证。③ 20世纪40年代,闻一多《楚辞校补》与游国恩《屈原》延续的仍是这一路径。④ 而梁宗岱坚持的"走内线"方法,则注重文学的审美性和自律性,他所著的《屈原》不探究作家生平和事迹,也很少转引前人研究成果,而是单刀直入《楚辞》的艺术世界和屈原的精神世界。⑤

实际上,郭沫若的屈原研究起初走的也是梁宗岱所说的"走外线"的路子。写于1935年的《屈原》重在对屈原生平、篇目真伪及次序的考证,立论也主要从民族文化、地理环境、时代思潮等角度解释屈原思想及其诗歌特色。⑥ 然而,在1936年创作的《屈原时代》中,郭沫若开始将屈原纳入经济基础和上层建筑的框架中予以考察。文章开篇采用大量典籍和青铜铭文资料,证明西周至春秋时代是奴隶制社会,继而将儒家、墨家革命思潮的出现,以及白话文体改革,解释为"奴隶制向身分制的转移之在意识形态上的反应"。在厘定战国的社会性质及意识形态后,考察"他和他的作品之社会史上的意义",指出屈原本是楚国的贵族,思想上受了儒家的影响,而在文体变革上受到的影响更为深刻,"彻底地采用了方言来推翻了雅颂诗体的贵族性","在诗域中起了一次天翻地覆的革命"⑦。由此,郭沫若将屈原及其艺术的核心

---

① 郭沫若:《关于"接受文学遗产"》,《抗战文艺》1943年第8卷第3期。
② 梁宗岱:《屈原(为第一届诗人节作)》,华胥社1941年版,第3页。
③ 如胡适《读〈楚辞〉》、游国恩《楚辞概论》、谢无量《楚词新论》、闻一多《楚辞校补》《九歌解诂》等采取的都是这一路径。
④ 闻一多:《楚辞校补》,国民图书出版社1942年版;游国恩:《屈原》,胜利出版公司1946年版。
⑤ 同时期陈适《离骚研究》(商务印书馆1940年版)、李长之《孔子与屈原》(《文艺月刊》1941年第11卷第6期)都可归入此类研究。
⑥ 郭沫若与陆侃如关于屈原生卒年与作品的争论,以及对梁宗岱《屈原》的态度,参见郭沫若《屈原·招魂·天问·九歌》,《新华日报》1942年12月5日、6日。
⑦ 郭沫若:《屈原时代》,《文学》1936年第6卷第2期。

要素——方言俗语的运用、儒家思想都纳入"意识形态"范畴，并从社会形态变革的角度加以阐释，唯物史观视野和方法的独特性初步显露。

无疑，此时郭沫若的屈原研究已经呈现唯物史观的面貌，但由于典籍、甲骨、金文材料的爬梳和考证仍然占很大比重，因此，直到1942年，仍有人认为"郭先生的'屈原研究'的态度和方法是'新朴学'"①。但郭沫若的屈原研究终究不同于"新朴学"，此后不久，随着《屈原思想》的发表，郭沫若"对于屈原的整个看法"形成②，唯物史观方法全面展露，其研究的独特性逐渐为时人注意。不过质疑的声音也随之而来，同为史学家和文学家的缪钺指出：

> 郭君在《屈原时代》及《屈原思想》两篇中，畅论中国自殷至春秋中叶为奴隶社会，详征博引，不惮烦言（屈原时代一篇共二十二页，而论奴隶社会者占十页，屈原思想一篇共四十二页，而论奴隶社会者占十六页）。其目的无非在说明春秋战国间由奴隶制渐变为封建制，乃奴隶解放之时代，屈原之思想为此时代意识形态之反映。纵使信如郭君所言，则凡讲述战国诸子，皆可加此一大段殷周奴隶社会论，何独屈原，读《屈原研究》之书，而遇如此冗长之殷周奴隶社会论，已觉喧宾夺主，有离题过远之感。况自春秋末叶以降，王官之学，散为私家，即学术由贵族移于平民，由政府官守之保存，变为民间自由之研究与发抒，此为学者公认之事，实足以解释郭君提出屈原思想之种种特点，又何必乞灵于奴隶社会之说。③

显然，缪钺注意到郭沫若屈原研究的独特处在于"不惮烦言"地探讨奴隶社会问题，但对此甚为不解。在他看来，春秋战国"学术平民化"的潮流为学界公认，钱穆《国史大纲》就将"民间自由学术之兴起"看作由春秋到战国的巨变中最重要的一个变化④，足以解释战国时代智识下移、文体变革以及屈原思想中注重民生等方面，根本不需要借助奴隶社会学说。缪钺虽然赞成从社会变迁角度阐释"屈原思想之种种特点"，但忽视了虽同为外部研究方法，两种解释实则有着更深层次的差别：前者把社会的精神、风俗、思潮看作"最后的解释"，后者则意识到这些因素背后还有"物质的生产力"作为基础。郭沫若的屈原研究最大的特征在于，将南北文化、社会思潮、风俗等都归拢为意识形态，并试图从生产力和生产关系角度求得最后解

---

① 孙伏园：《读〈屈原〉剧本》，《中央日报》1942年2月7日。
② 《屈原思想》后收入《屈原研究》，郭沫若自认为其"足以补充前两篇（按，《屈原》《屈原时代》）所论的不足"，至此，他"对于屈原的整个看法"大抵成形。郭沫若：《屈原研究》，群益出版社1943年版，第195页。
③ 缪钺：《评郭沫若著〈屈原研究〉》，《思想与时代》1943年第29期。
④ 钱穆：《国史大纲》上，商务印书馆1996年版，第93页。

释，因而将很大精力放在了"看似多余的"战国社会性质考定上。显然，这种"累赘""离题"之处恰恰是唯物史观文学批评的根基。

郭沫若将唯物史观首次引入屈原研究，遭受不同学术理路学者的质疑在所难免，然而，令人诧异的是，更大挑战来自同为唯物史观派的侯外庐。1942年初，侯外庐在看到郭沫若的讲演稿《屈原的艺术与思想》后，不同意其中关于屈原的评价，写下《屈原思想的秘密》一文，拉开了论战的序幕。针对侯外庐的挑战和质疑，郭沫若即刻答以《屈原思想》。双方不仅未能达成共识，分歧反而愈加扩大。侯外庐再次回之以长文《屈原思想渊源底先决问题》，然而，此文未及刊完，出于左翼阵营统一的考虑，论辩被《新华日报》国际版负责人乔冠华紧急打断。[1]

回看这场论战，同为马克思主义唯物史观派，郭沫若和侯外庐的屈原研究有着诸多共通之处。首先，二人都认可经济基础和上层建筑的基本架构，坚持"从物质实践出发来解释观念的形成"[2]，在他们的分析中，西周以至春秋战国时期社会性质的讨论都占据了显要位置。其次，二人都将西周视为奴隶制社会，而将春秋战国看作奴隶制向封建制转变的时代，从而不同于吕振羽、翦伯赞、范文澜等的观点[3]，因此，当时学界都公认二人"是一个派别的"[4]。再次，对于屈原思想，当时人或视为兼具儒、道、阴阳、法等派思想的杂家，如谢无量、游国恩[5]，或视为道家，如戈茅[6]，郭沫若则力主屈原思想的主要面目是儒家，侯外庐的看法也与之相同。最后，对屈原的基本认识，二人也并未自外于时代意识，均肯定屈原是有着高尚人格、伟大诗篇的爱国诗人。

值得探究的是，二人为何会产生巨大分歧。侯外庐事后解释道："分歧的本质在于我们对儒家思想的评价差异很大。"[7] 早在1936年创作的《屈原时代》中，郭沫若就将儒家、墨家看作与奴隶解放运动相适应的意识形态，肯定其为"新锐的革命思潮"[8]。而在1942年发表的《屈原思想》中，郭沫若从伦理、政治、宗教、文字艺术、文体等多个层面，再次肯定儒家、墨家连同道家都是先秦思想革命的成果。不

---

[1] 侯外庐：《韧的追求》，人民出版社2015年版，第124页。
[2] ［德］马克思、恩格斯：《德意志意识形态（节选）》，《马克思恩格斯选集》第一卷，人民出版社1995年版，第92页。
[3] 吕振羽将春秋战国置于"初期封建制"和"专制的封建时代初期"之间（吕振羽：《中国政治思想史》，黎明书局1937年版）；翦伯赞将其看作"初期封建社会的发展及其转向"（翦伯赞：《中国史纲》第1卷，五十年代出版社1944年版，第330页）；范文澜将其置于"封建制度的开始时代"向"中央集权的封建国家成立"的中间阶段（范文澜：《中国通史简编》上册，大众书店1946年版）。
[4] 侯外庐：《韧的追求》，人民出版社2015年版，第123页。
[5] 谢无量：《楚词新论》，商务印书馆1923年版，第57页；游国恩：《屈原》，胜利出版公司1946年版，第104页。
[6] 戈茅：《关于屈原》，《新华日报》1940年6月10日。
[7] 侯外庐：《韧的追求》，人民出版社2015年版，第124页。
[8] 郭沫若：《屈原时代》，《文学》1936年第6卷第2期。

过，在论述中，郭沫若的重点落在儒家，例如，将儒家的核心理念"仁"解为"把人当成人"，看作"当时的一个革命的成果"，将儒家的德政大一统看作奴隶解放时代的潮流所向。在谈到儒家的古史观时，郭沫若更是明确说道："儒家把尧舜时代粉饰得很庄严，事实上是对于氏族公产社会的乌托邦的景慕……在当时，它本质上是一种革命的、前进的思想。"① 但对侯外庐来说，儒家"言仁言礼"，所谓的"仁"是"克己而达于恢复周礼"，"此一道使他一道归"②，是"仁的君子推及于不仁者小人的'礼'治主义"，不是什么"革命的成果"③。因而，儒家虽对没落贵族有所暴露和批评，但总体上"维持周道而调和大别"，"和现状而法今古"，并不是郭沫若所说的"革命的，前进的思想"④。

然而，在唯物史观视野内，对儒家思想的评价不单是对经义的阐释，而更要向下追索到社会生产方式变革和社会性质层面。在郭沫若看来，西周是以大规模奴隶生产于"公田"为特征的奴隶制社会，春秋战国时期，随着"私田"大量开采，生产奴隶获得解放成为自由民，生产方式的核心要素——生产对象和生产主体发生革命性的变化，尤其是随着各国进行田制、税制改革，生产关系也发生根本性的变革。⑤ 经济基础的变革反映在意识形态领域，即儒家、道家、墨家等思想的出现。⑥ 因而，郭沫若此时将儒家与道家、墨家同时看作革命的成果，并未有态度上的明显差别。而对侯外庐来说，西周社会是亚细亚式的奴隶社会，其特征在于保存古旧的氏族组织，将在农村耕作的奴隶和城市贵族维系起来。在生产方法上，"是土地国有（氏族所有）的生产手段与集体族奴的劳动力二者间之结合关系"⑦。因而，奴隶社会向封建制的路径是挣脱古旧的氏族制，重在调和矛盾，而恢复周礼、维护古旧的氏族制的儒家当然是反动的，与之相比，"非现状而法上古"的道家、"不满现状而道将来"的墨家反而具有了某种革命性。⑧

值得注意的是，对儒家的评价又决定了对屈原的定位。郭沫若虽然在生产方式变革的参照系中肯定儒、道、墨都是"革命的成果"，但正如王璞所言，"代表了'人

---

① 郭沫若：《屈原思想》，《新华日报》1942年3月10日。
② 侯外庐：《屈原思想渊源底先决问题》，《新华日报》1942年4月22日。
③ 《屈原思想渊源底先决问题》后半部分单独成文，题为"申论屈原思想——衡量屈原的尺度"，侯外庐：《申论屈原思想：衡量屈原的尺度》，《中苏文化》1942年第11卷第1—2期。
④ 侯外庐：《屈原思想渊源底先决问题》，《新华日报》1942年4月22日。
⑤ 关于"私田"在这一时期郭沫若对古代社会变革的想象中发挥的革命性作用，参见王璞《"公"与"私"的变奏——郭沫若的"古代社会"想象的一个谱系》，李怡主编《大文学评论》（1），花城出版社2015年版，第118页。
⑥ 郭沫若：《屈原思想》，《新华日报》1942年3月9日。
⑦ 侯外庐：《中国古典社会史论》，五十年代出版社1943年版，第63页。
⑧ 侯外庐：《屈原思想渊源底先决问题》，《新华日报》1942年4月22日。

民解放'的思潮是落在儒家一边"①。在《屈原思想》中，郭沫若多处引用甲骨文、铭文资料佐证"中国古代的生产奴隶就是人民"②，由此，"奴隶解放时代"被置换为"人民解放时代"，儒家的"仁"——"把人当成人"具有了珍视人民价值的内涵，与法家的刑政大一统相对，儒家的德政大一统则是注重民生、"保卫人民"的体现。③ 在这一意义上，儒家思想成为奴隶/人民普遍诉求的表达。儒家的革命性不只体现在顺应奴隶制向封建制的历史转变，更体现为在变革时代没落贵族、新兴地主、解放奴隶/人民等社会阶层中占据了人民的立场。

当"注重民生，尊崇贤能，企图以德政作中国之大一统""重仁袭义"的屈原被确认为"儒者"时，其用民众的语言写出的诗歌，如"长太息以掩涕兮，哀民生之多艰""皇天之不纯命兮，何百姓之震愆""汤禹严而祗敬兮，周论道而莫差。举贤而授能兮，循绳墨而不颇"等④，就成了内在的革命儒家思想的自然流露，成了奴隶/人民的心声的传达，在此意义上，屈原不仅是一位革命诗人，而且有意识地做了人民的代言人。与之相比，侯外庐虽也有类似的表述，如"作为人民作家的屈原，用他的歌唱，代表了人民的这喉舌"⑤，但由于他将儒家看作悖逆时代潮流的思想，因而，受儒家思想影响的屈原对现状的批判以及对人民的同情只是客观上的效果，而非主观上有意识的行为，本质上"他是一个三闾大夫，对于没落的公族制，反而寄着衷心的同情感"⑥，是崩解的奴隶社会的维护者和没落贵族阶级的代表。

需要说明的是，这场论争不只是郭沫若和侯外庐的分歧，实则隐含着郭沫若和整个左翼阵营的分歧。当时左翼阵营内部对儒家大多持否定态度，只不过否定的角度各有不同。侯外庐否定儒家主要立足于亚细亚生产方式论，而其他左翼史学家，如吕振羽、翦伯赞、范文澜等则从阶级史观出发，将儒家视为没落的封建领主阶级思想的代表。⑦ 更多的左翼文化人则从秉持五四新文化传统以及批判国民政府奉儒家为政治合法性来源的角度⑧，否定儒家的革命性。与之相关，在儒家的脉络中将屈原看作历史进步者、思想革命者和人民的代言人，郭沫若也是相当孤立的，正如侯外庐所说，

---

① 王璞：《孔夫子与"人民"：郭沫若和革命儒家的浮沉》，2018 年 8 月 30 日，https：//www.thepaper.cn/newsDetail_forward_2372365。
② 郭沫若：《屈原思想》，《新华日报》1942 年 3 月 9 日。
③ 郭沫若：《屈原思想》，《新华日报》1942 年 3 月 9 日。
④ 郭沫若：《屈原思想》，《新华日报》1942 年 3 月 10 日。
⑤ 侯外庐：《屈原思想的秘密》，《新华日报》1942 年 2 月 17 日。
⑥ 侯外庐：《屈原思想的秘密》，《新华日报》1942 年 2 月 17 日。
⑦ 吕振羽：《中国政治思想史》，黎明书局 1937 年版，第 56—60 页；翦伯赞：《中国史纲》第 1 卷，五十年代出版社 1944 年版，第 392—393 页；中国历史研究会编著：《中国通史简编》上册，大众书店 1946 年版，第 73—74 页。
⑧ 黄晓武：《马克思主义与主体性——抗战时期胡风的"主观论"研究》，中央编译出版社 2012 年版，第 42、53 页。

1942年在重庆的革命队伍内部，不同意郭老屈原评价的同志为数不少。[①]例如周恩来、姚雪垠、宋云彬等，就不同意郭沫若的革命儒家论断，进而质疑其对屈原的评价。[②]吕振羽、翦伯赞等则抛开儒家，直接从封建领主出身推出屈原是没落腐朽的旧领主阶层代言者。[③]换言之，无论对孔孟还是对屈原，左翼阵营更倾向于用"落后的世界观与先进的方法论的矛盾"框架，只承认其客观上有限的进步性。

由此观之，郭沫若对儒家和屈原的评价颇有些"一意孤行"的味道。除去学理上的分歧，侯外庐多少觉得这是诗人郭沫若对屈原的"偏爱"[④]，而在后来左翼儒墨批判中，当郭沫若对儒家、墨家的褒贬态度完全展露时，舒芜、胡风等将其斥为"教条主义"的错误[⑤]。以后设视角来看郭沫若抗战时期的历史人物及先秦思想研究，这种"固执己见"还有一个重要的原因，即他对历史人物的思考已逸出了唯物史观、阶级史观的范围，而倾向于酝酿和提出一种新的标准。在这一标准下，儒家由于包含了"把人当成人"以及德政大一统的理念，而具有了革命性、人民性的内涵。通过儒家的中介，郭沫若不只是在诗歌语言革命层面，更是在政治革命和思想革命层面，发掘出了统治阶级知识分子屈原的人民性。

值得一提的是，郭沫若对屈原的独特理解在历史剧《屈原》中得到了形象的演绎。以连秦和抗秦、刑政大一统和德政大一统为界，剧中人物被分为截然对立的两派：前者为南后、靳尚、子椒、怀王、子兰等楚国权贵阶层以及附庸权贵的文人宋玉；后者为屈原以及钓者、婵娟、渔父、卫士等底层民众，也即奴隶制解体时代获得自由的庶人奴隶。[⑥]屈原的抗秦、德政大一统主张代表了民众的心声，反过来，通过民众对屈原的拥护和搭救，又呈现了屈原的人民性。随着历史剧《屈原》的上演，郭沫若塑造的积极阳刚、代表奴隶解放精神、人民代言人的屈原形象很快为人们所接受，相反，侯外庐和大部分左翼文化人塑造的时代的落伍者和贵族阶级自我哀伤者的屈原形象，逐渐在公众视野中消失。

三 "以人民为本位"和"民族—人民的"诗人屈原

郭沫若对屈原的定位并未止于民族诗人和人民代言人，随着抗战末期"人民"

---

① 侯外庐：《韧的追求》，人民出版社2015年版，第126—127页。
② 参见周恩来《对〈屈原思想〉的意见——致郭沫若》，《周恩来书信选集》，中央文献出版社1988年版，第216—217页；姚雪垠《屈原的文学遗产》，《文艺生活》1942年第3卷第2期；云彬《屈原与儒家精神》，《青年文艺》（桂林）1942年第1卷第1期。
③ 吕振羽：《殷周时代的中国社会》，不二书店1936年版，第378页；翦伯赞：《中国史纲》第1卷，五十年代出版社1944年版，第399页。
④ 侯外庐：《韧的追求》，人民出版社2015年版，第123、125页。
⑤ 黄晓武：《马克思主义与主体性——抗战时期胡风的"主观论"研究》，中央编译出版社2012年版，第65—66页。
⑥ 郭沫若：《屈原》五幕史剧，《中央日报》1942年1月24、25、27、28、30、31日；2月4、5、6、7日。

话语在国统区的兴起,郭沫若"以人民为本位"的史观出场,屈原被明确称为"人民诗人"。相较于发明这一称号的闻一多,郭沫若的"人民诗人"屈原兼具人民性和民族性的双重内涵。

抗战时期,在中共抗日民族统一战线的架构内,"人民"囊括了无产阶级、农民、知识分子和其他小资产阶级,既是抗战的主要力量,也是新民主主义国家的构成力量。① 然而,由于国共两党始终存在的矛盾,"就在抗战初期,由南京迁到武汉,由武汉又迁到重庆的那起初的三四年,各地的报章杂志上普遍地是看不出'民主'与'人民'这样的字眼的"②。1944年以后,"人民"话语再次兴起,主要和两个事件密切相关。其一,美国副总统华莱士访华,"人民的世纪"这一提法在国统区流传开来,"一时成为知识分子的常用语",并"为1944年开始的民主运动提供了话语支持"③。其二,毛泽东《在延安文艺座谈会上的讲话》此时开始在国统区左翼文化界传播开来,"人民文艺"的相关论述被反复征引和再阐释。④

在"人民"话语再度回归的思想语境和政治氛围中,郭沫若又将屈原指认为"人民诗人"。1946年发表的《由诗人节说到屈原是否弄臣》中,郭沫若指出:"他的诗意识是人民意识,他的诗形式是民间形式,他是澈内澈外的一个人民诗人。"屈原作为偶像,"他是人民意识的形象化,人民文艺的形象化",由此将屈原纳入新的"人民文艺"的坐标系中。⑤ 然而,这篇文章主要目的不是用新的话语范式包装屈原,与此前所写的《屈原不会是弄臣》一样,文章是对两年前那场搅动学界的屈原论争做出的迟到回应,但其触及的问题远远超出了论争的范围。

1944年成都"诗人节"上,孙次舟从汉代艺术家仍被"倡优畜之"、宋玉是文学弄臣以及《离骚》中女性化装扮等角度,抛出"屈原是文学弄臣"的说法;这与20世纪40年代以来普遍认同的民族诗人形象大相径庭,立即遭到了激烈的批评。在申辩中,孙次舟将这一说法追溯到闻一多。闻一多无奈作为"调人"参战,他首先肯定屈原是文学弄臣、家内奴隶,但认为奴隶具有反抗性,反而更值得敬重。⑥ 事实上,怀着这样的认识,闻一多在1945年的"诗人节"上就先于郭沫若得出屈原是"人民诗人"的结论。在闻一多看来,"使得屈原成为人民的屈原"有四重理由:"首先在身份上,屈原便是属于广大人民群中的";其次,《离骚》《九歌》采用的是"人民的艺术形式";再次,在内容上,《离骚》"暴露了统治阶层的罪行";最后,屈原的"死"催生了楚国的农民革命,导致了楚国的灭亡。因此,"屈原是中国历史

---

① 毛泽东:《新民主主义论》,《毛泽东选集》第2卷,人民出版社1991年版,第674—676页。
② 郭沫若:《民主运动中的二三事》,《新文化》1947年第3卷第1—2期。
③ 关于华莱士访华与"人民的世纪"在国统区的传播接受情况,参见刘奎《有经有权:郭沫若与毛泽东文艺体系的传播与建立》,《东岳论丛》2018年第1期。
④ 例如《群众》1944年第9卷第18组织了"文艺问题特辑"。
⑤ 郭沫若:《由诗人节说到屈原是否弄臣》,《新华日报》1946年6月7日。
⑥ 闻一多:《屈原问题——敬质孙次舟先生》,写于1944年12月,刊于《中原》1945年第2卷第2期。

上唯一有充分条件称为人民诗人的人"[1]。

显然,在肯定屈原"用人民的艺术形式""暴露了统治阶层的罪行"上,郭沫若与闻一多是一致的,侯外庐也在这个层面上将屈原称为"人民作家",这可以说是当时很多知识分子的共识。然而,在对"人民诗人"屈原的理解上,郭沫若和闻一多存在根本分歧。

首先,屈原与人民是怎样的关系?闻一多认为,屈原"作为宫廷弄臣的卑贱的伶官",在阶级身份上"是属于广大人民群中的"。[2] 也就是说,由于弄臣身份,屈原本身就是人民。然而,在郭沫若看来,屈原是文学弄臣的说法并无坚实依据,弄臣而怀抱强烈的人民意识,这样的见解"过于以意识决定存在"[3]。他坚持认为"屈原是三闾大夫,是楚国贵族屈、景、昭三姓中之一姓的显要"[4]。然而,正如刘奎追问的那样:"从阶级身份的角度否定了屈原成为人民诗人的可能……那么郭沫若又是如何将屈原命名为人民诗人的呢?"换言之,作为统治阶级的知识分子屈原又如何成为"人民的"?对此,刘奎认为郭沫若主要着眼于屈原诗歌的民歌形式及蕴含的人民思想,但又敏锐地看到人民诗人屈原和儒家诗人屈原的一致性。[5] 王璞也注意到闻一多立足弄臣身份封屈子为人民诗人,而郭沫若的"革命诗人""南方儒者"屈原与左翼内部革命儒家论述相呼应。[6] 然而,需要进一步廓清的是,郭沫若的确在诗歌形式和内容层面肯定屈原的人民性,但正如前文所述,在郭沫若这一时期的论述中,屈原之所以是"人民的",更根本的原因在于屈原有着同奴隶/人民一致的世界观,即顺应奴隶解放时代的"把人当成人""德政大一统"等儒家观念,而《楚辞》民歌形式和人民性内容只不过是革命儒家观念的外化。人民诗人屈原之所以与儒家诗人屈原"一致"和"呼应",恰恰在于其本身就建立在儒家诗人屈原的基础上。正是因为革命儒家的中介,屈原才能够像葛兰西所说的"想人民之所想,喜人民之所喜",体验着人民的情感,[7] 变成真正属于人民的知识分子。

与此同时,经常为研究者忽视的是郭沫若与闻一多的另一个重要区别,即"人民诗人"屈原中的"人民"是否包含了"民族"的内涵?在闻一多的阐释中,屈原不仅是人民群众中的一员,而且是"革命的催生者",因为屈原通过"行义"——自

---

[1] 闻一多:《人民的诗人——屈原》,初刊于1945年6月《诗与散文》"诗人节特刊",引自《诗歌月刊》1946年第3—4期。
[2] 闻一多:《人民的诗人——屈原》,初刊于1945年6月《诗与散文》"诗人节特刊",引自《诗歌月刊》1946年第3—4期。
[3] 郭沫若:《由诗人节说到屈原是否弄臣》,《新华日报》1946年6月7日。
[4] 郭沫若:《屈原不会是弄臣》,《诗歌月刊》1946年第3—4期。
[5] 刘奎:《诗人革命家:抗战时期的郭沫若》,北京大学出版社2019年版,第251—256页。
[6] 王璞:《郭沫若与古诗今译的革命系谱》,《文学评论》2016年第3期。
[7] 葛兰西:《关于"民族—人民的"概念》,《论文学》,吕同六译,人民文学出版社1983年版,第47页。

杀把楚国人民的"反抗情绪提高到爆炸的边沿",秦军到来时,人民便以溃退和叛变的方式报复楚国统治者,也即是说,屈原之死催生了人民革命。① 换言之,屈原的人民性和革命性,是针对楚国统治者,而不是针对秦国侵略者。如果考虑到闻一多自始至终反对屈原"忠君爱国"的说法②,可以说,在他这里,屈原具有人民性,而不具有民族性。然而,郭沫若在民族危亡语境下首先发现的是屈原的民族性,此后通过革命儒家的中介才发现屈原"澈内澈外"的人民性。但后者并未取代前者,反而成为前者的目标和结果。在《屈原思想》中,郭沫若指出,屈原并不是狭隘的爱国主义者,对内"他之所以要念念不忘君国,就是想使得民生怎样可以减少艰苦,怎样可以免掉离散"③;对外他眷爱楚国,不只是因为楚国是父母之邦,而且"想以德政来让楚国统一中国,而反对秦国的力征经营"④,因为以德政方式完成国家统一顺应了奴隶解放时代潮流,满足了楚国人民乃至全天下人民的渴求。1946年,郭沫若仍坚持屈原的人民性无法与民族性分离,"屈原无疑是一位政治性很浓重的诗人,而他的政治观点就是替人民除去灾难,对内是摒弃压迫人民的吸血佞倖,对外是反抗侵略成性的强权国家"⑤。前者指向屈原的人民性,后者指向屈原的民族性,二者结合才构成了屈原政治性的全部内容。

更准确地说,郭沫若所谓的"人民诗人"屈原,不是闻一多所谓的人民群众中产生的诗人,而是出身统治阶级,但诗歌形式和内容兼具人民性,且有意识地占据人民立场,对内反抗腐朽统治者、对外反抗侵略的"民族—人民的"诗人。

统治阶级出身的屈原被视为人民的知识分子,郭沫若这种独特的认识,背后隐含着他在抗战后期明确表述为"以人民为本位"的史观。"以人民为本位"这一表述早在郭沫若1921年发表的《我国思想史上之澎湃城》中就已出现⑥,而作为一个独特概念再度出现于郭沫若的著作则到了抗战后期。但正如郭沫若所言,作为评价历史人物的标准,"以人民为本位"实际上贯穿于其20世纪40年代全部的历史人物研究和史剧创作中。⑦ 考虑到1939年翦伯赞在《历史哲学教程》中总结唯物史观派研究时,指出郭沫若、吕振羽等史学家共同存在的问题在于,重"社会经济形态"分析,"闭口不谈个人",在其著作中"看不见一个'历史人物'的名字"⑧,那么,郭沫若以

---

① 闻一多:《人民的诗人——屈原》,初刊于1945年6月《诗与散文》"诗人节特刊",引自《诗歌月刊》1946年第3—4期。
② 1935年,闻一多明确否定屈原"忠君爱国说"。抗战时期,由于屈原爱国形象的教育意义,闻一多很少再提及这一话题。然而,直到1944年,闻一多仍坚持"忠君爱国"的屈原是不可靠的。闻一多:《屈原问题——敬质孙次舟先生》,《中原》1945年第2卷第2期。
③ 郭沫若:《屈原思想》,《新华日报》1942年3月10日。
④ 柳涛:《〈屈原之死〉与〈屈原〉》,《新华日报》1943年2月1日。
⑤ 郭沫若:《由诗人节说到屈原是否弄臣》,《新华日报》1946年6月7日。
⑥ 郭沫若:《我国思想史上之澎湃城》,《学艺》1921年第3卷第1期。
⑦ 郭沫若:《历史人物》,海燕书店1947年版,《序》第1页。
⑧ 翦伯赞:《群众领袖与历史(再版代序)》,《历史哲学教程》,新知书店1939年版,《序》第6、74页。

屈原研究为开端，研究屈原、曹植、万宝常、王安石、李岩等历史人物，在唯物史观框架内展开历史人物评价，就无疑具有开创性。值得注意的是，翦伯赞所谓的"历史人物"，主要指历代帝王、农民革命和民族革命领袖、反动首领、外族侵略者等①，而郭沫若选择的历史人物则是传统知识分子，"以人民为本位"史观正是用来衡量传统知识分子的标准。相对于人民史观考察历史人物时多聚焦阶级出身，郭沫若"以人民为本位"史观主要将与人民的关系看作衡量知识分子进步与否的参照系。郭沫若始终坚持屈原的贵族知识分子身份，正是因为在"以人民为本位"的标准下，屈原的贵族出身并不具有决定性的意义，在奴隶/人民解放时代，屈原秉持的儒家思想是否符合历史发展潮流，他与挣脱奴隶枷锁的人民感情是否相通，他的诗篇是否代表了人民的愿望，才是决定屈原是不是"人民的"知识分子的关键。

　　郭沫若坚持民族性与人民性在屈原身上的统一，这在很大程度上是中国革命的自身性质、任务及其对知识分子的要求使然。正如汪晖所言，20世纪中国革命"所要完成的使命是一个混合体，既包括19世纪的课题，又包含对这些课题的批判、扬弃和超越……从孙文的'政治革命、社会革命毕其功于一役'，到毛泽东的'新民主主义'概念，无不体现中国革命的双重使命"②。在抗战与革命语境中，毛泽东将中国革命的性质明确表述为"新民主主义"，即"在无产阶级领导之下的人民大众的反帝反封建的革命"，其中，革命的主体是无产阶级领导下的人民大众，革命的内容包括"对外推翻帝国主义压迫的民族革命和对内推翻封建地主压迫的民主革命，而最主要的任务是推翻帝国主义的民族革命"③，最终目标则是建立以人民为主体的新国家。这一过程需要大量兼具民族性和人民性的知识分子发挥联系人民、教育人民、汇聚"民族—人民"的集体意志以形成新国家的功能。正是现实革命对知识分子的要求，投射到了郭沫若对历史人物屈原的研究中，使得屈原呈现出了"民族—人民"的双重面貌。

　　事实上，在屈原之后，郭沫若继续在"人民本位史观"下对历史人物王安石、李岩等展开研究，显示了以新的标准重新检视士大夫传统以及重塑"人民"知识分子谱系的雄心。中国有着悠久的历史文化及知识分子传统，在革命所需的有机知识分子尚未成形，联结政党和人民的关系进而凝结"民族—人民"的集体意志主要依靠传统知识分子时，如何评价传统知识分子，从中辨别出革命性、人民性的元素，正是难题之所在。④ 在这一意义上，郭沫若的历史人物研究触碰到了革命中的知识分子难

---

① 翦伯赞：《群众领袖与历史（再版代序）》，《历史哲学教程》，新知书店1939年版，《序》第74页。
② 汪晖：《世纪的诞生》，生活·读书·新知三联书店2020年版，第70—71页。
③ 毛泽东：《中国革命与中国共产党》，《毛泽东选集》第2卷，人民出版社1991年版，第647、637页。
④ 此处的"有机知识分子"和"传统知识分子"是葛兰西意义上的，前者指随新阶级自身一道创造出来并在发展过程中加以完善的知识分子，后者则指旧阶级中生长出来并与之保持紧密联系的知识分子。参见葛兰西《狱中札记》，曹雷雨、姜丽等译，河南大学出版社2014年版，第1—27页。

题，即如何处理革命和传统知识分子的关系。在此，更实际的关切是，在抗战时期民族革命和人民革命的框架中知识分子如何明确自身的角色和定位，以及国统区包括郭沫若自己在内的左翼知识分子如何处理与人民的关系。这构成了中国革命的理论和实践无法回避的论题。从抗战时期中共尤其是毛泽东提出的以人民群众为主体的人民史观来看，以知识分子为中心的"人民本位史观"或许显得保守，但不容否认的是，郭沫若的论述避免了人民史观在处理知识分子问题时僵硬的出身论和阶级论，与之构成了意味深长的互文关系，打开了新的视野和空间。

有意味的是，20世纪50年代，随着新中国成立，人民时代的真正到来，唯物史观派阐发的落后保守的屈原形象应者寥寥，而闻一多所说的"弄臣而能革命者"的人民诗人屈原也未得到承认。虽然在郭沫若新的书写中，曾作为屈原"人民性"中介和保证的革命儒家论述"富有症候性地消失了"①，但其塑造的兼具民族性和人民性的诗人屈原，被表述为"爱祖国，爱人民的诗人"，得到了广泛接受和认可。1953年端午前后，屈原逝世2230周年之际，苏联、中国举行了隆重的纪念大会，屈原与哥白尼、拉伯雷、莎士比亚一起跻身世界四大文化名人之列，屈原作为"我们民族的热爱祖国、热爱人民的伟大诗人"②形象得以广泛传播。时至今日，屈原形象仍在被一代又一代人改写③，但"爱祖国爱人民"的底质却少有改变，正如侯外庐所说，"今天，已经抹不去中国人心目中郭沫若所加工的屈原形象"④。

（原载《中国现代文学研究丛刊》2021年第6期）

---

① 王璞：《郭沫若与古诗今译的革命系谱》，《文学评论》2016年第3期。
② 游国恩：《纪念祖国伟大的诗人屈原》，《人民日报》1953年6月15日。
③ 例如王璞指出，20世纪70年代在"评法批儒"运动背景中诞生的香港左翼电影《屈原》，虽改编自郭沫若20世纪40年代历史剧《屈原》，但电影中的屈原形象却从儒家变为了法家。Pu Wang, "The Transmediality of Anachronism: Reconsidering the Revolutionary Representations of Antiquity and the Leftist Image of Qu Yuan", *Frontiers of Literary Studies in China*, 2019, 13 (3).
④ 侯外庐：《韧的追求》，人民出版社2015年版，第126页。

郭沫若旧体诗笺注补正

常丽洁

郭沫若以新诗成名，后来渐渐停止了新诗写作，转而以旧体诗词抒情寄兴，写作颇多颇久，也很引人注目，但疏于收拾。郭沫若去世后，不少有心人开始收集整理其旧体诗词，出版了好几种专集。其中，由王继权、姚国华、徐培均编注的《郭沫若旧体诗词系年注释》上下册，搜罗宏富、注释详赡、作风谨严，自1982年8月由黑龙江人民出版社出版以来，一直是郭沫若研究领域的重要工具书，对了解、研究郭沫若的旧体诗词创作提供了很好的辅助。但旧体诗词的注释工作细碎而复杂，注者即使十分有耐心，也难免疏漏阙失，《郭沫若旧体诗词系年注释》也因之不乏可商榷处。卜庆华曾先后发表《对郭沫若旧体诗词注释的几点质疑》以及《对五家郭沫若旧体诗词注释的再质疑》，对包括《郭沫若旧体诗词系年注释》在内的数种郭沫若旧体诗词笺注中出现的错误进行指正。笔者不敏，近日阅读《郭沫若旧体诗词系年注释》的过程中亦发现一些不甚清楚的地方，且有未经卜庆华先生指出者，略举数例，求教于方家。

一 "凤翥鸾翔"与"渊渟岳峙"

回报马叔平用原韵
江南邮得尺书来，捧读新诗笑欲堆。
凤翥鸾翔交碧树，渊渟岳峙酌金罍。
茫茫尘劫余知己，落落乾坤一散才。
五十无闻殊可畏，但欣茅塞顿为开。①

这首诗作于1941年8月28日，题目中的马叔平即马衡（1881—1955），字叔平，浙江鄞县人，金石考古学家，书法篆刻家。与二哥马裕藻（幼渔）、五弟马鉴（季明）、七弟马准（太玄）、九弟马廉（隅卿）合称"鄞县五马"。早年入读南洋公学，曾任北京大学研究所国学门考古学研究室主任、故宫博物院院长。1952年任北京文

---

① 王继权、姚国华、徐培均编注：《郭沫若旧体诗词系年注释》上册，黑龙江人民出版社1982年版，第330页。

物整理委员会主任委员。主持过燕下都遗址的发掘,对中国考古学由金石考证向田野发掘过渡有促进之功,被誉为中国近代考古学的前驱。编有《汉石经集存》《凡将斋印存》等,著有《凡将斋金石论丛》等。

诗题为"回报马叔平用原韵",显然此前马衡曾写给郭沫若一诗,用的是上平十灰韵,郭氏遂步原韵唱和。诗中颔联两句为"凤翥鸾翔交碧树,渊渟岳峙酌金罍",《郭沫若旧体诗词系年注释》释此二句为:

凤翥鸾翔:鸾凤飞翔。翥(zhù铸),飞举。渊渟岳峙:深潭里风平浪静、高山巍然耸立。渟(tíng停),水积聚而不流通貌。金罍(léi雷):黄金装饰的酒器。《尔雅·释器》郭璞注:"罍形似壶,大者受一斛。"《诗经·卷耳》:"我姑酌彼金罍,维以不永怀。"李白《襄阳歌》:"咸阳市中叹黄犬,何如月下倾金罍?"以上二句写读诗时感受到的意境,说只觉得鸾凤在绿树间交替飞翔,深潭水止,山岳耸峙,并想取酒痛饮一番。①

查"凤翥鸾翔"一词,本指鸾飞凤舞,语出晋陆机《浮云赋》:"鸾翔凤翥,鸿惊鹤奋。鲸鲵溯波,鲛鳄冲道。"后用来比喻书法家运笔神妙。唐韩愈《石鼓歌》有"鸾翔凤翥众仙下,珊瑚碧树交枝柯"句,意思是石鼓上的文字像是仙人乘着鸾凤翩翩而下,又像是珊瑚碧树似的枝柯扶疏,都是形容石鼓文的体势飞动和笔锋奇丽。马衡本是书法家,篆、隶、行、草各体皆能,作品具商周金文遗韵,深得碑刻之法度,拿韩愈描述石鼓文的"鸾翔凤翥交碧树"来形容马衡来信的书法,是非常恰切的做法,而非《郭沫若旧体诗词系年注释》所说的"写读诗时感受到的意境"。"渊渟岳峙"一词,意思是像深渊一样沉静,像高山般耸峙,多用来比喻人的品德高尚,气度宏大。晋石崇《楚妃叹》就有"矫矫庄王,渊渟岳峙"的句子,用来形容楚庄王的气度,此处自然也是用来赞美马衡气度非凡,而并非仅仅感受到"深潭水止,山岳耸峙"的意境。《郭沫若旧体诗词系年注释》把这两句诗的字面意思都解释了,涉及的相关典故与文字出处也提到了一些,却没有更进一步正确理解诗句的意思,是很可惜的事情。

二 "猱鹜"及其他

浓雾垂天——贺友人结婚
浓雾垂天帐白纱,嘉陵江水色如茶。

---

① 王继权、姚国华、徐培均编注:《郭沫若旧体诗词系年注释》上册,黑龙江人民出版社1982年版,第331页。

> 九霄不用惊猇鸷，双宿今看耀彩霞。
> 五载同仇期报国，一期陷阵可离家。
> 明年重届登高日，会看茱萸插新芽。①

这首诗1941年10月24日作于重庆。颔联中有"九霄不用惊猇鸷"一句，《郭沫若旧体诗词系年注释》释此句并下句为：

> 九霄：指天。猇（xiāo）：骁勇凶悍。《汉书·霍去病传》："诛猇悍。"鸷：凶猛的鸟，如鹰、鹞之类。《淮南子·览冥训》："鸷鸟不妄搏。"猇鸷：猛禽，借指日本侵略者。这两句说翱翔在天山不再怕猛禽惊扰，双宿双飞今朝能看到耀眼的彩霞。②

应该说基本讲通了，用猇鸷来指代日本侵略者也说得通，但何以日本侵略者会在"九霄"，似乎值得斟酌。无独有偶，叶圣陶1937年曾作《鹧鸪天》一词，有"颇惊宿鸟依枝久，亦讶行云出岫迟"一句，叶氏自注前句为："宿鸟指飞机。集款购机，近几年来是一件大事；北方已经打得这么利害，而飞机还不出动，不免惊诧那些'鸟''宿'在枝上睡得那么沉酣。"③ 又查抗战期间报刊文章，将战斗机比作铁鸟似乎是很寻常的事，如1938年第1卷第11期的《孤岛》刊有周学铭《广州在铁鸟包围下》一文、1940年第2卷第6期的《科学趣味》刊有凝之《铁鸟的劲敌：高射炮》一文、1940年第34/35期的《中国的空军》刊有黎宗彦《铁鸟大队：遂宁上空歼敌记》一文，都是将飞机喻为铁鸟。郭沫若此诗的首联有"浓雾垂天帐白纱"，正因为雾重，飞行条件不佳，所以日本飞机才没有进行轰炸，婚礼才能顺利进行，所以"九霄不用惊猇鸷"的意思，就应该是不用担心九霄之上有日本战机来轰炸。当年国民政府将重庆作为陪都的重要原因之一，就是看中了其地多雾，不利于飞机飞行。

这首诗的注释还有其他几个小问题，也一并指出。诗题为"浓雾垂天——贺友人结婚"，《郭沫若旧体诗词系年注释》说："友人：姓名不详。"1993年，有署名众仆者在《四川文物》上发表了一篇题为《郭老的一帧漫画》的文章，文称："1941年10月24日，郭老当时在重庆，画过一幅漫画，并题上诗，赠与朋友吕章甫先生与陈尚芳女士结婚之庆。诗曰：浓雾垂天帐白纱，嘉陵江水色如茶。九霄不用惊猇鸷，双宿今看曜彩华。缔结同心期报国，经营满意颂宜家。明年重届登高日，会看茱萸插

---

① 王继权、姚国华、徐培均编注：《郭沫若旧体诗词系年注释》上册，黑龙江人民出版社1982年版，第344页。

② 王继权、姚国华、徐培均编注：《郭沫若旧体诗词系年注释》上册，黑龙江人民出版社1982年版，第345页。

③ 陈次园、叶至善、王湜华编注：《叶圣陶诗词选注》，开明出版社1991年版，第10页。

幼芽。……据陈尚芳女士介绍，吕章甫先生在宜宾经商，重庆有分号，是郭老的侄子郭少成的朋友。陈尚芳女士是郭老以优异成绩考入的嘉定府乐山县高等小学的第一任校长陈润民先生的孙女，又是郭老年轻时在上海一起落难时不幸死去的挚友陈东翘先生的女儿。郭老在席间还说：'东翘同我最好，我们一起在上海打烂帐。'"① 据此，诗题中的所谓友人即指吕章甫与陈尚芳夫妇。

至于这首诗的颈联，《郭沫若旧体诗词系年注释》是这样解释的："以上两句说五年以来夫妻两人矢志同仇、希冀报效国家，有朝一日需要冲锋陷阵即可离开家庭。"② 窃以为，这里若对"五载"加上一个注，说明自1937年卢沟桥事变起至此时，亦即1941年，已是第五个年头，似乎更确当一些。

三 "宋三卿"与"贰臣妖妇"

钓鱼城怀古
魄夺蒙哥尚有城，危崖拔地水回潆。
冉家兄弟承璘玠，蜀郡山河壮甲兵。
卅载孤撑天一线，千秋共仰宋三卿。
贰臣妖妇同祠宇，遗恨分明未可平。③

这首诗作于1942年6月3日。钓鱼城位于重庆市合川区东钓鱼山，嘉陵江、涪江、渠江三面环绕，峭壁悬崖，形势险峻。南宋淳祐三年（1243年），四川安抚制置使余玠为抵御蒙古军东下，于此筑城防守，名钓鱼城，并徙合州治此。开庆元年（1259年），蒙古大军挟西征欧亚非40余国的威势，围攻钓鱼城四月不下，大汗蒙哥受伤死于此。1279年，南宋将亡，守将王立弃城降元。钓鱼城保卫战长逾36年，写下了中外战争史上罕见的以弱胜强的战例，钓鱼城因此被欧洲人誉为"上帝折鞭处"。

此诗颈联有"千秋共仰宋三卿"一句，《郭沫若旧体诗词系年注释》释此二句为：

宋三卿，盖指冉琎、冉璞、余玠三人。以上两句说在宋亡之前的三十年，以

---

① 众仆：《郭老的一帧漫画》，《四川文物》1993年第6期。
② 王继权、姚国华、徐培均编注：《郭沫若旧体诗词系年注释》上册，黑龙江人民出版社1982年版，第345页。
③ 王继权、姚国华、徐培均编注：《郭沫若旧体诗词系年注释》上册，黑龙江人民出版社1982年版，第419页。

孤军撑持一方，千古以来人们共同仰慕余玠、冉琎和冉璞三位宋代的忠臣。①

这个注释也值得商榷，其中"冉琎、冉璞"即颔联中所说的"冉家兄弟"，是南宋播州绥阳（今贵州绥阳）人，兄弟二人协助余玠修筑钓鱼城，在后来的阻挡蒙古军队的战争中发挥了巨大作用。但兄弟二人只是谋士身份，因为献计修建钓鱼城工事有功，由余玠举荐，才分别担任承事郎和承务郎，这两个职位按照宋朝官制分别是正八品和从八品下的官阶，实在无法称为"卿"。而且上文已经专门提到冉家兄弟，下文的宋三卿再包括冉家兄弟，似乎也有些不妥。而事实上，明朝弘治年间，钓鱼城修建忠义祠，供奉有宋守城将领余玠、王坚、张珏的长生牌位，这才是真正的"宋三卿"。其中余玠曾任兵部尚书，拜资政殿学士；王坚曾任宁远军节度使、湖北安抚使、合州知州等职；张珏亦曾任四川制置副使、重庆知府，算得上当时的高级官员。三人又都曾任钓鱼城所属的合州知州，或合州所属的重庆知府，都是主政钓鱼城的地方要员，被合称为"宋三卿"方说得过去。后来清乾隆二十年（1755年）重修钓鱼城忠义祠时又增祀冉氏兄弟。

又此诗尾联有"贰臣妖妇同祠宇，遗恨分明未可平"一句，《郭沫若旧体诗词系年注释》释此二句为：

> 贰臣：在新朝任职的前朝大臣，这里指仕于元朝的南宋旧臣。妖妇，作风不正派的女人。贰，同式。祠宇，盖指纪念余玠等的祠堂。以上两句说让投降元朝的宋朝旧臣、妖妇和抗击侵略者的忠良同处一个祠堂，真是一腔历史遗恨历历分明，难以平静。②

这里解释的贰臣和妖妇意思都对，却没有说明具体所指究竟是何人物。而郭沫若这首诗表达了对钓鱼城事件的非常清晰的立场与态度，他所作的评价，针对的都是与钓鱼城有关的具体历史人物。此诗后郭沫若附记为："钓鱼山在合川县城东北十余里，三面临江，形势陡绝。宋理宗淳祐三年（一二四三年）余玠师蜀，从冉琎冉璞之议，筑城于此，时川西诸郡已多为元人所据。宝祐元年（一二五三）王坚继守，张珏副之，秦蜀之民聚者十数万。开庆元年（一二五九）元宪宗蒙哥进兵城下，攻围屡月，传中飞石，而死于温泉峡。其后被召还，张即代守。直至宋端宗景炎三年（一二七八）张为元兵所败，被执于重庆，不屈而死。计先后抗战凡卅五年，宋室虽亡，钓鱼城犹无恙也。翌年，鱼城继守者王立，听其'义妹'熊耳夫人之计，举城

---

① 王继权、姚国华、徐培均编注：《郭沫若旧体诗词系年注释》上册，黑龙江人民出版社1982年版，第420页。
② 王继权、姚国华、徐培均编注：《郭沫若旧体诗词系年注释》上册，黑龙江人民出版社1982年版，第420页。

降于元将李德辉,并受元职为潼川路安抚使。熊耳夫人者,故北营渠帅妻,被掳,诡称王姓,王立认之为妹。及后劝王立降元时,又自称李德辉为其亲兄,为致书纳款,以今观之,乃一女间谍耳。向有忠义祠,祀余玠王坚张珏及二冉。至胜清乾隆三十一年合州吏目陈大文复请为王立、熊耳、德辉建祠,谓其有德于民,功在可祀。迄今所谓护民祠夫人祠者,与忠义祠并列于山岭,可谓薰莸一器,冰炭同炉矣。"①

也就是说,让郭沫若愤愤不平的"贰臣妖妇同祠宇",乃是因为钓鱼城忠义祠除了供奉有宋三卿和冉氏兄弟牌位外,还在左右分设护民祠和夫人祠,供奉着王立、李德辉、熊耳夫人三人的牌位。在郭沫若的观念中,这三个人里,李德辉不说,王立以宋将降元,故称"贰臣",熊耳夫人以色惑人,诱使王立投降,故称"妖妇",他们实在不配与奋勇抗敌、大节不亏的"宋三卿"和"冉氏兄弟"同列忠义祠,享受祭祀。"贰臣"与"妖妇"全都指向明晰,并非《郭沫若旧体诗词系年注释》所注的泛指仕于元朝的南宋旧臣和作风不正派的女人。

客观还原一下当时的历史场景,大概是这样的:1278年重庆失守,绍庆、南平、夔、施、思、播等州亦被元军攻占,南宋王朝大厦将倾,钓鱼城"孤撑天一线",亦将无以为继。时任合州安抚使的王立遂经熊耳夫人联系其兄、元军在成都的统帅李德辉,以不可屠城为条件终止抵抗,开城降元。同年,逃至崖山的幼帝赵昺蹈海而死,南宋灭亡。

如何评价这一历史事件,本身就是一个复杂的问题。王立、李德辉、熊耳夫人三人在历史上也是毁誉参半,随时代不同、主政官员好恶有别,而在忠义祠里挪进搬出,几经辗转。清乾隆三十一年(1766年),当时的合州知州陈大文认为,王立"宁屈一己"的目的是保全一城百姓,此外,熊耳夫人和李德辉都对钓鱼城百姓有"再造之恩",因此陈大文下令将王立、熊耳夫人和李德辉都立入忠义祠受人祭拜。可是100多年后的光绪七年(1881年),当时的合州知州华国英重修忠义祠时,又将王立等三人迁出,以示对王立降元的不耻。抗日战争时期,也有人把王立降元和国民党汪伪降日相提并论,主张将王立视为叛徒,迁出忠义祠。郭沫若在《钓鱼城访古》一文中称:"王立者贰臣降将,他的所谓'义妹熊耳夫人'也分明是一个女间谍,这是毫无问题的。然而偏偏有胜清乾隆年间的吏目为之歌功颂德,使王立、熊耳,与王坚、张珏同受禋祀,可见清朝的顺民教育是怎样的彻底了。"② 自然也是持同样的观点。但其实,抗日战争时期,因为大敌当前,需要强调内部团结,"中华民族"因之被视为一个整体概念,学者们处理历史问题时,也都选择尽量淡化民族冲突,而强调团结的一面。南宋修建钓鱼城对抗蒙哥大军,究其实质,也可以视作汉民族与蒙古族

---

① 郭沫若:《钓鱼城怀古·附记》,《郭沫若全集·文学编》第2卷,人民文学出版社1982年版,第275—276页。
② 郭沫若:《钓鱼城访古》,《郭沫若全集·历史编》第3卷,人民出版社1984年版,第372—373页。

的内部矛盾，所以淡化其艰苦卓绝的抵抗、肯定"贰臣妖妇"维护中华民族统一的功绩，其实倒是更合时宜的做法。一向思想进步的郭沫若，不知为什么在这个问题上显得保守了一些。

四 "到处张弧鬼一车"

感怀
蓼莪篇废憾何涯，公尔由来未顾家。
仅得斯须承菽水，深怜万姓化虫沙。
中宵舞剑人无几，到处张弧鬼一车。
庙祭他年当有告，王师终已定中华。①

此诗作于1942年8月1日，是日为1927年八一南昌起义纪念日。此诗颈联有"到处张弧鬼一车"句，《郭沫若旧体诗词系年注释》释此句为：

> 张弧，亦作弧张，即捕捉猛兽的罗网。《周礼·秋官·冥氏》："掌设弧张，为阱攫以攻猛兽。"孙怡让《正义》谓：弧，木弓，机弩之类；张：罗网。为二物。鬼一车，形容鬼蜮之多。鬼，搞阴谋诡计的人。以上两句说发愤图强的能有几人，到处都是搞阴谋诡计的人在设罗网和陷阱。②

"张弧鬼一车"，先看字面意思，张弧指把弓拉开，做好发射准备。这句话出自《易经·睽》："睽孤，见豕负涂，载鬼一车，先张之弧，后说之弧。匪寇，婚媾。"王弼注此句曰："先张之弧，将攻害也。"高亨注此句曰："爻辞所言乃一古代故事。有一睽孤（离家在外之孤子）夜行，见豕伏于道中，更有一车，众鬼乘之。睽孤先开其弓欲射之，后放下其弓而不射。盖详察之，非鬼也，乃人也；非寇贼也，乃婚姻也。"后因以"张弧鬼一车"指混淆是非，无中生有。所以这句诗连并前句诗的意思乃是：像祖逖那样中宵舞剑、立志奋发图强报效国家的人没几个，虚张声势、混淆是非的却到处都是。表达的自然是对现实的不满。

---

① 王继权、姚国华、徐培均编注：《郭沫若旧体诗词系年注释》上册，黑龙江人民出版社1982年版，第431页。
② 王继权、姚国华、徐培均编注：《郭沫若旧体诗词系年注释》上册，黑龙江人民出版社1982年版，第432页。

五 "字水"与"遒人"

> 祝新华日报五周年
> 气作长虹贯碧霄，心随字水涌新潮。
> 徇春木铎遒人健，颂岁辛盘汉帜高。
> 日月光华明旦旦，风云变幻蔚朝朝。
> 民人资尔张喉舌，万口为声声自遥。①

这首诗作于 1943 年 1 月，是为庆祝《新华日报》创办五周年而作的，原诗共两首，此其一。此诗首联末句为"心随字水涌新潮"，《郭沫若旧体诗词系年注释》释此句为：

> 字水，众多的字，象流水一样。这两句说正气化作长虹横贯青天，心头随着字的水流，涌起新潮。②

这个解释可真是说不过去了。《文献通考·舆地考七》："巴江自古集来，派於郡治之右，状如'巴'字，又曰字江。"《太平广记·地部·卷三十》"巴字水"条云："《三巴记》曰：阆、白二水合流，自汉中至始宁城下入武胜，曲折三曲有如巴字，亦曰巴江，经峻峡中谓之巴峡，即此水也。"也就是说，字水即字江，又叫巴江，因形状如篆书巴字而得名，是流经重庆的一条江的名字。重庆山城夜景也自古雅号"字水宵灯"，为清乾隆年间"巴渝十二景"之一。唐宋之问《送田道士使蜀投龙》："蜀门峰势断，巴字水形连。"唐武元衡《渐至涪州先寄王使君》："江分巴字水，树入夜郎烟。"说的都是巴江水。《新华日报》作为中国共产党的大型机关报，1938 年 1 月 11 日在汉口创刊，同年 10 月 25 日迁往重庆，郭沫若此诗也是在重庆写的，说自己的心情随着重庆的巴江水一样涌起新潮，是非常贴切的说法。实在跟"字的水流"没有关系。

接下来的颔联又有"徇春木铎遒人健"一句，《郭沫若旧体诗词系年注释》释此句并下句为：

> 遒，《文选·宋玉〈招魂〉》："分曹并进，遒相迫些。"李善注："遒，亦迫

---

① 王继权、姚国华、徐培均编注：《郭沫若旧体诗词系年注释》上册，黑龙江人民出版社 1982 年版，第 478 页。
② 王继权、姚国华、徐培均编注：《郭沫若旧体诗词系年注释》上册，黑龙江人民出版社 1982 年版，第 479 页。

也。"此处作迫使、促使解。

健，勇健、喻奋发有为。……以上两句说，《新华日报》能广泛吸取人民意见，宣传报导正确的政令，促使人们奋发有为，值此新春来临，歌颂中华民族的旗帜高高飘扬。[1]

要想知道"逌人"的意思，先得弄清楚"徇春木铎"是怎么回事。据《周礼·天官·小宰》记载："正岁，帅治官之属而观治象之法，徇以木铎，曰：不用法者，国有常刑。"郑玄注："古者将有新令，必奋木铎以警众，使明听也……文事奋木铎，武事奋金铎。"又《周礼·地官·乡师》云："凡四时之征令有常者，以木铎徇以市朝。"木铎是以木为舌的大铃，铜质。古代宣布政教法令时，巡行振鸣以引起众人注意。《汉书·食货志上》也说："孟春之月，群居者将散，行人振木铎循于路，以采诗，献之大师，比其音律，以闻于天子。故曰王者不窥牖户而知天下。"此处用"徇春木铎"指《新华日报》的功用，是很贴切的。而逌人的意思是古代帝王派出去了解民情的使臣，与上述《汉书·食货志上》的"行人"意思接近。比如唐元稹《和李校书新题乐府十二首·骠国乐》一诗里有"又遣逌人持木铎，遍采讴谣天下过"句，用的就是这个意思。联系下句也可以知道，"逌人"与下句的"汉帜"对仗，都是名词，若照《郭沫若旧体诗词系年注释》的解释，则"逌"为动词，与之对应的"汉"字也当动词讲，显然不妥。

六　"神襌"还是"神禅"？

答叶恭绰
跬步由卑登自高，人生乐趣是多劳。
细流不择方为海，粉米团来可做糕。
神襌何须冠髟髟，委迤难逐浪淘淘。
千轩揽尽东篱胜，欲共深明话大曹。[2]

这首诗作于1957年。叶恭绰（1881—1968），字誉虎，号遐庵，广东番禺人，书画家、收藏家、政治活动家。毕业于京师大学堂仕学馆，后留学日本，加入孙中山领导的同盟会。曾任北洋政府交通总长、孙中山广州国民政府财政部长、南京国民政府铁道部长。1927年出任北京大学国学馆馆长。中华人民共和国成立后，曾任中央

---

[1] 王继权、姚国华、徐培均编注：《郭沫若旧体诗词系年注释》上册，黑龙江人民出版社1982年版，第479页。

[2] 王继权、姚国华、徐培均编注：《郭沫若旧体诗词系年注释》下册，黑龙江人民出版社1982年版，第265页。

文史研究馆副馆长,第二届中国政协常委。著有《遐庵诗稿》《遐庵谈艺录》等。叶恭绰原诗为:"交游浑比岱嵩高,益岳轻尘敢惮劳?知味固应同饮水,标新何碍遂题糕。火传漫复愁薪尽,沙积还须仗浪淘。埋阏料非今日事,好将疏凿励吾曹。"

这首诗里的颈联有"神襢何须冠岌岌,委迤难逐浪淘淘"一句,《郭沫若旧体诗词系年注释》作"神襢何须冠岌岌,委迤难逐浪淘淘",并这样解释:

> 神襢(dàn 淡):神仙的祭日,此指神仙。冠岌岌,指高冠(帽子),岌岌,高耸貌。屈原《涉江》:"带长铗之陆离兮,冠切云之崔嵬。"委迤,即逶迤(wēi yí 威以),曲折前进貌。王粲《登楼赋》:"路逶迤而修迥兮。"以上二句意思说,何必像神仙那样戴着与众不同的高帽子而自命清高,时代犹如长河大浪曲折前进,叫人难以追逐(赶上)。①

这个解释虽然也说得过去,但总嫌有些别扭,"神襢"一词,尤其没由来。参阅旁书,由王锦厚、伍加伦编著的《郭沫若旧体诗词赏析》比《郭沫若旧体诗词系年注释》晚6年,1988年由成都的巴蜀书社出版,对郭沫若旧体诗词的理解,绝大部分参考了后者的说法,即如此诗,颈联亦作"神襢何须冠岌岌,委迤难逐浪淘淘",且发挥阐释如下:

> 后两联重在劝勉,作者把用典与比喻巧妙结合,用以批评叶公绰(原文如此,常按)听任自然而要求别人推动的消极情绪,意思说,何须要别人戴着高帽像对待神仙一样对待自己呢?时代的潮流汹涌澎湃,后浪推前浪,一浪高一浪,必须乘风破浪,方能站在时代潮流的前面,曲折前进,是难以赶上潮流的。②

这个说法也同样不能说服人。

在查寻"襢"字的意思时,笔者发现《荀子》里的一段话:"弟佗其冠,神襢其辞,禹行而舜趋:是子张氏之贱儒也。"这段话大意是:"帽子戴得歪斜欲坠,话说得平淡无味,学禹的跛行,学舜的快走,这是子张一派贱儒的做派。"因为这段话里既有"襢"字,又有"冠"字,不免多留心了一下。然后发现,这里"襢"组成的词是"神襢","神"与"神"外形近似,郭沫若写给友人的诗又常作草字,极有可能被误认。那么,如果是"神襢"的话,这句诗能不能讲通呢?

---

① 王继权、姚国华、徐培均编注:《郭沫若旧体诗词系年注释》下册,黑龙江人民出版社1982年版,第266页。
② 王锦厚、伍加伦编著:《郭沫若旧体诗词赏析》,巴蜀书社1988年版,第193页。

神字两意，一读 zhòng，是神名；一读 chōng，同冲，淡泊的意思。

禫音 dàn，《说文》云："禫，除服祭也。从示，覃声。"段玉裁《说文解字注》："禫之言澹。澹然平安意也。"

如此则"神禫"一词其实就是我们现在所说的"冲淡"，淡泊无为或平淡无味的意思，与上述《荀子》里的意思相近。放进这首诗里，就可以这样解释：为什么要学《荀子》里那些子张一派贱儒的做法，戴着高帽子，说些故作冲淡的话呢？联系上下文，这首诗的意思也是要劝诫叶恭绰这样旧时代过来的老派知识分子，放下士大夫的架子，顺应时事，做新时代的劳动者。而《荀子》里在列举子张氏、子夏氏、子游氏几种"贱儒"的不高明的做派之后，得出的结论是"彼君子则不然。佚而不堕，劳而不侵，宗原应变，曲得其宜，如是，然后圣人也"。与郭沫若的用意有异曲同工之妙。

联系此诗下句，与"神禫"相对的是"委迤"一词，按照律诗规则，这两个词词性相同，都是形容词，同时又都是联绵词，对仗非常工整。若按《郭沫若旧体诗词系年注释》的说法，作"神禫"，意为神仙的祭日或神仙的话，就成了名词，对不上了。

当然，还有一个较有说服力的证据。《郭沫若年谱长编（1892—1978 年）》第四卷第 1627 页，1957 年 3 月 26 日条录有此诗，颈联作"神禫何须冠岌岌，委迤难逐浪淘淘"，而《郭沫若年谱长编（1892—1978 年）》的编著者，据说是看过郭沫若全部手稿的，这部年谱也被学界认为是"重视文献史料的完备性和可靠性。……对已经沿用、在用的历史资料，逐一进行重新校勘，核实查考，辨析真伪，厘正疏漏，补充遗阙，以订正已有研究的失实、失误"[①] 的一部巨著。

（原载《中国现代文学研究丛刊》2021 年第 3 期）

[①] 《〈郭沫若年谱长编〉出版》，《现代中文学刊》2018 年第 2 期。

鲁迅与郭沫若关系的再梳考

——以《质文》为中心

张 勇

鲁迅与郭沫若作为中国现代文学史上两位举足轻重的作家，对他们两者之间的研究多集于对"两个人的比较研究"和"文学创作的比较研究"[①]中，但对于"联系与关系的研究"却相对薄弱些，近年来，廖久明先生刊发了《"两个口号"论争中的鲁迅与郭沫若》（《现代中文学刊》2012年第5期）、《略谈郭沫若对鲁迅、茅盾的不同态度——以郭沫若的〈戏论鲁迅茅盾联〉发表后的情况为例》（《鲁迅研究月刊》2019年第2期）等文章，深入探讨了鲁迅与郭沫若之间密切、复杂而多变的关联，并得出郭沫若"内心一直对鲁迅充满崇敬之情"，自鲁迅去世后还"开启了郭沫若一生毫不隐瞒的'崇鲁'之情"[②]等论断。但是有关研究相对于鲁迅与郭沫若在文学史、社会史与革命史中的地位以及影响还远远不够。对于此种现象究其原因，不外乎两点，一是为尊者讳，鲁迅与郭沫若被尊奉为文学界的两面"旗帜"，对他们之间关系，尤其是交恶的事实尽可能采取回避的态度，不谈甚至是少谈为佳；二是思维定式，多年来对此问题的研究，大多简单归结为鲁迅去世前二人之间交恶互怼不断，鲁迅去世后郭沫若才"由仇鲁又变为亲鲁，甚至崇鲁"的演变轨迹，虽然在两者论争的个别问题上，有过讨论和论辩[③]，但目前学界基本还是延续着郭沫若对鲁迅的态度"（自1928年6月）仇鲁态度一直持续到鲁迅逝世"[④]的共识。事实果真如此吗？

鲁迅与郭沫若之间曾有交恶和不同意见，这肯定是不争的史实，但交恶是否一直延续到鲁迅去世，这是值得仔细研究的首要问题；另外，鲁迅逝世后郭沫若的"亲鲁"行径，是否"显得颇为突然，给人以变化莫测之感"[⑤]的论断也值得细细推敲；再有，对于郭沫若"崇鲁"是否就是对鲁迅无条件地说好话、表功绩，还是

[①] 魏建、赵强：《新时期鲁迅与郭沫若研究述评》，《鲁迅研究月刊》2006年第5期。
[②] 廖久明：《略谈郭沫若对鲁迅、茅盾的不同态度——以郭沫若的〈戏论鲁迅茅盾联〉发表后的情况为例》，《鲁迅研究月刊》2019年第2期。
[③] 对于鲁迅和郭沫若之间的关系，叶德浴和廖久明曾就《蒐苗的检阅》等问题进行过讨论。
[④] 叶德浴：《郭沫若对鲁迅态度剧变之谜》，《鲁迅研究月刊》2004年第7期。
[⑤] 叶德浴：《郭沫若对鲁迅态度剧变之谜》，《鲁迅研究月刊》2004年第7期。

有立场和有原则的，崇拜的程度究竟如何也应该从史实出发仔细辨析，不应做简单化处理。

一　作为鲁迅与郭沫若关系重要交汇点的《质文》

鲁迅与郭沫若虽从未谋面，但这并不是他们之间关系无法缓和的主要障碍。除了我们所知道的二人之间剑拔弩张的观点论争、言语冲突外，其实他们还曾有为了同一目标互相合作的经历。这就是因左联东京分盟刊物《杂文》的创办、更名和延续，所带来的鲁迅与郭沫若之间首度合作与真诚了解。

《杂文》是左联东京分盟创办的一份重要的左翼刊物，创刊于1935年5月15日。《杂文》创刊是与鲁迅有密切关联的，虽然目前并没有直接的史料可以证明鲁迅授意创办了《杂文》，或者直接领导《杂文》的编辑工作。[1] 即便如此，《杂文》依然无法褪去鲁迅的光晕。在中国现代文学史上，可以说鲁迅既是杂文这一文体的开创者，又是杂文创作的集大成者，有学者甚至从文体渊源上来阐释鲁迅杂文的文学价值，称"鲁迅为世界散文史上的第一大家"[2]。同时，鲁迅又是左联的领袖，而《杂文》正是左联在海外唯一分盟所创办的同人刊物，鲁迅一直"很支持东京左联的活动，认为这样在国外开辟一个文艺活动阵地，可发表国内不能刊出的文章，是一种很好的斗争方式"[3]。在左联东京分盟所创作的《杂文》、《东流》和《诗歌》等三种刊物中，影响力最大的非《杂文》莫属，那么鲁迅对它的支持是肯定的。《杂文》创刊直接的目的是以实际的杂文创作，回应并支持在国内鲁迅同林希隽等人就有关杂文的艺术价值和社会价值的争论，更是用"鲁迅式"的战斗精神所作出的强有力的声援。《杂文》虽然每一期都有专人负责编辑，但"实际编务是由魏猛克、陈可辛、任白戈等同志处理"[4]，而魏猛克又是最主要的负责人，他是鲁迅的拥趸，"在上海时因美术界工作和鲁迅先生有多次接触及通讯"[5]，"所以《杂文》的创刊、宗旨、东京左联活动、郭沫若的近况等，都由猛克写信告知鲁迅先生并征求指导"[6]。由此可见，魏猛克的编务思路中渗透着鲁迅的想法和态度。综上可见，作为左联重要刊物的《杂文》是与鲁迅有着密不可分的关联的。

如果《杂文》与鲁迅的关系较为隐秘的话，那么其与于此时流亡于日本东京的郭沫若的关系则是直接和显在的。《杂文》出版至第三卷时，因为刊登比较进步的文

---

[1] 对于《杂文》命名的问题，可参阅杨华丽的《〈杂文〉梳考》（《郭沫若学刊》2015年第2期）一文的阐释，我比较认同杨华丽关于《杂文》与鲁迅关系的界定。
[2] 张梦阳：《新世纪中国鲁迅学的进展与特点》，《山东师范大学学报（人文社会科学版）》2019年第2期。
[3] 陈辛仁：《记东京左联和杂文社》，《新文学史料》1987年第4期。
[4] 林林：《"左联"东京分盟及其三个刊物——回顾文学路上的脚印》，《新文学史料》1979年第3期。
[5] 陈辛仁：《记东京左联和杂文社》，《新文学史料》1987年第4期。
[6] 陈辛仁：《记东京左联和杂文社》，《新文学史料》1987年第4期。

章,被当作"有宣传共产之嫌",受到了日本警视厅的警告,他们的活动成为被监视的目标。《杂文》先是在东京编辑印刷,然后寄回上海向全国读者发行售卖,由于其鲜明的革命倾向性,1935 年 9 月 20 日第 3 期出版后就被上海反动当局查禁了。如果照这种局势发展下去,《杂文》肯定是难以为继,看着自己辛苦创办的刊物面临生死抉择的关键时刻,他们又一次想到了郭沫若。杜宣、邢桐华(勃生)等同人,聚在东京"三闲庄"一起商议对策。作为《杂文》重要的撰稿人和支持者,郭沫若应邀参加了此次会议,"左翼"青年们迫切需要他提出度过危机的合理策略。

怎样才能既有效躲避日本警视厅的监视,又能使《杂文》的创作队伍保持稳定,不至于另起炉灶重新开始呢?在郭沫若的建议下,《杂文》改名为《质文》继续出版。郭沫若之所以建议将《杂文》改名为《质文》,主要是因为他从歌德作品翻译中得到了启发。他翻译的《少年维特之烦恼》,在国内出版后引起了广大读者的强烈共鸣,甚至掀起了一股持续长久的"维特热"风潮,歌德的革命精神和深邃思想深深影响了中国社会发展的进程,而《质与文》是歌德的自传体小说,同样体现了歌德独特的创作风格,因此用《质文》作为替代《杂文》的新名称是恰如其分的。经过郭沫若的解释,杂文社的全体同人都同意了《质文》的命名,并请郭沫若题写了新的刊物《质文》的刊名。这样《杂文》的继承者《质文》延续了左联东京分盟业已形成的战斗气息。

与中途加入《东流》不同,郭沫若自《杂文》甫一创刊便开始撰写各类体裁的文稿予以支持。据林林回忆,"《质文》每期都有郭沫若同志两篇到三篇文章,体裁多样,页数比《杂文》多二倍。有小说,历史小说,评论,书简,回忆录"。郭沫若在《杂文》(后《质文》)中都刊发了不同的作品,如第二期《孔夫子吃饭》(杂谈)、第三期《关于诗的问题》(杂谈),第四期《秦始皇将死》(介绍),第 5、6 合刊《楚霸王自杀》(杂谈)、《给彭湃》(诗歌)、《黑格尔式的思辨之秘密》(翻译),第 2 卷第 1 期纪念高尔基专栏《人文界的日蚀》《从典型说起》《国防文学集谈》《克拉凡左的骑士》,第二卷第 2 期追悼鲁迅先生专栏《民族的杰作》、《我的作诗的经过》和《克拉凡左的骑士》,这些文章在不同方面、不同程度上提升了《质文》的水准与质量。

既然鲁迅、郭沫若与《杂文》有着如此密切的关联,那么借助于《杂文》所搭建的平台,鲁迅与郭沫若又能演绎出怎样的传奇、碰撞出怎样的火花呢?

二 《阿活乐脱儿》融化了冰冷的鲁郭关系

《杂文》第 1 卷第 1 期,也即创刊号中开篇之作是署名为谷人的《阿活乐脱儿》,此文被收录到《中国新文学大系 1927—1937》第十二集杂文集中。很多读者不禁要问:谷人为何许人也?为什么能够成为《杂文》创刊号排在第一位的作者呢?

查阅史料不难发现，谷人即郭沫若，《阿活乐脱儿》是郭沫若应《杂文》编者之约而完成的一篇杂文，但是此文很少为学界所关注。在笔者看来，刊发于《杂文》创刊号的此文应该不是一篇普通的文章，而是另有深意，更具体来说，《阿活乐脱儿》是鲁迅与郭沫若关系回暖的重要标志。

首先是从此文的署名来看，《阿活乐脱儿》并没有署郭沫若自己的本名，而使用了笔名"谷人"。当《杂文》编辑者向郭沫若讲明刊物创办的背景及主要目的，并向其约稿时，郭沫若毫不犹豫地答应了，而且在很短时间内就完成了《阿活乐脱儿》一文。文章的内容自然没有问题，但是在涉及署名时，编者们认为"作为一个文学青年当然希望他用'郭沫若'名义发表，可他却说：'读者看的是文章，不是看名字的'"①。此段对话中应包含如下几层含义：一是说明此时郭沫若已经摆脱刚刚流亡日本之时刊发文章比较谨慎的困境，完全能够以真实姓名自由发表作品；二是虽然能够署自己的真实姓名，郭沫若却拒绝了，这说明他不太想让读者知道此文为他所作；三是在郭沫若的意识里，刊发此文重在强调文章的内容，而非作者是谁，他似乎是想通过此篇文章表达出深远的寓意。

就目前所能够收集和确定的郭沫若所使用过的笔名，不难看出其中绝大多数被使用在有关历史研究、文学翻译、政治宣传以及朋友通信之中，涉及文学作品的极少。② 对于文学作品的署名问题，郭沫若曾为此做过申明："沫若从事文学的述作两年于兹，所有一切稿件，均署本名，不曾另有别号。今后亦永远抱此宗旨不改。恐有相似之处，特此先行申明，有昭己责。"③ 郭沫若在作品中署用笔名，虽然情况各有不同，但都是经过慎重考虑，文字背后都是颇有深意的。因此对于这些笔名的由来、含义和使用情况进行深入的思考，或许在探究之余我们会对郭沫若的创作有更深入的理解和认识，对解答"郭沫若的文化心理变迁、文学叙事策略以及文化秩序重构等方面的问题"④，甚至对我们认识一个真正的郭沫若都不无裨益。

就以谷人为笔名来讲，郭沫若共使用过两次，一为《杂文》创刊号中的《阿活乐脱儿》一文，另为1934年12月5日《太白》月刊第1卷第6期的《历史和历史》。对于笔名"谷人"究竟为何意，有些研究者认为因为"《诗经·小雅·伐木》：'出于幽谷，生于乔木'。郭沫若取谷人，即幽谷之人。意在表明自己的处境及志向。身处幽谷，志在乔木"⑤。对于此种解释，笔者认为是有一定的道理的。仅就《阿活

---

① 萧斌如：《我与杜宣的忘年交》，载上海鲁迅纪念馆编《杜宣纪念集》，上海社会科学院出版社2014年版，第81页。
② 笔者根据《郭沫若著译系年》和《郭沫若年谱》进行了统计，仅就目前为止所确定的郭沫若的在著述时所使用的笔名大约为19个，其中通信4个，翻译4个、历史研究4个、政治性宣传文章5个、文学作品2个。
③ 郭沫若：《郭沫若启事》，《时事新报·学灯》1921年7月3日。
④ 张勇：《新中国成立初期郭沫若译作再版梳考》，《山东师范大学学报（人文社会科学版）》2020年第6期。
⑤ 王锦厚主编：《郭沫若作品词典》，河南教育出版社1991年版，第782页。

乐脱儿》来讲,上述有关郭沫若笔名"谷人"内涵的阐释也可以适用于此文,就是郭沫若此时还处于流亡状态,在此艰难的环境中依然坚持创作,仍旧保持高昂的精神气度和战斗姿态。那么,郭沫若为什么要向读者展示此种心态呢?还是要从这篇杂文《阿活乐脱儿》谈起。

《阿活乐脱儿》是一篇寓言性质的杂文,全篇主要讲述了一种生长在北美名为"阿活乐脱儿"的两栖动物生理演变的过程及特征,从字面的寓意来讲应该是"喻示杂文是一种经过演变而被赋予新生命的文体,借此反驳文坛上一些人讥诮杂文这一文体既非散文也非小品,以为这是艺术的没落的看法"①。诚然,《阿活乐脱儿》一文是为《杂文》的创刊而写,文章体裁以及内容所指定必定为杂文的样式,但是除此之外就另无他意吗?

郭沫若在《阿活乐脱儿》的结尾处违背杂文的写作常理写道:"在这儿又要希望聪明的读者把脑筋活用一下。这儿是该我来发问:这'阿活乐脱儿'有点像我们所习惯的什么?这注射的手术呢?……答案请写在诸位的脑筋里。"②

按照杂文的写作方式,尽量要做到言在此而意在彼,也就是说,最好要写得隐曲,要把深远的意义隐含在行文之中。比如鲁迅的杂文创作,就是尽量采用曲笔的形式,引发读者的阅读张力。但是郭沫若反其道而行之,在文末明确指出"阿活乐脱儿"是有所指的,不仅如此,最后更进一步强调要读者去猜想答案是什么。诚然,郭沫若并不擅长写杂文,在他的文集中杂文所占的比例并不高,他更加擅长写开宗明义式的论说文,洋洋洒洒地阐释自己的观点。不擅长写,不等于不会写,《阿活乐脱儿》前半部的写作就颇为成功,但是结尾处明显违背杂文常规的写法,他究竟意欲何为呢?

我们不得不回再次到《杂文》刊物本身。《杂文》创刊主要目的就是回应当时社会上对杂文创作的质疑之声,更进一步来讲就是以杜宣、魏猛克等为代表的第二阶段左联东京分盟的成员,声援鲁迅有关杂文创作论争的一种实际行为。而在《杂文》创刊前夕,杜宣等人专程去拜访了郭沫若,征求他对《杂文》创刊的意见,其实更主要的是约稿。

郭沫若当然知道《杂文》的创办与鲁迅二者之间密切的关联,作为鲁迅多年前的论敌,编者约请他在此刊物上刊发文章,他内心中不会没有任何顾忌。但考虑到《杂文》是左联在海外的重要活动成果,也将成为左联东京分盟的主要宣传阵地,而他实际上已经成为左联东京分盟的精神领袖,当然有责任和义务抛却以往与鲁迅之间的过节,全力以赴支持左翼青年如火如荼开展起来的文化活动。如果答应杜宣等人在《杂文》创刊号上以自己名字刊发文章,鲁迅会做怎样的反应,郭沫若并不能够确切

---

① 蔡震:《郭沫若著译作品版本研究》,东方出版社2015年版,第300页。
② 郭沫若:《阿活乐脱儿》,《杂文》1935年5月第1期。

地把握，进而做出相应的判断与行动。但为了支持左联东京分盟的活动，同时也想借此机会缓和与鲁迅之间过去剑拔弩张、水火不容的紧张关系。鲁迅与郭沫若一生虽未谋面，却彼此相熟，虽然观点相左，但也并不是势不两立的仇敌，他们在"革命文学"的论争中，虽然言语相讥，甚至到了恶语相向的地步，但是冷静过后，双方也都默认了彼此的才情。基于以上的心理发生机制，郭沫若便采取"投石问路"的形式，以笔名"谷人"的方式发表了一篇声援鲁迅杂文创作的文章，一方面，希望能够以实际创作支持处于发展期的东京左联的工作；另一方面，也比较符合此时郭沫若与鲁迅之间并未冰释前嫌的紧张关系；再一方面，借助如此半隐半明的形式，郭沫若也是希望以此得到鲁迅的正面回应。

事实证明，《阿活乐脱儿》一文的刊发确实起到了一举多得的作用和效果。《杂文》的创刊号产生了相当大的影响力，但关键是使正处"冰冻期"的鲁迅与郭沫若之间的关系也出现了积极向好的转变，郭沫若以"谷人"的笔名所写的此文很快得到了鲁迅积极的表态。"在《杂文》时期，猛克给鲁迅先生去信，鲁迅回信谈及郭沫若在东京致力于甲骨文和金文的考古研究，表示关怀。猛克把给杂文社的信送给住在千叶的郭先生看了，郭也托猛克回信时向上海的鲁迅先生问候致意，两位文艺界前辈互相关怀问候，曾使我们'左联'的后辈非常高兴。"①

不仅如此，鲁迅还对郭沫若在日本的状态极为关注。"在国内，左翼作家的作品很难发表出去，郭先生的文章能接二连三地登出来，很好，读了很高兴；但要注意避开当局的注意。郭先生如能长期地出来发表文章和进行活动，影响就会很大。"②

由此可见，郭沫若借助《阿活乐脱儿》的创作，向鲁迅释放了捐弃前嫌、共同战斗的积极信号，鲁迅也并不吝自己的热情，很快传递出善意的回应。对于两者来讲，虽然未能彼此亲自通信交流，但都能够向对方发出积极而善意的信号，也难能可贵了。

三 《杂文》有关鲁迅与郭沫若元素的巧妙编排

如果要说左联东京分盟在人事交往上给郭沫若带来的最重要变化，无疑是借助其搭建的平台，使他与鲁迅之间有了真诚交流与顺畅沟通的机缘与可能，横亘于二人之间长年的误解与罅隙得到了解除和弥补，而这个平台无疑便是《杂文》利用各种因素助推的结果。

上文我们分析了郭沫若借助《杂文》创刊号出版之际，刊发《阿活乐脱儿》一文以投石问路，而得到了鲁迅的积极回应，虽然鲁迅和郭沫若双方都未曾公开就

---

① 臧云远：《"左联记事"》，载《左联纪念集 1930—1990》，百家出版社 1990 年版，第 263 页。
② 颜雄：《平凡的圣迹——猛克先生事略》，《新文学史料》1995 年第 4 期。

1927年11月因恢复《创造周报》所引起双方间的误解，并引发他们之间长时间无休止的论争，所造成双方水火不容的紧张关系进行公开的说明，但双方借助《杂文》编者你来我往的回应，已经基本预示着他们之间的关系重归正轨的可能性。

《杂文》的编者在看到鲁迅和郭沫若双方释放缓和关系的积极信号后，更是不遗余力利用各种方式加以推进和深化。

首先，他们借助《杂文》凸显了鲁迅与郭沫若在左联东京分盟中的重要地位。《杂文》还有随后《质文》的目录编排给读者的最初印象就是杂乱无章，较为随意。比如，有的卷次中有页码，有的卷次中无页码，即便是有页码也大多不是按照顺序编排，而是按照文章体裁进行归类；再比如，有的卷次中是按照篇目竖排顺序排列，有的卷次中则较为随意，不分页码，也不按体裁，而是哪个地方有空间就放置哪个篇名。造成这样的情况主要原因还是杜宣、魏猛克等编者多是青年学生，基本没有编辑刊物的经验。再纵览刊物内的文章，也基本上是属于补订类的编排方式，先把篇幅较大的文章编好，然后根据所余下的空间顺便补充短诗、杂感等小篇幅的文章。即便如此，在第2期和第3期《杂文》的目录中也与其他卷次有明显不同，那就是这两期的目录编排都较为整齐，特别采用了对重点文章和重点作家用特殊方式予以突出的办法，尤其是鲁迅和郭沫若的文章更是如此。在第2期《杂文》中编者将鲁迅的《孔夫子在现代中国》、郭沫若的《孔夫子吃饭》、寿昌的《苦囚之歌》以及秋田雨雀的《接受文学遗产的两个方向》这四篇文章用方框单独框出，而且用大号字体单独编辑，与隶属于某一栏目且文章名和作者名字体较小的其他文章相比，这四篇文章尤显突出，属于该期刊物重点推介的文章。

而在第3期《杂文》中，编者干脆就用相似的方式只突出鲁迅的《从帮忙到扯淡》和郭沫若的《孟夫子出妻》两篇文章，编者在目录中凸显鲁迅与郭沫若的文章，除了要借助他们二人的名人效应增强《杂文》的社会影响力外，对于缓和鲁迅与郭沫若之间微妙关系的良苦用心也可见一斑。

其次，《杂文》的编者试图将鲁迅与郭沫若拉入同一创作主题之中。《杂文》第2期同时刊发了鲁迅的《孔夫子在现代中国》和郭沫若的《孔夫子吃饭》两篇杂谈。仅仅从题目上来看，鲁迅和郭沫若创作的这两篇文章主题基本相似，都是对古代文化的现代诠释。难道这么凑巧他们同时创作出这样的文章？唯一的解释便是《杂文》编者为了扩大刊物的影响，分别向鲁迅和郭沫若以孔子为创作主题提前约稿。

从郭沫若与左联东京分盟的成员交往过程来看，也可以知晓郭沫若刊发于《东流》《质文》上的稿件基本上是应这些刊物编者约请而做。而郭沫若对于他们约写的文章是相当重视的，比如《贾长沙痛哭》就是应《东流》杂志约请所完成的一篇历史小说。对于在《东流》上刊发的稿件，郭沫若都是亲自校对后才能刊发。当魏猛克拿着刚刚从出版社取回的样稿来到郭沫若住所时，发现郭沫若的气色不太好，郭沫若告诉他自己最近不太舒服，但是没关系，他当晚肯定会把稿子修改校订完成的，直到晚上十一点多郭沫若终于把稿子修改完成。

从内容和创作手法来看，鲁迅的《孔夫子在现代中国》和郭沫若的《孔夫子吃饭》如出一辙。他们都采用古事今释的手法，展开对以孔子为代表的传统文化的批判，特别是对当下社会以孔子为名的各种离经叛道之举的批判。这两篇文章观点呼应，《孔夫子吃饭》批判了"孔子的自私、虚伪和特别旺盛的领袖意识"[①]。

《杂文》第3期又一次同时刊发了鲁迅的《从帮忙到扯淡》《什么是"讽刺"》和郭沫若的《孟夫子出妻》《关于诗的问题》各两篇文章。郭沫若在鲁迅题写刊名的刊物上发表文章，鲁迅和郭沫若的文章连续同时刊登在同一份刊物上，这两件事情不用说在国外创办的刊物上，就是国内的各种刊物上也是绝无仅有的。这无疑表明了鲁迅与郭沫若因左联及相关刊物逐步弥合了彼此间的罅隙，而逐渐走到了一起。

再次，《杂文》的编者在文章编辑时，借助编辑策略，有意凸显鲁迅与郭沫若相一致的元素。在《杂文》第3期中刊发了由魏猛克绘制的鲁迅与郭沫若画像，鲁迅身穿长袍，手拿一只大毛笔，挥毫写出了众多反对"第三种人""小资产阶级革命文学"等方面的战斗檄文；而郭沫若则身穿和服，脚穿木屐，右手拿着一只大钢笔，左手则领着一个年轻人一同行进。这两幅人物画像如果拆开来看，也就只能解释为他们单纯的人物素描，但这两幅图画都出自同一个人之手，具有整体性、连贯性和互文性。

《杂文》编者在有关鲁迅与郭沫若文章编排的位置上也别出心裁。鲁迅与郭沫若的文章在刊物刊登的顺序与目录中的并不一致，郭沫若的《孔夫子吃饭》与《孟夫子出妻》分别被排列在《杂文》的第2期和第3期的第一位，而鲁迅的《孔夫子在现代中国》与《从帮忙到扯淡》分别被排列在这两期《杂文》的最后一篇，这样就在形式上形成了郭沫若与鲁迅遥相呼应的局面。

虽然，因"国防文学"和"民族革命战争的大众文学"的口号问题，鲁迅和郭沫若之间产生了一些分歧，但这终归是在"兄弟阋于墙，外御其侮"的原则下的商议和讨论，与上一次他们之间唇枪舌剑，甚至进行人身攻击的论争有着本质的区别。郭沫若就在《蒐苗的检阅》一文中坦诚表达了对鲁迅的敬意："我自己究竟要比鲁迅先生年青些，加以素不相识，而又相隔很远，对于先生便每每妄生揣测。就如这次的纠纷吧，我在未读到那篇万言书之前，实在没有摩触到先生的真意。读了之后我才明白先生实在是一位宽怀大量的人，是'决不日夜记着个人的恩怨'的。"[②]鲁迅也同样认为他和"茅盾郭沫若两位，或相识，或未会一面，或未冲突，或曾用笔墨相讥，

[①] 杨华丽：《〈孔夫子吃饭〉与新文学作家1930年代的孔子书写》，《郭沫若学刊》2012年第3期。
[②] 郭沫若：《蒐苗的检阅》，《郭沫若全集·文学编》第16卷，人民文学出版社1989年版，第248页。

但大战斗却都为着同一的目标，决不日夜记着个人的恩怨"①。在鲁迅此种表态下，郭沫若心悦诚服地认同"鲁迅先生更一向是领导着我们的领袖"。

四 "崇鲁"抑或其他？

为纪念鲁迅逝世，1936年11月10日出版的第2卷第2期《质文》专门开设了"追悼鲁迅先生"专栏。该专栏中共有7篇文章，分别是郭沫若《民族的杰作》、邢桐华《悼鲁迅先生》、任白戈《悼鲁迅先生》（诗）、北鸥《纪念我们的鲁迅》（诗）、林焕平《巴比塞·高尔基·鲁迅》、代石《悼鲁迅先生》、魏猛克《写在烦躁里》。这7篇文章中，最值得关注的也被后人提及较多的便是郭沫若的《民族的杰作》，而且郭沫若还代表质文社亲笔书写了"平生功业尤拉化，旷代文章数阿Q"的挽联，并称鲁迅为"导师"，这些与郭沫若悼念鲁迅有关的材料综合在一起也成为郭沫若"崇鲁"的重要佐证。

诚然第2卷第2期《质文》应是专为纪念鲁迅而出版的。首先，从出版日期上来看，《杂文》在创刊时的设想是文艺月刊，但是《杂文》及更名后的《质文》都没有兑现月刊的计划，它们的出版时间都不固定。有时竟然相隔4个月才出版，甚至在1936年6月15日还出现了第5、6号合刊出版的情况。但是唯独载有"追悼鲁迅先生"栏目的最后一期刊物实现了月刊的计划。第2卷第1期的出版时间是1936年10月10日，第2卷第2期出版时间是1936年11月10日，可见《质文》对纪念鲁迅逝世的重视程度。其次，从鲁迅的元素来看，第2卷第2期《质文》的封面即为两幅鲁迅的画像，一幅为鲁迅的正面画像，另外一幅是躺在鲜花丛中鲁迅逝世的画像，开篇一页为郭沫若手书悼念鲁迅"平生功业尤拉化，旷代文章数阿Q"的挽联，接着又是一幅年轻时期鲁迅的照片，接下来就是"追悼鲁迅先生"的7篇文章。因此，有关鲁迅的元素充斥着该期的《质文》。再次，从组稿的情况来看，该期《质文》也多为匆忙之中的无奈之选，为此编者特意做了解释说明："本期因篇幅与时间关系，邢桐华先生译的'奥涅根'，张罗天先生译的'苏联作家的作品检讨'等，决定留在下期发表，希望各位作者原谅。又特为本刊撰作日本童话作家慎本楠郎先生的'日本儿童文学理论现状'，则因日本童话作品译文尚未收到，不能不延至下期一并刊登，也望鉴谅。"②

《民族的杰作》作为"追悼鲁迅先生"专栏开篇之作，是郭沫若在得知鲁迅逝世后第一时间所作出的迅速反应。经过相互观点的坦诚交锋与讨论后，鲁迅在郭沫若心

---

① 鲁迅：《答徐懋庸并关于抗日统一战线问题》，《鲁迅全集》第6卷，人民文学出版社2005年版，第557页。

② 《质文》1936年11月第2卷第2期。

中的地位更加巩固和伟大，1936年10月19日鲁迅离世的消息传到东京后，郭沫若满怀悲情地连夜写下了《民族的杰作——纪念鲁迅先生》的悼念文章。仅从题目上来看，郭沫若对鲁迅的定位已经上升到民族的层面与高度，可以说给予了鲁迅至高无上的界定。原文的题目和作者的名字也都是郭沫若手书的，以此也显见郭沫若对鲁迅逝世的诚挚哀悼之情。在文中郭沫若深情地缅怀道："鲁迅先生于今晨五时二十五分在上海长逝了。这个消息使我呆了好一会，我自己有点不相信我的眼睛。我疑这个消息不确，冒着雨跑到邻家去借看别种报，也一样地记载着这个噩耗。我的眼睛便不知不觉的酝酿起了雨意来。"①

鲁迅的突然离世，对于郭沫若来讲是无比悲痛的，特别是出于各种原因与鲁迅所发生的种种不愉快更是令郭沫若痛心不已。他悲痛地认为："中国社会对他的待遇，实在是过于残酷；譬如就象我这样的人吧，如果能够预知到他的死之将要那样很快的来临，我是应该更多多呈送这些精神的安慰的。"② 由于郭沫若在《民族的杰作》一文中此类深情的阐述及以后一系列如《吊鲁迅》《不灭的光辉》等纪念鲁迅的文章的问世，绝大多数学者认为郭沫若态度一百八十度的转变过于突兀、过于极端。但事实如此吗？

绝大多数学者在阅读《民族的杰作》时仅把视角定格于"中国文学由先生而开辟出了一个新纪元，助攻的近代文艺是以先生为真实意义的开山，这应该是亿万人的共同认识"③ 等赞誉之词上。但是在文中，郭沫若对鲁迅的评价还谈到"先生对于前进的文艺乃至一般文化，尤其语言的大众化与拉丁化这些工作之寄兴与促进，是永远值得我们纪念的"这一句，可见郭沫若对鲁迅一生功业的评价并非全盘肯定，不加限定赞誉的，而是有所保留的，也就是说郭沫若认为鲁迅对中国文艺最大的贡献便是提倡和推动了汉语语言拉丁化的发展，这种认识也恰好就与该期扉页中"平生功业尤拉化，旷代文章数阿Q"④ 挽联的内涵相对应。

另外，《民族的杰作》的行文结构也值得斟酌，郭沫若并没有在看似高潮的"先生的健斗精神与年俱进，且至死不衰"的话语中结束，反而增加了一段说明性的文字，特别是在最后一段中出现了"要评论先生，我自己怕是最不适当的一个人，但我现在敢于直率地对着一些谗谤者吐出我的直觉的见解"⑤ 的表述，这句话明显与全文赞誉与悼念的基调不太相符。

还有一个细节也被我们所忽略，那就是郭沫若在《民族的杰作》发表前企图让

---

① 郭沫若：《民族的杰作》，《质文》1936年11月第2卷第2期。
② 郭沫若：《民族的杰作》，《质文》1936年11月第2卷第2期。
③ 郭沫若：《民族的杰作》，《质文》1936年11月第2卷第2期。
④ 对郭沫若所书"平生功业尤拉化，旷代文章数阿Q"的解读可参阅杨华丽、王静的《鲁迅："平生功业尤拉化"——郭沫若对鲁迅的盖棺之论及其认知价值》(《鲁迅研究月刊》2020年第6期) 一文的论述。
⑤ 郭沫若：《民族的杰作》，《质文》1936年11月第2卷第2期。

该期《质文》的编者把此稿撤下。郭沫若说："通知过非厂，叫在《质文》中把《民族的杰作》那篇抽出来。非厂曾亲身跑来对我商量这事。我说：'我纪念鲁迅先生，在心里好了，不必一定要做出文章来表示。文章发表了之后，别人会说我是矫情，故意装作一个人面孔。拿死者来做垫脚凳。'"①

为什么会出现这样的情况呢？笔者查阅郭沫若纪念馆馆藏手稿，并经与《质文》的发表稿对比后，发现发表稿中有3处错字、漏印1字、多印1字，除此之外，发表版只是删去了原稿中由作者自行划掉的词句，其余未有改动。原稿中划掉的文字，除错字、语序等语法问题外，语意改动较为明显是称谓的变化，2处"我们的鲁迅先生"改为"鲁迅先生"，删去"我们的"；删去了4处"先生"，其中2处原为"鲁迅先生"，1处原为"高尔基先生"，1处将先生改为"鲁迅"。这些改动基本是为了文从字顺，使文章更加简洁，属于正常修改。但最重要的一处修改是，发表稿中删除了"尤其在最近，关于文学运动上，在同一阵营内不免小小有点论争，未得到先生的最后的裁夺，遂倏尔离开了我们而长逝了"整句话，而这句话的位置恰好就是倒数第二段的末尾。

通过以上的材料，我们大致可以得出以下几点结论：一、郭沫若对鲁迅的悼念是真诚的，他不顾别人的非议，还是依然坚持在鲁迅去世后的第一时间内刊发自己对鲁迅思念的文章；二、鲁迅去世后，作为与其曾就"革命论争""两个口号论争"等相关中国文学重要发展方向和道路有不同见解的郭沫若，对鲁迅的文化成绩作出了全面思考，也表达出自己的学术判断；三、郭沫若在悼念鲁迅时，借助挽联以及行文中所提及的中国拉丁新文字运动，进一步强调和突出他们二者在此方面的一致性，而对于曾有的不同略而不谈；四、为了维护鲁迅的形象，郭沫若在公开刊发的悼念文章中保留了自己的不同观点，以及尽量回避与鲁迅之间还未达成的一致意见，特别是将不利于抗战文学界团结的话语删除。

从以上这四个方面来看，鲁迅去世后，郭沫若并非走向了无条件"崇鲁"的路线，而是一方面诚挚哀悼鲁迅，另一方面继续坚持自己原有的观点。第2卷第2期《质文》虽然专为悼念鲁迅去世而刊，但其中还刊登了林林的《诗的国防论》和任白戈《关于国防文学的几个问题》两篇有关"国防文学"的文章。编者在前言中毫不隐讳地说明："过去文坛上，曾有二个口号的争。我们认为这是中国文坛最重要的事件，所以在困难的环境之下，我们还发表了几篇文章。这在那几篇文章中，已可以看出我们对现阶段中国文学运动的立场同态度。以后我们还愿意多发表一些关于国防文学理论的建设同作品的检讨的文章。"② 由此可见，郭沫若等质文社同人有着鲜明的、执着的文艺认知。

---

① 郭沫若：《答田军先生》，《大晚报·火炬》1937年1月25日第5版。
② 《质文》1936年11月第2卷第2期。

结　语

对于鲁迅带给中国社会和文化的革新意义和重要价值，郭沫若作出了高山仰止的界定："中国文学由鲁迅而开辟了一个新纪元，中国的近代文艺是以鲁迅为真实意义的开山，这应该是亿万人的共同认识。""鲁迅的战斗精神与年俱进，至死不衰，这尤其是留给我们的一个很好的榜样。"但郭沫若对于鲁迅也同样有自己不同的学术判断，他既有对逝者的哀思和追念，也有对不同见解的阐释和强调。因此，"崇鲁"并不是无原则的认同和追捧，而是在"和而不同"传统理念下的现代知识分子的情怀之表达。

鲁迅与郭沫若同为中国现代文化史上两面光辉的旗帜，他们之间的交往、纠葛，乃至争执，既有双方截然不同的性格禀赋的原因，更有错综复杂的现代中国文化发展的客观环境的影响。对此不能简单地以"骂"与"崇"来归纳和总结，而应该走入繁复的文学场域中考察二者交往的每一个细节，得出客观的学理判断。

（原载《鲁迅研究月刊》2021 年第 10 期）

文章分五色，明灭孰可辨
——关于郭沫若斥沈从文为"桃红色作家"事件的疏解

朱华阳　骆羽芯

1948年，郭沫若在香港出版的《抗战文艺丛刊》第一辑上发表了《斥反动文艺》一文，将反动文艺分为"红、黄、蓝、白、黑"五种颜色，并对沈从文、朱光潜、萧乾等几位自由主义作家做出点名批判。在柴天改物的关键时期，郭沫若这篇锋芒毕露的批判文章，不仅给这几位作家的命运带来严重影响，也对中华人民共和国成立之初的文学批评起了示范效应。尤其是沈从文，在被郭沫若斥为"桃红色作家"后，他的创作和生活便陷入了困境与劫难之中。近几十年来，郭沈之间的这桩历史公案时常引发学界争议，本文拟对其中有关问题进行梳理和解析。

一　缘由与影响——沈从文被斥为"桃红色作家"的历史平议

（一）郭沫若批判沈从文的缘由

郭沫若在《斥反动文艺》中认定沈从文为"桃红色作家"，看似有理有据。首先，郭沫若认为沈从文的《摘星录》《看虹录》在内容上是"作文字上的裸体画，甚至写文字上的春宫"[1]；其次，郭沫若指出沈从文的创作动机"存心不良，意在蛊惑读者，软化人们的斗争情绪"[2]；再次，郭沫若指斥沈从文"一直是有意识的作为反动派而活动着"[3]，并列举了相关证据：在抗战初期高喊"与抗战无关"论，在抗战后期"反对作家从政"，抗战结束后又散播与革命游离的"第四组织"。这样看来，沈从文被称为"反动文艺"中的"桃红小生"似是"实锤"了。但此时地位显赫的郭沫若，把一篇文艺评论写得如此义正词严和毋庸置辩，那宣判式的话语和横扫一切的气势，足以让被批判者心惊胆寒，很难让人去追究其事实根据和逻辑合理性。

沈从文突然遭到"当头棒喝"，随即堕入惶恐忧惧的"无物之阵"，自然是意气

---

[1] 郭沫若：《斥反动文艺》，《抗战文艺丛刊》1948年3月第一辑。
[2] 郭沫若：《斥反动文艺》，《抗战文艺丛刊》1948年3月第一辑。
[3] 郭沫若：《斥反动文艺》，《抗战文艺丛刊》1948年3月第一辑。

难平，寻思郭沫若批判自己的缘由，难免要归因于自己与郭沫若的历史宿怨。沈从文认为，1948年郭沫若给他戴上的"桃红小生"的帽子，就是为了伺机复仇和泄私愤。沈从文与郭沫若的文字恩怨由来已久。1930年，沈从文在《论郭沫若》一文中写道："郭沫若可以说是一个诗人……但是，（小说）创作是失败了。"认为郭沫若不能"用他那笔，在所谓小说一个名词下，为我们描下了几张有价值的时代缩图……郭沫若没有这本事"[1]。年轻气盛的沈从文不知深浅高低，发文贬斥郭沫若的人品和文艺才能，且用语颇为尖刻。其时，郭沫若不在国内也没有立即作出反应，但看到沈文后肯定是非常不爽的。此后，在抗战期间郭沈二人就文学创作的"差不多"现象、与抗战无关论、关于作家从政问题、对"第三厅"工作问题等进行过针锋相对的论争，抗战结束后则逐步上升为政治清算。[2] 正因为两人有这种历史过节，所以沈从文认为被郭沫若严厉批判，是自己当年开罪了他，"唉，可惜这么一个新的国家，新的时代，我竟无从参预……二十年写文章得罪人多矣"[3]。除此之外，沈从文的亲友和一些学者也认为，与左翼文坛的论争引起的文字恩怨使得沈从文成了批判的"靶子"。

　　时至今日，我们再来看看这一事件，这种"私人宿怨说"不是没有道理，但必须清醒认识到"当我们探讨中国现代思想、理论问题时，会发现它往往并不单纯是思想、理论问题，而与具体的、浓郁的个人之间的问题相重叠，而且当事人有时强烈地意识到后者"[4]。认为沈从文被当作反动文艺的"头号靶子"仅是与郭沫若的历史宿怨导致的，这种想法过于简单了。在政治大转折的时代，集体意志和社会环境施加于个体的压力远非个人恩怨可比。根据林默涵、夏衍、周而复等当事人的回忆史料和一些学者对《大众文艺丛刊》的研究，我们了解到：1948年解放战争进入战略反攻阶段，革命之火呈燎原之势，胜利即将到来。这个时候，党的领导人有组织地在言论比较自由的香港开展对左翼政治思想文化的宣传工作，抢占文化领导权。香港文委经过讨论，创办了机关刊物《大众文艺丛刊》，通过讨论和精心组织，发表了一系列理论批评文章，形成了一场声势浩大、影响深远的批判运动，其中对内主要批判胡风的主观主义，对外主要批判沈从文等自由主义作家，有效地巩固了统一战线，澄清了思想的混乱，加强和巩固了毛泽东文艺思想的传播和领导地位。从这个角度上讲，郭沫若批判沈从文是时代政治发展的必然。从某种意义上讲，郭沈论争反映的是现代革命历史的进程，两人的恩怨也是历史的宿命。李斌曾对郭沫若批判沈从文的缘由进行了深入探讨，他认为其中既有"两人长期以来的个人恩怨"，也"表现了郭沈二人对于如何建立民主自由富强的新中国的途径之分歧"，"更涉及近代知识分子对中国命运

---

[1] 沈从文：《论郭沫若》，《沈从文全集》第16卷，北岳文艺出版社2002年版，第153—155页。
[2] 糜华菱：《郭沫若和沈从文的文字恩怨》，《新文学史料》2001年第3期。
[3] 沈从文：《四月六日》，《沈从文全集》第19卷，北岳文艺出版社2002年版，第25页。
[4] [日]丸山升：《建国前夕文化界的一个断面——〈从萧乾看中国知识分子的选择〉补遗》，文洁若译，《新文学史料》1993年第1期。

的思考与相关实践"。①

(二) 郭沫若的批判对沈从文的影响

1948年，国内政局已是共产党席卷天下之势，大江南北的主流文化话语都在欢快地迎接一个光明的新中国到来，沈从文却陷入了焦虑和痛苦之中。是年底，沈从文的精神状态极不稳定，他"忧郁，悲观，失望，怀疑，感到人家对他不公平，人家要迫害他，常常说，不如自己死了算了"②，这说明沈从文此时已出现严重抑郁症和被害妄想症的病征，其精神陷入了迷乱的"狂人"状态。1949年3月，沈从文用刀片抹脖子、割手腕，又喝煤油，企图自杀。但自杀未遂，随后被送去疗养，直到同年9月，这种自毁情绪才逐渐平静下来。新中国成立后，经组织安排和考虑个人意愿，沈从文放弃了文学创作，改行从事文物研究。

沈从文在新中国成立前后受到的精神打击和命运影响，是谁导致的呢？有人直接归因于郭沫若的那篇《斥反动文艺》。在那个特殊的时期，作为文坛领袖的郭沫若将沈从文斥为"桃红色"反动作家，进而激起文化界对沈从文批评的浪潮，并由此引发了北大学生"打倒沈从文"的行动。这给沈从文带来巨大的思想压力和心理阴影。据沈从文的长子沈龙朱回忆："那时候我还是一个小孩儿，在北京四中念书，放了学就去父亲教书的北大看热闹，郭沫若犀利而尖刻地给朱光潜、沈从文、萧乾画像，他们分别被骂成红、黄、蓝、白、黑的作家，我看到父亲是粉红色的，粉红色我觉得还可以。回到家就跟父亲说。我们觉得无所谓的事，对父亲的刺激却很大。1月以后他的神经就不正常了。他感觉压抑，感觉有人要迫害他。"③沈龙朱还说，"郭沫若的政治结论太厉害了。不管沈从文留不留下来，都是自觉的反动派，都是自觉地站在国民党一边的。所以父亲压力很大。他没话说了，他的路被堵死了。而且后来对待沈从文的态度和许多做法，都是按照郭沫若划线的方法来定的。"④沈从文的夫人张兆和也曾说："一九四九年二月、三月，沈从文不开心，闹情绪，原因主要是郭沫若在香港发表的那篇《斥反动文艺》，北大学生重新抄在大字报上。当时他压力很大，受刺激，心里紧张，觉得没有大希望。他想用保险片自杀，割脖子上的血管。"⑤至于新中国成立后沈从文的搁笔和改行，有人也认为是郭沫若的《斥反动文艺》直接导致的。如汪曾祺就说："(《斥反动文艺》)对沈先生是致命的一击。可以说，是郭沫若的这篇文章，把沈从文从一个作家骂成了一个文物研究者。"⑥

---

① 李斌：《论抗战结束后郭沫若对沈从文的批评》，《中国现代文学研究丛刊》2013年第7期。
② 续小强、谢中一编：《沈从文自叙传》(中)，北岳文艺出版社2016年版，第686页。
③ 夏榆：《100岁的沈从文》，《南方周末》2003年1月16日。
④ 董佳：《名作家沈从文为何搁笔转行》，《北京观察》2014年第12期。
⑤ 陈徒手：《人有病天知否：1949年后中国文坛纪实》，生活·读书·新知三联书店2013年版，第28页。
⑥ 汪曾祺：《沈从文转业之谜》，载《花花朵朵坛坛罐罐——沈从文文物与艺术研究文集》，外文出版社1994年版，第2页。

我们不能否认郭沫若的文章曾给沈从文带来严重负面影响，但沈从文走向"疯狂"和"自杀"就是出于被斥为反动的"桃红色作家"这个单一原因吗？恐怕不能这么认为，学界对此也有很多探讨和分析。比如关林认为，将沈从文当年的自杀举动归咎于郭沫若在《斥反动文艺》中的斥责，既不合沈从文的个性，情理上也说不通。① 钱理群也曾强调："1949年沈从文自杀是多种因素合力作用的结果：既有政治的压力，也有家庭的危机，更是易代之际知识分子游离时代，被社会拒斥孤立，找不到自己位置的精神危机。这都是具有极大典型性的。"② 张森指出："外部压力既摧毁了他对自身思想的合理性认同，但他同时也无法理解自身思想的错误在哪里，在自我与历史的两难取舍中，沈从文最终陷入'丧我'境地，并在两面的急剧拉扯下导致精神的疯狂。"③ 李玮认为："沈从文的自杀颇具特殊性，他的疯狂是极为清醒的'疯狂'，是一种表象，'自杀'是他保留个体存在尊严的自觉选择。"④

探究造成沈从文精神失常和自杀举动的原因，应该从多方面多维度来透视，而不是局限于某一方面。沈从文在易代之际的人生际遇，其实是当时一批人文知识分子的缩影，其中有境况比沈从文稍好的，也有境况比沈从文更糟的。这些人文知识分子在新中国的命运并非系于某一个人，而是整个时代政治环境和思想文化体制造成的。

二 作品与生活——沈从文被斥为"桃红色作家"的文本考析

评判郭沫若把沈从文列为"桃红色作家"是否有道理，还得看文学作品说话。由此产生的问题是，《看虹录》《摘星录》是"黄色作品"吗？"虹影""星光"隐射了沈从文和谁的情感故事？许多学者曾试图去探求问题的答案。

（一）爱欲书写是一种"抽象的抒情"

郭沫若说《看虹录》《摘星录》是"春宫图""裸体画"，现在的研究者并不认同这一观点，认为作品中的爱欲书写是一种"抽象的抒情"。贺桂梅认为，不了解创作《看虹录》时期的沈从文，便对他进行大胆的评判，这不仅对作家的一生会造成极大的影响，也是不负责的行为。她还指出，沈从文在20世纪40年代的小说实验在当时是超前的，所以有人对他不理解也是很正常的现象，如果缺乏民主精神，把文学上的否定进一步上升为政治上的否定，以至裁决，那就会造成灾难性的后果。⑤ 这一

---

① 关林：《不宜囿于个人恩怨 应当汲取历史教训——略谈对沈从文曾有自然举动之原因的深究》，《郭沫若学刊》1999年第1期。
② 钱理群：《一九四九年以后的沈从文》，载王德威等编《一九四九以后——当代文学六十年》，上海文艺出版社2011年版，第119页。
③ 张森：《在"诗"与"史"之间：沈从文思想研究》，博士学位论文，湖南师范大学，2008年。
④ 李玮：《清醒的"疯狂者"——1949年沈从文自杀新论》，《牡丹江大学学报》2015年第2期。
⑤ 贺桂梅、钱理群：《沈从文〈看虹录〉研读》，《中国现代文学研究丛刊》1997年第2期。

观点显然是对郭沫若称沈从文为"桃红色作家"的说法提出了质疑。钱理群也肯定了沈从文这一时期的创作对于现代化探索的意义:"可以毫不夸大地说,40年代末一个以沈从文为中心的,以'探索实验'为追求的北方青年作家群体,正在形成中。20世纪40年代现代派诗人和作家都受到沈从文的影响。"① 贺桂梅还认为:"身体语言的呈现与写'性题材'所带来的厄运,《看虹录》为许多作品作了前车之鉴,然而沈从文的思想追求又使之显示了很大的气魄,小说的诗化和诗的小说化,正出于对'怎么写'的自觉,而这一点在沈从文40年代停笔后,当代小说80年代才得以重提。"② 这是对沈从文"性题材"作品及其深刻的思想性的充分肯定。

《摘星录》讲述的是女主人和男客人在夏夜里一次充满暧昧的闲谈,在谈到关于女体美的话题时,"两人的灵魂完全迷了路。好像天上正挂起一条虹,两个灵魂各从一端在这个虹桥上度过,随即混合而为一,共同消失在迷茫云影后"③。《看虹录》讲述了"我"来到一间静谧的屋子,翻阅了一本奇书,感受到一场类似虚幻的爱欲体验,离开后仿佛经历了一场奇遇。《摘星录》对女主人的身体进行了大胆描写:"手白而柔,骨节长,伸齐时关节处便显出有若干微妙之小小窝漩,轻盈而流动。指甲上不涂油,却淡红而有珍珠光泽,如一列小小贝壳。腕白略瘦,青筋潜伏于皮下,隐约可见……瞻顾镜中身影,颈白而长,肩部微凹,两个乳房坟起,如削玉刻脂而成,上面两粒小红点子,如两粒香美果子。"④ 另外还直白露骨地描述了客人对女主人身体的垂涎:"主人体会到客人的目光正注意到自己身上,由上而下,停顿在胸部一会儿,以为是自己忘了将衣扣扣好,急忙用手整理了一下衣襟。客人目光向下一点,又停顿到另一处时,主人稍稍有点不大自然,把腿并拢去一点,拉了一下衣角。"⑤ 作品中有多处对女主人的身体作了精细的描绘,从中可以发现女性的身体一直是男客人以及作者关注的对象,他们期望从女主人的身体上追寻生命和美。当男客人期望和女主人发生关系时,他对女主人说:"上帝,你告我什么是生命,什么是美,什么是你上帝精心着意安排的杰作?""什么都成,因为生命背后有庄严和美。我要接近神,从生命中发现神。"⑥ 从男客人的话语中可以发现,他认为女性的身体是自己接近神的一种途径,期望通过女性的身体这种生命意识的载体去发现神、接近神。《看虹录》中也多次提到"神在我们生命里"⑦。通过以上分析可以发现,作者认为生命的"神性"存在于女性的身体之中,而这种神性是需要被他们"看"出来的。《看虹录》的结尾写道:"我面对着这个记载,热爱那个'抽象'……我完全活在一种观念

---

① 钱理群:《1948:天地玄黄》,山东教育出版社1998年版,第254页。
② 贺桂梅、钱理群:《沈从文〈看虹录〉研读》,《中国现代文学研究丛刊》1997年第2期。
③ 沈从文:《摘星录》,《十月》2009年第2期。
④ 沈从文:《摘星录》,《十月》2009年第2期。
⑤ 沈从文:《摘星录》,《十月》2009年第2期。
⑥ 沈从文:《摘星录》,《十月》2009年第2期。
⑦ 沈从文:《看虹录》,《沈从文全集》第10卷,北岳文艺出版社2002年版,第328页。

中，并非活在实际世界中。我似乎在用抽象虐待自己肉体和灵魂，虽痛苦同时也是享受。"① 其实，沈从文一直没有放弃对于"神性"的追求，不管是众所周知的《边城》，还是被人诟病的《看虹录》《摘星录》，他一直在通过作品展现自己对于生命和美的执着追求，以及对于那种"抽象"的热爱。但沈从文的这两部作品与全民族抗战时代的文学主流是疏离的。在那样一个慷慨激昂的年代里，对爱欲以及女性身体的露骨书写无疑是会遭到众人排斥的，特别是来自"左翼"作家们的批评和指责。作为中国左翼文艺的倡导者和实践者，郭沫若对沈从文的批评尤其激烈。但是，沈从文仍然在他的世界里尽情地展现自己对于"抽象"的追求与热爱。在《水云》中沈从文写道："虹和星都若在望中，我俨若可以任意伸手摘取。可是一切既在时间有了变化，我也免不了受一分影响。我所注意摘取的，应当说却是自己生命追求抽象原则的一种形式。"② 这段话对沈从文创作《看虹录》《摘星录》的意义以及这两部作品风格发生的变化作了很好的说明。正是他对于爱欲的直白书写以及对于这种"抽象"的执着追求，才使他受到当时革命文坛的批评与指责。

金介甫在《沈从文传》中说："'五四运动'时期的知识分子几乎全都反对家庭包办婚姻，沈比他们走得更远。他尊重性爱，他的小说中人物特别是青年人，全不受封建旧俗的束缚，早年居孀的少妇也能不为外界非议所动，走自己的路。"③ 他认为沈从文"擅长写色情"，比如从《长夏》《旧梦》《第一次做男人的那个人》《野店》《雨后》等作品中可以发现，沈从文宛如一个擅长书写爱欲的"老手"。《摘星录》《看虹录》中的爱欲书写其实可以看作对他之前这类小说的一种延续，但它们又不同于以往的"牧歌情调"式的爱欲书写，这两篇小说进行了大胆的文体实验，小说里他对女性的身体、男女之间的性爱进行了更大篇幅的、更加直白的书写，从这两篇小说我们似乎可以看到沈从文的另一面。

(二)"虹影""星光"的生活面影

针对郭沫若对沈从文的批判，我们不能仅仅将目光停留在沈从文的作品本身，对于其作品背后的生活故事也应给予关注。因为对沈从文的文学、生活与"爱欲"之间关系的揭示，可以看看沈从文在这两部"偶然"的作品背后所隐藏的情感秘密，进而探讨作家的婚恋和情感生活对其创作所产生的巨大文学意义。这也是为我们透视《看虹录》《摘星录》两部小说中露骨的爱欲抒写引起很大争议提供了一个窗口。

抽象的抒情背后有具体的生活面影。一个作家的个人婚恋问题或多或少会影响其文学创作，从文学史上大多数作家作品来看，这是不争的事实。因此，对于沈从文的

---

① 沈从文：《看虹录》，《沈从文全集》第10卷，北岳文艺出版社2002年版，第341页。
② 沈从文：《水云》，《沈从文全集》第12卷，北岳文艺出版社2002年版，第96页。
③ [美]金介甫：《沈从文传》，符家钦译，国际文化出版公司2005年版，第238页。

《摘星录》《看虹录》，有学者认为它们是沈从文真实婚恋情况的反映。尤其是对其作品中女主人"原型"的研究，目前主要有两种观点：其一认为女主人的"原型"是张充和，其二认为女主人是高青子。虽然人们对小说"女主人"是谁有不同的看法，但笔者认为，可以明确的是，女主人不是沈从文的妻子张兆和，而应当是他情感出轨的对象。除了这两部作品，沈从文的《水云》也为其婚外恋情的真实性作了很好的佐证。如金介甫就认为《水云》是"沈从文婚外恋情作品"。沈从文的妻子张兆和也说过："他把他自己全写到《水云》里去了。"① 这些都很确切说明了沈从文曾在一段时期里有过婚外恋情。

金介甫、刘洪涛等学者认为"沈从文婚外恋的对象是诗人高韵秀，笔名高青子"②。其重要依据就是小说的创作时期与俩人相识的时间大致相符。沈从文也曾在文章中隐晦地表示其作品是他在现实中受到婚外情的诱惑而又逃避的结果。他说："什么人能在我生命中如一条虹，一粒星子，在记忆中永远忘不了？世界上应当有那么一个人。"③ 1935 年春，沈从文在熊希龄的北平西山别墅邂逅了漂亮的文艺女青年高韵秀，笔名青子，这就是沈从文遇到的"偶然"。作为沈从文的粉丝，高青子对于沈从文十分仰慕，两人初次见面在彼此心中都留下了深刻的印象。一个月后再见时，高青子刻意模仿沈从文小说《第四》中女主角的打扮，身着"绿地小黄花绸子夹衫，衣角袖口缘了一点紫"，使得沈从文受到极大震撼，沈从文自此喜欢上了这个聪慧、机敏、文艺的女子，两人交往日益密切。高青子的小说《紫》以八妹的角度叙述哥哥与未婚妻珊和璇青两个女子之间的纠葛，与其时沈从文的处境十分类似，也可以作为沈从文婚外恋情的辅证材料。沈从文和高青子同在西南联大工作时的交往就更加密切了，甚至引起了流言。被指为"艳情小说"的《看虹录》就写于这一时期，作品中"女主人"的行为举止、服饰、体态等都和高青子的特点颇为相符。对于自己在昆明时期的写作，沈从文说："这本书名实当题作：《情感发炎及其治疗》。"④ 似乎说明这些作品都是他对高青子"情感发炎"的产物。1941 年 2 月，高青子另嫁他人后，两人感情结束，最终沈从文以理性战胜了"偶然"，回归到婚姻家庭中。

但是，学者裴春芳认为《看虹录》《摘星录》中的女主角原型并非高青子，很可能是沈从文的小姨子张充和。因为沈从文与高青子的恋情基调及发展脉络，与《看虹录》《摘星录》中的爱欲情绪颇有出入，作品中女主角的形象与高青子作品中的自我形象也不完全吻合。⑤ 解志熙则提供了更多的证据，如，有朋友同事的旁证，著名小说家吴组缃在晚年一次谈话中曾说沈从文写的《看虹》《摘星》之类乌七八糟的小

---

① 刘洪涛：《沧桑看虹——与张兆和谈沈从文》，《英才》1998 年第 2 期。
② 刘洪涛：《沈从文与张兆和》，《新文学史料》2003 年第 4 期。
③ 沈从文：《水云》，《沈从文全集》第 12 卷，北岳文艺出版社 2002 年版，第 119 页。
④ 沈从文：《水云》，《沈从文全集》第 12 卷，北岳文艺出版社 2002 年版，第 115 页。
⑤ 裴春芳：《虹影星光或可证》，《十月》2009 年第 2 期。

说就是写他跟他小姨子扯不清的事，朱自清在其1939年10月23日的日记中特地记载了"从文有恋爱故事"；有沈张情感生活的实证，1940年6月后，沈从文与张兆和疑似"分居"，8月张兆和有"出走昭通"行为，而就近相住的张充和居然不知道，竟由沈从文写信特地告诉她，说明其家庭关系出了问题；还有当事人张充和的佐证，出于避嫌的考虑，张充和后离开昆明远赴重庆，沈从文还给她写了热情的情书，其中有"我不仅爱你的灵魂，更爱你的肉体"之类的情话。但不管如何，这段新恋情最后还是"有疾而终"，它给沈从文的心灵世界终究留下了难以磨灭的伤痕。巧合的是，1949年1月，张充和去国赴美，沈从文就在该月出现了较严重的精神问题，两个月后还企图自杀。可见，沈从文"疯与死"的外因是政治压力的存在，内因是缘于感情纠葛的累积而来的精神危机和家庭危机。[①]

当代学者对于这些作品背后作者隐秘的情感生活已经无法确切知晓，只能说是推测与考析。但从理论上讲，它是真实存在的：一是沈从文的小说继承了郁达夫的"自叙传"写作手法，书写自己"生的苦闷""性的苦闷"应该有其真切的生活体验作为基础；二是沈从文小说创作深受弗洛伊德的精神分析学说影响，《看虹录》《摘星录》的创作可以说是作家情欲冲动的升华、性苦闷的象征。今天，我们并非有意去窥探作家的隐私，只是试图探析被称为"桃红小生"的沈从文当时的创作心理罢了。从对沈从文作品与生活的比较释读中，我们发现他是一个非常内向而且特别敏感的浪漫文人，他只有通过写作来转化和升华自己内心的苦闷和压抑，因此才会在大肆宣扬抗战的时代里创作了《看虹录》《摘星录》这样独特的作品。显然，郭沫若批判沈从文时，无论是在文学艺术还是生活情感中，他都未真正了解沈从文其人其作。

三 革命与抒情——沈从文被斥为"桃红色作家"的理论反思

众所周知，沈从文是在郁达夫和徐志摩等人的帮助和提携下步入现代文坛的，创造社和新月派同人的文学思想观念对他的影响是不言而喻的。从《看虹录》《摘星录》这两部作品，我们可以清楚地看到，沈从文承袭了20世纪20年代初郁达夫"自叙传"的创作手法及20世纪30年代新感觉派讽喻都市男女情色的写作风格，而且有进一步的发展和创新，其中较为明显地吸取了西方现代主义文艺思想，如精神分析学、性心理学、生命哲学以及意识流和心理独白等。但是，沈从文的小说创作在本质上并非现代主义的，而是将现代主义浪漫化了，他自谓要借此"保留最后一个浪漫派在20世纪生命挥霍的形式，也结束了这个时代这种感情发炎的症候"[②]。应该

[①] 解志熙：《爱欲抒写的"诗与真"——沈从文现代时期的文学行为叙论（下）》，《中国现代文学研究丛刊》2012年第12期。
[②] 解志熙：《爱欲抒写的"诗与真"——沈从文现代时期的文学行为叙论（下）》，《中国现代文学研究丛刊》2012年第12期。

说，沈从文在这些作品中确实不同程度地注入了个人私密的情感和想象，而写法也异乎寻常地越轨和大胆，带有很浓厚的生命沉思和欲望抒发的成分，尤其是《看虹录》《摘星录》所叙情事之新和所用形式之新，无疑称得上较此前更为复杂也更为现代的"新爱欲传奇"。① 关于沈从文被斥为"桃红色作家"的问题在中国学界经历了不同时期的论争之后，于今我们不得不回到"革命与抒情"这个话题。从创作个性来讲，郁达夫、郭沫若、沈从文及"革命的罗曼蒂克"作家都是抒情的，他们也都书写过"身体"和"爱欲"，但如何在新的革命语境和话语中去实现一种合法化的"抒情"，这是作家们在写作中需要思考和妥善处理的。

（一）不同时代的"身体写作"

郁达夫和沈从文的写作都有浓厚的抒情意味，他们分别在20世纪20年代和40年代的作品中做出多种有益尝试，都可以借用时下学界术语"身体写作"来描述，但他们却受到郭沫若的不同对待。究其原因，首先是时代语境的变化。五四新文化运动吹响了个性解放的号角，对民主与科学、个性解放的倡导在当时广泛的传播开来，这一点对于中国数千年的封建文化思想产生了巨大的冲击。当时的进步青年们纷纷要求成为具有尊严的、个性的、自由的人。在这种时代语境之下，人的权利和个性的张扬得到应有的肯定，新的文学应运而生。一时间，五四文坛掀起抒写自我与展现个性的文学浪潮。同为创造社成员的郁达夫和郭沫若，都在这一背景下展开积极的文学创作。在这一极力倡导个性张扬的时期里，郁达夫的《沉沦》才能无所顾忌地宣泄着自我的欲望，表现"性"的苦闷。而进入20世纪40年代，整个时代语境已经悄然发生了变化，个性解放不再是被提倡的，而是提倡文学服务于政治，用创作为社会革命服务，书写现实，这才是当时的主流话语。此时的沈从文不仅没有适应时代语境去"抒情"，反而还向当时的革命话语发出挑战。其次是郭沫若文学观念的变化。从20世纪20年代的启蒙到40年代的革命，郭沫若关注的重心从文化转向了政治。1924年，在接受马克思主义以后，郭沫若的文学观发生了新的改变，他的文学观由"文学是精赤裸裸的人性的表现，是我们人性中一点灵明的情髓所吐放出的光辉，人类不灭，人性是永恒存在的，真正的文学是永有生命的"②。这样一种"明日的文艺"变成了"只能在社会革命之促进上才配受得文艺的称号③，才是"今日的文艺"。而沈从文在郭沫若追求这样一种"今日的文艺"时，他却还在追求郭沫若之前追求的那种"明日的文艺"。所以，两人的文学观是存在着明显错位的。作家沈从文期望通过文学表现人性，展现文学的真实性；而文学界领袖郭沫若期望重建一种新的文学制

---

① 沈从文:《水云》,《沈从文全集》第12卷,北岳文艺出版社2002年版,第127页。
② 郭沫若:《论文学的研究与介绍》,《时事新报·学灯》1922年7月27日。
③ 郭沫若:《致成仿吾》(1924年8月9日),黄淳浩编《郭沫若书信集》(上),中国社会科学出版社1992年版,第238—239页。

度，通过文学反映生活，促进社会革命的顺利进行。换句话说，郭沫若跟着时代语境拓展了自己的文学观，始终站在主流话语之下进行创作，而沈从文显然不是。因此，郭沫若在《斥反动文艺》里称沈从文"一直以一名反动派活动着"，认为他一直是作为一名"桃红色作家"创作着反动文艺来"蛊惑"人心。

（二）身体与革命的不同装置

从沈从文被斥为"桃红色作家"的问题还可以得出以下思考：20 世纪 30 年代前后革命文学对"身体"也有直白书写，为何后来逐渐销声匿迹，到了 20 世纪 40 年代身体竟然成为革命的禁忌，沈从文的书写居然招致郭沫若的猛烈批判呢？这个问题涉及左翼作家们在作品中如何合理地处理"身体与革命"的关系问题。在很多左翼文学作品中，身体的书写是受到革命话语的支配的。福柯认为："身体是建构人主体意识的主要权力点，既是权力的结果，又是权力关系得以形成和反抗的载体。"[①] 左翼文学作为革命的、政治的、阶级的文学，其身体书写就体现了福柯的观点，左翼文学的"身体书写"具有多方面的指向，既包括身体的外在形态，也包括底层人民的身体苦难，"身体"在这里蕴含着多重文化内涵，包括政治革命、权力、欲望等。左翼知识分子试图通过文学创作参与到革命中去，作品中的"身体书写"蕴藏了自身对于革命话语权的把握，包含了对自身命运与民族危机的双重思考。不论是以蒋光慈为代表的流行一时的"革命+恋爱"小说，还是以茅盾为代表的社会剖析小说，或是以萧红为代表的左翼青年作家群的创作，他们都是通过自己的作品歌颂革命、呼吁人们进行革命，具有明显的话语权的导向作用。于是，左翼文学中的"身体书写"也就不可避免地承载着表达革命思想的使命，"身体"必然受到革命话语的支配。而沈从文这一时期作品中的"身体书写"并没有承载起表达革命思想的使命，其"身体"并不意味着政治革命、权力，而依然是个人情感、情绪的表达，为了实现自己一直梦想的乌托邦。可见，左翼作家和沈从文对于"身体"书写与"革命"关系的把握是存在明显的差异的：一个期望用"身体"引导革命；一个仅仅是用"身体"抒发情感。对于如何在革命话语之下适应新的时代语境去合理地"书写身体"这一点，是沈从文没有关注的或者说是他有意忽略的。上述两个问题归结到一点，就是郭沫若、沈从文都是浪漫主义作家，他们的创作都有着"抒情"的本色，但两人文学思想观念的内核是泾渭分明的——他们对于"革命"与"抒情"的把握大不相同。郭沫若的浪漫主义倾向于雪莱，是高尔基所倡导的充满激情的政治浪漫主义，旨在反抗社会的桎梏。而沈从文的浪漫主义充满了华兹华斯、柯勒律治的感伤，是卢梭所呼吁的拯救"人的自然情感"的美学浪漫主义，旨在反抗人类的异化。无论是沈从文，还是郭沫若及其他左翼革命文学作家，都设立了一个以"情"把握世界的范畴。但

---

① 侯阿妮：《西方语境下女权主义关于身体的理论阐释》，南开大学出版社 2010 年版，第 123 页。

郭沫若和很多革命作家虽然是"抒情",但是在"革命"的旗帜下,情感和浪漫主义趋向可有可无的境地。在内涵上,他们是用"理想"置换了"情感",或者说"情感"是一种令人捉摸不定的"情绪"和"感觉的色彩"。通览20世纪40年代沈从文的小说创作,则延续了《边城》时期对现代文明的人性异化的思考,并升华到现象与本体、经验与超验、有限与无限等的哲学思考之中。对沈从文来说,现代文明与人性/神性处于两极对立的困境,他把解决的方式交给了美学,在以"知""意"把握世界之外,以"情"(美学)为沟通对立双方的桥梁、消解分裂的中介。沈从文以神性为内核的情感把世界纯洁化,以情感为中介表达"梦与现实"交锋的困惑、痛苦,试图探求有限性的现实生活与无限性的理想企盼相沟通。实际上,沈从文那些被郭沫若称为"桃红色"的作品,蕴含着抒情的美学的浪漫主义精神,并体现了他对生命诗学的思考。

(原载《社会科学动态》2021年第2期)

唯物史观与中国古礼研究
——20 世纪礼学研究方法论之一

杨 华

20 世纪初，经学解体，礼学也随之失去制度支撑。不过近百年来，礼学研究并未停止。关于 20 世纪的礼学研究，已有不少学者做过综述和总结。[①] 限于篇幅，兹不赘述。

自梁启超《新史学》以来，中国史学走上新轨。作为传统经学的一大分支，礼制研究成为新史学的重要部分，其研究方法也随之转向。杨宽曾说，20 世纪 20 年代至 40 年代，"正是古史研究的新学派蓬勃成长的时期"，他将这些新学派分为三种：一是以王国维为首的"释古学派"，二是以顾颉刚为首的"疑古学派"，三是以马克思主义为指导思想、重点讨论社会史分期的"社会史派"[②]。本文重点讨论马克思主义史学对于古礼研究的影响。

在史学界，郭沫若、范文澜、翦伯赞、吕振羽、侯外庐被称为"五老"，是中国马克思主义史学的开拓者。他们在研究中国上古史时，无不涉及古礼制问题。其基本理路，就是用历史唯物论的理论和方法，与中国古代礼学信息对接，以求得理论之征信和研究之深入。踵事其后的金景芳、杨向奎、杨宽等学者，也自觉运用唯物史观来研究上古礼制，并取得丰硕成就。本文试图梳理他们对于礼制问题的相关说法，并加以总结和分析，以期对当今礼学研究有所助益。

一 礼制研究与社会形态论

正如侯外庐所说："我们不可能直接从马克思、恩格斯著作中找到关于中国社会

[①] 例如，周何：《六十年来之礼学》，《六十年来之国学》，台北中正书局 1972 年版；彭林：《礼学研究五十年》，日本《中国史学》2000 年第 10 卷；潘斌：《二十世纪中国三礼学史》，南京大学出版社 2016 年版；[日] 工藤卓司：《近百年来日本学者〈三礼〉之研究》，万卷楼出版社 2016 年版；丁鼎、马金亮：《新中国（大陆地区）三礼学研究综述》，《齐鲁文化研究》2012 年第 12 辑；刘丰：《二十世纪先秦、秦汉礼学研究综述》，《社会史研究通讯》2002 年第 5 期；曾军：《百年礼学话转型》，《人文论丛》2013 年卷，中国社会科学出版社 2013 年版；杨华等：《中国礼学研究概览》，武汉大学出版社 2021 年版。

[②] 杨宽：《历史激流：杨宽自传》，台北大块文化出版有限公司 2005 年版，第 99—109 页。

史和思想史的具体结论。《资本论》的主题并不是中国社会和中国思想,恩格斯的《家庭、私有制和国家的起源》一书中也没有提到中国。"① 但是唯物史论者都坚信,全人类社会历史发展有着共同的规律,中国社会的发展道路与世界其他民族相同。早在 20 世纪 20 年代,郭沫若就把自己的《中国古代社会研究》看作恩格斯《家庭、私有制和国家的起源》的"续篇"②,而侯外庐则把自己的古史研究看作"马克思关于亚细亚生产方式的'理论延长工作'"③。

(一)礼制与古史分期问题

谈到社会形态论,首先必须涉及中国古史分期问题,这是当时的世界性学术话题。④ 商周之际、春秋战国之际、秦汉之际,都是历史的关捩点,历代多有论述。而无论是西周封建说,还是春秋战国封建说,或是秦汉封建说,都常以这些阶段的礼制变化为其古史分期的证据。例如,关于商周之际大变革,王国维著有《殷周制度论》。而范文澜则批评王氏只看到了商周礼制的静止,而没有看到它的变化和运动,把商周礼制"看做死的东西",是"形而上学的思维方法":"殷周两朝制度的不同,看作周公制礼作乐,大改殷制,不从损益演变方面着眼,当然更不会看到社会制度的变化。"⑤ 他本人持西周封建论,自然是从西周封建的角度来考虑殷、周制度差异的。

关于原始社会向奴隶制的转变,郭沫若引证《礼记·礼运》中"天下为公"那一段话,认为其与唐尧、虞舜的禅让传说一样,正是原始公社制的典型材料,反映了原始氏族社会的现实。而《礼运》中的"小康"之世,则是原始公社制转变为奴隶制的写照。⑥ 郭沫若说,儒家把唐尧、虞舜的历史理想化,视为黄金时代,"我们站在历史唯物主义的立场,应该认为是当时的一种进步的倾向"⑦。

郭沫若自己说,其古史分期观点经历了三次变化。关于奴隶制的下限即两种社会制度的交替,最早定在西周与东周之交,继而改定在秦汉之际,一直到 1952 年发表《奴隶制时代》时,才断在春秋与战国之交。⑧ 无论怎样变,周代为奴隶制的说法总

---

① 张岂之:《侯外庐著作与思想研究·总序》,张岂之主编:《侯外庐著作与思想研究》第 1 卷,长春出版社 2016 年版,第 3 页。
② 郭沫若:《中国古代社会研究·自序》,《郭沫若全集·历史编》第 1 卷,人民出版社 1982 年版,第 9 页。
③ 侯外庐:《韧的追求》,张岂之主编:《侯外庐著作与思想研究》第 1 卷,长春出版社 2016 年版,第 180 页。
④ 林甘泉、田人隆、李祖德:《中国古代史分期讨论五十年》,上海人民出版社 1982 年版;[日]鈴木俊、[日]西嶋定生:《中國史の時代區分》,东京大学出版会 1957 年版。
⑤ 范文澜:《看看胡适的"历史的态度"和"科学的方法"》,《范文澜全集》第 10 卷,河北教育出版社 2002 年版,第 299—300 页。
⑥ 郭沫若:《奴隶制时代》,《郭沫若全集·历史编》第 3 卷,人民出版社 1984 年版,第 14—17 页。
⑦ 郭沫若:《奴隶制时代》,《郭沫若全集·历史编》第 3 卷,人民出版社 1984 年版,第 43 页。
⑧ 郭沫若:《中国古代史的分期问题》,《郭沫若全集·历史编》第 3 卷,人民出版社 1984 年版,第 4 页。

在其中。他多次强调,周代是奴隶社会。① 为了完善这一结论,郭沫若肯定商周礼制的连续性,否定商周文化的差异;换言之,周商同为奴隶制社会。他先推崇王氏《殷周制度论》,转而质疑该文,提出不同见解:

> 周人的彝器得到整理,于是周公制礼作乐之说纯是一片子虚。周公在周初是一位有权变的政治家,那是毫无疑问的。但周人的礼强半是在西周三百年间逐渐累积而成,其中毫无疑问有很多殷礼的成分;至其构成为所谓"礼仪三百,威仪三千"的,还是战国中叶以后。这层关系不明而纵论"殷周礼制",那是必然要错误的。②

他认为王国维的《殷周制度论》过分强调了商周之别,而引用孔子《论语·为政》的"周因于殷礼,所损益可知也"。他又说,商人"以日为名"的习惯到西周中叶还存在着,周初青铜器沿用商制,所以不能过分强调商周礼制差别。③ 总之,商周礼制的连续性,是他把商、周都看作奴隶社会而非两种社会形态的证据。

各家学者对于古史分期的观点不同,对礼制的理解和引用也有差异。吕振羽是西周封建论者,他认为殷代是亚细亚形态的奴隶制,西周是初期封建制。他认为,此阶段等级身份限制严格,"礼"便是维护这种初期封建制的工具:

> 这种等级制的名分内容,便是所谓"礼"。礼是表现各等级层名位身分的,而且也正是从等级的名位身分上创制起来的。犯名分者便算是"乱礼"。……"礼"不啻是封建等级制度的骨干。……"礼"不啻是体现封建政治形态的具体条文,而为维系封建统治阶级之阶级内部等级序位的原则。④

封建制与奴隶制的差别,表现为社会劳动者是农民而不是奴隶。所以吕氏说,礼和刑都是西周初期封建主的政治思想。在《中国政治思想史》中,他设专节讨论"礼"和"刑":"为维系统治者阶级内部的秩序,便把所谓'礼'系统化;为维系其对农民的统治,便创出具体化的、关于'刑'的法典来,作为维系封建秩序的两套主要办法。"⑤ 对领主贵族用礼,对农民用刑,是吕振羽西周封建论的重要逻辑之一。

---

① 郭沫若:《中国古代史的分期问题》,《郭沫若全集·历史编》第3卷,人民出版社1984年版,第7页。
② 郭沫若:《古代研究的自我批判》,《郭沫若全集·历史编》第2卷,人民出版社1982年版,第10—11页。
③ 郭沫若:《古代研究的自我批判》,《郭沫若全集·历史编》第2卷,人民出版社1982年版,第54—55页。
④ 吕振羽:《殷周时代的中国社会》,《吕振羽全集》第3卷,人民出版社2014年版,第488—489页。
⑤ 吕振羽:《中国政治思想史》,《吕振羽全集》第4卷,人民出版社2014年版,第62—66页。

杨向奎也援引《家庭、私有制和国家的起源》，认为西周是宗法封建制，中国没有奴隶制：

> 西周是"宗法封建制"，西周大宗是最高统治者；小宗是自由平民、士，他们是国人的主要成分；而野人则是受奴役的殷民。我们肯定西周是宗法封建制，也就是"前期"封建制，它们自氏族社会转变而来，没有经过奴隶制。①

侯外庐为了说明秦汉之际封建论，便否认西周时期曾有过封建制度。他说西周时期的"封建外衣是后人所裁制"的。他相信王国维和顾颉刚的说法，"封建"一词最早出现于宋襄公时期的《诗经·商颂》中，封建亲戚以藩屏王室的说法起于战国时期，《论语》中便无封建理想，孟子把周王室班爵禄的井田制度和巡狩述职制度加以详述，战国末年《左传》才把周代的"封建"制度完整地描画出来，到汉代儒家则造作到三代，上推到黄帝。而西周的"封国"并非封建制度。② 他说金文中常见的"对扬王休"之礼，一般都是赐田、赐人、赐物之后的受赐者誓词；"封"字是分裂，"对"字是对立，分裂和对立是阶级社会首先出现的文明意识。这些论据，均用以说明周代仍是奴隶社会。③ 侯外庐进一步认为，战国中期到秦汉之际仍处于奴隶制向封建制转变的时期，叔孙通制礼、萧何立法，标志着封建制的最后完成：

> 经过汉初一系列的法律形式，如叔孙通制礼、萧何立法、张苍章程等，到了汉武帝的"法度"，封建经济构成才达到典型的完成。这是在古旧制度的残余同时存在之下，封建制经济作为主导而统驭了社会。④

《诗经》中有太多礼制行为的记录，也成为社会形态论的材料。例如，范文澜引《诗经·召南·行露》来证明西周是封建时代。按照毛传，《行露》讲的是"衰乱之俗微，贞信之教兴"。他说，此篇讲的是男子聘礼不足："如果是奴隶，根本不要什么聘礼，由主人择配罢了，何致兴讼而且传为美谈？"由此证明，西周从事生产的是农奴，而不是奴隶。⑤

---

① 杨向奎：《宗周社会与礼乐文明》，人民出版社1992年版，第182页。
② 侯外庐：《中国古代社会史论》，张岂之主编：《侯外庐著作与思想研究》第5卷，长春出版社2016年版，第104—106页。
③ 侯外庐：《中国古代社会史论》，张岂之主编：《侯外庐著作与思想研究》第5卷，长春出版社2016年版，第114—115页。
④ 侯外庐：《韧的追求》，张岂之主编：《侯外庐著作与思想研究》第1卷，长春出版社2016年版，第197页。
⑤ 范文澜：《关于上古历史阶段的商榷》，《范文澜全集》第10卷，河北教育出版社2002年版，第39—40页。

畿服之制和五等爵制，是常见于文献的古代礼制，也成为古史分期的证据。畿服制度见于《周礼·大司马》，《尚书·酒诰》说："越在外服，侯、甸、男、卫、邦伯。越在内服，百寮庶尹，惟亚惟服宗工，越百姓里居。"王国维已经证明，青铜器《令彝》可与该篇对应，《令彝》中的邦伯即诸侯，田即甸，众卿事寮即百寮庶尹，等等。但郭沫若认为，金文无"畿"字，"服"字多见但并非地域区划，畿服之制乃后人伪托。见于《周礼·大宗伯》《礼记·王制》等文献的五等爵制，郭沫若引王氏"古诸侯在其国称王"之说，认为诸侯之名并非定称，所以公、侯、伯、子、男是古国君通称，并非爵名，当时并无所谓五等爵制。① 同样面对畿服制和五等爵制，吕振羽却说，《孟子》和刘歆等人伪托的《周礼》不可能全无根据。五服制度是"封建领地或采地的发生与其区分，大概是按受封者的爵位等级而表现为领地的等级性，领地随同其主人而表现为名称的不同"②，这是领主封建制社会的"铁一般的确证"③。

（二）礼制与春秋战国之际的社会变革

春秋战国之际的社会变革，古人早有注意，王夫之说这是"古今一大变革之会"④。最著名而系统的论述，见于顾炎武《日知录》卷一三"周末风俗"条，顾氏所举，最根本的变化是礼制：

> 春秋时，犹尊礼重信，而七国则绝不言礼与信矣。春秋时，犹宗周王，而七国则绝不言王矣。春秋时，犹严祭祀，重聘享，而七国则无其事矣。春秋时，犹论宗姓氏族，而七国则无一言及之矣。春秋时，犹宴会赋诗，而七国则不闻矣。春秋时，犹有赴告策书，而七国则无有矣。⑤

这些变革，被唯物史观的学者们用以论证其社会形态说。

郭沫若将其作为奴隶制向封建制转变的迹象。他说"周因于殷礼"，从商到周变化不大。但是，春秋末年则"一切都变了质"："这是社会变革时期所必有而且特有的现象。"⑥ 其变化不只表现为"名"的变革，而是礼制变化的根本现象。他举"士"为例，说士的身份变化及其所引起的礼制变化，反映了社会形态的变革："士即由民间上升，则上层的礼乐刑政，所谓文化，也就因士为媒介而下降。文化便起了

---

① 郭沫若：《金文丛考·金文所无考》，《郭沫若全集·考古编》第5卷，科学出版社2002年版，第95—107页。
② 吕振羽：《殷周时代的中国社会》，《吕振羽全集》第3卷，人民出版社2014年版，第409—411页。
③ 吕振羽：《中国上古及中世经济史》，《吕振羽全集》第2卷，人民出版社2014年版，第58—59页。
④ 王夫之：《读通鉴论·叙论四》，中华书局1975年版，第954页。
⑤ 顾炎武著，黄汝成集释：《日知录集释》，秦克诚点校，岳麓书社1994年版，第467—468页。
⑥ 郭沫若：《奴隶制时代》，《郭沫若全集·历史编》第3卷，人民出版社1984年版，第58—59页。

对流。不下庶人的礼乐,一部分下了下来;不登大雅之堂的东西,一部分也要登了上去。"①

郭沫若还举了拜礼的例子,来证明孔子时代的礼制变革。《论语·子罕》载,孔子曾说:"拜下,礼也。今拜乎上,泰也。虽违众,吾从下。""升成拜"本来是一种郑重的拜礼程序。国君招待臣下时,臣下只能在堂下行礼,没有上堂行拜礼的礼仪。②但到孔子时代,"陪臣执国命",所以"骄泰"的贵族们省去堂下之拜而只拜于堂上,这种简慢的礼俗虽然很是盛行,但孔子仍然按旧礼行事,先拜于堂下,再升成拜,以示"礼之恭"。郭沫若说:

> "拜下"是拜于堂下,受拜者坐于堂上,拜者"入门立中廷北向"而拜。这种仪式,我们在西周的金文里可以找到无数例,这是奴隶制下的礼节。等时代起了变革,阶层上下甚至生出了对流,于是拜者与受拜者便至分庭抗礼,这也正是时代使然。众人都上堂拜,而孔二先生偏要"违众从下",很明显地是在开倒车。③

郭沫若对于拜上、拜下、升成拜等礼仪的理解,恐怕不一定正确,但他说孔子"违众从下"是在开历史"倒车",则确是无疑的。

侯外庐也意识到春秋战国之际的礼制变革。他引用郭沫若《先秦天道观之进展》,认为此时"为礼卒于无别",社会风潮一方面主张上下之别的礼,另一方面又铸刑书、废礼制。法制走向一统,礼"别"走向法"齐"④。不过,侯外庐把这种变化远溯至春秋前期的管仲,认为《国语·齐语》所载"祭祀同福,死丧同恤,祸灾共之。人与人相畴,家与家相畴",已经开启了礼制破坏的先声,引起"国人"之谤。⑤侯外庐引述顾炎武"论周末风俗"的那段话,认为孔子"述而不作,信而好古",其日常起居、生死婚葬和思想行为确是由周公遗范蜕化而来的,"他虽然依据了《诗》《书》礼、乐的全盘西周形式,但从积极的意义上讲来,他具有改良古代宗教的精神"⑥。只要了解侯外庐的亚细亚生产方式说,便明白他关于从周公到孔子的渐进式制度"改良",并非空泛之论。

说到春秋战国之际的变革,便不能不论及儒家学说中的一个基本话语——"礼

---

① 郭沫若:《古代研究的自我批判》,《郭沫若全集·历史编》第2卷,人民出版社1982年版,第67页。
② 凌廷堪:《礼经释例》卷一,彭林点校,台湾"中研院"文哲研究所2002年版,第93—98页。
③ 郭沫若:《孔墨的批判》,《郭沫若全集·历史编》第2卷,人民出版社1982年版,第98页。
④ 侯外庐:《中国古代社会史论》,张岂之主编:《侯外庐著作与思想研究》第5卷,长春出版社2016年版,第181—182、187页。
⑤ 侯外庐:《中国古代社会史论》,张岂之主编:《侯外庐著作与思想研究》第5卷,长春出版社2016年版,第186页。
⑥ 侯外庐、赵纪彬、杜国庠:《中国思想史》第1卷,人民出版社1957年版,第40—41页。

崩乐坏"。春秋战国之际是历代公认的礼崩乐坏时期，不绝于史。"礼崩乐坏"一是指对礼制的僭越，二是指对旧礼制的废除。① 早期唯物论史学如何理解这一问题？换言之，礼崩乐坏说明了什么？赵纪彬的观点颇有代表性：

> 所谓"礼崩乐坏"，乃是个体私有制经济发展的必然结果。它标志着"礼"已成为阻碍历史前进的桎梏。孔子对此形势，始终坚持其"维新"路线，他深恐"礼"的桎梏作用被"革命暴力"从根摧毁，而企图对"礼"酌加损益，借以延续其存在，力求在"礼"的约束下通过维新的道路过渡到封建制社会。②

礼成为阻碍时代发展的桎梏，因而不讲礼或打破礼的其他势力、其他学派便成为社会进步的动力，成为封建经济基础的反映和封建社会到来的标志。

（三）礼制与亚细亚生产方式问题

亚细亚生产方式，系马、恩经典所论东方社会的独特文明方式。但关于该理论，中国学者也存在多种解释，或认为指原始共产制的残余，或认为指奴隶制的低级阶段，或认为指东方无奴隶社会，或认为它还包括封建关系在内，或认为它就是东方社会，或认为它与东方社会尚有不同。总之，是与希腊罗马史相别的"非古典的形态"③。

作为亚细亚理论探讨中比较深邃的学者，侯外庐认为它不同于西方典型的"古典"模式，是"早熟的小孩"。他说古代社会有两个不同的文明路径，家族、私产、国家是三项文明路径的指标：

> "古典的古代"就是从家庭到私产再到国家，国家代替了家族；而"亚细亚的古代"则是从家族到国家，国家混合在家族里面，就是所谓的"社稷"。④

所以，他的一系列说法均由此得来。例如，西方是"人惟求新，器惟求新"，而中国是"人惟求旧，器惟求新"；西方是新陈代谢，新的冲破了旧的，是革命的路线；而中国是新陈纠葛，旧的拖住了新的，是维新的路线。

在侯外庐的论述中，有一条重要证据与宗法制度和乡遂礼制有关。他认为西周是

---

① 杨华：《"礼崩乐坏"新论——兼论中华礼乐传统的连续性》，《社会科学辑刊》2020年第1期。
② 赵纪彬：《"仁""礼"解故》，《新建设》1962年第2期；林甘泉、田人隆、李祖德：《中国古代史分期讨论五十年》，上海人民出版社1982年版，第360页。
③ 林甘泉、田人隆、李祖德：《中国古代史分期讨论五十年》，上海人民出版社1982年版，第21—36、86—90、147—160页。
④ 侯外庐：《韧的追求》，张岂之主编：《侯外庐著作与思想研究》第1卷，长春出版社2016年版，第184页。

城市国家，即《诗经·大雅·板》中的"宗子建城"，这是保证宗法连续性的根本制度。这便涉及礼制中的国野制度。《荀子·礼论》说："不法礼，不足礼，谓之无方（域）之民；法礼足礼，谓之有方（域）之士。"侯外庐认为，贵族住在城中，庶民住在城外，《荀子》之论正反映了城中君子讲礼，城外庶民不讲礼的情形，二者是一种隶属关系。《周礼·天官·冢宰》说"体国经野"，也反映了类似的国野关系；《周礼》中的"建邦国……制其域""造都鄙，……以其室数制之"，也是指此；文献中所谓"室数"，即城外的"奴隶的氏族集体单位"。所以樊迟学稼学圃，被孔子斥为"小人"。国野对立，都鄙对立，城中的君子是不需要学稼圃的，这就是"上好礼，则民易使也"①。

基于侯外庐的这种解释，主张西周为"古代东方型"奴隶制的杨宽，在其《试论西周春秋间的乡遂制度和社会结构》一文中，从《周礼》入手，认为西周乡遂制度的本质就是国野之别，即居民的身份之别（国人与野人两个阶级）。城中"六乡"编成六军，是贵族军队编制，而城外的"六遂"没有军队编制，群氓只是被征发劳役而已；前者有受"六艺"教育和被选拔做官的权利，而后者没有。金文中的宗周六师和成周八师，兵农合一，"是军事编制和乡邑编制相结合的组织"。到春秋时期，国与野演变为都与鄙。②

另外，杨宽关于陪都制度的考证，也与侯氏说法有关。侯外庐曾指出，《左传·庄公二十八年》说："凡邑，有宗庙先君之主曰都，无曰邑。邑曰筑，都曰城。"通过都邑的修筑，来确立嫡宗长子的政治法统和军事优势，一如《郑伯克段于鄢》，非宗子只能修筑小城小邑，只是都城的三分、五分或七分之一。但春秋时期出现了国野分界的"经界不正"，此时出现了一都之外的二都或多都，即公族大夫筑城，称为"耦道""二耦"，或"多制"。国君之下的大夫各都其都，各国其国，破坏了原来城市国家的体制。这便是春秋时期权力下移，由"礼乐征伐自天子出"到"自诸侯出"，再到"政逮于大夫""陪臣执国命"的制度基础。③ 这种多耦制或二都制正是杨宽后来考证中国上古城市史的重要方向。例如，他撰有《商代的别都制度》，认为首都之外的别都制度可以追溯至商代，牧野（沫或妹）即牧邑之野、朝歌，是商代晚期的别都；郑州商城即阑或管，是商代前期的别都。④ 他还指出，洛阳成周是西都宗周之别都；东周时期，齐国的首都临淄有平陆、高唐、即墨、莒都作为别都，共为"五都"；楚国首都郢之外，先后有陈、蔡、不羹"三国"别都，以及鄢、武城等

---

① 侯外庐：《中国古代社会史论》，张岂之主编：《侯外庐著作与思想研究》第 5 卷，长春出版社 2016 年版，第 139—146 页。
② 杨宽：《试论西周春秋间的乡遂制度和社会结构》，《古史新探》，中华书局 1965 年版，第 135—165 页。
③ 侯外庐：《周代社会诸制度考》，张岂之主编：《侯外庐著作与思想研究》第 7 卷，长春出版社 2016 年版，第 159—165 页。
④ 杨宽：《商代的别都制度》，《杨宽古史论文选》，上海人民出版社 2003 年版，第 149—160 页。

别都。①

而主张西周是宗法封建制社会的杨向奎，关于国野制度则另有解说。他认为国中住着周人，野人住在郊野，野人是从事农业生产的殷商遗民。《论语·先进》中"先进于礼乐者野人也"，意思是说，"野人"礼乐先进，因为殷人文化本来高于周人，周人承袭殷礼，而"野人"即殷人，例如《左传》中的"殷民六族"即此类。从西周到春秋，农村公社的组织形式持续存在，这种社会结构也变化不大。②

以上仅举数端，说明礼制问题在社会形态论中亦是重要的史料支撑和制度言说。

二 礼制的阶级性分析

无论在古史分期的观点上差别多大，但所有的唯物史论者都认为，礼是贵族的产物。范文澜说："礼是贵族实际生活的记录。从组织国家家族的制度起，直到个人起居饮食小节止。"③

最早用阶级分析方法来解释古礼的，当数郭沫若。其《中国古代社会研究》专门统计了《周易》中"大人""君子""小人"单举和对举的出现数量，分别是12处、19处和11处。从而认为"大人君子就是王侯百官，小人就是一般的平民"，进而排列出当时的阶级结构。④

这种创举也被应用到其他礼制研究上。例如，《楚茨》是《诗经》中与礼制关系特别密切的篇章，述及古代祭祀的场面："以为酒食，以享以祀。以妥以侑，以介景福。……礼仪既备，钟鼓既戒。孝孙徂位，工祝致告。"清代礼学家凌廷堪曾说："不明《有司彻》，安知《楚茨》篇？不明《大射仪》，安得释宾筵？"⑤郭沫若一改前人旧说，将其引至阶级分析框架中：

> 这首诗的主人翁是"我"，他有不少的黍稷，所有的仓都装满了，露天堆积的"庾"也有十万大堆，他当然是一位榨取阶级的"公子"了。他把农夫的收获来做酒食，供祭祀，向着鬼神求无厌的幸福。⑥

在郭沫若的学术框架中，祭祀处于上层建筑。他说，在《尚书·洪范》的"八

---

① 杨宽：《战国史》，上海人民出版社1998年版，第228—230页。
② 杨向奎：《宗周社会与礼乐文明》，人民出版社1992年版，第285页。
③ 范文澜：《中国经学史的演变》，《范文澜全集》第10卷，河北教育出版社2002年版，第48—49页。
④ 郭沫若：《中国古代社会研究》，《郭沫若全集·历史编》第1卷，人民出版社1982年版，第54—56页。
⑤ 凌廷堪：《校礼堂诗集》卷五《学古诗二十首》，《凌廷堪全集》（肆），纪健生校点，黄山书社2009年版，第64页。
⑥ 郭沫若：《中国古代社会研究》，《郭沫若全集·历史编》第1卷，人民出版社1982年版，第115页。

政"（食、货、祀、司空、司徒、司寇、宾、师）中，食、货属于经济基础（生产的过程），其他均属上层建筑，祀属于"意识的过程"①。其后的唯物史观学者，基本沿用这种思路，把"礼"视为上层建筑，用阶级分析方法来看待行礼者。唯物史论者大多特别重视礼的两个特点，即等级性和宗法性。吕振羽的论证较具代表性。关于等级制，他说"礼便是封建等级的名分"。一方面，天子、诸侯、大夫、士各有其名分上应守之礼；另一方面，同样的冠、婚、丧、祭，但不同的贵族都要表现其"等级性的名分"，所以《礼记》中有祖、宗、小宗之别，"有百世不迁之宗，有五世则迁之宗"。关于宗法制，他说统治阶级内部通过礼"组成一个宗法的系统"，"在宗法上联系起来"。其根本目的在于"治国"，所以《礼记·大传》中的尊祖、敬宗、收族、严宗庙、重社稷、爱百姓等，都有实质性的联系。②祖先崇拜、慎终追远、伦理规范，实质在此。关于礼的等级性和阶级性，侯外庐引用"礼以别贵贱"的说法，认为"君子勤礼，小人尽力"概括至确。礼在哪些方面显示"君子"的等级性呢？一是据有器物和宗庙。尊、爵等彝器之"彝"字转换成民彝之"彝"（"指贵族的法"），"毁其宗庙，迁其重器"就是"蹈其国家"③。二是对文字和学术思想的垄断，周代的"礼器之文为铭文，《书》谓之诰辞，《诗》谓之颂辞"，这表现出"政治、道德、宗教三位一体"。"由于制度典礼的专及，在学术思想上就必然形成贵族的一套专有意识，而缺乏国民的性质。"所以，"礼的制度不向下应用到庶人"，阶级性显明。④

范文澜批评儒家之重礼，用语更为尖刻："《王制》篇所说的，全是儒生自欺欺人的空想。事实上却是君子（统治阶级）剥削，小人（主要是农民）被剥削。当时叫作'君子勤礼，小人尽力'、'君子劳心，小人劳力'。"⑤他完全从阶级划分和阶级剥削的角度来界定有礼与无礼。

论及礼之有无，就不能不提到《礼记·曲礼》的概括"礼不下庶人，刑不上大夫"。对该语的理解，最能体现唯物史论者的阶级观。翦伯赞认为，代替夏商时期的天道而作为统治工具的，是春秋以降的"礼"和"刑"："礼和刑的出现，就正指明当时封建领主对农民的统治，已经由宗教的欺骗，转向政治的压迫。"他引证《左传·庄公二十三年》中"礼以整民"和《荀子》中先王"制礼义以分之"的话，说礼"实即等级制度的教条，亦即封建社会制度之大经大法，所以别贫富，差贵贱，明上下，正身分者也"。礼的主要任务，是维持封建领主的等级身份，此即"礼不下

---

① 郭沫若：《中国古代社会研究》，《郭沫若全集·历史编》第1卷，人民出版社1982年版，第136页。
② 吕振羽：《中国政治思想史》，《吕振羽全集》第4卷，人民出版社2014年版，第63—64页。吕振羽又认为，《礼记·大传》虽系伪作，但反映了当时的社会存在。
③ 侯外庐：《中国古代社会史论》，张岂之主编：《侯外庐著作与思想研究》第5卷，长春出版社2016年版，第171—174页。
④ 侯外庐、赵纪彬、杜国庠：《中国思想史》第1卷，人民出版社1957年版，第78—80页。
⑤ 范文澜：《中国通史简编》（上），《范文澜全集》第7卷，河北教育出版社2002年版，第44页。

庶人"；刑的主要任务，是镇压农民的草窃奸宄，此即"刑不上大夫"。在春秋时代，对领主是"道之以德，齐之以礼"，对庶民则"道之以政，齐之以刑"。春秋末年，封建社会秩序更乱了，礼、刑不足以维系这种社会秩序，因此儒家在此之外又提出"仁"，于是孔子说："人而不仁如礼何？人而不仁如乐何？"①

翦伯赞主张，西周到春秋时期是初期封建制度，即领主封建制时期。由于地方领主势力的扩大，削弱了最高领主的权威，出现了《诗序》所说的"王道衰，礼仪变，政教失，国异制，家异俗"。春秋时期，变风变雅，农民的"敬天"观念动摇：

> 又从"礼不下庶人，刑不上大夫"的原则下，表现出封建领主为了适应等级的政治从属及确立等级的身份关系，不能不把"天"的欺骗，转化为"礼"与"刑"的束缚与压迫——从"宗教的欺骗"到"政治的强制"。②

他判断，春秋战国之交，三家分晋、田氏代齐、季氏八佾舞于庭，封建领主内部矛盾愈发激烈，宗法等级动摇，"礼"与"刑"作用失效，于是孔儒在此之外又提出了伦理主义的"德"，以维护并使宗法观念系统化，这反映的是封建"领主经济"向新兴"地主经济"的转变。③

范文澜认为，本来是"礼不下庶人"的，但是到春秋时期，"大商人、大财东都要讲礼了，礼生（懂得行礼的专家）的用途激增。供给这些需要的是'士'，孔子就是士的最大首领"④。这实际上是讲礼向下层社会转移的过程，与郭沫若关于青铜器的四阶段分期法在某种程度上异曲同工。

关于礼的阶级性和等级性，金景芳从奴隶社会论的角度加以解读："礼之所以不下庶人，因为当时庶人以下是奴隶，不被人看作是人的。这是周代奴隶主阶级从维护自己既得利益的立场出发所制定和贯彻执行的阶级路线。"奴隶当然不可能据有礼。他又认为，"尊贤之等"同"亲亲之杀"一样，都贯穿着严格的等级制度，这是周礼的本质："它是奴隶主阶级的意志和利益的反映，是服务于奴隶主阶级的政治和维护奴隶制生产关系即阶级关系的工具。"⑤

吕振羽与上述学者相同："礼用以处'君子'，刑用以治'庶人'。'刑'和'礼'是能表现其阶级性的。"⑥ 其基本观点也是阶级分析的视角：

---

① 翦伯赞：《中国史纲》，《翦伯赞全集》第1卷，河北教育出版社2008年版，第340—342页。
② 翦伯赞：《历史哲学教程》，《翦伯赞全集》第6卷，河北教育出版社2008年版，第143页。
③ 翦伯赞：《历史哲学教程》，《翦伯赞全集》第6卷，河北教育出版社2008年版，第144页。
④ 范文澜：《中国经学史的演变》，《范文澜全集》第10卷，河北教育出版社2002年版，第49页。
⑤ 金景芳：《中国奴隶社会史》，上海人民出版社1983年版，第149—153页。
⑥ 吕振羽：《中国政治思想史》，《吕振羽全集》第4卷，人民出版社2014年版，第63页。

所以说"礼不下庶人"。然而又拿什么去统治被统治者呢？那便是所谓"刑不上大夫"的"刑"。因而在"礼"与"刑"之间，便划分了封建政治体制内的一道阶级的鸿沟：一边是为统治者的阶级内部而设置的，一边则为统治被统治者而设置的。①

不过，吕振羽的理解稍有不同。他说春秋战国时期因为新兴地主——商人的崛起，"不下庶人"的冠、婚、丧、祭之礼，不得不出现了"自天子达于庶人"（《孟子·尽心》）的通礼。而"不上大夫"的刑，被要求代之以法，也发生在此一时期。吕振羽说，到战国时代，封建领主和新兴地主阶级在剥削和统治的阶级利益上一致，但二者之间又存在矛盾。在维护等级制和宗法制的基础上，儒家"把'礼'的解释扩充到新兴地主阶级，并把新兴地主容纳到统治阶层内"。但新兴地主参与政权与封建领主政权的家系世袭显然是一个矛盾，于是孟子提出"任贤"②的主张。

主张礼乐与非礼非乐，也是诸子互相争论的一大焦点。唯物史观用阶级分析方法，先为各家定性，再讨论他们的争辩。例如，郭沫若说：

大体来说，孔孟之徒是以人民为本位的，墨子之徒是以帝王为本位的，老、庄之徒是以个人为本位的。孟子要距杨、墨，墨子要非儒，庄子要非儒、墨，并不是纯以感情用事的门户之见，他们是有他们的思想立场的。③

在此坐标中，礼乐之有无，便富于阶级意识了。他说在殷周奴隶制时代，"上层的贵族早就有钟磬琴瑟笙竽等相当高度的音乐及其他感官的享受，但作为奴隶的人民却和他们有天渊之隔"④。因此代表贵族阶级的儒家"主张礼乐的精神"⑤；墨家非乐，"认为老百姓既不能享受，贵族们也不应享受"；道家也非乐，同时也主张去礼。他说，《荀子·富国》主张"由士以上则必以礼乐节之，众庶百姓则必以法数制之"，郭沫若认为这是新起的"士民"阶层对前一个时代"刑不上大夫，礼不下庶人"的复写⑥。这种用阶级分析法来评论先秦诸子的礼乐观，与古代礼学当然大为不同。

范文澜也有类似看法，他把儒墨对于礼制的态度不同，归于阶级身份的不同。"儒家主张守旧复古，按照固定的等级分配生产资料。庶民只准着粗布或草制的衣冠，食藜藿之羹，渡河用木筏，不许坐船，祭神止许祭户神或灶神，祭鬼止许祭父

---

① 吕振羽：《殷周时代的中国社会》，《吕振羽全集》第3卷，人民出版社2014年版，第489页。
② 吕振羽：《殷周时代的中国社会》，《吕振羽全集》第3卷，人民出版社2014年版，第494—495页。
③ 郭沫若：《〈青铜时代〉后记》，《郭沫若全集·历史编》第1卷，人民出版社1982年版，第615页。
④ 郭沫若：《公孙尼子的音乐理论》，《郭沫若全集·历史编》第1卷，人民出版社1982年版，第492—493页。
⑤ 郭沫若：《公孙尼子的音乐理论》，《郭沫若全集·历史编》第1卷，人民出版社1982年版，第500页。
⑥ 郭沫若：《荀子的批判》，《郭沫若全集·历史编》第2卷，人民出版社1982年版，第231页。

母，照儒家的理想，庶民应该永远过牛马生活，甘心服事尊重的长上。儒家重礼，墨家猛烈反对这个所谓礼。"① 他认为荀子主张"行为合于礼法"，就是要"人民应该服从统治阶级"②。

例如，1959年在武威磨嘴子汉墓M13中出土了10枚"王杖木简"。这是汉代养老令的完整展现，与上古秦汉的养老法可以互证。一般从汉代法令角度对之做出系统研究，但郭沫若则从阶级分析法另做阐发，认为"赐王杖"是一种"阶级骗局"，一般老百姓在统治阶级的国家机器下根本无法享受其待遇，只不过"贴贴无关痛痒的膏药"。简文谓："得出入官府廊第，行驰道旁道。"这是关于老人行道之礼和对持杖老人的优待之礼。郭沫若说：

> 封建时代阶级限制很严，连"驰道旁道"，非得到允许，都是一般老百姓所不准走的。但这种限制，看来是周代以来就有了。《小雅·大东》："周道如砥，其直如矢，君子所履，小人所视，睠焉顾之，潸焉出涕。"和简文"得行驰道旁道"对照起来，诗的意义才豁然贯通了。小人是不准走大路，只许走小路的，故君子"行不由径"。阶级的分化多么严烈！③

他把礼制研究与阶级分析法联系起来，认为简文中提到的两个人"幼伯"（此墓的墓主即王杖的持有者）和"先"（所援引律例中的持杖者），"都可以断定是大地主，如果他们本身不是致仕退休的官吏，便是他们的亲属有人在朝内做官"。"所谓养老令，其实是骗人的东西，它是为了巩固地主阶级的政权而设的"④。经过多年探索，目前关于"礼不下庶人"的理解，越来越回归到儒经原典的旧解，即郑注所说"为其遽于事，且不能备物"，以及孔疏所说"庶人贫，无物为礼，又分地是务，不服燕饮"，不少学者对此已有论证。⑤ 以今视之，稍晚的唯物史论者杨向奎之论则更接近旧解，也更接近史实。他认为，文献中多处讲到"礼必有报"，实即"礼尚往来""礼物交换"，礼的原始意义带有浓厚的财物交易性质。郑注和孔疏都是指庶人贫困而不能置备礼物，且忙于农事，当然不能行礼。⑥

---

① 范文澜：《中国通史简编》（上），《范文澜全集》第7卷，河北教育出版社2002年版，第75页。
② 范文澜：《中国通史简编》（上），《范文澜全集》第7卷，河北教育出版社2002年版，第79页。
③ 郭沫若：《武威王杖十简商兑》，《郭沫若全集·考古编》第10卷，科学出版社1992年版，第181页。
④ 郭沫若：《武威王杖十简商兑》，《郭沫若全集·考古编》第10卷，科学出版社1992年版，第186页。
⑤ 谢维扬："礼不下庶人，刑不上大夫"辨，《学术月刊》1980年第8期；刘信芳："礼不下庶人，刑不上大夫"辨疑，《中国史研究》2004年第1期；吕友仁："礼不下庶人"旧解发覆，《〈礼记〉研究四题》，中华书局2014年版，第157—194页。
⑥ 杨向奎：《宗周社会与礼乐文明》，人民出版社1992年版，第252页。

三 礼制研究中唯物史观的自觉和发扬

在历史唯物论者看来，两千多年来的礼制研究缺乏理论方法，难免陷于烦琐考证。吕振羽说：

> 对乾嘉学派和资产阶级学者的烦琐考据的工作和成果，我们也不是采取完全否认的态度；而是在马克思主义理论基础上，批判地继承，即反对它的烦琐考据，批判地接受其积极成果。马克思主义历史科学重视史料工作，并非为史料而史料；重视史料真伪的考证，乃是以之为历史科学服务，绝不是"为考据而考据"，这与地主、资产阶级学者的所谓"考据"，是根本异趣的。[①]

这种思想方法，对20世纪的礼学研究产生了极大影响，唯物史观的学者们在谈到礼制问题时，大多具有此种自觉。他们参照《家庭、私有制和国家的起源》来讨论中国上古诸礼，如讨论婚礼和祖先崇拜，讨论血缘氏族制的残留或者向奴隶制的转变。

郭沫若是其开创者，在《中国古代社会研究》中，他多处自觉使用类似方法，也为后继者不断征引。例如，《释祖妣》一文将祖先崇拜、冠笄之礼、祭祀礼俗、婚姻制度，与恩格斯、摩尔根的理论进行联系考察。关于商周之间的礼制变革，王国维名文《殷周制度论》最受称引，但郭沫若不以为然："惟王氏于社会科学未有涉历，知其然而未知其所以然，遂盛称'周公之圣与周之所以王'。"他所称王氏不懂的"社会科学"，就是马克思主义历史唯物论。在该文"补注"中，郭沫若说："殷末与西周并看不出有若何剧变。例如青铜器便完全无法辨别。王氏因以东周之礼制与卜辞相比，故觉其相异耳。实则'周因于殷礼，所损益可知'，孔仲尼在两千多年前的判断，仍较可靠。"[②]

如前所述，郭沫若此论均在于解释其商周同为奴隶社会的说法。于是他说："殷、周礼制固大有不同，然礼制非一朝一夕一手一足之所成则殊可断论。大抵所谓礼仪三百、威仪三千，即酝酿于成周一代而集成于周末之儒家。"[③] 这种自觉性多处可见。又如郭沫若认为，管、蔡乃传子传嫡制的前驱，武庚乃奴隶叛乱的首出者。同姓不婚之制并非始于周初，《周礼·地官·媒氏》中有"中春之月，令会男女，于是时也，奔者不禁"的礼制，这是氏族社会杂交时代的孑遗。

---

① 吕振羽：《历史唯物主义还是历史唯心主义？》，《吕振羽全集》第7卷，人民出版社2014年版，第406页。
② 郭沫若：《中国古代社会研究》，《郭沫若全集·历史编》第1卷，人民出版社1982年版，第239页。
③ 郭沫若：《中国古代社会研究》，《郭沫若全集·历史编》第1卷，人民出版社1982年版，第247页。

侯外庐关于商周礼制的连续性，与郭沫若关于商周一体而同属奴隶社会的说法，可以互相发明。不过他说，"周因于殷礼"所因袭和学习的是"古旧的氏族宗教制度"。他引用《资本论》初版序言，说中国氏族制度束缚着新社会，一方面"天命维新"，另一方面"天命靡常""天命不易"，这便是周代文化的"不易"①。所以他认为，"'礼'在西周是维新制度的神圣典章，是氏族君子所赖以统治人民的工具，'诗'在西周是统治阶级的思想的血脉"②。他也引用王国维的论证，说商代只有盛玉之形而并无"禮"字，只有周代才有"禮"；只有周器才说明了赐民、赐土、赐器。所以商人"尚鬼"，周人"尚礼重文"③。这些讨论无疑是其亚细亚生产方式理论的佐证。

郭沫若的方法不仅为吕振羽、侯外庐、尹达等早期唯物论者大量引用，更为后来的礼制研究者自觉运用。例如，杨宽关于多种古礼起源于原始氏族社会军事民主制的思路，与早年郭沫若之论如出一辙，或者说就是郭沫若思想方法的延续。

郭沫若曾说，尧、舜、禹的禅让传说，以及《尧典》中的"四岳""十二牧"九官二十二人，"正是古代传说中所保存着的一些氏族社会的影子"④。在与摩尔根、恩格斯的理论进行对照后，他说：

> 以上四项（一）亚血族群婚、（二）先妣特祭、（三）帝王称"毓"、（四）兄终弟及，均系以母系为中心的氏族社会之现象或其孑遗。此外氏族社会之民主的政治组织、评议会，在卜辞无可征考，然于旧文献中则犹有痕迹可寻，如《盘庚》篇中便包含有这项史实的残影。⑤

郭沫若将《尚书·盘庚》中贵族们迁都议事的体制与《周礼》进行对比，说："看这民众都聚集在王庭，一族的元首向大众表示意见，这正是评议会的现象。这个现象刚好可用《周礼》的外朝之政来证明。"他列举了《周礼·秋官》中小司寇、朝士等职的职掌，指出："《周礼》大约是纂成于晚周的文献，在晚周犹有遗存的评议会制，在殷代当然存在，惟惜卜辞过简，实不能寻出积极的证明。"⑥他还引用《礼记·礼运篇》中"大道之行也天下为公"那一段话，来证明原始公有制，并说这是

---

① 侯外庐、赵纪彬、杜国庠：《中国思想史》第1卷，人民出版社1957年版，第84页。
② 侯外庐、赵纪彬、杜国庠：《中国思想史》第1卷，人民出版社1957年版，第38页。
③ 侯外庐：《中国古代社会史论》，张岂之主编：《侯外庐著作与思想研究》第5卷，长春出版社2016年版，第175页。
④ 郭沫若：《中国古代社会研究》，《郭沫若全集·历史编》第1卷，人民出版社1982年版，第20—21页。
⑤ 郭沫若：《中国古代社会研究》，《郭沫若全集·历史编》第1卷，人民出版社1982年版，第234页。
⑥ 郭沫若：《中国古代社会研究》，《郭沫若全集·历史编》第1卷，人民出版社1982年版，第235页。

"氏族社会的根本精神"①。

这种思路在杨宽的系列古礼研究中都有所见。例如，其《"乡饮酒礼"与"飨礼"新探》指出，乡饮酒礼起源于原始氏族制社会中聚落内部的会食（乡、飨、卿原是一字，表相对坐之意）习俗，自然具有尊长和养老的功能，这是由军事民主制时期的议事会演变而来的，它具有长老会议的性质，即借用酒会来商讨和决定军政大事。《左传·昭公六年》曾说"先王议事以制"，此前历代儒学家和礼学家并非不知"先王"之制，但只有马克思主义史学才将此种议事的礼制，与原始社会军事民主制联系起来。杨宽对大蒐、贽见等礼制的解释也基本是此种思路，最典型者是他对上古冠礼的解释，他认为：

> 西周、春秋时代贵族所应用的"周礼"，其由父系家长制时期的"礼"转变而来，是无可否认的事实。其"冠礼"之由氏族制时期的"成丁礼"变化而来，就是个显著的例证。②

他分析了古人冠礼中取"字"的意义，表现为贵族特权的授予，以及其他一系列贵族权利和义务的具有。最精彩的是他关于冠礼中"三加"（三次加冠）的分析，即初加缁布冠（黑色礼服，表示宗子继承权），次加皮弁（表示贵族田猎和参战的义务），再加爵弁（赤黑色祭服，表示参加祭祀的族权）。每次不同的冠冕和服饰，均来自原始社会的实用功能，且具有不同的意义。最后通过这些冠饰的变化，完成成丁礼，也完成了赋予一个贵族权力、责任和义务的礼仪过程。

杨宽的系列礼制研究，后来结集为《古史新探》。这是 20 世纪用唯物史观精研中国古礼的杰作，具有里程碑式的意义。杨宽也是战国封建论者，他对两周礼制的研究中贯穿了社会形态论。然而，在论著中他将此种方法论与中国古典文献材料、地下金文材料以及考古材料不露痕迹地结合起来，使经学注疏和礼学研究获得新生命。正如其弟子高智群所说：

> 从《新探》一书中，我们可以看到杨宽先生深受马克思《〈政治经济学批判〉导言》和恩格斯《家庭、私有制和国家的起源》乃至当时苏联史学理论影响，例如他关于中国古代宗族组织和宗法制度的特征的论述，就明显带有恩格斯《起源》和摩尔根《古代社会》的印痕；在讨论中国古代农村公社问题时，也可以看到他对所谓"亚细亚生产方式"理论的重视。二十世纪八十年代他招收上

---

① 郭沫若：《中国古代社会研究》，《郭沫若全集·历史编》第 1 卷，人民出版社 1982 年版，第 237—238 页。
② 杨宽：《"冠礼"新探》，《古史新探》，中华书局 1965 年版，第 235 页。

古史研究生,给我们所开的一门讨论课就是马列经典作品,重点讨论的问题便是纷纷扰扰争论不休的"亚细亚生产方式",说明他在出国定居之前,仍旧重视在马克思史观指导下从事中国史学习与研究。①

在其晚年反思中,杨宽明言该书撰写目的是"对西周春秋的社会性质和结构进行探索,为将来写《西周史稿》作好准备"②。在《古史新探》自序中,杨宽说,要通过研究井田、乡遂、宗法以及学校等制度,"了解维护这些重要制度的各种礼制的作用",进而解剖其社会结构,分析其社会性质。而"这正是当前史学界在古史分期问题讨论中争论的焦点之一"。他还说,该书前半部分主要讨论西周的农业生产和奴隶制的生产关系问题,如井田制度和村社组织、宗法制度和贵族组织、学校制度等。而奴隶主贵族统治所用的制度往往离不开"礼",这便是他研究西周、春秋礼制的缘起。作者特别指出普遍规律与中国文明自身特点的关系:"要辨明中国古代社会的特点,必须在马克思列宁主义、毛泽东思想的指导下,以社会发展的普遍规律,结合中国历史的实际,作具体的分析研究,才能得到正确的结论。"他同样强调,自己学习和利用了摩尔根《古代社会》、恩格斯《家庭、私有制和国家的起源》等历史唯物论的经典。杨宽晚年回忆说:

> 通过对于这些制度和礼制的探索,我认为当时社会结构共有四等:(一)统治者是实行宗法制度的各级贵族,(二)居住于国都周围的"乡"中的"国人",属于"公民"性质,拥有政治权利和服兵役、纳军赋的责任,(三)耕种"井田"的"庶人"是村社农民,是主要农业生产者,(四)臣妾是奴隶,被使用于各方面的生产劳作。③

清代江永的《周礼疑义举要》和《群经补义》中早就谈过,管仲在齐国推行了国、鄙分治之法,而杨宽的乡遂制度研究则用以讨论西周春秋的社会性质,既与清人大有异趣,又有所升华。关于古代学校,阮元也曾说过,它起源于上古初建宫室之时,四周必有壕沟。而杨宽《我国古代大学的特点及其起源》,则借用原始社会到奴隶社会的理论,再参照考古材料,认为它起源于原始氏族聚落中间作为公共活动场所的"大房子",这里不仅是学校,而且是贵族成员举行礼仪、集会、聚会、练武、奏乐的场所,兼有公共礼堂、会议室、俱乐部和运动场的功能。又如,他认为藉礼是原始社会末期氏族聚落每年开始集体耕作时,由族长主持带头耕作的一种仪式;大蒐礼

---

① 高智群:《一代史学大家,百年学术经典——杨宽先生学术生涯兼论〈古史新探〉成就》,杨宽:《古史新探》附录,复旦大学出版社2015年版,第510页。
② 杨宽:《历史激流:杨宽自传》,台北大块文化出版有限公司2005年版,第266页。
③ 杨宽:《历史激流:杨宽自传》,台北大块文化出版有限公司2005年版,第270页。

是借用田猎来进行军事检阅和演习，而且通过贵族"国人"的活动来决定军政大事①。总之，杨宽对藉礼、冠礼、大蒐礼、乡饮酒礼和飨礼、射礼、贽见礼等礼制的系列研究，将郭沫若等人开创的用唯物史观研究礼制之法，推到学术高峰。

杨向奎也与杨宽一样，发扬了新中国成立之前各位学者唯物史观的礼制研究，认为在领主封建制和地主封建制的建立过程中，礼都曾起到重大作用：

> 礼仪起源于原始社会的风俗习惯，在当时，人们有一系列的传统习惯，作为全体氏族成员，在生产、生活的各种领域内遵守的规范。等到阶级和国家产生后，贵族们利用其中某些习惯加以改造和发展，逐渐形成各种礼仪，作为稳定阶级秩序和加强统治的一种制度和手段。在西周，以及春秋时代，最明显的有过周公和孔子对于礼乐的加工和改造。周公对于礼乐的改造，适应了西周一统局面的形成及领主封建社会的建立；而孔子对于礼乐的再改造，为后来的地主封建社会的建立及秦始皇统一帝国的形成打下了精神及某些方面的物质基础。②

杨向奎认为，周代的乡饮酒礼、藉田礼，就分别起源于原始社会。前者起源于"会食"和"Potlatch"习俗，后者起源于由族长和长老主持的集体耕作。周公的第一次改造加工，使古老的习俗变成成文的礼；孔子的第二次改造加工，"去掉了礼的商业内容，而以仁和礼作为人类行为的准则"③，也就是说扩大了礼的价值内涵。

四 相关特点和反思

历史唯物论是中国20世纪的主要史学潮流，其礼制研究一般具有如下一些共同特点。

其一，他们大都从事中国上古史研究，著有通史通论类著作。例如，郭沫若有《中国古代社会研究》、范文澜有《中国通史简编》、吕振羽有《简明中国通史》《中国政治思想史》《中国民族简史》、翦伯赞有《中国史纲》《历史哲学教程》、侯外庐有《中国古代社会史论》《中国思想通史》《中国经济思想史》、金景芳有《中国奴隶社会史》、杨宽有《中国上古史导论》，等等。因此，当这些学者接受唯物史观后再研究礼制问题时，都会根据中国古代经济和社会的整体历史来讨论礼制，而不是抽象或琐碎地讨论礼学问题，避免了单纯考证的狭隘，也免于饾饤学问之讥，不至于像清人所说的那样"读《仪礼》，疑仪节太碎；读《周礼》，疑设官太冗"④。

---

① 杨宽：《历史激流：杨宽自传》，台北大块文化出版有限公司2005年版，第266—281页。
② 杨向奎：《宗周社会与礼乐文明》，人民出版社1992年版，第229页。
③ 杨向奎：《宗周社会与礼乐文明》，人民出版社1992年版，第244页。
④ 龚炜：《巢林笔谈》卷一"读礼"条，中华书局1981年版，第3页。

其二，这些学者大都受到疑古思潮的影响。信古、疑古和释古是 20 世纪对待古史的三种基本态度。在"三礼"材料的处理上，疑古辨伪之学略早于唯物史观的出现，或者说后者与前者相伴出现。所以，历史唯物论者研究礼制时，基本倾向于疑古学派的观点，大都认为"三礼"材料晚出，并将《周礼》视为西汉末年刘歆的作品。例如吕振羽就认为，"三礼"、《孝经》都经过了后人窜改、演绎和伪托。① 近一个世纪的考古发掘和历史研究证明，"三礼"的结集远比当时估计得要早，其中内容近乎商周旧制，用以研究上古社会的重要价值已不容置疑。故而时代越近，杨宽、杨向奎等学者对"三礼"材料的使用越充分。金景芳虽持西周奴隶制说，但相信周公制礼作乐制定了五服制度、谥号制度、五等爵制、田井制度、嫡长子宗法制度等。② 这与郭沫若等早期唯物论者的礼制史观已大有不同。

其三，他们都极力超脱经学的门派之争，而改用马克思主义的社会经济史观重新审视礼学问题。如果详细调查，这些学者的师长之辈大多是晚清民初的经师大儒，与传统的经今文学或经古文学派存在千丝万缕的联系，多多少少带有某些偏见。但是，唯物论史学家们尽量摆脱这些偏见，以马克思主义的理论方法来重新审视礼学材料，正如郭沫若所说："近人康有为即为今文派，章太炎是古文派。我们不偏向那一派，那个可靠，就用那一个。"③ 范文澜对经古文学派的坚持非常少见，即使这样，他后来对于礼书的态度也大为改变。

其四，唯物史观的学术旨趣使然，这批学者在引证礼制信息时，特别注重经济社会方面的史料。例如，郭沫若很早就关注藉田礼，他以"藉"字纠正了罗振玉的"帚"字之释。④ 他认为卜辞中的"月一正食麦"就是《月令》中的"孟春之月，食麦与羊"，可与《礼记》对证。⑤ 虽然古史分期的观点不同，但郭沫若《卜辞通纂》用甲文考证出的商周"祈年"之礼、"三社"之礼、告麦之礼、藉田之礼，诚为不刊之论，更为吕振羽等人继承和征引。⑥ 翦伯赞也将卜辞与文献中"观黍""省田"对证，用以发挥藉田之礼。⑦ 又如，井田制度和经济契约也是该学派特别关注的话题。郭沫若就曾用《周礼·秋官·司约》"凡大约剂书于宗彝，小约剂书于丹图"，与《舀鼎》《散氏盘》《鬲攸从鼎》等青铜器对照，研究盟约之礼。又用土地、人口、

---

① 吕振羽：《中国政治思想史》，《吕振羽全集》第 4 卷，人民出版社 2014 年版，第 96 页。
② 金景芳：《中国奴隶社会史》，上海人民出版社 1983 年版，第 122—128 页。
③ 郭沫若：《论古代社会》，《郭沫若全集·历史编》第 3 卷，人民出版社 1984 年版，第 409 页。
④ 郭沫若：《甲骨文字研究·释藉》，《郭沫若全集·考古编》第 1 卷，科学出版社 1982 年版，第 79—82 页。
⑤ 郭沫若：《卜辞通纂》第六片，《郭沫若全集·考古编》第 2 卷，科学出版社 1983 年版，第 216—217 页。
⑥ 吕振羽：《中国社会史》，《吕振羽全集》第 2 卷，人民出版社 2014 年版，第 219—220 页。
⑦ 翦伯赞：《中国史纲》，《翦伯赞全集》第 1 卷，河北教育出版社 2008 年版，第 172 页。

资产等买卖之类,来证明"周代自始至终并无所谓有井田制的施行"①。翦伯赞则认为,西周并无所谓井田制,他引证《周礼·地官·遂人》和《考工记》来说明,当时实行的是一种"三圃制"的庄园之制,与古罗马的"千步方田"之制相当。② 杨宽更是长期关注井田之制,著有名文《试论中国古代的井田制和村社组织》。学者们采用唯物史观研究上古礼制时,取得了巨大成就,新见迭出,不胜枚举。例如,郭沫若的《卜辞通纂》完成于1933年,其体例包括干支、数字、世系、天象、食货、征伐、畋游、杂纂等,均关乎礼制,它其实就是后来陈梦家、岛邦男诸家《殷墟卜辞综述》的先声。此书开启了后来殷礼研究的诸多领域,功不可没。又如,郭沫若用古文字和《仪礼》材料论证乐礼之制;③ 他用进化论观点讨论高禖之礼;他又将《诅楚文》与《曲礼》中的宗庙和郊天祭祀相联系,④ 相关材料可与半个世纪之后发现的《秦骃祷病玉版》进行对比研究;郭沫若与胡适就"三年之丧"展开的激烈辩论,更为学界熟知。又如,历史唯物论者大都重视《周礼·考工记》的材料,并用以讨论铜器和铁器的制造,因为生产工具在历史唯物论体系中占有重要位置,是判定社会形态、性质的关键指标。

限于篇幅,兹不赘述。以下提出这一学派研究古礼问题时值得反思的两个方面,以供学者讨论。

其一,对礼制性质和时代的判断不够清晰。无论是持西周封建论,还是持战国封建论,这些学者大都坚信,礼只是商周时期的上层建筑,是一个时段的文化。郭沫若曾多次讲到殷周同为奴隶社会,在《青铜器时代》中他把青铜器分作四期,"在殷末周初时代是中国奴隶制生产最盛的时候",所以是青铜器的鼎盛期,由是才有其后的颓败期、中兴期、衰落期。⑤ 他虽然没有明确指出青铜时代即礼制时代,但这种观点被后来的学者大加发挥。

金景芳同样持战国封建论,认为西周是奴隶社会的全盛时期,而礼制与井田制、分封制、宗法制都是西周奴隶制全盛的几个重要特征,"礼是西周奴隶主阶级意识形态的集中表现。它鲜明地反映奴隶制的生产关系"。"尊贤之等"同"亲亲之杀"一样,都贯穿着严格的等级制度,这是周礼的本质:"它是奴隶主阶级的意志和利益的反映,是服务于奴隶主阶级的政治和维护奴隶制生产关系即阶级关系的工具。"⑥ 侯外庐也将礼制集中到周代:

---

① 郭沫若:《中国古代社会研究》,《郭沫若全集·历史编》第1卷,人民出版社1982年版,第259—261页。
② 翦伯赞:《中国史纲》,《翦伯赞全集》第1卷,河北教育出版社2008年版,第245—247页。
③ 郭沫若:《甲骨文字研究·释和言》,《郭沫若全集·考古编》第1卷,科学出版社1982年版,第93—106页。
④ 郭沫若:《诅楚文考释》,《郭沫若全集·考古编》第9卷,科学出版社1982年版,第292—293页。
⑤ 郭沫若:《青铜器时代》,《郭沫若全集·历史编》第1卷,人民出版社1982年版,第598—610页。
⑥ 金景芳:《中国奴隶社会史》,上海人民出版社1983年版,第149—153页。

"礼"是周代的文明,殷墟甲文里还没有完备的礼字。礼在这里只应当限制在周代的文明里面。礼和器是同源的。"礼"是文明社会的中国古代政治制度,"器"是保藏这个制度的神圣东西。①

显然,其中至少有两个方面值得商榷。一方面,礼与器同源,可能采用了王国维《释礼》的相关说法。但是,礼与器并非同在,没有礼器的时候也有礼。礼作为一种内在约束力,无时无刻不在影响着整个文明以及个人的行为规范。

另一方面,礼不是周代所独有的制度,在周代之前的社会中也有礼,目前学者已将礼制上溯至新石器时代。研究表明,中国文明起源的重要动力并非生产力的发展,可能就是礼制的推动。更重要的是,在周代之后的文明社会中礼制无处不在,怎么能说礼是"限制在周代"呢?礼也不是奴隶社会的独有现象。包括范文澜在内的所有历史唯物论者都知道,王莽时期、王安石时期,《周礼》特别受重视;东晋南朝时期,丧礼特别受重视;唐宋科举时代,《礼记》地位大升。范文澜也指出:"因为封建礼教受到了破坏,人们莫知适从,因此要穷经就必须明礼。"② 礼学文献和礼制问题,可以说贯穿整个中国传统社会,直到 20 世纪初科举废除,礼学才从体制上退出意识形态。但实用的礼制仍未被废弃,北洋时期还有袁世凯的登基丑剧,民国时期还有戴季陶主持的"北泉议礼",当然不能说礼制问题是先秦的专有。

礼和礼学,既不是奴隶社会的独有现象,也不是封建社会的专有之物。赵光贤认为,《礼记》中常常引用的"子曰"如何如何,不能看作孔子的话,不能以它为根据来讨论孔子的重礼轻仁③。例如,《颜氏家训·风操篇》全篇都在讲礼;司马光、朱熹等汲汲于制定家礼;清代前期礼学家的繁复考据,并不完全是为知识而知识,其实蕴含了对前代礼教废弛的反动,是一种礼教实践。④ 礼制没有中断,礼学也从未中断。

在这方面,吕振羽的观点比较清晰。在吕著《中国政治思想史》中,专设了"随着地主阶级社会秩序重新安定而来的礼制和刑法的规定"一章。其中论述道:

> 随着地主阶级社会秩序的重新安定,"尊尊"的社会身分制和"亲亲"的宗法家长制、封建制的这两个基本原则,也便予以重新确定;为适应新的条件和情

---

① 侯外庐:《中国古代社会史论》,张岂之主编:《侯外庐著作与思想研究》第 5 卷,长春出版社 2016 年版,第 172 页。
② 范文澜:《经学史讲演录》,《范文澜全集》第 10 卷,河北教育出版社 2002 年版,第 493 页。
③ 赵光贤:《论孔子学说中"仁"与"礼"的关系》,《北京师范大学学报(社会科学版)》1985 年第 1 期。
④ 张寿安:《"以礼代理"——凌廷堪与清中叶儒学思想之转变》,河北教育出版社 2001 年版;[美] 周启荣:《清代儒家礼教主义的兴起——以伦理道德、儒学经典和宗族为切入点的考察》,毛立坤译,天津人民出版社 2014 年版。

况，并给以部分的发展和改变。唐朝地主阶级政府首先一个重要设施，便是所谓"制礼"，即所谓"贞观修礼"。①

吕振羽引证《旧唐书·礼仪志》等文献，认为封建社会的刑法与礼乐、教化没有本质差别。他说，礼的内容和作用就是"三纲五常"的精神，《唐律》本质也是"维护封建剥削关系的阶级统治的工具"，是"三纲五常"的律格化、条文化，它仍然维护宗法制和家族制，仍是地主阶级的"封建法典"②。显然，吕振羽理解的礼制绝不只是奴隶制时代或者商周时期独有的上层建筑、意识形态。

其二，论证过程中的教条化和标签化问题严重。讨论者往往将礼制行为贴上某某阶级的标签，实际上任何统治者都有礼制。例如，郭沫若认为，甲骨文中殷商祭祀祖宗所用羊的数目极多（甚至500只以上），说明商代畜牧发达而没有用于生产，其生产多用俘虏来的奴隶，他由此推测，"人是最下等的奴隶"，所以商代并非只有家内奴隶制，而是生产奴隶制盛行的时期。③ 此种说法，逻辑衔接可能有欠严密。又如，氏族制的残余导致宗法制度发达，郭沫若用以论证"殷末周初是奴隶生产的最高度发展的时期"④。侯外庐持亚细亚形态说，认为西周不是典型奴隶制，其证据也是"氏族制的遗绪"，即"周人保留了氏族制度的宗子制度"，"效法和保持先王的氏族传统"，用"周邦虽旧，其命维新"的礼制来判断社会性质。⑤ 至于西周封建论者，更是将西周的宗法分封制度视为直接的证据，范文澜的讨论即是如此。⑥

也就是说，面对同样的礼制史料，由于讨论者的理解和理论解释不同，往往得出不同的结论。尹达早在1940年的《关于殷商社会性质争论中的几个重要问题》一文中，已提出这个问题。他说，郭沫若《中国古代社会研究》《甲骨文字研究》《卜辞通纂》等书说明，殷代后期是氏族社会末期，而吕振羽《殷周时代的中国社会》则说殷代后期是奴隶社会。"同样地依据着具体的史料，为什么得出两个不同的结论？"⑦ 晚年杨宽对此也有所悟："社会史派学者最大的弊病，就是教条主义，死死地把社会史发展公式往古代资料上套，甚至不免曲解资料。"⑧ 正如林甘泉等半个世纪后对古代史分期问题的客观分析所说："同样引用《大盂鼎》和《曶鼎》的铭文，或

---

① 吕振羽：《中国政治思想史》，《吕振羽全集》第4卷，人民出版社2014年版，第343页。
② 吕振羽：《中国政治思想史》，《吕振羽全集》第4卷，人民出版社2014年版，第343—347页。
③ 郭沫若：《论古代社会》，《郭沫若全集·历史编》第3卷，人民出版社1984年版，第411页。
④ 郭沫若：《古代研究的自我批判》，《郭沫若全集·历史编》第2卷，人民出版社1982年版，第56页。
⑤ 侯外庐：《中国古代社会史论》，张岂之主编：《侯外庐著作与思想研究》第5卷，长春出版社2016年版，第169—171页。
⑥ 范文澜：《关于中国历史上的一些问题》，《范文澜全集》第10卷，河北教育出版社2002年版，第239—241页。
⑦ 尹达：《关于殷商社会性质争论中的几个重要问题》，《尹达史学论著选集》，人民出版社1989年版，第319—320页。
⑧ 杨宽：《历史激流：杨宽自传》，台北大块文化出版有限公司2005年版，第107—108页。

《诗经·臣工》和《大田》等篇的诗句，西周封建论者认为西周的直接生产者是农奴，而战国封建论者则认为是奴隶。"①

这些反思都是比较客观的后见。正如尹达所说："历史是具体的科学，只有把握着全面的具体史实，辩证地观察其发展的迹象，才能够了解某一社会的本质。"② 翦伯赞也有类似说法："研究历史，也和研究其他的科学一样，研究愈精细，则结论愈正确。"③ 只有对古礼信息做更精细的考证，才能与唯物史观进行更准确的契合。

五 结论

20世纪，经学废除之后，礼经和礼学也随之失去神学地位。随着中国学术的现代转型，"三礼"文献转化为史料，礼学也转换为史学的一部分。历史唯物论者对中国传统礼制具有独特认识。自郭沫若《中国古代社会研究》以来，礼制信息也备受重视，在范文澜、翦伯赞、吕振羽、侯外庐等早期历史唯物论著作中多有所见。历史唯物论者认为礼的本质是等级性和阶级性，猛烈抨击礼教，认为礼学必然随着封建社会的灭亡而消亡。该学派认为，礼的出现是原始氏族社会遗留的产物，周代是礼制的极盛时期。对于"三礼"文献的形成采取疑古态度，认为其制度实行时期较晚，结集则晚至汉代。

通过古史分期、亚细亚生产方式、春秋战国之际社会变革这三个问题的争论，可以看出，在唯物史观的社会形态论中，礼制问题亦是极为重要的史料支撑和制度言说。唯物史论者都认为，礼是贵族的产物，用阶级分析方法看待"礼不下庶人，刑不上大夫"。但至于礼是哪个阶级的统治工具，则与古史分期问题的争论一样，不同的学者说法不一。早期唯物史观开创的礼制分析方法，在杨宽、杨向奎等后继者的论著中已成为自觉，并得到发扬。杨宽对藉礼、冠礼、大蒐礼、乡饮酒礼和飨礼、射礼、贽见礼等礼制的系列研究，将郭沫若等人开创的理论和方法推到研究高峰。

20世纪历史唯物论者的礼制研究，大致有四点共同之处。其一，大都从事中国上古史研究，著有通史通论类著作，从整体历史角度讨论礼制，而不是琐碎考证。其二，大都受到疑古思潮影响，将"三礼"文献和相关礼制说得较晚。其三，大都极力超脱经学门户之争，而改用最新的唯物史观重新审视礼学问题。其四，引证礼制信息时，特别注重经济社会方面的史料。

学者们采用唯物史观研究上古礼制时，取得了巨大成就，新见迭出，但也有两点

---

① 林甘泉、田人隆、李祖德：《中国古代史分期讨论五十年》，上海人民出版社1982年版，第433页。
② 尹达：《关于殷商社会性质争论中的几个重要问题》，《尹达史学论著选集》，人民出版社1989年版，第338页。
③ 翦伯赞：《略论中国史研究》，《翦伯赞全集》第3卷，河北教育出版社2008年版，第16页。

值得反思。其一，对礼制性质和时代的判断不够清晰，相信礼制只是某个时段（如周代）、某种社会（如奴隶社会或封建社会）的产物，而忽略了礼制对于整个中国文明乃至前文明的作用。其二，论证过程中的教条化和标签化问题严重，面对同样的礼制史料，由于讨论者的理解和解释不同，往往得出不同结论。

（原载《华东师范大学学报（哲学社会科学版）》2021年第4期）

《十批判书》的写作语境与意图

李孝迁

《十批判书》是郭沫若撰写于1943年至1945年10篇论文的结集,[①] 研究对象包括先秦社会与先秦思想两大部分,前者体现在《古史研究的自我批判》中,后者体现在《孔墨的批判》等9篇论文中。该书是20世纪上半期中国马克思主义史学演进的枢纽性作品。从发表《中国古代社会研究》(1930)到撰写《十批判书》,郭沫若的学术观点虽受到批评,但批评者多是在郭氏研究的基础上前行,诚如一位同道所言:"他是首先用马列主义的眼光来研究中国古代史的一个,他天才地一个一个地解开了那些古代的神秘的谜,为我们的理性开辟了一条通到古代人类社会的大道,不管它或许还包含着一些缺点,甚至个别的错误,然而它的成果,毫无疑义地成为一切后来者研究的出发点。"[②] 1949年以前,除范文澜与郭氏交集略少,其他如吕振羽、翦伯赞、侯外庐等,虽然在学术观点上与郭氏有所差异,但都以郭氏成果为重要参照。《十批判书》作为郭沫若古代史研究的成熟作品,汇集了马克思主义史家群体有关古代社会和诸子思想的各种观点,字里行间隐藏着论辩交锋。长期以来,学界关于《十批判书》争讼纷纭,[③] 这些争论连同该书本身,构成一个跨越中国现代学术史、思想史以及史学史的综合性课题。其中,关于该书写作的语境和意图,是近年来学界较为关注的议题。此前研究较多关注郭氏"说了什么",晚近转而追问"何以如此言说"。[④] 本文拟就郭沫若《十批判书》写作的语境与意图作新的探讨,一方面尽可能汇聚各种零散史料,尽量还原《十批判书》的历史语境;另一方面,通过比对各种文本的观点和细节表述,动态呈现郭沫若与其他马克思主义史家"隔空对话"的历史场景。

[①] 郭沫若:《十批判书》,群益出版社1945年版。
[②] 李初梨:《我对于郭沫若先生的认识》,《解放日报》1941年11月18日第4版。
[③] 参见张越《对〈十批判书〉的评论与争议之回顾与认识——一个关于中国马克思主义史学评价问题的个案研究》,《学术研究》2010年第2期。
[④] 参见戚学民《再论〈十批判书〉的撰著动机与论学宗旨》,《历史研究》2007年第3期;宁腾飞《郭沫若〈十批判书〉撰述动机新探》,杨凤城主编《中共历史与理论研究》第7辑,社会科学文献出版社2018年版,第49—64页。

一 再论写作语境

《十批判书》收录的 10 篇论文,① 除《韩非子的批判》《吕不韦与秦王政的批判》以外,② 其余 8 篇基本创作于 1944 年 7 月中旬至 1945 年 2 月中旬。换言之,《十批判书》五分之四的内容是在 7 个月左右的时间内完成的,可谓"火迫地赶写"。然而,就在 1944 年 2 月 20 日,郭沫若曾表示"无留恋于古代研究",③ "本来还想再写一两篇,如对于名家的批判、先秦儒家与民主气息之类,但因兴趣减衰,不愿再糜费时日"。④ 那么,是什么使他短时间内重燃已"减衰"的兴趣,投入高效的写作状态呢?对此,他在《十批判书·后记》(1945 年 5 月 5 日)中略有说明:

  同处在一个环境里面,大概是不能不感受同一空气的影响。历史研究的兴趣,不仅在我一个人重新抬起了头来,同一倾向近年来显然地又形成了风气。以新史学的立场所写出的古代史或古代学说思想史之类,不断地有鸿篇巨制出现。这些朋友们的努力对于我不用说又是一番鼓励。我们的方法虽然彼此接近,而我们的见解或所得到的结论有时却不一定相同。我不否认我也是受了刺激。我的近两三年来的关于周秦诸子的研究,假使没有这样的刺激或鼓励,恐怕也是写不出来的。

  ……在这个期间之内有好几部新史学阵营里面的关于古史的著作出现,而见解却和我的不尽相同。主张周代是封建制度的朋友,依然照旧主张,而对于我的见解采取着一种类似抹杀的态度。这使我有些不平。尤其是当我的《墨子思想》一文发表了之后,差不多普遍地受着非难,颇类于我是犯了众怒。这些立刻刺激了我。因为假如是不同道的人,要受他的攻击,那是很平常的事;在同道的人中得不到谅解,甚至遭受敌视,那却是很令我不安。因此,我感觉着须得有一番总清算、总答复的必要。就这样彻底整理古代社会及其意识形态的心向便更受了鼓舞。⑤

---

① 各篇完成时间如下(按目录顺序排列):《古代研究的自我批判》(1944 年 7 月 18 日)、《孔墨的批判》(1944 年 8 月 1 日)、《儒家八派的批判》(1944 年 9 月 11 日)、《稷下黄老学派的批判》(1944 年 9 月 19 日)、《庄子的批判》(1944 年 9 月 26 日)、《荀子的批判》(1944 年 10 月 31 日)、《名辩思潮的批判》(1945 年 1 月中旬)、《前期法家的批判》(1945 年 2 月 18 日)、《韩非子的批判》(1944 年 1 月 20 日)、《吕不韦与秦王政的批判》(1943 年 10 月 3 日)。
② 1944 年 2 月,郭沫若拟结集出版《先秦学说述林》(东南出版社 1945 年版),曾将这两篇论文收入,原题分别为"韩非子的思想""吕氏春秋与秦代政治"。
③ 郭沫若:《十批判书》"后记",群益出版社 1945 年版,第 410、417 页。
④ 郭沫若:《先秦学说述林》"后叙",东南出版社 1945 年版,第 358 页。
⑤ 郭沫若:《十批判书》"后记",群益出版社 1945 年版,第 410、417—418 页。

这段"独白"是我们理解《十批判书》成书背景的重要线索，但就内容来说，看似清晰，实则隐晦，需要进一步钩沉史料，才能再现一个清晰的历史画面。

郭沫若认为，他与同道的分歧集中在两方面：其一，周代社会性质问题。郭沫若主张周代是奴隶社会，多数同道则认为是封建社会。其二，对儒墨两家思想体系的认识。郭沫若扬孔反墨，"和大家的见解也差不多形成了对立"。① 以上学术分歧可上溯到 1930 年出版的《中国古代社会研究》。当时，他提出商代为氏族社会，周代为奴隶社会；春秋战国时代的老子、管子、杨子、庄子、韩非子的思想，"多少都是带着革命性的"，孔子是折中派，而墨家的思想刚好相反，"他的宇宙观根本是固定的，非辩证的、宗教的，他根本是迷信鬼神。他这一派在当时完全是反革命派。结果他是敌不过进化的攻势，尽管他和他的弟子们有摩顶放踵赴汤蹈火的精神，死力撑扎着自己的存在，然而终竟消灭了"。② 后来郭氏观点略有变化，如将商代社会性质厘定为奴隶社会，对先秦诸子的看法也有不同，但一直坚持"西周奴隶社会说"和"非墨"立场。

《中国古代社会研究》对 20 世纪 30 年代的中国古史研究领域产生了巨大影响，③ 特别是对马克思主义史学家。吕振羽一方面接受了《中国古代社会研究》发掘的史料和某些观点；另一方面又提出新的古史体系，主张"西周封建论"，并得到了翦伯赞的支持和进一步阐扬。吕、翦是郭沫若学说强有力的对话者。吕振羽批评郭沫若："我们的'历史家'，更从而可以作出以残余作为主要，以局部概括全部的结论来。这在郭沫若也同样犯了这一实验主义的错误。"④ 1940 年，吕振羽在重庆发表《关于中国社会史的诸问题》和《中国社会史上的奴隶制度问题》，主要观点与郭沫若相左。⑤ 翦伯赞对中国古代社会的认识大多因袭吕振羽。1935 年，翦伯赞在吕氏《殷代奴隶制度研究》的基础上，继续撰文批评郭沫若，观点大体移植于吕氏，一直延续到 1938 年《历史哲学教程》。⑥ 范文澜在延安发表的《关于上古历史阶段的商榷》，与郭沫若争鸣，批评郭氏"近于文学而疏于考证"。⑦

1937 年全面抗战爆发后，郭沫若从日本返回中国，忙于抗战宣传，学术研究中断。他虽了解同道的批评，但无暇回应。⑧ 1941 年 1 月，皖南事变发生后，根据周恩

---

① 郭沫若：《十批判书》，群益出版社 1945 年版，第 410 页。
② 郭沫若：《中国古代社会研究》，上海联合书店 1930 年版，第 71—73 页。
③ 郭沫若：《中国古代社会研究》"新订正版后记"，群益出版社 1947 年版，第 355 页。
④ 吕振羽：《殷周时代的中国社会》，不二书店 1936 年版，第 7—8 页；《殷代奴隶制度研究》，《劳动季报》1934 年第 2 期；《史学新论》，《北平晨报》1936 年 10 月 3 日第 11 版。
⑤ 吕振羽：《关于中国社会史的诸问题》，《理论与现实》（重庆）1940 年第 2 卷第 1 期；曾与（吕振羽）：《中国社会史上的奴隶制度问题》，《群众》1940 年第 5 卷第 9—10 期合刊。
⑥ 参见翦伯赞《殷代奴隶社会研究之批判》，《劳动季报》1935 年第 6 期；《关于"亚细亚的生产方法"问题》，《劳动季报》1936 年第 8 期；《历史哲学教程》，生活书店 1938 年版，第 55、60、274、294—296 页。
⑦ 范文澜：《关于上古历史阶段的商榷》，《群众》1940 年第 5 卷第 4—5 期合刊。
⑧ 郭沫若：《战时中国历史研究》，《中国学术》1946 年创刊号。

来"勤业、勤学、勤交友"的指示,① 郭沫若回归学术,有时间回应同道批评,修正个人的学术观点。1941年10月7—9日,郭沫若在重庆天官府七号文工会主讲"中国古代社会研究":7日讲"中国古代经济",8日讲"中国古代学术思想",9日讲"古代文学"。讲座内容大意曾发表在重庆《新蜀报》。② 据说听者百余人,产生很大争论。③ 1941年12月31日,郭沫若在给友人的信中透露,他关于古代社会的学术观点,"虽然现在还未被人公认,但我也并不着急,我相信早迟是会得到公认的","只要我有多余的时间,我早迟也很想把这些问题有系统地叙述出来"。④ 1942年2月,他写《屈原思想》时,对同道批评的态度有所变化,批评对手"认识不足,研究的没有到家"。⑤ 1942年9月,翦伯赞来文工会讲中国通史,与郭沫若围绕西周社会性质等问题有所争论。⑥ 翦伯赞《中国史纲》第1卷"史前史""殷周史",虽至1944年4月方才出版,但他曾在文工会讲中国通史,故郭沫若对他的学术观点应不陌生。1942年10月27日,郭沫若草就《关于古代社会研究答客难》,⑦ 回答的主要问题之一即西周是不是奴隶社会。他说:"吕吴诸君的书我还不曾拜读过,不过无论国内国外研究中国古代的人,最大一个毛病就是资料调查的第一步便没有做好……无批判地据《诗》以论西周,是有问题的。周秦诸子可更不用说……把井田解释为庄园制,完全是主观主义!井田痕迹于卜辞及金文均无可考。"⑧ "吕吴"即吕振羽和吴泽,二者系师生关系,均主张"西周封建说"。郭沫若说没有读过他们的著作,但"把井田解释为庄园制"的正是吕振羽,且吕氏此说又被翦伯赞、吴泽接受。一个月前,翦伯赞在文工会讲中国通史,郭沫若应从中获悉翦伯赞、吕振羽的观点,所以才在《关于古代社会研究答客难》有所回应。此前,郭沫若在学术观点不被认可时,尚"不着急",但看到同一阵营的翦伯赞也持相左观点,便表露出急切的情绪。

《墨子的思想》是郭沫若恢复诸子研究后发表的第一文,虽不能视为促成写作《十批判书》的主因,但确是一个辅因。1943年7月底,《群众》编辑乔冠华向郭沫

---

① 林甘泉、蔡震主编:《郭沫若年谱长编(1892—1978年)》第2卷,中国社会科学出版社2017年版,第864页。

② 《中国古代社会研究——郭沫若昨在文化工作委员会讲演》,《新蜀报》1941年10月8日、9日第3页;《中国古代社会研究二:学术思想之部——郭沫若在文化讲座上讲词》,《新蜀报》1941年10月13日第3页。郭沫若《殷周是奴隶社会考》(《学习生活》1942年第3卷第1期)、《论古代文学》(《学习生活》1942年第3卷第4期)是此次讲座内容的一部分。

③ 李初梨:《我对于郭沫若先生的认识》,《解放日报》1941年11月18日第4版。

④ 郭沫若:《由诗剧说到奴隶制度》(1941年12月31日),《诗创作》1942年第8期。

⑤ 郭沫若:《屈原思想》,《新华日报》1942年3月9日第4版。该文又发表于《中苏文化》1942年第11卷第1—2期合刊。

⑥ 张传玺:《新史学家翦伯赞》,北京大学出版社2006年版,第70—71页。

⑦ 此文最初发表在桂林《文化杂志》1943年1月10日第3卷第3号,后收录于《先秦学说述林》,文字略有增补。

⑧ 郭沫若:《关于古代社会研究答客难》,《文化杂志》(桂林)1943年第3卷第3号。

若约稿，他答应写一篇关于墨子的文章。[1] 为什么此时他想到墨子？抗战以来，国统区、延安乃至沦陷区的学界，普遍存在褒扬墨学的氛围，这与郭沫若自 1923 年以来对墨子持否定的立场异趣。[2] 1944 年，他对当时学界一味推崇墨子表示不满："对于古代的批判应该要有一个整套的看法。尽可能据有一切的资料，还原出对象的本来面目。是什么还它什么，是最严正的批判……新儒家，新墨家，新名家，新道家，凡把过去了的死尸复活到现代来的一切企图，都是时代错误……我们要以公正人的态度来判决悬案，并不希望以宣教师的态度来宣讲'福音'。为了接近那一'家'，便把那一'家'视为图腾，神圣不可侵犯，那是最不科学的态度。例如喜欢墨家，便连墨家崇拜鬼神都要替它辩解，或说出一番民主的意义出来，那未免近于嗜痂成癖了……要打倒孔家店，并不希望建设墨家店。"[3]

郭沫若虽没有系统阐述"非墨"观点，但在普遍高扬墨子精神的时代语境中，他的看法显得异常突兀而常受批评。扬墨者举郭沫若的非墨观点作为反证，如 1931 年李季反驳郭沫若："某君认墨子为反革命派，因为'敌不住进化攻势'以致消灭，这是'以成败论英雄'的观点。"李季为墨子辩护，反复强调"墨子是代表小有产的农工阶级"，"我们细心翻阅墨子的书，就可以看出他是代表这种农民和手艺工人的"。[4] 许多左翼学人深受李季的影响，如吕振羽视墨子为"农民革命的实际运动者"，"其学说大部分能代表农民的政治要求"，是"替农民说话的"。[5] 赵纪彬认为墨子哲学是奴隶大众的意识形态，"非命的理论正是墨子哲学中辩证法、唯物论的要素。然而这却是一般治中国哲学者所完全忽略了的唯一可宝的遗产。正因为忽视了此点，所以对墨子哲学的理论价值及其阶级基础，便作了估计错误的过低评价，如郭沫若先生认墨子为保守的复古派，即是一例"。[6]

重庆左翼学界扬墨是一个主流取向，杜国庠、侯外庐、赵纪彬、翦伯赞、陈家康、杨荣国、舒芜等都是扬墨者，这应与当时延安方面对墨子的评价有关。1938 年 7 月 26 日，张闻天在一次演讲中称墨子是"中国古代劳苦大众伟大的代表者"。[7] 1939 年 4 月 24 日，毛泽东也在一次讲话中赞扬墨子是"一个劳动者，他不是官，而他是比孔子更高明的圣人"。[8] 而将墨子提升为"一个伟大的原始唯物论者和原始辩证家"

---

[1] 郭沫若：《十批判书》"后记"，群益出版社 1945 年版，第 411 页。
[2] 参见郭沫若《读梁任公〈墨子新社会之组织法〉》，《创造周报》1923 年第 7 号。
[3] 郭沫若：《谢陈代新》（1944 年 5 月 29 日），《群众》1944 年第 9 卷第 18 期。
[4] 李季：《胡适〈中国哲学史大纲〉批判》，神州国光社 1931 年版，第 174、60、113 页。
[5] 吕振羽：《殷周时代的中国社会》，不二书店 1936 年版，第 362 页；《中国政治思想史》，黎明书局 1937 年版，第 94 页；《由初期封建制到专制主义封建制的转换·战国时期》，《解放日报》1943 年 8 月 22 日第 4 版。
[6] 向林冰（赵纪彬）：《中国哲学史纲要》，生活书店 1939 年版，第 126 页。
[7] 洛甫（张闻天）：《论待人接物问题》，《解放》1939 年第 65 期。
[8] 中共中央文献研究室编：《毛泽东著作专题摘编》，中央文献出版社 2003 年版，第 2280 页。

的是陈伯达,他认为墨子思想与共产主义虽不能混同,却是"我们的古代先驱"。①陈伯达的墨子论述又影响了范文澜《中国通史简编》,后者强调墨子"代表下层社会农工奴隶要求政治解放"。② 延安方面关于墨子的评价和认识,通过各种渠道流传至重庆左翼学术圈,③ 可能使得郭沫若深感孤立。

　　1943年前后,重庆学界弥漫着扬墨气息,④ 郭沫若的非墨观点受到同道或明或隐的批判。在郭沫若看来,这不是"以一个史学家的立场来阐明各家学说的真相",而是以"宣教师的态度"传播某种教义。所以,当乔冠华向他约稿时,他便以墨子为题,批评时人对墨子的认识"陷入于公式主义的窠臼"。⑤《墨子的思想》一文撰成于1943年8月6日,发表于重庆《群众》第8卷第15期(1943年9月16日),最初收录在《先秦学说述林》(1945年4月出版)一书。此文发表后,很快就引起争论。1943年12月1日出版的《群众》第8卷第20—21期合刊,发表两篇与郭文商榷的文章,同期还有郭沫若《吕不韦与秦代政治(上)》一文。通常情况下,郭沫若应该很快得知批评。然而,郭沫若却于1944年2月20日写好《先秦学说述林·后叙》,"作为我并无留恋于古代研究之意的证据"。⑥ 这表明,此时郭沫若似乎没有因为墨子思想的争论而产生撰写《十批判书》的打算。

　　经过以上分析,我们可对《十批判书》的写作语境作如下把握。20世纪30年代末,中共中央倡导加强历史研究。40年代初,重庆左翼史家创作热情高涨,吕振羽、翦伯赞等后进学者常将作为先进学者的郭沫若视为赶超对象,而发起学术论辩。郭沫若了解同道的观点和态度,便通过各种途径作出回应,反复阐明他的最新认识。由于这些观点散见各处,虽然"有好些朋友要我从新来叙述一遍,加以系统化和普及化,但我实在没有那样的耐心"。⑦ 到1944年2月,郭沫若"兴趣减衰",想把有关先秦

---

　　① 陈伯达:《墨子新论》,作者出版社1943年版,"付印前记"第3页。按:郭沫若在《孔墨的批判》中批评扬墨者所谓"农工革命的前驱""古代的鲍尔塞维克",或是指向陈伯达"古代先驱"说。

　　② 范文澜:《中国通史简编》上册,新华书店1941年版,第76页。

　　③ 范文澜《中国通史简编》上册出版后不久,就引发了一场关于墨子思想的辩论。1942年9月20日重庆《新华日报》第4版发表署名"庞公"的《关于墨家——读书笔记之一》,不点名摘录范文澜《中国通史简编》第1篇第6章第3节"墨子及墨家"大部分文字,并加以反驳。1942年9月30日《新华日报》第4版又发表"庞公"《再谈关于墨家——读书笔记之二》。1942年11月5日延安《解放日报》第4版转载"庞公"《关于墨家——读书笔记之一》。1942年11月18日《解放日报》第4版发表《中国通史简编》编写者之一叶蠖生《答庞公先生的〈关于墨家〉》。郭沫若在1943年前后未必读过范文澜《中国通史简编》,但他可能通过"庞公"和叶蠖生的文章,了解延安知识界的墨子论述。郭沫若撰写《墨子的思想》确实是为了回应左翼学者的扬墨观点,但从该文内容分析,它与范文澜《中国通史简编》并无明显交集。

　　④ 杨荣国:《论墨子哲学思想》,《理论与现实》(重庆)1940年第2卷第1期;张申府:《从墨家看科学》,《新华日报》1942年8月15日第4版;沈友谷:《从墨家到道家——读张荫麟先生的遗著和追悼他的文章后》,《新华日报》1943年4月12日第4版;石头:《说墨家的"仁爱"》,《新华日报》1943年6月26日第4版。

　　⑤ 郭沫若:《先秦学说述林》"后叙",东南出版社1945年版,第367、369页。

　　⑥ 郭沫若:《十批判书》"后记",群益出版社1945年版,第417页。

　　⑦ 郭沫若:《先秦学说述林》"后叙",东南出版社1945年版,第372页。

社会和思想的研究成果结集出版,"对于古代研究便起着想在此和它告别的意思"。①他同时告诉同道:"如有愿意批评的人,最好请从头至尾看它们一遍。此外关于考古方面的拙著如能一并阅览,自能见出我所掘得的一个体系,即使是不完全或不正确。性急的一鳞一爪的批判,在个别的论文发表的途中,已曾接受了一些,我在比较后写的几篇文字中作了答复,这篇《后叙》(《先秦学说述林》——引者注)不用说也含有这样的用意。"② 郭沫若原本想以这种方式停止学术论争,然而,4月,翦伯赞《中国史纲》出版;5月至7月《群众》连载范文澜《中国通史简编》;6月,侯外庐《中国古代思想学说史》出版。一时间,郭沫若看到"好几部新史学阵营里面的关于古史的著作",依旧或明或隐地批评他的学术观点。更令他感到急切的是,这些鸿篇巨制,尤其是翦伯赞《中国史纲》,并未关注他的新说,而对他已放弃的旧说或批或袭——"有的朋友还沿用着我的错误,有的则沿用着我错误的征引而又引到另一错误的判断,因此关于古代的面貌引起了许多新的混乱。"③ 此外,《墨子的思想》发表以后,引来好几篇商榷文章,令他感觉"犯了众怒"。"这些立刻刺激了我(郭沫若——引者注)",他于是改变计划,决定"彻底整理古代社会及其意识形态",以此作为对批评者的"总答复"。

二 以"自我批判"回应同道

《古代研究的自我批判》(下称《自我批判》)最初发表于《群众》第9卷第20期(1944年10月31日),是郭沫若确立"彻底整理古代社会及其意识形态"决心后撰写的第一篇文章。该文是在《先秦学说述林》之"后叙"基础上扩写而成的,也延续后者的论述意图:以自我批判始,以批评同道终。在《自我批判》中,郭沫若以"辩论的笔调"④,与同道展开学术交锋,进一步巩固自己的"殷周奴隶说"。因此,郭沫若的行文不是采用直述方式,而是密集地使用辩论式叙述:一是用"新史学家(们)""朋友""有人"等指称批评对象,多不指名道姓;二是行文中的反问或否定式论述,往往也是有所指,并非一般意义上的观点陈述。

先举证第一种情况。郭沫若针对新史学家处理史料问题,有一段批评:

> 新史学家们对于史料的征引,首先便没有经过严密的批判。《易经》仍被视

---

① 郭沫若:《十批判书》"后记",群益出版社1945年版,第417页。
② 郭沫若:《先秦学说述林》"后叙",东南出版社1945年版,第372页。"后叙"收录于1946年群益出版社《青铜时代》(1945年文治出版社初版未收),"当作我研究过程中的一项注脚",并删除此段引文,说明此时郭沫若有意减弱对批评者的压力。
③ 郭沫若:《十批判书》,群益出版社1945年版,第1页。
④ 郭沫若:《十批判书》"后记",群益出版社1945年版,第418页。

为殷末周初的古书,《书经》甚至引用到梅赜的伪古文,《诗经》则一本《毛传》。对于旧文献的批判根本没有做够,不仅《古史辨》派的阶段没有充分达到,甚至有时比康有为、阎百诗都要落后,这样怎么能够扬弃旧史学呢?实在是应该成为问题的。有好些朋友又爱驰骋幻想,对于神话传说之被信史化了的也往往无批判地视为信史。对于甲骨文的引用和解释也太随便。甲骨文字的研究是方兴未艾的一种学问,前人的成说每每不久便被推翻,我们如不去全面追踪或过于轻信,便每每以不狂为狂,以狂为不狂。例如爱被新史学家们征引的"𡩻奴"说,早就被扬弃了。"𡩻"是娩字,"奴"是嘉字。又例如同样爱被征引的"归矛"说,也早就被扬弃了。"归"为妇字,"矛"是包字。然而新史学家们至今都还在引用来著书立说。"帚侄"是人名,而说为子侄之侄。"臣在斗"的斗字是地名,而认为奴隶用于角斗。其它错误,不遑枚举。关于金文,《殷文存》仍全被视为殷文。周代的彝器则拢统活脱地被使用着,不肯从分别时代上着眼。这些作风,不能不说是在基本上就颇成问题的。①

其一,举证"𡩻奴"说。翦伯赞《中国史纲》讲述殷代奴隶的悲惨命运,谓奴隶被活埋,注释说明:甲骨文中有𡩻奴之记载,如云"归𡩻奴",又云"贞,不其𡩻奴"。𡩻字甲骨文"象两手将人送入土穴之象,故所谓𡩻奴者,即活埋奴隶也"。② 吕振羽《殷周时代的中国社会》说甲骨文字所载奴隶中即有"𡩻奴"。③ 卜辞中所释"奴"字,始于罗振玉,学者景从,相沿袭用,以证明商代是奴隶社会。但这个字并不是"奴",乃是"嘉",是"吉祥"的意思,1934年郭沫若在《骨臼刻辞之一考察》一文中已订正。"𡩻"字当释为"冥",借为娩。这是占卜一个女人生产时吉祥与否,与奴隶风马牛不相及。④

其二,举证"归矛"说。董作宾在《安阳发掘报告》第4期(1933年6月)发表的《帚矛说(骨臼刻辞的研究)》一文,反复被"新史学家们"所引用,吕振羽《殷周时代的中国社会》据此文认为:"因而就现有实物考究,殷代之为青铜器时代便能得到确认。从而一般误认殷代为'新石器'或'金石器'时代的'历史家',便属绝大的错误,且从而概见其对唯物辩证法之无理解。"⑤ 吕振羽以为找到力证确认殷代为青铜器时代,而否定郭沫若《中国古代社会研究》提出的殷代为"金石器"时代的观点,谓之"对唯物辩证法之无理解"。翦伯赞《中国史纲》据吕著转引董作宾《帚矛说》,又作发挥:"由此可知殷人所铸造的铜制兵器的总生产量之庞大。殷

---

① 郭沫若:《十批判书》,群益出版社1945年版,第30—31页。
② 翦伯赞:《中国史纲》第1卷,五十年代出版社1944年版,第215页。
③ 吕振羽:《殷周时代的中国社会》,不二书店1936年版,第97页。
④ 郭沫若:《郭沫若全集·考古编》第1卷,科学出版社1982年版,第423—424页。
⑤ 吕振羽:《殷周时代的中国社会》,不二书店1936年版,第29页。

人在兵器上既已广泛地应用青铜，则亦断无不以铜为农耕工具及手工业工具之理。"他进一步说："与青铜器并存，在殷墟中，又发现了大批的石器和骨角器物及陶器等，而且在数量上，石器反而多于铜器。因而有人以为殷代还是新石器时代，从而以为殷代社会还是氏族社会。这样说来则殷墟出土的青铜器，便成了无法说明的奇迹了。"① 此处"有人"，应暗指郭沫若。

然而，董氏《帚矛说》早被郭沫若《骨臼刻辞之一考察》一文推翻，与殷代铜制兵器毫不相干。关于这种刻辞的意义，学界有数番新解，最后胡厚宣以为是记载采集牛骨的刻辞。② 若引用早被学界抛弃的"归矛"说，以证殷代为青铜器时代，郭沫若当然无法接受。吕、翦二人进一步推论，殷代使用金属农具，而不是郭沫若判定的"当时耕具犹用石刀"。③ 吕振羽曾反驳郭氏："郭沫若先生从'农'字的'辰'字去证明的农器为石器，从而更以'石刀'充数为农器，这不仅是牵强，而且不免陷在诡辩论的泥沼中去了。照郭先生看来，一方面有农业工具的'石刀'和'石犁'，他方面又有繁盛的农业，这两种现象，怎样能成为辩证的联系呢？"④ 郭沫若在《自我批判》中与之针锋相对，坚持旧说，强调"青铜器的耕具在中国不曾发现过，就在全世界上也不曾发现过"，"要说用这样原始的耕具为什么发展出相当高度的农业，我看这也不难于说明。因为用多量的奴隶作过分的榨取，是可以达到这个目的的"。⑤ 这正是答复吕振羽的疑问。

其三，举证"帚侄"。吕振羽《殷周时代的中国社会》批评了郭沫若后来已放弃的殷代婚姻制度"多父多母"的观点，指出"我们的'历史家'却以其'盲天过海'的手段，把历史的记载——实际，这些记载也是很明白的——有意无意的故意混淆，将殷代的历史挪回到多少万年以前去"。他举证甲骨文有"己亥卜王，囗余弗其子，帚侄子"，"子侄之分，在殷代固甚明显的存在了"。同时指出郭沫若已放弃旧说，"究竟是不肯和真理执拗的"。⑥ 翦伯赞《中国史纲》同举卜辞"帚侄子"为例反驳郭沫若："殷代时，父之兄弟之子，已不通称为子，而别称为侄。因而又指明父之兄弟不通称为父，而别称为'大父''仲父'，从而又指明父之兄弟，已不共有他们的妻。一言以蔽之，'侄'的称呼之出现，就是殷代不是亚血族婚家族的最好的证据。"⑦

其四，举证"臣在斗"。在古书上找不到殷代有"奴隶角斗"的记录，在地下材料中也无迹可寻。吕振羽《殷周时代的中国社会》认为，"甲骨文字中还有这样的一

---

① 翦伯赞：《中国史纲》第1卷，五十年代出版社1944年版，第180、181页。
② 胡厚宣：《古代研究的史料问题》，商务印书馆1950年版，第26页。
③ 郭沫若：《中国古代社会研究》，上海联合书店1930年版，第248页。
④ 吕振羽：《殷代奴隶制度研究》，《劳动季报》1934年第2期。
⑤ 郭沫若：《十批判书》，群益出版社1945年版，第13—14页。
⑥ 吕振羽：《殷周时代的中国社会》，不二书店1936年版，第128—130页。
⑦ 翦伯赞：《中国史纲》第1卷，五十年代出版社1944年版，第230页。

条记载'卜贞臣在斗',这是否是在说用奴隶们'角斗'为戏以娱目?在没有其他的材料来确证前,我还不敢作决然的解释"。① 翦伯赞《中国史纲》便根据这一观点,进一步认为殷代奴隶被用于"角斗",以供贵族之观赏。②

对于上述观点,郭沫若批评道:"卜辞研究是新兴的一种学问,它是时常在变迁着的。以前不认识的事物后来认识了,以前认错了的后来改正了。我们要根据他作为社会史料,就应该采取'迎头赶上'的办法,把它最前进的一线作为基点而再出发。目今有好些新史学家爱引用卜辞,而却没有追踪它的整个研究过程,故往往把错误了的仍然沿用,或甚至援引错误的旧说以攻击改正的新说,那是绝对得不到正确的结论的。"③ 此处所指对象是吕振羽和翦伯赞。不加批判地使用《易经》《殷文存》,主要指吕振羽、翦伯赞、范文澜。郭沫若所谓"有好些朋友又爱驰骋幻想,对于神话传说之被信史化了的也往往无批判地视为信史",同样指吕振羽和翦伯赞。他们好谈史前史,认为"把神话人物当作一定历史时代的特征看,则仍不失为古史的资料之一"。④ 然而郭沫若强调,"关于神话传说可惜被保存的完整资料有限,而这有限的残存又为先秦及两汉的史家所凌乱……在这一方面,我虽然没有作出什么特殊的贡献,但幸而早脱掉了旧日的妄执,没有坠入迷宫"。⑤

郭沫若主张"西周奴隶说",反对"西周封建说",所以他在《自我批判》中重新检讨"新史学家们认周代为封建社会的主要依据"。郭沫若对"新史学家们"提出的三个证据一一展开批驳。首先,"新史学家们"否认井田制,但又把孟子理想化的井田制认为是庄园制的雏形,这是"不着边际的循环论证"。其次,他们认为土地已经分割,土地已经私有,也就是庄园地主已经存在。郭沫若认为土地已经分割是事实,但只是土地的享有,而非土地的私有。最后,他们认为耕者都是农奴,是自由民。郭沫若则认为殷周两代从事生产者谓之民、众、庶人,其地位比家内奴隶还要低,都是生产奴隶。⑥

庄园制的观点为吕振羽、翦伯赞两人所提倡,范文澜无此说。吕振羽《殷周时代的中国社会》把西周定性为"初期封建制",经济制度则是庄园制,"这种庄园制的组织,在历史的记载上,便被孟轲误称为所谓'井田'"。他批判胡适的无井田说,也否定胡汉民、廖仲恺等肯定的井田说,"均由于那作为其认识论的观念论的'作怪'","郭沫若也认为金文中无井田制度的存在,无条件的又作了实验主义的追寻者",提出"西周的土地制度虽不是'井田制度',而孟轲所说的'井田制度'却相

---

① 吕振羽:《殷周时代的中国社会》,不二书店1936年版,第101页。
② 翦伯赞:《中国史纲》第1卷,五十年代出版社1944年版,第213页。
③ 郭沫若:《十批判书》,群益出版社1945年版,第5页。
④ 翦伯赞:《中国史纲》,五十年代出版社1944年版,"序"第5页。
⑤ 郭沫若:《十批判书》,群益出版社1945年版,第3页。
⑥ 郭沫若:《十批判书》,群益出版社1945年版,第31页。

对的说明了庄园制度的内容"。① 翦伯赞作进一步申论，也把西周定性为"初期封建社会"，认为"在西周，虽无所谓'井田制'，而'井田制'的传说，却足以暗示出庄园制的内容，由此而知所谓'井田制'的传说，并非孟轲凭空造谣，而是以庄园制为其历史的素地加以理想化的一种传说"。②

1942年10月，郭沫若《关于古代社会研究答客难》批驳了庄园说。1944年2月17日，他完成《由周代农事诗论到周代社会》，肯定了井田制，认为"土地既有了分割，就有了好些朋友认为西周已经是封建社会的。因而我从金文里面所发掘出的一些赐臣赐地的资料，在我以为乃奴隶社会的绝好证明者，通被利用为支持封建说的根据"。③ 这正是对吕振羽、翦伯赞等人的隔空喊话，因为吕振羽曾谓："研究西周的社会，在周金文和《诗经》这一类可靠的材料中，就能找到她的说明。郭沫若先生在其《中国古代社会研究》中所例举关于西周社会的一些史证，大多只能说明封建制度，并不能说明其所谓奴隶制度。"④ 所以郭沫若说："有些朋友把周代农事诗解为地主生活的记录，把孟子式的井田制解为庄园的雏形，那更完全是过于自由的纯粹的臆想了。"⑤ 这里的"有些朋友"应是吕振羽和翦伯赞。⑥

关于土地是否私有，郭沫若说："爱被新史学家们所引用的《尚书》里面的几句话：'尔乃尚有尔土'，'今尔惟时宅尔宅，继尔居'（以上《多士》），'今尔尚宅尔宅，畋尔田'（《多方》），以为都足以证明殷灭亡后的那些顽民都成了'农奴'——自由民，有自己的土田房屋。其实所谓'有尔土'是享有尔土，不是私有尔土。所谓'宅尔宅，继尔居'，或'畋尔田'，是宅尔所宅之宅，继尔所居之居，畋尔所畋之田。我们如把享有误为私有，那是会差之毫厘而谬以千里的。"⑦ 这里的"新史学家们"包括哪些人？范文澜《关于上古历史阶段的商榷》引《多士》《多方》，认为"被俘之殷献民即顽民，也还承认他们的私有权"。⑧ 吕振羽《殷周时代的中国社会》引《多方》《多士》，说明"土地便完全集中到了新的贵族的手中，他们便成为一新的阶级"。⑨ 翦伯赞《中国史纲》则据之表明周公"对于殷族之自由民与奴隶，则一面威骇，一面怀柔，要他们安心乐命，好好地做新朝的农奴，否则杀无赦"。⑩

---

① 吕振羽：《殷周时代的中国社会》，不二书店1936年版，第183—188页。
② 翦伯赞：《中国史纲》第1卷，五十年代出版社1944年版，第281页。
③ 郭沫若：《由周代农事诗论到周代社会》，《中原》1944年第1卷第4期。
④ 吕振羽：《史前期中国社会研究》，人文书店1934年版，第49页；吕振羽：《中国原始社会史》，耕耘出版社1943年版，第29页。
⑤ 郭沫若：《由周代农事诗论到周代社会》，《中原》1944年第1卷第4期。
⑥ 参见吕振羽《殷周时代的中国社会》，不二书店1936年版，第189—200页；翦伯赞《中国史纲》第1卷，五十年代出版社1944年版，第313、284—289页。
⑦ 郭沫若：《十批判书》，群益出版社1945年版，第32页。
⑧ 范文澜：《关于上古历史阶段的商榷》，《群众》1940年第5卷第4—5期合刊。
⑨ 吕振羽：《殷周时代的中国社会》，不二书店1936年版，第165页。
⑩ 翦伯赞：《中国史纲》第1卷，五十年代出版社1944年版，第271页。

关于西周时期的耕者是奴隶还是农奴，吕振羽说："我们的'历史家'大抵不懂得封建财产的这一特征，反而把农奴本质的'夫''白丁''庶人'降级为奴隶，那却是一个十分危险的论证。"① 翦伯赞也认为西周的"庶人"是农奴而不是奴隶，"农奴对领主之人身隶属关系，还是非常强烈，而这种人身隶属关系之逐渐松懈，则是在西周末年佃耕制开始以后"。②《自我批判》唯一在此处点名反驳翦伯赞《中国史纲》："在这儿十八世纪绝对专制王权下的俄国暴政，把农奴成千或（疑应为'成'——引者注）万的连同土地一道给人，那种变例是不能拿来做证明的。"③ 因翦伯赞正以"十八世纪的俄国，那些荒淫的女皇，常常把成千成万的农民，连同其土地，赏给他们的情人"作为例证，④ 反驳郭沫若以西周金文中常出现臣民与土地同赐之例论证臣民系奴隶。

郭沫若在《十批判书》中回应争论的第二种表述方式，是以貌似自我检讨的形式，回应同道的质疑和批评。《自我批判》有一段文字：

> 周人在卜辞中屡次出现，有一例称为"周侯"的，此外有几例说到"聘周"，大抵都是武丁时候的卜辞，足证殷周本来是同盟兄弟之国。关于"聘"字结构很奇怪……我从前释为寇，那是不正确的……说为聘字，较为合理。武丁以后，周人在卜辞里面便很少见了。⑤

就言内之意看，这似是自我检讨过失，但真正用意不止于此。

吕振羽《殷周时代的中国社会》讲到"异族"对商朝是服叛无常，便举证"殷人一面有'命周侯'的事实，而同时又有'寇周'的记载，这便是在其服从时命之，在其背叛时便又从而征之"。他又说："在甲骨文字的记载中，在殷代国家的末期，频烦的有着大规模的'寇周'的记载。"⑥ 翦伯赞也说："从甲骨文中在殷末有不少'寇周'的纪载，可以看出殷周两族的武装斗争之激烈。"⑦ 此外，范文澜《中国通史简编》也说"殷王屡派兵去寇盗"。⑧ 实际上，这些左翼史家都遵从了郭沫若的旧说：郭沫若《甲骨文字研究》（1931）"释寇"篇谓"毁人宗庙为寇，迁人重器亦必

---

① 吕振羽：《殷周时代的中国社会》，不二书店1936年版，第210页。
② 翦伯赞：《中国史纲》第1卷，五十年代出版社1944年版，第314页。
③ 郭沫若：《十批判书》，群益出版社1945年版，第32页。
④ 翦伯赞：《中国史纲》第1卷，五十年代出版社1944年版，第314页。
⑤ 郭沫若：《十批判书》，群益出版社1945年版，第9页。
⑥ 吕振羽：《殷周时代的中国社会》，不二书店1936年版，第104、161页。
⑦ 翦伯赞：《中国史纲》第1卷，五十年代出版社1944年版，第263页。
⑧ 尹启民：《中国历史讲座》，《群众》1944年第9卷第11期；范文澜：《中国通史简编》上册，新华书店1941年版，第26页。

为寇……余谓此乃殷人之寇字……均为寇周之事,可见帝乙以前殷周亦饶有交涉";①《卜辞通纂考释》(1933)亦谓"字形虽奇异,必为古寇字无疑"。②"寇周"意为征伐、讨伐周人。然而,《自我批判》一改旧说,谓"寇"实为"聘",其义正相反,即商周为友好关系。了解上述事实,我们可知郭沫若为什么要写这段看似不甚关键的细节。郭沫若说这个字是"寇",同道都跟着说"寇",且有一番"背叛讨伐""寇盗""武装斗争"之类的发挥。他现在却说当初把这个字认错了,其实是"聘",殷周原来是同盟兄弟国,还告诉同道,武丁之后周人很少出现在卜辞中,然后"自责"地说:"我自己要承认我的冒昧,一开始便把路引错了。"③

郭沫若检讨对"取厉取锻"的解释,同样以退为进,达到反批评的效果。1930年,郭沫若据《诗经·公刘》篇"取厉取锻"一语,说明周初已发现铁,论证周人生产力超过殷人。④但1944年他说:"这所犯的错误相当严重。《公刘》篇绝不是周初的诗,锻字的初文即是段字,有矿石、石灰石以及椎冶的含义,并没有铁矿的意思。我以前根据郑玄'石所以为锻质'的解释认为铁矿,那完全出于牵强附会。"⑤这个错误最初并不是由他"自己纠正"的。1932年,张荫麟发表《评郭沫若〈中国古代社会研究〉》,认为"周初发明铁耕之说,尚无丝毫证据。我们不能遽认为事实,以解释殷周间的史象……我们从铁兵发明于战国的事实,可以推测铁耕的发明至早当在春秋中叶或末叶"。⑥而现在郭沫若很有信心认为可以得到一个更正确的推论,即铁耕"并非出现于周初,而是出现于春秋战国时代,那吗,这铁的使用倒真正成为春秋战国时代是古代社会的转扭点的'铁的证据'了"。⑦其实,这个推论早被张荫麟抢先了。不过他在此强调,一方面是为了说明周秦之际才是社会大变革,以印证殷周奴隶社会说;另一方面,由于批评者还在坚守他的旧说,比如吕振羽:"郭先生的'取厉取段'的解释,是有相当正确的";⑧翦伯赞:"我以为至迟在殷末,殷人应该已经知道使用铁器",借以论证"殷周之际所体现的社会变革",⑨因此,郭沫若以自我批判的方式告诉同道,他已经抛弃旧说,转而认为"铁的发现不能上溯至殷末"。⑩

通过对《自我批判》的文本分析可知,翦伯赞《中国史纲》的出版,是引发郭沫若写作《十批判书》的主要原因。至于吕振羽的著作,郭沫若在1942年10月写

---

① 郭沫若:《甲骨文字研究》,大东书局1931年版,第1、3页。按:1952年人民出版社印行改订本《甲骨文字研究》删除了"释寇"篇,说明郭沫若放弃了旧说。
② 郭沫若:《卜辞通纂考释》,《郭沫若全集·考古编》第2卷,科学出版社1983年版,第451页。
③ 郭沫若:《十批判书》,群益出版社1945年版,第5页。
④ 郭沫若:《中国古代社会研究》,上海联合书店1930年版,第15页。
⑤ 郭沫若:《十批判书》,群益出版社1945年版,第51—52页。
⑥ 素痴(张荫麟):《评郭沫若〈中国古代社会研究〉》,《大公报》(天津)1932年1月4日第8版。
⑦ 郭沫若:《十批判书》,群益出版社1945年版,第51页。
⑧ 吕振羽:《殷周时代的中国社会》,不二书店1936年版,第18页。
⑨ 翦伯赞:《中国史纲》第1卷,五十年代出版社1944年版,第188、291页。
⑩ 郭沫若:《十批判书》,群益出版社1945年版,第51页。

《关于古代社会研究答客难》时还没接触，但他在写《自我批判》的时候，应该看过吕振羽《殷周时代的中国社会》。吕、翦二人的观点高度一致，且在批评郭沫若时常常用"历史家"指代，而郭沫若在创作《自我批判》时，则仿其故技，用"新史学家"来回应他们。当事人虽没有指名道姓，但各自都非常清楚对方批评所指。吕振羽就曾"对号入座"，主动回应了郭沫若的批评。1946年6月，他在《殷周时代的中国社会》增订版"序"中言道："我曾经有一个打算，想把自己过去对中国史的系统见解，重新检讨一遍。特别在郭沫若先生的大著《古代研究的自我批判》出版后，其中并有不少牵涉到拙著《中国原始社会史》和本书的许多主要论点。我一面衷心钦佩郭先生的自我批判精神，一面感谢他给了我不少启发。"①

《自我批判》是一篇有破有立的文章。就"破"的一面来说，此文虽名为"自我批判"，但不是真的"要谴责自己"，② 实则"批判之批判"。郭沫若自我批判的错误，往往不是被同道批判的"错误"，反而是被同道所吸收和肯定的部分，况且他的错误是由他"自己纠正"。就"立"的一面来说，郭沫若对自己的观点非常自信，认为"那儿（《自我批判》——引者注）的见解在我认为是最正确的"，③ "在今天看来，殷周是奴隶社会的说法，就我所已曾接触过的资料看来，的确是铁案难移"。④

三　"孔墨"批判的对手

对"孔墨"思想的讨论，是《十批判书》的核心主题之一。郭沫若的基本态度是"褒孔贬墨"，认为在奴隶社会向封建社会的变革过程中，"孔子的立场是顺乎时代的潮流，同情人民解放的，而墨子则和他相反"。⑤ 郭沫若先后撰写《墨子的思想》《孔墨的批判》，全面阐释"贬墨"的根据。郭沫若仅花了两天时间（1943年8月4日至6日）写完《墨子的思想》。落笔前，郭沫若翻阅了方授楚《墨学源流》，杜国庠以为此书"最平允"，但他认为是"欲建立墨家店"。⑥《墨子的思想》发表在《群众》第8卷第15期（1943年9月16日），"编者按"："这是郭先生最近写成的一篇研究墨子思想的文章，目的在使大家就此来'平心静气的研究研究'。"⑦

郭文开宗明义："墨子始终是一位宗教家，他的思想充分的带有反动性——不科学，不民主，反进化，反人性，名虽兼爱而实偏爱，名虽非攻而实美攻，名虽非命而

---

① 吕振羽：《中国社会史纲》第2卷，耕耘出版社1947年版，"增订版序"第1页。该书是《殷周时代的中国社会》增订版。
② 郭沫若：《十批判书》，群益出版社1945年版，第1页。
③ 郭沫若：《中国古代社会研究》"新订正版后记"，群益出版社1947年版，第357页。
④ 郭沫若：《蜥蜴的残梦——〈十批判书〉改版书后》，《光明日报》1950年4月26日第3版。
⑤ 郭沫若：《十批判书》，群益出版社1945年版，第73页。
⑥ 郭沫若：《十批判书》"后记"，群益出版社1945年版，第412页。
⑦ 郭沫若：《墨子的思想》，《群众》1943年第8卷第15期。

实皈命。像他那样满嘴的王公大人，一脑袋的鬼神上帝，极端专制、极端保守的宗教思想家，我真不知道何以竟能成为了'工农革命的代表'！我这样说，有的朋友替我'着急'（大约以为我是冥顽不灵，不懂道理），也有的朋友说我'袒护儒家'。我倒要劝朋友们不必那样'着急'，我们还是平心静气的来研究研究，让我说出我所见到的根据，看我究竟是不是偏袒。"然后对上述七条"反动性"表现逐一说明。郭沫若所谓"工农革命的代表"，与范文澜《中国通史简编》所谓"代表下层社会农工奴隶要求政治解放"，[①] 两者确实有相通之处。不过，左翼学界视墨子为"工农革命的代表"之说，始于李季提出墨子是"农工阶级的代表"，[②] 方授楚《墨学源流》就曾征引李季的观点。有学者认为郭沫若是在回应范文澜，[③] 由此看来，毋宁说是回应李季。

郭文后半部分与方授楚《墨学源流》有所互动。方书论及墨学之亡的原因，认为与墨家拥护嬴秦有关。郭沫若认为这一观点"颇为透辟"，"新颖而有见地"，但同时认为，方授楚服膺墨学，"虽然'读书得间'，但不肯重伤墨家，故尔未能深刻的楔入。据我看来，这儿是大有阐发的余地的"。[④] 受方授楚启发，郭沫若于1943年8月28日至29日完成《秦楚之际的儒者》，作为《墨子的思想》的补充，"因为时贤有的主张墨家曾参加陈涉、吴广的农民革命，陈吴失败，故墨家因而灭亡，但考之史籍，毫无迹象可寻，反而是墨家以外的各家都曾有参加革命的人物，而以儒者为最多"。[⑤] 这里的"时贤"是谁呢？

方授楚《墨学源流》曾引用李季《胡适〈中国哲学史大纲〉批判》的一段文字：

> 墨学灭亡的真正原因，到底在那里呢？就在农工阶级的失败……因为当秦末时农工阶级由陈涉、吴广领导发难，起而革命，虽能以"耡櫌棘矜因利乘便"而亡秦室，终于领袖被戕，军事失败，被代表新兴地主阶级的泗上亭长刘季坐收渔人之利了。自此以后，这个地主阶级掌握政权，将农工阶级压在底下，供其剥削。后者既被屈服，则代表他们利益的墨学不能幸存，自是意料中的事。所以墨学……独消灭于汉初，主要原因全在于此。[⑥]

由此可知，郭沫若所谓"时贤"正是李季。郭文又说："墨子书具在，中国的历

---

① 范文澜：《中国通史简编》上册，新华书店1941年版，第76页。
② 李季：《胡适〈中国哲学史大纲〉批判》，神州国光社1931年版，第136页。
③ 戚学民：《再论〈十批判书〉的撰著动机与论学宗旨》，《历史研究》2007年第3期。
④ 郭沫若：《墨子的思想》，《群众》1943年第8卷第15期。
⑤ 郭沫若：《十批判书》"后记"，群益出版社1945年版，第413页。
⑥ 方授楚：《墨学源流》，中华书局1937年版，第204—205页；李季：《胡适〈中国哲学史大纲〉批判》，神州国光社1931年版，第174—175页。

史具在，我并没有那么大的本领能够信口雌黄的诬蔑墨家，认为它是灭亡了而'落井下石'。"方授楚恰恰曾批评郭沫若："此似以消灭即为其罪恶，乃落井下石之论也。认为反革命，则于墨学之真相已有所误会，其消灭与否乃适不适，而非尽由善不善。"① 郭沫若说："又有的朋友说：墨学并没有亡，后世的任侠者流便是墨家的苗裔，这也是乱认表亲的办法。"② 这也是针对方授楚，因为方氏说："墨学非真能亡也，其直接影响而发为行动者，有许行及任侠一派。"③

《墨子的思想》发表后，引起普遍的争论，"瞠惑了好些友人"。④ 1943年12月，《群众》杂志在同一期发表了两篇商榷文字：杨天锡（杨荣国）《墨子思想商兑》和筱芷（殷筱芷）《关于墨子的思想的讨论——就正于郭沫若先生》。他们一致支持郭沫若批评墨子是工农革命代表的观点。与此同时，两篇文章又都反对郭沫若过分强调墨子的反动性，而没有给予这位古代唯物论者一个合适的评价。他们逐一反驳了郭沫若所谓墨子思想的七条"反动性"。⑤ 1944年7月，郭沫若撰写《孔墨的批判》，回应了杨荣国和殷筱芷的观点。《孔墨的批判》所谓"有的朋友又说：墨子的天道观是很平等的"，"这位朋友又说：明鬼也有平等的意思在里面"，"又有人说：墨子的信仰鬼神，多少是出于利用，所谓'神道设教'"，"有的朋友说这是最科学的方法，因为它有本有原，'都把经验当成真理的标准'"，等等，都是回应杨荣国的观点，在此不一一举证。⑥ 至于殷筱芷的文章，郭沫若也有所回应，如"有的朋友说：这比三年之丧禁止男女三年不交接的似乎还要'人道'一些"。殷筱芷则说："把'男女之交'公开的提出来，我觉得比较后来的儒家执着'三年之丧'，似乎更有些'人性'。"

此外，郭沫若关于墨子的某些论述，应是回应侯外庐，这点往往被研究者忽略。郭沫若在《墨子的思想》中说道：

> 有一位朋友，他坚决地认定墨子是奴隶解放者，他所根据的是什么呢？却根据了《兼爱下》"非人者必有以易之"的一句话。他说"非人者"就是奴隶，奴隶的地位一定要替他改革。这是要成为笑柄的。因为墨子的原意并不是这样，他是说反对别人的学说一定要拿出自己的学说出来，就是有破必有立，所以在下文接着便说"兼以易别"，就是要拿兼爱说以替换差别说的。凭自己的主观去讲

---

① 方授楚：《墨学源流》，中华书局1937年版，第205页。
② 郭沫若：《墨子的思想》，《群众》1943年第8卷第15期。
③ 方授楚：《墨学源流》，中华书局1937年版，第209页。
④ 郭沫若：《十批判书》"后记"，群益出版社1945年版，第420页。
⑤ 参见杨天锡《墨子思想商兑》，《群众》1943年第8卷第20—21期合刊；筱芷《关于墨子的思想的讨论——就正于郭沫若先生》，《群众》1943年第8卷第20—21期合刊。
⑥ 安妮《捍卫墨子：论侯外庐对郭沫若墨子明鬼主张之驳议》（《学术月刊》2014年第4期）以为此处"朋友"是指侯外庐。

墨子，所以墨子可以随意地成为卢梭或者列宁了。①

这位"朋友"应是侯外庐。侯外庐《中国古典社会史论》（1943年1月初版）说："墨子同情于非人者的奴隶，倡兼相爱交相利。"②值得注意的是，侯外庐在1944年出版《中国古代思想学说史》时，不再说"非人者的奴隶"，而改为"（墨子——引者注）主张把不当做人看待的奴隶变成和氏族贵族的人一样，即国民化，所谓'非人者必有以易之'"。③郭沫若此举，正是对侯外庐在《中国古典社会史论》中不点名地批评郭沫若说墨子"反动"乃是"画脸谱"的反应。④侯外庐在《中国古代思想学说史》中又说："最近几年来学者对于墨子或偏爱为革命者，或偏恶为反革命者，著者认为皆应改正之研究态度"，"墨子思想之富于民主精神，见于其人类思想者与政治思想者相一贯，未可以'尚同'的形式概念而否定其平等思想的兼、同理想。我们研究思想史，毫不把古人的优良传统抹杀，而画一个脸谱"，"研究墨子的思想应寻其要领，未可以天鬼之说，即认为'反动的'"。⑤郭沫若则借用侯外庐的词汇（偏恶、脸谱）反驳扬墨者："我曾说'他的非攻其实就是美攻'，朋友们多说我故为'偏恶之辞'，其实我倒是尽了客观检讨的能事的"，"但要说墨子是奴隶解放者，是农工革命的前驱，是古代的鲍尔塞维克，虽然明显地不是出于'偏恶'，然而只是把黑脸张飞涂成了红脸关羽，不仅依然在涂着脸谱，而且涂错了脸谱"。⑥

除墨子思想以外，《十批判书》关于先秦诸子思想的论述，与侯外庐《中国古代思想学说史》交集甚多，互有辩难。如关于老子问题，郭沫若认为老子在孔子之先，为孔子之师，"有的朋友因《道德经》晚出，遂并怀疑老聃的存在，或以为由思想发展的程序上看来，老聃的本体说是不应该发生在孔子之先。这些都仅是形式逻辑的推论而已"，"有的又认为'道'的观念为孔墨所无，在思想发生的过程上不能先于孔墨，这也只是想象之谈"。⑦侯外庐《中国古代思想学说史》便是从思想发展过程上论证老子晚出，且点名批驳了郭沫若的老子早出说——"郭沫若氏《先秦天道观之进展》一书，列老子于孔子之前，作者认为颇有问题"。⑧侯外庐接着说道：

研究思想史要注意"史"的线索，若以地理因素而说明思想的起源，乃机械观。我们研究孔墨主要看其显然的历史，而并不否认"邹鲁人士"之文化影

---

① 郭沫若：《墨子的思想》，《群众》1943年第8卷第15期。
② 侯外庐：《中国古典社会史论》，五十年代出版社1943年版，第163页。
③ 侯外庐：《中国古代思想学说史》，文风书局1944年版，第138页。
④ 侯外庐：《中国古典社会史论》，五十年代出版社1943年版，第161页。
⑤ 侯外庐：《中国古代思想学说史》，文风书局1944年版，第98、151、157页。
⑥ 郭沫若：《十批判书》，群益出版社1945年版，第100—101页。
⑦ 郭沫若：《十批判书》，群益出版社1945年版，第90、136页。
⑧ 侯外庐：《中国古代思想学说史》，文风书局1944年版，第9页。

响，同样地研究老子，亦不否认其为楚民族的传统，然若以"楚人精神"代表了历史源流，则为错误。①

这是针对郭沫若的学术观点而发。郭沫若格外注重地理因素对思想的影响，这在其屈原研究中有明确体现。侯外庐所谓"楚人精神"正取自郭沫若。②

结　语

《十批判书》的产生并非预先安排的学术计划，而是马克思主义史学内部学术论争的产物。20世纪40年代初，郭沫若本无心留恋古代研究，《先秦学说述林》的出版便是一个明证。然而，在较短的时间段内，翦伯赞、范文澜、侯外庐等马克思主义史家的新著作纷纷问世，他们对郭沫若的相关观点加以质疑或批评，这重新激活了郭沫若对古代研究原本已衰减的兴趣，转而系统"清算"古代研究。在《十批判书》中，郭沫若虽与同道有充分的对话，但并未采取常规的论战模式，而是以"自我批判""隔空对话"的方式来回应同道的学术批评。在郭沫若看来，同道指出的问题，不少是早已被他纠正的旧观点，而同道坚持的观点及相关论据，不少仍然延续着他的旧说。所以，郭沫若通过批判"旧我"来实现"反批判"的目的。局外人不易厘清其中奥妙，甚至称道郭沫若勇于纠正错误，但当事人则能心领神会。

郭沫若与同道的学术分歧主要聚焦西周社会性质和孔墨思想的阶级属性。在这两个问题的认识上，郭沫若前后是一贯的，只不过《十批判书》对此加以集中论证和说明。关于西周社会性质，郭沫若以为《自我批判》发表之后，能获得同道的承认，但大多数马克思主义史家仍坚持"西周封建说"。20世纪50年代，古史分期论争成为中国史学界"五朵金花"之一，就问题意识来说，延续了《自我批判》相关论题，如井田制、铁器的使用、"众"的身份、工商的分化等。《十批判书》在学术史上扮演着承前启后的角色，蕴含着丰富的学术史讯息，是研究中国马克思主义史学的绝好文本。

（原载《历史研究》2021年第4期）

---

① 侯外庐：《中国古代思想学说史》，文风书局1944年版，第162页。
② 如郭沫若在《屈原研究》中说："殷人的超现实性被北方的周人所遏抑了的，在南方的丰饶的自然环境中，却获得着了它的沃腴的园地"，"秦人的政治上的成功却遭了失败，而楚人的精神上的生产却收到了意外的成功。由楚所产生出的屈原，由屈原所产生出的《楚辞》，无形之中在精神上是把中国统一着的。"（群益出版社1943年版，第70、78页。）

从郭沫若容庚几封信札的考订谈及
二人之间的一段往事

李红薇

《郭沫若致容庚书简》（以下或简称《书简》）① 较为完整地公布了郭沫若与容庚的往来书信，其中郭沫若致容庚60余函，另附容庚致郭沫若13通手札原件。② 曾宪通先生曾对这批材料作过全面整理，不仅释文精确、注释详赡，③ 更考证了函札时间、排序编次，为学界了解使用这批材料提供了莫大便利。这批书信的刊布，使我们有机会窥见郭沫若、容庚两位学术巨擘在20世纪20—60年代间论学的细节，对近现代学术史的研究具有重要意义。

信札作为史料，断明时间是第一步，也最为重要。但由于20世纪二三十年代两人鱼雁频传，多数信尾未署年份，甚至有时连月份都不记，排比时间允非易事。曾先生已做了很好的工作，但个别书信的排定还值得进一步探讨。本文对其中5函作了解读，重新考订时间，并在此基础上钩沉相关史料，尽量还原出二人交往过程中的一段往事。

一

《书简》第43号信（整理者定为1932年）：

> 希白先生：大札奉悉。住友氏藏铜鼓已函询梅原氏，据覆其器下方有大穴，上部无口，认为尊类完全无理云云。原函附上，请一阅……郭沫若　七月十五日
> 原信阅后请赐还。

《书简》附录另有梅原末治致郭沫若函，④ 整理者已正确指出即信中所附"原

---

① 广东省博物馆编：《郭沫若致容庚书简》，文物出版社2009年版。
② 13通尺牍释文见容庚著，曾宪通编：《容庚杂著集》，中西书局2014年版，第402—416页。
③ 1981年曾宪通编注《郭沫若书简（致容庚）》（广东人民出版社1981年版），释文之外，尚未公布书信原件，且不少释文在后来出版的《郭沫若致容庚书简》中有所改动。
④ 见《书简》附六注释1："原信已寄还郭老，此据容庚先生保存之译稿录出。"

函"（详下文）。

《书简》容庚致郭沫若第9函：

> 承示罍纹鼓，非尊，至谢！梅原信附上……北平较去年为热，不能工作。尊处想较好，箸作更丰也。复颂箸祺　弟容庚　上　七月廿六日
> 近组织金石学会，请指正。

从内容上判断，应为第43号信的复函。

上文提及43号信所附梅原末治原函：

> 承问关于住友家的铜鼓，有种新说，说那是鼓形之尊。可是照实物来说，这种见解完全没有道理……还有小川氏所藏伊簋，正好那件东西的拓片同照片都没有，可是若能给我两星期的时间，交涉一下，可以作一种拓片，也能照一张照片来。若是你希望那样，请告诉一下。

梅原在信中除了告之住友家的铜鼓非尊外，还询问郭沫若是否需要伊簋拓片，此事又见于1934年9月7日郭沫若致田中庆太郎函：

> 《图录》《录编》奉上，乞查收。其中《伊簋》一项，梅原氏将有拓本寄来，请稍待。余《图编》各件待后尘。①

据此推断，梅原末治的原函当作于1934年。则整理者将第43号信断为1932年有误，上述前三封信均当移置1934年。

另从上引容庚致郭沫若第9函，容庚告之"近组织金石学会，请指正"来看，《书简》第50号应与之相接。《书简》第50号信：

> 复书奉悉。承示金石学会章程，甚完善，弟亦甚为赞同。如对弟无须忌避，亦可加入也。近颇思得一鼎，不识兄能为物色否？此间亦苦热，工作不易进行。
> 顺颂　暑安
> 沫若　八月十二日

整理者定为1934年，正确无误。信文与容庚第9函均提到组织金石学会、天气

---

① 马良春、[日]伊藤虎丸编：《郭沫若致文求堂书简》，文物出版社1997年版，第301页。

炎热影响工作等。金石学会成立于 1934 年，见诸史料。①《颂斋自定义年谱》记载，1934 年"六月由容庚、容肇祖、商承祚、徐中舒、董作宾、顾廷龙、邵子风、王辰、周一良、张荫麟、郑师许、孙海波诸人发起，成立金石学会，征求会员。九月一日开成立大会，会员到者三十五人，并将名称改为考古学社"②。此事又见于不少当事人的年谱、日记等。③ 可以推断，7 月 26 日容庚致函郭沫若"近组织金石学会，请指正"且附寄了一份学会章程，征询郭沫若意见，这样刚好与《书简》第 50 号信内容契合。

综上几点，《书简》第 43 号信及所附梅原末治函、容庚致郭沫若第 9 函皆当定于 1934 年。

二

《书简》第 44 号信（整理者断为 1932 年）：

> 希白吾兄：信悉。岂明先生"好好先生"之评，诚惶诚恐，实则先生之好好真好好也，我则虚有其表而已。鼎能以照片见示否？色气质量如何？乞详。尊藏仲竞簋及乍韃簋（象足者），欲任得其一，能相让否？专复即颂　近安　郭沫若　十二月十二日

信中所言"鼎能以照片见示否？色气质量如何"当是前文第 50 号信"近颇思得一鼎，不识兄能为物色否？"的下文，从信文可见此时容庚已为之物色到，故两信间隔不会太久。前文已改定第 50 号信为 1934 年 8 月 12 日，则将本函断为同年 12 月 12 日，方才合情。

另岂明先生，即周作人。④《浪花十日》1934 年 8 月 6 日记"午前徐耀辰来信，说岂明先生欲一见，问我几时可回市川，以 10 号前后回去的消息答复了他"。⑤ 1934

---

① 《考古学社社刊》第 1 期"本年春间……大家公推容希白为主编……未几，便见北平的几位同志发起了金石学会，有编辑各种丛书的拟议。九月十四日接到北平寄来的通告，云已由金石学会改名考古学社……民国二十三年十月二十一日"（考古学社印行：《考古学社社刊》1934 年第 1 期）。
② 容庚：《颂斋自定义年谱》，容庚著，曾宪通编：《容庚杂著集》，中西书局 2014 年版，第 31—40 页。
③ 《容庚北平日记》1934 年 6 月 21 日："晚请学生邵子风等饭，讨论金石学会事。"（容庚著，夏和顺整理：《容庚北平日记》，中华书局 2019 年版，第 375 页）《徐中舒先生学术年表》1934 年 6 月"与容庚等 12 人在北平发起'金石学会'，并创办《考古》社刊"（徐亮工编：《徐中舒先生学术年表》，载徐中舒著，徐亮工编《古器物中的古代文化制度》，商务印书馆 2017 年版，第 414—437 页）。
④ 据《周作人日记（影印本）》（鲁迅博物馆藏，大象出版社 1996 年版）、《周作人年谱：1885—1967》（张菊香、张铁荣编著，天津人民出版社 1999 年版）等记载，周作人于 1934 年 7 月 15 日至 8 月 28 日回日本探亲。
⑤ 郭沫若：《浪花十日》，陈漱渝编：《郭沫若日记》，山西教育出版社 1997 年版，第 78—94 页。

年 8 月 14 日郭沫若致函田中"今日周作人、徐祖正两先生来访，谈及尊处，颇愿识荆，嘱为介绍"，① 8 月 18 日"昨日偕周、徐二君奉访，多蒙垦意招待"。② 由此看来，"岂明先生'好好先生'之评"在 1934 年 8 月之后，也是合适的。

三

《书简》第 45 号信（整理者归入 1933 年）：

> 久疏笺候，隔阂殊深。……<u>尊著内史鼎释文（见《颂斋吉金图录》）</u>亦大有可商之处，如足下乐闻其说，当于次函略布所见，以广大闻。<u>《古代铭刻汇考》</u>闻已邀惠鉴，"再勘误"一纸奉上，乞查核。专此即请　著安　郭沫若再拜　一月三十日

容庚所著《颂斋吉金图录》编纂于 1933 年 2 月，8 月印成，③ 而 1933 年 1 月 30 日既未印成，郭沫若恐不得见"尊著"。"《古代铭刻汇考》闻已邀惠鉴"指《燕京学报》第 14 期对"古代铭刻汇考四种"的评介。④ 1933 年 12 月 17 日郭沫若致函田中"《古代铭刻》再勘误如印就，乞寄下十二、三份"，1934 年 1 月 15 日告之"《古代铭刻汇考》稿本妥收。再勘误亦于前日写定奉上，请用该表"。⑤ 其后才能衔接郭沫若寄与容庚的"'再勘误'一纸"。

要之，45 号信当定为 1934 年 1 月 30 日。此外，"久缺笺候，隔阂殊深"指二人之间一段误会，详见本文后半部分。

四

《书简》第 46 号信（整理者定为 1933 年）：

> 希白先生：示悉。足下慷慨释疑，至欣且慰。<u>鼎文本奥衍难衩，尊释亦不便直指为误，特鄙见有不同耳。鄙意以为当如下读……《武英殿》</u>已在文求堂得

---

① 《周作人日记》1934 年 8 月 14 日"乘电车至市川须和田二六七访郭沫若君"。徐耀辰，名祖正（1895—1978）。

② 马良春、[日]伊藤虎丸编：《郭沫若致文求堂书简》，文物出版社 1997 年版，第 299 页。又见《周作人日记》1934 年 8 月 17 日"同徐祖正往访田中，郭沫若亦在座"。

③ 容庚著，曾宪通编：《容庚杂著集》，中西书局 2014 年版，第 31—40 页。

④ 容媛编：《二十二年（七月至十二月）国内学术界消息》，《燕京学报》1933 年第 14 期。

⑤ 马良春、[日]伊藤虎丸编：《郭沫若致文求堂书简》，文物出版社 1997 年版，第 283、285 页。《古代铭刻汇考》版权页记：1933 年 12 月 10 日文求堂发行。

一见，甚精美。……近蒙梅原末治氏赠臣辰尊铭拓影一，与臣辰盉及卣同，器作象纹。兄如需之，可影寄也。专此即颂　著安　郭沫若　二月十三日

𣪘鼎，即上一封第 45 号信所称内史鼎，① "鄙意以为当如下读" 云云即接续上函 "如足下乐闻其说，当于次函略布所见"，若合符节。《武英殿》指 1934 年 2 月燕京大学印行的《武英殿彝器图录》。② 早在 1934 年 1 月 27 日郭沫若即已函告田中 "容庚著《武英殿彝器图录》闻即将出版，仆需一部"，③ 故本信所云 "《武英殿》已在文求堂得一见，甚精美" 当衔于其后。另信文提及 "近蒙梅原末治氏赠臣辰尊铭拓影" 一事，又见 1934 年 1 月 5 日郭沫若致田中函：

同封奉上《臣辰尊铭》，系近日自友人处借得，当收入《图录》，请复写。④

两相合参，可知 1934 年 1 月郭沫若收到梅原末治所借臣辰尊铭文后，曾请田中复印以收入《两周金文辞大系图录》，随后才有 2 月 13 日致容庚的这封信。

准此可知，第 46 号信当作于 1934 年 2 月 13 日。

五

《书简》第 47 号信（整理者排于 1933 年）：

复书及大稿均拜读。《卜辞通纂·序》末段因有激而发……前者因兄匿名，后者因兄干没。今既知皆有所为，则知妄言之罪矣。尊评多悻刻语，于弟虽无损，似觉有玷大德。如能及，请稍稍改削之；如不能及，亦请释虑，弟决不因此而图报复也。此复即颂　文祺　郭沫若　再拜　二月十七日
尊稿似已毕用，故未寄。如必须寄还，函知当即璧赵。又及。

信中郭沫若解释误会缘由，与上文所论第 45 号、第 46 号信内容紧密衔接，故当移置 1934 年。六天后，《容庚北平日记》1934 年 2 月 23 日记 "早授课。复郭沫若信" 即为本函复信，惜今已不得见。另整理者在 "尊评多悻刻语" 后注释 "参看一

---

① 中国社会科学院考古研究所编：《殷周金文集成（修订增补本）》，中华书局 2007 年版，第 02696 号。
② 容庚：《颂斋自定义年谱》，容庚著，曾宪通编：《容庚杂著集》，中西书局 2014 年版，第 31—40 页。
③ 马良春、［日］伊藤虎丸编：《郭沫若致文求堂书简》，文物出版社 1997 年版，第 285 页。
④ 马良春、［日］伊藤虎丸编：《郭沫若致文求堂书简》，文物出版社 1997 年版，第 285 页。

九三一年九月二七日信注②",①以为此处"尊评"即《学报》第9期对郭沫若著作的书评，非是。"尊评""尊稿"当指1934年容庚对郭沫若《古代铭刻汇考》的评介（详第三则），②也与1931年无涉。

通过上述5封尺牍考订可见，《书简》原归入1932年、1933年的所有信函（凡5件）时间均误，《郭沫若书信集》③、诸版《郭沫若年谱》④及近年新出的《郭沫若年谱长编（1892—1978年）》⑤多据之收录，实应全部归于1934年。迄今尚未发现1932年、1933年郭沫若与容庚的往来书信。⑥个中缘由，诚如1934年1月郭沫若所言"久缺笺候，隔阂殊深"，可见二人确实有很长一段时间未通音信，其时在1931年10月至1934年1月之间。

郭沫若、容庚之间有过隔阂，早已是学界"公开的秘密"，但关于断交始末，除容庚回忆"余于其说之确凿可据者固多采纳，而间以献疑之故，招致郭氏不安，甚且以为遭受敌视，而函札遂疏"外，⑦二人后来均未再多着笔墨。夏和顺《容庚与郭沫若的交往与隔阂》一文谈及了这段往事，⑧但由于所论以《书简》为基础，尤其上文新订关键几函仍据错误时间推演阐发之，故所述多与史实相乖。⑨有鉴于此，我们

---

① 一九三一年九月二七日信注②："《燕京学报》第9期载有《二十年（一月至六月）国内学术界消息》一文，该文于'出版消息'项内对郭老新版《甲骨文字研究》及《殷周青铜器铭文研究》加以评介，作者余逊、容媛（容庚先生之妹），故郭老此信以为容庚先生所论列。"见广东省博物馆编《郭沫若致容庚书简》，文物出版社2009年版，第212页。

② 《容庚北平日记》1934年1月4日"作郭沫若《古代铭刻汇考》书评"，18日"编《学报》'学术界消息'"。

③ 黄淳浩编：《郭沫若书信集》，中国社会科学出版社1992年版。

④ 龚济民、方仁念：《郭沫若年谱》，天津人民出版社1983年版；龚济民、方仁念编：《郭沫若年谱（上、中、下）》，天津人民出版社1992年版；王继权、童炜钢编：《郭沫若年谱》，江苏人民出版社1983年版。

⑤ 林甘泉、蔡震主编：《郭沫若年谱长编（1892—1978年）》，中国社会科学出版社2017年版。

⑥ 另《容庚北平日记》一般也多简要记录收、复信函的信息，而这两年内没有关于郭沫若的任何记载。此点虽不能作为二人此间断交之确证，但可为我们的推断提供较为有利的旁证。

⑦ 参见容庚《甲骨学概况》，原载《岭南学报》1947年第7卷第2期。后收入曾宪通编《容庚文集》，中山大学出版社2004年版，第1—46页；又收入容庚著，莞城图书馆编《容庚学术著作全集》第22册，中华书局2011年版，第921—978页。

⑧ 夏和顺：《容庚与郭沫若的交往与隔阂》，原载《随笔》2010年第5期，又载澎湃新闻，https://www.thepaper.cn/newsDetail_forward_4791599，2019年10月28日。

⑨ 如夏文认为容庚曾将对郭沫若《卜辞通纂考释》的书评原稿寄郭本人寓目，"郭读后甚为不满，1933年2月17日，他在信中称其序文末段'因有激而发'，'尊评多悖刻语，于弟虽无损，似觉有玷大德。如能及，请稍稍改削之；如不能，亦请释虑，弟决不因此而图报复也'。容庚收到此信后，果作'稍稍改削'，发表的书评中并没有出现'责人过严'、'不可思议'等语。这段话中因信文时间判断有误而导致相关理解皆错。引文中的这封信实作于1934年，所谓"尊评"应是容庚对《古代铭刻汇考》的评介，而非《卜辞通纂》。"因有激而发"虽然指的是《卜辞通纂·序》，但这是两人嫌隙中的一段插曲，详见本文考证。夏和顺容庚书评中未出现"责人过严""不可思议"等语，便倒推这是按郭沫若要求删除的初稿文字，恐属臆测。另，夏文判断容庚致信郭沫若"大著《殷周青铜器铭文研究》可否寄弟一阅"一事发生在1931年9月1日，亦有误。该函即《书简》所附容庚致郭沫若第2函，从原信内容来看，系容庚对1930年8月18日郭沫若函的复信，实作于1930年9月1日。《容庚杂著集》将此函排入1930年中是正确的。此外，夏文对郭、容嫌隙产生的时间判断也不正确。

认为有必要再谈谈这段"隔阂"的来龙去脉。

1931年6月《燕京学报》第9期刊布《二十年（一月至六月）国内学术界消息》，除扼要介绍了《甲骨文字研究》（以下简称《甲研》）、《殷周青铜器铭文研究》（以下简称《青研》）的大致内容外，更对后者不少观点提出不同意见，此文出自容庚之笔。但是否仅仅因为这些批评文字就"招致郭氏不安"呢？通过串联史料，我们发现事情的经过也并非如此简单。下面我们拈出有关函札，制成表1"郭沫若、容庚往来函札摘录"。需要说明的是，容庚致郭沫若函多已散佚，目前能见到的多为郭沫若致容庚书简。

表1　　　　　　　　　郭沫若、容庚往来函札摘录

时间	收寄人	相关信文摘录
1930.9.1	容庚致郭沫若	大著《殷周青铜器铭文研究》可否寄弟一阅，或有可攻错处。
1930.9.8	郭沫若致容庚	《殷周青铜器铭文研究》及《甲骨文字研究》二稿已寄沪，前稿由十六种考释所集成，乃两三年来研究古器之心得也。兄急欲阅，容函询沪友，如尚未付印者，当嘱转寄北平。
1930.12.4	郭沫若致容庚	《青铜器铭文研究》大约不久可出，出后当奉政。
1931.6.25	郭沫若致容庚	《学报》九期已出否？
1931.8.24	郭沫若致容庚	大稿①已阅数遍，拙见略有可贡献者已书之眉端，或别笺附入，乞裁夺之。……拙著《青铜器》二册乞哂纳，中有讹字已略加订正，事忙恐尚有逸漏。该书书店送来太迟，故至今方得奉赠。兄之品评，望严加指摘，勿客气。
1931.9.9	郭沫若致容庚	《燕京学报》九期已出书否？
1931.9.27	郭沫若致容庚	近复承燕京学报社寄来拙著二种单行本一百份，著中承兄插影，感激感激。……《学报》第九期除弟稿二种外尚未得窥全豹，兄对弟二旧作所列者尚未拜览，稍暇拟往东京一行，在东洋文库可借阅也。《青铜器》一种过于草率，中有谬误处，在出版之前曾再三函索更正，书店置之不理。弟稿本用日本"改良半纸"单张写成，复被弄成中式装订，实甚悯笑也。
1931.10.4	容庚致郭沫若	正欲作书与足下，写完前三字而小鬼出兵沈阳之耗至，血为之沸，故一切拓本照片均停寄。……寄来各件均收到。第九期《学报》寄出在单行本之前。尚未收到，想是邮失。

从前后文看，先是容庚欲睹《青研》，主动提出可为之"攻错"。但因郭已将书稿寄至出版社，直至次年8月出版后才寄与容庚，并望其多提意见。前后信文中的"攻错"及"望严加指摘，勿客气"等都是私人语境下的学术批评，这种互动此前已

---

① 指容庚编著的《武英殿彝器图录》。

有过多次，①即使在 8 月 24 日寄送《青研》的同时，郭沫若还附有对《武英殿》一书的诸多建议，并"乞裁夺之"。但与之前不同的是，这次容庚并未再先告郭沫若，所谓"攻错"变成了一篇公开发表的"匿名"书评，这是郭沫若最先所未料到的。②加之该刊出版很长一段时间后，郭沫若仅仅收到自己两篇文章的抽印本，而一直未收到全刊。可以想见，后来郭沫若读到书评时的心情是颇为复杂的。

《燕京学报》自第 8 期（1930 年起），专设"国内学术界消息"一栏，除介绍学界动态外，更引介新出著作，邀请相关领域专家撰写书评，其中金石类的多出自容庚之笔。综览这些书评，弹射臧否，对新书的褒贬得失往往直言不讳，可见当时风气如斯，并非特意针对某一人。容庚评介《甲研》笔墨不多，肯定了郭沫若"眼光之敏锐，有使人倾服者焉"，而品评《青研》则占了近四页纸，这是前所未有的。其中既有褒扬，如"此书长处，在独出心裁，不拾前人牙慧"，但更多的是不同意见，如批评著者于古文字喜于声类求其解，"果声同者便可相通假耶？……如谓矢令簋之炎，罍卣之斥，中鼎之寒，'均即奄字之对译文'，则同时所作之器，于同一地名，用字歧异若，此岂理也哉"；又如指出郭沫若将罍卣中的王姜等同于王的理解有误，"王姜与王为二人，在斥者为王，令罍者为王姜，罍扬王姜休非扬王休，本文甚明。王姜当解作王之妻"；③再如针对《新郑古器之一二考核》一文即举出五点质疑。这篇书评提出可商榷者关涉铭文释读、书籍装帧等凡十多处。

平心而论，这些文字仅是就具体问题的不同看法，其语气并无过激之处，但这对于刚迈入古文字学坛的郭沫若而言，积多年心血所成新书，甫一面市即遭好友近四页纸的批评，这使他颇为不安，以致见到书评后，郭沫若便不再与容庚联系，④开启了长达两年多的"断交"模式。

其间二人虽不通音信，但容庚继续为郭沫若新著撰写书评，言语较之前次大为激剧。如"郭君必曲意求之，此真所谓一手掩尽天下目矣""滥用通假""往往有颠倒黑白之事"等。⑤

有意思的是，1933 年 5 月出版的《卜辞通纂·序》中有这样一段耐人寻味的

---

① 如郭沫若为容庚《武英殿》提出了不少建设性意见，也曾多次分批将《甲骨文字研究》稿寄与容庚请教。参见《书简》第 208—212、165—180 页。

② 从 9 月 27 日郭沫若信中所言"《学报》第九期除拙著二稿外尚未得窥全豹，兄对弟二旧作所论列者尚未拜览"判断，容庚应在上一封信中告之《学报》载有对郭著的评介。这篇评介就是之前望容庚"严加指摘"的意见，但直到刊出一段时间之后，郭沫若才见到。

③ 初版《青研》谓"王姜即是君，亦即是王。矢簋受王姜之锡，而一再言'扬皇王室'，其所表示者亦即王姜即皇王也……王姜即成王"，1932 年版《大系·罍卣》谓"王姜者而称君，君者，女君也……王姜当是成王之后"。1954 年版《青研》改作"古者天子之配亦称君，是知王姜即成王之后，盖成王践奄时，王姜同在军次也"。可见郭沫若后来改从了容庚意见。

④ 从内容上看，1931 年 10 月 4 日容庚致郭沫若函是 1931 年 9 月 27 日的复信，郭沫若确实收到了，但未再回复容庚。

⑤ 参见《燕京学报》1932 年第 12 期。

文字：

> ……并世学者多优游岁月，碌碌无为，其或亘数年而成一编者，语其内容则依样葫芦，毫无心得，略加考释，即多乖互，而彼辈乃动辄以阙疑勤慎自矜许，而讥人以妄腾口说。呜呼勤慎，呜呼阙疑，汝乃成为偷惰藏拙之雅名耶？余实不敏，亦颇知用心，妄腾之讥在所不免，阙疑之妙期能善用矣。知我罪我，付之悠悠。

熟悉古文字学术史的人，即使今日读来，也很容易将"亘数年而成一编""阙疑"等与容庚和他的《金文编》联系起来。① 容庚对此应是在意的，否则不会在信中专门提及这段序言。② 虽然郭沫若后来解释《卜辞通纂·序》末段另指他人，但无论如何，这些笔墨确实给二人关系蒙上了层层阴影。

就目前所能见及的材料看，1931年10月4日容庚复郭沫若函后，二人便中断了书信往来，直至1934年1月30日郭沫若主动致函容庚才释嫌和好，恢复通信。我们对《书简》中5封信札的时间考证也算是为这段尘封已久的往事提供了一个饶有趣味的注脚。

需要说明的是，本文谈及的"书评"始末，仅是由新订几封书信而展开的对史料的重新叙述，并无意于评判前贤旧事的是非对错。寒暑攸叶，事往日迁。八十多年过去了，这段风波早已以二人尽弃前嫌而平息。1934年初，郭沫若在致容庚信中对这场嫌隙有过一段感慨："学问之道，是是非非，善固当扬，恶不必隐，由是辩证始能进展。闲览欧西学术史及思想史，其所由之路率如是也。"③ 这些文字现今读来，仍意味深长。

（原载《出土文献》2021年第1期）

---

① 关于《金文编》好阙疑的特点，当时学界就多有批评，如"唐兰批评此书过于保守，有些文是可以认识的，但付阙疑"（张惟持：《著名考古学家容庚》，广州市政协文史资料研究委员会编：《广州文史资料》第38辑，广东人民出版社1988年版，第35—50页）。"《金文编》……唐兰先生等一些专家曾不止一次地批评容先生过分保守，认为附录中有许多字已无可怀疑。"（张振林：《希白师治学道路初探》，东莞市政协编：《容庚容肇祖学记》，广东人民出版社2004年版，第76—95页。）

② 容庚致郭沫若原函已亡佚，但从郭沫若回信（本文上半部分第5函）开头即解释《卜辞通纂·序》所指为谁的情况来看，当是对容庚的答复。

③ 广东省博物馆编：《郭沫若致容庚书简》，文物出版社2009年版，第217页。

学术争鸣

关于王实味对郭沫若译《异端》中"译错"的质疑

[日] 坂井洋史

王实味（1906—1947，河南潢川人），1927年由于经济拮据辍学，离开北京，辗转各地后，于1929年3月来到上海，居住在法租界。当时王实味在离党之后，又无固定的工作，希望能够鬻稿卖文为生，翻译了一本《珊拿的邪教徒》，侥幸得以公开出版。《珊拿的邪教徒》系德国著名戏剧家、诗人、小说家霍普特（Gerhart Johann Robert Hauptmann，1862—1946。王实味译为"霍布门"）所著中篇小说，原题 *Der Ketzer von Soana*，出版于1918年。王译列于徐志摩主编"新文艺丛书"之一，于1930年4月由上海中华书局出版，版式为32开，竖排，本文140页（卷末附有4页广告及版权页）。放在该译本卷头的《译者序》末尾具有"1929年10月7日"日期，可视为译竣之日。这是王实味生前公开出版的第一本译著。王实味还在这篇序言中有交代，该译从美国 Modern Library 1928年出版的英译版重译而来。Modern Library 1928年版为初版本，附有 Harry Salpeter 前言，不具译者名字。

王序篇幅不算短，不像一般的译者前言那样形式化，却包含着实质性内容，即对于郭沫若翻译的质疑。关于郭译，王序介绍如下：

> 不幸的是，在已经译了十分之八九的时候，有一个朋友告我说，这书在三年前已经郭沫若先生根据德文原本译过了，书是商务印书馆出版，书名是《异端》。

原来在王实味重译本之前，此书就有郭沫若根据德文原本翻译的译本，译题为《异端》。郭译初版于1926年5月由商务印书馆出版，后来似曾重印过几次。据我所目睹"新中学文库"1947年3月第三版版权页所载信息，"新中学文库"版初版是1933年6月出版的。虽然郭沫若在1926年初版本卷头《译者序》末尾表示将来再版时希望能够更正初版的错误，但1947年版未见有更正之痕迹，可知后来的版本均非"改版"，而是"重印"。

那么，王实味对于郭译的质疑，针对何处？有何问题？王的指点是否正当？有无充分的论据和说服力？对于这些问题，我想在这篇小文中提出初步的看法，供学者参考。

王实味将郭译（从王《译者序》篇尾的日期看，他参看的应该是郭译初版本）第 109 页第 4 行至第 110 页第 1 行三个段落抄引（第三段落只是开头两行），对存疑的三个地方施加下划线，然后将己译所据英文和自己译文出示，供读者判断孰对孰错。他之所以不厌其烦抄引了不少字，似乎是为了让读者看到上下文以便判断郭译之顺不顺与合不合情节和故事的展开情况。以下，我对此略加省略，仅将郭译中王实味施加下划线的部分、与下划线部分对应的德语原文、王实味所依据英文版原文、王译，四者并列提示。

【第一部分】

［郭译］他承认了牧师对于这件事体所处的位置。
［德语原文］und nahm in der Sache den Standpunkt des Priesters ein.
［英文版原文］and accepted the priest's point of view in the matter.
［王译］接受了他对于事体的意见。

【第二部分】

［郭译］至于村民的所行所为，村正约束着要加以严重的防闲的。
［德语原文］Was aber die Dorfbewohner und ihr Verhalten betraf, so sprach er dagegen steenge Maβregeln.
［英文版原文］But as to this villagers and their conduct, he promised to take stern measures against them.
［王译］关于村民以及他们的行动，他允许加以严厉的制裁。

【第三部分】

［郭译］这位年青的牧师他不好直接申禀到僧正那儿，乃至申禀到教皇那里去吗？我想他一定是清斋，祈祷，熬守通夜，把自己的脑经弄坏了的。
［德语原文］Dieser junge Priester könnte es wohl bis zum Kardinal, ja, zum Papst bringen. Ich glaube, er zehrt sich ab mit Fasten, Beten und Nachtwachen.
［英文版原文］This young priest might easily get to be a cardinal, yes, even a Pope. I think he is eating off fasting, praying and watching the night.
［王译］这青年牧师怕会极容易就作到僧正甚至教皇的。我觉得他像被斋戒，祈祷，熬夜弄得消瘦不堪了。

王实味对于这三处的看法如下：

第一第二两点，我想只要读者细心把英译郭译和拙译对照看一下，揣摩文情，自然就可明白的。关于第三点，村正妻子所以说那牧师怕容易就会做到僧正甚至教皇，是称赞他的热心为道，看接下去的那句话就可明白，而且依据书中的事实，那牧师原是曾把事体"申禀到僧正那儿去"了的。

据如上理解，王实味判定郭沫若确实译错了。他语气很肯定，说："好像绝对是郭先生错了。"那么，郭沫若译文的"错"那么明显、那么"绝对"吗？我未免有点怀疑。

本来关于上列译文的正确度问题，不谙德文的人没有发言权。这一点，王实味也承认：

> 郭先生的译本是根据德文原著译出，不懂德文的自己，几乎可以说没有批评他的权利。他的译本与英译本出入的地方颇多，但我不敢说一定都是他的错误，因为英译本也许会译错的，虽然英译者因文字相类的关系要易免错误些。不过有些地方，依据常识和上下文情，好像绝对是郭先生错了。

从这一段话，我们可以知道王实味判断郭译译错的依据不外是在理解德文的正确度上，英译者因其语言的类似而胜于郭，以及常识和上下文情这两点。那么，现在让我去逐一确认王实味判为"译错"的三个地方。

关于第一部分，问题比较单纯，因为郭译与王译的分歧仅在于对德语原文 Standpunkt 及其英文译语 point of view 的选择上，而其他部分包括句子的解释就大同小异。原来，Standpunkt 及 point of view 均可译为"观点""意见""看法""立场"等。对此，郭沫若却充当"位置"一词，而既然用上"位置"，作为与此相称的动词，就想到了"处"，将整个句子译为"对于这件事体所处的位置"……这是很自然的思路和处理。虽然如此译法稍欠稳当，但不至于到"译错"的程度吧。同时我们还要考虑到，像郭沫若那样留日学生出身的文学家都有一种语言习惯，动辄将日语中汉字词汇直接搬到中文书写中。原来日语中"位置"这个词包含"立场"的部分意思。今天我们也经常使用"立位置"（tachi-ichi）一词，意为一个人在思想上的倾向、价值取向或对于具体事情所采取的观点、立场。"立场"与"位置"有时候也可以互相通用。郭沫若或有可能在这个意义上使用了"位置"一词。如果是，至少在当时郭的主观意识上，此处不算"译错"也不为过。

接着去看第二部分，我们就可以发现到郭沫若直接挪用日语汉字词汇的更露骨的例子。德语原文 ver-sprach 确如英文译语那样是 promise 之谓，中文应该译为"允诺""答应""保证"等，王译所采取"允许"亦可（虽然王译中"他允许加以严厉的制裁"指何人加以制裁，不甚清楚）。很有意思，虽然现代汉语词汇中的"约束"并无此种意思，但日语中"约束"（yakusoku）恰恰是 promise 的意思，而且是极为普通的动词/名词。留日多年，对日文烂熟的郭沫若，一不小心（或无意中）就直接使用日语意义的"约束"，也算是在情理之中的事，大有可能。当然，在此使用"约束"作为"允诺""答应"等意思，不管如何也算是"译错"，但也不是那么严重的错误吧。

即使说第一部分和第二部分有问题，那也不过是译语选择的问题而已。但是第三部分的问题，其性质却与上面两个问题不同。因为它就涉及一个比较完整的句子的解释。

这部分的解释，一看就可以知道，郭译与王译迥然不同。为何产生如此分歧呢？我也可以判断，王实味的译文作为英译版英文句子的翻译是正确的。那么，英译到底是否为德语原文的忠实翻译呢？因为我也与王实味一样不谙德文，所以就请教于德语专家，就得知原来英译就有"译错"的嫌疑，即"郭对王（英）错"。至于如何正确解释这句德文，我没有发言权，无法确定其究竟，只好搁置在一边。但跟我一样不谙德文的王实味将郭译断为"译错"的理由能否成立，对这个问题，我们可以在此重审一下。

如上所述，王实味认为，英文与德文"文字相类"，故英译更可信。这理由虽然在原则上可以成立，但本来只是泛论而已，不能据此断言以英文翻译德文绝对没有"译错"。而且王实味也无能在某一句、某一词的层面上判断英译的正确度如何。我认为可以不管这第一个理由。

王实味还举了第二个理由，说："看接下去的那句话就可明白，而且依据书中的事实，那牧师原是曾把事体'申禀到僧正那儿去'了的。"以此为由而判断郭译是"译错"无疑。这理由能否成立？

第三部分这句话出现在整部小说进入最后高潮之前，发自村正年轻妻子之口。原来山上乱伦兄妹之子亚加达听从牧师的嘱咐，下山到教堂找牧师，而进入村里就受到村民的迫害。牧师好不容易将他引入牧师馆内躲避迫害，自己就跑到村正那里去说明情由并请求适当的应对。牧师回馆后，村正之妻对丈夫如是说的。

的确如王实味所说那样，牧师在此以前曾有两次"把事体'申禀到僧正那儿去'了的"：第一次在牧师向村正了解到珊拿山上"邪教"牧民兄妹的实情之后，第二次在亲自上山访问了兄妹家之后。其实，这两次"申禀"完全是牧师职掌内普通汇报（而且此时牧师心里还没萌生"邪念"），表示自己一定要善诱教化牧民一家的决心，而受到掌管教区的僧正之嘉奖。但如上介绍，村正妻子的感想是在情况发生了戏剧性变化之后发生的。此时她或许觉察出了问题之严重已经超出只管世俗事务的村正所能对付的范围之外，是应该由教会来解决的心灵问题。果然如此的话，她此时也不妨说："这位年青的牧师他不好直接申禀到僧正那儿，乃至申禀到教皇那里去吗？"像郭沫若所译那样，而可以不管牧师在此前有无"申禀"。

王实味还说，村正妻子的话"是称赞他的热心为道，看接下去的那句话就可明白"。这个理解本身没错,但也并不构成非得将前一句话与后一句话解释为一体的理由。而且,当时牧师面临事体的急变,加上已经明确自觉到对于亚加达的爱慕,内心正展开着灵肉冲突的激烈斗争,一定呈现出狼狈不堪的样子。那么,他之所以"消瘦不堪",可能是如此心理状态的反映,不一定只是"热心为道"的表现。我觉得,将王实味所举的理由作为将郭译断为"译错"的理由,还是缺乏决定性的说服力,有待进一步商榷。

指出文坛前辈翻译的"译错",以炫耀自己的外文能力和翻译态度之严肃认真,这可以说是渴望跻身文坛的无名文学青年惯技之一(当然不是唯一的动机),以创造社对文学研究会的嘲笑为著名例子,在中国现代文学史上颇不乏见。王实味对郭沫若翻译提出质疑是否也出于如此动机?对此,我不敢妄断,也不大感兴趣。我只想指出一点:或许因为对王实味后来不幸遭遇的印象太强烈,他的"牺牲者"形象往往会影响甚至支配后世对他人生道路上一切行为的客观评价,产生某种"误导"。通过本篇所介绍的例子,我觉得自己似乎看到了王实味这个人的个性之一面,而这"一面"恰恰是被"牺牲者"形象遮蔽的"一面"。如果得以收集更多的"一面",而将这些面面综合起来,我们或许能够构筑更生动、更丰满的"王实味"之立体化形象。我认为,这还是对"人"的多样性和复杂性的承认与尊重,而这承认与尊重,不仅是所谓"作家研究"要靠以建立的基础,而且是以"人"为对象的所有"研究"须臾都不能忘记的伦理底线。

2019 年 1 月 4 日

(原载《新文学评论》2020 年第 3 期,《中国现代、当代文学研究(人大复印)》2021 年第 2 期转载)

观点摘编

【郭沫若与吴稚晖的翻译笔战】
管新福

清末民初,西方大量文学文化著述被译介到中国来。随着翻译数量和翻译主体的激增,译界对翻译文本的规范性、翻译质量等问题开始重视起来,如何翻译、翻译得如何等核心问题被不断探讨,持不同见解的译者纷纷发表看法,并形成数次翻译笔战,并在20世纪二三十年代达到高潮。在诸多翻译笔战中,郭沫若和吴稚晖之间的论争较少有人提及,二人笔战主要集中在翻译的"注释"问题、直译和意译问题、翻译规范性问题等方面。对二人翻译论争进行回顾和梳理有其必要,可以丰富现代文学史、翻译史研究。

(《郭沫若学刊》2021年第1期)

【凤凰如何涅槃?——早期郭沫若文艺思想的传统起源与观念再造】
肖炳生

新时期以来,郭沫若研究已突破片面强调西方影响的窠臼,特别是早期郭沫若文艺思想的传统起源日益受到关注。陈世骧提出的"中国抒情传统",更是为探讨以郭沫若为代表的"五四"一代与传统的联系提供了别样视角。1925年出版的《文艺论集》是郭沫若早期文艺思想的总结性著作,它隐现着早期郭沫若与中国抒情传统的积极互动:一方面,"虚静""气韵""诗教"等传统概念深刻影响了郭沫若;另一方面,郭沫若积极再造出"活静""节奏""全圆"等深具个人兼时代风格的文艺概念,倡扬"有情"的宇宙观、"抒情"的诗学论和"大我"的社会说。早期郭沫若在"复归"中追寻"进步"的身姿,为五四"新文学"的再理解开启了新的可能。

(《郭沫若学刊》2021年第1期)

【九十年文学史的创造社成立时间书写摭谈】
凌孟华　周心怡

关于创造社成立时间,所见90余年来出版的100余种中国现代文学史著作之书写可谓众说纷纭。可分为5类:1922年类,有数种;1921年7月类,多达60余部,超过50%;1921年6月类,有近30部;避而不谈月份类,有十余种;其他说法类,也有几种。究其原因,当是文学史家在材料掌握、学术视野、敏锐程度、创新能力、统摄功夫上的差异,反映了现代文学史书写的惰性问题、滞后问题和沿袭问题,也凸显了文学史与学术史的互动关系。

(《郭沫若学刊》2021年第2期)

【浪漫的间歇——抗战初期郭沫若的寓湘之旅】
张弛

1938年抗战初期,郭沫若的两次寓湘之旅,是其在上海、武汉时期积极将浪漫主义融入动员式文艺活动的短暂间歇。在湘期间,因为复杂政治现实和残酷战争灾害,郭沫若一度表现出了对于宏大主题观念的疏离,而呈现了对于世俗生活日常、战争灾难记忆的偏移。其聚焦视野，由作为宣传观念的"应然"，转向具体经验的"实然"，由宏大抒情的"大我"，转向个体经验的"小我"，构成了他战时浪漫倾向和乐观情绪的休止，也显现出抗战文艺自身存在的思想张力和更多书写可能。

(《中国文学研究》2021年第3期)

【田仲济对郭沫若感情变化过程探究】
廖久明

根据田仲济的言行、结合相关史料可以推断，田仲济对郭沫若的评价几经变化：中小学读书时，"钦佩"甚至"景仰"郭沫若；看到郭沫若的《蒋委员长会见记》之后，彻底改变了对郭沫若的印象，甚至"感到有说不出的'耻辱'感"；抗战时期，郭沫若领导"第三厅"积极抗战、1940年秋却遭遇改组，田仲济对郭沫若的感情由此发生了一定变化；"文革"前夕，郭沫若发表"烧书"说，田仲济对此非常不满；郭沫若去世后，田仲济不满"社会上对郭沫若的评价似乎比对鲁迅还高"，当得知攻击鲁迅的《文艺战线上的封建余孽》的作者杜荃是郭沫若时，田仲济更加不悦；20世纪90年代后，田仲济逐渐认识到自己对郭沫若的不满是由不了解造成的，于是改变了自己的态度。田仲济对郭沫若的评价变化过程在部分中国现代知识分子身上具有一定的代表性。

(《山东师范大学学报（社会科学版）》2021年第4期)

【论《女神之再生》话语系统实践的对立与关联】
吴姗姗

《女神》作为"五四"时期多重时代浪潮之下产生的"骄子"，其文学史地位、意义与价值不言自明。但纵观百年来对《女神》及郭沫若的研究，大部分学者注重探索其浪漫主义或时代精神的内核，而无可避免地忽略了本身的文学表达，没有回归到文学本质上来。诗歌是语言的艺术，在当时新旧时代交替的多元语境之下，《女神》纷繁复杂的话语系统是建构文学框架、承载思想性与艺术性的重要修辞工具，其中最为经典的无疑是《女神》的开篇之作《女神之再生》。《女神》中的话语系统几乎可以说是无限多的，无法——展开剖析，所以该文将以《女神之再生》为例，选取其文本的话语系统构建中最为经典的两种关系：对立与关联，在文本基础上进行阐释，体会其中充满思想感情张力的表达，并探讨对立与关联背后所隐含的作者的主体意识。

(《郭沫若学刊》2021年第4期)

【鲁、郭、茅的文学选择与中国文学现代转型的三种范式】
黄　健　卢　姗

鲁迅、郭沫若、茅盾的文学选择，分别代表了中国文学现代转型的三种不同范式。用单纯排位方式框定他们的创作成就和地位，并不能充分展示他们以各自不同方式为推动中国文学以全新形态汇入世界文学发展主流所作出的杰出贡献。以文学史维度而论，三人基于各自文学理念所作出的选择、所聚焦的对象和所定位的目标，不仅深刻反映出中国文学现代转型中出现的种种问题，而且展现出中国文学一种全新的思想、艺术观念和创作形态，反映出中国文学现代发展的新走向、新态势和新特征。

（《天津师范大学学报（社会科学版）》2021年第5期）

【中国马克思主义史学的形成与社会史论战】

张 越

郭沫若等人最早尝试用唯物史观对中国历史做整体研究。中国马克思主义史学初步形成于《读书杂志》发起的中国社会史论战时期。郭沫若的《中国古代社会研究》和以《读书杂志》为中心展开的中国社会史论战，虽分别基于"知其所以然"和从社会性质深入社会史的两种研究路径而发起，表现为"根据地下发现的实物"探求"唯物论的适应度"和为了考察社会性质而去追索其"逻辑发生"的"史的生成"这两种研讨形式而展开，却都是有意识地运用唯物史观考察、解释中国历史发展过程及其不同发展阶段的社会性质。社会史论战本身既是由现实问题而来，又全然表现为将史实"嵌入"理论的研究方式，看上去便与从史料出发并标榜史学"求真"的学院派史学之间存在间隙，一时难以得到主流史学界的认同。

（《近代史研究》2021年第5期）

【郭沫若"中国社会应与他国无异"探析】

王舒琳

先秦社会形态问题是郭沫若古史研究的核心内容。强调中国社会的一般性则是他划分先秦社会形态的重要依据。自从在《中国古代社会研究》中宣称"中国与西方社会没有什么不同"，他便将其贯穿于古史分期研究之中，虽然具体观点多次变更，但这一原则从未改变。究其原因，这与郭沫若的中西文化观、接受马克思主义的途径、对马克思主义宗旨的理解等密切相关。鉴于此，他按照"五种生产方式理论"划分先秦社会形态，甚至认为"中国社会是人类社会发展规律的最好标本"，成为强调人类历史发展一般性的典型代表。郭沫若坚守"中国社会应与他国无异"曾在20世纪30年代前半期焕发旺盛的学术能量，但不顾中国社会可能具有的特殊性，使其古史研究有时出现"牵强附会"的问题，受到了多位学人的攻击和诟病。是故，围绕这一原则展开探讨有助于深化对郭沫若先秦社会形态研究的认识。

（《郭沫若学刊》2021年第4期）

【民国时期吕振羽批评郭沫若古史研究的原因及史料学意义】

李 勇

民国时期，吕振羽把郭沫若的《中国古代社会研究》批评为实验主义。事实上，无论在治史理念，还是在史学实践方面，郭沫若史学都确实具有实验主义特征。但是，郭沫若使用马克思、恩格斯的理论解读中国古史，终于跟以胡适为代表的实验主义划界分野。究其根源，吕振羽是因为要批判胡适的实验主义和从郭沫若那里受益的秋泽修二的法西斯主义史学而不得不涉及郭沫若。吕振羽的这一批判，体现了马克思主义史学家努力尝试破解史料匮乏之窘，在史料学上是对实验主义的又一次突破。

(《四川师范大学学报（社会科学版）》2021年第5期)

【郭沫若的法家观及马克思主义史家法家观的内部分歧】
宋洪兵

郭沫若的法家观与其在中华人民共和国成立之后的人生遭遇密切相关。郭沫若认可前期法家，认定他们为"国家本位"，注重国家利益的同时兼顾人民利益；但申不害与韩非子的政治思想则为"君主本位"，根源在于二人受道家影响，主张"术治"。故而郭沫若激烈批判之。他主张秦始皇采用了韩非子的政治观念，故他区分吕不韦与秦始皇的两条政治路线，批判秦朝政治实为"奴隶制度"的"回光返照"。这与当时马克思主义史学阵营内部有关法家（包括申韩、秦始皇）的历史评价存在分歧。范文澜、吕振羽、侯外庐等马克思主义史家均认可法家推动由奴隶制向封建制转变的历史功绩。郭沫若的法家观既有现实政治斗争的因素，他批评申韩与秦始皇，目的是批评当时国民党蒋介石的独裁统治；同时也有方法论的因素，他综合采用"人民本位"与"社会发展五阶段论"的立场，导致他与其他马克思主义史家的学术分歧，并最终坚持了一种与中共官方意识形态迥异的法家观，这为他在"文革"末期政治运动中的遭遇埋下了伏笔。郭沫若的"人民本位"观是马克思主义史学阵营内部具有"自由主义"倾向的观点。

(《史学月刊》2021年第2期)

【郭沫若周秦诸子研究平议——以《十批判书》为中心】
李生滨

郭沫若的中国古代社会研究立足于甲骨卜辞研究、钟鼎文研究和诸子思想研究的相互贯通，以探讨马克思、恩格斯关于人类社会发展的科学意义为旨归，而开拓了甲骨文、青铜器和周秦诸子思想等学术领域的新境界。郭沫若在古文字辨识研究基础上研究诸子的思想及其产生的社会基础和流变过程，析疑辩难完成的《十批判书》，具有新民主主义革命的理论探讨与现实针砭的多重意义。郭沫若立足于新文化建设的立场对包括周秦诸子和典章器物等中国古代历史和社会阶级的研究，始终贯彻了为中国革命而坚持马克思历史唯物主义思想批判的远大理想。郭氏一生贯通文史和东西的学术研究，包含了高远的政治情怀、强烈的文化意识和精诚的信仰追求。

(《中华文化论坛》2021年第2期)

【苏轼与郭沫若对商鞅评价的分歧及其原因】

杨胜宽

　　苏轼与郭沫若这两位在文学史上以才华卓著著称的蜀士对商鞅的关注保持了数十年之久，但在评价商鞅变法的历史功绩及其影响时，观点却截然相反，苏轼全面否定，郭沫若全面肯定，并且一旦形成就坚持不改，在一定程度上表现出"偏恶"与"偏爱"的倾向。其之所以如此，与二人所处时代的特殊背景和人生遭际而形成的思想认识与政治立场存在复杂关系。

（《地方文化研究辑刊》2021 年第 1 辑）

【学术文化领域的统一战线与马克思主义史学主导地位的强化——兼论陈寅恪、郭沫若的《再生缘》研究】

郭士礼

　　以团结与包容的姿态与非马克思主义学者开展学术交流与对话，是党的统一战线工作在思想文化领域灵活运用的体现。陈寅恪学术研究中所蕴含的"自发的唯物因素"显示出其与马克思主义史学有深入对话的可能。郭沫若的《再生缘》研究在灵活运用统一战线政策的基础上，将陈寅恪的《再生缘》研究的"唯物因素"整合到马克思主义话语之中。在对非马克思主义学者包容前进的过程中，马克思主义在学术文化领域的主导地位得到强化。统一战线在团结非马克思主义者、繁荣发展马克思主义学术研究上仍然发挥着"法宝"的作用。

（《湖北社会科学》2021 年第 10 期）

（张勇、王静整理）

年度访谈

"郭沫若是建设中国马克思主义史学体系的杰出贡献者"

——访中国社会科学院古代史研究所卜宪群所长

《郭沫若研究年鉴》：首先感谢卜宪群所长在百忙之中接受我们的访谈。众所周知，郭沫若是著名的历史学家、古文字学家，是中国马克思主义史学大师之一。请问您如何评价郭沫若在中国马克思主义史学中的地位和贡献？

卜宪群：郭沫若是中国马克思主义史学的开创者、奠基人，关于他在中国马克思主义史学中的地位和贡献，已经有很多学者做过研究和总结，这里就不多做阐释了。我这里只谈一点，就是郭沫若在中国马克思主义史学体系建设上的贡献。

史学体系建设，特别是学科体系、学术体系、话语体系"三大体系"建设今天我们谈的很多，其实这个工作并不始于今天，郭沫若在中国马克思主义史学体系建设上就作出过重大贡献，他的许多思想是我们今天"三大体系"建设的渊源。综观郭沫若的史学研究，他除了在具体历史问题研究上有许多杰出贡献外，在史学性质、任务与指导思想，史学学科规划发展，史学研究的理论方法上也有系统思考。

第一，关于历史学的性质他有着自己独特的看法。大家知道，史学性质是史学体系的核心问题之一，对这个问题的不同认识，是区分不同史学体系的关键。20世纪初，梁启超倡导"新史学"，将史学视为一门独立的学科体系并试图用进化论的观点解释历史发展过程，得出了不同于传统史学体系对史学性质的全新认识，具有重大进步意义。但梁启超在历史观上最终还是陷入了主观唯心主义，并没有能够给中国近代史学体系奠定科学的理论。近代中国对史学性质的理解，是以胡适、王国维、陈寅恪、顾颉刚、傅斯年等为代表的实证派占据主导。真正开始构建科学的史学体系的是李大钊，李大钊在《史学要论》这本书中，以马克思主义唯物史观为指导，对史学的学科性质、架构、作用，以及史学与社会、史学与其他学科的关系等作了系统分析，构建出马克思主义史学体系的基本框架。

由于李大钊为革命牺牲较早，他的很多思考没有能够继续下去，也没有能够同中国具体历史实际相结合。郭沫若继承了他的遗志，承担起这项事业并为之奋斗终生。郭沫若对历史学的性质有着唯物史观的科学认识，并随着时代的发展而不断前进。1929年9月，他在为《中国古代社会研究》一书所写的《自序》中说："认清楚过往的来程也正好决定我们未来的去向"，又说："我们的要求就是要用人的观点来观察中国的社会。"1950年，他在《中国奴隶社会》一文中指出："旧的历史家对于历史的看法，认为历史是过去的，固定的，死的东西，或者把过去看成比现在还好。他们不知道历史是向前发展的，用新的历史观来看，'历史'就等于'发展'。"历史学的性质是以人为主体研究对象的学科，历史是不断向前发展的，历史学应当面向未来，这些都十分准确地概括出马克思主义史学不同于其他学派的本质特点。

郭沫若对历史学任务的认识也很明确。为人民研究历史、研究人民的历史、站在人民的立场研究历史，始终被郭沫若视为历史学研究的重要任务，也是他史学思想的鲜明特点。他强调他是在"人民本位的标准下边从事研究"，他认为学术研究总的方向"应该是为人民服务，为社会主义服务。史学研究的任务自然也不能例外"。比如在历史人物的评价上，他认为"特别是要看他对于当时的人民有无贡献"。他写曹操、写王安石，写李自成、写李岩，观点未必都十分完美，但都是出于"人民本位"这一思想。特别是他的《甲申三百年祭》一文，不仅运用唯物史观探讨了明朝灭亡与李自成起义失败的教训，也被当时的中国共产党人作为避免骄傲自满的生动教材，要求全党学习，充分发挥了史学的经世致用功能。

第二，历史学的指导思想是学科体系的基石，只有科学的理论指导才能保证学科体系方向的正确。郭沫若是一位坚定的马克思主义史学家，他确立的史学体系指导思想就是马克思主义唯物史观。郭沫若真诚信仰唯物史观，早在20世纪20年代，他就翻译、研读过马恩《政治经济学批判》《家庭、私有制和国家的起源》《德意志意识形态》《资本论》等重要著作，并将日本著名学者河上肇阐释唯物史观的著作《社会组织与社会革命》翻译成中文，从而奠定了他坚实的马克思主义理论基础。社会形态理论是唯物史观的核心，郭沫若始终将社会形态研究作为观察分析中国古代社会的一把钥匙。他在《中国古代社会研究》的导论《中国社会之历史的发展阶段》中指出："人类社会的发展是以经济基础的发展为前提，这已经是成了众所周知的事实了。""经济基础"一词正是社会形态理论的核心观念。此外，他还在《奴隶制时代》一书的开篇中说："中国历代的生产方式，经过了原始公社制、奴隶制、封建制等，一直发展到现阶段，在今天是无可争辩的事实了。"这样的叙述贯穿在他很多论著中。

第三，郭沫若对新中国历史学的学科规划作出过重大贡献。新中国成立前由于政治原因，马克思主义史学不可能登上讲坛，学科规划更无从谈起。新中国成立后不久的1954年，郭沫若不仅提出要加强研究汉民族史、少数民族史、亚洲各民族史和世界史，还提出要研究通史和专门史。他说："我们在目前还得不到一部完整的通史或其他各文化部门比较精密的专史。"1959年，他在《关于目前历史研究中的几个问题》一文中，又对通史、断代史、专业史、专题史以及历史研究所的研究方向提出了更加具体的意见。关于通史，他指出："一部中国通史，是中国整个社会的全面发展史。以马克思列宁主义的观点，编写出一部完整的中国通史，这是大家所一致期待的。"通史要搞，断代史也要搞，断代史研究的根本不是看以不以朝代为段落，"重要的是看站在什么立场、用什么观点方法去研究"。旧的方法是以朝代为段落，而新的方法"是根据社会发展的五个时期来划分段落"，也就是把断代史放在五种社会形态演变中来研究。郭沫若的这个看法既保留了断代史的传统方法，又赋予了断代史研究新的内涵，十分有新意。文章中他特别提到要重视思想史、经济史、文化史、文学史、戏剧史、诗歌史、小说史、工艺史等专门史的研究，对"最近出现的崭新的事物"如工矿史、公社史研究也要重视，"并且尽可能把它们写好，这是很有价值的"。但是他又指出，撰写这些工矿史、公社史的目的是"提供材料"，不能代替通史、专业史的研究，更不能与通史、专业史对立起来。这是十分有见地的看法。关于历史研究所的工作，他认为应当扩大业务范围，应该"从文献中研究以前的历史"转而"侧重到修史方面来"。在研究的组织形式上，他"欢迎个人撰述"，但他更主张"以任务带动科学研究"，"如果脱离任务，孤立地进行研究，是不容易搞出成绩来的"。实际上，在郭沫若的领导下，历史研究所自 20 世纪五六十年代启动的一批集体性质的大课题，如《中国史稿》《甲骨文合集》等，其成果不仅奠定了历史研究所近 70 年来在国内外学术界的地位，更培养了一大批人才，这是任何不带有偏见者应该承认的事实。尤其是郭沫若对历史研究所工作性质与方向的界定，今天仍有深刻借鉴意义。

第四，史学体系建设除了科学的理论指导外，还需要有自身的研究方法，有明确的研究方向，郭沫若在理论与实践上都做过许多探讨。他强调史学研究必须实事求是，必须重视史料。众所周知，在撰写《中国古代社会研究》之前，他不仅广泛涉猎传世文献资料，也阅读了大量新发现整理的甲骨金石文献。在该书《自序》中他说："大抵在目前欲论中国的故学，欲清算中国的古代社会，我们是不能不以罗、王二家之业绩为其出发点了。"所谓"罗、王二家之业绩"指的就是罗振玉、王国维在史料学上的贡献。在该书 1954 年的新版引言中，他把这个思想表达得更加充分："研究历史，和研究任何学问一样，是不允许轻率从事的。掌握正确的科学的历史观点非常必要，这是先决问题。但有了正确的历史观点，假使没有丰富的正确的材料，材料的时代性不明确，那也得不出正确的结论。"他还特别强调："地下发掘出的材料每每是决定问题的关键。"

1959 年，他在答《新建设》编辑部问而作的《关于目前历史研究中的几个问题》一文中，专门列有"史料、考据和历史学的关系问题"，更加完整系统地表达了自己的看法。他指出历史研究应当分为三个步骤：第一步是"尽可能地占有大量资料"，并对资料进行辨别，去其糟粕，取其精华。但他同时强调，"没有史料固然不能研究历史，专搞史料也绝不能代替历史学"，那种"整理史料即历史学"的观点"显然是错误的"。第二步是整理史料。整理史料时要分清主次，"要引导大家从大处着眼，把精力集中在大的事业上"。他特别强调"对民族的发展、经济的发展、文化的发展等有关的史料是头等重要的,应该尽量搜集,优先整理"。不仅要重视文字资料,物质资料也要重视,"劳动人民直接创造的东西,比文字记载还可靠"。第三步是运用史料。他认为如何运用史料"是历史研究中更重要的问题"。"有了史料,如果没有根据辩证唯物主义和历史唯物主义的方法加以处理研究,好像炊事员手中有了鱼、肉、青菜、豆腐而没有烹调出来一样。"但是他绝不主张以论带史,他指出:"固然,史料不能替代历史学,但在历史研究中,只有历史唯物主义的一般原理而没有史料,那是空洞无物的。"我们很少在郭沫若的论著中看到单纯抽象地谈理论,这正是他践行这一原则的反映。

郭沫若是最早科学阐释理论与史料关系的马克思主义史学家。在郭沫若的史学论著中,"二重证据法"以及跨学科的研究方法随处可见,因为新史料的发现,郭沫若多次修改自己的看法也是大家知道的事实,有人说郭沫若是"史观派",其实这个看法未必完全符合他的本意,也未必符合他的研究事实。史料是史学的基础,但历史学的方向并不只是追求史料,不能只是"知其然",而是要"知其所以然",探寻历史发展的规律才是历史学的真正目标。郭沫若在《中国古代社会研究》中引用了马克思《政治经济学批判·序言》中的那段话:"亚细亚的、古典的、封建的和近代资产阶级的生产方法,大体上可以作为经济的社会形成之发展的阶段。"进而指出:"这样的进化的阶段在中国的历史上也是很正确的存在着的。"新中国成立后,他又明确指出:"研究历史的目的,是要用大量的史料来具体阐明社会发展的规律。"既反对以"国情的不同"拒绝承认中国历史与唯物史观所发现的人类历史普遍规律相吻合的错误观点,又从中国历史实际出发,积极探讨符合中国实际的历史发展规律,是郭沫若一生在历史学上的追求。正是秉持这种观点,郭沫若在中国历史研究上作了许多开创性的研究,林甘泉、黄烈主编的《郭沫若与中国史学》,谢保成撰写的《郭沫若学术思想评传》等论著对此作了很好的总结,这里不再一一叙述。

郭沫若在中国马克思主义史学体系构建上的贡献当然远远不止以上内容。譬如,他将马克思主义唯物史观基本原理结合中国具体实际,考证史料中记载的殷周直接生产者的社会身份,首次提出了中国存在奴隶制社会形态说。他从物质生产条件的变化考察社会制度的变迁,提出了划分中国奴隶制社会向封建制社会转化的具体时间,即所谓古史分期说。他把马克思关于亚细亚生产方式的论述断定为原始社会,并强调中国也经历了这一阶段,肯定了中国历史上社会形态演变的完整性。他科学区分了三代的"封建"与秦汉以后封建社会的联系与区别,用马克思主义唯物史观辨析清楚了"封建"的名与实问题。他既运用唯物史观歌颂劳动人民的活动,又认为不能盲目否定王朝体系,不能不写历史上统治阶级的活动,坚持了历史研究实事求是的态度。他既汲取中国传统史学考据学的精华,又重视批判借鉴西方学者的有益成果,开辟了中国马克思主义史学的新境界。郭沫若这些史学思想都极大丰富了中国马克思主义史学体系内涵。如果没有郭沫若以及以他为代表的一大批马克思主义史学工作者的不懈努力，我们对中国历史的认识不可能像今天这样深入，中国历史学也不可能在世界历史学界拥有今天的地位。

如同历史上一切优秀的史学家一样，其史学精神总是会随着时代变化而不断散发出新的魅力，郭沫若也是一样。郭沫若在中国马克思主义史学体系构建上的杰出贡献与新时代中国特色历史学学科体系、学术体系、话语体系建设有着密切关系。习近平总书记在《致中国社会科学院中国历史研究院成立的贺信》中对新时代中国历史学提出要求，这就是要加快构建中国特色历史学学科体系、学术体系、话语体系，坚持历史唯物主义立场、观点、方法，立足中国、放眼世界，立时代之潮头，通古今之变化，发思想之先声，推出一批有思想穿透力的精品力作，培养一批学贯中西的历史学家，充分发挥知古鉴今、资政育人作用。郭沫若就是一位坚持唯物史观立场观点方法，立足中国、放眼世界，立时代潮头，通古今变化，发思想先声，学贯中西，知古鉴今，资政育人，推出有思想穿透力的精品力作的马克思主义史学家。他为构建中国马克思主义史学体系所作出的杰出贡献，与新时代总书记所要求构建的中国特色历史学学科体系、学术体系、话语体系在精神实质、内涵要求上是完全一致的，我们仍然要认真学习，继承弘扬。

《郭沫若研究年鉴》：在史学成就之外，郭沫若亦在文学、翻译等诸多领域有重要的建树，您如何看待郭沫若这位"百科全书"式的文化大家？

卜宪群：郭沫若是20世纪中国诞生的一位学术大家，他一生在历史学、古文字学、文献学、文学等多个领域取得了卓越成绩，有人称他为"百科全书"式的人才，有人用"球型天才"来比喻他，都是对他学术价值和文化价值的肯定。对郭沫若学术和文化地位的研究，学界已经有很多成果，不需要我多说。

那么如何看待这位"百科全书"式的文化大家呢？我觉得有这么几点需要重视。首先是他的与时俱进精神。与时俱进是指他始终能够站在历史的正确一边，站在时代的进步潮流一边，站在人民的一边。郭沫若一生经历了许多政治、社会和学术的重大转型时期，但在各个时期他都能够做到与时俱进，走在时代的前列，没有落在时代的后面，这是非常了不起的。这种精神是他始终保持旺盛创新能力的重要基础，也是他在多领域取得杰出成就的重要原因。"百科全书"式的人才不是说他学问庞杂，而是说他的学问经典而富有创新。

其次，他坚持以科学的思想为指导。我们知道郭沫若是一位从传统转向接受马克思主义的学者，由于接受了这一科学理论，他对中国历史的看法发生了根本的变化，并将其用于观察分析中国历史。如果说李大钊在马克思主义唯物史观的介绍和传播上作出重大贡献的话，那么郭沫若就是在把马克思主义与中国历史研究实际相结合上作出杰出贡献的人。他的"百科全书"不是没有理论方向的"百科全书"，而是有着科学理论指导的"百科全书"。

再次，他的勤奋与努力精神。郭沫若是一位非常有天赋的学者，但无论什么样的天才，不努力都不会取得成功。一个人一生在某个领域某个方面取得一定成就已经很不容易了，无论在风雨如晦、鸡鸣不已的动荡岁月，还是在新中国成立后繁忙的公务中，他始终都没有忘记作为一名学者的身份，笔耕不辍。

《郭沫若研究年鉴》：您觉得郭沫若这样"球型天才"式的人物对我们今天学术研究、学者培养等方面有哪些启示性的意义？

卜宪群：郭沫若"球型天才"式的人物对于我们今天学者的学术研究和人才培养是有很多启示的。作为一名学者，要始终把自己的学术研究与时代要求结合起来，关注回答时代提出的重大问题，这样的学问才是时代和人民所需要的学问。要做到这一点，就必须以科学的理论为指导。当代中国的科学理论，就是马克思主义中国化的最新成果——习近平新时代中国特色社会主义思想。作为一名学者也要有宏阔的视野，善于把科学的理论与实际相结合，善于提出问题、发现问题和解决问题。我们当然不可能都培养出郭沫若这样的"球型天才"，但是我们需要研究郭沫若成才的路径，除了科学的理论素养和正确的研究方向外，培养学生广阔的知识面和勤奋努力的精神都是十分重要的。

《郭沫若研究年鉴》：您提到"学者要始终把自己的学术研究与时代要求结合起来"，那么您认为郭沫若的史学研究能够为现实中的社会发展和治理提供哪些可以借鉴的经验？

卜宪群：有人认为史学研究分为基础研究和应用研究，其实二者并不是划分得那么清楚的，所有科学严谨的史学研究成果，都可以从各个方面有益于促进社会发展，但从根本上说，必须要有严谨的基础研究，没有科学严谨的基础研究，根本谈不上应用研究，应用了也会错。

郭沫若的史学研究从先秦到明清，跨度非常大。我前面说过，他的研究始终保持着与时俱进的精神，这种精神使他的研究成果与时代同步伐、与人民共命运，体现了一个共产党员、一位马克思主义史学家的高尚追求，今天仍然有强烈的现实意义。比如他非常重视中国古代社会形态研究，将唯物史观的社会形态理论与中国历史实际相结合，不断探索中国历史的发展规律，他所揭示的中国古代文明的形成与发展道路，不仅对于近代以来中国人民走上民族独立、国家富强的社会主义历史道路有极大推动作用，对于今天我们建设中国特色社会主义道路也有深刻的借鉴意义。习近平总书记一再强调中国特色社会主义植根于五千多年的中华文明，强调要把马克思主义基本原理同中华优秀传统文化相结合，郭沫若的研究成果就为我们如何探寻"中国特色"以及如何"结合"问题提供了榜样。

还有大家所熟悉的《甲申三百年祭》，就是一篇总结明朝灭亡原因、纪念李自成农民起义的文章，这篇文章发表后的几十年来，一直是我们不断告诫全党务必戒骄戒躁、谦虚谨慎的经典文章，对于我们居安思危、全面从严治党、始终保持忧患意识都具有重要借鉴意义。这样的例子在郭沫若的史学研究中还有很多。史学研究不能附会现实政治，而是要以严谨的研究成果为现实政治所借鉴，郭沫若为我们做出了榜样。

《郭沫若研究年鉴》：郭沫若是中国科学院首任院长、中国科学院哲学社会科学部主任兼历史研究所（古代史研究所前身）的所长，请您谈谈郭沫若对历史研究所（古代史研究所）的发展所产生的影响。

卜宪群：郭沫若是历史研究所的首任所长，也长期担任历史研究所所长，虽然他是国家领导人，且身兼数职，工作十分繁忙，但他对历史所的工作是十分关心的。我认为郭沫若对历史所发展的影响主要表现在以下三个方面。

一是他奠定了历史所马克思主义史学重镇的地位。郭沫若是中国马克思主义史学的创始人，他的助手副所长尹达，也是著名的马克思主义史学家，他的继任者侯外庐、林甘泉等所长，都是马克思主义史学的代表性人物。在郭沫若及其继任者的领导下，历史所聚集了一大批马克思主义理论修养深厚的学者。70多年来，这个学术传统薪火相传，没有中断。历史所有一句大家常常说的所训"求真务实"，我说应该还加上一句："理论联系实际。""理论"指的就是马克思主义理论，"实际"就是中国历史实际。把马克思主义理论与中国历史实际相结合，探讨中国历史的发展规律，服务于党和国家事业的需要，是历史所的首要任务。

二是他为历史所奠定了深厚的学术基础。郭沫若主持的很多项目是在历史所落实的，如《中国史稿》《甲骨文合集》，主要任务都是历史所的同志承担的。这些成果后来对历史所学术地位的奠定产生了深远的影响。

三是他为历史所培养集聚了大批人才。20世纪50年代到60年代，为实施重大项目，历史所从全国史学界引进了很多人才，围绕重大项目也培养了很多人才。改革开放后在史学界崭露头角的中青年人才有很多出自历史所，出自郭沫若的学术团队。当然，除此之外，郭沫若的学术思想与学术地位永远都是历史所的无形资产，是取之不竭的宝贵财富。

《郭沫若研究年鉴》：您是《中国古代史年鉴》的主编，请问您在年鉴的编撰方面有哪些成功的经验？您认为《郭沫若研究年鉴》应如何加强学术引领作用呢？

卜宪群：由我主编、古代史研究所创办的《中国古代史年鉴》才刚刚出版第一辑，即2020版，还需要学术界的检验，很难说有什么成功经验。年鉴是一种资料性的工具书，汇集一年来有关某个领域的研究状况和信息动态，以长期跟踪、连续出版的方式系统体现某个领域研究的进展，有利于保存资料，便于学者的查阅研究。但是这不等于说年鉴的编撰没有学术含量，只是一种简单的知识积累、资料汇总。实际上，一种年鉴的编撰体现了该学科或该研究领域的现实需要，反映了编撰者的智慧，如何满足现实需要，是年鉴编撰者所需要认真思考的问题。我看到现在有的年鉴编得很厚很厚，无所不包，这不是一种好的方法。一部好的年鉴应当分类恰当、简明扼要、重点突出，能够系统反映一年来的主要问题。

《中国古代史年鉴》是具有开创性的一部年鉴，以前没有。中国古代史在学科分类上虽然只是中国史下面的一个二级学科，但中国古代史研究涉及的面很广，不仅本学科的领域很多，而且很多其他学科都与中国古代史学科有密切的关系，因此《中国古代史年鉴》不能只考虑研究古代史的人。现在有关中国古代史研究成果转载、评论的刊物不少，但是综合反映有关中国古代史学科状况的年鉴缺如，这对学科建设是不利的。这项工作很难由某个高校独立承担。由此，我们认为古代史研究所有责任承担这个任务，为学界提供方便，编撰一部年鉴。在编撰过程中，我们力图避免"大而全"，而是注重年鉴的内涵建设，特别是在分类上下功夫，通过分类系统反映一年来中国古代史的基本状况和前沿动态。比如我们用"特稿"的形式来反映该年度的学术前沿，用"综述"的形式来反映各学科的情况，用"学术动态"的形式来反映一年来的重要会议、课题立项、获奖情况等，用"著作选介"的形式来反映我们认为重要的学术著作，等等，都体现了年鉴编撰者的系统思考。有些栏目在其他地方不易查找到，在年鉴上却可以很方便地查阅，如"学人"。这些栏目的设置当然与古代史所相对比较健全的学科设置，以及古代史所在全国古代史研究领域中的地位有关。总之，我们做了一个初步尝试，有待学术界的批评指正！

《郭沫若研究年鉴》是一部关于郭沫若研究年度资料汇集的年鉴。这部年鉴面世十几年来，为学界研究郭沫若提供了极大的方便。为一个人出一部研究年鉴不多见，也很不容易，但是《郭沫若研究年鉴》做得很好。作为目前为数不多的以人物为编撰对象的年鉴，《郭沫若研究年鉴》是有着自己的编撰风格和特色的，通过阅读往期的《郭沫若研究年鉴》，我看到年鉴的内容大致可以分为三类，一是推介年度郭沫若研究成果，反映当年学界的研究现状；二是年度学科动态的资讯；三是为郭沫若研究这个学科保留学术史记录的栏目，比如"学人回忆"，等等。《郭沫若研究年鉴》集学术性与资料性于一体，对促进郭沫若研究学科的蓬勃发展与保存学术史资料具有重要意义，可以说已成为郭沫若研究者的重要资料类工具书。

如果说要进一步加强《郭沫若研究年鉴》在学术引领上的作用的话，我建议还可以增设一些专论专稿，对一年来郭沫若研究中取得的成绩、存在的问题进行深度评析，从而引领学界提高郭沫若研究的整体水平。

学人回忆

林甘泉先生简介

　　林甘泉先生（1931年11月20日至2017年10月25日），福建省石狮市人，当代中国著名马克思主义史学家，中国社会科学院学部委员、研究员，中国社会科学院研究生院博士生导师。青年时期就追求进步，在厦门英华中学就读高中期间，加入中共厦门城工部并正式加入中国共产党。1949年厦门大学历史系肄业后，由香港转赴平津解放区，先后在中国人民大学研究部出版处、北京大学教务处工作。1953年10月调入正在创办中的《历史研究》编辑部。1957年转入中国科学院哲学社会科学学部历史一所，先后任助理研究员、研究室副主任，中国社会科学院历史研究所研究室主任、副所长。1982年任历史研究所所长。1985年兼任分党组书记。1988年任郭沫若著作编辑出版委员会副主任兼郭沫若纪念馆馆长。1991—1993年任历史所党委书记。2000年，被聘为中国社会科学院首批学部委员。曾任第七、八届全国政协委员。担任过国务院学位委员会历史学科评议组成员，国务院古籍整理出版规划小组成员，全国哲学社会科学历史学科规划小组成员，中国史学会主席团成员，中国秦汉史研究会首任会长、顾问。2015年离休。

　　林甘泉先生是当代中国最著名的历史学家之一。深厚的理论基础和扎实的史学功底、强烈的现实关怀和爱国情怀，铸就了他大视野、大问题、求真务实的学术研究理路。他治学兼跨史学理论和中国古代史，在先秦秦汉史、经济史、史学史等领域，成就斐然。林甘泉先生是当代中国最具代表性、最具影响力的马克思主义史学家之一。他始终坚持以马克思主义为指导来研究中国历史，把马克思主义基本理论与中国历史实际相结合，做出符合中国历史实际的解释。他的史学观点和研究实践，不仅丰富了马克思主义史学的内容，显示了马克思主义史学强大的生命力，也为在新的历史时期如何运用马恩经典理论来研究中国历史，在各种学术思潮暗流涌动的今天如何坚持马克思主义史学，提供了生动的例证。作为20世纪中国史学潮流变迁的见证者、中国史学发展之路的实践者，林甘泉先生对于百年来中国史学的发展变化特别是马克思主义史学的历史地位和变化，有着清晰而准确的认识。他系统总结了近代中国从传统史学向马克思主义史学演变的历史过程，明确阐述了马克思主义史学在中国具有强大生命力的必然性，在史学界产生了广泛而深远的影响。

　　林甘泉先生在潜心学术研究的同时，长期从事学术组织和管理工作。20世纪50年代初即参加中国科学院历史研究所筹建工作，为中国社会科学院及历史研究所、中国史学会及中国秦汉史研究会、《历史研究》杂志及相关学科的建设发展作出了重要贡献。

(齐继伟　供稿)

林甘泉："我仍然信仰唯物史观"

卜宪群

林甘泉是新中国培养起来的马克思主义史学工作者的杰出代表人物之一，他的史学研究理论与实践在当代中国史学史上占有重要地位。

研究领域与学术成就

在长达六十多年的史学生涯中，林甘泉以马克思主义唯物史观为指导，在中国古代经济史、政治文化史、历史理论和秦汉史等许多重要领域都有深入思考，提出了诸多很有价值的独特看法，取得了突出成就，具体表现在如下方面。

从社会经济形态角度阐释古代中国的发展道路。以社会经济形态的演进划分人类社会发展阶段，是唯物史观的核心。林甘泉素重中国古代社会经济史研究，特别是先秦秦汉经济史，曾主编《中国封建土地制度史》（第一卷）、《中国经济通史·秦汉经济卷》，发表《亚细亚生产方式与中国古代社会》《中国古代土地私有制的形成》等多篇论文，将马克思主义历史理论同中国历史实际相结合，得出了诸多富有创新性的灼见。首先，林甘泉从历史统一性与多样性角度看待古代中国的发展道路。林甘泉始终秉持马克思主义社会形态理论，认为人类历史发展有其共同规律，并通过各民族和国家历史发展的多样性表现出来，古代中国也经历了奴隶社会和封建社会的发展阶段。但这种规律并非指同一模式，也不能理解为一切民族和国家都必须经过这两个社会发展阶段。战国秦汉之前的古代中国社会形态，既有与世界各国历史发展的共性，也有自身的特点，并从土地所有制形态演变、直接生产者的身份地位、国家政体等方面做了具体阐述。比如，他主张古代中国经历了奴隶制社会形态，商周时期的奴隶不同于古典形态的奴隶，但就其与生产资料相结合的方式而言，却有着马克思所说的"普遍奴隶制"的特点。其次，他结合中国历史实际，对社会形态分期问题提出了独特见解。林甘泉从理论辨析与实证相结合入手，对如何进行历史分期、亚细亚生产方式与中国古代社会、"封建"概念的名与实、封建制的不同形态等问题提出自己的看法。他认为，史学家有历史分期的学术自由，但马克思主义史学家是主张以社会经济形态的变动来划分历史阶段的，即"五种生产方式论"，用社会经济形态划分历史发展的不同阶段，能够比较全面而深刻地揭示不同时代的本质特征。他指出，马克思在世时已经提出了历史上的四种生产方式,再加上马克思和恩格斯设想过但生前没有看到过的社会主义社会,就有了五种生产方式。他还用丰富的证据证明,五种生产方式不是斯大林制造出来的公式。从具体历史发展过程的实际出发,林甘泉敏锐地指出,各历史时代都不会只存在一种生产方式,而可能是几种生产方式并存,问题是要根据马克思主义观点,寻找占支配地位的生产方式。针对有人认为"封建"的"本义"是西周初年的"封邦建国""封爵建藩",离开这个"本义"而讨论封建社会的形成是一种"泛封建观",是受政治干预的结果,他明确表示"不敢苟同"这种观点。他反对用孤立的观点看待"封建"一词,认为传统文献中的"封建"诚然是"封邦建国",但我们讨论的"封建社会"并不只是一种"政制",而且是一种社会经济形态。中国历史上是否存在封建社会以及能否使用"封建"一词,根本是要看封建社会经济形态的基本特征在中国历史上是否存在,而不能只究"封建"一词的本义及套用欧洲封建社会的模式。类似的探讨还表现在他关于亚细亚生产方式与古代中国、中国古代的社会转型、领主制与地主制、春秋战国之际的社会变动等多方面。最后,社会经济史研究。林甘泉以秦汉为个例,对中国古代自然经济与商品经济的内在关系做了深入思考,并对中国封建经济结构的特点与作用提出了诸多独特看法。例如,他指出:"自然经济和商品经济相结合,而以自然经济占统治地位,这是中国封建社会经济结构的一个重要特点。这种结合不是一种简单的并存关系,它不仅表现为封建经济既有自给性生产的单位,也有商品性生产的单位,而且表现为自然经济和商品经济这两种经济运行形式能够互补和互相制约。无论是地主经济或农民经济,在自然经济中都包含着商品经济的成分,而在商品经济中,又都带有自然经济的因素。"在中国封建社会,商人资本很活跃,商业也相当繁荣,但由于商品生产并没有相应地发展,是商业使产品变成商品,而不是商品以自己的运动形成商业。因此,商品经济的发展并没有瓦解自然经济,反而延长了自然经济和封建生产方式的寿命。中国封建社会经济生活和政治生活的诸多现象都可从这种经济结构中得出合理解释。

深刻总结中国古代丰富的政治文化遗产。林甘泉的学术旨趣不仅限于社会经济史,他对中国古代政治体制、民族关系和思想文化及其历史价值同样提出了很多富有创见性的认识。首先,关于古代国家的政治体制与民族关系。他认为,中国早期国家并不存在古代希腊罗马那种城邦民主制度,无论是王国或诸侯国,其政体基本上是一种等级制的君主专制制度,其统治具有浓厚的宗法家长制色彩。这个历史特点是决定较早在秦朝建立封建专制主义中央集权国家的重要因素之一,中国封建社会只有开明专制的君主和民本思想的传统,缺乏民主共和的政治条件。他还进一步指出,君主专制制度作为一种上层建筑,绝不是偶然出现的历史现象,而是有特定的经济基础和阶级基础。对于中国历史上封建专制主义的评价,既要加以批判,又要具体分析,不能全盘否定,也不能完全归结为暴政,抹杀专制主义中央集权对国家统一和历史发展所起的积极作用。他指出,魏特夫的《东方专制主义》不是真正研究中国历史的学术著作，而是适应美国反共冷战政策需要的产物。秦汉以后，尽管经历了许多次改朝换代，也曾出现分裂割据局面，但国家统一始终是历史发展的主流。大一统观念之所以深入人心，有其政治的、经济的和表现为一定文化传统的民族心理的历史背景。中国古代民族关系的一个重要特点是，既存在民族矛盾、民族压迫和民族战争，又有一种强大的凝聚力把各民族联系在一起。以汉族为主体的民族融合和同化，是民族关系的主流，也是中华民族历史发展的重要篇章。儒家的文化认同思想，对统一多民族国家的历史发展和中华民族凝聚力的形成具有重要意义。其次，关于政治权力与经济发展的关系。林甘泉指出，中国封建专制主义中央集权国家的经济职能对封建社会经济发展起过一定的促进作用，并且导致历史上一些所谓"盛世"的出现。但是，如果我们不单纯着眼于封建王朝的盛衰，而是从生产力和生产关系的发展变化来探讨这个问题，就不难发现，封建国家对于经济发展所起的促进作用，没有也不可能超越经济条件所允许的范围。政治权力对经济发展既可以起促进作用，也可以起破坏作用，中国封建专制主义中央集权国家对经济发展所起的破坏作用，有时比促进作用更大。中国封建社会长期延续，王朝周而复始，与这一点有很大关系。最后，关于秦汉政治文化与学术思想。林甘泉指出，从秦制或秦政的总体看，法家思想在秦朝虽处于支配地位，但并不排斥儒家思想在部分官吏（特别是东方六国）中有广泛影响。他还提出，汉初"清净无为"并非道教专有的思想，实际上这种思潮是秦亡以后对秦暴政的反弹，是汉初相当普遍的社会心理的反映。从汉初"无为"政治的实质来看，当时儒家与道家是有共识的，只是在具体采用什么手段安定社会上有不同的认识而已。

构建中国特色的史学理论体系。林甘泉对构建中国特色、中国风格、中国气派的史学理论体系十分重视。首先，他高度肯定唯物史观的科学性，强调构建中国特色史学体系必须坚持唯物史观。他谈道："作为一个史学工作者，我愿意多学点西方资产阶级的史学理论，弥补自己这方面知识的不足。但也要说，我仍然信仰唯物史观。因为和其他史学理论比较，我认为还是它最正确。"他多次强调，唯物史观是一种开放发展的学说，永远要随着时代的发展而发展。其次，他对 20 世纪以来马克思主义史学成就高度肯定。他指出，20 世纪上半叶，近代实证史学是中国史学的主流；20 世纪下半叶，中国史学的主流则是马克思主义史学。他不同意有人对新中国成立后十七年史学成就竭力贬低的态度，认为尽管存在许多不足和失误，但这十七年间，"我国历史学所取得的成绩是巨大的"。至于改革开放后的中国历史学，他则用"充满生机的新时期历史学"的标题来总结概括。正是对中国马克思主义史学发展史的深刻洞察，他认为唯物史观要发展，也有一个中国化的问题。他充满信心地指出，今天我们应该有条件，也有义务，建设一个在马克思主义指导下、从中国历史实际出发、有中国气派的史学理论体系。

理性评判中外史学思潮与热点问题。林甘泉对中外史学思潮和热点问题十分关注，他的一些认识、评判和分析彰显出深厚的史学功底与深邃的理论素养。例如，他主编的《孔子与20世纪中国》唯物辩证地总结和分析了20世纪反孔与尊孔两种思潮，对新文化运动与传统文化的关系、孔子思想与21世纪文明的关系提出了独特看法。他指出，孔子和儒家思想是中华文明有代表性的历史遗产，我们应当珍惜和继承。但一定要持理性态度，不能对精华和糟粕不加区别地盲目颂扬。鼓吹用儒家思想主导我国的社会主义精神文明建设，甚至侈谈儒家文明可以拯救西方文明衰落的危机，这是一种非历史主义的错误论调。改革开放后，很多西方思潮和史学观点涌入中国，对中国史学界产生了不少影响，林甘泉对此十分关注。他批判魏特夫的"治水社会"与"东方专制主义"观点，认为这是对中国历史的牵强附会与随意编造。改革开放以来，中国经济发展取得了令人瞩目的成就。西方经济史学界有一种以"中国中心论"代替"欧洲中心论"的史观，以弗兰克的《白银资本》为典型。林甘泉指出，西方学者批判"欧洲中心论"的观点值得肯定，但弗兰克的观点很难成立。中国封建王朝在东亚地区曾经扮演过某种"中心"角色，但在欧亚新航路和发现美洲之前，并不存在一个包括中国在内的"世界经济体系"。鸦片战争之前，中国的经济和社会发展已经明显落后于欧洲。夸大中国封建经济在世界经济史上的地位，实际是一个理论陷阱。对中国传统文化的审视是20世纪以来不断受到重视的一个问题，其中不能不触及古代知识阶层的历史地位和作用。余英时的《士与中国文化》一书当时在国内产生了较大影响。林甘泉对该书的一些见解表示赞同，但他同时指出，由于作者对儒家的道统情有独钟，他对"士"作为知识阶层的历史地位和作用认识有失偏颇，甚至远离了历史实际；"道尊于势"其实是知识阶层的一种自恋情结；以"士"为代表的知识阶层，其政治态度从一开始就呈现多元化趋向；中国封建社会的知识阶层就其整体的社会地位而言，是依附于封建统治阶级的。

关于史学热点问题，我还想专门谈谈林甘泉对中国古代文明和国家起源的看法。20世纪末21世纪初，中国古代文明和国家起源问题再次引起广泛关注。林甘泉在《世纪之交中国古代史研究的几个热点问题》一文中对此予以回应。他认为，探讨中国文明的起源首先要弄清"文明"、"文明要素"和"文明时代"的概念内涵，以及重视对文明要素的统一性和多样性的理解。由此他指出："文明要素的物化形态可以表现不同，但它必须反映社会生产力的发展水平已经可以提供足够的剩余劳动，以养活一群公共权力机关的代表，并且显示出这种脱离社会的公共权力机关的存在，这都是不可或缺的。"林甘泉还以此为路径，探讨了中国文明和国家起源的具体道路。今天，文明和国家起源问题仍然是考古和历史学界的热点问题，林甘泉强调区别文明萌生、文明要素和文明社会的不同概念，以及中国古代文明和国家起源的独特道路，对学术界仍有重要的借鉴意义。

治学方法与特点

　　林甘泉治学素以理论见长,但又论从史出,善于从习见的史料中发现问题,做出独到的解释,能够对众多史学思潮与史学观点进行评判,不人云亦云,因而在史学界享有盛誉。他的史学成就的取得,与他正确的理论指导和科学的治学方法分不开。概括起来,主要有以下几点。

　　坚持以马克思主义为指导,辩证看待中国马克思主义史学的发展道路。接触过林甘泉或读过他的论著的同志大都知道,他是一位马克思主义的真诚信仰者,这不仅表现在他一以贯之的史学研究实践上,还表现在他对唯物史观与历史研究关系的深刻思考上。在《我仍然信仰唯物史观》这篇文章中,他指出:"在我们这个社会主义国家,历史研究要以马克思主义理论作指导,这本来应该是不成问题的。但是为什么现在有些史学工作者对马克思主义理论采取一种冷淡的态度?照我看来,'文化大革命'对马克思主义的歪曲和糟蹋,国际共产主义运动遭到巨大的挫折,西方资产阶级意识形态的渗透和冲击,都有一定的关系。而就历史学本身来说,以往我们对唯物史观的理解和应用,受了'左'倾思想的影响,恐怕也是一个重要原因。对待马克思主义理论的冷淡,是对'左'倾思想的一种惩罚。"他全面分析了"左"倾思想对历史学影响的具体表现,但同时又强调,这些缺点和不足并不是唯物史观本身的弊病和局限,而恰恰是我们史学工作者违背了唯物史观基本要求的结果。在唯物史观创始人的著作中,根本就找不到可以引导人们产生宗派主义、教条主义和公式主义的思想。他客观评判新中国成立后马克思主义史学取得的巨大成绩,坚决反对有些人没有认真调查研究就肆意贬低抹杀"文革"前中国史学在唯物史观指导下取得的巨大成绩。基于这种认识,几十年来,他坚持将马克思主义理论与中国历史实际相结合,在所涉及的历史问题研究上,尽可能作出符合中国历史实际的解释。

　　注重对历史研究理论的规律性把握。论从史出、史论结合、辩证思维,是林甘泉史学研究的特点之一。他提出史学研究的三层次说,即事实判断、认识判断和价值判断。事实判断是历史研究的基础和出发点,是要解决史料和史实的可信性问题,实证研究基本上是使用形式逻辑的方法,只有功力之分而没有阶级性。马克思主义史学家可以不是考据学家,但他的研究工作也需要占有尽可能多的真实的史料,不能完全脱离实证研究。认识判断是对诸多历史现象的前因后果以及历史规律性的认识和探讨,会呈现出唯心史观和唯物史观的分歧。而唯物史观研究更接近历史的深层内容。价值判断是对各种历史事件和人物、各种制度和思潮在当时所起的作用及其对后代的影响所作的判断,在这个层次上,同是马克思主义史学家,或同是非马克思主义史学家,也可能会有不同认识,意见的个性色彩更多一些。他主张,对不同层次的历史研究有不同认识,都可以百家争鸣。

重视史学研究的古为今用。林甘泉指出："史学是联结现实和历史的一门科学。不仅近现代史的研究与现实有密切关系，而且古代史研究的视角和价值判断也不能不受现实的制约。正因为如此，我们不认为史学可以脱离现实而躲进象牙之塔，而且主张史学应该为现实服务。"他所撰写的《中国历史上的分裂和统一》《夷夏之辨与文化认同》《历史遗产与爱国主义教育》《论历史文明遗产的批判继承》等，都是具有强烈现实观照的历史问题。上述文章中的许多看法，在今天仍具有很强的现实指导意义。

以开放的视野和百家争鸣的态度看待古今中外的学术成果。在总结20世纪中国历史学时，林甘泉指出："一个时代有一个时代的学术，历史学当然应该随着时代的前进而不断有新的发展。我们不能老是以中国有得天独厚的丰富史学遗产而沾沾自喜，也不能老是以外国人研究中国历史终究不如中国人而自我安慰。中国史学要走向世界，不仅需要从外国史学的最新成就中吸取营养，而且在研究手段和研究方法上需要跟上当代科学技术和哲学社会科学发展的步伐。'有容德乃大'。一切有用的知识，我们都应该欢迎和吸收，使我国史学永葆青春和活力。"但是他又强调："从根本上说，我们借鉴外国史学理论和方法，吸收外国一切优秀的学术成果，目的是要建设有中国特色的马克思主义史学。"林甘泉十分赞同毛泽东提出的百家争鸣方针。2016年，他在接受《中国史研究动态》采访时说："历史现象是非常复杂的，应该展开'百家争鸣'。"那种片面追求"什么问题都要求有一个结果""所有问题都有结论"的思维方式，就不符合百家争鸣方针。

林甘泉是一位真诚的马克思主义者，他不仅在研究中贯彻着彻底的辩证唯物主义和历史唯物主义精神，也对自己在研究中曾经有过的错误、失误和不足有深刻反思。在2004年出版的《林甘泉文集》中，他就自己曾经在历史主义与阶级观点问题的讨论中对翦老（翦伯赞）的批评表示歉意。在《八十自述》中，他再次检讨自己上纲上线的指责是对翦老的不敬，反映了自己的思想有"左"倾的片面性。我相信，这非但不会降低林甘泉的学术地位，反而更彰显出一位马克思主义史学家实事求是、敢于纠正自己的崇高品格。他晚年说过："用马克思主义理论指导历史研究，是我坚定的信念。但我深感要正确掌握这个科学理论，并不是一件容易的事情，需要我一辈子努力学习。"这句话是他自己对马克思主义真诚信仰的表达，是他自己对一生学术研究的总结，但正确掌握马克思主义科学理论"并不是一件容易的事情"的看法，值得我们新时代史学工作者共勉。今天，我们构建中国特色历史学三大体系，林甘泉是我们必须重视和研究的一位学者。

（原载《中国社会科学报》2022年3月1日第4版）

林甘泉先生与郭沫若研究

蔡 震

林甘泉先生是历史学家，在历史学研究领域成就卓著，但他在郭沫若研究这一学术研究领域所做的工作似乎不大为人所知。我曾在林先生领导下工作，也曾与林先生共事过，借这次"求真务实——林甘泉史学研究理论与方法座谈会"举办之际，回忆一些林先生在郭沫若研究学术领域活动的往事。

谈及林甘泉先生与郭沫若研究的关系，首先得说到他工作经历中一些工作岗位的安排。

1988年10月，经中共中央宣传部批复（1988年9月）中国社会科学院任命增补林甘泉先生任郭沫若著作编辑出版委员会副主任委员。郭沫若著作编辑出版委员会是在郭沫若去世后，为出版他的著作全集而设置的机构，当时直属中国社会科学院。周扬任编委会主任，石西民为主持日常工作的副主任，但因年事已高，此时他们二人均已不再参与编委会工作。林先生被任命为编委会副主任委员，实际上是主持编委会工作。11月起，他又兼任郭沫若故居馆长，编委会即在此办公。故居对外开放后改作郭沫若纪念馆。

此时，《郭沫若全集》三编中"历史编"已经出版，"文学编"完成编辑注释工作，陆续在出版中，"考古编"亦已完成大部分编辑注释工作，并开始逐卷出版。所以，郭沫若著作编委会第一阶段的全集编辑出版工作，可以说基本完成，下一步转入到建立纪念馆的工作，林先生的任命恰逢此时。林先生那时在历史所还有任职，但他为筹建纪念馆做了大量工作，虽是兼任故居馆长，馆里办公会议他都来参加。（编委会日常工作由办公室负责，工作事项都由办公会议决定。）1988年，郭沫若故居正式对外开放，林先生为第一任馆长。

1990年2月，林甘泉先生增补为中国郭沫若研究会副会长。中国郭沫若研究会成立于1983年（当时称"中国郭沫若研究学会"），周扬为首任会长，林林继周扬之后任会长。2002年，在林林辞任会长之后，林先生在第四次会员代表大会上被推选为会长。中国郭沫若研究会是全国性的民间学术社团，学会成立的宗旨主要是促进郭沫若研究的学术活动、文化活动。前两任会长周扬、林林都是与郭沫若同时代的人，且都担任过重要领导职务，林甘泉先生则主要是以历史学家身份担任研究会领导的。事实上，从此之后，担任研究会领导工作的主要是各个学术领域、文化领域的专家学者。中国郭沫若研究会一直以来在同类学会中都是开展学术研究和学术交流工作比较好的（这倒不是自夸，是其他学会认可的），林先生功不可没。

可以说，林甘泉先生开始是由于工作安排，而直接与郭沫若研究联系起来的，但林先生出任领导，无论是在编委会，还是在郭沫若纪念馆，以及在中国郭沫若研究会，他都不仅是一个行政领导或主持工作的领导者角色。作为学者，林先生直接进入郭沫若研究的学术领域，是参与者，尽管这并不是他的历史专业领域。

郭沫若是跨学科领域的文化巨匠，郭沫若研究也在不同的学科领域展开。历史学是郭沫若学术研究和学术活动最主要的领域，他在中国近现代史学史上是一位大师级的人物，所以从历史学角度研究郭沫若，当然是郭沫若研究的重要方面。相较于文学史领域的郭沫若研究，郭沫若史学研究一直以来比较薄弱。林先生与历史所同事黄烈先生任主编，组织13位历史学者撰写了《郭沫若与中国史学》一书。该书上下两篇15个专题，从历史学角度系统、全面地评述了郭沫若的史学思想发展历程和他在中国历史学诸多领域的杰出贡献。林先生撰写了其中两个专题："早期的史学思想及其向唯物史观的转变""传统思想文化的继承与超越"。

林甘泉曾参加郭沫若主编的《中国史稿》撰写工作，他是第二册、第三册的主要执笔人。有这样的学术经历，他来评说"郭沫若与中国史学"自然有精到的见解。该书是郭沫若史学研究方面一部颇有分量的著作。

1992年逢郭沫若百年诞辰，文化学术领域举行了一系列纪念活动，郭沫若纪念馆主要承办了一个"郭沫若与中国现代文化"国际学术研讨会。在这个研讨会上将由胡绳院长做主题报告。馆里把起草报告的事交给我，胡绳本人就是历史学家，又是全国政协副主席，为他起草学术报告，压力当然很大。

于是，林先生事先联系好胡绳院长，带我直接去了他的办公室，听胡绳院长讲他对于学术报告要点的思考。胡绳讲了五六点，其中心内容是关于郭沫若的创造精神。这与我当时为参会准备的论文主题不谋而合，我就把这一内容写进起草的报告中，后来另外准备了一篇参会论文。学术报告起草得很顺利，林先生对我的学术能力应该是认可的，所以并未具体过问报告的起草。完稿后我交给林先生，他直接作了一些修改，并未再让我修改，即交给胡绳院长。在胡绳那里也一次通过，题目定作"踏着一代文化伟人的历史足迹"。该文会后被收入《郭沫若百年诞辰纪念文集》。胡绳院长大概比较满意这篇报告文稿，后来他自己修改后编入《胡绳全书》，并在文末注明我做的起草工作，但没有记到林先生，可见林先生只是在默默地做工作。

1999年，林先生组织撰写了《文坛史林风雨路——郭沫若交往的文化圈》一书，10月由浙江人民出版社出版。全书侧重人物传记的写法，但以学术研究为本。撰稿者均为各个研究领域的专家学者，从文化史的层面，展现20世纪中国19位文化精英人物——鲁迅、胡适、茅盾、老舍、田汉、郁达夫、傅抱石、容庚、侯外庐、尹达、刘大年、夏鼐等与郭沫若交往的人际关系，围绕郭沫若在不同历史时期与文学界、艺术界、史学界这些人物的交往，勾画出他人生道路的轨迹，以帮助读者获得对郭沫若的思想、性格更多的认知，以及了解半个多世纪文坛史林的风风雨雨。林先生以"嘤其鸣矣，求其友声"为题，撰写长文，全面叙述、评价了郭沫若的一生，并以其为"代序"。

这本书的编撰，当时应该还有这样的背景：丁东编辑了《反思郭沫若》一书，借"反思"之名，行攻击、污名化郭沫若之实。辑录的文章主要有余英时《〈十批判书〉与〈先秦诸子系年〉互校记》，余杰、谢泳等人的散文随笔。该书当时在学人中有不小影响。林先生在研究会组织学术活动时专门说到需要学人著文驳斥，特别是针对余英时的文章（余的长文认为郭沫若抄袭钱穆）。历史所翟清福随即撰写了《评〈《十批判书》与《先秦诸子系年》互校记〉》反驳余文。

林先生此时组织撰写这样一本书，显然有意针对郭沫若研究领域的这股浊流。后来曹剑编辑《公正评价郭沫若》一书（中央党校出版社 1999 年版），针锋相对"反思"一书，书中第一篇便选了林先生的《"嘤其鸣矣，求其友声"》。

在研究会的学术活动中，林先生也会撰写文章，数量虽不多，毕竟这不是他的专业研究领域，但他应该是很重视郭沫若研究的。他将自己的论文《从〈十批判书〉看郭沫若的史学思想》收入《林甘泉文集》（学术委员文库），在他的《主要著作目录》中也列出了《郭沫若与中国史学》一书。

2003 年，《郭沫若年谱长编（1892—1978 年）》作为中国社会科学院 A 类重大课题立项、启动，由林先生与我主持课题。林先生是时已经不担任馆长了。这是《郭沫若全集》出版后，郭沫若纪念馆立项的最重要的一个课题项目，也是郭沫若研究领域一个非常重要的课题项目。

林先生对"年谱长编"的编撰有全面的考虑，他强调秉持严谨、认真的学术态度，重视史料的完备性和可靠性。整理考订文献史料，做到无征不信，孤证不立。对于史实的把握、解读，遵循实事求是原则，坚持历史唯物主义的态度。他还特别强调谱文撰写的学术性。

林先生开始自己也承担了一个时间段的谱文撰写，后因科研工作的繁重，请了所里其他同志协助。但每一次（每年）撰稿会，他都参加、主持讨论。

在《郭沫若年谱长编（1892—1978 年）》编撰期间，史学界曾有过一阵对于郭沫若《中国古代社会研究》的不以为然，以及对于郭沫若所代表的马克思主义史学派的轻忽，林先生则一直秉持马克思主义的学术立场。他说："我仍然信仰唯物史观。"

"年谱长编"是个集体项目，协调各个编撰者的撰写和文稿是个很费心力的事情，特别是在统稿阶段。有时一条谱文不满意，林先生亲自改写，几百字密密麻麻写在打印稿上。他曾提出退出课题组，实在是时间和精力有限。我知道这是实情（当时历史所挂在林先生名下的课题还有好几个），我说能做多少做多少，我尽量多做。

林先生的原则是如果他不能具体参与做课题，他就不会署名。他不做挂名的主编。后来统稿，我说他看一半就行了，结果我发现他还是看了全部稿子，而且有些错别字他都仔细地改正。

《郭沫若年谱长编（1892—1978年）》的编撰延续了十年，我也算是与林先生共事十年，对林先生有了更深的了解。我会用三个词来评说我所认识的林甘泉先生：认真、严谨、务实。无论在工作上，还是学术研究上都是如此。

"年谱长编"交稿之后的出版事宜延宕了几年，因为出版社希望申请到"国家出版基金项目"。那个红色华表的小标是申请到了，但出版社编辑告知我该书稿开印的同时，也传来了林甘泉先生逝世的消息。他终是没能见到耗费了十年心血主持编撰的五卷本《郭沫若年谱长编（1892—1978年）》出版成书。不过，郭沫若研究将记住林先生所做的这一切。

壬寅　仲夏

（作者系中国社会科学院郭沫若纪念馆研究员）

与甘泉先生"郭研"二十载

谢保成

1978年读研不久，我通过尹达先生认识了甘泉先生。

我与甘泉先生在郭沫若研究领域的交往，自1991年参加他主编的《郭沫若与中国史学》撰写，至2011年协助他主编的《郭沫若年谱长编（1892—1978年）》结项，前后整整20载，下文分两方面来谈。

第一方面，甘泉先生对郭沫若研究的贡献。

甘泉先生主编了三部关于郭沫若的著作，一是《郭沫若与中国史学》（中国社会科学出版社1992年版），二是《文坛史林风雨路——郭沫若交往的文化圈》（浙江人民出版社1999年版），三是《郭沫若年谱长编（1892—1978年）》（中国社会科学出版社2017年版），均为郭沫若研究领域的重要编著。

由于学科原因和历史原因，郭沫若研究长期存在研究文学多、研究史学少的状况。1986年黄烈先生组织召开过"郭沫若史学讨论会"、出版了会议论文集，1987年我呼吁过"应当改变郭沫若研究的现状"，但在郭沫若逝世后10多年间，在郭沫若诞辰100周年前，却没有一本系统研究郭沫若史学的论著。鉴于这一状况，在郭沫若百年诞辰前夕，甘泉先生与黄烈先生组织13位学人，分15个专题撰写成《郭沫若与中国史学》这一论著，第一次系统、全面、生动地评述了郭沫若的史学思想发展历程和郭沫若在中国史学诸多领域的杰出贡献。甘泉先生撰写了书中的两个专题，《传统思想文化的继承与超越》一篇论述了主编《郭沫若与中国史学》的指导思想，是反映甘泉先生认识郭沫若思想的一篇重要文章，但当时未受到重视。两年以后，甘泉先生为我写的《郭沫若评传》作序，重提到此文，才引起我和读者的注意，下面详述。《郭沫若与中国史学》一书的出版，在改变郭沫若研究格局方面起到了重要作用，正如出版者的评述那样，这本书"为广大史学研究者和爱好者提供了一部内容丰富、生动具体、极有教益的学习参考资料，具有重要的学术价值和永久的纪念意义"。

1992年11月在新万寿宾馆召开纪念郭沫若百年诞辰大型国际学术研讨会，我作为参会代表，甘泉先生特别交代一项任务，不少参会者是与郭老有交往的老先生，会议工作人员不认识，要我协助会务组接待好史学界的这些代表，包括白寿彝、吴泽、胡厚宣、张政烺等诸位先生。

郭沫若百年诞辰过后，诋毁郭沫若者改变了方式和内容，不再只纠缠郭沫若的私人生活或政治倾向，而是采用学术问题或与学人交往来进行诋毁，一是说郭沫若《十批判书》抄袭钱穆《先秦诸子系年》，二是用郭沫若与陈寅恪的交往"做文章"。1995年底《陈寅恪的最后二十年》出版，出现了陈寅恪《论再生缘》完成后"曾直接受到政治压力"，"郭沫若的'辩难'或与此有关"，郭沫若与陈寅恪之间有着"不可能磨平的'龙虎斗'痕迹"等说法。甘泉先生一面安排翟清福、耿清珩撰写《一桩学术公案的真相——评余英时〈《十批判书》与《先秦诸子系年》互校记〉》（《中国史研究》1996年第3期），证明余英时"对《十批判书》的攻击根本不能成立，其手法完全背离正常学术批评准则"，"完全出之于他对郭沫若的偏见"；一面要我写一篇全面反映郭沫若与陈寅恪交往的文章，说"你来写最合适，在北大学隋唐史你是汪篯的学生，读过陈寅恪的书，这些年对郭沫若又有研究，读过王国维的书，应该对郭沫若与陈寅恪的交往有一个全面的认识"，并表示时间可以等我出国回来以后，而且跟郭沫若纪念馆打好招呼，提供必要的馆藏资料和郭沫若日记。与此同时，甘泉先生本人开始组织编写"郭沫若交往的文化圈"一书，至1998年7月《文坛史林风雨路——郭沫若交往的文化圈》全书完成，如实地反映了郭沫若与19位文化名人的交往，包括与并非朋友的胡适、陈寅恪的交往。7月8日定稿的代序《"嘤其鸣矣，求其友声"》21000余字，是甘泉先生认识郭沫若人生道路的一篇力作，通过郭沫若不同历史时期（四个时期）与文史各界名人的交往，勾勒出郭沫若的人生道路和某些轨迹，反映郭沫若的思想和性格，反映半个多世纪文坛史林的风风雨雨。这篇代序，在澄清被歪曲的事实、批评一些奇谈怪论的同时，客观分析了新中国成立以后郭沫若"地位变化"给他带来变化的原因：

> 作为一个担负国家领导工作的共产党员，他不能随意发表自己的政治见解，而只能坚决贯彻执行中央的方针、路线和政策。在历次政治运动和思想战线的斗争中，他不能不按照统一的口径表态，甚至违心地批评别人或作自我检讨。文学领域，是最需要发挥作家个性和感情张力的。当一个作家只能按照一种集体的声音说话，甚至这已经变成他自觉而真诚的内在要求之后，他的作品也就很难再显示出自己的个性特色和具有感人的力量了。郭沫若在建国以后之所以没有能再写出像《女神》那样令人倾倒的诗篇，原因固然比较复杂，但缺少真正的激情不能不说是一个重要原因。

正因如此，这篇代序被认为"全面地多角度地向我们介绍了郭沫若，这是一篇负责的、严肃的、有分析的人物评论"（《公正评价郭沫若》"编者的话"，中共中央党校出版社1999年版）。在澄清事实、批驳谬论、公正评价郭沫若方面，甘泉先生发挥了重要作用。在随后的一些年，用学术问题或与学人交往来"做文章"诋毁郭沫若的情况逐渐减少。

从郭沫若100周年诞辰到110周年诞辰，经过整整10年的努力，郭沫若史学研究队伍不断壮大，而且是在与诋毁郭沫若的学术论辩中壮大起来的。在2002年郭沫若110周年诞辰之际，甘泉先生主持的第三部关于郭沫若的编著《郭沫若年谱长编（1892—1978年）》正式立项为中国社会科学院A类重大课题，2002年12月21日、2003年6月26日、2004年4月14日召开过三次编写体例会。2004年5月以后进入撰写阶段，我与甘泉先生、蔡震、平英、王戎笙等一道，分别与不同撰稿者开过多次小型审稿会。我负责撰写、审核《郭沫若年谱长编（1892—1978年）》历史著述内容和1957—1961年谱文内容。至2011年10月全稿完成，以"优秀"等级通过结项。随后，经蔡震与郭沫若纪念馆各位仔细加工，至2017年10月出版，实际见书是2018年1月，甘泉先生没能见到书就离世了。

2003年6月26日第二次编写体例会合影，右起：郭平英、翟清福、郭忠达、王世民、蔡震、林甘泉、谢保成、王戎笙、雷仲平、王廷芳、李晓虹、钟作英

第二方面，甘泉先生对我研究郭沫若的鼓励与支持、督促与"共勉"。

纪念郭沫若100年诞辰前夕，甘泉先生要我写郭沫若史剧创作与史学研究关系的文章，说之前谈郭沫若历史剧的多是从事文学研究的人，郭老是史学家写历史剧，应该由从事历史研究的人来写这个题目，我喜好京剧，对戏剧熟悉，正好写这个题目。这是甘泉先生在郭沫若研究领域第一次给我布置任务。

说到这里，先说一件与此相关的"闲事"。1984年10月30日晚在护国寺人民剧场观看"梅兰芳诞生九十周年纪念演出"，半场休息时与甘泉先生偶遇。这天晚上是上海京剧院演出梅派名剧《廉锦枫》《宇宙锋》，我主要想看多年不见于舞台的《廉锦枫》（李炳淑主演），甘泉先生的上海亲戚主要想看童芷苓主演的《宇宙锋》，甘泉先生是陪他亲戚来剧场的。休息过后，正是童芷苓主演《宇宙锋》，我就请甘泉先生的亲戚到5排6号我的座位观看，我和甘泉先生一起坐在22排通道左侧的座位。甘泉先生问我怎么买的票，我说是京剧圈的朋友代买的，他才知道我喜欢京剧。边看演出边聊，从梅派谈到京剧流派和我的喜好，我是在成都读中学时开始喜欢京剧的，看过根据郭老剧本改编的京剧《蔡文姬》，上北大时看过根据郭老剧本改编的京剧《武则天》。由此他知道我不仅喜欢京剧，而且懂得不少戏剧方面的知识，这才有他命题让我写郭沫若史剧创作与史学研究关系这篇文章。

我接受了这一命题，交稿时题为"再现历史画卷的成就"，编入《郭沫若与中国史学》时甘泉先生改题为"史剧与史学关系的探索"。不久，文章被成都出版社出版的《郭沫若纵横论》收入，改题为"剧作依赖研究，历史需要艺术——郭沫若史剧论研究"。中国艺术研究院因此接我去作过一次演讲，还有两家杂志进行过访谈。

1994年初，"国学大师"丛书策划者拿着一份"国学大师"名单征求我的意见，名单中没有郭沫若。我说根据你们的"经史子集会通合和、造诣精深者，则可称为大师，即'国学大师'"的定义，郭沫若经部有诗、书、易研究，史部有甲骨、金文研究，子部有先秦诸子研究，集部有屈原与楚辞研究，而且参加过20世纪20年代关于"国故"问题的讨论，提出"要跳出'国学'的范围，才能认清国学的真相"的论断，难道不是"会通合和、造诣精深"？为什么丛书名单没有郭沫若？于是，他们让我赶写一本收入丛书。根据规定的体例和字数，我用了3个月左右的时间写出一本17万字的《郭沫若评传》，请甘泉先生写序。6月15日将打印好的稿子交甘泉先生，7月12日甘泉先生将写好的序和修改意见一并转给我，22日书稿最后改定，交付出版。甘泉先生的序文不长（1900余字），摘录有关文字如下：

> 在纪念郭沫若诞辰一百周年之际，我曾经以郭沫若对《传统思想文化的继承和超越》为题写过一篇文章，指出"中国传统思想文化对郭沫若早年的世界观和人生观，以及对他的史学思想都有重要的影响"。同时强调，"郭沫若既继承了传统，又超越了传统。他用理性的目光审视传统，对传统思想文化的价值作出了富有时代特征的判断。这一切，都值得认真加以研究和总结"。我与黄烈同志主编的《郭沫若与中国史学》一书，正是以上述认识对郭沫若的史学作出系统评述的。

前文提到，《郭沫若与中国史学》没有直接表明主编的指导思想，甘泉先生将主编的指导思想清楚地写在这篇书序中，显然是对我的一种支持和鼓励。

序文称我写的《郭沫若评传》总体构思"足见作者用心之良苦"，说其中某些篇章"都有独到的研究心得""这样的研究是不多见的"等，更是支持和鼓励。序文最后写道：

短短两三个月的时间，能够在原有基础上再填补自己研究的"空白"，固然不易。倘若能够深涉卜辞和彝铭，定会有意想不到的新收获。莫说写这本《评传》是自己研究的总结，应当说这是新起点。让我借用郭沫若的一名句，以为共勉：

只顾攀登莫问高！

让我以这本《郭沫若评传》为"新起点"，用郭沫若"只顾攀登莫问高"与我"共勉"，显然含有督促之意，不让我放弃郭沫若研究。

四年后，我以这本《郭沫若评传》为"新起点"，"补充其不足、修订其疏漏"，扩充为30万字，新成一本《郭沫若学术思想评传》，为我研究郭沫若的代表作。交付出版之前再请甘泉先生写序，他不但表示无须再写，而且让我帮他仔细推敲《文坛史林风雨路——郭沫若交往的文化圈》的代序《"嘤其鸣矣，求其友声"》，其中有五分之一的篇幅是谈郭沫若与陈寅恪的关系的。甘泉先生的这篇代序和让我写的《郭沫若与陈寅恪："龙虎斗"与"马牛风"》同时被收入《公正评价郭沫若》一书，一篇以"评论"为主，一篇用"材料"说话，相辅相成，这或许就是甘泉先生所说的"共勉"。

出于这样一些原因，甘泉先生担任郭沫若研究会副会长时要我担任研究会副秘书长，甘泉先生担任研究会会长后要我担任研究会副会长，协助他分管研究会史学研究方面的工作。

就这样，在甘泉先生的鼓励与督促下，我们在郭沫若研究领域一道走过整整20载的历程。2000年8月召开"郭沫若与二十世纪中国思想文化学术研讨会"期间，3日在长白山银环湖畔，我与甘泉先生留下唯一一张二人合影。

最后，说一说甘泉先生打来的最后一个电话——2017年五一前晚饭过后。

2016年10月我的《增订中国史学史》（全四册）出版，召开了纪念尹达先生110周年诞辰暨新书发布会，寄赠甘泉先生图书一套。这次电话甘泉先生首先告诉说，读到这套书，认为《导言》写得有特色，赞同我所说研究近代史学不光要懂得近代史，还必须懂得古代史，因为近代史学讨论的问题基本都是古代史问题。随后问我最近做什么，我告诉说在忙《郭沫若全集·补编》中的两卷《再生缘》，他接着问前不久一次陈寅恪会的情况。谈兴很浓，像是久未跟人交谈，不由使我想起"嘤其鸣矣，求其友声"。他甚至问我还看戏不看，我说不去剧场看戏，但经常听唱段和看录像，去年看《文姬归汉》录像，听到唱胡笳十四拍，突然想到《文姬归汉》剧本是1926年写成的，比郭老写《蔡文姬》剧本要早30多年，而且胡笳十二拍、十三拍、十六拍都被用作唱词或对话，特别是用"二黄慢板"唱的十四拍已成为程派名段，表明程砚秋及其编剧认定《胡笳十八拍》是蔡文姬的作品，这也比郭老要早好多年，所以郭老写《蔡文姬》的"动机"须得再思考。甘泉先生说可以写出来，我告诉他已寄给《郭沫若学刊》，估计年内能够发表。就这样，交谈了一个多小时，我觉得时间有些长了，表示等再恢复一段时间去家里看他。不想这一挂电话，就再也听不到甘泉先生的声音了。

甘泉先生逝世5年，应约作文以为缅怀！

（作者系中国社会科学院古代史研究所研究员）

学术会议

创造社与现代中国文化

——纪念创造社成立一百周年学术研讨会综述

张一凡

2021年4月23日至25日,由中国现代文学研究会、中国郭沫若研究会、郁达夫研究会、田汉研究会主办,陕西师范大学文学院、陕西师范大学人文社科高等研究院承办的创造社与现代中国文化——纪念创造社成立一百周年学术研讨会在西安召开。来自中国社会科学院、中国现代文学馆、北京大学等单位的70余位专家学者参与了此次会议,会议围绕以下主题进行讨论。

一 创造社研究

创造社的异军突起与文学论争始终是学界的热点话题,过往的研究集中于关注创造社与文学研究会的差异与论战,此次会议体现了对创造社"异军"之"异"到底"异"在哪里的重新思考。朱寿桐(澳门大学)指出,创造社的边缘定位与反抗姿态本身就是一种文化策略,而这样的文化策略又导致了他们的民粹倾向。房栋(浙江师范大学)认为创造社与文学研究会、语丝社之间关于"国民文学"的论争,目的在于借中国文学本土资源实现文学语言"国民化",构造一种更为高级的语言形态。范家进(浙江工商大学)从对"泪"的不同想象与表达出发,探讨创造社与徐志摩论争的背后所代表的两种抒情道路。魏建(山东师范大学)则指出创造社之"异"主要来自两个方面,一是创造者自称为"异军",这种自称来源于创造社诸君文学创作能力的自信;二是创造社的"异"是区别于新文化新文学主流而言的,创造社与新文学主流在新文化建设策略、解决中国社会问题的路径等诸问题上看法大相径庭。而创造社的出现也改变了五四文学革命的轨迹,而且超越了"五四"时期所关注的"新旧之争",为新文坛呈现多元互补的格局提供了丰富性的精神资源。商金林(北京大学)从闻一多日记等材料出发,指出郭沫若等人本有融入以文学研究会为代表的文学主流的机会,但他们并没有这样做,可见其异军姿态并非面对文学研究会排斥的被动反应,而是一种积极主动的挑战姿态,意在以自己独特的方式与路径扩大新文化运动的影响。蔡震(郭沫若纪念馆)认为创造社的成立与日本近代文学和文化环境是直接相关的，20世纪20年代创造社的出现更像一个外来的闯入者，其所具有的包容性、开放性都是国内文坛难以产生的，由此也对当时的文坛形成了极大的冲击和挑战，促进了新文学的多元发展。

创造社起始时间也是此次会议讨论的重点。凌孟华（重庆师范大学）梳理了20世纪90年代文学史书写中创造社成立时间的诸多说法。咸立强（华南师范大学）指出，1929年创造社出版部被查封并不意味着创造社历史的终结，在左联成立后依然存在"后创造社时代的同人意识"。

与创造社相互关联、影响的文人群体也得到进一步挖掘。刘奎（厦门大学）从情本论的角度探讨了创造社与袁家骅、顾绶昌、朱谦之等青年学者在文学风格、思想倾向上的共通性。王烨（厦门大学）指出，黄埔军校时期的学生组织"血花剧社"的文艺实践对创造社文学转向具有深远影响。

二 郭沫若研究

郭沫若作为创造社的缔造者和核心成员，在创造社研究中一直占据着重要的地位，也是此次会议的重点话题之一。杨华丽（重庆师范大学）从郭沫若《替鲁迅说几句话》的文本生成与流变探讨郭沫若与鲁迅、胡适的关系。徐文余（贵州师范大学）认为，郭沫若早期的作品从个人、家庭、民族三个层面都体现了身份认同的焦虑，这种焦虑源于他在日本的留学经历以及受到日本文学的影响。刘海洲（商丘师范学院）探讨了郭沫若所体现的文学创作与政治活动之间的复杂关系。张勇（郭沫若纪念馆）指出，郭沫若的翻译活动与创造社相辅相成，共同造就彼此辉煌的未来。

对郭沫若诗歌成就的评价，学界近年来产生了较大的分歧，在当下如何解读郭沫若诗歌也是一个亟须解答的问题。李斌（郭沫若纪念馆）指出《女神》体现了半殖民地子民在发达资本主义社会下的不适体验，并进一步导致了中国部分精英知识分子对资本主义制度的质疑，以否定的形式表达了中国超越资本主义发展道路的可能性。梁波（大连外国语大学）认为，郭沫若的诗学思想体现了一种高速而自然流畅的"动"感，其内涵正是艺术在高速的近代文明中对"空间"的冲破、对"时间"的追求。袁宇宁（陕西师范大学）认为，《女神》中人神关系互文性的建构，与主张创造与反叛的"五四"精神息息相关。周俊峰（西南大学）从郭沫若新诗中的用典出发，探究现代精神文化的困境以及汉语新诗的书写难度，体现了语言的时代感与典范化的内在矛盾。

郭沫若的转向研究也是一个热点问题。朱佳宁（西安电子科技大学）指出，1924年郭沫若所译的《新时代》是考察其思想转向的重要文本，体现了郭沫若对知识分子与人民的关系、文学与革命的关系、暴力革命与渐进改良的关系等诸多问题的思考过程，有利于进一步厘清其思想转向的复杂脉络。刘丽婷（西北民族大学）通过对比《女神》和《恢复》中的新词，探讨文学革命到革命文学不同的创作观念。邹佳良（西南大学）认为，1926年发表的郭沫若讲演稿《三民主义与共产主义》和孙中山对三民主义的论述之间的异同，体现了郭沫若试图调和外来的马克思主义和本土诞生的三民主义的尝试。田源（四川美术学院）基于民国报刊里的读者批评文献的搜集整理成果，指出虽然郭沫若的新诗创作经历了从创造社的浪漫主义向左翼的现实主义的风格转型，但是"颓废"气质却是一以贯之的。

郭沫若的史料研究及其学术成果也受到部分学者的关注。常丽洁（商丘师范学院）补正了郭沫若旧体诗词笺注中的一些疏漏。杨胜宽（乐山师范学院）指出，郭沫若对邓析的研究存在史实上的错误，导致他对邓析的法制思想做出了不当的评价。刘婧妍（中国社会科学院）以古文字研究为切口，梳理了郭沫若对西周彝铭人物研究的贡献。

三 郁达夫研究

郁达夫的作品一直以其独特的艺术魅力吸引着研究者的注意，郁达夫研究也是此次会议的一个亮点。许思昶（西北民族大学）认为，郁达夫在《沉沦》中大量使用新词冲击了文言词语体系，刻画了新文学发展轨迹。李博林（大连理工大学）认为《沉沦》中空间场景的转换为我们解读异乡生活的零余者形象提供了新的切入角度。潘磊（郑州大学）指出，郁达夫的疾病书写在其作品中占据重要地位，成为叙事的重要动力和结构性元素，而这种病痛叙事与他在日本的流散经验有着密切关系。高照成（中国社会科学院）则注意到了政治社会形势的急剧变化促使郁达夫由以小说创作为主向大量创作杂文的转变。

虽然郁达夫在20世纪30年代时期和左翼文学主流渐行渐远，但郁达夫文艺思想中隐含的左翼倾向与革命运动的天然联系，引起了学者们的关注。高远东（北京大学）指出，郁达夫的文学书写借欧洲文艺风尚对资本主义文化逻辑进行批判，零余者形象、对社会漂泊和人性起落根源的表达也隐含着对半殖民地的中国资本主义现实的社会和政治批判，这对于理解现代文学的开展有着重要意义，与左翼无产阶级文学思潮形成呼应。张瑞瑞（厦门大学）注意到了广州农民运动与郁达夫文艺思想之间的联系。

郁达夫史料的整理与研究取得了不容忽视的成果。郁俊峰（浙江杭州市富阳区文联）、李杭春（浙江大学）整理了郁达夫的求学年谱。金传胜（扬州大学）整理了多篇郁达夫佚文、佚简和相关史料。袁洪权（西南科技大学）梳理了开明版《郁达夫选集》的编辑、出版过程，探讨政治、文化等因素在文集编选中所承担的角色。

四 创造社其他作家研究

张资平是创造社的重要作家之一，也是与会学者关注的对象。陈思广（四川大学）谈及张资平长篇小说的长销术策略与商业经验及教训。廖久明（乐山师范学院）介绍了1948年张资平回忆创造社的两篇文章——《胎动期的创造社》《〈创造〉季刊时代》，并考察了两篇文章的可信度。同样注意到这两则材料的还有曾祥金（西安交通大学），他以张资平回忆文章为依据探讨张资平视野中的创造社。

对于王独清的研究立足于对其作品的深入剖析。李海鹏（南京大学）通过王独清译但丁《新生》的研究，指出王独清的新诗观念与但丁的《新生》相互呼应，体现了文学与历史的双重互动、演进中的"新旧之辩"。刘宁（陕西省社会科学院）则从王独清的《长安城中的少年》出发，探讨近代陕西辛亥革命以及城市文化空间转型与文学文本之间的密切关系。

田汉研究方面也有不少亮点。樊宇婷（北京师范大学）对比了田汉与王宏声两个版本的《莎乐美》，指出通过"看""望"的一字之别，田汉在译本中创造了"看"/"望"三角结构，强化了原剧本的艺术魅力。张武军（西南大学）、徐鹏飞（西南大学）分别从《黄花岗》《古潭的声音》的版本流变中探讨田汉的转向，揭示作品中艺术与政治话语的争夺。闫俊蓉（西南大学）则关注田汉"转向"前后的一致性，她认为1930年田汉改编的《卡门》传递出了田汉一贯的波德莱尔式反抗精神与浪漫情调。

郑伯奇是近年来"重新发现"的一位创造社"元老"。吉玮琳（辽宁大学）关注到了郑伯奇与创作社一道发生的转型。与之意见相反的是，刘竺岩（兰州大学）认为郑伯奇在文学场域的剧变中，更多保持了一种"不变"的姿态，这种"不变"体现为"自我表现"的文学本体论、"立足生活"的文学创作观，以及多重条件限制下的文学形式观。路嘉玮（陕西师范大学）注意到了郑伯奇主编的《新小说》杂志与郑伯奇"新通俗文学"之间的关系，他认为《新小说》是"新通俗文学"文艺观念的实践，也是"文艺大众化"讨论诸种成果的一次试验。但"新通俗文学"观无法指导《新小说》，"新通俗文学"理念与文学创作规律和市场规律之间的错位，导致了该杂志的破产。

此外，徐臻（上海外国语大学）指出成仿吾与卡本特的文艺思想有着密切联系，卡本特文艺思想中的进步因素也促进了成仿吾思想的转向。苏晗（北京大学）探讨了穆木天在从象征主义向现实主义转变的过程中，如何以写实主义为基础建立"大众化"的诗学框架。

此次会议除探讨了创造社与中国现代文化、创作社作家两大主题之外，还收获了其他研究成果。巫小黎（佛山科学技术学院/温州大学人文学院）关注到了鲁迅《上海文艺之一瞥》兼具学术性与文学性的双重特质。马雪琳（新疆大学）探讨了《工人绥惠略夫》和鲁迅的共鸣之处以及该作品对鲁迅翻译、创作实践的影响。

（原载《中国现代文学研究丛刊》2021 年第 7 期）

郭沫若文学百年

——纪念《女神》出版一百周年国际学术研讨会召开

李 珂 彭冠龙

  1921年，郭沫若的诗集《女神》问世，以"开一代诗风"的精神成为中国现代文学史上的经典之作，郭沫若也因此成为中国新诗的奠基人之一。值此《女神》出版100年之际，由国际郭沫若学会与山东师范大学联合主办、山东师范大学中国现当代文学学科承办的郭沫若文学百年——纪念《女神》出版一百周年国际学术研讨会于2021年11月27日举行。此次会议以线上方式召开，来自日本国士馆大学、美国布兰迪斯大学、美国维拉诺瓦大学、澳门大学、中国社会科学院、四川大学、厦门大学、山东师范大学等国内外学者围绕《女神》发表最新的学术成果并进行学术讨论，126位国内外学者上线参加了这次会议。

  这次会议由国际郭沫若学会执行会长、山东师范大学文学院魏建教授主持。会议第一项是国际郭沫若学会会长、日本学者藤田梨那教授致开幕词。

  大会报告阶段有四位专家阐述了自己《女神》研究的最新成果。

  第一位报告人是四川大学李怡教授。他从"诗歌植物"的角度切入，借用中国古典文学中的"意象"分析法，认为《女神》中的松、竹、梅等意象所描绘的不仅是自然的风景，更是一种个人的内在状态。中国社会科学院蔡震研究员对李怡的报告进行了评议。他认为这种对于松、竹、梅等意象呈现的个人表达的情景阐释对于研究郭沫若文学具有较高的意义和价值。

  美国布兰迪斯大学王璞副教授为《女神》研究提供了全新的视角——"两性结合"。他的报告深入地分析了郭沫若诗歌中的"雌雄同体"现象，很有启发性和说服力。美国维拉诺瓦大学周海林教授对其进行评议时，认为王璞的观点既表现出基督教的"狂喜式认同"，又是对日本"严母"观念的进一步阐释，同时期待王璞对此理论做出更深入的分析。

  中国社会科学院李斌研究员对郭沫若的"诗不是'做'出来的，是'写'出来的"这一观点，以一种新的方式进行阐发。他从"无神"与"神"，以及"神是唯一的"等观念入手，谈论《女神》中的生命哲学与自然流露，认为郭沫若是大于"浪漫"、大于"主情"、大于"诗人"的。澳门大学朱寿桐教授点评时对李斌的观点做出了充分的肯定，同时认为很少有人分析郭沫若哲学思想产生的时代背景，而李斌恰好做到了这一点。

厦门大学刘奎教授重点从《女神》抒情方式的混杂性、诗歌的召唤结构、新文学的起点等角度分析，提出《女神》与时代的关系，以及对于当代青年的影响。魏建教授进行点评时，首先肯定了刘奎与王璞、李斌一样都是郭沫若研究的学术新星，对于刘奎发言中提出的多数观点表示高度赞同，并对其中某些观点进行呼应和交流。

在研讨会的自由交流阶段，所有报告人都对观众的提问做出了有深度的回答，深化了对这些问题的研讨。

讨论会最后，由日本国士馆大学藤田梨那教授对会议作出总结，认为与会诸位谈论的观点对于未来的郭沫若研究提出了许多新命题，同时，这些新视角也是有待于进一步发展的。藤田梨那还将其研究成果的一部分——郭沫若与三木清的交往——与我们共享，认为学界对于郭沫若的研究还应该从更多的角度来推动。同时期待疫情早日过去，大家可以在线下进行更好的学术交流。魏建教授以"祝贺""感谢""期待"等关键词致闭幕词，祝贺此次会议的成功，感谢与会诸位的支持，期待郭沫若文学研究的新的更高水平的发展。

（原载《郭沫若学刊》2021 年第 4 期）

年度课题

国家社科基金优秀博士论文出版资助项目"郭沫若金文著作的文献学研究——以《两周金文辞大系》为中心"

李红薇

课题名称：郭沫若金文著作的文献学研究——以《两周金文辞大系》为中心
课题负责人：李红薇
课题编号：21FYB053

1. 该成果的主要内容

任何一门学科的发展均离不开对其自身发展历程的审视性回顾。在古文字研究日趋精密化的今天，学科的学术史也同样需要展开。郭沫若在古文字研究方面贡献卓荦。其代表作《两周金文辞大系》依年代与国别科学系统地整理了两周金文，开创了"标准器"断代法，奠定了现代金文研究的范式。该书是郭沫若所有学术著作中修改次数最多、持续时间最久的一部，也是20世纪金文研究最重要的著作之一。

本课题以《两周金文辞大系》（以下简称《大系》）为中心，参照书信、日记等相关史料及郭沫若其他文字，以文献学理念观照郭沫若古文字著作，梳理其观点演变脉络，着重探求变动的背景及原因，尽可能还原学术研究的历程，通过细节考证深入学术史的书写。

首先，着重厘清了《大系》成书过程、版本源流及嬗变情况。其次，对所收器图、铭文逐一溯宗考源。我们穷尽地比对了《图录》每一帧图像与之前著录的关系，察考《图录》中每一帧图像的来源。换言之，论文尽可能还原了郭沫若编纂《图录》时使用的所有著录，甚至精确到同一著作的某个版本。与此同时，利用校勘学方法核对诸版差异，参以郭沫若其他论著，依时间为序，梳理观点演变脉络，找到作者生前关于某问题的最终意见。总结观点变动原因，并详细论证了全集版《大系考释》的底本来源。最后，专题研究部分包括《郭沫若全集》金文著作相关问题的考订；新见日藏郭沫若手批《两周金文辞大系考释》的介绍研究；订正关于《大系》版本信息的错误记载并分析产生的原因；以《臣辰盉铭考释》一文为例，全景呈现了从论文构思缘起、写作修改、最初发表直至收录《全集》长达69年中产生的各类问题，并解剖成因。文末附有《大系》器名异称表、郭沫若历史考古类著作版本综览、郭沫若金文著作编年等。

2. 该成果的主要特点

以版本学、校勘学为主体的历史文献学研究法。引入传统文献学理论以《两周金文辞大系》这部经典著作为中心，考察郭沫若的金文著作。从版本学出发探求《大系》的成书史，在鉴别版本的基础上梳理版本源流及嬗变关系。利用校勘学方法，以对校法逐字逐句比对同一著作的不同版本，并综合运用本校、他校、理校等方法，着重考察学术观点的变动过程。

以归纳为依据的比较分析法。郭沫若的金文观点贯穿其历史考古研究始终，散见各处，前后多有差异，需要全盘梳理综合考察，才能厘清其观点演变的具体脉络，找到变动的时间节点。

借鉴文化人类学、考古学中的"回访（revisit）作业"方式。任何活动都无法剥离其历史情境而孤立评估。论文选择以《大系》为中心，但又不仅限于《大系》。广求论学书信、日记、批注等材料，在考辨的前提下，钩沉相关史料，探求作者学术观点变更的深层背景及原因，尽可能准确地回归到研究对象的情境之中，还原其学术研究历程。

3. 该成果的学术创新

理念新。该课题力求拓宽眼界，突破当今学术史常见的"以今律古""对错评判"等书写范式，而是加强主体视角透视，深入作者研究的细节和过程中去，尽可能还原当时的学术场景，跳脱学术问题本身是非纠缠，而更注重揭示史的线索，利用各种史料，结合当时的思想、社会情况，将学术史置诸特定的历史背景中去考察，希望得到较为深刻的体认和理解。该课题尝试站在作为思想史的学术史的角度，不局限于线性和阶段性古文字学史的叙述方式，利用多元写作模式，尽可能准确地回归到研究对象的情境之中。

方法新。引入传统文献学与西方书志学理论观照古文字经典学术著作的成书、批注、编辑、出版等过程，将近代古文字经典著作作为文献学考察的对象进行综合研究。以《大系》为中心，从文献学角度系统整理研究，还原成书过程中诸多细节、考索不同版本的递嬗变动、校勘出版过程中编辑的改动等。

材料新。日本亚非图书馆"沫若文库"藏有郭沫若流亡日本时收藏的百余片甲骨及诸多书籍，其中即有自用本《大系考释》，天头地脚处留有作者在出版后的批注，几十年来鲜为人知，大多数观点在作者后来的学术著作中未体现，具有重要学术价值。蒙日方慨允，已整理收入该论文。

4. 该成果的学术价值

有助于学界通盘掌握、准确征引相关见解。郭沫若在甲骨、金文等诸多领域均有建树，古文字学专著达10种之多，金文观点贯穿其历史考古研究始终，散见于各类著作，观点时有变动且多无说明，各个著作之间的关系也不平衡，常不能改尽。因此在利用郭沫若的研究成果，引用其观点时，必须全盘梳理、综合考察。当然这项工作十分费时费力，《大系》中涉及作者观点变动处，论文均已一一厘清，可供参考征引。

有助于细致深化古文字学术史的书写。郭沫若学术观点的差异，不但是其个人见解的变动，更是近代学术认识发展的重要体现。综合考察郭沫若金文著作，通过该项目的研究深入了解20世纪二三十年代古文字学的研究面貌，对厘清某些具体问题的学术史至关重要。目前这类工作在古文字学术史的梳理过程中开展得还不够充分。

全面呈现郭沫若金文研究学术观点嬗变过程，进而探讨其变动的历史背景。任何活动都无法剥离其历史情境而孤立评估。论文广泛搜讨同时期大量史料，在考辨研读的前提下，尽可能回归到研究对象的情境之中，探求作者学术观点变更的深层背景及原因，还原其学术历程。

5. 存在的不足及研究改进计划

理论尚待提升。计划借鉴其他学科学术史的研究方法及理念，如科学史、思想史、哲学史等，尽可能避免琐碎和重复，提升论文对近代学术史研究的理论意义。

论文中的一些图片、照片不够清晰，计划重新高清扫描，替换原本不甚清楚的图片，提高图片质量。

继续打磨全文，删改误字，修正个别表述欠妥的字句，力求精练准确表达。

（李红薇供稿）

2021年四川郭沫若研究中心年度课题

编号	单位	部门	项目负责人	项目名称	成果形式	项目类别
GY2021A01	商丘师范学院	人文学院	刘海洲	百年中国郭沫若文学研究史	专著	重点
GY2021A02	中国社会科学院古代史研究所		李红薇	《卜辞通纂》的文献学研究	论文	重点
GY2021A03	西华大学	文学与新闻传播学院	王学东	近四十年来郭沫若《天狗》接受研究	论文	重点
GY2021A04	扬州大学	文学院	金传胜	郭沫若抗战时期文献整理与研究	论文	重点
GY2021A05	西南大学	文学院	邹佳良	国民革命与郭沫若南下广州研究	论文	重点
GY2021B01	西安交通大学	人文社会科学学院	曾祥金	抗战时期郭沫若文化政治实践研究	论文	一般
GY2021B02	泉州师范学院	文学与传播学院	古大勇	海内外文学史著作中的"郭沫若书写"研究（1949—2020）	论文	一般
GY2021B03	乐山师范学院	文学与新闻学院	吴胜景	郭沫若书法结体特征研究	论文	一般
GY2021B04	乐山师范学院	外国语学院	徐慧	日本郭沫若历史剧研究	论文	一般
GY2021B05	西南大学	中国新诗研究所	邱雪松	郭沫若与宋云彬交游考	论文	一般
GY2021B06	乐山师范学院	文学与新闻学院	李哲皓	郭沫若历史剧表演教学研究	论文	一般
GY2021B07	乐山师范学院	经济管理学院	王娴	郭沫若先生对马克思主义传入中国的影响	论文	一般
GY2021B08	重庆中国三峡博物馆		张肖静	重庆中国三峡博物馆藏郭沫若信函、题字整理与研究	研究报告	一般

续表

编号	单位	部门	项目负责人	项目名称	成果形式	项目类别
GY2021B09	西华师范大学	外国语学院	江小容	郭沫若对日本"反战诗人"金子光晴影响研究	论文	一般
GY2021B10	成都理工大学	社会科学处	王 萍	郭沫若影视形象塑造与传播研究	论文	一般
GY2021B11	西南交通大学	人文学院	金玉卓	方志中所见郭沫若史料整理与研究	论文	一般
GY2021B12	西南交通大学	四川巴蜀书社有限公司	沈泽如	郭沫若对墨学态度急转的心理历程及原由研究	论文和研究报告	一般
GY2021B13	四川工商学院		胡杨媛	郭沫若早期小说中的日本近代都市空间研究	论文	一般
GY2021C01	《四川党的建设》杂志社		胡 玲	郭沫若期刊编辑出版实践研究	论文	青年
GY2021C02	四川轻化工大学	美术学院	牛 杰	郭沫若经典著作藏书票的制作与研究	论文	青年
GY2021C03	成都大学	美术与设计学院	樊 琪	郭沫若对新中国书法复兴的贡献	论文	青年
GY2021C04	四川旅游学院		刘蕴瑶	郭沫若纪游诗的旅游文学内涵与价值转化研究	论文	青年
GY2021C05	中国地质大学（北京）	马克思主义学院	王舒琳	郭沫若与社会形态研究范式的确立与发展	论文	青年
GY2021C06	西南石油大学	马克思主义学院	郑 超	郭沫若的文化自信——在激进与保守之间	论文	青年
GY2021D01	聊城大学	文学院	杨玉霞	郭沫若四十年代历史剧接受研究	论文	自筹
GY2021D02	乐山师范学院	外国语学院	刘紫英	郭沫若与中日文化交流研究	论文	自筹
GY2021D03	乐山师范学院	文学与新闻学院	胡春秀	艺术传播视阈下郭沫若故居的文旅IP建设策略研究	论文	自筹
GY2021D04	广安职业技术学院		贺麟迤	从"觉醒"到"出彩"——新时代视野下郭沫若《三个叛逆的女性》研究	论文	自筹

续表

编号	单位	部门	项目负责人	项目名称	成果形式	项目类别
GY2021D05	四川轻化工大学	人文学院	何　清	基于"中国现当代作家作品研习"学习任务群视域下的中学语文郭沫若作品教学策略研究	论文	自筹
GY2021D06	四川轻化工大学	人文学院	刘小文	郭沫若地方文化课程资源开发与应用	论文	自筹
GY2021D07	西南交通大学	人文学院	唐丽娟	郭沫若文艺作品中的"象喻思维"研究	论文	自筹
GY2021D08	西南交通大学	人文学院	王　静	郭沫若《易经》管理思想与现代管理学比较研究	论文	自筹
GY2021D09	乐山师范学院	外国语学院	廖百秋	新文科背景下郭沫若文学融入高校外语教育创新路径研究	论文	自筹
GY2021D10	四川农业大学	马克思主义学院	张　强	新时代加强大学生劳动教育视域下郭沫若全面发展教育思想启示研究	论文	自筹
GY2021D11	《四川党的建设》杂志社		李　静	郭沫若的乡土记忆	论文	自筹
GY2021D12	四川人民出版社		魏宏欢	郭沫若作品中的身体叙事研究	论文	自筹

教育部项目"从郭沫若的德语文学翻译和德语世界的郭沫若看巴蜀学人与德国文化场域的双向关系"(2015—2020)结项

何 俊

该项目主要以郭沫若的德语著作翻译为研究对象,试着较为系统地发掘和钩沉作为翻译家的郭沫若的德语著作翻译成就和贡献,同时梳理郭沫若其人其作在德语世界的接受与传播情况。考虑到郭沫若多年的留日经历及其对日本资源的借鉴,而当时的日本在明治维新以来又在很大程度上效仿德国,以及郭沫若大量而且不失水准的德语作品翻译及其对德国文化的推崇,探究郭沫若的德语著作翻译、德语世界的郭沫若以及他与德国文化场域之间的双向关系可以说是题中应有之义。

具体而言,研究一方面从翻译文化学和翻译社会学的视角出发,在创作、翻译和研究"三位一体"的空间中分门别类地考察郭沫若的德语文学和社会科学著作翻译,比如他对歌德、席勒、尼采和豪普特曼等人的作品,众多德语诗歌以及《德意志意识形态》《美术考古学发现史》等的翻译,并挖掘其翻译背后隐藏的外国文学和文化关系的接受、影响、形变、转生、衍化、创造等诸多问题;另一方面,从意识形态、审美取向、对比相应的鲁迅研究等角度来探究德语区汉学界的郭沫若研究呈现遇冷态势的深层原因,进而为国内的郭沫若研究日益走出"盖棺定论"的寒流、迎向"知人论世"的回暖这一态势提供来自域外和他者的历史资料参考。

该项目在研期间产生了三篇论文形式的阶段成果:《一位斯洛伐克汉学家眼中的郭沫若——评杨玉英的〈马立安·高利克的汉学研究〉》(《郭沫若学刊》2016年第1期)、《异域和他者眼中的郭沫若:〈郭沫若在英语世界的传播与接受研究〉引起的思考》(《现代中文学刊》2018年第2期)、《郭沫若历史剧〈屈原〉域外翻译与搬演的"全景图"》(《郭沫若学刊》2020年第2期)。经专家鉴定,该项目已经以书稿的形式结题,书稿《郭沫若的德语著作翻译与德语世界的郭沫若》已提交给上海社会科学院出版社,收入"中德文化交流"书系,预计2023年出版。

教育部人文社会科学研究项目
结项证书

项目类别：一般项目(青年基金项目)
项目名称：从郭沫若的德语文学翻译和德语世界的郭沫若看巴蜀学人与德国文化场域的双向关系
负责人：何俊
主要参加人：莫光华；华少庠；张杨；廖文武
批准号：15YJC740024

本项目经审核准予结项，特发此证。

证书编号：2021JXZ0136

教育部社会科学司
2021年01月19日

著作选介

【激变时代的思考者：郭沫若与其诸子观】

著　者：王　静

出版社：中国社会科学出版社 2021 年 2 月版

内容简介：

中国近现代是一个前所未有的激变时代，学术界演化出遵循变革主义与维持传统主义的思潮、学说与方法，先秦诸子研究便是两种思潮交锋的重要领域。

作为率先使用马克思主义研究中国社会的先驱，郭沫若属于变革主义者，但他对传统始终抱有一定的温情。郭沫若主张以科学文明来发展生产力，同时唤醒中国"固有的文化精神"，因此他对中国传统思想和先秦诸子一直保持着极大的学术兴趣。

《激变时代的思考者：郭沫若与其诸子观》研究认为，郭沫若经过中国传统文化的熏陶，其人生基调是爱国主义。郭沫若受到泛神论影响，后接受了马克思主义，完成了学术研究方法的转换。郭沫若的诸子研究分为萌芽、探索和成熟期，他在近 30 年中对诸子进行了不懈探索，分别对儒家、墨家、道家、法家、名辩思潮等进行研究与评价。他褒扬孔子，对孔子之后的儒家态度不一；他反对道家厌世的态度，同情庄子；他抨击墨家和后期法家，对名家诡辩评价较低。郭沫若的诸子观受到内因与外因的共同影响，而以人和人民为本位的人本主义价值取向是其评判的最重要标准。

诸子研究是郭沫若学术兴趣集中的重要领域，学界关于郭沫若的诸子研究已有较多的论文问世，但一直没有相关专著予以全面性研究，该书试图填补这一方面的空白。作者提出，随着理论方法的掌握和客观认识的加深，郭沫若对于诸子的具体观点有所变化，但其对于诸子的整体态度具有内在一贯性。

该书力求全面性和系统性，对郭沫若的传统文化背景、理论方法转型以及诸子研究过程进行考察，分述其对诸子各家的学术研究，也对其文学作品中的诸子观进行总结，希望为学界提供一部全面且详尽展现郭沫若诸子观的专著。通过对郭沫若的个体研究来探索激变时代中知识分子对中国传统的态度与观点，对中国近现代思想研究与郭沫若研究具有积极意义。

【郭沫若书信中的当代中国】

著　者：李　斌

出版社：云南人民出版社 2021 年 5 月版

内容简介：

该书以郭沫若 57 岁至 86 岁（1949—1978）的友朋信札为基本材料和线索，主要讨论了五个问题：一、郭沫若对旧作《历史人物》《地下的笑声》《洪波曲》以及古文字类著作的整理、修改和再版；二、《武则天》《蔡文姬》《管子集校》等重要著作的写作过程；三、郭沫若担任中国科学院院长的权与责；四、作为著名诗人和中国文联主席的郭沫若如何在文坛发言；五、作为最具代表性的中国当代文人和学者，郭沫若在新中国的对外交往中扮演何种角色。

【中国现代史学与史家胜论】

著　者：何　刚

出版社：湖北人民出版社 2021 年 7 月版

内容简介：

该书以郭沫若史学为中心，兼及其他，对中国现代史家、史学阵营、史学著述、史料文献等进行研究。各章内容虽不是系统性、通论性的书写，但都属于现代史学史家研究的范围，包括以下几个自成一系的部分。

第一部分是史学批评研究，侧重于现代史学批评视域下的唯物史观史学研究，从现代学人日记的视角审视唯物史观 20 世纪初渐入中国时的学术遭际，以及对 20 世纪史学界围绕中国古史分期、古代社会性质等问题展开的几次学术论争进行论述，包括"现代学人日记中的唯物史观史学""郭沫若与魏晋封建论者围绕汉代社会性质问题的论争""二十世纪三四十年代马克思主义史学阵营对郭沫若史学的评论"等章节。

第二部分是史学著述文本研究，旨在探讨史学论著的撰写、文本版本的修改变迁，及其与社会政治情势、学术时代语境的紧密关系等，包括"《驳"说儒"》的撰写缘起""学术视野下的《甲申三百年祭》""《左传选》出版始末"等章节。

第三部分是现代史家日记等私语化文本研究，关注的是在现代学术史研究，乃至整个历史研究中如何认识利用这类材料的价值和作用等问题，认为从史实考证还原的角度看，我们不能将日记当作完全可靠的史料加以使用，但是，在其内容取舍、详略、隐讳、删改之间能体察一二的是日记主背后的内心活动。从这一层面而言，日记无所谓真与假、虚与实，它都是完全可资利用的有价值的材料，可以帮助我们在一定程度上进入日记主的内心世界，寻觅出当事人复杂的心境心路。这部分除"现代学人日记中的唯物史观史学"外，还包括"西南联大时期郑天挺与汤用彤的交谊""大轰炸期间时人记述及其史料价值"等章节。

第四部分是几位现代史家研究的补遗工作。"现代史学史上的梁启超和郭沫若"一章以梁启超、郭沫若为代表，梳理了从"新史学"到马克思主义史学的中国现代史学发展历程中，二人史学成就的得与失，以及体现出的中国史学接受马克思主义唯物史观的历史必然和时代价值；"翦伯赞的明史研究"一章论述了翦伯赞明史研究的历史洞察力和政治敏感性；"嵇文甫与 20 世纪中国史学"一章以嵇文甫参与中国古史研究及分期讨论、历史人物评价问题讨论为重点，简述了其在 20 世纪中国史学历程中的贡献。附录的"嵇文甫佚文四篇辑录考释"对《嵇文甫文集》失收的四篇作品进行了辑录考释；"南高史地学派的史学思想与教学思想"一章论述了南高史地学派在史学性质与功能、史学教育教学论等方面的思想，关注到了史家史学思想与教育思想互渗互动这一问题；"现代作家自叙传中的史学意蕴"一章则提出，在中国现代学术史上，史学家往往不是仅以历史研究为唯一的文字之业。他们在文史艺术多个领域都有程度不同的建树。对他们的研究不能局限于某单一学科或学术领域中，并以郭沫若早期思想及其自叙传中所体现的史学意涵为例，作了抛砖引玉的研究。

【郭沫若翻译文学研究】

著　者：咸立强

出版社：台湾花木兰文化事业有限公司2021年9月版

内容简介：

该书以郭沫若翻译文学为中心，全面梳理了郭沫若翻译文学的巨大成就。全书分为上、中、下三册，不计绪言，共计八章三十三节五十多万字。第一章详细梳理了郭沫若文学翻译的四个历史阶段：奠基期、爆发期、左翼化时期、沉寂期。第二章从翻译文学功能观、译者主体观与译文创造观三个方面讨论了郭沫若的翻译文学思想。第三章、第四章、第五章分别讨论了《浮士德》《少年维特之烦恼》《鲁拜集》等经典译本的版本、体式、语法生成、译词选择等问题，对翻译文学批评中的版本错位、郭沫若翻译中的男性化审美倾向、译文语法严密性的追求等方面的探讨尤为细腻深入。郭沫若经典译本中的天才译笔与译文语法严密性追求相得益彰，共同铸就了中国现代翻译文学的经典，此类研究是该书的精华所在。第六章讨论雪莱的译介。第七章讨论戏剧文学的译介。第八章讨论美国左翼作家辛克莱的译介。全书研究的主线是探讨译者郭沫若的主体生成及其通过翻译寻找自己的文学话语的过程。著者以翔实的史料勾勒并强化了以下学界共识：郭沫若的文学翻译视野开阔，国别众多，题材多样，体裁繁杂。郭沫若的文学翻译实践开拓了浪漫主义文学汉译的路径，以诸多经典译作为现代的文学翻译转为翻译文学树立了典范，他提出的"风韵译"等翻译思想丰富并推进了现代译学的发展，他犀利泼辣的文学翻译批评是20世纪中国文学翻译批评发生期最重要的收获，他对王独清、邓均吾、叶灵凤等人的帮助和提携，为现代翻译人才的培养和成长贡献了力量。在现代译坛上，像郭沫若那样能够遍地开花，在诸多翻译领域都能取得令人瞩目的成就，且能产生深远影响的，并不多见。高山仰止，景行行止，郭沫若就是高高耸立在20世纪中国译坛上的一座丰碑。

【流言与真相：革命视野中的郭沫若】

著　者：李　斌

出版社：社会科学文献出版社2021年10月版

内容简介：

郭沫若是20世纪中国著名的文学家、革命者以及重要的国家领导人。然而，近年来学术界以及坊间对郭沫若的认识多有偏差，将郭沫若塑造成"两面人""墙头草"等形象，诸多言论是建立在不实之词的基础之上。该书对于一个时期以来，郭沫若文学创作、学术研究及其他问题上的种种"流言"与"抹黑"进行了深入剖析，澄清了加诸郭沫若身上的不实之词。同时对其中几类主要"流言"和"抹黑"的缘由进行了分析，还原历史本来面目，为读者呈现了一位坚持马克思主义理想、为中国革命作出巨大贡献的名人的一生的不同侧面。

热情·勇气·责任

——读王静的《激变时代的思考者：郭沫若与其诸子观》

张 勇

王静的学术专著《激变时代的思考者：郭沫若与其诸子观》由中国社会科学出版社出版了，无论对著者本人，还是对郭沫若研究来讲，都是一件值得庆贺的事情。作为王静多年的同事、虚长她几岁的同行和一名郭沫若研究者读完其成果后，对于著者、著作以及所涉及的研究领域都略有些思考，特此书写此篇阅读感悟，以期方家批评。

一

很多从事郭沫若研究的学者，不仅对于《激变时代的思考者：郭沫若与其诸子观》中所阐释的学术命题接触不多，可能对于此书的著者王静更感陌生。

要想更深入地阐释此著作的学术影响力，还是应该先谈谈著者王静。王静是我的同事，她和我差不多同时在2013年前后到郭沫若纪念馆工作，只不过她是应届毕业生入职，而我则是从高校调入工作。对于已经工作了十多年的我来说，初次见到王静时便感觉到她超出其年龄的稳重与踏实，不论待人接物，还是处理工作的态度与方法，都令人感觉到舒心、安心和放心。郭沫若纪念馆的正式职员只有十几人，虽然她在文物室工作，负责管理郭沫若纪念馆的馆藏文物，而我则在研究室，可也是每天都能"抬头不见低头见"，因此彼此非常熟悉。出于历史方面的原因，郭沫若纪念馆的文物台账工作比较滞后，很多历史物品、文献资料有待系统全面核查清点，恰好中国社会科学院展开全院可移动文物普查与古籍清核工作，王静与文物室同事承担起了这项任务。那段时间也恰逢馆里维修施工暂时闭馆，于是王静便利用馆里的展厅作为临时工作间，将馆藏的古籍书、线装书、外文书等馆藏资料分门别类地装入收纳箱中，然后一本本进行登记、统计、拍照、定名等烦琐的工作，当时正是酷暑，由于原状展厅内并无空调，所以她也只能吹着电风扇干活。虽然条件艰苦，但是她依然在规定时间内完成了这样一项看似简单实则千头万绪的工作。如果没有极大的耐性以及对郭沫若研究事业的热忱，不可能完成这么一项枯燥的工作，更何况对于一个当代的年轻人呢！但是王静做到了，而且还做得这么好，她为今后郭沫若研究工作奠定了坚实的基础。不仅如此，我想王静定也借助难得的机会，亲临体验式地触摸到郭沫若所使用的学术资料，她对郭沫若的感觉是最直观的，如王静这样每天都可以近距离接触郭沫若的文物藏品和文献资料，在国内恐怕几乎没有其他人能做到了，因此她对郭沫若研究决然是出自最具现场感的学术思索。

如果说工作性质使王静具有了研究郭沫若的便利条件，那么她对于工作投入的热情则是开展研究的基础和前提。2016年，我馆与埃及苏伊士运河大学商议共同筹建郭沫若海外研究中心事宜，具体负责此事的工作落在了王静头上，她前前后后共三次远赴埃及伊斯梅利亚处理中心事务。其实远赴埃及并不是一件轻松的事情，一是行程太远，因为国家对因公出访有严格的规定，其中之一就是不能乘坐外航班机出境，因此到埃及需要乘坐国航班机绕道欧洲，再由欧洲转机到开罗，全程需要20多个小时，还要有时差上的调整，另外，每次出访时还需要携带各种有关郭沫若的资料以及展览、学术研讨等所需要的物品，来回的疲倦程度便可想而知；二是当时埃及国内政治局势比较紧张，赴埃及出访还是有一定风险的。但王静没有任何怨言，依然用最大的热情投入具体的工作之中，使第一个郭沫若海外研究中心顺利筹建完成，开创了郭沫若研究的新领域，因此她在具体实践工作中也必然萌发了对郭沫若研究的自觉性。

王静是北京师范大学历史学院世界史专业的硕士研究生，她来郭沫若纪念馆工作之前所有的学术储备与科研领域与郭沫若研究没有太多的关联，也可以说是从零起点开始了郭沫若的研究之路。按照一般的逻辑我们都会认为，她从事郭沫若研究需要漫长的学术积淀，但从另外一方面来讲，王静又很容易摆脱固有郭沫若研究的普遍路径，从新的视角来开辟郭沫若研究的新领域，也就是在这种情形下，她可能才选择了郭沫若诸子研究这一学术难题作为学术研究的突破口。

该书稿在出版之前，我有幸先睹为快，阅读完后颇为震惊，一个不是学术会议的常客和"学术圈"之中的年轻人，何以完成如此厚重的成果呢？不过仔细想想便在情理之中，正是以上的人格品质与学术素质，使王静具备了完成《激变时代的思考者：郭沫若与其诸子观》一书的心理积淀和知识储备。

二

风格即人，《激变时代的思考者：郭沫若与其诸子观》也正如著者王静一样，展现了踏实的学风、学术的自觉和探索的勇气。

首先，《激变时代的思考者：郭沫若与其诸子观》加强了郭沫若研究的薄弱环节，提高了郭沫若史学研究的水准。从选题的角度来看，该书是关于郭沫若对先秦诸子研究之研究的一部论著。著作在阐释郭沫若生平思想形成、转变、成熟过程的基础上，对郭沫若学术理论及方法进行了归纳总结，进而详细分析了郭沫若之所以进行先秦诸子研究的动机与情境，特别是对于以儒家、墨家、道家、法家等为代表的诸子思想观以及主要代表作分析的基础上，梳理了郭沫若对此方面的研究路径以及重要学术观点。综上可知，这是一部有关郭沫若史学研究方面的专著。

目前郭沫若研究所存在的症结就是研究所涉猎学科门类众多，郭沫若在文学、史学、古文字学、考古学等多方面取得了傲人的成就，不仅如此，他的各方面成就其实是相通的，也即文学创作中借助历史的题材，而史学研究中又融会文学的思维，而现有的学科划分使我们的研究呈现精细化、割裂化的特点，也就不可避免地人为主观性地便将郭沫若研究划分为文学研究、史学研究、古文字研究和考古研究等几大模块，即便是做了这样的学科划分，各个模块之间研究力量的投入也是不均衡的，目前在郭沫若研究中重文学、轻史学的现象较为明显。

笔者自 2013 年起便担任《郭沫若研究年鉴》的编撰工作，在统计和筛选郭沫若年度研究成果时，深切感到近十年来郭沫若的研究虽然取得了些进展，较之 20 世纪 90 年代的低迷状态相比，有所深入，但是研究格局基本未有变化，也就是以文学研究支撑起郭沫若研究的大局，以史学研究为补充，以古文字学研究为点缀，特别是每年面对相对较少的郭沫若史学研究的成果时，感到哪一篇都难以割舍。近些年来出版的郭沫若研究专著也是如此，它们基本都是文学研究方面的，如藤田梨那的《郭沫若的异域体验与创作》、刘奎的《诗人革命家：抗战时期的郭沫若》、孟文博的《掘开历史的地表：郭沫若前期文艺论著版本校勘之发现与研究》等都为针对郭沫若文学创作、文艺思想等方面的研究与探索，而文学之外的专著少之又少。四川郭沫若研究中心于 2012 年编辑出版过 13 卷本的《郭沫若研究文献汇要》，其中按照卷次编排第 6、7、8 三卷为文学卷，第 9、10 两卷为历史卷，但从实际内容来看第 4、5 卷的思想文化卷中的内容也绝大多数是文学研究的成果汇集，这清晰地表明，文学研究在郭沫若研究中所占据的比重很大。从郭沫若研究学科分布的角度来看，专著《激变时代的思考者：郭沫若与其诸子观》的出版为薄弱的郭沫若史学研究增砖添瓦，它所涉及的课题也正是目前研究领域中较少触及的地带，因此本书的出版将会推动郭沫若史学研究的步伐。

其次，《激变时代的思考者：郭沫若与其诸子观》提出了郭沫若研究的新课题，拓展了郭沫若研究的新领域。中国传统文化精神博大，流派众多，各个学派之间又各不相同。能够掌握诸子百家中的几派观点就实属不易，难能可贵，而郭沫若不仅熟识儒家、墨家、道家、法家等重要诸子学派的观点和思想，而且进行了深入剖析，提出了自己独到的见解和主张，特别是"郭沫若对孔子、墨子、韩非、秦始皇等人的评价，都与众不同，因此遭了不少非难"[1]，因此诸子研究成为郭沫若史学研究的难点。

---

[1] 林甘泉：《从〈十批判书〉看郭沫若的史学思想》，《郭沫若研究文献汇要》（第 9 卷），上海书店出版社 2012 年版，第 298 页。

早在 1919 年郭沫若登上"五四"文坛之初，郭沫若对诸子百家的思想观念就产生了浓厚的兴趣，接续发表了《我国思想史上之澎湃城》等相关文章，直到新中国成立后郭沫若对《兰亭集序》的讨论中，还依然渗透着对老庄思想和道家思想的思考。郭沫若诸子研究的载体也较多，有书信、小说、论文、旧体诗等多种形式。起步早、跨度长、载体多是郭沫若诸子研究的重要特征。

面对如此高难度的研究课题，王静并没有绕行而过，而是如她整理郭沫若馆藏文物资料一样，先将郭沫若在不同时期不同论作中对不同诸子研究的观点放置在不同的收纳箱中，在"归档"的基础上按照时间和类别的标准完成"定名定级"工作。为实现这一学术规划和设想，王静对于郭沫若诸子研究史料进行了细致的爬梳，并进行了分门别类的整理和归纳，这也是该著作最鲜明的特色。在资料汇集中，王静注重从历史现场出发，她所寻找的重要材料都是"第一手"的，如《中国古代社会研究》是联合书店 1930 年的版本、《十批判书》是群益出版社 1945 年的版本、《青铜时代》是群益出版社 1946 年的版本，这样就最大限度地保证了郭沫若学术观点的历史真实性。

郭沫若诸子研究和批判多是单独成篇的，如《庄子的批判》《荀子的批判》《墨家节葬不非殉》等皆是如此，我们对此的研究也基本按照郭沫若思路延续下来，多单一诸子的考辨，少诸子间相互比较的阐释。王静在其著作中就试图改变这一研究模式，在资料梳理的基础上，尝试进行比较式的研究，如在《墨家和道家思想研究》中，王静论及了郭沫若对墨家与道家研究观点的异同之处。她发现，郭沫若对于墨家和道家态度不同的原因之一，在于他将二者与儒家进行了对比。郭沫若认为，庄子之后的道家与儒、墨对立，在本质上道和儒比较接近。道家强调个人自由，与儒家发展个性的主张不冲突，但墨家是要抹杀个性的。墨家的尊天明鬼，尚贤尚同，与道家的思想本不相容。[①] 王静进而总结，郭沫若"认为庄子的道家'在尊重个人的自由……'这些方面接近与儒家并且超过了儒家；'在蔑视文化的价值……'这些方面接近墨家并且超过了墨家"[②]。通过这种比较研究，我们对于郭沫若诸子观的认识更加清晰准确。当然，如上的比较研究并不是本著作的重点，这也是略显遗憾和不足所在，如果此种观点与论述所占的比重更大些，本著作的学术内涵将会更加丰富厚重。

再次，《激变时代的思考者：郭沫若与其诸子观》的出版昭示着郭沫若研究的未来是大有可期的。王静作为郭沫若研究的新人，除了我们所提及的学术研究的热情、学术探索的勇气之外，更难能可贵的是她所展现的对于郭沫若研究的责任担当，而这点尤为重要。郭沫若研究想要取得全面深入的发展，绝对不是只靠单个人的努力，也

---

① 王静：《激变时代的思考者：郭沫若与其诸子观》，中国社会科学出版社 2021 年版，第 243 页。
② 王静：《激变时代的思考者：郭沫若与其诸子观》，中国社会科学出版社 2021 年版，第 243 页。

不是只需几篇文章就能解决的问题，就目前现状来看它需要百家争鸣的热闹场景，也需要学者持续性的参与和关注，更迫切需要青年人才的不断涌现。每年在统计郭沫若研究成果时，一个最直观的感受便是，每年都有学术新人出现，但是每年又都有熟悉的作者从郭沫若研究领域转换门庭到别的课题研究之中。

相对于鲁迅研究而言，郭沫若研究特别缺乏专注于此的稳定学术团队。不可否认的是，目前鲁迅研究已经成为很多学者的学术研究的自觉，而大多数郭沫若研究者更多只是兴趣使然，当发现了新的命题后，就会很快转移研究的视线，此问题的瓶颈归根结底主要在于郭沫若研究后继人才匮乏。在目前高校之中，基本没有以郭沫若为研究方向的学位点招生。纵观新中国研究生制度发展的历史，也只有黄侯兴先生在北京广播学院招收了一届以郭沫若为研究方向的研究生。而鲁迅研究就情况不同了，在国内就有很多高校成立了"鲁迅研究中心"，专门开展鲁迅研究，也有些高校借助鲁迅研究知名学者的"名人效应"，聚拢和培养了一大批鲁迅研究方向的研究生。因此，如何吸引不同领域的更多学者自觉参与到郭沫若研究的学术讨论、理性思考之中才是目前工作的当务之急。在这种情势之下，王静自觉进入郭沫若研究领域能够踏实地梳理郭沫若诸子研究的脉络就显得难能可贵，也显示出了青年学者承担起郭沫若研究的时代责任感。

我不敢断言《激变时代的思考者：郭沫若与其诸子观》的学术突破和学术创新究竟达到了怎样的高度，也不能罔测王静的学术探索之途能够达到怎样的水准，但是我敢说，这本著作的确是著者日积月累自觉思索的学术结晶，也是老老实实做学问的研究范本。

（原载《郭沫若学刊》2021年第4期）

用史实还原一个真实的郭沫若

——评李斌新作《郭沫若书信中的当代中国》

商金林

郭沫若是我国杰出的作家、诗人、戏剧家、马克思主义的历史学家和古文字学家，同时也是革命的思想家和政治家。1921年8月出版的诗集《女神》，是我国现代新诗诞生期的奠基之作。《女神》受到"五四"狂飙突进的时代精神的感召，同时又真正反映了狂飙突进的"五四"时代，被誉为一个新的波澜壮阔的大时代的史诗般的作品。《女神》崭新的自由体形式、恢宏的想象力和强大的创造力，标志着白话新诗已完全挣脱了旧体诗的藩篱，开始进入创造自己的经典作品的历史阶段。1927年3月31日，郭沫若写的讨蒋檄文《请看今日之蒋介石》，以自己的亲身经历戳穿蒋介石的假面具，指出蒋介石"已经不是我们国民革命的总司令"，而"是流氓地痞、土豪劣绅、贪官污吏、卖国军阀、所有一切反动派——反革命势力的中心力量了"，并向全国人民大声疾呼：不应该再对他有什么"姑息"、"迷恋"和"顾虑"，"现在凡是有革命性，有良心，忠于国家，忠于民众的人，只有一条路，便是起来反蒋！""要打倒他，消灭他，宣布他的罪！"1942年1月，郭沫若创作的历史剧代表作《屈原》，标志着现代文学史上历史剧创作的最高成就，至今仍有着不朽的艺术生命力。《屈原》所取材的战国时代合纵抗秦的历史故事，与中国当时抗日战争的特定形势有着极为相似和相通的精神内涵。郭沫若对屈原爱国爱民思想和英勇无畏的斗争精神的赞美，是对整个中华民族不妥协的顽强斗争精神的赞美，同时也是对反动派卖国投降罪行的无情揭露和鞭挞。

郭沫若雄姿豪放，业绩辉煌。茅盾将他在20世纪20年代至40年代的奋进历程称作"中国前进的知识分子所度过的'向真理'的'天路历程'"[1]。王若飞称赞郭沫若是"国家的至宝"[2]。周恩来将郭沫若誉为"今日革命文化的班头"。他在为庆祝郭沫若创作生活25周年暨50寿辰纪念写的《我要说的话》中说道："郭沫若创作

---

[1] 茅盾：《为祖国珍重！——祝郭沫若先生五十生辰年》，《华商报》（香港）1941年11月18日。
[2] 《中国人民需要郭先生——在重庆各党派领袖和文化界人士欢宴文化战士郭沫若的盛会上的发言》，《新华日报》1945年4月9日。

生活二十五年，也就是新文化运动的二十五年。鲁迅自称是'革命军马前卒'，郭沫若就是革命队伍中人。鲁迅是新文化运动的导师，郭沫若便是新文化运动的主将。鲁迅如果是将没有路的路开辟出来的先锋，郭沫若便是带着大家一道前进的向导。"进而说到郭沫若在新文化运动二十五年当中的特点，"第一是丰富的革命热情""第二是深邃的研究精神""第三是勇敢的战斗生活"，值得我们学习和发扬。（1941年11月16日《新华日报》）

郭沫若也没有辜负党和人民的期望，怀着要把全部的力量、精神和生命"无条件的拿出来"，为完成革命事业、建设新中国而奋斗的热忱，肩负起重大的使命。1949年4月，率中国代表团参加世界拥护和平大会的布拉格会议，并被选为大会主席团成员。同年8月，在全国文学艺术工作者代表大会上，被选为全国文联主席。中华人民共和国成立后，郭沫若继续从事著述工作，同时担负着繁重的国家事务、科学文化教育和国际交往等方面的领导工作，历任中央人民政府委员，政务院副总理兼文化教育委员会主任，中国科学院院长，中国科学院哲学社会科学部主任，历史研究所第一所所长，中国科学技术大学校长，中国文学艺术界联合会第二、三届主席，中国人民保卫世界和平委员会主席，中日友好协会名誉会长等职。在中国共产党第九届（1969）、十届（1973）、十一届（1977）代表大会上，当选为中央委员。在第一至第五届全国人民代表大会上，均被选为常务委员会副委员长。历任政协第一届全国委员会委员，第二、三、五届副主席。

1978年6月12日，郭沫若与世长辞，享年86岁。6月18日，首都各界在人民大会堂隆重举行郭沫若追悼大会，邓小平致悼词，盛赞："郭沫若同志不仅是革命的科学家和文学家，而且是革命的思想家、政治家和著名社会活动家。他在科学文化方面作出的贡献，在革命实践中立下的功绩，赢得了全中国人民和世界进步人士的尊敬。""他和鲁迅一样，是我国现代文化史上一位学识渊博，才华卓具的著名学者。他是继鲁迅之后，在中国共产党领导下，在毛泽东思想指引下，我国文化战线上又一面光辉的旗帜。""郭沫若同志的一生，是革命的一生，战斗的一生。他是全国人民，特别是科学文化教育工作者和广大知识分子学习的榜样。"（1978年6月19日《人民日报》）

像郭沫若这样一位伟大诗人、史家权威、革命前驱，我们应该加以爱戴，对他的评价应该实事求是。只是20世纪80年代以来，在"重写文学史"的思潮中，有人为了颠覆我国现代文学史上"鲁郭茅巴老曹"的排序，重构一个经典谱系，对郭沫若本人及其作品进行严厉的批判。学术研究应该与时俱进，原有的"排序"也不是"铁律"，但"重写"不是"主观构建"，郭沫若在某个特定时期的缺点和作品的某些缺失也不能一律被视为"本性缺陷"予以放大，"结论"不能依从"一家之言"任性推演。可事与愿违，正是这样的"放大"和"推演"，把郭沫若"脸谱化"和"漫画化"了，"红的发烫""要作时代的留声机""献媚""风派人物""摧眉折腰"

"人性'堕入暗夜'"之类的酷评连篇累牍,曾经被誉为"一座高峰""万仞风光"[①]的郭沫若,成了被有些人任意拿捏的"丑角"。

可喜的是青年学者李斌的新著《郭沫若书信中的当代中国》,为我们认识郭沫若尤其是新中国成立后作为国家领导人的郭沫若开阔了视野,让我们看到郭沫若研究还有很多新的领域、新的天地。是书 2021 年 5 月由云南人民出版社出版,为该社出版的"'思想的边界'丛书"中的一种。全书采用了郭沫若 1949 年以后大量的未曾公布的书信、手稿和档案等文献史料,结合时代背景和郭沫若特定的身份,从郭沫若对"《历史人物》《地下的笑声》《洪波曲》以及古文字类著作的整理、修改和再版";郭沫若的历史剧《武则天》《蔡文姬》的创作以及学术著作《管子集校》的编撰过程;郭沫若担任中国科学院院长所投入的精力和取得的业绩;作为中国文联主席的郭沫若如何在文坛发言;作为中国人民保卫世界和平大会委员会主席、中国科学院院长、享誉世界的中国知识分子代表,郭沫若如何与来自世界各国的政要和知识分子交往等五个方面,进行梳理和解读,让我们看到了新中国成立后作为国家领导人的郭沫若鲜为人知的心灵独白和特有的精神魅力,读来津津有味。

一 "书生意气"

《郭沫若书信中的当代中国》第一章"旧著再版费思量"第二节"张治中与《洪波曲》的修改",从郭沫若纪念馆馆藏的郭沫若致张治中的两封信札说起,谈起郭沫若在《抗战回忆录》中写到的发生在 1938 年 11 月的"长沙大火"。《抗战回忆录》1948 年 8 月 25 日至 12 月 4 日在香港《华商报》副刊《茶亭》连载。后经修改以"洪波曲——抗日战争回忆录"为题连载于《人民文学》1958 年 7 月至 12 月号,1959 年收入《沫若文集》第 9 卷,由人民文学出版社出版。

1938 年 10 月,按照周恩来的部署,郭沫若带领三厅从武汉撤退途中经过长沙。长沙当时在湖南省政府主席张治中的管辖之下,张答应给三厅六辆卡车,但未能兑现。突然遭遇"长沙大火",郭沫若只好带人狼狈出逃。出城时遇上同样狼狈的周恩来和叶剑英,大家对"放火"都十分愤慨。

抗战初期,国民党政府提出"焦土抗战"政策,即放火烧掉任何可资敌用的财物、设备和房屋,指望以空间换时间。在日军占领岳阳后,1938 年 11 月 12 日蒋介石密电湖南省政府主席张治中,命令将长沙全城焚毁。国民党长沙警备司令部派出士兵,在全城各处点火,长沙全城烧毁三分之二,100 余万户民舍被焚毁,数以万计的无辜民众葬身火海。而大火之后,日军并未立即进攻长沙,舆论哗然。国民党政府无

[①] 田间:《高峰——悼念伟大的劳动者诗人郭老不幸与世长辞》,载新华月报资料室编《悼念郭老》,生活・读书・新知三联书店 1979 年版,第 494 页。

端烧毁长沙城的行为，激起人民的极大愤怒。郭沫若在《抗战回忆录》第十五章"长沙善后"的第六节中对张治中进行了严厉谴责，称"放火烧长沙，是张治中、潘公展这一竿子人的大功德"。时任民革中央副主席、民革中央和平解放台湾工作委员会主任的张治中，在《人民文学》看到《抗战回忆录》后给郭沫若写了一封长信申辩，说当时不得服从蒋介石的命令，恳请郭沫若"高抬贵手、笔下留情"。他在信中写道：

> 您现在是中共党员，而我是民主人士。您在人大是副委员长，在政协是副主席，我都是常务委员，解放后我们同事十年之久了，您的大作虽写于一九四八年，而在一九五八年五月您"把旧稿整理了一遍"，再次发表，把我描写成这样一个人，试想，站在党员对党外人士的立场，同事十年的立场来说，这能说是合适的吗？

进而援引毛主席《论联合政府》中关于国民党性质和成分的分析，说自己是个"进步的民主分子"，可在郭沫若的笔下，却成了国民党反动集团的"'贪图功名'的'党老爷''官老爷'了，这怎能叫我不喊冤叫屈呢？"作为"亲历者"的郭沫若当然不会冤枉"进步的民主人士"张治中，但也不愿意违背史实，随意删改，只是表示《洪波曲》出单行本时也把张治中的长信"作为附录"。张治中表示同意，并对郭沫若的"雅量"致以"崇高的敬意"。岂料周恩来知道后要求郭沫若修改，致使《洪波曲》单行本中非但没有把张治中的长信"作为附录"，原文也改为"放火烧长沙，是国民党人在蒋介石指使下所搞的一大功德"，把张治中从"长沙大火"中解脱出来。周恩来也是"长沙大火"的"亲历者"，虽说当年也十分愤慨，而今作为共和国的总理，站在团结"进步的民主人士"的高度处理历史问题，用心良苦。周恩来是郭沫若的直接领导，郭沫若在周恩来面前始终是"协力""同心"，这次当然也不能违拗。

不过，换一个角度看，周恩来和郭沫若都有值得敬爱的一面。周恩来和张治中相识于黄埔军校，周恩来担任政治部主任，张治中任教育长。新中国成立前分属于不同的政党，一个是共产党的中坚人物，一个是国民党的高级将领。他们有着不同的政治立场和观点，为了各自政党的利益也时有争执，但也在长期的交往中结下了真诚而深厚的友谊。解放战争后期，张治中作为国民党首席代表到北平与中共进行和谈，由于南京政府拒绝在《国内和平协定》上签字，谈判破裂。谈判破裂后，国民党的代表们面临着去与留的选择，是周恩来的劝导和关爱使张治中一家决定留在北平，张治中因而被誉为"和平将军"。据说蒋介石败逃台湾后，最恨的人有两个，一个是美国的马歇尔，一个便是中国的张治中。张治中改弦更张，成为中共的追随者，让蒋介石恨之入骨。出自对张治中的关心和保护，周恩来要求郭沫若修改《洪波曲》是很自然的事；而郭沫若与张治中"同事十年之久了"，还在揭露"长沙大火"的"真相"，对"长沙大火"这样极为敏感问题的认知还停留在十年前，真可谓"书生意气"。

修改《洪波曲》是"遵命"，文学创作和学术研究有时也是"奉命"而为。《郭沫若书信中的当代中国》第二章第二部分"《蔡文姬》应该说是一部集体创作"，从郭沫若留存下来的书信及相关史料中说明历史剧《蔡文姬》的创作是遵从"指示"。郭沫若1959年2月16日夜给周恩来的信中说：

> 一月廿六日陪墨西哥客人到广州后，因孩子们在春假中到了广州，我便留下把剧本《蔡文姬》写出了。二月三日动笔，九日晚脱稿。兹寄上清样本五册，请饬交陈总和周扬同志各一册。如请暇审阅，请提示意见，不日回京后再修改。这个剧本是通过蔡文姬替曹操翻案。这个主题是根据主席和您的提示。去年十一月有一天晚上我们在鸿宾楼吃晚饭，陈总亦在座。我坐在您的旁边，您曾向我说，不妨写一个剧本替曹操翻案。案是翻了，但翻得怎样，有待审定。

郭沫若提到的"主席"的提示，指的应该是在1957年11月，毛泽东与郭沫若、胡乔木等人共进晚餐时的谈话。毛泽东说："诸葛亮用兵固然足智多谋，可曹操这个人也不简单。唱戏总是把他扮成大白脸，其实冤枉。这个人很了不起。"毛泽东的"提示"比较委婉，周恩来的"提示"可就极为明确了。1958年11月，周恩来当着陈毅的面提出希望郭沫若"写一个剧本替曹操翻案"，郭沫若就不得不高度重视了。剧本《蔡文姬》写出后，经反复修改，演出效果相当好。1959年6月2日《文汇报》发表的一篇剧评中写道：

> 首先从剧本分析，作者发挥了高度的想象力，信手拈来，指挥如意，使用历史资料，随心所欲，左右逢源，但却如"杜少陵诗，无一字无来历"。同时，作者一面坚定了为曹操翻案的历史观点，一面又深切切合当前民族政策，予人以一定政治感染。在这些方面，也完全体现了厚古薄今的时代精神。总观全剧，就是一首感情非常充沛，用意温柔敦厚，风格却又瑰丽美婉，体裁则是洋洋洒洒的长诗。至于舞台画面色调的和谐古艳，那又是一幅唐、宋名家画的著色《文姬归汉图》。它凌驾了过去的《虎符》，向前跃进不止一大步。而好处更在从神韵上从形象上无论巨细都在继承着古典戏曲的民族传统。并有所发扬。（景孤血：《写在看话剧〈蔡文姬〉后》）

紧接着，郭沫若开始酝酿历史剧《武则天》。与创作《蔡文姬》不同的是，《蔡文姬》是"遵命"，而《武则天》的创作则来自考察奉先寺石窟时触发的灵感。1959年7月1日，郭沫若到龙门石窟西山南部的奉先寺石窟考察，他在《访奉先寺石窟》

中咏道:"武后能捐脂粉费,文章翻案有新篇。"并加注云:"奉先寺木建部分已毁,唯雕像尚完整。岩上刻有《大卢舍那象龛记》,乃开元十年(公元七二二年)所刻。其文有云'以咸亨三年(公元六七二年)壬申之岁四月一日,皇后武氏助脂粉钱二万贯。……至上元二年(公元六七五年)乙亥十二月卅日毕功'。案咸亨三年,武后年四十九岁,助脂粉钱建雕像,较之清慈禧太后以海军费建颐和园者,有上下床之别。"这之后,郭沫若与吴晗、尚钺、翦伯赞、吕振羽、田汉、李伯钊、周扬、胡乔木等知名历史学家和戏剧家、理论家反复探讨,并查阅了大量的文献资料,力求写出一部"好戏"来。1960 年 3 月中旬,《武则天》开始在人民艺术剧院边排练边修改,同年 5 月《武则天》在《人民文学》上发表。

就《蔡文姬》和《武则天》相比较而言,郭沫若更看重《武则天》。《郭沫若书信中的当代中国》第三章"文联主席如何在文坛发言"第二节"筹备第三次文代会",写到 1960 年第三次文代会周扬所作的《我国社会主义文学艺术的道路》报告中称赞《蔡文姬》,而郭沫若则希望周扬能更换为《武则天》。周扬之所以否定郭沫若的提议,大概是出自他的政治敏感。《蔡文姬》是毛主席授意的,要给曹操翻案的还有周恩来和陈毅等人呢;而创作《武则天》只是郭沫若一时的灵感,是"我要写",孰重孰轻,作为获得最高领导人的信任、成为其文艺路线的阐释者和代言人的周扬自然掂量得出来。相比较而言,郭沫若还是"书生气",虽说也习惯于奉命行事,但在文艺的政治标准与艺术标准二者的衡量方面并不擅长。

二 真诚而炽热的情怀

巴金在《永远向他学习——悼念郭沫若同志》一文中说:在郭沫若身上"人们看到了战士、诗人和雄辩家、智慧、才能、气魄、热情和谐地结合在一起"。同郭沫若接触多年,"印象最深的是他非常真诚,他谈话,写文章没有半点虚假"[①]。通览《郭沫若书信中的当代中国》,我们更能感悟到巴金所说的"印象",是知人之论。

《郭沫若书信中的当代中国》第二章"新著撰写密相商"第一节,写郭沫若"校补"许维遹与闻一多合著的《管子校释》,寻找"参考之书籍"的经过和"校补"的过程,着实令人感动。

1946 年 7 月 15 日,闻一多被国民党特务暗杀,1950 年许维遹在北京病逝,由许维遹纂集,闻一多校阅的《管子》中途辍止。1953 年秋月,闻一多夫人将《管子》书稿交给中国科学院,希望能够组织专人整理出版。郭沫若代表中国科学院接受了这个嘱托,亲自动手"校补"。身为中央人民政府委员、政务院副总理兼文化教育委员

[①] 巴金:《永远向他学习——悼念郭沫若同志》,载新华月报资料室编《悼念郭老》,生活·读书·新知三联书店 1979 年版,第 23 页。

会主任、中国科学院院长的郭沫若这样做，一是出自对战友闻一多的敬仰和怀念之情，要完成战友未竟的事业；二是出自对祖国文化瑰宝的热爱。《管子》一书汇集秦汉之际诸子百家学说，是战国秦汉学术的宝藏。虽说整理工作艰巨，但意义重大。郭沫若在《管子集校·叙录》中写道：

  此项工作，骤视之实觉冗赘，然欲研究中国古史，非先事资料之整理，即无从入手。《管子》书乃战国、秦、汉时代文字之总汇，其中多有关于哲学史、经济学说史之资料。道家者言、儒家者言、法家者言、名家者言、阴阳家者言、农家者言、轻重家者言，杂盛于一篮，而文字复舛误歧出，如不加以整理，则此大批资料听其作为化石而埋没，殊为可惜。前人已费去不少功力，多所校释，但复散见群书，如不为摘要汇集，读者亦难周览。有见及此，故不惜时力而为此冗赘之举。①

这项"校补"原定为"集体项目"，郭沫若召集冯友兰、余冠英等学者商议，大家答应分头去做。可到截稿时间，有些人还没有动笔，交来的稿件质量也参差不齐，郭沫若这才决定单独完成。他从寻找资料入手，花了近两年的时间，"收集到17种宋明版的《管子》"，"搜集到自朱熹以来有关《管子》校注、研究著作近50种"②，从郭沫若的相关书信中可以看到，他"寻找资料"真的是不知疲倦。一些珍稀版本，如陈奂校《管子》钞本、丁士涵《管子案》残稿、安正书堂《管子》等，郭沫若看后还都写了"题跋"或"题记"，说明此书的学术价值，并对收藏家表示感谢。1955年8月4日，杨树达将他从王先谦后人手上购得的《管子集解》稿本寄给郭沫若，并打听大著"何时可令快读"。郭沫若在9月6日的回信中写道：

遇夫先生：
  八月三日赴北戴河，昨日始返京，得读八月四日手札，并得王葵园《管子集解》，甚为快幸。《管子集校》一书系许维遹、闻一多遗业，余为之校补，较原稿可增多一倍，现正校对中，今年或可望出版。王书来，恐又将有所增益矣。
  敬礼！

郭沫若

《管子集校》原来计划于1955年出版，后来延后至1956年才由科学出版社出版，延后的原因无非是又"有所增益"。"较原稿可增多一倍"，这个"一倍"大多是很

---

① 李斌：《郭沫若书信中的当代中国》，云南人民出版社2021年版，第69页。
② 李斌：《郭沫若书信中的当代中国》，云南人民出版社2021年版，第79页。

难寻觅的珍稀版本。别人都不愿意做的"冗赘之举",郭沫若却乐此不疲,气魄之宏大、学识之精湛固然值得可敬,而更可敬的恐怕还是他为人和治学的美德和精神。

郭沫若的这种真诚而炽热的情怀在国际交往中表现得也很充分。作为中国人民保卫世界和平大会委员会主席、中国科学院院长、享誉世界的中国知识分子代表,郭沫若必然要和来自世界各国的政要和知识分子交往。在国际交往中,郭沫若一方面严格遵守组织原则,另一方面热情待客,不厌其烦,尽可能做到有求必应,皆大欢喜,这在《郭沫若书信中的当代中国》第五章"有朋自远方来"中有一系列很感人的事迹。如1956年邀请居里夫妇的外孙女、约里奥—居里的女儿、法国核物理学家海伦娜·郎之万和她的丈夫米歇尔·郎之万来北京,参加"世界文化名人本杰明·富兰克林、皮埃尔·居里、玛丽·居里纪念会";1968年为日本著名理论物理学家坂田昌一教授寻找治理代谢性骨病的中药;1972年邀请英国著名科学史家李约瑟访华等,这一系列重要的外事工作都做得尽善尽美。1964年8月下旬,坂田昌一教授带领由61名日本科学家和学者组成的日本代表团,前来北京参加由我国承办的国际科学讨论会。8月27日晚,郭沫若在四川饭店宴请坂田一行,用餐后郭沫若为61名成员每人写了一幅字,既体现了他那亲切友好的态度,也展现了他的聪明睿智以及平等博爱的精神,日本客人喜不自禁。1970年10月16日,坂田昌一教授谢世。1973年4月上旬,坂田昌一的夫人坂田信子和有山兼孝夫妇来我国访问,了解我国的幼儿教育情况,受到郭沫若的盛情接待和宴请。坂田信子请求郭沫若为她写一幅李贺的《莫种树》:"园中莫种树,种树四时愁。独睡南床月,今秋似去秋。"坂田信子说她常常吟诵这首诗表达对丈夫坂田昌一的哀思。郭沫若没有写《莫种树》,而是做了一首《宜种树》:"园中宜种树,最好是梧桐。叶落日常在,冬来不觉冬。"并写了一个小跋:"坂田信子夫人嘱书李贺《莫种树》,今反其意成《宜种树》一首以应。"过了两天,郭沫若又以墨宝相赠,这回写的是:"一生充实有光辉,满门桃李正繁枝。孟光不愧梁鸿志,天下英才教育之。"附跋云:"坂田信子女史乃故友坂田昌一教授之夫人,决献身于幼儿教育事业,嘱题,赋赠。"并为"孟光不愧梁鸿志"一句加注:"梁鸿,纪元一世纪时隐士。所作《五噫歌》,富有阶级意识。东汉章帝想逮捕他,他隐藏起来了。其妻孟光,与鸿志同道合,以耕织为业。"并录《五噫歌》:"陟彼北芒兮,噫!顾览帝京兮,噫!宫室崔嵬兮,噫!人人劬劳兮,噫!辽辽未央兮,噫!"郭沫若还特地写了一首诗送给有山兼孝:"樱花时节海棠开,好友随春一道来。园内牡丹犹有待,含情留客无忙回。"有跋云:"有山兼孝先生下访即事,题求哂正,并以为纪念,惜笔墨劣耳。"李斌在书中没有对郭沫若的接待和题赠作过多的阐释,只是援引了坂田信子的一席话。坂田信子说她离开北京去南京时,"于立群在北京机场又安慰我,又说给我郭沫若先生对诗的解释,我激动得到南京下飞机时还未哭完"。离开深圳去香港,坂田信子夫人在深圳桥头依依不舍,"又一次激动地流了泪"(中国科学院外事局编:《接待日本坂田信子和有山兼孝夫妇简报》第9期,1973年5月7日)。这大概就是人们常说的"以真心换真心",读来令人感动。

三 求贤如渴 唯才是举

郭沫若学识渊博,才华横溢,在哲学社会科学的许多领域取得了辉煌的业绩。他对于文学、哲学、史学,考古学、古文字学,象甲骨、金文、石刻、文书以及戏剧、诗词、书法等,几乎无不精通,在各方面都作出了不可磨灭的贡献,被誉为一位卓越的无产阶级社会科学大师。

诚可谓"大海不弃涓流才见壮阔",生活中的郭沫若谦卑好学。《郭沫若书信中的当代中国》第二章第三节"《武则天》的创作与修改过程"写到,"酝酿期间",郭沫若曾致信吴晗讨论武则天;进而关注文艺界有关越剧《则天皇帝》的讨论,广泛查阅有关武则天的材料,初稿写出后送请田汉、陈白尘等同好指教,并由周恩来组织了以周扬为首的五人小组修改。与此同时,郭沫若又派专人到四川广元考察"武则天庙",调查武则天的相关资料,力求对武则天作出公正的历史评价。《武则天》五幕历史剧定稿后,文艺界于1960年10月召开《武则天》座谈会,郭沫若根据座谈会意见对《武则天》进行了一次规模较大的修改。1961年5月14日,《光明日报·史学》发表陈振的《也谈武则天的出生地和出身》,与郭沫若剧本中有关武则天出生的相关观点展开讨论。1962年2月,郭沫若将再次修改后的剧本稿送请邵荃麟、田汉、光未然、吴晗、严文井、翦伯赞、陈白尘、王戎笙、曹禺、李伯钊、焦菊隐、阳翰笙、阿英、夏衍等名家审阅,并再次召开座谈会,广泛听取意见。1962年6月,郭沫若对剧本作了大刀阔斧的修改,由五幕改为四幕。同年7月7日,郭沫若观看完北京人民艺术剧院的演出后,决定对《武则天》再作修改。7月13日,郭沫若因听觉不好,拜托王戎笙代替他参加座谈会,听取文艺界同人对《武则天》的意见。出席这次座谈会的有曹禺、田汉、焦菊隐、景孤血、高文澜、张艾丁、李超、王子野、张季纯、戴不凡、朱琳、曲素英、赵韫如等数十人。1962年9月,《武则天》由中国戏剧出版社出版,郭沫若在《序言》中说:"自初稿写出到现在,快两年半了。在这期间,接受了不少同志们的意见,进行了很多次的修改。""据我自己的经验,文章的多改、多琢磨,恐怕还是最好的办法。""改,改,改!琢磨,琢磨,再琢磨!铁杵是可以磨成针的。""文章的多改、多琢磨"的前提,恐怕得像郭沫若那样谦卑好学、求贤如渴、心胸开阔、气象宏大。

《郭沫若书信中的当代中国》第四章"延揽古代史研究人才"第四节"筹备中国科学院学部",这一节写到1954年9月上旬,经过中共中央中南局宣传部副部长、历史学家杜国庠的联系,陈寅恪同意担任中国科学院学部委员。中国科学院院党组成员、近代史研究所副所长刘大年代郭沫若拟了一封感谢信,这封信是这样写的:

寅恪先生大鉴：

学友杜守素先生来京，得悉身体健康，并已慨允担任中国科学院社会科学学部委员，曷胜欣幸！

学部是科学院指导全国科学研究工作与学术活动的机构，事务不多，先生仍可全力从事学术研究，工作中有何困难，科学院定当设法予以解决。目前正在积极进行，详情将请守素兄返粤时面达。

尊著已在《历史研究》上先后发表，想已见到。对《历史研究》的编辑工作如有指导意见，望便中示知。即颂。

著祺！

郭

郭沫若看后作了修改，现抄录于下：

寅恪先生大鉴：

学友杜守素先生来京，获悉先生尊体健康，并已蒙慨允担任中国科学院社会科学学部委员，曷胜欣幸！

学部乃科学院指导全国科学研究工作与学术活动之机构，事务不多，不致影响工作。目前正在积极筹备，详情将由守素兄返粤时面达。

尊著二稿已在《历史研究》上先后发表，想已达览。《历史研究》编辑工作缺点颇多，质量亦未能尽满人意，尚祈随时指教，以期有所改进。尊处于学术研究工作中，有何需要，亦望随时赐示，本院定当设法置备。专此，即颂。

著祺！

郭

郭沫若修改之后，于9月30日返还刘大年，并附便笺说："文稿略有润色，已书就，望交杜守素同志转。"对陈寅恪，郭沫若可说是十分崇敬，因为他爱重人才。郭沫若认为在振兴中华的伟大事业中，每一个中华民族的成员都应该尽其所能，为社会做力所能及的事。因而对于有才能的人，他总是尽自己之所能，奔走呼吁，希望能引起全社会的重视，使其得到应有的提拔和尊重。山西大学有位教师名叫宋谋瑒，在1957年和"文革"初期前后两次被戴上右派帽子，被开除公职，1971年在湖南老家接受改造时给郭沫若写信，说他在研究《资治通鉴》，也研究《红楼梦》和鲁迅旧体诗。郭沫若觉得他校点《资鉴校补》颇认真，解释鲁迅的旧体诗也有独到之处，居然在1971年夏天致信吴德和吴庆彤，郑重推荐，"希望能够调用宋谋瑒从事研究工作"。吴德当时担任国务院文化组组长。吴庆彤担任国务院办公室党的核心小组负责人，协助总理、副总理处理国务院日常事务。郭沫若如此重才，可见他有很单纯的一面，说是"真正的学人"也不过分。1949年3月27日郭沫若率领中国出席世界和平大会代表团赴布拉格出席世界拥护和平大会。代表团团员丁玲4月13日在给陈明的信中写道："沿途民主人士轶闻亦不缺乏，但都不如文艺组之调皮，田（汉）洪（深）两兄表现都不甚好，尤其是洪，郭老常常生气、着急。郭的确是一可爱之人！"[①] 通过研读汇集在《郭沫若书信中的当代中国》的大量信札，我们确实看到了郭沫若那些鲜为人知的"可爱"的一面。

以上是我在阅读《郭沫若书信中的当代中国》时的一些感想和体会。李斌的这本新作从大量的第一手资料出发，客观翔实，在材料的组织和分析评价上恰到好处，且富有创见，真正将晚年郭沫若研究向前推进了一大步。作为年轻学者，这种勤奋和扎扎实实的治学态度值得称颂。郭沫若研究近年来有所起色，郭沫若在学界的形象有所改观，这和以李斌为代表的年轻学者的努力是分不开的。我期待李斌继续奋进，在学术上取得更大的业绩。

（原载《中国现代文学研究丛刊》2022年第2期）

---

① 王增如：《丁玲赞美郭沫若是可爱之人》，《世纪》2021年第3期。

"当代中国"视野下的"郭沫若"

——李斌著《郭沫若书信中的当代中国》阅读札记

袁洪权 霍德佳

"思想有无边界",这本来就充满哲学的"意味",也标志着"思想的边界"这套丛书在学术研究的视角之独特处,"在边界之外探寻、采撷那些遗失的珍珠,努力为思想描摹相对完整完美的'形式'"。① 显然,这样的学术研究是有可以期待的新见呈现的。当人为地为某一思想划定"边界"时,是否能达到思想真正的充实和完满,这是当前学术界普遍遇到的一个问题。如何看待"边界"之外的"碎片",进而在"碎片"的裂缝中洞见学术,也必然引发新的学术反思。

李斌的《郭沫若书信中的当代中国》(云南人民出版社,2021 年 5 月版,以下引用只标注页码)列入"思想的边界"丛书的一册,这套丛书还收有周立民的《巴金书信中的历史枝叶》、北塔的《"信"者"信史"也——茅盾书信研究》和逄金的《书信里的文章大家》。可以看出,作家书信是这套丛书主打的研究文献与资料,各自呈现人物研究(郭沫若、巴金、茅盾、当下作家)的丰富性。郭沫若作为中国现当代文学领域卓有成就的多面手(文学家、翻译家、政治家、历史学家、考古学家、国家领导人等),如何有效地整合、联结进而呈现真实的郭沫若形象,李斌这本新著有效地做了一定程度的学术推进,让学界看到了一个多面性的"郭沫若"。从这个角度来说,《郭沫若书信中的当代中国》属于近年来学界在郭沫若研究领域的重要收获。

一个伟大的思想家、作家,常常拥有多元的生命角色。但研究者、传记家在研究、解读其人、其作、其事时,由于自身的学术观点、学术视野、知识储备的"局限",人为地对原本完整的生命故事设置了"边界",进而导致一己之见甚至偏见的"滋生"。李斌注意到"文学专业出身的研究者会比较关注他的戏剧、诗歌创作等,学术史研究者会注重他在古代社会史分期中的观点以及在古籍整理方面的经验教训等。在这种侧重于某一方面的分科研究之下,整体性的郭沫若自然也就被遮蔽了"

---

① 斯日:《思想本无界——"思想的边界"丛书总序》,李斌:《郭沫若书信中的当代中国》,云南人民出版社 2021 年版,第 V 页。

(第2页),这就人为地将原本丰富而立体的郭沫若研究划分了"边界",形成某种壁垒以至隔阂。李斌选择从郭沫若的往来书信中来突破专业(主要是文学)的壁垒,这些书信涉及郭沫若的文学创作、史学著述、工作行为、人际交往、社会活动、外交活动等,这就为展示整体性的郭沫若形象提供了有力的文献支撑。通过相关书信捕捉真实的历史细节、试图还原历史现场,展现不同领域的郭沫若,形成多面一体的整体观照,这是还原无边界的、相对统一而完整的郭沫若作出的学术努力。

李斌本为中国社会科学院郭沫若纪念馆研究员,担任中国郭沫若研究会秘书长等学术职务,十多年来致力于郭沫若的学术研究。这部《郭沫若书信中的当代中国》,李斌最初设想的是以"编年的郭沫若书信解读","从1920年开始,每年挑选一封比较重要的书信进行阐释"(第420页),来解读郭沫若的文学创作、人际交往、工作等行为,从而以郭沫若的视角来纵观中国的历史脉络。但他最终着眼"晚年郭沫若",选择的是1949年至1978年的郭沫若正值57—86岁这个历史时段。这一时期中国正处于社会大转变、政治大动荡之后,郭沫若正值创作、研究的又一高潮时期,同时他的身份、地位导致他和当代中国的文化、政治、外交有着密切的联系,但这一时期的郭沫若尚未得到充分研究,"晚年郭沫若研究的成就不高"(第421页),仍有许多学术空白。

因此,李斌选择郭沫若1949年后活动的几个重要方面来看他与当代中国的联系。1949年后的郭沫若整理修改并再版了大量旧作,创作过不少剧本、诗歌,同时也在历史研究领域作出不少贡献,身为国家领导人,他担任多项职务,还与历史、政治、组织、外交有着密切的联系。身份的"复杂性"使郭沫若不仅在文学层面有许多创作,还做了大量报告、访谈等政治性讲话。《郭沫若书信中的当代中国》结合历史语境,考察作家写信的时代背景、政治环境与个人境遇,还原郭沫若当时的文学创作、史学著述、思想历程、日常工作、人际交往、个人生活等情况,进而把握文学与历史的原生态,让人比较真实地了解到时代与文学、个人互动之间的复杂性。所涉及虽只是郭沫若相关书信的极小部分,但因是郭沫若人生历程中极其重要的"片段"(碎片),也能从中窥见郭沫若的一些真实想法,还原其真实的心态、情状等。

一

如果说,作为公众人物形象,郭沫若给人留下印象最深的是他作为文学家和作为史学家所作出的历史性贡献,那么,首先如何看待人民共和国成立后郭沫若在文学、史学两个领域中的相关行为,是李斌在著作中必然着力的两个"点"。作为文学家,郭沫若对旧作的修改、对新作的创作;作为史学家,郭沫若对历史文献的搜求与推进、修改,都值得学界反思,而不是一味地以"非郭沫若化"为指归。

在文学领域,郭沫若在这一时期的重要活动,首先是对文学作品和历史文献的整理、修改和再版。李斌梳理了1952年华岗对郭沫若在1925年的作品《马克思进文庙》、1947年《历史人物》中"唯心论有时候并不比唯物论更反乎进化，或违背真理"的批评、1938年11月长沙大火后郭沫若写的《洪波曲——抗战回忆录》关于张治中放火烧长沙一说，及其20世纪30年代的古文字学著作修订重版一事。这些话题时间跨度如此之大，但出于郭沫若的身份等原因，这些文字必然受到严格审视。而要求郭沫若修改的，有私下里通过书信交流，如张治中与《洪波曲》；也有通过刊发在刊物上的，如华岗发表在《新建设》上的头条文章《学习〈共同纲领〉，学习毛泽东思想》。要求郭沫若修改的，有政党组织中的人物，也有其他相关人员，如同事、故交、编辑、历史人物等。

面对党内著名学者华岗对郭沫若的政治观点进行批评，郭沫若说："批评应当尊重，矫枉正无妨过正。"（第23页）而当被要求批判他人时，却说："少许进步朋友的疏忽，他们看到结语，自己会加警惕的，不必给人以绝路。"（第246页）李斌将郭沫若放置在具体的历史环境中，从而审视在这样复杂多面的身份中，在当时所处的社会地位、政治环境以及面对的交往人物中，郭沫若如何来处理这种"平衡"。笔者翻阅1958年《剧本》的材料，郭沫若在采访时曾谈道："我可是挨骂挨够了的。我在重庆写了六个戏，计划要写的还有'甲申三百年祭'中的'红娘子'、合州抗元故事的'钓鱼城'。住在重庆时没事做，如果要写，是可以写的。我自信还是一个很顽强的人，经得起批评，挨得起骂。国民党反动派的攻击，没人理他。可是，有些进步圈子里的人，也来攻击，说老郭爱吃故事啦，写得和历史不符合啦，这样不对啦，那样不对啦，自己人背地里说风凉话，我就再坚强也失去了创作情绪了。"[①] 或许，在看似的平静中亦有微微的"波澜"。

关于郭沫若致张治中的两封书信与《洪波曲》的修改，曾有学者陈守宁、韩诚、杨玉霞做过"解读"[②]，李斌经过仔细考察后，认为"讨论张治中、郭沫若关系及其《洪波曲》修改因由的文章大都据张治中的表述立论。这是有偏颇的。"（第39—40页），并通过考察与梳理相关的资料，著作增加了案件审理人张耀辰的回忆，再加上对当时政治形势的"考量"，以期还原郭沫若当时的处境及其反复修改的真实情态。

旧作的再版，并不是简单的重新印刷和出版。实际上，小到整理与修改，大到重新编辑和删除，等等。在进行整理、修改和重新编辑的过程中，这本身涉及了繁杂的社会历史语境。李斌发现，郭沫若的这种删改，有的是相关文字可能在1949年后不

---

① 子英：《郭沫若谈戏剧创作》，《剧本》1958年第6期。
② 陈守宁：《缘起"文夕大火"的是是非非——〈洪波曲〉之修订隐情》，《书屋》2015年第10期；韩诚：《一波三折的〈洪波曲〉》，《新文学史料》2017年第1期；杨建民：《〈洪波曲〉问世引发的一场论争》，《中华读书报》2019年3月20日；杨玉霞：《"修改"与"塑造"——郭沫若〈洪波曲〉删改校读兼论回忆录的史料价值》，《聊城大学学报（社会科学版）》2020年第2期；韩诚：《〈洪波曲〉修改与长沙大火责任论争》，《现代中国文化与文学》2020年第3期。

合时宜了，删改是为了更加完善的自主行为。但有的时候出现的删改，郭沫若自己也无法主宰作品的命运与走向。李斌试图从中看出郭沫若在新的时代复杂的心态与处境。他还提出当下有人在评论郭沫若的反复修改行为时，常存有郭沫若为了权变而修改的观念。这种先入为主的观念，常常会损害读者对其人其事的认知，反而遮蔽了郭沫若形象的整体性和丰富性。而李斌对往来书信及相关材料的考证、甄别，以期还原真实历史细节，正是为此所做的学术努力。

晚年郭沫若的身份更为复杂，不仅是一个普通的学者或文学家，他还是担任重要职务的高级领导人，在这样的文艺家与革命家作为统一体的一生中，政治权力不可避免地给他带来了得与失。对于频繁的身份变动所带来的自我认同危机，这样的身份对于他的学术研究和文学创作又有怎样的影响，李斌围绕《管子集校》、《蔡文姬》和《武则天》这三部作品的往来书信来解读。关于这些创作，有些是被"提示"、被"要求"，有些是出于自己的兴趣，有些是出于自己的责任感，它们各有不同的社会历史语境。李斌选择的这三个论述个案，本身就涉及当代文学的集体创作问题（很多人参与了他的创作过程），在学术考量时，这就要求研究者不仅以作品为中心，而且要在复杂的关系网中加以拓展研究。

在创作五幕历史剧《蔡文姬》前，郭沫若已有十几年不写戏。《蔡文姬》是听从毛泽东、周恩来的建议"为曹操翻案"。郭沫若一开始也听从了建议，但其实他本身也有一定的自主性："我写《蔡文姬》就是要为曹操翻案""曹操是应当为他翻案的。鲁迅生前曾写过为曹操翻案的文字。抗战期中，我在《论曹植》一文中，也曾经发问：'为什么只有姓刘的才能做皇帝？'"[①]《郭沫若书信中的当代中国》详细梳理了《蔡文姬》的创作、修改过程，释读了这期间重要往来书信，涉及周恩来、陈毅、周扬、巴金、靳以、曹禺、焦菊隐、阳翰笙、田汉等人。在北京人民艺术剧院的排演中，剧组众多成员也参与了《蔡文姬》的修改。修改后的《蔡文姬》，淡化了"为曹操翻案"的政治主题，突出了蔡文姬个人命运的悲欢离合。李斌从《蔡文姬》的创作与修改的行为中，得出这不是简单的"听将令"，实际上也包含了郭沫若长期以来对蔡文姬的喜爱，以及"蔡文姬就是我啊"这样的将蔡文姬作为自己"镜像"的创作动机，但限于书信材料，李斌并未进一步深入探讨。其实郭沫若在1959年6月刊发的《戏剧报》中进一步阐释"蔡文姬被迎接回国，只是作为一个典型：通过她可以代表很多的人。蔡文姬能够被赎归汉，不是只靠金钱，还是靠曹操的文治武功才能争取回来的"[②]，这给后来的研究者更多的启发性思考。

1959年5月，《蔡文姬》的创作与修改告一段落后，郭沫若开始了新的考察。郭沫若创作《武则天》是出于自己的个人兴趣，虽然创作时间短，但是修改时间长达

---

① 朱青：《郭沫若同志谈〈蔡文姬〉的创作》，《戏剧报》1959年第6期。
② 朱青：《郭沫若同志谈〈蔡文姬〉的创作》，《戏剧报》1959年第6期。

两年多。李斌以《武则天》相关往来书信为线，还原《武则天》的创作与修改的过程。郭沫若将《武则天》的初稿、修改稿都呈送给许多人提意见。很多历史学家、剧作家、剧评人甚至演出人员都涉及其中，甚至参与了《武则天》演出本的修改，包括田汉、李伯钊、吴晗、周扬、林默涵、翦伯赞、白杨、1960 年文艺界召开的《武则天》座谈会，其后的删改小组、阳翰笙、胡乔木、焦菊隐，等等。对于不同方面、不同层次的意见，郭沫若是否采纳、是否修改又如何将这些意见融入进自己的创作？如何在个人意愿和组织规约之间达到一种微妙的"平衡"？李斌对其进行了历史性还原，但由于部分稿本、信件尚未查找到，如《蔡文姬》最初稿本，郭沫若致周恩来、陈毅、周扬、曹禺、焦菊隐等请提《蔡文姬》意见的部分书信，致使李斌对修改过程的梳理难免缺乏有效的说服力，不得不说存在一定的遗憾。期待今后他能在这方面有新的史料文献呈现，进一步完善自己的论说。此外，李斌发现《武则天》原在《人民文学》刊发，由刘继卣画插画，最终没有在人民文学出版社出版，而是由中国戏剧出版社出版，由傅抱石绘制彩图，但因资料有限，尚待继续考证。

李斌对这时期郭沫若的戏剧创作的进一步纵深研究，引起笔者的思考：审视此时期的历史剧创作，其实多为正剧，甚至将悲剧改为正剧。实际上《武则天》也是由悲剧改为正剧。郭沫若如何谈这一文学创作现象，面对不同的关心他文学创作的人，郭沫若又将如何阐释自己的观点呢？这些话题的学术探讨都有待进一步深化与拓展。

郭沫若曾在《戏剧报》上解释道："我对悲剧的理解是这样的，譬如方生的力量起来了，但还不够强大，而未死的力量还很强大，未死的力量压倒方生的力量，这是有历史必然性的，这就产生悲剧。像屈原的遭遇就有这样的悲剧性质。敌我矛盾可以产生大悲剧。但人民内部矛盾产生不出大悲剧。只有在历史转换期，新旧力量交替的斗争中，才往往产生大悲剧。认真说，莎士比亚的四大悲剧，悲剧性都不够强。所谓命运悲剧是古代科学不发达时期的解释。恶人失败了，应当高兴。有什么可悲？这不能成为悲剧。至于干部犯错误，堕落蜕化等，那是小悲剧，甚至根本不能成为悲剧。假如是屡教不改竟至蜕化变质的话，那只能使人憎恨，而不能引人同情。"[①] 或许，从这些角度重新看待郭沫若这一时期的戏剧创作，应该会有新的发现。

这一时期，除文学创作和对文学作品的修改外，郭沫若还涉及对历史文献的搜求与修改。《管子集校》就是"郭沫若为了完成闻一多的未竟事业而承担的大型工程"（第 5 页），围绕这部典籍，郭沫若与多个部门、许多人进行了联系，比如学术界（冯友兰、余冠英、马非百、杨树达、尹达、陈梦家、潘景郑）、图书馆（上海图书馆、上海市历史文献图书馆）、收藏家（陈秉常、王先谦），等等。李斌通过整理郭沫若在寻找《管子》各类版本时与马非百、杨树达、潘景郑等人的往来书信，从而梳理郭沫若在这一时期展开的对历史文献的搜求与修改工作。此外，李斌从郭沫若与

---

① 朱青：《郭沫若同志谈〈蔡文姬〉的创作》，《戏剧报》1959 年第 6 期。

学术后辈交流的一些细节中，尤其是从郭沫若对马非百提出学术建议，促成马非百另写一篇论文形式的综合研究进而发表在《历史研究》的事实，由此看郭沫若作为学术前辈对学术后辈的态度。

以上种种可见，李斌选择的这几个维度作为郭沫若这一时期特殊的创作、学术著作的修改现象予以学术观照，实际上这也是这一时期文学、艺术和学术著作之生产机制的"体现"。

二

中华人民共和国成立之后，郭沫若承担了多个职务，历任中央人民政府委员、政务院副总理兼文化教育委员会主任、全国人民代表大会常务委员会副委员长、中国科学院院长、中国科学院哲学社会科学部主任、历史研究所第一所所长、中国文联主席、中国人民保卫世界和平委员会委员、中日友好协会名誉会长等职。郭沫若在政治中所扮演的角色和所起的作用，这些角色又如何对其文人身份造成影响，以及郭沫若的工作内容和工作行为如何侧面反映中华人民共和国成立后重要机构的运作方式等这类问题，同样引起了李斌的注意。

作为诗人和中国文联主席，郭沫若创作的"应酬诗"被质疑时他如何应对与处理？李斌搜集了郭沫若与诗人吴奔星（宫草）之间的交流书信，通过两人的对话来解读郭沫若对自己这一时期在政治要求下创作诗歌的一些看法。这一时期，在戏剧创作之外，郭沫若还有大量的诗歌创作。关于"新时代能不能写、如何写旧诗"这一问题，是很值得深入探究的学术话题。李斌针对《新时代如何写新诗》《为胡乔木修改〈词十六首〉》这两个个案，借鉴蔡震《新华颂歌——郭沫若在新中国成立后的诗歌创作》的研究成果并继续推进，试图勾勒旧体诗在20世纪60年代的中国政治生活中扮演的角色。从20世纪30年代起，能不能写旧体诗这样长期的质疑和申辩，都围绕在郭沫若身边。作为一位享誉文坛的新诗人，很多人对郭沫若写旧体诗词表示"不理解"。但实际上，旧体诗词在20世纪60年代的中国政治生活中一度充当了相当重要的角色，特别是毛泽东以旧体诗词阐发他对国际国内重大问题的见解。李斌以晚年郭沫若的旧体诗词《卜算子·咏梅》为典型个案，展现对其创作因缘与写作语境的考察。

李斌通过分析郭沫若对旧体诗、某些场合的应酬诗的回应、郭沫若晚年诗歌创作和民歌的关系等，从相关书信往来中看郭沫若本人的心态，从侧面透视郭沫若这一时期诗歌创作的复杂面向。胡乔木1964年也写作旧体诗词表达政见，还有1965年的《词十六首》广泛涉及当时中国面临的各种问题，比如反对"苏联修正主义"的敏感国际关系、第一颗原子弹试验成功、破除封建迷信等问题，郭沫若、毛泽东都参与了胡乔木旧体诗词的修改。李斌以他们当年的往来书信为基础，围绕诗词修改的回忆，对比手稿和正式发表文本，对比不同人对此的态度、关切差别，做出一些初步的探讨。郭沫若在新诗写作时，标语口号入诗被许多论者诟病，但李斌却坚持认为，"这不是郭沫若个人的问题，而是那个时代的新诗写作风尚"（第9页）。不过，正如李斌所言"主要是对材料的呈现"（第223页），这一学术问题还需要进一步深入探讨。

作为诗人和中国文联主席，郭沫若又是如何在文艺界发言的？李斌搜集第三次文代会筹备的部分材料，其中"包括三封书信和郭沫若对他人起草的他在第三次文代会上的开幕词的修改原稿"，并"根据这些材料解读郭沫若在第三次文代会中所扮演的角色，以及这次文代会对于他的意见的贯彻程度，以深入理解文代会这样一个'十七年'时期文坛的重要制度"（第6页）。这为学术界纵向研究郭沫若与第三次文代会之间的联系，提供了新的阐释空间。

同时，郭沫若作为人民共和国成立后成功转型的典型文人，他不仅是文学家、翻译家、历史学家、考古学家，还是政治家、国家领导人。他身上肩负着重任，担任多个重要职位，这带来的不仅是权力，还有责任，负载着领导人这一身份所带来的政治压力。1951年，郭沫若曾公开做过两次检讨，关于武训批判的检讨和《撒尼彝语研究》事件的检讨。郭沫若曾经公开赞扬《武训画传》并为其题词，在毛泽东发动武训批判后，郭沫若就公开做了自我检讨，这是被常人所知并且受到郭沫若研究界广泛关注的。而《撒尼彝语研究》事件所引发的检讨却尚未得到应有的关注。此前，学者李晓虹的《关于郭沫若〈"撒尼彝语研究"检讨·结语〉》对这一话题有研究，李斌在此基础上努力推进学术判断，"综合中国科学院其他负责部门和负责人、九位专家学者的回信，尤其是新见中国科学院档案中的华岗和陈梦熊的来信及处理意见"（第227页），以新有的材料重新审视郭沫若在这一事件中的行为。

马学良当时是中国科学院的年轻语言学者，因在《撒尼彝语研究》的《序》中"歌颂"法国神甫邓明德而受到批判。李斌详尽地梳理了政务院文教委员会副主任陆定一给中国科学院负责人的信件、郭沫若致罗常培（语言研究所所长）的信件以及后续处理材料。陆定一是中宣部部长，在一定程度上，其意见代表上级组织的意见。当时，中国科学院和相关院所、职能部门，以及涉及这一事件的相关领导，包括马学良、郭沫若都做了公开检讨。之后《撒尼彝语研究》事件进一步发展，中国科学院向院内外104位学者致信并咨询意见。郭沫若也以院长名义给部分学者致信，但这些信件至今尚未发现。郭沫若在《〈撒尼彝语研究〉检讨·结语》中记载："但有百分之九十发现了原文序中的错误，给予了相应的批判。就中如马坚、李有义、王崇武、周祖谟、傅懋勣、吴泽霖、魏建功、俞德浚、郑天挺九位先生的意见，是比较看到问题的全面。"[1] 李斌根据郭沫若提出的9位学者的来信，详尽地解读了这场来自各个专业领域学者的检讨举动，最后指出，郭沫若在检讨中主动承担错误，"首先是应该

---

[1] 《中国科学院编译局对于〈撒尼彝语研究〉的检讨》，《科学通报》1951年第10期。

由我负责来自行检讨的"①，指出了马学良的错误，并主动保护了马学良，"这次所犯下的错误，主要是由于我们负行政领导责任的人帮助不够，但马学良同志却能够认真检讨，接受批评，为我们学术界树立了一个良好的作风，我们认为是难能可贵"。②

但这场检讨尚未结束，李斌还发现，在中国科学院档案中有一封杨钟健致郭沫若的信札，指出有华岗、夜火（陈梦熊）的来信，为《撒尼彝语研究》检讨后的意见。李斌详尽补充了当时的检讨材料，更有力地还原了《撒尼彝语研究》检讨事件的整体性。华岗针对郭沫若对于《撒尼彝语研究》检讨中的"赎罪"一说提出异议，李斌整理出郭沫若先后在信末的批示、复函："'赎罪'之说，周总理亦曾说过，在便利上如此说是无害的"（第242页）、"'赎罪'之说，毛主席、周总理、李维汉同志都说过，为了动听起见，我觉得是可以说的"（第246页）。李斌虽未探讨批示和复函的变化，但读者也可以体会到郭沫若当时复杂的文化心态。夜火指出郭沫若在检讨中提及的一些学者的思想有错误，并且要求公开公布、公开检查那些跟不上形势的学者，然后要求在全国性的报纸《人民日报》上公开讨论。但郭沫若在回信中要求，"不必给人以绝路"（第245页），李斌对这些信件的释读，都可以让我们看到真实的历史细节，特别是作为中国科学院院长的郭沫若在权力与责任下对青年学者的"保护"。

晚年郭沫若还涉及学术性刊物的筹办。近年来，学界兴起期刊、杂志的研究热，历史学领域的权威刊物《历史研究》的研究成果亦有不少。1953年，中国科学院决定增设两个历史研究所，并创办面向历史研究的学术刊物。作为中国科学院院长的郭沫若，正是《历史研究》编辑委员会的召集人。李斌在前辈学者的研究基础上继续推进，从郭沫若与刊物负责人之间的通信对话中，来看《历史研究》编委会召集人郭沫若为刊物写稿、改稿、审稿的整个过程。李斌在"《历史研究》的召集人"中考察郭沫若对"发刊词"的反复修改、对贺昌群《论西汉的土地占有形态》、何兹全《关于中国古代社会的几个问题》的意见，以此审视郭沫若对"材料"和"考证"的重视以及个人的历史观念与学术思维的某种变化。这不仅是对郭沫若学术研究态度的认可，更指向当下的学术研究取向，有着重要的现实意义。

当时的年轻学者钱祖夫向《历史研究》投稿被拒，向郭沫若两次写信"诉苦"，提出批评罗尔纲、胡适两人的学术思想，李斌将此事与郭沫若筹办中国科学院学部时被要求批判胡风一事对照看，并通过释读郭沫若写给钱祖夫的回信及1955年的未刊文《胡风的思想本质和它的渊源》，提出自己的观点："郭沫若坚持从正面出发看问题""批判胡适也罢，批判胡风也罢，并不是为了整人"（第271页）、"这根本不是敌我矛盾，而是朋友间的谈心"（第290页）。李斌对郭沫若处于剧烈变动的政治旋

---

① 郭沫若：《撒尼彝语研究的检讨》，《科学通报》1951年第10期。
② 郭沫若：《撒尼彝语研究的检讨》，《科学通报》1951年第10期。

涡下种种行为的释读，让我们在众多批判郭沫若若干不当言论中，对郭沫若多了一份"理解"和"同情"，真正做到有"同情之理解"。

郭沫若还有作为中国人民保卫世界和平大会委员会主席这样的政治身份，这就使他与来自世界各国的政要和知识分子产生"交集"。李斌主要以三个人、三件事为中心：郭沫若和约里奥—居里的关系、1972年李约瑟访华、帮助日本著名物理学家坂田昌一治病。李斌根据现有资料首先考察并分析了郭沫若在中英、中法、中日外交关系中所起的某种作用，以此来探讨知识分子参与外交的行为方式，这为学术界深入研究中国当代知识分子与国家的关系提供了新的角度。

中华人民共和国成立后的成功转型，使郭沫若成为组织、体制内部的一员。如何在个人和国家组织间协调好身份，也是李斌在著作里着力探究的内容。李斌指出，很多学者在探讨晚年郭沫若时，将郭沫若的种种行为视作完全自主自愿，这就忽略了郭沫若的特殊身份及其"背后的组织规约"（第10页）。这里的组织更是牵扯颇深，不仅有诸如中国科学院院务委员会、中国科学院党组、中国文联主席团等具体组织，还有和毛泽东、周恩来所发生的"直接领导与被领导关系"（第9页）。李斌指出，郭沫若接受组织规约的同时，其"本人也是组织机构中的重要成员"（第10页），甚至组织在很多时候也得借助于他，因此郭沫若"在组织规约之下有一定的个人自主空间"（第10页），这在对内对外都有一定的体现。自己的创作，虽有领导人的指示，但同时也有一定的自主性。在自己的工作中也有自主性，例如中国科学院组建学部，郭沫若推荐老同学生物学家周太玄。很多从民国时期过来的老一辈专家学者，因时代的变迁、政局和政权的变动，工作岗位的不合适，或者著作出版、生活有困难，给郭沫若写信倾诉之后，郭沫若在职权范围内也都做了力所能及的工作，这为人民共和国对民国学术遗产的继承有一定的帮助。

三

正如李斌所说，郭沫若是当代中国知识分子的典型代表，也是一位尚未得到充分研究的历史对象。郭沫若为大众所认识的身份是作家、诗人、翻译家，但郭沫若同时还是古文字学家、历史学家、考古学家，还有政治家、高级官员这样的身份。郭沫若是公认的当代中国文化界的一面旗帜，他的内在关切、文学创作、学术研究和活动方式，代表了一个时代的文化风尚，具有标本的意义和价值。可以说，晚年郭沫若的书信与当代中国有着密切的联系。诸多的角色身份，有的对于大众而言还比较陌生，甚至有因不了解而走向偏执的认识。如何为这样一位身份复杂的文人画像？又如何为其文化处境、政治处境做一个正确的历史描述与定位？如何对郭沫若进行有效评估？《郭沫若书信中的当代中国》这本书利用学界鲜见的档案资料、未刊手稿、未刊信札切入研究，而其中有一部分材料是李斌首先进行考辨、释读的，部分材料是第一次披露。"新材料"必然伴随着新的学术问题、学术思考，这部著作涉及了当代中国文化、政治、外交的诸多层面，为我们了解更丰富的晚年郭沫若提供了多个面向。李斌试图呈现一个与以前学界或者大众传媒所构建的不一样的晚年郭沫若形象，一幅更为丰满的郭沫若历史图景，并纠正学界"非郭沫若化"的学术倾向，从而将晚年郭沫若的研究向前推进。

可以说，当代中国视野下对"郭沫若"的疑问在一定程度上得到了比较新颖的"解答"，李斌从几个重要面向为普通读者和学界还原了郭沫若相对完整的生命角色。当然，由于书信材料中的郭沫若之限制，李斌更多的是围绕书信及其相关材料进行初步展开，在叙述中仍然牵扯出众多问题，许多地方也留下疑问与学术空白。这值得后来的研究者打破专业壁垒、拓宽研究视野，为向纵深研究郭沫若及"郭沫若现象"继续努力。随着相关资料的搜集整理和深入解析，我们期待李斌在郭沫若研究中使已有的郭沫若论述更加丰富，并且对郭沫若的人生面向有更多的解读角度与空间。

（原载《郭沫若学刊》2021年第4期）

一部平实谨严之作

——读何刚《中国现代史学与史家胜论》

李 斌

何刚兄的新著《中国现代史学与史家胜论》即将出版,我有幸读到书稿,觉得有话要说。何刚兄是我十多年的老朋友了,收入该书中的很多文章在发表之初我就拜读过了,这次系统学习,又获得很多启迪。

这本书给我的第一印象,就是它一如何刚兄的为人:平实而低调。

该书的平实表现在很多方面,我最感动的是《自序》中最后一句:"本书涉及的史学史家研究对象有别,不少内容又显稚嫩,但鳞鳞爪爪间也算凝结着过去几年的一些思考,此次不揣浅陋,结集出版此书,权且当作自己问学修业的一次阶段性轨迹的呈现,希望得到学界专家与同好的鼓励和指正!"何刚兄不算年轻,在郭沫若研究界早已是知名学者,在学界也已是中青年骨干,如此谦虚的文字,我在当下的中青年学者的著述中很少见到,算是有些古风的。"问学修业",这几个字多好啊,始终保持着对学问的敬畏,始终保持着修业的状态,这大概就是作为学者的何刚兄的平实的最重要表现。

该书的平实还表现在著者的站位。何刚兄自觉把自己当成学术发展链条中的一环,当成历史的中间物,他从来不炫耀自己的发现有多么了不起,他总是在尊重已有成果的基础上展开自己的论述。比如书中的《现代史学史上的梁启超和郭沫若》以及《现代作家自叙传中的史学意蕴》中关于国家主义、郭沫若和孤军派的论争,何刚兄都详细罗列了前人的研究成果,然后在此基础上进行自己的论述。该书中的很多论述,仔细读来,十分有新意。郭沫若从国家主义转向马克思主义,历来就有很多研究,相关论述多是根据郭沫若的自述,把河上肇的《社会组织与社会革命》作为郭沫若思想转变的重要关节点,该书在尊重这一史实的基础上,提出了郭沫若在翻译完河上肇的著作后,在同孤军派的论战中,其实还有很多国家主义思想的遗留。书稿指出:"郭沫若的'新国家主义'是国家主义和马克思主义的糅合体,是郭沫若进入马克思主义的早期路径","既提示出了当时中国思想文化界中国家主义、无政府主义、共产主义等各种思想纷乱驳杂的时代特色,也反映出了这一时期郭沫若对马克思主义的理解程度,以及据此对中国社会、中国革命的认知水平"。这一观点是实事求是的，是符合郭沫若思想转变期的实际情况的。就我所知，这一观点也是极富创见的，在已有的郭沫若研究中，很少有学者从这一角度去探讨郭沫若的思想转变，这可以说是何刚兄对郭沫若研究的一大贡献。对此，何刚兄的论述相当平实，并没有把这一观点特别凸显出来，如果不是专业读者，甚至不大可能在他平实的文字中发现这一学术亮点。

何刚兄是史学专业出身，尽管他谦虚地在《自序》中申明："本人非史学理论和史学史专业出身，近年来以郭沫若史学为中心，兼及其他，机缘巧合中懵懂地进入到这一学术领域。"但书稿彰显出他扎实的史学史功底和开阔的学术史视野。《甲申三百年祭》是郭沫若的名文，也是郭沫若研究中的重点课题。《学术视域下的〈甲申三百年祭〉研究》把这篇名文放在当时的明末史研究之中，具体来说，何刚兄把《甲申三百年祭》和陈德昭、赵正平、柳亚子、吴晗等人的明末史研究相比较，认为郭沫若在分析明亡原因时，重点放在崇祯帝，分析李自成起义军失败时，重点放在起义队伍堕落腐化问题上。这些结论是建立在开阔的视野和扎实的分析之基础上，令人信服。学界在讨论郭沫若的古代社会研究时，重点是《中国古代社会研究》和他对奴隶社会的分析，但何刚兄另辟蹊径，专章讨论郭沫若关于汉代社会性质的研究。在《郭沫若与魏晋封建论者围绕汉代社会性质问题的论争》中，何刚兄详细讨论了郭沫若关于汉代是封建社会的观点和日知等人关于汉代是奴隶社会的观点之间的碰撞，认为这些论争"推动了五十年代中国古代社会性质及分期研究的深入开展""极大地推动了两汉魏晋历史的相关研究"，这一结论实事上肯定了郭沫若在 20 世纪 50 年代引领史学风气的重要地位。我本人在几年前就注意到了郭沫若关于汉代社会性质研究的重要性，但由于我对当时的史学发展情况不太熟悉，所以迟迟不敢动笔，何刚兄这篇文章解了我的困惑，我也就不必再提笔写相关文章了。

何刚兄作为史学研究者，对史料保持了高度的敏感，尤其是对那些新出现的史料，他有着浓厚的研究兴趣。他高度重视新刊的书信日记等史料，并从中发现新的研究课题。《现代学人日记中的唯物史观史学》是一篇别开生面的学术论文，何刚兄以胡适、顾颉刚、金毓黻、钱玄同、夏鼐等人的日记为基本材料，钩稽出他们对唯物史观的看法。这些日记，尤其是顾颉刚、钱玄同、夏鼐的日记，是最近这些年才被整理出版的，在学术界属于新材料。何刚兄从这些材料中发现，顾颉刚等当时处于主流的史学家，虽然公开场合对于唯物史观"实施冷处理"，但事实上是相当在意的。"他们对唯物史观的认识存有机械片面之处，且带有一定的门户之见和意气成分。而另一方面，随着中国现代史学的发展，一些学人特别是年轻学子表露出的对考证史学的不满和批判，暗合着对勃兴的唯物史观史学的认可和期许，以及在此基础上整合各史学流派、建设未来新史学的希冀。"这一结论论从史出，是相当坚实的。《西南联大时期郑天挺与汤用彤的交谊》从 2018 年出版的《郑天挺西南联大日记》入手，着眼于郑天挺与汤用彤的交谊，尤其是他们为人、为师、为学、处事、生活、交际等方面的相关文字，不仅"从这些细节感性的文字描述中去体认他们在西南联大时期的艰难人生"，也感受"他们在流离纷乱时代里的坚守和坚韧"，可以说是以史家的笔墨，为读者塑造了西南联大时期郑天挺的丰满形象。如果说上述两篇文章是从日记入手的话，《〈左传选〉出版始末》则是从书信入手。徐中舒编辑《左传选》是20世纪60年代全国高校文科教材编写中的重要一环，历来对此缺少研究，何刚兄以徐中舒和主持《中国史学名著选》的郑天挺之间的往来书信为主要材料，详细考察出《左传选》的编选过程，让人耳目一新。《大轰炸期间时人记述及其史料价值》以顾颉刚、夏鼐、叶圣陶、杨静远等人的书信日记等"私人性文献史料"为基础材料，讨论他们在大轰炸时期的行止和心态。何刚兄长期在乐山工作，此文以日本侵略者对乐山的大轰炸为中心历史事件，无疑饱含着何刚兄的多方面的个人体味，但叙述文字一如既往的客观平实，不流露个人情感，体现的是史家的理性和客观。

在《大轰炸期间时人记述及其史料价值》中，何刚兄谈到了他对史料的认识。"在过往的大轰炸研究过程中，学界多注意对亲历者的采访、口述记录以及他们的回忆等。不可否认，这些文字作为一种历史叙述、历史记忆，可以将一些情节事实呈现出来，然而它毕竟是亲历者在若干年之后从现有经验角度对'已逝现实'所进行的描绘，存在着相当的时间距离和受着所处时代语境的左右。而相较之下，在大轰炸历史研究的文献史料中，以日记、书信等为主体的私人性文献史料尚未引起学术界足够的重视。大轰炸期间当时人们留下的日记书信等适时记录，包含着丰富的历史信息和史料价值，也记录了那一段特殊历史时期里受着特殊苦难的中国人的生存状态和精神心理，理应成为大轰炸研究的重要史料。同时，当时人们留下的书信日记这些颇具感染性的鲜活材料介入大轰炸的研究和叙述，也会增强研究成果的可读性与通俗性。"将书信日记和口述回忆对举，高度重视书信日记的史料价值，这是何刚兄的对史料等级的界定，我对此高度认同。史料有很多种类，价值是不同的，何刚兄重视书信日记等第一手史料，这是治史的正路。

我的专业是中国现代文学研究，近年来，我们也相当重视现代作家的书信日记研究，但我们更多的是从书信日记中去考察作家与作家之间的关系。这当然也很重要。但何刚兄从书信日记中去考察某一特定的群体对于"唯物史观"的接受，对于大轰炸的感受等特定的话题或者历史事件，这就大大打开了书信日记的研究空间，值得我们搞中国现代文学研究的学者仔细学习。

何刚兄是平实的，也是老实的。老实人做学问，好处是有一份材料说一份话，都是实实在在的，可靠，让人放心，何刚兄这本书就是这样子。老实人做学问，他不多说一句话，所以写的文章都不长，很多地方点到为止，有时候也让人觉得意犹未尽，我读何刚兄这本书也常常有这种感觉，比如他的《〈驳《说儒》〉的撰写缘起》，我就觉得读得不过瘾，要知道仅仅是胡适的《说儒》，就有学者写成《胡适之〈说儒〉内外》这本700多页的大书，当然写得长不一定就写得好，但如果何刚兄稍微放开一点，不那么"拘谨"，对相关问题再往深里挖掘，这本书就会更加精彩。当然，我这属于吹毛求疵了。

　　何刚兄以史家的严谨、翔实的史料、朴实的文风，贡献了《中国现代史学与史家脞论》这本扎实的学术专著，在对郭沫若、翦伯赞、嵇文甫、徐中舒等史学家的研究上，在对《驳〈说儒〉》《甲申三百年祭》等名作的考察上，在对20世纪40年代明末史研究、20世纪50年代中国古代社会分期和社会性质的论争等重要史学史课题的梳理上，都给出了实事求是、翔实有据的探究，对相关学术课题是重要的推进。何刚兄老老实实、谦虚谨慎、低调平实，这些在该书中处处都有体现，是值得我学习的优秀品质。我希望何刚兄以后更慷慨一点，拿出更多更好的成果跟我分享。

（原载《郭沫若学刊》2022年第2期）

打开了郭沫若研究一扇神秘的大门

——读咸立强《郭沫若翻译文学研究》

张 勇

2013年我调入中国社会科学院郭沫若纪念馆工作后，所承担的第一项科研任务就是筹划并申报有关郭沫若翻译作品的校勘、整理与出版的工作，说实话当时我对于郭沫若翻译作品虽有所了解，但是积累并不多，学术研究更是很少触及。对此，我首先考虑的是应该组建一个由全国翻译界、郭沫若研究界等相关领域的专家团队来共同完成，而我在寻找目标人选时第一个想到的便是华南师范大学咸立强教授。这种下意识的思维主要来源于三个方面：一是对咸立强的熟悉，我们同为曲阜师范大学上下级的校友，虽在校并不认识，但是毕业后走向了基本相同的研究方向，他有关创造社研究、郭沫若研究所取得的一系列成果一直是我的关注点；二是对咸立强为人为学的钦佩，整理、校勘郭沫若翻译作品并不是一项轻松的工作，甚至可以说是一件出力但不加分的苦差事，尤其是现如今科研成果已经转换为分数计量时，从事这项工作不但不能加分，甚至有可能会耽误挣别的分数，但我觉得咸立强是个例外，他很早就评上了教授，对于科研分数的权重并不太看重，相反，他更愿意做一些具体性的工作；三是对咸立强学术积累的认同，翻译研究是郭沫若研究的"洼地"，少有人触及，但是咸立强早在2010年就推出了《译坛异军——创造社翻译研究》一书，其中有大多数内容涉及了郭沫若翻译研究，读完令人耳目一新。基于以上几点的考量，咸立强当仁不让地成为《郭沫若全集补编·译文编》专家团队的一员。

在我主持中国社会科学院创新工程课题"郭沫若翻译作品校勘、整理"期间，我与咸立强多次见面，并就郭沫若翻译问题进行了深入的沟通交流，非常巧合的是在此后每次有关郭沫若学术研讨会上，我和咸立强基本是以郭沫若翻译为题提交了参会论文，并在会上的发言与评议中，多有论题交集、观点碰撞。他也多次向我透露想完成《郭沫若翻译文学研究》的写作，直至今日上、中、下三卷本厚重的成果邮寄给我后，那沉甸甸的学术分量扑面而来。

一 形成郭沫若翻译文学研究的集成效应

郭沫若各类体裁的翻译作品众多，但是对其研究的成果与其并不相匹配，2014

年上海交通大学出版社分别出版了谭福民著《郭沫若翻译研究》与丁新华著《郭沫若与翻译研究》两本有关郭沫若翻译的专著，这应该是较早的专门以郭沫若翻译为研究对象的著作，但是不知因何，市面上却很难见到它们，甚至连国家图书馆也只是在特藏书库中存有。傅勇林主编的《郭沫若翻译研究》也仅是有关郭沫若翻译作品资料的汇集，学术研究的成分较少，学术价值并不太高。

咸立强的《郭沫若翻译文学研究》主要聚焦郭沫若所翻译的文学类作品展开阐述与研究，该著作既有总体上对郭沫若的翻译历程、翻译思想、翻译资料方面的综合性阐述，也有微观上对郭沫若所翻译的《浮士德》《少年维特之烦恼》《雪莱诗选》《鲁拜集》等重要文学经典作品的个体性细读，从而建构了郭沫若翻译文学作品研究的系统，成为真正意义上郭沫若翻译文学作品研究的专著，这也是该成果最大的学术贡献。

《郭沫若翻译文学研究》（台湾花木兰文化事业有限公司2021年版）共分为了上、中、下三册，上册主要是对郭沫若翻译文学进行综合性阐述，分别从郭沫若翻译文学的发展历程、翻译思想等方面进行了全面系统解析；中、下册则主要对具体的翻译作品，按照诗剧、诗歌、戏剧和小说等文体形式，分门别类做了解读。全书容量大，信息量足，观点鲜明，改变了郭沫若翻译文学研究碎片化的现状，形成了集成性的辐射效应，进而全面系统地构建了郭沫若翻译文学的研究体系。

《郭沫若翻译文学研究》学术集成效应首先体现在以学术发展史的视野对郭沫若翻译作品进行分类归纳与梳理整理。从20世纪20年代到70年代50多年间，郭沫若共翻译出版了以《少年维特之烦恼》《浮士德》等为代表的译作500多万字，多达289种的译作作品。翻译活动几乎贯穿了郭沫若文化活动的全过程，就郭沫若所翻译作品创作者的国籍来讲，涉及欧洲、北美洲、亚洲等9个国家，作品以德国、英国、美国、俄国等欧美国家为主，同时还包括波斯、印度、日本等东方国家，共98位作者的各类作品；另外就郭沫若翻译作品所涉及体裁来讲，既有文学类作品（含诗歌、戏剧、小说）如歌德的《少年维特之烦恼》《浮士德》；又有艺术史类的著作，如《美术考古一世纪》；还有科学史著作，如《生命之科学》；另外还有马克思和恩格斯的经典政治类著作《政治经济学批判》，而其中文学类作品无论是从译作数量，还是翻译技术等方面来说，都是最重要的部分。不仅如此，郭沫若通过自己的翻译实践活动，还提出了诸如"译文应同样是一件艺术品"等翻译思想与观点，引起了现代中国文化界的巨大反响。以往学界面对如此规模宏大的文化活动时，多采用横截面式的研究策略，仅就郭沫若翻译的某方面进行学理探究，而咸立强则从史学的角度来进行综合梳理，把郭沫若的文学翻译实践活动划分为"奠基期、爆发期、左翼化期、沉寂期"等四个不同阶段，这样郭沫若在不同阶段文学翻译的特色便较为清晰地呈现出来，也为微观的研究奠定了基础。

另外，《郭沫若翻译文学研究》的集成效应还体现在，对郭沫若翻译文学作品综合阐释的理论自觉性。郭沫若的翻译研究与他的翻译活动和译著出版并不同步，直到1978年郭沫若去世后才有相关研究成果出现，截至目前有关郭沫若翻译研究的论文有200多篇，这些成果多集中在对郭沫若翻译情况的一般性介绍、具体翻译文学译本的探究等方面，与郭沫若文学研究、史学研究、古文字学研究等方面的成果相比都相距甚远。在研究方法上，多采取比较文学研究的方式，按照语种和国别的分类方式，主要分为郭沫若与德国文学翻译、郭沫若与英国文学翻译、郭沫若与苏俄文学翻译、郭沫若与东方文学翻译等几个方面。统观现有的研究成果不难发现，"许多文章停留在表面现象的描述与作家作品的简单比附上，而没有进一步深入地说明，郭沫若文学创作在对外国文学的接受过程中是如何产生变异，从而衍生出新质，而新质的产生又如何对整体的现代文学格局的形成与发展产生影响"①。长此以往便造成郭沫若翻译文学研究多在碎片化的研究轨迹上行进，缺乏理论的高度与自觉。咸立强在多年对郭沫若翻译文学译文阐释的基础上，进行了理论探索与提升，不仅涵盖对既有郭沫若翻译文学理论的重新认识，也提出了诸多契合实际的新观点，显示极强的理论自觉性。

二　解决郭沫若翻译研究的症候问题

对于郭沫若翻译文学的研究，目前所存的问题较多，但最突出的有两点。一是资料的问题，我曾经提出"造成目前郭沫若翻译研究停滞不前的主要原因，是由于郭沫若译作资料的匮乏"②的观点，这一论点得到了咸立强的认同，而他的《郭沫若翻译文学研究》通过收集与整理丰富多样的郭沫若文学翻译的资料，也在最大程度上推进了这一难题的解决。因此《郭沫若文学翻译研究》名为研究，其实也是一部郭沫若文学翻译资料的汇编集，史料意识贯穿于该著作的始终。

二是郭沫若翻译文学译本一个显著特征就是版本众多，甚至不同出版社同时出版同一部译作的情况屡见不鲜，更有甚者假冒郭沫若之名出版了诸多盗版本的译作，特别是世界名著的翻译更是如此，比如《少年维特之烦恼》的版本问题就是一个颇为困惑的难题。《少年维特之烦恼》究竟出版了多少版本，对此说法不一，仅仅就泰东图书局出版了多少版次也模糊不清，《郭沫若著译书目》中有关的统计也较为笼统，对此咸立强做了清晰的表述"泰东图书局印行的《少年维特之烦恼》用了两种装帧：甲种实价六角，乙种实价四角"。不仅如此，他还对每一次重要改版后的情况做了具体的梳理："《少年维特之烦恼》（甲种）1924年8月出了第8版；《少年维特之烦恼》（乙种）1926年1月15日出了第8版。《少年维特之烦恼》（乙种）版权页注明

---

① 石燕京、陈俐：《新时期郭沫若与外国文学比较研究热点回视——郭沫若与外国文学研究回响系列之三》，《郭沫若学刊》2002年第2期。
② 张勇：《〈郭沫若全集补编·翻译编〉编辑札记——以译文版本为中心》，《山东师范大学学报（人文社会科学版）》2015年第3期。

1927年11月9版重排订正，1928年9月25日出了第11版，改版印数为8001—22000册。"① 这样详尽的考察弥补了郭沫若翻译作品资料不足的缺憾，为郭沫若翻译研究的全面开展奠定了扎实的史料基础。

对于史料的收集，咸立强并非堆砌在一起就万事大吉，而是借助所收集的资料，去还原和解读中国文学史上悬而未决的事件，比如泰东图书局与创造社出版部并存而又相安无事的史实，作者借助郭沫若翻译文学出版的诱因，进行了全新的解读与阐释，而且得出了较为令人信服的结论。因此，对于郭沫若翻译文学资料的收集整理与阐释研究，不仅会对郭沫若研究和中国近现代翻译文学研究产生重要的影响，甚至对于比较文学、外国文学，乃至中国现代文学的研究都具有开创性的理论意义和现实意义。

除了资料不足以支撑郭沫若翻译文学展开全面研究外，缺乏争鸣意识也是目前郭沫若翻译文学研究的另一症候问题。因郭沫若翻译文学译文所牵涉的语种较多，原作者及文化语境繁复等问题，所以研究者多选取自己较为熟悉的领域展开研究，而且多自说自话，很少有相互间的交集、质疑与争鸣，这必然造成了有关郭沫若翻译文学研究鲜有新观点、新方法、新路径的涌现。《郭沫若翻译文学研究》却充满了学术的锐气，著者咸立强在全面阐释自己学术思考与观点的同时，对已有相关的研究成果提出了质疑。如在论述有关郭沫若翻译雪莱诗歌的问题时，针对何俊曾在《"副文本"视域下的〈沫若译诗集〉版本探究》一文中根据郭沫若所撰写的《小序》落款认为对其雪莱诗歌翻译为"因时而译"的判断，提出了自己的看法，咸立强认为这是一种"错位性理解"，而且何俊在论文中所使用的《雪莱八首》的题名与原译文也存在偏差。同样是在对雪莱译诗的研究上，咸立强同时还认为唐春梅在《雪莱 Invocation to Misery 汉译对比》一文中，对于郭沫若使用古典骚体翻译雪莱诗歌的原因分析存在偏差，特别是对"主要是为了迎合读者的阅读习惯"的观点提出了强烈质疑，并对此进行了合理阐释。

在《郭沫若翻译文学研究》中类似此类的辨析与批驳还有多处，充分展现了咸立强自我思考的学术独立性，以及真挚探索的勇气，郭沫若翻译研究也只有在如此争鸣与论争中才能逐渐走向郭沫若研究领域的中心。

三 爬梳郭沫若翻译文学译文的细节元素

长期以来郭沫若文学翻译研究所存在的问题就是多从译本外部去探究，如郭沫若翻译思想、翻译与创作的关系等方面，而少深入译本的内里，如译文的语言、用词、句法等方面去分析郭沫若译作的美学特征、语言特色等方面的独特价值，因此也使郭

---

① 咸立强：《郭沫若翻译文学研究》（上），台湾花木兰文化事业有限公司2021年版，第210页。

沫若翻译文学作品的研究多在门外徘徊，止步不前，还容易被作为其文学创作研究的衍生物而对待。

咸立强《郭沫若翻译文学研究》的大部分篇幅是对郭沫若翻译文学译本的细读，特别是对传颂较多、影响面较大的译作，如《浮士德》《少年维特之烦恼》等文学译本深入肌理，仔细地剖析了各个译本中微小的元素，真正做到了对译文的细读、精读和通读。

文学作品的翻译既不同于简单的文学创作，它要遵守特定的语言表述规则，又不同于单纯语种间的互相转换，它还需要语言的审美追求。作为创作者与翻译者兼备的郭沫若来讲，如何合理处理翻译规则的遵守与创作之间的关系问题是其文学翻译作品的价值所在。咸立强就立足于从翻译作品译本本身的解读从发，全方位、全流程地解析郭沫若文学翻译作品的独特价值和审美特性。如对《少年维特之烦恼》译文的解读就读出了文学翻译作品本有的美学意味。

《郭沫若文学翻译研究》的第四部分是对《少年维特之烦恼》的解读，该部分共分为6节，前3节分别从郭沫若翻译的《少年维特之烦恼》的历史价值、历史掌故等方面进行阐释，基本上属于译文研究的常规路径，但是到了第4节和第5节，就属于译文研究的本体动作了，这两节从总体上来说主要是对《少年维特之烦恼》的翻译用词进行细致的解析和说明，分别分析了译文中的方言与文言问题，"个"与"位"的单位词问题以及助词"的""底""地""得"的使用问题等，仅仅从列举的这个几个方面来看，咸立强便已经进入了译文的内里，也才能真正从本体性的角度去探究郭沫若译文的独特性。

翻译文学看似简单，其实不然，要做到以词精准达意则更加不易，通过咸立强对《少年维特之烦恼》中单位词"个""位"的使用之分析就可见一斑。单位量词的使用不仅是现代汉语通畅达意的必备成分，同时也带有不同的感情色彩，不同单位量词的使用会有不同的寓意。咸立强便结合郭沫若译文《少年维特之烦恼》中包含"个""位"的具体语句进行全面的分析，"郭沫若的译文中，单位词'个'与'位'的使用，存在两个较为明显的倾向：第一，还原了'个'与'位'两个单位词纯粹表示单位的用法，取消了背后隐藏着的仰视、平视或俯视的意思。第二，'位'这个带敬意的单位词的使用频率更为频繁且出现了泛化的倾向"①。这种分析的方式、结论的获得，是以往郭沫若译文研究中不多见的，改变了郭沫若译文研究从宏观着手大而化之的阐释弊端，从而更加全面客观地阐明了"郭沫若通过翻译不断地探索并努力地构建自身语言的现代性"的史实。

类似于此种译作的精读、细读，在《郭沫若翻译文学研究》中比比皆是，如对《鲁拜集》中有关酒意象翻译的探究、对《骑马下海的人》中指示词的翻译等的研

---

① 咸立强：《郭沫若翻译文学研究》（中），台湾花木兰文化事业有限公司2021年版，第242页。

究，皆是还原了作为翻译文学译作本身的元素，提升了读者对郭沫若翻译文学作品的认知度。咸立强所著的《郭沫若翻译文学研究》可谓对郭沫若所翻译的文学作品进行了地毯式全覆盖的扫描与探究，我也只能挂一漏万地谈谈阅读之后的粗浅感想，我想他这本著作的出版不仅会为郭沫若其他题材的翻译作品研究提供可供借鉴的方略，也应该能带动有关郭沫若翻译方面研究的热度，因为咸立强是一位极富有感染力、创造力和亲和力的好学者。

(原载《郭沫若学刊》2022 年第 2 期)

拨开迷雾　明晰真相

——《流言与真相：革命视野中的郭沫若》读后

刘超燕

很多年来，社会舆论中出现诸多郭沫若在政治、文化、学术以及道德方面的不实传言，且这种传言通过各种传媒的传播有愈演愈烈之势，严重遮蔽了郭沫若真实的历史形象。对有关郭沫若的诸多不实传言，虽断续有少数辨析之声，但一直缺少较为全面的有力度的回应与驳斥，使得这些流言与谣传的受众逐渐增多，产生了十分恶劣的负面影响。新近出版的《流言与真相：革命视野中的郭沫若》（李斌著，社会科学文献出版社，2021 年 10 月）一书从客观事实出发，以翔实可靠的第一手材料为依据，旨在一一澄清"妖魔化"郭沫若的各种流言，力图还原历史人物、历史事件的本来面目。作者不仅致力于揭示有关郭沫若的事实真相，而且希望以此为契机，重建与20 世纪中国的对话关系。这一新作为郭沫若研究实现了新突破，为郭沫若研究的深化开辟了新视野，提供了新思路。

一

在有关郭沫若的诸多流言中，对郭沫若政治信仰的质疑是其中之一。该书作者认为，之所以会出现诸如郭沫若是"风派人物""墙头草"此类流言，主要是由于包括部分专家学者在内的很多人对郭沫若的党籍和党龄情况知之甚少。因此，作者在第一章"郭沫若的信仰与党龄"中梳理了郭沫若确立政治信仰的历程，并借助新发现的材料就郭沫若的党籍和党龄进行实事求是的全面论述。

作者指出，郭沫若信仰马克思主义，走向革命，是在综合了长期以来的学识和经验，通过独立批判日本马克思主义经济学家河上肇的理论完成的。同时，根据吴奚如、阳翰笙的回忆，并结合于立群档案中邓颖超的一封信件佐证，作者明确了郭沫若长期的中国共产党秘密党员身份，推翻了"脱党"等虚假传言。事实上，郭沫若于南昌起义撤退之时即经周恩来、李一氓介绍加入中国共产党，在抗战归国后就恢复了组织关系，以秘密党员的形式由周恩来单线领导。这一身份一直保持到 1958 年以公开入党的方式结束。可以明确的是，郭沫若绝非传言中摇摆不定的"墙头草"，相反的，他是具有坚定政治信仰的马克思主义者，在很长时期中他作为中共秘密党员，以高度的组织纪律性和党性原则要求自己，为革命事业作出了重大贡献。

在"风派人物"这一流言影响下，部分学者认为郭沫若晚年修改旧作，是出于"媚俗""投机"，并由此上升到对郭沫若"善变"的人格的攻击。作者在第二章"并非'投机'：郭沫若修改旧作的原因"中以《女神》和《洪波曲》的删改为例，再现了郭沫若修订旧作的复杂背景，驳斥了"媚俗""投机"等片面指责和其他情绪化评价。

作者主张，应在具体历史语境的对话场域中综合考察郭沫若著作的不同版本及文本变动。从郭沫若的反复表态以及表态中的变与不变中可以看出，诗集《女神》的四次修改是他与批评家长期对话的结果，有着特殊历史条件下的特殊原因。面对外部批评，郭沫若一方面坚持新诗是"写"出来而非"做"出来的观点，另一方面他也能认真接纳和吸收那些他认可的建议，这体现出郭沫若绝不"媚俗"、坚持己见的独立精神。《洪波曲》是郭沫若晚年修改篇幅较大的作品，作者仔细考察郭沫若纪念馆馆藏的两封郭沫若致张治中的书信及相关附件，大致梳理出郭沫若修改《洪波曲》背后的综合考量。对比原稿和修改稿可以发现，郭沫若几乎完全采纳了张治中的意见，放弃了自己的观点，这是出于统战大局的需要，郭沫若权衡后对此进行了修改。对此作者总结道：郭沫若对诸如《女神》《洪波曲》等作品的修改缘由各不相同，不能一概而论，更不能想当然地理解成郭沫若性格上的"善变"或"媚俗"。

有舆论认为郭沫若对待其他文化人态度凶狠、痛下杀手，把郭沫若塑造成置知识分子于死地的酷吏，这也是有关郭沫若的较为盛行的一种流言。这类流言所常用的典型案例是抗战结束后郭沫若对沈从文的批判，甚至将沈从文折戟文坛简单地归咎于郭沫若的批评。该书第三章"论抗战结束后郭沫若对沈从文的批评"针对这一指控作了详细分析和具体回应。

国共和谈失败后，身为中共秘密党员的郭沫若身在国统区领导民主运动，开展第二条阵线上的斗争。同样处在国统区的知名文学家沈从文却通过杂文议政，多次挑战郭沫若的使命，使郭沫若不得不辩。同为特殊年代的知识分子，郭沫若和沈从文始终关注国家的前途命运，但由于各自对重建新中国途径的思考路向不同、各自的文学观念相异，他们不可避免地产生矛盾。作者认为，不应将郭沫若对沈从文的四次批评简单视为文艺圈的局部事件，还应看到特殊时代背后各种势力的较量，如国共实力的消长、以民盟为代表的第三方力量、当时的主要出版物等多重因素。至于沈从文因郭沫若的批评退出文坛之说，作者主张对此不应后设立场，而应把郭沫若对沈从文的批评放到当时的历史语境之中考察。当时的国统区，不仅郭沫若，几乎一半的舆论都在批评沈从文；新中国成立后，沈从文的思想改造并不顺利，开明书店负责人给沈从文的信才是导致他放弃写小说的决定性事件。同时，作者也客观指出，郭沫若的批评大体上是正确的，但也有攻其一点不及其余之憾。

一些国内学者迎合某海外学者,指责郭沫若存在抄袭剽窃等学术不端行为,或者污蔑郭沫若的学术创作是出于献媚,对此,该书第四章"做学问的革命家"主要讨论郭沫若的治学目的与成就,以此来明晰郭沫若的学术品格。

作为中国马克思主义史学的核心人物之一,郭沫若通过扎实的史料考辨,以唯物史观为指导自觉探寻历史规律,在历史研究领域取得卓越成就。作者将郭沫若定义为"做学问的革命家",强调郭沫若的学术研究旨趣在于服务革命和现实需要,实现学术与革命的有机统一。作者认为,对郭沫若学术作品的评价,我们除了要用现代史家"求真"的标准去衡量,还应考察兼具学者和革命家双重身份的郭沫若是如何将学术与革命熔铸于一身的。那些简单以"职业学者"或"职业革命家"的视角得出的有关郭沫若学术生涯的观点,是不符合历史实际的。

《十批判书》和《李白与杜甫》是郭沫若最被抹黑的两部学术著作,作者在第四章重点讨论了《李白与杜甫》的著述动机,有理有据地反驳对这本著作的各种不严肃指责。① 20世纪80年代,受反思"文革"、贬低郭沫若和政治文学二元对立的时代潮流影响,学界追问《李白与杜甫》的写作目的,相继出现"政治逢迎说""人生总结说""情感寄托说"。这些说法尽管看似符合当时社会需要、具有时代特色,但在客观事实面前仍然是站不住脚的。作者对此逐一进行批驳,进而从文本出发并结合郭沫若的现实际遇,揭露《李白与杜甫》中所暗含的"隐微心曲"。新生政权建立后,有感于范文澜、冯至、傅庚生、萧涤非等当时学者对李白和杜甫的研究和评价,郭沫若敏锐地意识到当代很多学者仍然持有"张扬规训、放逐异端"的传统观念,他对此深感不安,为此特意对李杜双双祛魅,打破"图腾化"的传统意识倾向,并以李白为镜像,再现他当时的个人心境。

1978年以来,有人诽谤郭沫若在"十七年"时期的表现,把他的历史形象在政治上塑造成表里不一、逢场作戏的"阴阳脸"。作者认为,"不真诚的郭沫若"是一个层累式的现代神话,有必要讨论它最早出现的状况和逐渐生成的过程。该书第五章"陈明远伪造书信与'阴阳脸'郭沫若"重点叙述了这一神话的主要始作俑者陈明远伪造书信的过程与所谓"阴阳脸"郭沫若的由来。

1962年前后,陈明远为维护自己的形象开始伪造信件,将郭沫若对其作品的不满置换成"郭沫若"对社会环境和20世纪50—60年代具体政策的不满,塑造出郭沫若"两面人"形象。经过1982年、1986—1988年、1992年的三次伪造、篡改,"不真诚的郭沫若"形象基本完成。在此期间,陈明远伪造的几批信件非但未被学界揭发,反而被研究者重视、引申和引用。尤其是第三批、第四批抄件的内容切合了当

---

① 有关《十批判书》的争议和回应,可参见翟清福、耿清珩《一桩学术公案的真相——评余英时〈《十批判书》与《先秦诸子系年》互校记〉》,《中国史研究》1996年第3期;翟清福《〈一桩学术公案的真相〉发表前前后后》,《郭沫若学刊》2014年第2期;等等。

时"伤痕史学"的需要,立即引发关注并成为"晚年郭沫若"研究的重要材料,给"晚年郭沫若"研究带来了严重的负面影响。

作者通过辨析指出,陈明远、丁东等人为迎合伤痕记忆者反思新中国的需要,蓄意伪造材料建构不真实的"郭沫若"形象,这些不实之词之所以会对学界产生极大影响,其实是20世纪80年代历史研究、文学史研究、学术史研究受西方意识形态影响的结果。作者就此进一步强调,专业学者需要摆脱情绪化的主观偏见,在鉴别史料的基础上,对晚年郭沫若开展客观的、实事求是的研究。

关于郭沫若的流言还有很多,诸如郭沫若的婚恋情况、考古发掘工作等,作者在前期研究中均有专文论述。[①] 该书通过以上五章,对郭沫若的信仰和党籍、郭沫若修改著作的缘由、郭沫若对沈从文的批评、郭沫若的治学特点与成就、陈明远伪造书信与"阴阳脸"郭沫若五个方面进行的论述,基本澄清了有关郭沫若"墙头草""媚俗与投机""酷吏""抄袭""表里不一"等流言。

二

实际上,郭沫若个人遭到的无端抹黑以及郭沫若研究经受的长时间沉寂,正是改革开放后的一段时间内马克思主义史学遭受怀疑、冷落的缩影。就历史学本身来说,20世纪50—70年代学术界对唯物史观的理解和应用所受到的"左"倾思想的影响,损耗了马克思主义史学自身的价值,"对待马克思主义理论的冷淡,是对'左'倾思想的一种惩罚"。[②]

该书"绪论"和"余论"部分集中展现了作者从外部因素对此进行的思考和辨析。作者指出,马克思主义史学及史家遭受的"冷遇"与"内在移民"(inner emigration)[③] 倾向有关。受"内在移民"影响,部分学人将民国时期幻想为"黄金十年"。他们着力表彰那些表现个体细腻丰富的内心世界、表现文学技术不断创新的作家和作品,赞誉那些与革命保持一定距离的、远离政治纷争的专家学人,沈从文、张爱玲、陈寅恪等成为他们追捧的理想人物,学界一度掀起民国研究的热潮。"为学术而学术""独立之精神,自由之思想"等表征无功利的纯粹学问的理念,成为部分知识分子用来拒绝、鄙视马克思主义史学的一贯说辞。与他们理想中的学者文人形象不同,郭沫若的学术研究和文学创作始终与革命和政治紧密结合。在接受马克思主义之

---

① 李斌:《有关郭沫若的五个流言及真伪》,《中国文学批评》2019年第2期;《"妖魔化"郭沫若是拒绝与中国的"短二十世纪"对话》,《东方学刊》2018年冬季刊;等等。
② 林甘泉:《我仍然信仰唯物史观》,《林甘泉文集》,上海辞书出版社2005年版,第473页。
③ "内在移民"是美国学者阿伦特在分析二战结束后德国人的思想状态时提出的术语。有"内在移民"倾向的人们"从世界及其公共空间转到一种内在的生活中,或者,完全忽略这个世界,而去热衷于一个幻想的'应然'世界或曾经存在过的世界"。[美] 阿伦特:《黑暗时代的人们》,王凌云译,江苏教育出版社2006年版,第16页。

后，无论在抗战时期还是社会主义建设时期，贯穿郭沫若一生的目标就是根据所属社会集团——自觉维护无产阶级利益——的需要，不断调整自己的研究领域和研究方向，将革命理念融入学术实践，为现实政治服务。自然地，以郭沫若、范文澜、吕振羽、翦伯赞、侯外庐等为代表的那些将学术研究与现实政治紧密结合的马克思主义史家被看作传统的、不够现代的，从而遭到很多人忽视甚至被"不屑于"提及。其实，学术研究从来不曾独立于现实，也不能在"真空"环境进行。要求"维护学术的独立和尊严"，反感通过学术谈政治，其实只是在威权和谋略的层面理解政治，而忽略了政治发挥的维护社会公平正义、改善人民生活的实际作用。"政治"并不自带贬义属性，一味贬低、疏离政治必然抽空学术研究的现实根基。

在作者看来，之所以会出现有关郭沫若的各种流言，是因为关于郭沫若以及他所代表的知识分子的奋斗目标、人生路向及活动方式的"认识装置"① 发生了改变。新时期以来，对于中国独特的现代化发展道路，以及知识分子在这一过程中应扮演何种角色，知识界的认识与 20 世纪 50—70 年代有了断裂，产生了全新的认识装置（第 323 页）。在"重写文学史"和"为学术而学术"等思潮影响下出现的各种"非郭沫若"，主要源自知识界对"历史的终结"和资本主义全球化的急切拥抱（第 339 页）。因此，作者强调，我们要重新正视郭沫若的革命者身份，正视郭沫若所代表的革命文化和社会主义文化。同时，中国知识界需要重新定位自己的社会角色和知识结构，重新调整自己与政权、民众、媒体之间的关系，构建面对现实和阐释历史的更具包容性的理论。

三

"反思"一直是马克思主义史家贯彻的治学准则。20 世纪 40 年代，郭沫若自我批判 1930 年出版的《中国古代社会研究》"只是我研究过程中的初期阶段，在我自己看来，是应该重新写过的"。② 为此他写就《十批判书》特别是《古代研究的自我批判》一文，来澄清"好些未成熟的或甚至错误的判断"。③ 无独有偶，新中国成立后范文澜对其代表作《中国通史简编》同样进行多方面"自我检讨"，深刻剖析撰写的不足之处，甚至直言"不久就可以丢掉"。④ 随后对该书进行数次修订、增补。作为一部以澄清流言、揭开真相为宗旨的学术著作，《流言与真相：革命视野中的郭沫若》的核心主题同样蕴藏着反思之义：反思流言的生成机制，反思马克思主义史家

---

① "认识装置"一词出于［日］柄谷行人《日本现代文学的起源》，赵京华译，生活·读书·新知三联书店 2003 年版。
② 郭沫若：《中国古代社会研究·后记》，商务印书馆 2017 年版，第 329 页。
③ 郭沫若：《十批判书》，《郭沫若全集·历史编》第 2 卷，人民出版社 1982 年版，第 3 页。
④ 范文澜：《关于〈中国通史简编〉》，《新建设》1951 年 5 月第 4 卷第 2 期。

为何"遇冷",反思建立在不实之词和伪材料基础上的虚假"反思"。

"历史的具体事实正是有和无的根据。"① 正如该书作者所说,真正的反思必须通过对第一手历史资料进行仔细搜集、整理、校勘、比对和分析,通过实事求是的深入研究才有可能(第23页)。通览全书可以发现,该书最大的贡献在于以真实、可靠、丰富的史料为依托,以平实、理性、严谨的态度为原则,澄清相关流言的同时不"神话"郭沫若,将郭沫若作为历史的客观存在进行严谨的学术探讨。十余年来,该书作者李斌研究员一直致力于郭沫若研究,是郭沫若研究领域的专家。其前期探索涵盖郭沫若自"五四"至"晚年"个体生命的全过程,包括对郭沫若作品(《女神》《甲申三百年祭》《李白与杜甫》《洪波曲》等)的撰述动机、创作过程、版本差异的探讨,以及郭沫若与沈从文、沈钧儒、闻一多、朱自清、金毓黻等学人的交往与互动等。作者还曾出版《女神之光:郭沫若传》《郭沫若书信中的当代中国》等专著,长期参与编纂《郭沫若年谱长编(1892—1978年)》和《郭沫若全集补编》。同时,作者任职于中国社会科学院郭沫若纪念馆,受此便利条件影响,该书在规范、熟练运用郭沫若研究的多种常规史料之外,还使用了许多馆藏的未刊材料。这些新材料每每成为破除有关郭沫若流言的关键证据,如馆藏邓颖超1938年5月18日写给于立群的信件手迹复印件成为确认郭沫若党员身份的重要参考(第77页);馆藏郭沫若未刊手稿《胡风的思想本质和它的渊源》佐证郭沫若对知识分子的善意劝诫(第11页);郭沫若1959年1月18日给张治中的复信及手写《附录》,可以说明《洪波曲》的文本变动并非传言中郭沫若为权变而主动促成的(第132—133页)等。在常规史料和新材料的结合之下,何为流言、何为真相便不言自明。

当然,该书也存在一些值得商榷之处。首先,在内容方面,可进一步观照相关马克思主义史家在未形成明确学术共同体的国共二次合作之前对郭沫若的评价,例如20世纪30年代吕振羽、翦伯赞一度对郭沫若的学术研究存在误解,甚至将郭沫若划入"实验主义"阵营;其次,在文字表述方面,部分叙述性、介绍性内容稍显重复;此外,个别字词用语也存在一些讹误或欠妥之处,如文中的"钱钟书"(第245页、第263页、第267页、第268页)若写作"钱锺书"似更准确。

作为专业学者,我们有责任回答社会关切,更需勇气和实力将危机化为转机,为郭沫若正名,为中国马克思主义史学正名。从整体而言,《流言与真相:革命视野中的郭沫若》给学界开了好头,将郭沫若研究引入新进境。通向真理的大道并非坦途,期待更多佳作沿此正途不惧争议继续前行,为历史研究和历史人物研究开拓新局面。

(原载《郭沫若学刊》2022年第2期)

---

① 范文澜:《试论中国自秦汉时成为统一国家的原因》,《历史研究》1954年第3期。

学位论文

【"替曹操翻案"：1959年前后历史理论的变动】

著　者：张晓鹏
导　师：王学典
学　校：山东大学
专　业：中国史

"替曹操翻案"是新中国成立后在历史和现实因素的双重刺激下产生的一场历史人物评价运动。因此，这一运动蕴含着复杂的学术内涵和微妙的政治意蕴。对于作为政治事件的"替曹操翻案"，学者和舆论抱有极大的兴趣，而对作为学术、思想事件的"曹操论战"，关注者却寥寥无几。事实上，"曹操论战"或包含或体现着1949年后一系列重要历史观念的变迁。对于这些观念转折及其影响的认识，有待进一步展开。

论战的动机与过程是首先要搞清楚的内容。郭沫若通过创作历史剧《蔡文姬》等方式发起"替曹操翻案"，并不仅仅是个人志趣的表达，而且存在现实的考量。所谓"总理的提示"确有其事，但似乎是出于无意间，既非命令，也非政治任务。毛泽东虽确曾与郭沫若直接讨论过曹操，但他的"提示"更多的是"暗示"而非"明示"。1957—1958年，毛泽东数次在公开场合评论曹操，这一举动为具有敏锐政治嗅觉的郭沫若意会，论战的发生便带有了二人"唱和"的意味。相较之下，探寻曹操论战的学术背景显得更有意义。论战的发生顺应了近代以来"替曹操翻案"的潮流，并与新中国成立初期学术界正在进行的众多热点问题交叉在一起。同时，经历了1958年"史学革命"的学术界，有识之士将重新评价曹操作为打破沉闷学术空气的突破口，为论战的发生提供了契机。论战发生后，争论的核心问题可以归结为"曹操能否超越阶级，推动历史进步"。在实际争论中，对曹操的评价及具体问题的讨论难以做到非此即彼，俨然一片混战，但大多学者从不同程度上肯定了曹操的历史作用。

在清理基本事实的基础上，才能以思想史的视角对"曹操论战"进行重新审视。概括地说，"曹操论战"从价值、立场与方法三个层面与1949年后历史理论的嬗变发生关联。从价值的角度看，论战首先冲击的是传统的儒家伦理。儒家思想是中国古代的官方意识形态。在其影响之下，传统史学承担着社会教化的功能。因此，传统史家在历史研究中往往将价值判断置于事实判断之上。无论是从"正统史观"还是曹操个人道德的角度出发，曹操早已成为传统史学否定的对象。晚清近代以来历史进步观念的兴起，对传统史学以道德为本位的评价方式产生了冲击。社会进化论和唯物史观是历史进步观在近代中国前后相续的两种存在形态。新中国成立后，唯物史观成为主流历史观念。在"曹操论战中"，鲜明地呈现了历史评价的标准，由以政治伦理和个人道德为本位的"道德评价"向以历史功绩为本位的"事功评价"的转移。从中可以看出"曹操论战"对儒家伦理史学解构的影响。具体表现在，"人民选择"与"正统观念"的对立、"客观效果"与"主观动机"

的矛盾、"历史规律"与"个别人物"孰重孰轻等层面。

在民族立场与阶级立场的视野下,"曹操论战"同样彰显出深刻的思想史意涵。站在"人民本位"的立场上,曹操的作为尤其是镇压黄巾起义的"罪行"自然不能被宽恕。而站在民族本位的立场上,曹操统一北中国等历史功绩却无法忽视。"人民本位"思想的发展演变可以在一定程度上涵盖新中国成立之前中共革命党人和学者对历史主体认识和探索的过程。毛泽东、郭沫若等人的相关论述表明,"人民本位"的实质就是"阶级本位"。在新中国成立后新的历史环境中,"人民本位"思想呈现种种缺陷:这一历史观念已不能适应中国共产党从革命者到中华民族代表这一角色的转换。在历史研究中,以"人民本位"对"封建社会"进行全盘否定存在走向民族虚无主义的危险。1959年"替曹操翻案"无疑可以视为执政党的思维方式从"人民本位"转向"民族本位"的具体表征。正是因为站在了民族的立场上,才对曹操作出了肯定的评价。只有在这个立场上曹操才能超越阶级,成为黄巾农民起义的继承者。郭沫若是从曹操对整个中华民族的贡献的角度而不是打击侵略者的角度提出曹操应当是一个民族英雄的。也是从这个意义上,曹操攻打乌桓才有了民族融合的意义。

在方法论视野下,"替曹操翻案"体现出新中国成立后史学研究领域阶级观点与历史主义之间的博弈。阶级观点在传入中国之初,就由于其同情劳动人民的底层价值倾向产生偏差。新中国成立后更是变本加厉,在1958年"史学革命"中彻底走向绝对化。相对于传统史学对曹操评价的"旧案","阶级观点"对曹操否定的"新案"似乎更为牢固。正统主义史家从来没有将镇压农民起义作为曹操的一项罪状,相反,只有运用阶级观点研究历史的学者才作如是观。因此能否为镇压黄巾起义的曹操翻案成为论战中学者最为纠结的问题。也正因为如此,"曹操论战"不仅像学者通常认为的那样从客观上反对"史学革命",而且从主观上就是对"史学革命"的反拨。更为明显的是,论战中反对阶级观点对曹操的否定,由为曹操翻案进一步扩展到为殷纣王、秦始皇、武则天等封建统治阶级的帝王将相翻案,进而反对"打破王朝体系"的口号等,都是反对阶级观点片面化的体现。在历史人物评价理论问题的讨论中,"曹操论战"坚持了新中国成立以来形成的评价历史人物的历史主义方法,批判了论战中的"非历史主义倾向",尤其是对个人在历史上地位的肯定,对个人与人民群众在历史上作用关系的正确探讨,都带有对史学界错误倾向"纠偏"的意义。

在新中国成立后大大小小此起彼伏、堪称波澜壮阔的论辩中,"曹操论战"只能算得上其中一朵小小的浪花。前有1958年"史学革命",后有1966年开始的"文化大革命","曹操论战"如何能不被淹没?更致命的是,"曹操论战"夹在二者中间,却并未能够"力挽狂澜",扭转史学界一路向左的趋势。从这个意义上说，"曹操论战"对绝对化阶级观点的反拨只能算"昙花一现"。但我们不能因此就否定它在史学史上的贡献。"曹操论战"呈现出的自由民主的学术气氛十分可贵，不同社会身份的人广泛参与其中，发挥了不同的作用。作为新中国成立后史学界最热门的话题，"曹操论战"是一场大规模地运用唯物史观进行史学研究的实战演练，推动了唯物史观的普及运用，同时，它对阶级观点的反思，是对唯物史观发展的推动。在相关理论问题的讨论中，"曹操论战"对于推动马克思主义历史人物评价、农民战争、古史分期等理论问题的深入，功不可没。在具体的研究中，"曹操论战"引发了新中国成立后长达三十年曹操研究的高潮，进而带动了对汉末魏晋历史的研究。

当然，这并不是说"曹操论战"无可指摘。如果说论战在史学史上的贡献是得大于失，那么它在思想史上却留下了相当严重的后果。"替曹操翻案"的对儒家伦理的批判导致了历史与伦理的决裂。曹操的许多方面，比如杀人，奸诈的个人品质，违反了人类的普适价值，是在任何历史时代、任何社会背景中都不值得被提倡的。历史进步标准也不能完全取代道德评价。传统史学的伦理教化功能无法全盘否定。马克思主义史学也并非与价值无涉。因此，重建史学与伦理的联系，重视史学中"史学伦理"的研究，应当成为史学理论研究中的重要内容。

【取今复古　别立新宗——郭沫若当代剧作论】

著　者：赵鑫鑫
导　师：田建民
学　校：河北大学
专　业：中国现当代文学

新中国成立后的郭沫若是一位"诗人政治家"，而并非"太阳下的蜡烛"，纵观他与毛泽东半个世纪的互动与交往，可见二人之间是"领导"与"被领导"的"同志"关系；郭沫若与毛泽东关于历史问题的探讨与彼此间的诗词唱和等史实，也体现了现代中国历史上文化与政治的相互构造。而这样的"历史真实"也渗透在了郭沫若同时期的文学创作中。

郭沫若在20世纪五六十年代创作的三部剧作——《蔡文姬》《武则天》《郑成功》与现实情境息息相关，剧作中的人物有着郭沫若自身的主体投射，剧作也体现了他对于理想政治的表达。

同为诗人，郭沫若书写了蔡文姬、上官婉儿的转变——从只看重个人得失到胸怀天下，批判了"叹老嗟卑"的骆宾王，表达了知识分子所该有的"天下观"；同时又为曹操和武则天"翻案"，展现出他们作为历史上的进步力量的一面；也让作为配角的赵四娘、郑十三娘等普通女性"浮出历史地表"，分享着崇高的国家意识，赋予其光辉与尊严。

三部剧作都体现出了一种"内忧外患"的危机意识，而这种危机意识与20世纪五六十年代的社会现实不无关系。面对危机，郭沫若构造了"威权政治"与"人性政治"两种政治面相，并意图使后者达到对于前者的超克。《蔡文姬》中董祀借用着表征了"人性"的亲情化解了危机，而他免于被误杀既是因为蔡文姬的勇敢，也是因着曹丕人性化的考虑；而在剧作中，武则天所体现的仁慈与宽容等"人性"色彩，对于平定裴炎、骆宾王等人的谋反则至关重要；郭沫若在电影剧本《郑成功》中设想了东、西方遭遇的情形，揭露了基督教与殖民主义的虚伪，通过塑造郑成功，想象出了一条不同于"西方"的道路，呼唤"美好的明天"。

郭沫若在剧作中通过对地理空间的描绘，与对历史人物的追慕，建构了"中国"形象。在20世纪五六十年代，历史剧创作形成了热潮，相应地也引发了多方围绕着科学与艺术、历史真实与艺术真实的论争，发言的人包括政治家陈毅、历史学家吴晗与文学家茅盾，他们的批评与讨论体现出了当时的人们对于文学、历史与传统中国的不同理解，而郭沫若的戏剧创作则体现了他作为诗人所独有的胆识与创造力，既使历史在当代中国焕发生机，又使当代中国接续传统而有了"根"，呼应了毛泽东所强调的民族自信。

【1949年后《屈原》接受史研究】

  著 者：邹雅婕
  导 师：廖久明
  学 校：西南大学
  专 业：中国现当代文学

郭沫若抗战时期创作了六部历史剧，使其历史剧创作达到高潮。其中，《屈原》是六部历史剧中最具代表性的一部剧作。《屈原》创作于1942年，表现了屈原一天的经历，全剧分为"橘颂"、"受诬"、"招魂"、"被囚"与"雷电颂"五幕，塑造了生动的人物群像，具有尖锐的戏剧冲突与丰富的可解读性。在20世纪40年代，《屈原》满足了众人的期待视野，掀起了接受的热潮，但是它的接受历程并没有戛然而止，在1949年后的语境中，《屈原》获得了新的生命活力。该篇论文系统梳理1949年后《屈原》的演出与改编情况、剧本研究情况、入选教材及文学史接受情况，并且将之与1949年前的接受情况进行部分对比与联系，进而探讨《屈原》的经典化问题。

除了绪论与结语外，该文分为四章。绪论部分梳理了《屈原》接受史的研究现状，并据此发现研究的空间，引出接受美学理论，明确研究1949年后《屈原》接受史的意义与价值。第一章从"演出与改编"入手，梳理《屈原》在国内外的演出与改编情况：在国内，《屈原》作为话剧再度演出，也被改编为戏曲、歌剧与电影等其他多样的形式，这些演出与改编受到郭沫若原著的影响，注重与时俱进，发挥不同艺术类型的特色，扩大了《屈原》的影响力；在国外，《屈原》在日本上演的场次最多，其次是苏联、芬兰等国家，这些演出受到战后国际形势的影响，在文化、政治方面具有重要作用。第二章分析"剧本研究情况"，论述剧本研究中的创作原则、主题思想、人物形象、艺术审美及其他研究五个方面，从中可以看出：在整体上，1949年后的研究相比抗战时期内容更丰富、视野更开阔，剧本研究的逐渐深入与不断出新，显示了时事政治、社会氛围等对作品解读的巨大塑造力量。第三章分析"入选教材与文学史接受情况"，教材与文学史的编写是一种接受活动，入选后的叙述影响着受教育者群体。首先，梳理各个学段《屈原》的入选情况并分析入选原因；其次，指出随着时代演进大陆文学史叙述的变化情况，对比大陆、台港及海外文学史叙述的差异，由此看出意识形态对文学史的影响并得出相应启示。第四章以前文的研究为基础，联系抗战时期的接受情况，纵向梳理《屈原》的经典化历程并分析经典化的原因，可以发现《屈原》的经典化与主流意识形态、媒介、屈原题材、《屈原》的召唤结构密切相关。《屈原》能否继续巩固其经典地位，还需要在演出、研究等方面的努力。

通过研究1949年后《屈原》的接受史情况，可以更全面地探索《屈原》在当代的境遇，可以发现《屈原》的接受并不是停留于大众印象中诞生之初的情景，而是超越时空限制，甚至超越创作者的初衷，在不同时代、不同接受者中焕发新的生机。

【郭沫若文学文本与侠文化】

著　者：丁毛毛
导　师：李志元
学　校：南宁师范大学
专　业：中国现当代文学

郭沫若少年生长在有"匪徒之邦"之名的乐山沙湾，深受同乡"匪徒"好友的影响。他的祖父任淑好侠，游走江湖。他少时参加学潮，爱打抱不平，重情义。他为国家制度和学校的腐败而烦恼、愤懑、焦躁、失望，他自小饮酒，借酒消愁，放荡不羁，纵酒侠气豪情。他敢于叛逆、任侠尚力、凌厉浮躁、疾恶如仇。他留学回国投笔从戎，亲赴国难，将个人生死置之度外。抗战时期，他临危受命，身先士卒，以笔为剑，表现出不屈不挠的革命精神和叛逆个性。郭沫若的个性深受中国侠文化的影响，可以说郭沫若具有中国传统的侠文化心理。该文初步探究了郭沫若侠文化心理的表现以及郭沫若的侠文化心理形成所受到的地方习气与家族成长环境、社会风尚与地域文化等的影响，并进一步考察郭沫若侠文化心理演变的轨迹和发生嬗变的原因。

郭沫若的侠文化心理必定制约和规范了郭沫若的文学审美和文学创作，在郭沫若的文学文本中明显具有中国侠文化内涵。无论是郭沫若早期的暴力诗歌还是抗战时期的历史剧，都可以看出郭沫若挖掘传统侠文化的精神资源来表现时代精神的文学努力，也可以看出郭沫若一直在致力于找寻侠义精神与时代精神的契合点。前期郭沫若挖掘侠文化的尚力精神来表现暴力诗歌中的破坏、斗争精神。郭沫若前期暴力诗歌中的个性主义精神是西方个性主义与侠义精神结合的中国化的个性主义。抗战时期郭沫若以侠义故事为题材，将侠义精神赋予人道主义和民族大义的时代精神并加以改造，剔除了侠义精神的狭隘、虚无内涵，实现了侠义精神与时代内涵和民族精神的融合。郭沫若的历史剧不仅具有侠文化的精神内涵，也具有侠文化特有的美学意蕴。

侠文化在郭沫若文本中具有明显的政治功利性，前期的暴力诗歌挖掘侠义尚力精神，表达暴力摧毁旧世界，创造新世界的时代要求。抗战时期，侠文化成为郭沫若鼓动民众的文化武器，用古代的侠义精神表达抗战文化的反侵略、反分裂、促团结的诉求。郭沫若借古讽今，以侠士的时代背景映射现实时局，批判当时的黑暗统治，批判汉奸妥协者的卖国求荣的卑劣行径和阴谋家、怯懦者的自私软弱的奴性人格。郭沫若以侠文化为精神资源，塑造了正气凛然、舍生取义、勇于斗争、不断为国家和人民利益奋斗的现代民族英雄形象。这些民族英雄形象是郭沫若用以教育激励民众从事革命斗争的理想榜样，也表现出了郭沫若追求健全的国民理想人格的努力。

【文艺与政治结缘——论郭沫若的战时文艺观】

著　者：熊　文
导　师：李文平
学　校：重庆师范大学
专　业：中国现当代文学

在中国现代文学大家中，郭沫若或许是介入现实最直接也最深入的一位，他并不是被时代的浪潮裹挟向前，而是主动走在时代的前端，无论是弃医从文、投笔从戎还是潜心学术、出仕从政，都可见郭沫若对于重大历史事件的敏锐反应。抗战时期的郭沫若集诗人、学者、剧作家、政治家等多重身份于一体，游走在文艺与政治之间，周旋于复杂的社会环境之中，将个人命运与时代风云紧密相连。以他为核心的第三厅是国统区抗日民族统一战线的战斗堡垒，也是"国民政府所依赖的主要的文化活动机构"，但不少研究仍倾向于将其定位为在中共南方局直接领导下于国民党的压迫中进行抗战活动的政治文化力量，而忽略了郭沫若身为国民政府官员所不得不践行的纲领、坚守的职责，超脱党派政治的视角才能还原一个更为真实的郭沫若形象。事实上，第三厅和文工会都具有国共合作的性质，国民党在正面战场发挥的积极作用已然为学界认可，国民政府对抗战文艺的建设与支持也不应被忽略，抗战时期两党虽有冲突和摩擦，但协同抗日、共赴国难才是毋庸置疑的主流，而文艺在其中发挥了巨大的作用。"现代文学一方面不能不是民族国家的产物；另一方面，又不能不是替民族国家生产主导意识形态的重要基地"，文艺与政治本来就有着难以分割的复杂联系，更何况郭沫若战时的独特地位和特殊身份要求其涉足文坛政界，肩负双重责任。重塑战时的文艺观是理清两者之间的关系，指导文艺活动，推进抗战建国，彰显自身价值的必由之路，文艺是其参与现实政治、满足时代需要的不二选择。从文学政治学和民族国家建制的视角重新审视郭沫若战时个人身份塑造、文艺理论调整和文学创作实践，有利于深入理解郭沫若在抗日战争时期的文学活动与政治抉择，进一步认识郭沫若如何参与大后方文艺建构，引领战时文学创作，从而巩固抗日民族统一战线，推动抗战建国任务的完成。

【郭沫若的"鲁迅纪念"话语研究（1936—1949）】

著　者：王　静
导　师：杨华丽
学　校：重庆师范大学
专　业：中国现当代文学

鲁迅先生逝世之后，社会各界纪念鲁迅的活动便随之而来，鲁迅开始脱离其"本体"，"身后鲁迅"形象逐渐被建构。身居日本的郭沫若惊闻鲁迅逝世消息后，在万分悲痛的情绪下撰写了多篇纪念文章，且陈辞甚高，回国后仍然坚持不懈地纪念鲁迅。但抗战时期郭沫若身居要职，肩负着文艺鼓舞抗战的重任，也就决定了其对鲁迅的纪念带有较强的政治战略目的。另外，郭沫若与鲁迅有着"笔墨相讥"的过往，在鲁迅被延安方面极度肯定与高扬的背景下，郭沫若被置于极度尴尬的境地，同时也使得郭沫若不停地解释、淡化与鲁迅"不和"的过往。

放诸整个抗战时期，郭沫若的"鲁迅纪念"也表征出整体"鲁迅纪念"所具有的复杂性。该文试从1936—1949年郭沫若撰写的纪念文本出发，分为三个部分对其进行梳考、分析、论述。第一部分梳理、考证郭沫若这一时期的"鲁迅纪念"文字。立足于郭沫若研究界迄今为止最完备、最详尽的成果《郭沫若年谱长编（1892—1978年）》，试对其遗漏之处做补足之尝试，以对郭沫若纪念鲁迅的文献进行全面了解，奠定深入研究的学术基础。第二部分从其纪念文本出发，分析纪念文字中郭沫若塑造的"鲁迅形象"。鲁迅逝世之后被盖棺定论为"民族魂"，郭沫若则在纪念文本中将之展开，构建了鲁迅作为"民族战士"与"文学家"的形象。随着战事的发展与政治诉求的变动，郭沫若的纪念话语相应地发生了变化。具体来说，借鲁迅之精神鼓舞民众之士气的战时目的减弱，研究"本体"鲁迅逐渐被郭沫若加以倡导。这种倾向体现在郭沫若的纪念话语中，就是鲁迅作为"文学家"的形象得到了他的反复阐释与建构。第三部分尝试探究战时郭沫若的"鲁迅纪念"特质。当郭沫若以鲁迅"仇人"的身份纪念鲁迅时，其纪念文字中多解释与鲁迅之间的"笔墨相讥"的史实和"素未谋面"的遗憾，也正面肯定、赞扬鲁迅。当郭沫若以"旗手"的身份纪念鲁迅时，文艺鼓舞抗战的战时需求使其在纪念文字中多次借鲁迅来回应诸如"民族形式"等急切的现实问题。总体而言，郭沫若的"鲁迅纪念"折射出了整个战时"鲁迅纪念"的某些共同特征。

【初中语文教科书中的郭沫若作品教学研究】

著　者：阮雅镭
导　师：陈志华
学　校：山西师范大学
专　业：学科教学（语文）

郭沫若作为中国现当代文学史上最具影响力的作家之一，其作品丰富的文学价值和深刻的教育价值在中学语文教学中有着重要而深远的意义。从当前初中语文教科书中郭沫若作品的选编数量和教学现状来看，其作品的选编篇目相对较少，同时其作品的教学篇目也相对集中，这就在很大程度上影响了学生对郭沫若的了解以及郭沫若作品的阅读与赏析。从历年来初中语文教科书中郭沫若作品的选编篇目来看，除了当前统编版选入的两篇作品，历年来选入的一些其他作品也仍值得我们去回味，让它们重新在初中语文教学中发挥作用。因此，该文立足于初中语文教科书中郭沫若作品教学内容和教学策略的研究，不仅是让郭沫若作品的艺术魅力得到深度的挖掘，同时也让郭沫若作品的教学价值得到充分的体现。

该论文总共分为四个部分。

第一部分是绪论，介绍了该论文的研究缘起、研究意义以及当前学界对初中语文教科书中郭沫若作品的研究现状，并在此基础上提出该文的研究目的、研究方法和创新点。

第二部分是对初中语文教科书中郭沫若作品进行探析。通过对历年来初中语文教科书中郭沫若作品进行整理，总结郭沫若作品的选编特点，并探究郭沫若作品入选初中语文教科书的原因。

第三部分是对初中语文教科书中郭沫若作品教学内容的研究。在对文本深入分析和挖掘的基础上，结合当前语文教学探讨郭沫若作品的教学内容。

第四部分是对初中语文教科书中郭沫若作品教学策略的研究。针对当前初中语文郭沫若作品教学中存在的一些问题，为一线教师提供合理的教学策略，提高郭沫若作品的教学质量。

【从《英诗译稿》看郭沫若的翻译思想】

著　者：肖　叶
导　师：陈晓茹
学　校：广东工业大学
专　业：翻译

郭沫若是当代中国著名小说家、戏剧家、文学理论家、翻译家。郭沫若的翻译活动开始于1915年，长达约半个世纪的翻译实践活动，让他不仅在翻译数量上难以超越，还促使他对译学理论进行了深入的思考，最终形成颇具特色的翻译思想。作为中国文学翻译史上的代表人物之一，郭沫若提出"好的翻译等于创作"的翻译思想。

在当今有关郭沫若翻译思想的研究中，大部分学者是从郭沫若早期的翻译活动着手，对其思想进行分析和探究，鲜有研究对其晚年所做的50首英诗汉译的翻译活动展开深入的分析和探索。该论文通过对郭沫若晚年英诗汉译的活动进行解剖，立足于《英诗译稿》文本分析，从翻译的选材、翻译的方法以及对8首原诗的解读等层面，来探究郭沫若晚期英诗汉译的特点，来探讨郭沫若的诗歌翻译思想。通过分析，可以看到，郭沫若始终把创造性作为他译诗论说的关键和核心。通过对译诗外在形式、内在韵律、用词以及句式等方面的变化，郭沫若成功地实现了在改变诗歌外在形式的同时又保留住了原作的气韵和风味。此外，该研究从意识操控论的角度出发，分析了意识形态对其译介活动的操控。最后，通过从诗歌形式和主题两方面对郭沫若诗歌创作和诗歌翻译活动的大致梳理，可以看出，即使晚年位高权重，郭沫若仍保留了自己的浪漫气质,借诗抒怀。总之,从其人生晚年时期的译作中,我们既能看出郭沫若在其晚年的诗歌翻译过程中对"创作"的推崇与坚守,更能看出郭沫若借用自己惯用的翻译思想来倾吐自己对田园生活的追忆以及对人生短暂的感伤之情。

对《英诗译稿》中郭沫若翻译思想的研究,不仅有利于我们对其翻译思想有更加全面与客观的了解,还能更好地指导我们把握文学翻译,特别是诗歌翻译的灵活性与复杂性。

【郭沫若查良铮《西风颂》译本中意识形态与诗学的对比研究】

著　者:段锦琼
导　师:王庆奖
学　校:云南师范大学
专　业:英语笔译

《西风颂》是英国伟大的浪漫主义诗人雪莱的政治抒情诗,具有浓郁的革命浪漫主义特色。全诗以西风象征革命力量,表达了诗人对反动腐朽势力的憎恨,对革命终将胜利和光明未来的热切希望和坚定信念,深刻揭示新事物必将战胜旧事物的客观规律。诗歌传达的革命乐观主义精神数个世纪以来激励无数战士为革命理想浴血奋战,努力奋斗。《西风颂》经郭沫若首次译成中文,给当时中国社会的知识分子带来强大的精神力量,引发了中国对西方文化的极大关注。而后,重译《西风颂》的中国学者接踵而来,留下众多汉译本,通过翻译将西方文化带给中国人民,促进了中西文化的交流和传播。

意识形态和诗学的概念由勒菲弗尔在改写理论中明确提出,而后被广泛运用于翻译研究中。大量的研究论文也表明这两大因素具有研究价值和广阔的前景。该研究选择郭沫若和查良铮的《西风颂》译本,结合移情理论、接受美学、归化异化和关联理论,对比分析两译本中意识形态和诗学因素对翻译过程,尤其是译者翻译策略产生的影响。笔者首先从意识形态和诗学概念入手,主要探讨两译本中的多种意识形态以及诗学形成性要素。其次结合接受美学、移情、关联理论、归化异化等理论性方法对两译本进行对比分析,接受美学和移情用于两译本中诗学形成性要素的分析,关联理论和归化异化用于两译本中多种意识形态的分析,以期传递诗歌内在的情感和源语诗学中的异质文化。文献综述法、对比分析法及定量定性分析法也在论文中有所涉及。多种方法综合运用于译本分析,为翻译研究提供可参考的建议。

结合四个理论对比研究《西风颂》译本后发现,意识形态和诗学会对译者翻译策略产生影响。在翻译的过程中,译者需要综合考虑文本内外因素对译本产生的影响。此外,多个维度对诗歌翻译文本进行解读,也有利于吸收异质文化,促进目的语文化系统的更新和升级,顺应了翻译研究的文化转向。

【郭沫若书法艺术创作研究】

著　者:李莹莹
导　师:唐长兴
学　校:广西师范大学
专　业:美术学

郭沫若是中国现代著名学者、文学

家、社会活动家，他在文学、历史、古文字学等广阔的学术领域里留下了丰厚的遗产，影响极其深远。他有着深厚的文学修养，书法艺术也同样光彩夺目，在现代书法史上占有很重要的地位。基于这些缘由，该文以郭沫若的书法为研究主线，从书法文化的角度分析郭沫若在书法方面的成就，根据其独特的身份，我们可以看到郭沫若书法思想和风格特征的变化，在论证中把握以下四个部分。第一部分主要概述郭沫若生平事略，具体研究他在不同时期学习书法的过程，其早期、中期、晚期对传统书法进行广泛的学习和思考，相对于传统进行了一次"新变"，终形成自己的风格；第二部分主要概述郭沫若的书学研究思想，从古汉字研究、碑帖考证、书法文献学、书法考古学这四个方面，展示了郭沫若在书法艺术方面的成就；第三部分显示该文的重点是具体研究郭沫若书法的艺术特色，主要从笔法、结字、墨法、章法这四个方面进行分析，从而具体分析郭沫若书法艺术特色的形成；第四部分主要概述郭沫若在书法史上的地位，论述其书法艺术的地位不仅构成对后世的影响，而且对当代书法创作有所启发。

无论在何种特定的历史时期和学术研究领域，郭沫若对书法艺术一直给予充分的肯定，并且事必躬亲，对待学术问题，他认真、虔诚、坦率，具有罕见的勇于自我批评的精神。因此，在他涉及的众多领域，都有他自己的总结性文字，如文学创作、历史与古文字研究等，在书学研究和书法创作方面都颇多涉入，为现代书法的延续和繁荣作出了贡献。

展览活动

"郭沫若1921"展

展览时间：2021年6月12日至6月27日
主办单位：郭沫若纪念馆

展览前言：

1921年7月1日，上海泰东图书局经理赵南公在自己的日记里写道："二时，沫若等来到汉口。"郭沫若此次由日本回国的行程将串联起中国文学史上两个重要的事件。

6月7日，在东京帝国大学郁达夫的宿舍里，郭沫若、田汉、张资平、何畏、徐祖正等中国留学生一起决定成立一个文学社团，并确定社团刊物的名称为《创造》，以季刊形式出版。这个社团将以"创造社"之名载入史册，成为中国现代文学史上最具影响力的文学社团之一。

8月5日，郭沫若的剧曲诗歌集《女神》由上海泰东图书局出版发行，为"创造社丛书"第一种。这是郭沫若的第一部诗集，它将撼动中国诗坛，开启一场新诗创作的革命。

一百年后，又是一个夏天。

在此让我们将百年前那个特殊年份里郭沫若经历的种种记录于展览之中，以为纪念。

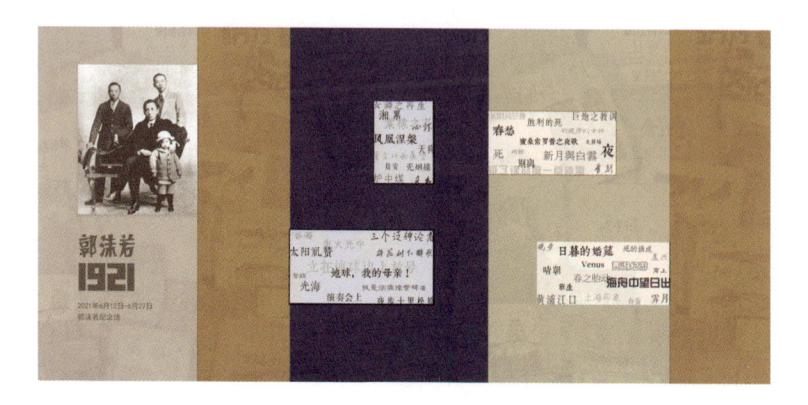

图1　展览标题板

（梁雪松　张　宇　供稿）

"革命队伍中人——郭沫若与中国共产党文献史料展"

展览时间：2021年7月9日至10月10日
主办单位：郭沫若纪念馆

  2021年是中国共产党成立100周年。一百年来，为了实现中华民族的伟大复兴，一代又一代的中国共产党人前赴后继、不畏牺牲，为祖国和人民奉献了一切，郭沫若便是其中的杰出代表之一。

  2021年7月9日，"革命队伍中人——郭沫若与中国共产党文献史料展"开幕仪式在郭沫若纪念馆举行。中国社会科学院古代史研究所（郭沫若纪念馆）党委书记赵笑洁在仪式上致辞，回顾了郭沫若与中国共产党共同走过的半个多世纪的历程。1927年，在革命力量遭遇重大打击的危机之际，郭沫若毅然加入中国共产党，从此再没有离开过这支革命的队伍，直至1978年去世，党龄长达半个多世纪。其间，在党组织的安排下，他作为秘密党员，以无党派民主人士的身份为党和国家的事业忘我工作。赵笑洁在讲话中说，要弘扬光荣传统、延续红色血脉，将老一辈共产党人的伟大精神继承下去并发扬光大，在中国共产党的坚强领导下为实现中华民族伟大复兴而不懈奋斗。

  开幕仪式由郭沫若纪念馆副馆长刘曦光主持。中央音乐学院管弦系学生党支部的同学们演奏了管弦乐小合奏《没有共产党就没有新中国》《歌唱我的祖国》。中国社会科学院古代史研究所第一党支部、外国文学研究所行政党支部、中央音乐学院管弦系学生党支部、"8+"名人故居纪念馆联盟代表老舍纪念馆党支部、郭沫若纪念馆等50余名党员和积极分子参加了活动。

  该次展览分为"志愿（1921—1926）""加入（1927）""决定（1928—1937）""秘密（1937—1949）""奋斗（1949—1958）"五个部分，通过珍贵的文物和文献史料，讲述了郭沫若作为一名中国共产党党员的事迹，重温这位"革命队伍中人"不平凡的革命生涯。

第十三篇　展览活动　579

图 2　参观展览

（王　静　供稿）

追寻名人印记,传承名人精神,点亮未来之光

——"8+"名人故居纪念馆联盟 2021 年文化活动

"5·18"国际博物馆日文化活动

2021 年 5 月 14 日下午,"8+"名人故居纪念馆联盟"5·18"国际博物馆日系列文化活动暨"8+"名人故居纪念馆联展启动仪式在北京郭沫若纪念馆举行。活动由北京市文物局、北京博物馆学会、中共北京西城区委宣传部主办,由"8+"名人故居纪念馆联盟承办。当天的活动包括"8+"名人故居纪念馆联展启动仪式、"8+"与北京交通运输职业学院互赠仪式,以及郭沫若纪念馆"数字博物馆"互动体验活动。

北京市文物局党组书记、局长陈名杰,中国社会科学院古代史研究所(郭沫若纪念馆)党委书记赵笑洁,北京博物馆学会秘书长哈骏,李四光纪念馆馆长助理、李四光先生的外孙女邹宗平,徐悲鸿纪念馆党支部书记王红英,梅兰芳纪念馆馆长刘祯共同启动展览。徐悲鸿纪念馆党支部书记王红英代表"8+"致辞,北京交通运输职业学院党委副书记田维民致辞。活动由郭沫若纪念馆副馆长刘曦光主持,博物馆界代表、中国社会科学院古代史研究所、北京交通运输职业学院及新闻媒体等几十人参加了活动。

图 3 展览启动仪式

仪式上，郭沫若纪念馆张宇向巡展北京首站展出单位中国社会科学院古代史研究所沙崟授旗。同时，古代史研究所向"8＋"赠送《简明中国历史读本》。徐悲鸿纪念馆副馆长李晴向巡展外地首站单位孔繁森同志纪念馆陈展部副主任程艳授旗。

徐悲鸿纪念馆副馆长李晴与梅兰芳纪念馆馆长刘祯互赠藏品复制件，广州红线女艺术中心主任蒙菁接受由中国戏剧家协会秘书长崔伟所捐赠的文献。

李大钊故居管理处主任刘洋、北京鲁迅博物馆张燕、茅盾故居主任刘婷、老舍纪念馆馆长周严、梅兰芳纪念馆副馆长郝永安、天津李叔同故居纪念馆副馆长田家馨与北京交通运输职业学院互赠书籍和地图。

"8＋"名人故居纪念馆联展

2021年"8＋"联展包括两个展览："追求与探索——文化名人的历史印记"图片展和"传承文化名人之精神、点亮博物馆未来之光——'8＋'名人故居纪念馆联展"。

展览运用大量的实物及资料、照片，展现了20世纪伟大女性宋庆龄、中国共产党的主要创始人之一李大钊、新文化运动先驱鲁迅、百科全书式的文化巨匠郭沫若、中国现代文学泰斗茅盾、"人民艺术家"老舍、中国绘画大师美术教育家徐悲鸿、京剧表演艺术大师梅兰芳、中国现代地质科学奠基人之一李四光、著名粤剧艺术大师红线女、近代著名爱国工程师詹天佑、中国近代文化大师李叔同、"先进的中国人"康有为、中国近代启蒙思想家梁启超等14位近现代文化名人的人生轨迹和杰出贡献，让观者从多方面、多角度去感受这些杰出的中华儿女对真理的不懈追求，对国家和人民的无限热爱，以及他们为实现中华民族伟大复兴自强不息、奋发进取的优秀品格。

"追求与探索——文化名人的历史印记"图片展巡展足迹在北京地区：

5—6月，宋庆龄故居、中国社会科学院古代史研究所；7—10月，亚运村图书大厦、中关村图书大厦、大屯街道；12月，密云区博物馆。

京外地区：

山东青岛康有为故居纪念馆、天津李叔同故居纪念馆、天津梁启超故居纪念馆、浙江桐乡市茅盾纪念馆、山东聊城孔繁森同志纪念馆、上海左联会址纪念馆、广东省博物馆、广州鲁迅纪念馆、广州红线女艺术中心、内蒙古赤峰市博物馆。

图 4　图片展在浙江桐乡

"传承文化名人之精神、点亮博物馆未来之光——'8+'名人故居纪念馆联展"于 2021 年 5 月 15 日在北京徐悲鸿纪念馆首展,6 月 8 日至 10 月 8 日于重庆巴蜀古代建筑博物馆、6 月 18 日至 7 月 5 日于上海益丰外滩源上海嘉禧国际艺术中心、9 月 8 日至 10 月 7 日于广州艺术博物院、12 月 2 日至 12 月 30 日于黄冈市博物馆相继举办。

图 5　联展在徐悲鸿纪念馆

"8+"展览走进武威

2021年5月21日,"8+"名人故居纪念馆联盟巡展"平等·多元·包容——文化名人的艺术世界"来到历史文化名城甘肃省武威市,14位近现代文化名人走近了古城人民。该次展览由北京市文物局、北京博物馆学会、中共北京市西城区委宣传部、中共武威市委宣传部主办,由"8+"名人故居纪念馆联盟、武威职业学院、武威市凉州文化研究院承办。

展览开幕仪式在武威职业学院举行。中国社会科学院古代史研究所(郭沫若纪念馆)党委书记赵笑洁,武威市委副书记、市委政法委书记赵立新出席开展式并致辞。武威市委常委、副市长姜旭云主持开展式。

赵笑洁在致辞中回顾了郭沫若与武威的文化渊源,介绍了中国社会科学院古代史研究所与武威市开展的广泛合作。她提出,站在"两个一百年"的历史交汇点,回顾和纪念展览中14位"时代之子",特别是其中李大钊、郭沫若等20世纪中国杰出的革命先驱、文化名人,他们是时代的见证者、实践者与推动者,更是民族精神的代表,为时代增光添彩。

图6 武威市委书记柳鹏参观展览

文化引领创意:"8+"联盟在服贸会

2021年9月2日至7日,2021年中国国际服务贸易交易会在北京举行,此届服贸会设置了文旅服务专题,以"科技赋能新文旅,创意引领新生活"为主题,在国家会议中心与首钢园举办展览展示、论坛对话、洽谈推介等活动。"8+"名人故居纪念馆联盟文创产品亮相于服贸会首钢园区3号展厅。

"8+"名人故居纪念馆联盟的全国8地19家名人故居,组团展出以14位文化名人为主体、围绕中华名人精神开发的系列文创产品。展品包括带有名人元素的明信片、创意文具、茶壶套装、矿石标本及名人事迹图书等。展会期间配合文创品展示还推出了多场文化活动。以文创品为载体,传承近现代文化名人为实现中华民族伟大复兴不懈追求的时代精神,受到现场观众的广泛关注。

图7 "8+"名人故居纪念馆联盟展台

(刘曦光 整理)

郭沫若纪念馆
馆藏资料

1941年纪念郭沫若五十寿辰暨创作生活廿五周年贺词贺诗选编(二)

【编者按】

  1941年11月,重庆、延安、成都、桂林、昆明、香港等地的文化界及各党派人士分别举行了"庆祝郭沫若五十寿辰暨创作生活廿五周年"活动,重庆的庆祝活动由周恩来、冯玉祥、孙科、黄炎培、沈钧儒等100多人联合发起。郭沫若纪念馆藏有多位名人的贺词、贺诗,本卷从中选取3篇予以公布。

马叙伦贺诗[①]

萧然物外郭林宗,
恻恻情怀到老农。
不屑医人愿医国,
岂辞辛苦作先锋。

奉呈沫若先生　伦

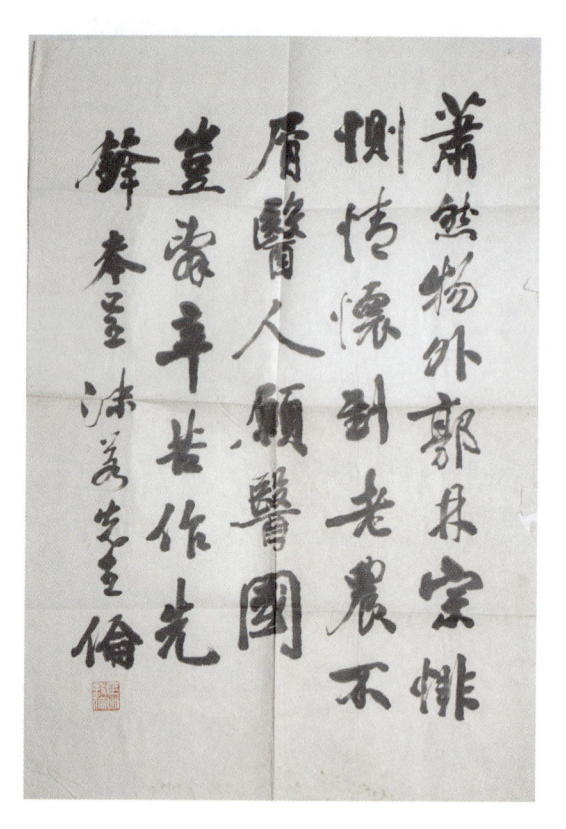

图1　马叙伦贺诗手迹

[①] 题目为编者所加。马叙伦(1885—1970),浙江杭县人,教育家、语言文字学家、书法家。1945年发起组织中国民主促进会。新中国成立后曾任教育部、高等教育部部长。著有《说文解字六书疏证》等。

沈尹默贺诗[①]

吾爱郭夫子,耽思入反听。
精粗疏古事,新旧立今型。
已讶多文富,还能大户醒。
行程半百里,珍重鬓毛青。

沫若我兄五十生辰,谨成俚言四韵以为寿。
沈尹默拜书

图2 沈尹默贺诗手迹

---

① 题目为编者所加。沈尹默(1883—1971),原名实,字尹默,浙江吴兴(今湖州)人,书法家。曾任北京大学教授、北平大学校长等。新中国成立后,任中央文史馆副馆长。此诗发表于《新华日报》1941年11月16日,最后一句作"行途刚半百,珍重鬓毛青"。同时载郭沫若和诗:"久不见君子,茅心愈重听。携儿过歌乐,握手接仪型。尘网经年密,清谈片刻醒。山头松柏翠,未逮眼中青。"

祝沫若先生五秩寿辰[①]

是一颗智慧巨星,
想曾获罪天廷,
才被谪到人间,
毕竟是古柏盘根,
泉清源远,
不平凡的人生。
到处天才纵横,
青年人们的导师,
时代的前锋,
像黑暗里一枝火炬,
高山顶上角声。
五十年一梦——夜正深沉,
而今天大海中也在狂涛怒滚,
生命的激流是愈来愈险,
翻过历史一页还有更好一篇。
朋友,继续的写吧!
不是你的秃笔,
是你那伟大的心灵中不可摧毁的精神。

余心清
卅、十一、十六、重庆。

[①] 余心清(1898—1966),安徽合肥人。早年留学美国,曾任冯玉祥部开封训政学院院长、民众抗日同盟军总务处处长。抗日战争中担任第三集团军军政处处长等职,1944年参加中国民主革命同盟。新中国成立后历任中央人民政府办公厅副主任、典礼局局长,政务院机关事务管理局局长,民族事务委员会副主任。

郭沫若藏《楚辞》

1935 年，郭沫若应邀为上海开明书店“中学生丛书”撰写了一部小书《屈原》，对屈原的存在、作品、艺术与思想进行了研究，还对《离骚》进行了白话文翻译。后来他又写作了《屈原时代》和《屈原思想》，1943 年将以上文章进行修改，撰成学术专著《屈原研究》，由重庆群益出版社出版。此外，郭沫若还作有《关于屈原》《革命诗人屈原》《屈原不会是弄臣》《人民诗人屈原》《屈原简述》《伟大的爱国诗人——屈原》等 10 余篇文章。

1942 年，郭沫若对《离骚》译文进行过润色，1953 年又稍作修改，同时又增加了对《九歌》《招魂》《天问》《九章》《卜居》《渔父》等屈原作品和楚辞的翻译，合为《〈屈原赋〉今译》，1953 年 6 月由人民文学出版社出版。郭沫若纪念馆馆藏的郭沫若藏书中，也有几种《楚辞》，应是郭沫若研究和翻译时曾使用过的。

（1）楚辞十七卷（汉）王逸注（宋）洪兴祖补注　民国鸿章书局石印本

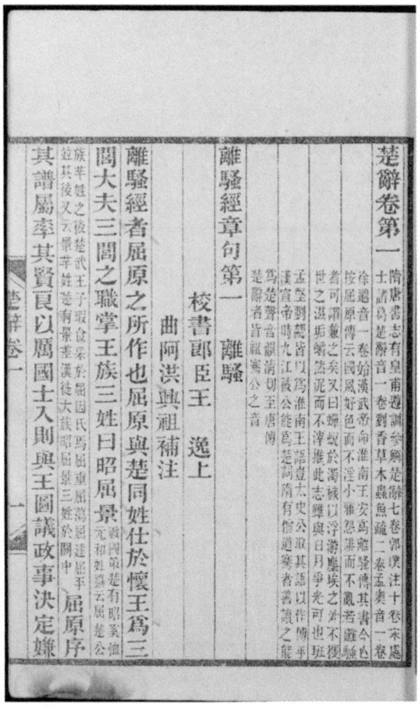
楚辭卷第一
離騷經章句第一　離騷
校書郎臣王　逸上
曲阿洪興祖補注
離騷經者屈原之所作也屈原與楚同姓仕於懷王爲三
閭大夫三閭之職掌王族三姓曰昭屈景
其譜屬率其賢良以厲國士入則與王圖議政事決定嫌
楚辭卷一　一

图 3

（2）楚辞十七卷（汉）刘向集（汉）王逸章句　民国商务印书馆影印明翻宋本

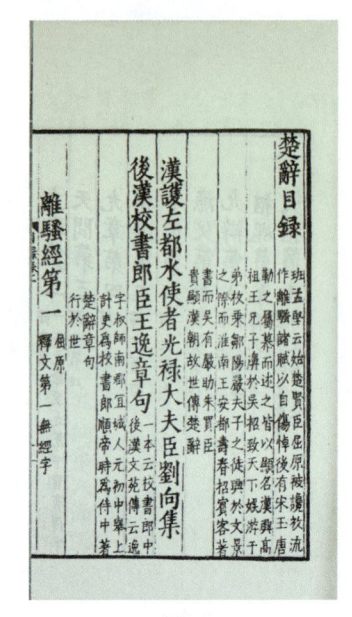

图 4

（3）离骚集传不分卷（宋）钱杲之撰　1918 年海虞铁琴铜剑楼影印宋刊本

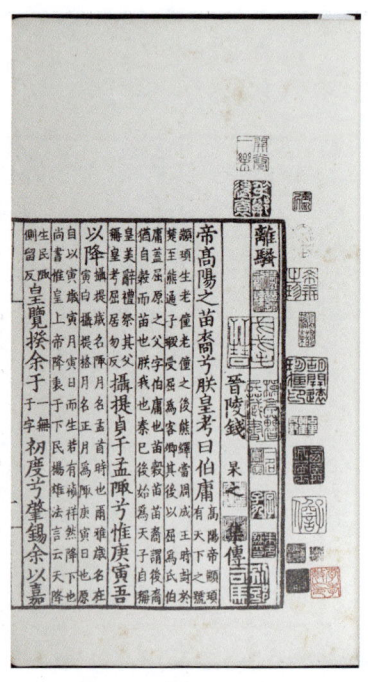

图 5

（4）楚辞集注八卷（宋）朱熹撰　1953年人民文学出版社影印宋刊本

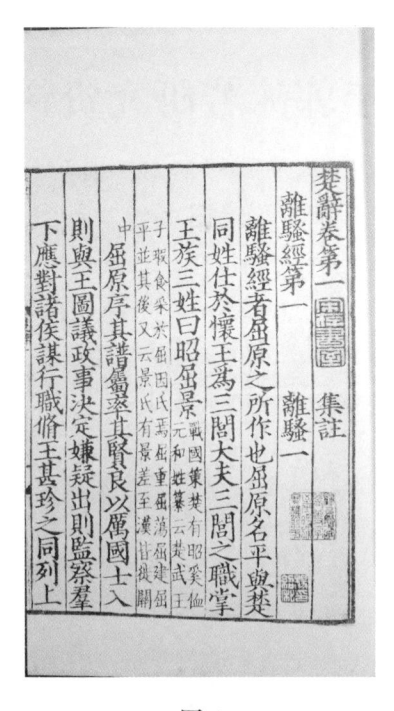

图6

（王　静　整理）

2021年郭沫若研究资料索引

卿玉弢　郑爱菊　整理

（乐山师范学院图书馆、档案馆）

一　著作

流言与真相：革命视野中的郭沫若［M］/李斌著//北京：社会科学文献出版社，2021

中华散文插图珍藏本　郭沫若散文［M］/郭沫若著//北京：人民文学出版社，2021

诗人学者郭沫若［M］/蔡震著//北京：社会科学文献出版社，2021

郭沫若研究年鉴　2019［M］/赵笑洁主编//北京：中国社会科学出版社，2021

郭沫若研究2020第1辑总第16辑［M］/赵笑洁，蔡震主编//北京：社会科学文献出版社，2021

激变时代的思考者：郭沫若与其诸子观［M］/王静著//北京：中国社会科学出版社，2021

郭沫若翻译文学研究［M］/咸立强著//台北：花木兰文化事业有限公司，2021

二　学位论文

郭沫若查良铮《西风颂》译本中意识形态与诗学的对比研究［D］/段锦琼；指导导师：王庆奖//云南师范大学硕士学位论文，2021

取今复古，别立新宗——郭沫若当代剧作论［D］/赵鑫鑫；指导导师：田建民//河北大学硕士学位论文，2021

郭沫若书法艺术创作研究［D］/李莹莹；指导导师：唐长兴//广西师范大学硕士学位论文，2021

从《英诗译稿》看郭沫若翻译思想［D］/肖叶；指导导师：陈晓茹//广东工业大学硕士学位论文，2021

三　期刊文章

郭沫若历史剧创作的艺术特点——浅析《屈原》现实主义与浪漫主义的结合［J］/刘清泓//散文百家（理论）.2021（1）

郭沫若《管子集校》训诂内容述例［J］/田膂，文洪睿//红河学院学报.2021（1）

《郭沫若全集》编选的历史考察与文化阐释［J］/刘竺岩//五邑大学学报（社会科学版）.2021（1）

品读郭沫若《炉中煤》中的爱国主义情怀［J］/简彩霞//中学生作文指导.2021（1）

苏轼与郭沫若对商鞅评价的分歧及其原因［J］/杨胜宽//地方文化研究辑刊.2021（1）

郭沫若历史剧创作的艺术特点——浅析《屈原》现实主义与浪漫主义的结合［J］/刘清泓//散文百家.2021（1）

从郭沫若容庚几封信札的考订谈及二人之间的一段往事［J］/李红薇//出土文献.2021（1）

郭沫若的左联往事［J］/郭平英//新文学史料.2021（1）

"第三届鲁迅、郭沫若、茅盾研究高端论坛"学术总结发言［J］/李斌//郭沫若学刊.2021（1）

郭沫若因何翻译鲁迅诗［J］/杨建民//党史纵览.2021（1）

立在时代潮头的现代"匪徒"——论郭沫若的侠义人生及其意义［J］/陈夫龙//中国现代文学论丛.2021（1）

郭沫若诗集《新华颂》删改考［J］/杨玉霞//中国文化研究.2021（1）

书写女性与女性书写——五四时期郭沫若剧作与女性剧作家剧作的比较分析［J］/邹婧婧//肇庆学院学报.2021（1）

凤凰如何涅槃？——早期郭沫若文艺思想的传统起源与观念再造［J］/肖炳生//郭沫若学刊.2021（1）

《郭沫若研究》2020年第1辑出版［J］//郭沫若学刊.2021（1）

郭沫若关于"雪芹画像"鉴定问题的两封信［J］/郭沫若//郭沫若学刊.2021（1）

《少年维特之烦恼》中"的底地得"的使用与郭沫若文学语言的现代性想象［J］/咸立强//郭沫若学刊.2021（1）

郭沫若评价尹文及《尹文子》的几个问题［J］/杨胜宽//郭沫若学刊.2021（1）

河南博物院藏郭沫若佚信三封［J］/张琪//郭沫若学刊.2021（1）

郭沫若诗话（一）［J］/蔡震//郭沫若学刊.2021（1）

郭沫若与吴稚晖的翻译笔战［J］/管新福//郭沫若学刊.2021（1）

侠情和友谊的纪念——杨凡与郭沫若的交往［J］/柯汉琳//新文学史料.2021（2）

沈尹默与郭沫若的交往轶事［J］/郦千明//检察风云.2021（2）

文章分五色，明灭孰可辨——关于郭沫若斥沈从文为"桃红色作家"事件的疏解［J］/朱华阳，骆羽芯//社会科学动态.2021（2）

基于译者主体性的诗歌翻译探析——以郭沫若《西风颂》为例［J］/李艳红//辽宁经济职业技术学院．辽宁经济管理干部学院学报.2021（2）

郭沫若一看再看《红色娘子军》［J］/冯锡刚//中外文摘.2021（2）

郭沫若《甲骨文字研究·释龢言》析案［J］/刘正国//南京艺术学院学报（音乐与表演）.2021（2）

郭沫若与《管子集校》的编撰［J］/李斌//传记文学.2021（2）

郭沫若周秦诸子研究平议——以《十批判书》为中心［J］/李生滨//中华文化论坛.2021（2）

翻译文学批评的版本问题——以郭沫若译《少年维特之烦恼》为例［J］/咸立强//中华文化论坛.2021（2）

郭沫若赵清阁陪都文坛结抗战友谊［J］/颜坤琰//重庆陶研文史.2021（2）

论郭沫若文学创作的政治文化图景［J］/刘海洲//郭沫若学刊.2021（2）

郭沫若《创造十年》初版本书影1932年9月上海现代书局［J］//郭沫若学刊.2021（2）

百年历史吸引我们迈步深入［J］/李怡//郭沫若学刊.2021（2）

郭沫若题六朝砖拓"趋耕图"［J］/郭沫若//郭沫若学刊.2021（2）

"创造"新诗学——也谈郭沫若的"内在律"［J］/宋听月//郭沫若学刊.2021（2）

《创造十年》与《上海文艺之一瞥》互文性阅读摭拾［J］/张勇//郭沫若学刊.2021（2）

疾病隐喻与民族主义反思——以郭沫若早期小说为例［J］/吴靖阳//郭沫若学刊.2021（2）

关于郭沫若讲话、报告类文稿的整理、辑录［J］/蔡震//当代文坛.2021（3）

论谷崎润一郎与郭沫若的交往［J］/张能泉//北方工业大学学报.2021（3）

郭沫若早期诗歌中的神话传说研究［J］/谭妍爽//颂雅风.2021（3）

《郭沫若书信中的当代中国》［J］/李斌//新文学史料.2021（3）

《女神》与"世纪末世界文学"［J］/李斌//现代中文学刊.2021（3）

究竟因何而"不平"？——郭沫若与李石岑历史关系考论［J］/孟文博//现代中文学刊.2021（3）

郭沫若的长寿秘诀：静坐［J］/康健//今日国土.2021（3）

历史剧《屈原》中婵娟的原型解读［J］/陈君宇//美与时代（美学下）.2021（3）

浪漫的间歇——抗战初期郭沫若的寓湘之旅［J］/张弛//中国文学研究.2021（3）

唯物史观与郭沫若的中国古典文学研究［J］/李斌//文学遗产.2021（3）

郭沫若历史剧《屈原》之"再发现":戏剧接受的历史逻辑与阐释导向[J]/王瑜,周珉佳//山东社会科学.2021(3)

郭沫若及创造社同人与闻一多的交谊[J]/商金林//新文学史料.2021(3)

旧体纪行诗和新型国际团结——浅谈郭沫若20世纪60年代文化政治实践的一侧面[J]/王璞//成都大学学报(社会科学版).2021(3)

"霞光夫妇"的爱情[J]/蜗牛//恋爱婚姻家庭(下半月).2021(3)

丁玲赞美郭沫若是可爱之人[J]/王增如//世纪.2021(3)

郭沫若旧体诗笺注补正[J]/常丽洁//中国现代文学研究丛刊.2021(3)

郭沫若的一首抗战诗[J]/孙秋浦//中国档案.2021(3)

关于《兰亭序》及《兰亭序帖》的问题[J]/商承祚//大学书法.2021(3)

"要相信党,相信真正的党"——郭沫若终身的信念与追求[J]/易见//郭沫若学刊.2021(3)

从老照片看北伐战争中的郭沫若[J]/王锦厚//郭沫若学刊.2021(3)

"革命队伍中人"的精神值得弘扬[J]/何刚//郭沫若学刊.2021(3)

《激变时代的思考者:郭沫若与其诸子观》出版[J]/王静//郭沫若学刊.2021(3)

"在党的领导下全心全意为人民服务"——党的百年华诞之时读郭沫若《学习毛主席》[J]/金彩虹//郭沫若学刊.2021(3)

《新蜀报》郭沫若研究资料综述[J]/曹译丹,蔡祥辉//郭沫若学刊.2021(3)

光辉历程从这里启航 庆祝中国共产党成立100周年 郭沫若书法作品分享[J]/郭沫若书法全集编辑部//郭沫若学刊.2021(3)

田仲济对郭沫若感情变化过程探究[J]/廖久明//山东师范大学学报(人文社会科学版).2021(4)

凤凰为谁而涅槃——"百年回望创造社"之三[J]/吴彦//博览群书.2021(4)

唯物史观与中国古礼研究——20世纪礼学研究方法论之一[J]/杨华//华东师范大学学报(哲学社会科学版).2021(4)

试论郭沫若儿童教育思想及其现代启示[J]/曾英,杨明均,李艳,罗兰//名汇.2021(4)

南昌起义新史料考释[J]/刘小花//军事历史.2021(4)

论向培良对郭沫若历史剧的批评[J]/乔世华//大连民族大学学报.2021(4)

郭沫若的文史关系理论及其史学实践与特色[J]/徐国利//安徽大学学报(哲学社会科学版).2021(4)

档案揭秘:旅日郭沫若秘密归国前后[J]/王琪森//档案春秋.2021(4)

《十批判书》的写作语境与意图[J]/李孝迁//历史研究.2021(4)

外形动作的探寻——以1943年中万《虎符》公演为中心的考察[J]/段丽//戏剧艺术(上海戏剧学院学报).2021(4)

泛神论、主情主义与"五四"时期郭沫若的情感总体观［J］/刘奎//中国现代文学研究丛刊.2021（4）

郭沫若的一段曲折传奇——"那鲜红的文化学者们"之二［J］/张勇//博览群书.2021（4）

《科学的春天》诞生记——胡平为郭沫若代笔［J］/钱江//档案与社会.2021（4）

《中国资料》与郭沫若日文佚作《站在人民的立场》［J］/陈童君//中国现代文学研究丛刊.2021（4）

人民兵工故事——郭沫若与《长安之歌》［J］//中国军转民.2021（4）

战时首都档案中的郭沫若戏剧《屈原》［J］/张传敏//新文学史料.2021（4）

论郭沫若与老舍通信中的近体诗创作［J］/张新//花溪.2021（4）

昌沧给郭沫若退稿［J］/冯忠方//快乐青春（经典阅读 小学生必读）.2021（4）

郭沫若的一段曲折传奇［J］/张勇//博览群书.2021（4）

郭沫若"中国社会应与他国无异"探析［J］/王舒琳//郭沫若学刊.2021（4）

纪实与想象：郭沫若与茅盾的长江三峡书写［J］/张建锋//郭沫若学刊.2021（4）

"当代中国"视野下的"郭沫若"——李斌著《郭沫若书信中的当代中国》阅读札记［J］/袁洪权，霍德佳//郭沫若学刊.2021（4）

郭沫若文学百年——纪念《女神》出版一百周年国际学术研讨会召开［J］/李珂，彭冠龙//郭沫若学刊.2021（4）

宇宙空间意识与现代主体的危机——创造社新诗再议［J］/陈琳//郭沫若学刊.2021（4）

《郭沫若研究年鉴2019》出版［J］/王静//郭沫若学刊.2021（4）

第一届全国政协会议一号提案及其领衔提案人［J］/郭平英//郭沫若学刊.2021（4）

重生：郭沫若《女神》意象系统之新解［J］/邱天豪//郭沫若学刊.2021（4）

论《女神之再生》话语系统实践的对立与关联［J］/吴姗姗//郭沫若学刊.2021（4）

论郭沫若《天狗》内形式及其"飞动性"特质［J］/刘昭艺//郭沫若学刊.2021（4）

郭沫若对中国"无奴说"的回应［J］/李勇//郭沫若学刊.2021（4）

热情·勇气·责任——读王静的《激变时代的思考者：郭沫若与其诸子观》［J］/张勇//郭沫若学刊.2021（4）

《郭沫若学刊》2020年总目录［J］//郭沫若学刊.2021（4）

论郭沫若历史剧中国民形象的嬗变与重塑［J］/王俊虎，金佳满//安康学院学报.2021（5）

"天上的街市"［J］/本刊编辑部//科学24小时.2021（5）

"化学分析被称为工业的眼睛——这的确是光荣的称号"——忆1957年春中国科学院郭沫若院长的一封复函［J］/胡心云//化工职业技术教育.2021（5）

论中井政喜对鲁迅的历史还原研究［J］/陈玲玲//鲁迅研究月刊.2021（5）

结缘杨村彬先生［J］/赵莱静//上海戏剧.2021（5）

民国时期吕振羽批评郭沫若古史研究的原因及史料学意义［J］/李勇//四川师范大学学报（社会科学版）.2021（5）

鲁、郭、茅的文学选择与中国文学现代转型的三种范式［J］/黄健，卢姗//天津师范大学学报（社会科学版）.2021（5）

郭沫若旧居天官府8号抗战文化的缩影：文化界的战斗堡垒［J］/杨艳，唐安冰//重庆与世界.2021（5）

《屈原》在重庆上演之后［J］/刘永加//文史春秋.2021（5）

郭沫若与抗战时期的孩子剧团［J］/付冬生，乐静琪//重庆邮电大学学报（社会科学版）.2021（5）

1966年郭沫若参观攀枝花三线建设［J］/许见军//世纪.2021（5）

论日本"二二六"事件对郭沫若的影响——以考证郭沫若致《宇宙风》五函的写作时间为基础［J］/廖久明//中国现代文学研究丛刊.2021（6）

"民族—人民"诗人的生成——马克思主义视野与抗战时期郭沫若的屈原研究［J］/唐文娟//中国现代文学研究丛刊.2021（6）

从宇宙更新到政治革命：郭沫若基于泛神论的思想转向——一种思想史的考察［J］/尚晓进//中国现代文学研究丛刊.2021（6）

郭沫若历史剧《高渐离》的版本与修改［J］/宋宁//现代中文学刊.2021（6）

论郭沫若历史话剧的诗意性（1941—1960年）［J］/于家铭，侯敏//宁夏大学学报（人文社会科学版）.2021（6）

目的论视角下郭沫若翻译思想研究——以《生命之科学》译本为例［J］/王春丽，孙炜//青年时代.2021（6）

郭沫若在"民族形式"论争中的理论贡献［J］/张宁//哈尔滨学院学报.2021（6）

现代文学海洋视阈书写研究——以郭沫若、冰心与巴金为例［J］/张传伟//散文百家（理论）.2021（6）

流言与真相：革命视野中的郭沫若［J］/李斌//文学评论.2021（6）

郭沫若译《少年维特之烦恼》中的译者主体性［J］/赖晴玲//文学教育（下半月）.2021（6）

《孔雀胆》：郭沫若的乐山与乐水［J］/曾子涵//博览群书.2021（6）

郭沫若故居研学旅行产品开发研究［J］/潘娟//新丝路（上旬）.2021（7）

以"五四"青年视角，感受经典的时代精神——谈《立在地球边上放号》的备教策略［J］/吴振兴//语文教学之友.2021（7）

郭沫若妙改对联［J］/李春碧//阅读时代.2021（7）

郭沫若养生研究文献检视［J］/辜伟//乐山师范学院学报.2021（8）

郭沫若礼赞成仿吾（上）［J］/张耀杰//传记文学.2021（8）

郭沫若："困饿首阳"而心忧天下［J］/巴陵祎//中国金融家.2021（9）

《上海文艺之一瞥》版本与译本考识——兼及译本引发的笔战［J］/秦刚//文学评论.2021（2）

笔战是枪战的前驱，也是枪战的后盾——记郭沫若在全家院子创作《甲申三百年祭》［J］/郭小智，蔡雯雯//文化月刊.2021（9）

韵到骨子里的"诗"——郭沫若散文诗《白鹭》解读［J］/汤丽丽//语文天地.2021（9）

郭沫若礼赞成仿吾（下）［J］/张耀杰//传记文学.2021（9）

浅析郭沫若《女神》中的"海洋"意象［J］/袁蝶//小说月刊.2021（9）

历史剧《屈原》中婵娟的原型解读［J］/陈君宇//美与时代.2021（9）

他与郭沫若那段美好时光［J］/张勇//博览群书.2021（9）

走向世界的郭沫若［J］/康莉蓉//阅读时代.2021（9）

鲁迅与郭沫若关系的再梳考——以《质文》为中心［J］/张勇//鲁迅研究月刊.2021（10）

容庚与郭沫若［J］/陈英杰//中华书画家.2021（10）

学术文化领域的统一战线与马克思主义史学主导地位的强化——兼论陈寅恪、郭沫若的《再生缘》研究［J］/郭士礼//湖北社会科学.2021（10）

在重庆，郭沫若撰写了哪些影响深远的史学著述［J］/王兆辉，李廷勇//红岩春秋.2021（10）

田仲济对郭沫若感情变化过程探究［J］/廖久明//山东师范大学学报（社会科学版）.2021（4），中国现代当代文学研究.2021（11）

论郭沫若《女神》中"剧曲"的生成——以《三叶集》及相关史料为中心［J］/宋宁//宜宾学院学报.2021（11）

论《序诗》之于《女神》的意义——兼及郭沫若早期诗观与自我定位问题［J］/任杰//宜宾学院学报.2021（11）

谁为郭沫若代笔了《科学的春天》［J］/钱江//华声文萃.2021（11）

中国马克思主义考古学派与类型学［J］/汤惠生//中国社会科学文摘.2021（12）

论郭沫若在重庆的文化抗战实践［J］/范皓琪//科学咨询.2021（12）

郭沫若的书学贡献与书法艺术［J］/姚宇轩//艺术大观.2021（12）

郭沫若所译"维特"形象在中国的传播与接受［J］/刘馨芮//汉字文化.2021（12）

20世纪20年代中期郭沫若的社会转向研究［J］/刘奎//文艺研究.2021（12）

叙事偏离与现实意味——郭沫若历史剧《屈原》新解［J］/张传敏//名作欣赏.2021（14）

论郭沫若青铜器研究理念、方法及成果［J］/李七乾//年轻人.2021（16）

白鹭如诗，诗似白鹭——研读《白鹭》［J］/黄倩茹//语文课内外.2021（17）
以郭沫若诗歌为例分析"五四"浪漫主义的复杂性［J］/薛伊男//青年文学家.2021
　　（18）
郭沫若儿童教育思想对当前家庭教育指导工作的启示［J］/曾英，李昌云，李艳，
　　吉玲//长江丛刊.2021（18）
历史剧《屈原》的悲剧性书写研究［J］/郭熙泽//文学少年.2021（19）
《三叶集》中的"诗人人格"（上）［J］/张耀杰//名作欣赏.2021（19）
传统与革新——重读郭沫若的《三个叛逆的女性》［J］/程莞铃//戏剧之家.2021
　　（20）
"诗剧一体"——略谈郭沫若历史剧中的现代诗［J］/刘梓萌，高运荣//戏剧之家.
　　2021（20）
李叔同和郭沫若书法赏析［J］/宗宏宇，寇学臣//思维与智慧.2021（22）
20世纪中国文人书法的"典范"——郭沫若的"书法史"意义［J］/郑晓华//中国
　　民族博览.2021（23）
现代出版制度对郭沫若自传的影响研究［J］/乔敏//文存阅刊.2021（24）
郭沫若作品教学策略探究［J］/邓鑫，何清//文学教育.2021（28）

四　报纸文章

郭沫若"中小学生写字观"的现实意义［N］/谢仪，孙晓涛//书法报，2021.1.5
郭沫若翻译鲁迅诗［N］//铁岭日报，2021.1.7
郭沫若过目不忘［N］/许秀雪//新民晚报，2021.1.10
高二适与郭沫若的"笔墨官司"［N］/钱俊//姜堰日报，2021.1.11
沙湾区：《少年郭沫若》音乐剧进校园展演［N］/李荣富//乐山日报，2021.1.13
郭沫若联赠"失意女"［N］/李春碧//人民政协报，2021.1.14
乐山市沙湾区举行《少年郭沫若》进校园展演活动［N］//教育导报，2021.1.14
给郭沫若退稿［N］//乌兰察布日报，2021.1.22
也谈萧涤非《杜甫研究》和郭沫若《李白与杜甫》［N］//贵州作家报，2021.1.25
凤凰涅槃重生是100年前郭沫若编的梗［N］//华西都市报，2021.1.27
郭沫若解释"雕胡饭"［N］/缪士毅//联谊，2021.2.2
1945年2月22日《新华日报》发表郭沫若起草的《对时局进言》［N］//重庆日报，
　　2021.2.22
郭沫若、田汉、宗白华的友谊［N］//民主协商报，2021.2.24、3.1
傅抱石和郭沫若的翰墨缘［N］/上海崇明，周惠斌//收藏快报，2021.3.10
傅抱石和郭沫若的翰墨缘［N］//衡水晚报，2021.3.12

郭沫若故居樱花绽放　等你来赏［N］/杨心梅，殷瑛珞//乐山日报，2021.3.17
鲁迅故乡与郭沫若故乡高校"牵手"［N］/周能兵//绍兴晚报，2021.3.17
郭沫若南下广州是被革命气息所吸引［N］/孙磊//羊城晚报，2021.3.18
郭沫若与羊城晚报缘分颇深［N］/孙磊//羊城晚报，2021.3.18
郭沫若著作《甲申三百年祭》在《新华日报》连载完毕［N］//云阳报，2021.3.23
郭沫若题赠对联［N］/钟芳//联谊报，2021.3.23
信件三：赵九章呈请郭沫若的函1950年7月23日［N］//中国气象报，2021.3.25
郭沫若旧居试开馆［N］/汤艳娟//重庆日报，2021.3.26
在这里，郭沫若十天写出话剧《屈原》［N］//重庆晨报，2021.3.26
郭沫若旧居试开馆［N］/黄清娴，袁侨偲//渝中报，2021.3.29
郭沫若在南海的一次演讲传递出"抗战必胜"信念［N］/珠江时报//2021.3.29
1942年4月3日　郭沫若新编历史剧《屈原》在重庆演出［N］//重庆日报，2021.4.3
郭沫若先生之女郭平英：抗战话剧是重庆的文化宝藏［N］/韩毅，刘一叶//重庆日报，2021.4.6
郭沫若的文化抗战［N］/胡平原//团结报，2021.4.8
郭沫若与《北上纪行》［N］/陈政//人民政协报，2021.4.8
一中毕业生获中科大"郭沫若奖学金"［N］//京江晚报，2021.4.10
O.E.君：鲁迅与郭沫若的"好朋友"［N］/余迅//人民政协报，2021.4.15
钱学森与郭沫若的友谊［N］/宋泽滨//团结报，2021.4.22
金中学子获"郭沫若奖学金"［N］/顾健，王颖//扬子晚报，2021.4.25
学校举行第39届40届"郭沫若奖学金"颁奖典礼［N］/中国科大报//2021.4.25
大冶一中一学子获"郭沫若奖学金"［N］/洪章雄，袁军成，徐芬//东楚晚报，2021.4.26
走向世界的郭沫若（中国经典作家在海外）［N］/康莉蓉//人民日报海外版，2021.5.6
郭沫若过楚雄题诗留墨宝［N］/董华//云南日报，2021.5.8
郭沫若学人小传［N］//中国社会科学报，2021.5.11
高翔同志到郭沫若纪念馆调研［N］//中国社会科学报，2021.5.21
郭沫若手迹被市博物馆收藏［N］/万泰然//东楚晚报，2021.5.25
郭沫若手迹被市博物馆收藏［N］/万泰然//黄石日报，2021.5.25
浅析郭沫若爱国主义精神与课程思政建设的融合［N］/徐红梅//乐山日报，2021.6.4
周恩来策划为郭沫若祝寿［N］/周惠斌//重庆政协报，2021.6.8
探索中国文学现代化道路的先行者［N］/杨扬//文艺，2021.6.18

鲁迅《故乡》郭沫若《女神》最早版本亮相［N］/张恩杰//北京青年报，2021.6.20

郭沫若：常来北碚的抗战文化擎旗手（寻访北碚红色印记）［N］/王洪//北碚报，2021.7.6

郭沫若著话剧《屈原》［N］//鹤岗日报，2021.7.15

史学五老与中国马克思主义史学［N］/王现丽，盖志芳//团结报，2021.7.15

张曙：长眠在桂林的文化战线猛将［N］/胡晓诗//桂林日报.2021.7.22

《甲申三百年祭》，赶考路上的名篇警钟［N］/刘春，刘玉琴//新华日报，2021.7.26

郭沫若：笔走峥嵘　书文并精［N］/俞栋//杭州日报，2021.8.5

古代史研究所鼎堂讲坛举办首场讲座［N］//中国社会科学报，2021.8.6

走进郭沫若纪念馆［N］//中国社会科学报，2021.8.13

郭沫若与桂林［N］//桂林日报，2021.8.18

郭沫若题赠"集字名联"［N］//山西商报，2021.9.1

郭沫若的"创作谈"［N］/李梦馨，朱子钰//大众日报，2021.9.4

郭沫若与泰戈尔的诗［N］/杨建民//北京晚报，2021.9.8

从钟情到冷静，郭沫若与泰戈尔的诗［N］/孙磊//茂名晚报，2021.9.15

"赓"与"庚"［N］/沈凡莘//语言文字报，2021.9.22

郭沫若过生日［N］//周惠斌//人民政协报，2021.9.30

谈瀛洲.鲁迅、郭沫若与小原荣次郎［N］//新民晚报，2021.10.10

郭沫若过生日［N］//市场星报.2021.10.26

四位中国文联主席郭沫若、周扬、曹禺、周巍峙雕像　在中国文艺家之家揭幕［N］/陈思静//中国艺术报，2021.11.1

郭沫若过生日［N］//乌兰察布日报，2021.11.15

郭沫若诞辰［N］//忠州日报，2021.11.16

郭沫若诗碑　漂洋过海续写两城友谊［N］/张波//三江都市报，2021.11.17

回国抗战：郭沫若走上"唯一的生路"［N］/刘传吉//中国档案报，2021.11.22

郭沫若：热烈人生［N］/林贤治//阳江日报，2021.11.28

一封郭沫若的亲笔回信［N］/肖慧，王敏//常德日报，2021.12.1

郭沫若喜受"一字"［N］/包广杰//人民政协报，2021.12.9

郭沫若笔下的医药科技［N］/刘为民//科普时报，2021.12.24

2021 年郭沫若研究大事记

二月

王静著《激变时代的思考者：郭沫若与其诸子观》由中国社会科学出版社出版发行。

四月

23—25 日，"创造社与现代中国文化——纪念创造社成立一百周年"学术研讨会在陕西师范大学举行。

五月

李斌著《郭沫若书信中的当代中国》由云南人民出版社出版发行。

七月

何刚著《中国现代史学与史家脞论》由湖北人民出版社出版发行。

八月

蔡震著《诗人学者郭沫若》由社会科学文献出版社出版发行。

九月

咸立强著《郭沫若翻译文学研究》由台湾花木兰文化事业有限公司出版发行。

十月

李红薇申报的"郭沫若金文著作的文献学研究——以《两周金文辞大系》为中心"获得国家社科基金优秀博士论文出版项目立项。

李斌著《流言与真相：革命视野中的郭沫若》由社会科学文献出版社出版发行。

十一月

27日，由国际郭沫若学会、山东师范大学主办的"郭沫若文学百年——纪念《女神》出版一百周年"国际学术研讨会以线上视频的形式召开。

十二月

11—13日，创造社百年纪念学术研讨会在中国人民大学召开。

（张　勇　王润泽供稿）

后 记

  中国共产党第二十次全国代表大会的胜利召开，为全面建设社会主义现代化国家的新征程指明了发展方向，同时也为《郭沫若研究年鉴》的编撰提供了新的指导方针和革新路径。

  本卷年鉴我们依然坚持着"守正创新"的编辑理念，在坚持《郭沫若研究年鉴》创办之时的初心与使命的同时，进一步拓展思路，革新内容。"选辑郭沫若研究各个方面成果精粹及资料的年度文献汇编"，是我们创办《郭沫若研究年鉴》的初衷与设想，10余年来我们始终坚守如一，刊载了大量郭沫若研究的重要成果，成为郭沫若研究学术发展史的忠实记录者，本卷的编辑我们依然贯彻这一思路，在全面整理和广泛征集本年度各方面有关郭沫若研究稿件、事件和资料的基础上编排完成。

  与往年相比，本卷年鉴也有了新的突破与变化。一是栏目编排更加完整，按照《中国社会科学年鉴编纂出版规定（试行）》的要求，我们增补了"编辑说明"等相关内容，进一步规范了《郭沫若研究年鉴》的编辑体例；二是恢复郭沫若研究年度学术综述的撰写工作，进一步发挥《郭沫若研究年鉴》在郭沫若研究中的示范引领作用；三是增加郭沫若纪念馆馆藏资料刊选的数量，尽可能多地为研究者提供全新的研究资料与线索。总之，无论怎样变化，出版高质量《郭沫若研究年鉴》一直是我们追求的最高目标，相信本册的年鉴精彩依旧。

  长路是奉献给热爱远足行者的生命标尺，年鉴便是奉献给研究者学术探索的坚固基石，在编辑部全体同人共同的努力与辛勤工作下，《郭沫若研究年鉴》必然会在新时代、新征程的起点上，在马克思主义思想观点的指导下，继续成为郭沫若研究的记录者和书写者。

《郭沫若研究年鉴》编辑部
2022 年 11 月于北京